KB202347

마포삼열 자료집 제2권

# 마포삼열 자료집 제2권

옥성득 책임편역 | 숭실대학교 가치와윤리연구소 간행

●
**마포삼열 부부, 결혼식 [MOF]**

**Mr. & Mrs. Moffett, Wedding**

●
**평양 선교지부 남자 선교사들, 1898년 [MOF]**
리, 마포삼열, 베어드, 헌트, 웰즈, 휘트모어

**Presbyterian Male Missionaries in Pyongyang Station, 1898**
Lee, Moffett, Baird, Hunt, Wells, Whittemore

●
**왕진을 떠나는 필드 의사를 바라보는 목발을 한 피시 의사, 1899년 [MOF]**

**Doctor Field in chair and Dr. Fish on crutches, Seoul, 1899**

●
**마페트 혼인식 무렵 개통한 서울의 전차, 1899년 [MOF]**

**The First Electric Tram Car in Seoul, 1899**

● **호러스 알렌 공사, 1900년 [OAK]**

**Horace Newton Allen, American Minister, Seoul, 1900**

**평양 장로회 선교지부가 들어선 경찰리와 신창리 언덕, 1897년 [MOF]**
신창리에는 1897년 10월 숭실학당이 설립되었다.

**The Property of the Pyongyang Station, 1897**
where the houses, Lass Hospital, and Soongsil School were built.

# 간행사

이 땅에 장로교 신앙을 전하고 근대 대학교육의 문을 연 마포삼열 선교사의 자료집이 드디어 빛을 보게 되었습니다. 마포삼열 선교사는 1890년 1월 20일, 자신의 26세 생일에 인천에 도착했고, 이후 한반도의 북한 지역 선교에 헌신했습니다. 또한 윌리엄 베어드를 통해 한국 최초의 대학인 숭실대학이 평양에 설립될 수 있도록 돕고, 평양신학교를 직접 만들어 개신교 신학교육의 토양을 마련했습니다.

마포삼열 선교사는 저술이나 일기를 남기지 않고 대신 엄청난 양의 편지를 남겨놓습니다. 이는 선교보고서와 몇 편의 잡지 기고문과 함께 그의 사역을 연구하기 위한 중요한 자료가 됩니다. 우리는 마포삼열 선교사의 선교 열정뿐만 아니라 부인 앨리스 피시와의 아름다운 사랑과 그녀의 이른 죽음에 대한 안타까움, 그리고 재혼한 루시아 피시와 그 자녀들에 대한 사랑의 마음도 잘 읽을 수 있습니다. 이 편지들은 위대한 신앙인의 스토리만이 아니라 따뜻한 한 인간의 이야기를 우리에게 전달해줍니다.

마포삼열 선교사는 일제의 교육정책에 맞서 기독교 교육을 지키기 위해 전력을 다했고, 또 1918년부터 10여 년간 숭실대학 학장으로 지내면서 대학교육의 발전을 위해 많은 노력을 기울였습니다. 1934년 1월에 한국선교 44주년이자 선교사로서의 정년을 맞았는데, 이는 그의 헌신의 마침점이 아니라 마지막 고난의 시작이었습니다. 이때 일제의 신사참배 요구가 본격적으로 시작되었기 때문입니다. 그는 대학이 신사참배를 하지 않고 존속할 수 있도록 필사의 노력을 기울이지만 결실을 보지 못한 채 1936년 여름에 몸의 일부가 마비되는 병을 얻어 치료차 미국으로 갑니다. 몸이 회복되자 그는 한국으로 돌아오려고 노력했지만 한국은 그를 다시 불러오지 못했습니다. 그 와중에 평양에 남아 있던 부인마저 급작스런 병으로 아들과 함께 미국으로 급히 귀국한 탓에 마포삼열 선교사는 자신의 '진짜 고향'인 한국으로 다시 돌아오지 못하고 몇 년 후 캘리포니아에서 쓸쓸히 별세하게 됩니다. 이즈음의 편지들은 눈물과 탄식 없이 읽기가 어렵습니다. 한참의 시간이 지난 뒤 장로회신학대학은 그 유해를 모셔와 학교 캠퍼스 가운데 안장했습니다.

이 자료집은 숭실대학교 가치와윤리연구소와 강북제일교회의 협력으로 만들어졌습니다. 수년간의 작업 끝에 총 10권으로 기획된 이 자료집 가운데 처음 네 권이 숭실대학교 창립 120주년을 맞는 해에 이렇게 출간이 됩니다. 이를 위해 강북제일교회는 재정지원을 하고 가치와윤리연구소는 원문 편지의 편집과 번역을 UCLA에 있는 옥성득 교수에게 의뢰하는 등 자료집 발간과 관련된 일체의 작업을 수행했습니다. 옥성득 교수는 제1권으로 발간이 중단된 『마포삼열 서한집』의 편역자이기도 합니다. 가치와윤리연구소는 그 책을 출간한 두란노아카데미로부터 편집 및 제작권을 모두 인수하여 이 사업을 진행했습니다. 나머지도 서둘러 준비하겠습니다.

이 일을 위해 많은 도움을 주신 숭실대학교 한헌수 총장님과 직원 선생님들, 어려운 여건 가운데에서도 재정적 지원을 감내해주신 강북제일교회의 황형택 목사님과 당회원 및 성도 여러분, 편역으로 수고해주신 옥성득 교수님, 영문으로 된 서문 번역에 도움을 주신 박신순 박사님, 이 책의 편집 및 제작권을 기꺼이 넘겨준 두란노아카데미, 그리고 어려운 출판계 사정에도 불구하고 흔쾌히 출판을 담당해주신 새물결플러스 대표 김요한 목사님, 선구매 방식으로 지원해주신 많은 분께 진심으로 감사드립니다. 아울러 이 책을 준비하는 과정에 많은 자문과 도움을 주신 곽신환 교수님과 김인섭 교수님께도 깊은 감사를 드립니다.

이 책을 통해 마포삼열 선교사의 선교 열정과 한민족에 대한 사랑, 특히 오늘날 북녘의 민중에 대한 사랑이 이 땅의 신앙인들 마음에 다시 샘솟기를 간절히 바랍니다.

2017년 1월

숭실대학교 가치와윤리연구소 소장

김선욱

# 기념사

한 사람의 인생 이야기가 그 사람 개인의 역사로 그치지 않고, 한 국가나 어느 시대의 역사의 흐름을 주도하는 거대한 물줄기가 되는 경우가 있습니다. 마포삼열 선교사의 인생이 그러했습니다. 그의 인생은 한 개인의 역사로 끝나버린 것이 아니라, 한국 초기 기독교 역사와 근대 교육을 용솟음치게 만드는 거대한 소용돌이가 되었습니다.

역사는 명징하고 엄정한 기록으로 남아 있을 때, 그리고 기록된 역사를 되새김질하는 맑은 역사의식에 근거한 탁월한 해석이 있을 때 그 가치가 더욱 빛이 납니다. 이번에 숭실대학교 가치와윤리연구소의 뜨거움으로 마포삼열 선교사를 작금의 역사 속으로 불러오게 된 것은 참으로 소중한 발걸음이었습니다. 강북제일교회가 그 발걸음에 맞춰 함께 걸어갈 수 있게 된 것을 영광이라 생각하며 감사합니다. 함께 협력해주신 당회와 교인들에게도 감사의 마음 남기고 싶습니다.

2017년 1월

강북제일교회 담임목사

황형택

# Editor's Remarks

The Duranno Academy gave up publishing the Letters of Samuel Austin Moffett series after the publication of its first volume in October 2011 and the decease of its chair Rev. Yongjo Ha. Now I am grateful for the publication of the first two volumes of the new series by the Holy Wave Plus Press in January, 2017 and volumes 3 and 4 in the first half of 2017. These volumes are the results of multiple cooperation—Mrs. Eileen F. Moffett's transcription of the English texts, my translation and editorial works, financial support of the Kangbuk Leading Church (senior pastor Hyung-Taek Hwang), planning of the project by the Institute of Values and Ethics of Soongsil University (chair Prof. Seon-Wook Kim), and the publication by the Holy Wave Plus Press (chair Rev. John Kim).

The Korean title of the new series adopted "Sources" of Samuel Austin Moffett instead of "Letters." Even though most primary materials are letters, the volumes have many reports and articles of newspapers and magazines. As the new series need to be edited in a unified format, the first volume was revised and redesigned.

My special thanks should go to Rev. Hyung-Taek Hwang who has been leading the church notwithstanding its painful events; Prof. Seon-Wook Kim whose valuable service made the project possible; Rev. John Kim who volunteered to take up the publication despite the expecting loss. They put the yoke of this costly project for the reformation of the Korean churches, who would recover the sacrificial and missional spirit and deeds by remembering the early missionary couple. I am specially grateful for the readers who supported the publication by ordering the volumes in advance.

November 26, 2016

Sung-Deuk Oak

# 편역자 글

2011년 10월 두란노아카데미(대표 하용조 목사)에서 『마포삼열 서한집 제1권』을 출판한 후, 두란노아카데미가 여러 가지 사정으로 제2권 이후의 출간을 포기했다. 이제 새 기획과 편집으로 2017년 1월에 개정판 1권과 함께 2권을 출판하고, 2017년 상반기에 제3-4권을 출판하게 되어 기쁘다. 이 책은 아일린 마페트 여사의 영어 원문 작업, 필자의 편역 작업, 강북제일교회(담임 황형택 목사)의 재정 후원, 숭실대학교 가치와윤리연구소(소장 김선욱 교수)의 기획, 그리고 새물결플러스(대표 김요한 목사)의 출판이 협력하여 이루어졌다.

새 시리즈는 제목에서 "서한집" 대신 "자료집"을 사용하여 『마포삼열 자료집 제0권』 등으로 출판한다. 대부분의 원사료가 서신이지만, 편지 외에도 보고서나 신문 잡지의 기사들이 있기 때문에 자료집이라는 더 적절한 용어를 사용한다. 새물결플러스가 시리즈를 맡아 발간하면서 전집을 통일적으로 편집하기 위해서 제1권 개정판을 발간한다. 숭실대학교 가치와윤리연구소가 두란노아카데미로부터 출판권을 이양받았을 때 1권의 판권과 재고도 넘겨받았다. 그러나 새물결플러스에서는 재고 초판본을 모두 파기하고 2-4권과 동일한 편집 형태로 만들기 위해 새로 1권을 편집하고 인쇄했다.

교회의 어려움 속에서도 묵묵히 목회자의 길을 걸어가는 황형택 목사님과, 책을 만들기 위해 봉사를 아끼지 않은 김선욱 교수님, 악화되는 출판 환경 속에서 적자가 예상되는 자료집이지만 출판을 떠맡은 김요한 목사님은, 헌신한 선교사들에 대한 바른 기억과 계승을 통해 한국 교회가 역사의식을 회복하고 개혁될 수 있도록 충성스럽게 수고했다. 선주문으로 출판을 격려해준 여러 독자들께도 고마움을 표한다.

2016년 11월 26일

옥성득

# Foreword 1

“The true leader can be recognized because somehow his people consistently turn in superior performances. ··· Moffett ··· was a leader from the time he set foot on Korean soil,” wrote Martha Huntley in her impressive book on the early Korea missionaries, To Start a Work (Korea edition, 1987).

That is very true, but I want to add a few words from an even closer perspective. Samuel Austin Moffett was my father. I am Samuel Hugh Moffett, the third of his five sons. And to me he was the best father a son could ever have. Father married twice. His first wife, Alice Fish bore him two sons, James and Charles. She died in 1912 and in 1915 he married Lucia Hester Fish and three more sons were born; Samuel H., Howard, and Thomas. The five boys always considered themselves three-quarter brothers because their mothers were first cousins.

As one by one of us five boys left Korea for college, father told us among other sound advice, “Don’t be a minister unless you have to be.” It sounds negative. But it was wise. He knew that a call to the ministry was not to be taken lightly. It must be such a certain call from God that one could not resist it. Father himself majored in chemistry in college and was strongly urged to pursue a promising career as a scientist, but the call of God in his life to prepare for the ministry was so unmistakable that he surrendered to it. I am sure he was pleased and thankful when four of his five sons did feel a strong call to the ordained ministry. Only one had a different call, and that surely would please his father, also. Howard became a medical missionary and his brothers good-naturedly teased him, calling him a “heathen” because he was not an ordained clergyman.

# 서언과 감사 1

"자신을 따르는 사람들이 지속적으로 뛰어난 역할을 수행하도록 만드는 사람이 바로 진정한 지도자다.…마포삼열 목사는…한국 땅에 첫발을 디딜 때부터 그런 지도자였다"라고 마르다 헌틀리는 초기 내한 선교사들에 대한 저서 『사역의 시작: 한국 개신교 선교의 기초, 1884-1919』(서울: 대한예수교장로회, 1987)에서 썼다.

그녀의 말은 정말 사실인데, 나는 좀 더 가까이에서 살펴본 입장에서 몇 마디 추가하고 싶다. 마포삼열(馬布三悅) 선교사는 내 부친으로, 나는 그분의 다섯 아들 중 셋째인 새뮤얼 휴 마페트(馬三樂)다. 나에게 그분은 최고의 아버지셨다. 아버지는 두 번 결혼하셨다. 아버지의 첫 아내 앨리스 피시는 두 아들 제임스와 찰스를 낳고 1912년에 돌아가셨다. 1915년 아버지와 결혼한 루시아 헤스터 피시는 세 아들, 나와 하워드와 토마스를 낳으셨다. 우리 다섯 형제는 서로를 3/4 형제라고 했는데 이는 어머니들이 사촌 간이었기 때문이다.

한 명씩 차례로 아들들이 대학을 다니기 위해 한국을 떠날 때, 아버지는 유익한 충고와 함께 "반드시 되어야 할 경우가 아니면 목사가 되지 말라"라고 말씀해주셨다. 이는 부정적으로 들리나, 실은 현명한 조언이었다. 아버지는 목회자라는 소명을 가볍게 여겨서는 안 된다는 것을 아셨다. 결코 거부할 수 없도록 반드시, 그리고 분명히 그 소명은 하나님께로부터 오는 것이어야 했다. 아버지는 대학에서 화학을 전공하셨는데, 주변에서 과학자의 길을 가라고 강하게 권면할 만큼 촉망받는 인재셨다. 그러나 일생을 목회자로 살기 위해 준비하라는 하나님의 소명은 확실했고 그래서 그 부르심에 순종하셨다. 아버지의 다섯 아들 중 4명이 강한 소명을 느끼고 안수 목사가 되었을 때 아버지가 기뻐하며 감사하셨으리라 확신한다. 다른 소명을 받은 한 명에 대해서도 아버지가 기뻐하셨음은 분명하다. 하워드는 의료 선교사가 되었는

His second son, Charles, was the only one Dr. Moffett saw leave for missionary service. The year was 1938 and Charlie, Marion, and little Alice, named for Charlie's mother, said Goodbye to their father and embarked for India. Dr. Moffett had been forced out of Korea in 1936 by the Japanese over the Shinto Shrine controversy, and was living in retirement in California. He had become so identified with his life in Korea that it was said he went to the post office in Monrovia, California and asked for stamps, using the Korean language.

I was in my first year at Princeton Theological Seminary when my father died in 1939 and my younger brother, Howard, was just beginning medical school. Jim, the oldest son, had just finished his theological education at the Biblical Seminary in New York City. Our youngest brother, Tom, was still in High School.

There are many incidents in our family life with father which are clearly etched in my memory. One day some of us boys were playing soccer in our yard in Pyongyang with friends. Father was sitting in a committee meeting on our porch. Suddenly my brother Charlie, going after the ball, crashed into one of father's favorite flowering bushes and broke several branches. We looked toward the porch to see what kind of punishment might be forthcoming. But when one of his colleagues asked, "Dr. Moffett, aren't you going to punish your son for damaging that beautiful bush?" Father, knowing it was an accident, gently said, "I am even more interested in growing boys than in growing bushes and in time I will know where to place the bushes so I can have both."

Father never brought the business of controversial church and mission affairs into discussions at home. He was often away, of course, but when he was home we enjoyed delightful conversations at mealtime, frequently with guests present. I never heard him speak unkindly about any colleague. If he had serious disagreements with missionary or Korean colleagues on policy issues, we boys never knew about it.

Visitors came to our home in droves. How well I remember many

데, 안수 목사가 아닌 그를 우리는 "이교도"라고 부르며 놀려대곤 했다.

아버지는 1938년에 둘째 아들 찰스가 선교사로 출발하는 모습만을 직접 보실 수 있었다. 그해에 찰리, 마리온, 그리고 찰리의 어머니의 이름을 받은 어린 앨리스가 아버지에게 작별 인사를 고하고 인도를 향해 떠났다. 아버지는 1936년 신사참배 논쟁 때문에 일본인에 의해 한국을 떠나실 수밖에 없었고, 은퇴한 후에는 캘리포니아에서 사셨다. 한국 문화에 너무 오랫동안 적응하셨기 때문에, 아버지는 캘리포니아 몬로비아 우체국에 가서 우표를 살 때 한국어로 말씀하셨다고 한다.

아버지가 1939년에 돌아가셨을 때 나는 프린스턴 신학교 1학년에 재학 중이었고, 동생 하워드는 의대를 다니기 시작했다. 큰형 짐은 뉴욕 시에 있는 성경신학교에서 신학 교육을 막 마쳤고, 막내 동생 톰은 아직 고등학생이었다.

아버지에 대한 여러 가지 기억이 내 마음에 새겨져 있다. 하루는 우리 형제들이 평양 사택의 마당에서 친구들과 축구를 하고 있었다. 아버지는 마루에서 위원들과 회의를 하고 계셨다. 갑자기 형 찰리가 공을 따라가다가 아버지가 가장 아끼는 꽃나무에 부딪히며 가지들을 부러뜨렸다. 우리는 어떤 벌이 내려질지 알 수 없어 마루를 쳐다보았다. 그때 동료 선교사가 "마페트 박사, 아름다운 나무들을 망가뜨렸다고 아들을 벌하지는 않겠지요?"라고 물었고, 아버지는 그것이 어쩔 수 없이 벌어진 일인 것을 아시기에 부드럽게 말씀하셨다. "꽃나무 키우는 것보다 아들 키우는 데 더 관심이 많지요. 꽃나무를 어디에 옮겨 심어야 할지는 곧 알 수 있을 것이고, 그래서 둘 다 잘 키울 수 있을 것입니다."

아버지는 교회에서 벌어지는 논쟁이나 선교회 사업 문제를 집으로 가져와서 논의하신 적이 없다. 물론 자주 집을 비우셨으나, 집에 계실 때면 손님들과 함께 유쾌한 대화를 즐기며 식사할 때가 많았다. 나는 아버지가 동료들에 대해 안 좋게 말씀하시는 것을 들은 적이 없다. 다른 선교사나 한국인 동료와 정책 문제로 심각한 의견 차이가 있었겠지만, 우리는 이런 것을 전혀 알 수 없었다.

of them. Famous names in Korean Church history were simply good friends to us boys. I was fascinated by the big thick glasses of Rev. Kil Sun-Ju. He had spent many months in prison following the Independence Movement of 1919. After his release and undoubtedly before that, also, he was a frequent visitor in our home consulting with my father. I used to climb up on his lap when I was four or five years old, look up into his face and ask him in Korean to recite a certain verse or passage of the New Testament. I knew he had memorized huge portions of the Bible, especially from the Book of Revelation, while in prison. He would always quote whatever chapter and verse I might ask of him.

A Korean friend in Taegu once told us a story which had become dear to his family. He said that when his father was a student at Soongsil College in P'yŏngyang, Dr. Moffett, who at that time was the president of Soongsil, asked this young man to take care of his home while he and his family were away for a week or two. He said, "I am making you the Master of my home while I am away." One day Dr. Moffett returned unexpectedly for a short time. This young man had climbed up into the apricot tree in the yard and picked some of the ripe fruit. He was startled and greatly embarrassed by what he had done. But when he began to apologize, Dr. Moffett said to him, "You have absolutely nothing for which to apologize. Didn't I tell you that while I am away you are the master(주인) of this house? As master you have a perfect right to do what you have done." Our friend said that story had become a family treasure.

Prayer was a natural part of our family life. In the evenings, usually after dinner, we listened to father read a brief passage of Scripture and then we would kneel by a chair or a bed and hear him pray. His prayers were simple but profound. He prayed as though he personally knew the Father to whom he was praying. What a deep impact that had on all our lives! On summer vacations when we had a thatched-roof house built on a Korean boat and spent several weeks traveling up the Taedong river while father visited churches in villages along the river, we boys had

우리 집에는 방문객이 끊이지 않았다. 나는 그들 가운데 많은 사람을 생생히 기억한다. 그들은 한국 교회 역사에서는 유명한 사람들이었지만 우리에게는 단지 좋은 친구들이었다. 나는 길선주 목사의 크고 두꺼운 안경에 반했다. 그는 1919년 3·1운동 후 감옥에서 여러 달을 보냈고 석방된 후에는, 의심할 여지없이 그전에도, 아버지와 상의하기 위해 자주 우리 집을 방문했다. 네다섯 살 때 나는 늘 그의 무릎에 올라가서 그의 얼굴을 바라보며 한국어로 신약성경의 특정 구절이나 문단을 암송해달라고 부탁하곤 했다. 나는 그가 성경의 수많은 부분을 암기하고, 특히 감옥에서 요한계시록을 암기했다는 것을 알고 있었다. 내가 어떤 장, 어떤 절을 부탁하든지 그는 항상 척척 암송했다.

대구에 살던 한국인 친구가 한번은 자신의 가족이 소중히 간직하는 한 이야기를 들려주었다. 그의 부친이 평양 숭실대학 학생일 때의 일이다. 당시 숭실대 학장이던 아버지는 가족과 함께 한두 주일 집을 비우게 되었다. 그러자 내 친구의 부친에게 집을 잘 돌봐줄 것을 부탁하면서 다음과 같이 말씀하셨다고 한다. "내가 없을 때는 자네가 이 집의 주인이네." 어느 날 아버지가 일정보다 빨리 잠깐 집에 들르셨다. 그때 이 청년은 마당에 있는 살구나무에 올라가서 익은 살구를 몇 개 따고 있었다. 그는 놀랐고 자신의 행동으로 인해 크게 당황했다. 그러나 그가 사과하려고 했을 때 아버지는 그에게 말씀하셨다. "자네는 사과할 것이 전혀 없다네. 내가 없을 때는 자네가 이 집의 주인이라고 말하지 않았던가? 주인은 그런 일을 할 충분한 권리가 있는 거야." 내 친구는 그 이야기가 자신들의 가보(家寶)가 되었다고 말했다.

기도는 우리 가족에게 자연스러운 생활의 일부였다. 저녁마다 아버지는, 대개는 식사 후에 간단히 성경 구절을 읽으신 후 의자 옆이나 침대 옆에서 무릎 꿇고 기도하셨다. 아버지의 기도는 단순하고 심오했다. 아버지는, 기도를 드리는 아버지 하나님과 개인적으로 알고 있는 사이인 것처럼 기도하셨다. 그 기도가 우리 모두의 삶에 얼마나 깊은 영향을 주었던가! 여름 휴가철에는 한국식 배 위에 지은 초가집에 살면서 여러 주 동안 대동강을 따라 올라갔다. 아버지가 강 주변의 교회들을 방문하시는 동안 우리 형제는 수영하

great fun swimming and playing on the sand banks where we parked. But each morning before we were allowed to play, we had to memorize two or three of the questions from the Presbyterian shorter catechism. Although we sometimes grumbled about that, it gave us a solid theological and biblical world view which we recognized as a great gift later in our lives.

Just a year before he died my father wrote the following note to me. I had graduated from Wheaton College earlier that year and was spending several months in three small rural churches in North Dakota which my brother Charles had been serving when he was called to India. At the urging of Charlie to give temporary pastoral care to these churches, even though I had not yet had any formal theological education, I was writing and preaching some of the first sermons I had ever prepared. I was careful to send copies of them to my father. This is the letter he wrote to me: "… I want to hear from you as to whether you are holding the Gospel door open for new decisions. Your sermons are fine and are holding to the Gospel message but are you giving an appeal from time to time for decision on the part of those who hear you that they may decide to follow Christ?"

And, finally, I want to emphasize how important to my father was the principle which the early Presbyterian missionaries in Korea had adopted as their guide for planting a solid, indigenous Christian church in Korea. A few months after father arrived in Seoul in 1890, Dr. John L. Nevius, a seasoned Presbyterian missionary in China visited Korea. After unsuccessfully trying to persuade his fellow missionary colleagues in China to adopt the three-self plan of missions, his arguments in favor of it did take root in the minds of these young pioneers in Korea. Self-support, self-propagation, and self-government proved to be a solid foundation on which the fledgling Korean Presbyterian Church came to life in Christ and has grown into a tree whose branches spread nourishment throughout the world.

고 모래사장에서 놀기도 하며 재미있게 보냈다. 그러나 이렇게 놀기 전, 매일 아침마다 장로회 소요리문답에서 두세 가지 질문을 외워야 했다. 비록 당시에는 가끔 불평하기도 했지만, 뒷날 우리는 마음 깊은 곳에 튼튼한 신학적·성경적 세계관을 심어주었던 이 일이 우리 삶에 주어진 위대한 선물인 것을 깨달았다.

아버지는 돌아가시기 1년 전쯤 내게 짧은 편지를 보내주셨다. 그해 초 내가 휘튼 대학을 졸업하고 형 찰리가 사역하다가 인도로 가면서 목회자가 부재하던 노스다코타 주의 작은 시골 교회 세 곳에서 여러 달을 보내고 있을 때였다. 비록 그때까지 공식적인 신학 교육을 받은 적은 없지만, 형이 내게 임시로 이 교회들에서 목회해줄 것을 강권했기 때문에 나는 생애 처음으로 설교문을 써서 설교하고 있었다. 나는 조심스럽게 그 사본들을 아버지에게 보내고 있었는데, 아버지는 다음과 같은 답장을 써서 보내주셨다. "…나는 네가 사람들이 새로운 결단을 하도록 복음의 문을 열고 있는지 듣고 싶었는데, 너는 복음의 메시지를 붙잡는 좋은 설교를 하고 있구나. 그러나 설교를 듣는 사람들이 그리스도를 따르기로 결정할 수 있도록 때때로 결단의 시간을 요청하고 있는지 궁금하다."

끝으로 나는 초기 한국 장로교회 선교사들이 탄탄하고 토착적인 한국 교회를 설립하기 위한 지침으로 채택한 원리가 아버지에게 얼마나 중요했는지 강조하고 싶다. 아버지가 1890년 서울에 도착하고 몇 개월이 지난 후, 중국에서 오랫동안 선교한 존 네비우스 박사가 방한했다. 그는 선교를 위한 삼자(三自) 계획을 세워 중국에 있는 동료 선교사들이 채택하도록 설득하다가 실패했는데, 그 후 그 계획은 한국에 있는 젊은 선교사들의 마음에 뿌리를 내렸다. 자급, 자전, 자치는 신생 한국 장로교회가 그리스도 안에서 생명을 얻고 큰 나무로 자라 그 가지가 전 세계에 양식을 전하게 하는 튼튼한 기초가 되었다.

"오, 주님! 당신의 나라가 임하시며 당신의 뜻이 하늘에서 이루어진 것처럼 땅에서도 이루어지이다."

"Thy Kingdom come, O Lord, Thy will be done on earth as it is in Heaven."

July 25, 2011
Princeton, New Jersey
Samuel Hugh Moffett

프린스턴에서

2011년 7월 25일

새뮤얼 휴 마페트(馬三樂)

●
**새뮤얼 휴 마페트(馬三樂)**
이 글을 쓴 후 2015년 2월 9일에 별세했다.

# Foreword 2

I never met Samuel Austin Moffett, my husband's father. He died in 1939. But when I arrived in Korea in 1956 to marry his third son, Samuel Hugh Moffett, shortly after the hostilities of the Korean War had ended, I quickly discovered that I was marrying into a family that was greatly beloved, especially by the thousands of refugees who had fled the Communist–controlled northern half of the country. It seemed to me that they all knew Ma Moksa(마 목사) and had tears in their eyes when they spoke of him. It also seemed to me that they were almost all Christians. And living and serving among those Christians of Korea for the next twenty-five years had an immeasurably positive impact on my own life as a Christian.

It was after we left Korea in 1981 when Sam was sixty-five years old, the retirement age for Presbyterian missionaries in Korea, and was called to the faculty of a new "mission field," as President James McCord of Princeton Theological Seminary called it, that I began asking the Lord to show me a new mission for myself.

When we began unpacking boxes of papers which we had brought from Korea and boxes which had been in storage here in the United States, I realized that there was a treasure trove of material which, as an historian, Sam had collected on the history of the Korean Church and on the missionary families who had served there, including a vast number of letters and writings of his own father, one of the pioneers. I became more and more convinced that since we were almost next door to the great Princeton Theological Seminary library and within an hour's drive of the Presbyterian Historical Society archives in Philadelphia, I was in a unique location to do something with all this primary source material.

# 서언과 감사 2

나는 남편의 부친인 마포삼열 선교사를 만난 적이 없다. 그분은 1939년에 사망하셨다. 그러나 내가 1956년에 새뮤얼 휴 마페트와 결혼하기 위해 동족상잔의 전쟁이 끝난 지 얼마 되지 않은 한국에 도착했을 때, 곧 한국인, 특히 공산주의자들이 지배하는 북한에서 내려온 수만 명의 피난민들이 무척이나 사랑하는 가족에게 시집온 것을 깨닫게 되었다. 그들 모두가 '마 목사'를 알고 있는 것처럼 보였고, 그에 대해 말할 때 그들의 눈에는 눈물이 고여 있었다. 또한 피난민들은 거의 모두 기독교인인 것처럼 보였다. 이후 25년간 한국의 기독교인들과 함께 살면서 섬긴 시간은 기독교인으로서의 내 삶에 측량할 수 없는 긍정적인 영향을 미쳤다.

남편 샘이 한국에서 장로회 선교사가 은퇴하는 나이인 65세가 된 1981년에 한국을 떠나 프린스턴 신학교의 총장 제임스 맥코드가 지칭한 대로 새로운 '선교지'의 교수로 부름을 받았을 때, 나는 내게도 새로운 선교지를 보여달라고 주님께 간구하기 시작했다.

우리 부부가 한국에서 가져온 서류 박스와 미국의 창고에 넣어두었던 박스를 정리하기 시작했을 때, 역사가인 샘이 한국 교회 역사와 한국에서 봉사한 선교사 가족들에 대해 수집해둔 보물 같은 자료를 발견했다. 거기에는 개척 선교사로 활동하던 마포삼열 선교사의 수많은 편지와 글도 있었다. 우리가 프린스턴 신학교의 큰 도서관 근처에 살았고, 한 시간만 차를 타고 가면 필라델피아에 장로회역사협회 고문서실이 있었기에 이 모든 일차 사료를 가지고 무엇인가를 할 수 있는 독특한 위치에 내가 있음을 점점 더 확신하게 되었다.

우리가 미국으로 돌아온 1981년은 교수진과 학생들이 개인 컴퓨터를 학문적인 작업에 사용하기 시작하던 때였다. 나는 지체하지 않고 바로 컴퓨터에 손을 대기 시작했고 사용법을 배웠다. 이 일은 재미있었고 나는 하나님

We had returned to the United States in 1981 and this was just the time when personal computers were beginning to be used by faculty and a few students for academic work. I could hardly wait to get my hands on one and learn how to use it. For me that was fun. And I soon discovered what became a real calling of God.

Many hours were spent in the Speer library at the microfilm machines transcribing all the hand-written letters of S. A. Moffett and a few other of his missionary colleagues, whose correspondence with the Board of Foreign Missions extended over fifty years. The technology available when the letters were microfilmed was not up to today's standards but for the most part they were readable with squinting and pondering at times. I am thankful that S. A. Moffett's handwriting was quite legible. In later years some of the letters were typewritten, which is not surprising since the Underwood typewriter was showing up more and more frequently in Korea. The great pioneer Presbyterian missionary, Horace G. Underwood was a brother of Mr. John Underwood, founder of the Underwood Typewriter Company.

One of our great disappointments was the fact that all of Samuel A. Moffett's personal letters to his family in Madison, Indiana from his earliest days in Korea through the next forty-six years were destroyed when his brother Howard S. Moffett's home burned to the ground in 1944. Those precious letters had all been kept by S. A. Moffett's mother until she died in 1912 and then by his brother Howard in his home. Shortly before the tragic fire, Aunt Susie, who was living at that time with Uncle Howard had gathered those letters together and was preparing to send them all to my husband, Samuel Hugh Moffett, who was even then becoming the family historian.

Fortunately, in spite of that great loss, we did have many other letters, as you will see in this collection. Pulling together and transcribing these letters from the files of the Presbyterian Historical Society, from our own rather vast collection and from a few other

이 내게 주신 진정한 소명을 곧 발견했다.

나는 스피어 도서관에서 마이크로필름 판독기로 마포삼열 선교사와 그의 동료들이 50년 넘게 북장로회 선교본부에 보낸 편지들을 보면서 컴퓨터로 타이핑하는 작업에 많은 시간을 보냈다. 마이크로필름을 만들 당시의 기술은 오늘날의 수준에는 미치지 못했지만, 대부분의 편지는 눈을 가늘게 뜨고 보거나 한참 생각하면 어느 정도 읽을 수 있었다. 나는 마포삼열 선교사의 필적이 상당히 또렷해서 감사했다. 후대에 가면 일부 편지는 타자기로 친 것도 있었다. 이것은 놀라운 일이 아닌데, 한국에서 언더우드 타자기가 점점 더 빈번하게 사용되고 있었기 때문이다. 사실 위대한 개척 선교사 언더우드[元杜尤] 목사의 형 존 언더우드는 언더우드 타자기회사의 설립자였다.

가장 아쉬운 점은 마포삼열 선교사가 한국에 도착한 이후 46년간 인디애나 주 매디슨에 있는 가족에게 보낸 개인 편지가 1944년 마포삼열 선교사의 형 하워드의 집이 화재로 전소될 때 모두 사라진 것이다. 그 소중한 편지들은 모두 마포삼열 선교사의 어머니가 1912년에 돌아가실 때까지 간직해 둔 것인데, 이어서 하워드 삼촌이 보관하게 되었다. 그 불행한 화재가 발생하기 직전, 당시 하워드 삼촌과 함께 살던 수시 고모가 모든 편지를 모아 그때 벌써 가족사를 담당하고 있던 남편에게 보내려고 준비하고 있었다.

큰 손실에도 불구하고, 다행히 이 시리즈에서 보듯이 다른 많은 편지가 남아 있었다. 미국 장로회역사협회의 파일, 더 많은 우리의 수집 자료철, 그리고 다른 자료에서 이 편지들을 다 찾아내어 컴퓨터에 타이핑하는 일은 많은 시간과 날과 해가 걸렸다. 그러나 이 작업은 개인적으로 내게 커다란 복이었다. 그리고 이제 나는 다른 많은 사람들도 진실로 위대한 한 인물의 개인적인 글을 읽고 복을 누리기를 희망한다. 왜냐하면 그분이 내 시아버님이기 때문이 아니라, 직접 펜으로 쓴 글과 정신과 마음을 통해 그분이 얼마나 온전히 주 예수 그리스도께 복종했고 얼마나 진지하고 지혜롭고 일관되게 그 놀라운 자유의 복음을 그분이 무척이나 사랑한 한국인들에게 전하려고 했는지를 배웠기 때문이다.

마포삼열 선교사는 1889년 말 한국을 향해 출발할 때 다음과 같이 썼다.

sources has taken hours, days and many years of work. But it has been a great blessing to me personally and I now hope it may be a blessing to many others who will benefit from the personal writings of a truly great man. I can say that, not because he was my father-in-law, but because I have learned from his own pen and his own mind and heart how fully he had surrendered himself to the Lord Jesus Christ and how earnestly, wisely and unfailingly he sought to present that wonderful liberating good news to the much-beloved Korean people.

As he was leaving for Korea he wrote, "I am resolved to know Jesus Christ, and Him alone." He knew that he was not going to Korea to civilize its people. He realized that they were a people of an ancient cultural heritage far more civilized than his own. But he also knew that they were a people who desperately needed the liberating power of the Lord Jesus Christ to deliver them from fear, from hopelessness and from bondage to sin and evil. It was to that purpose that he sailed for Korea in the last month of 1889, arriving at the dawn of a new year, a new decade and the early years of a new life for the people of Korea.

I hope you will come to know something of the character of this young man who stepped on the soil of Korea on his 26th birthday. He was purposeful and serious, yet he had a great sense of humor. He could forcefully argue a point when he thought an important principle was at stake. But he respected colleagues with whom he sometimes differed and knew they were Brothers and Sisters in Christ.

Some of his Korean colleagues labeled him "the Looking Up the Road Man." He was always looking ahead and planning ahead and his plans were directed to planting a church of disciplined, educated, mature and witnessing believers. He was a strong proponent of Christian Education at all levels and sought when planting a church to plant a school beside it. Samuel A. Moffett was a mission strategist. A careful reading of the published material in these books will give abundant illustration to this claim. But when a visitor at the fiftieth anniversary

"나는 예수 그리스도 그분만 알기로 결심했습니다." 시아버님은 한국인을 문명화하기 위해 한국에 가는 것이 아님을 아셨다. 시아버님은 한국인들이 고대 문명의 유산을 가진 민족이며 미국인보다 더 문명화된 민족인 것을 아셨다. 그러나 동시에 한국인들에게 불안, 절망, 죄와 악의 굴레로부터 자유롭게 하는 주 예수 그리스도의 능력이 간절히 필요한 것도 아셨다. 그분이 1889년 12월 한국을 향해 떠난 것은 바로 그 목적 때문이었다. 1890년대는 한국 민족에게 새로운 10년이었고 새 생명이 주어진 초창기였다.

나는 독자들이 26세 되던 생일날 한국 땅을 밟은 이 청년의 인격이 어떠했는지를 알기 원한다. 그는 목적이 분명하고 진지하면서도 유머 감각이 뛰어났다. 그는 중요한 원칙이 걸려 있는 문제라고 생각하면 핵심을 강력하게 논증할 수 있었다. 그러나 때로 의견이 다를지라도 동료들을 존중했고, 그들이 그리스도 안에서 형제자매임을 기억했다.

그의 동료들은 그를 '길 앞을 내다보는 사람'이라고 불렀다. 그는 항상 앞을 바라보며 미리 계획했는데 그 계획은 훈련된, 교육받은, 성숙한, 전도하는 교인으로 이루어진 교회를 설립하는 방향으로 나아갔다. 그는 모든 수준의 기독교 교육을 강하게 옹호했으며, 교회를 설립할 때 바로 옆에 학교를 설립하려고 노력했다. 그는 선교 전략가였다. 이 시리즈들을 주의 깊게 읽어보면 이 주장에 대한 사례들을 넘치도록 찾을 수 있을 것이다. 그러나 한국 장로회 선교 희년 때 방문한 어떤 사람이 한국 교회의 성장을 어떻게 설명할 수 있는지 질문했을 때, 그는 단순히 이렇게 대답했다. "50년간 우리는 이 사람들에게 하나님의 말씀을 제시했고 성령께서 그 나머지를 행하셨습니다."

1904년 미국의 젊은 작가 잭 런던이 러일전쟁을 취재하기 위해 신문사 종군기자로 한국에 파견되었을 때, 그는 마페트 선교사의 한국어 이름이 길에서 만난 사람들에게 마술처럼 효력을 발휘하는 것을 보았다. 잭 런던은 전쟁 지역까지 가기 위해 북쪽으로 먼 길을 여행하지 않을 수 없었다. 온갖 손짓 몸짓을 다 하면서 의사소통을 여러 번 시도한 후, 그는 호주머니에 있는 종이 한 장을 기억했다. 그것은 새 친구 마페트의 한국어 이름이 쓰여 있는 종이였다. 그는 천천히 "마-목-사"라고 발음했다. 그러면 기적처럼 사람들의

celebration of the Korea Presbyterian Mission asked him how to account for the growth of the Korean Church, he answered simply, "For fifty years we have held up the Word of God to these people and the Holy Spirit has done the rest."

As early as 1904 when a young American writer, Jack London, was sent to Korea to cover the Russo-Japanese War as a Correspondent for his newspaper, he found that Moffett's Korean name worked like magic among people he met on the road. London had to travel long distances through the north on his way up to the war zone. After many attempts to be understood, by wildly waving his arms or trying other agonizing contortions, he remembered a piece of paper he carried in his pocket. It was the Korean name of his new friend, Moffett. Slowly he pronounced that name, "Ma Mōk sa." Miraculously, he watched faces light up with joy and infinite comprehension. Almost immediately doors swung open to this young stranger eager to meet any need he might have. Jack London was later to become a well-known author in America, who wrote a story about his friend, Dr. Moffett, in Korea.

Samuel Austin Moffett has left behind a memorable legacy in Korea. Among the fruit of his work are the great Presbyterian theological seminaries which claim him as their founder. He would be intensely saddened by the divisions in the Church and in the nation, but very thankful to know how the Korean churches have shouldered the responsibility of World Mission outreach. It is our hope and prayer that the written records left by our father, Samuel Austin Moffett, will turn the eyes of the reader not primarily to the Moffett legacy but that they will serve as an extended witness of his life to the Great Light of the World, the Lord Jesus Christ.

**Addendum:**

When Dr. Oak Sung-Deuk contacted me to ask whether I might be interested in working with him on the publication of the letters and

얼굴이 기쁨과 무한한 이해로 밝아지는 것을 보았다. 바로 즉시 사람들은 이 낯선 이방인에게 문을 활짝 열고 그가 필요한 것이라면 무엇이든지 열심히 도와주려고 했다. 잭 런던은 뒷날 미국에서 유명한 작가가 되었는데 그는 한국에서 사귄 친구인 마페트, 즉 마포삼열 선교사에 대한 이야기도 썼다.

마포삼열 선교사는 한국에 기념할 만한 유산을 남겼다. 그 열매 가운데 하나는 그가 설립한 여러 장로회신학교다. 그는 교회와 나라가 분열된 것에 크게 상심할 것이지만 동시에 한국 교회들이 세계 선교의 책임을 어깨에 메고 나아가고 있는 것으로 인해 깊이 감사할 것이다. 우리는 마포삼열 선교사가 남긴 기록을 통해 독자들이 그의 유산에만 눈을 고정하지 말고, 세계의 위대한 빛이신 주 예수 그리스도를 섬긴 그의 생애를 통해 더 폭넓은 그분의 증인으로 섬기기를 바라고 기도한다.

### 감사의 글

옥성득 교수가 내게 마포삼열 선교사의 편지와 기사를 출판하기 위해 함께 일하는 데 관심이 있는지 문의했을 때 나는 지체하지 않고 긍정적으로 대답했다. 남편과 나는 그가 만든 양질의 책들과 그의 성실한 인격을 알고 있었다. 그는 이미 『언더우드 자료집』 5권의 편집을 책임졌고 다른 번역과 출판 프로젝트를 완성했기 때문에 우리는 그의 관심에 기뻤다. 우리는 이 프로젝트를 착수해준 그에게 감사의 빚을 졌기에 이 자리를 빌려서 고마움을 표한다.

마포삼열 선교사 가족은 윌리엄 베어드 박사가 숭실대학을 설립할 때부터 그 대학의 운명과 함께했다. 베어드 목사는 마포삼열 선교사와 인디애나의 하노버 대학과 맥코믹 신학교 시절부터 친한 친구였다. 그들은 나중에 평양에서 장로회 선교사로서 동역자와 동료가 되었다. 마포삼열은 모든 수준의 교육을 옹호하는 사람이었고 베어드의 노력을 강력하게 지원했다. 베어드가 숭실대학 학장직을 사임하고 몇 년 후인 1918년부터 마포삼열은 10년간 학장으로 봉직했다. 당시 평양에서 성장한 남편 샘은 지금도 간혹 숭실대학 교가를 부르곤 한다. 1925년 동아시아 축구 시합에서 숭실대학 축구팀

articles of Samuel Austin Moffett, I had no hesitation in giving him a positive answer. My husband and I knew the quality of his work and the integrity of his character. He had already presided over the publication of the Underwood Papers in several volumes, among a number of other translation and publishing projects, and we were pleased that he was interested. We wish to acknowledge our debt of gratitude to him for undertaking this project.

The Moffett family has followed the fortunes of Soongsil College (now University) from the time of its founding by Dr. William Baird. Baird was a close friend and companion of Samuel A. Moffett while they were both students at Hanover College in Indiana and at McCormick Theological Seminary. They were later partners and colleagues as Presbyterian missionaries in Pyengyang, Korea. Moffett was a great advocate for education at all levels for Korea and strongly supported Dr. Baird's efforts. A few years after his friend Baird resigned as president of Soongsil, Moffett stepped in as president for about ten years in the 1920s. His son, young Sam Moffett, growing up in Pyengyang during those years still breaks out singing the Soongsil song once in a while. He remembers how proud all the Soongsil fans were in 1925 when the college soccer team took first place in the major East Asia tournament that year. Another thing our family cannot forget was the time in 1919 when the Japanese occupying government demanded that the Korean flag be removed from the Soongsil flag pole. Dr. Moffett, who was president at the time, with a downcast heart asked his fourteen year-old son, James, to climb up the flagpole and take it down. Moffett then sent it to America by James when he went to school in the U.S. a short time later. More than fifty years later, in 1974, that young boy, now 65 years old, following his late father's instructions, brought the flag back to Korea and proudly presented it to Soongsil. It was widely reported in local newspapers.

We are pleased that the Institute for Values and Ethics of Soongsil

이 1등을 차지했을 때 그가 모든 숭실 팬들과 함께 얼마나 자랑스러워했는지 지금도 기억한다. 우리 가족이 잊을 수 없는 또 다른 일은 1919년 한국을 다스리던 일본 총독부가 태극기를 숭실 게양대에서 제거하라고 요구했던 때다. 당시 학장이던 마포삼열 선교사는 무거운 마음으로 14세 된 아들 제임스에게 게양대에 올라가 태극기를 내리라고 부탁했다. 곧 제임스가 미국에 있는 학교에 진학하게 되자 마포삼열은 그 국기를 미국으로 보냈다. 50년 후인 1974년 65세가 된 그 소년은 돌아가신 부친의 지시를 따라 그 태극기를 한국으로 가져가서 자랑스럽게 숭실대학교에 기증했다. 한국의 여러 신문이 이를 대대적으로 보도했다.

우리는 『마포삼열 자료집』을 숭실대학교 가치와윤리연구소가 간행하게 되어 기쁘게 생각하며 소장인 김선욱 교수께 특별히 감사드린다. 또한 이 프로젝트를 후원하는 강북제일교회와, 숭실대학교를 졸업한 황형택 담임목사께 깊이 감사드린다.

나는 필라델피아에 있는 장로회역사협회의 프레드릭 하우저 박사와 직원들께 감사한다. 그들은 마이크로필름에 담긴 문서들에서 마포삼열의 편지를 출판하도록 허락하고 도와주었다. 또한 나는 프린스턴 신학교 루스 도서관의 직원들과 특별자료실의 클리퍼드 앤더슨 박사와 케네스 헨크 고문서 사서께 감사한다. 그리고 지난 여러 해 동안 우리의 한국 자료를 정리하는 일을 도와준 내 여동생 조앤 플라워 해케트에게 마음으로부터 깊이 고마움을 표한다.

무엇보다 고마운 사람은 나를 지속적으로 격려하고 사랑으로 도와준 남편이자 동반자이고 마포삼열의 아들인 새뮤얼 휴 마페트다. 그는 오랫동안 아버지의 수많은 편지를 수집하고 보관해온 장본인이다. 한국에서 어릴 때부터, 그리고 아시아 선교사로서 아버지의 삶을 뒤따르기 위해 프린스턴 신학교에서 목회 훈련을 받고 있던 당시 아버지가 돌아가시기까지 그분을 알았던 사람이 결국 그였다. 아들이 아버지에게 할 수 있는 이보다 더 큰 헌사가 어디 있겠는가?

University facilitated the publication of the series and specially grateful for the service of Prof. Seon-Wook Kim, chair of the institute. We would like to express our deep gratitude for the financial support for the series from the Kangbuk Leading Church and its senior pastor Hyung-Taek Hwang, an alumnus of Soongsil University.

I wish to acknowledge and thank Dr Frederick J. Heuser and the staff of the Presbyterian Historical Society of Philadelphia also for their cooperation and helpfulness in allowing us to publish the Moffett letters from their microfilmed document collection. My gratitude also goes to the staff members of Princeton Theological Seminary's Luce Library, Dr. Clifford Anderson, Director of Special Collections and Mr. Kenneth Henke, Archivist. And to my own sister, Joanne Flower Hackett, who has given hours, days, weeks and years to helping me with our Korea collection I owe heartfelt thanks.

Most of all, it is to my husband, Samuel Hugh Moffett, my dearest life companion and son of Samuel Austin Moffett, that I am most grateful for his constant encouragement and loving assistance. He was the one who collected and kept so many of his father's letters through the years. After all, he knew this man from his youngest days as a babe in Korea until the death of his father while Sam was training for the ministry himself at Princeton Theological Seminary to follow in his father's footsteps as a missionary in Asia. What greater tribute can a son give to his father.

December 3, 2016
Princeton, New Jersey
Eileen Flower Moffett

2016년 12월 3일

프린스턴에서

아일린 플라워 마페트(馬愛隣)

# 차례 CONTENTS


간행사 Preface

김선욱 Prof. Seon-Wook Kim 011

기념사 Commemoration

황형택 Rev. Hyung-Taek Hwang 013

편역자 글 Editor's Remarks

옥성득 Dr. Sung-Deuk Oak 014

서언과 감사 1 Foreword 1

사무엘 휴 마페트 Dr. Samuel Hugh Moffett 016

서언과 감사 2 Foreword 2

아일린 플라워 마페트 Mrs. Eileen Flower Moffett 026

서문 Introduction

옥성득 Dr. Sung-Deuk Oak 040

일러두기 Explanatory Remarks 074

약어표 Abbreviations 075

**서신** Letters

1895 — *077*

1896 — *141*

1897 — *229*

1898 — *319*

1899 — *423*

1900 — *511*

**보고서** Reports — *579*

**기사** Articles — *725*

**가계도** Family Trees — *782*

**연대표** Chronology — *784*

**색인** Index — *786*

# Introduction

The second volume covers the final years of the twentieth century, which was one of the most volatile and energetic periods in modern Korean history. During these six years (1895-1900), the Pyongyang station expanded rapidly and the principles of self-support and self-propagation of the Nevius method were firmly established. At the same time, differences in certain critical missional issues between the Seoul station and the Pyongyang station developed into intense debates and conflicts. Moffett became the senior leader of the Pyongyang station during these controversies and established the mission policy and method that became the foundation of the Korean mission as well as the Pyongyang station.

After the Sino-Japanese War (1894-95), the Korean government launched reform movements to make an independent modern nation state. They established the Great Han Empire for that purpose and king Kojong became its first emperor in 1897. With the help of American businessmen, electric cars were introduced to Seoul in 1899 and the railroad between Incheon and Seoul was opened in 1900, which became the symbols of modern Western civilization. Yet Emperor Kojong moved toward the conservative direction to strengthen his own power by using the Peddlers' Club to suppress the reform movement of the Independence Club and the All People's Association. In this chaotic political situation, Underwood in Seoul participated in the Independence Club movement and published the vernacular weekly Christian Newsfor both Korean officials and Korean Christian families, covering secular issues as well as church issues. Moffett in Pyongyang opposed to such a civilizational approach and emphasized the separation of church and state.

One of the major issues for the Protestant missions and churches

# 서문

제2권은 한국 근대사에서 가장 역동적이고 격변의 시기였던 20세기의 마지막 6년인 1895-1900년을 다룬다. 이 기간에 평양 선교지부는 양적으로 크게 확장되었으며, 네비우스의 삼자(자급, 자전, 자치) 원칙을 기초로 한 선교 방법이 확고하게 자리를 잡았다. 동시에 서울 선교지부와 평양 선교지부 사이에 존재한 선교 문제에 관한 몇 가지 서로 다른 의견은 치열한 논쟁을 불러일으키며 갈등 양상으로 치달았다. 마포삼열 목사는 이 논쟁을 진행하면서 평양 지부의 지도자 역할을 했고, 점차 한국 장로회 선교회 전체를 위한 선교 정책과 방법의 근간을 세우는 인물이 되었다.

청일전쟁(1894-1895년) 이후 조선 정부는 근대 독립 국가를 수립하기 위한 개혁 운동을 전개했다. 이를 위해 조선은 1897년 대한제국을 세우고 고종이 첫 황제로 등극했다. 미국 사업가들의 도움을 받아 1899년 서울에 전차가 도입되었고, 1900년에는 경인선 기차가 개통되었다. 그러나 고종은 황제권을 강화하려고 보수파와 손을 잡았고, 보부상으로 구성된 황국협회를 이용하여 독립협회와 만민공동회가 추진한 개혁 활동을 탄압했다. 정치적 혼란의 상황에서 서울에 있던 언더우드와 아펜젤러는 독립협회에 참여했고, 한국 관리들과 기독교인 가족을 위해서 교회 문제뿐만 아니라 사회적 주제도 다룬 주간 「그리스도신문」을 한글로 출판했다. 평양의 마포삼열은 이런 문명화론에 반대하고, 정교분리와 더불어 그리스도만을 전해야 한다고 주장했다.

이런 견지에서 이 시기 개신교 선교와 교회가 중요하게 다루는 문제 중 하나는 서양 기독교를 그대로 이식하는 것이 아니라, 토착적인 한국 기독교를 형성하기 위한 선교 정책 및 방법의 선정과 적용이었다. 이 서문은 네비우스-로스 방식이라고 일컫는 한국 장로회의 선교 정책의 발전 과정과 그

these years, therefore, was to adopt what kind of mission policy and method to establish indigenous Korean Christianity, not a replica of Western Christianity. This introduction delineates the development of the Presbyterian mission policy, namely the Nevius-Ross method, and its naturalization by H. G. Underwood in Seoul and S. A. Moffett in Pyongyang. The Nevius-Ross Method (hereafter NRM) was adopted officially in 1891 and needed to be revised soon after some controversies between the Seoul station (led by Underwood) and the Pyongyang station (led by Moffett).

### The Transmission of the Nevius-Ross Method to Korea

As seen in the first volume, Koreans encountered Scottish Chinese Presbyterianism in Newchwang (Yinkou) and Mukden (Shenyang) in Manchuria beginning in 1874. Some young merchants from Ŭiju (e.g. Yi Ŭngch'an, Paek Hongjun, and Sŏ Sangnyun) crossed the Yalu River to meet John Ross and John McIntyre, were baptized from 1879, and sent to Koreans for evangelism and distribution of the newly translated and printed Korean gospels from 1882.

The trans-Yalu-River encountersbetween Koreans and Protestantism and its expansion along the Beijing-Seoul Road reveal the features and fundamental issues of the rise of the Protestant churches in Northern Korea. The first Christian groups along the Yalu River were either border-crossing peddlers or displaced migrant peasants. As their sociopolitical status was precarious, their religious searches were mixed with secular motivations. Merchants had been despised by Neo-Confucian intellectuals as the lowest class among the commoners. However, as Ross found, they were a newly rising "middle class" that had potentiality to become the backbone of the future church. They had bilingual literacy and cultural liminality; accumulated wealth by international trade, hard-work, and frugality; were largely free from Neo-Confucian ideology and open-minded enough to accept Western culture

선교 정책이 서울의 언더우드와 평양의 마포삼열에 의해 어떻게 토착화되었는지를 서술하고자 한다. 네비우스-로스 방식은 공식적으로 1891년에 도입되었는데, 언더우드가 중심이 된 서울 선교지부와 마포삼열이 지도하던 평양 선교지부 사이의 논쟁을 거쳐 수정된다.

### 네비우스-로스 방식의 한국 전파

제1권에서 설명했듯이, 한국인들은 1874년 만주의 뉴촹(영구)과 선양(봉천)에서 시작된 스코틀랜드 연합장로회 선교사들과 접촉했다. 의주의 젊은 상인 이응찬, 백홍준, 서상륜 등은 압록강을 건너가서 존 로스와 존 매킨타이어를 만나 성경을 공부하고 1879년부터 세례를 받았으며, 1882년부터 출판된 한글 복음서를 반포할 사명을 가지고 한국 내에서 활동하기 시작했다.

압록강을 건너 하룻길 거리에 있는 만주의 고려문에서 시작된 한국인과 개신교의 만남은 서울-베이징을 잇는 북경로와 압록강 양안을 따라 확장된다. 이런 발전 경로는 북한 지역 개신교회의 설립 과정과 특징을 명확하게 보여준다. 압록강 양안을 따라 형성된 최초의 한국인 개신교 집단은 국경을 넘나들며 장사하는 행상들이나 기근과 중과세에 쫓겨 강을 건너 이주한 농민들이었다. 조선 사회에서 장사를 해서 이익을 남기는 상인은 주자학의 의리와 명분으로 무장한 양반들에게 멸시를 받는 평민이었다. 그러나 로스가 파악했듯이, 그들은 새로 부상하는 자립적인 중산층으로서 미래 교회의 중추가 될 수 있는 잠재력을 소유하고 있었다. 두 개의 언어를 구사할 수 있었던 그들은 문화적 경계인의 위치에서 국제 무역과 성실한 노동과 근검절약을 토대로 부를 축적한 계층이었다. 비록 생업을 위해 영국산 양목에 최대 관심을 보였지만, 정신적으로는 신유학 이념으로부터 자유로웠으며 서양문화와 개신교를 수용할 만큼 개방된 사고를 가지고 있었다. 그들은 네비우스-로스 방법의 3자(자급, 자전, 자치) 원칙을 환영했는데, 개인의 능력에 바탕을 둔 그 원칙들이 새로운 신분 질서를 획득하는 데 유리한 방식이었기 때문이다. 그들은 교회에서 서리집사나 영수로 자원하여 지도력을 인정받고 장로나 목사로 신분 상승을 이룰 수 있었다. 그들은 교회나 "천국"에서 조선 왕

and Protestantism, though they were most interested in imported textiles, a British commodity. They welcomed the "Nevius-Ross Method" of the three-self (self-support, self-propagation, and self-government) principles because it gave them the merit-based space where they could attain upward mobility by becoming colporteurs, helpers, leaders, deacons, or elders. They tried to overcame status inconsistency by acquiring such titles of the church or the "heavenly kingdom," which they regarded a spiritual equivalence to the titles of yangban of the Chosŏn kingdom.

Some of the merchants were literary enough to understand the classical Chinese texts or translate them into colloquial Korean. Thus all theirinitial activities were related to the Bible—reading and studying the Chinese Scriptures and then translating them into the vernacular Korean, and distributing the printed copies. They were a community committed to biblical texts in order to find purpose and a new "social imagery" and a new moral order. Early Korean Christianscontinued this quest; they were called "Bible-centered Christians" and their religion "Bible Christianity." Positively speaking, this promoted vernacularism of the missions and literacy among uneducated people and women. Adopting the people's language for the sacred texts contributed to the awakening of the people and eventually the democratization of the society. Yet, "Bible Christianity" as a distorted form of sola-scriptura Protestantism could also fall into anti-intellectualism and a rejection of secular thought. When American fundamentalism began to exert its influence in the late 1910s, the institutionalized Presbyterian Church fell into its rigid ideology. They fought against new theology and socialism in the 1920s, and in doing so they lost missional and social relevancy among the intellectuals and younger generation as well as tenant farmers and urban laborers.

The other group, migrant peasants in the Korean Valley in 1880s, who fled from heavy taxation and famines, by contrast, wanted to protect their lives and properties from corrupted officials or landowners through

국의 양반 지위에 준하는 영적인 지위와 호칭을 획득함으로써 신분 차별을 극복하려고 했다. (1811년 홍경래의 난에서 보듯이 서북인은 서울 경기의 양반들에게 차별을 받고 있었다. 따라서 서북 상인들의 종교적 모색은 세속적인 동기와 혼합되어 있었다.)

1879년 만주의 영구장로교회에서 최초로 세례를 받은 네 명의 의주 청년을 포함한 서북 상인들은 한문 고전 서적을 이해하거나 그것을 일상 한국어로 번역할 수 있을 정도로 유식했다. 따라서 그들의 초기 활동은 성경과 기독교 문서를 중심으로 이루어졌다. 그들은 한문 신약전서와 전도책자들을 읽고 공부하고 이를 일상적인 한국어로 번역하고 인쇄하여 배포하는 일까지 담당했다. 그들은 새로운 "사회적 상상력"을 가지고 새로운 도덕적 질서를 구현하기 위해 성경 공부와 문서 작업과 전도와 예배를 아우른 하나의 공동체를 지향했다. 초기 한국인 기독교인들이 이런 분투를 지속했으므로 그들은 "성경 중심의 기독교인"이라 불렸고, 그들의 종교는 "성경 기독교"라고 일컬어졌다. 긍정적으로 말하면, 이런 성경 기독교는 교육을 받지 못한 문맹 상태의 평민과 여성에게 읽을 수 있는 능력과 문서를 주었으며, 선교 정책에서 본토어 사용을 증대시켰다. 성스러운 경전에 서민들의 일상어를 채택함으로써 평민들의 각성을 일으켰고 궁극적으로 사회의 민주화에 동력을 제공했다. 그러나 "성경 기독교"는 "오직 말씀"이라는 개신교의 교리가 왜곡된 형태로 타락하여 반지성주의와 현실도피주의를 조장할 수도 있었다. 미국의 근본주의가 1910년대 후반부터 한반도에 영향을 줄 때, 제도화된 한국 장로교회는 식민지 상황을 구실로 그런 유혹을 강하게 받았다. 그들이 1920년에 등장한 신신학과 사회주의에 대항하여 싸우는 동안, 지식인층과 청년 세대뿐만 아니라 소작농과 도시 노동자들과의 사회 선교적 접점을 상실하는 위험에 직면했다.

다른 집단은 1880년대에 압록강 대안 28개 마을로 구성된 한인촌에 거주하던 이주 농민으로, 과도한 세금 징수와 기근을 피해 강을 건넌 빈민들이었다. 이들은 서양 선교사들의 힘에 의지해 타락한 관리나 중국인 지주로부터 생명과 재산을 보호하기를 원했다. 그들은 교회에 입교하여 회원이 되면

the power of western missionaries. They thought that their membership of the church would guarantee a financial and political aid from missionaries. The danger was producing "rice Christians" whose main concern was survival or monetary benefit. In his trip to Manchuria in 1891, Rev. Samuel A. Moffett found most of the Christians in the Korean Valley were rice Christians.Thus he examined the applicants for baptism carefully and created the classes of catechumens as a probationer system in Pyongyang from 1894. The tension between the sociopolitical desire for power and protection and the religious-textual quest was one of the main issuesamong Korean Christians and it affected the mission policy.

When unexperienced young missionaries–Allen, Underwood, Heron, and Miss Ellers–arrived in Seoul in 1884 and 1885, and disputed each over the policy to deal with the prohibition of evangelism by the government, they sought advice from Dr. Frank F. Ellinwood, the secretary of the Board in New York and the seasoned missionaries in the neighboring stations in China and Japan. John L. Nevius (1829-93) in Shandong across the Yellow Sea, John Ross (1849-1915)in Mukden across the Yalu River, and Dr. James C. Hepburn (1815-1911) in Yokohama across the Korean Strait became their mentors. Ross learned from Nevius and applied his new method in Manchuria. Thus the Koreans' initial contacts across the Yalu River accepted the Nevius-Ross Method [hereafter NRM]. After meeting Dr. Nevius in 1890 and visiting Dr. Ross in 1891 with James S. Gale and Sŏ Sangnyun, Samuel A. Moffett (1864-1939) moved to Pyongyang to open a new station for building the indigenous churches in P'yŏng'an provinces. By contrast, Underwood in Seoul combined Hepburn's Christian civilization theory with the NRM initially, and moved gradually to the former theory when he published the weekly Christian News in 1897 and supported Dr. Olive R. Avison's (1860-1956) plan to establish the Severance Hospital in Seoul in 1900, without abandoning the NRM that was effective in the rural churches.

Underwood invited Ross first to Seoul in 1887, for the majority of

선교사로부터 경제적·정치적 지원을 보장받을 것으로 기대했다. 이런 세속적 입교 동기는 "쌀 신자"의 양산이라는 거품을 만들었는데, 이들의 개종 동기는 생존과 금전적 이익에 있었다. 마포삼열 목사는 1891년 만주를 여행했을 때 한인촌에 거주하는 대부분의 교인이 이런 "쌀 신자"라는 것을 발견했다. 이런 연유로 그는 세례 신청자들을 면밀히 문답하고, 1894년부터 평양에서 세례를 위한 준비 과정인 학습교인 교육과정을 별도의 프로그램으로 만들어 운영했다. 이런 힘과 보호를 목적으로 하는 사회정치적 욕구와 종교와 성서 중심적 신앙 사이에 존재하는 긴장은 한국 기독교의 주된 문제로 지속되었으며, 이것이 선교 정책의 수립과 발전에 영향을 주었다.

경험이 부족한 젊은 미국 선교사인 알렌과 언더우드, 헤론, 엘러스 양 등은 1884-1885년에 서울에 도착했고, 정부의 전도 금지령에 대처하는 선교 정책을 놓고 서로 대립하며 논쟁했다. 그들은 뉴욕 선교부 총무인 엘린우드 박사와 중국과 일본에 있는 노련한 선배 선교사들에게 조언을 구했다. 서해를 건너 산동 지푸의 존 네비우스(1829-1893) 박사, 압록강 건너 만주 선양에 있는 존 로스(1849-1915) 박사, 그리고 대한해협을 건너 요코하마에 있는 제임스 헵번(1815-1911) 의사가 그들의 멘토였다. 로스는 네비우스에게 새로운 선교 방법을 배워서 만주에 적용했다. 따라서 압록강을 가로질러 기독교와 처음 접촉한 한국인들은 네비우스-로스 방식을 수용했다. 마포삼열(1864-1939)은 1890년 서울에 도착한 후 그해 6월에 네비우스 박사를 만났으며, 1891년에는 게일과 서상륜과 함께 로스 박사를 방문하여 선교 방법을 배웠다. 마포삼열은 이후 평양을 여러 차례 방문하고, 평양에 토착적인 교회를 세우기 위해 새 선교지부를 개척했다. 반면 서울의 언더우드는 헵번의 기독교 문명 이론을 토착교회 설립론인 네비우스-로스 방법과 결합했고, 1897년 「그리스도신문」을 출판하면서 점차 문명화론 쪽으로 이동했으며, 1900년 에비슨(1860-1956) 의사의 대형 연합병원 계획을 지원하여 1904년 서울 세브란스 병원 설립에 협조했다. 그러나 그는 시골 지역에서는 네비우스-로스 방식이 효과적이었으므로 이를 포기하지 않고 활용했다.

언더우드는 1887년 9월 로스를 서울에 초대하였는데, 이는 서울 정동장

the church members in Seoul were the results of the distribution of the Ross Version by Sŏ Sangnyun. Ross visited Nevius in Chefoo to learn his method more in returning to Mukden. Ross kept a close friendship with Dr. Nevius and respected him. Ross employed more Chinese evangelists with meager salary. Nevius endorsed it because many qualified men existed in Manchuria where many Shandong farmers migrated and worked as entrepreneurs and merchants.

After meeting Ross, Underwood studied the Nevius method (which was formulated around 1880) and read The Methods of Mission Work (1886) to train Korean evangelists. He invited Mr. and Mrs. Nevius to Seoul in September 1890, just after the General Conference in Shanghai. The couple advised young missionaries, drawing from their long experiences in the field. Nevius lectured the full meaning of his method for two weeks. The Korea Mission of the PCUSA adopted its "Standing Rules and By-Laws"in February 1891.The rules were more thoroughly self-supporting than the plans laid down" by Nevius. They employed more Korean helpers (unordained ministers), Bible women (unordained female ministers), and local leaders (unordained elders) than in Shandong. The Korean churches were growing rapidly by voluntary self-propagation and the missionaries could visit them only once a year to baptize the candidates who were recommended by a helper.

In 1891 S. A. Moffett and J. S. Gale made a long journey from Seoul to Shenyang with the help of So Sangnyun and other Koreans and returned to Seoul via Hamheung and Wonsan. They met John Ross and other Scottish missionaries in Shenyang, and were marveled at the Daoist style Mukden Presbyterian Church and Chinese evangelists' leading of the worship services. Since this journey, Moffett and Gale had practiced the Nevius-Ross Method, not just the Nevius method, emphasizing the indigenous church building style, using more "native" leadership, adopting vernacularism in Christian literature, and using Confucian classics in the sermons. Its fruit was the establishment of the

로교회의 구성원 대다수가 서상륜이 반포한 로스역본 성경을 읽고 개종한 신자들이었기 때문이었다. 로스는 만주로 돌아갈 때 선편으로 지푸에 있는 네비우스를 방문하고 네비우스 방법을 더 익혔으며, 봉천으로 돌아와 그 방법을 강화했다. 로스는 네비우스 박사와 친밀한 우정을 유지했고 그를 존경했다. 로스는 적은 월급을 주고 다수의 중국인 전도인을 고용했는데, 네비우스는 이를 지지했다. 왜냐하면 산동에서 만주로 이주한 농민들 가운데 사업가와 상인으로 일하는 자가 많았고, 그 계층에서 교인이 된 자들 중에 적은 봉급으로 전도인 사역을 충실히 감당할 유자격자가 많이 있었기 때문이었다.

언더우드는 로스와 만나고 정동교회를 설립한 후, 1880년에 발표된 네비우스 방법을 공부했고, 한국인 전도인들을 훈련시키기 위해서 1886년에 출간된 소책자 『선교 사역 방법』(*The Methods of Mission*)을 읽었다. 그는 상하이 선교사 대회 직후인 1890년 6월에 미국으로 가는 네비우스 부부를 서울로 초청했다. 네비우스 부부는 중국에서 쌓은 오랜 경험에서 나온 지식을 2주일 동안 젊은 선교사들에게 강의했다. 미국 북장로회 한국선교회는 이를 정리하여 1891년 2월 선교회의 "규칙과 내규"를 작성하고 네비우스 정책을 공식 선교방법으로 채택했다. 그 규칙은 네비우스가 제시한 계획보다 더 철저하게 자급을 강조했다. 그들은 많은 한국인 조사(안수받지 않은 목사), 전도부인(안수받지 않은 여자 목사), 시찰을 책임지는 조사(안수받지 않은 장로)를 고용했는데, 이는 산동의 중국인 수를 능가했다. 한국 교회는 전 교인이 자원하는 자전(自伝) 원칙을 실천하면서 급성장했다. 사실 선교사들은 각 교회나 미조직교회를 1년에 1회 정도 방문하여 조사가 추천한 세례신청자에게 세례를 주고 성찬을 베풀었다.

1891년 마포삼열과 게일은 서상륜과 다른 몇 명의 한국인의 도움을 받아 서울에서 의주를 거쳐 선양까지 장거리 도보 여행을 시도했고, 함흥과 원산을 거쳐 다시 서울로 돌아왔다. 그들은 선양에서 존 로스와 스코틀랜드 선교사들을 만났는데, 도교 양식으로 토착화된 선양장로교회 건물과 중국 전도인들이 인도하는 예배를 보고 놀라움을 금치 못했다. 이 여행 이후 마포삼

Central Presbyterian Church in Pyongyang in 1893 and the expansion of the station based on the NRM.

In 1893 the Council of the Presbyterian Missions (consisting of four missions) adopted the modified NRM. They set the main target of evangelism at the working classes, not the higher classes. The second target was women and girls "since mothers exercise so important an influence over future generations." They also emphasized Christian education at primary schools, Bible translation, vernacular literature, self-support in churches, schools, and hospitals, and evangelism at hospitals. In 1895, the Korea Mission officially declared that Presbyterian missionaries believed in the NRM and their one aim was to win souls, believing that individual change could bring about social change. That was different from the sociological mission theory of the Methodists.

### Korean Features of the Nevius-Ross Method

In 1909 Moffett stated that "the seed thoughts of two great principles in our work—the Bible Training Class system and self-support" came from Nevius. "In the development of these ideas," Moffett continued, "local conditions and our experience in adapting the methods to meet different circumstances have led to great modification."As Underwood mentioned, the methodology of the Korea Mission did not impose a completely organized church to the Koreans, and instead planned church architecture in accordance with the ability of the natives to build and the styles of houses generally used. Self-support, with the flexible church organization and the Korean-style church buildings, became "the cornerstone of the indigenization."

The whole system of the Nevius method in Korea was, therefore, closer to Rufus Anderson's congregationalism than Henry Venn's moderate Anglicanism. Yet the Ross method—a combination of the Scottish Enlightenment mission theory with the Nevius method—

열과 게일은 네비우스 방식뿐만 아니라 네비우스-로스 방법을 실천하게 된다. 즉 토착적인 교회 건축을 강조하고, 본토인의 지도력을 좀 더 많이 활용하며, 기독교 문서에서 본토 방언을 채용하고, 설교에서도 유교 고전을 인용하는 방법이었다. 그 결과 1893년 1월 평양에서 장대현교회가 시작되었으며, 선교지부는 네비우스-로스 방법을 기초로 더욱 확장되었다.

1893년 네 개의 선교회로 구성된 장로회선교회공의회는 수정된 네비우스-로스 방법을 채택했다. 그들은 전도의 주 대상을 상위 계층이 아니라 노동자 계층으로 잡았다. 그다음 대상은 여성과 소녀로 정했는데, 어머니야말로 미래 세대에 가장 큰 영향력을 행사하는 인물이라고 간주했기 때문이다. 또한 그들은 초등학교 기독교 교육, 성경 번역, 한글 문서, 교회와 학교와 병원 선교에서 자급 원칙의 실천을 강조했다. 1895년 북장로회 한국선교회는 네비우스-로스 방법을 신뢰하며, 개인이 사회 변화를 초래할 수 있다는 신념하에 개인의 영혼 구원이 선교회의 유일한 목적이라고 공식적으로 선포했다. 그것은 감리교회가 취한 사회학적 선교 이론과는 다른 입장이었다.

### 한국의 네비우스-로스 방식의 특징

마포삼열은 1909년 선교 25주년 기념식에서 "우리 선교 사역의 두 가지 대원칙, 곧 사경회(査経会) 체계와 자급(自給)의 씨앗은 네비우스로부터 왔다"고 진술했다. 이어서 마포삼열은 "이 계획이 발전하는 과정에서, 여러 다른 상황에 대처하기 위해 이 방법을 적용할 때 지역 환경과 우리의 경험에 따라 크게 변용시켰다"고 말했다. 언더우드가 언급했듯이, 한국선교회의 방법론은 완전히 조직된 교회를 한국 신자에게 강요하는 대신, 교인들의 능력에 맞게 교회 건축을 계획하고, 보통 사용되는 한국 양식의 예배당을 건축하는 것이었다. 융통성 있는 교회 조직과 한옥 양식의 교회 건물과 더불어 자급이 "토착화의 초석"이 되었다.

그러므로 한국에서 시행된 네비우스 방법의 전반적인 체계는 헨리 벤의 온건한 성공회 노선보다 루퍼스 앤더슨의 회중교회 노선에 더 가까웠다. 또한 스코틀랜드 장로교회의 계몽적 선교 이론과 네비우스 방법이 조합된 로

supplemented this local-church-centeredness and individual-salvation-priority. The Korean Presbyterian Church accepted a more tolerant attitude toward indigenous culture and religions from the Ross method. Dr. Paik's argument connecting the self-support of the Nevius method with the indigenization of the Korean churches should be understood in this framework.

The NRM had some distinctive Korean features. A major objective of the self-supporting principle was building local churches without the mission's financial support. So most early chapels were small thatched houses or tiled-roof houses.Typically, there was a single square room for service with a curtain or partition in the middle, practicing customary gender segregation, though the preacher from the pulpit could see both sides. When the Sorae Church was built with a one-room in June 1895 as the first self-supporting chapel, the room was divided by a curtain for gender segregation. In 1897 it became a "T" shape building with two small front rooms for Bible studies or mothers and babies during the service and an open floor. The curtain or the partitions in the churches began to disappear in 1908, yet many remained until the late 1910s. Some churches, when enlarged or constructed newly, were built in the "L"-shape, so that one wing was occupied by men and the other by women. The largest "L"–shaped church was the Central Presbyterian Church in Pyongyang, completed in 1901, which could accommodate 1,500 people. This "L"–shaped church initially facilitated the attendance of female members at public worship space; it was a new experience for women who had never gathered together with men in public. Yet the structure of the architecture made gender segregation a permanent feature in the church and thus demoted the status of women, contemporaneous with the popular ideas of "wise mother and good wife" in the 1910s or those about "new women" in the 1920s. By contrast, the churches in Seoul were not L–shaped; square brick constructions began to be built in 1905. When the segregating curtains were removed in the

스의 방법에는 이런 지역 교회 중심과 개인 구원 우선 원칙이 더해졌다. 한국 장로교회는 로스의 방법으로부터 토착 문화와 종교에 대한 관대한 태도를 수용했다. 백낙준 박사가 네비우스 방법의 자급 원칙을 한국 교회의 토착화와 연관 짓는 주장은 이런 틀에서 이해해야 한다.

네비우스-로스 방법은 몇 가지 뚜렷한 한국적인 특징을 가지고 있었다. 자급 원칙의 가장 중요한 목적은 지역 교회의 예배당을 선교회의 재정적 지원 없이 건축하는 데 있었다. 이 때문에 대부분의 초기 예배당은 작은 초가집이거나 목조 기와집이었다. 예배당의 전형적 형태는 정방형의 예배실 하나로, 가운데에 커튼이나 분리대를 설치하여 한국의 관습대로 남녀가 따로 앉았으며, 설교자는 강단에서 양쪽을 볼 수 있도록 배치했다. 1895년 6월에 최초의 자급 교회로 세워진 소래교회 예배당은 장방형 방 하나로 가운데 커튼을 치고 남녀가 함께 모였다. 1897년 T자 형태로 정면에 마루와 방 두 개를 추가했는데, 두 개의 방은 성경공부와 예배 시간 자모실로 사용되었다. 모든 교회에 설치된 남녀 분리용 커튼이나 병풍이나 목판 분리대는 1908년부터 사라지기 시작했으나, 1910년대까지 많은 교회에 분리대가 남아 있었다. 일부 교회들은 증축을 할 때 ㄱ자 형으로 지었는데, 한쪽은 남자석, 다른 쪽은 여자석으로 배정했다. ㄱ자 형으로 건축한 가장 큰 목조 교회는 1901년 완공된 평양의 장대현교회(담임목사 마포삼열)였는데 1,500명을 수용할 수 있었다. 이러한 ㄱ자 형 교회당은 여성이 공적인 예배에 참여할 수 있도록 촉진했는데, 이전까지 공적인 장소에서 남성과 함께 모이는 것을 경험하지 않았던 여성들에게 새로운 경험을 제공했다. 그러나 이런 교회당의 건축 구조는 남녀분리와 성차별을 교회의 영구적인 특징으로 만들었고, 1910년대 "현모양처"와 1920년대 "신여성"이라는 당대 여성상에 따라가지 못하는 여성 비하를 초래한 측면도 있다. 반면 서울의 교회당들은 ㄱ자형 대신 1897년 정동제일교회를 필두로 사각형이나 십자형의 벽돌 건물로 건축되기 시작했다. 1910년대 초기에 남녀를 분리하던 커튼이 제거되기 시작하면서 남녀 신자들은 예배 시간에 서로를 볼 수 있게 되었다. 하지만 예배당 한쪽은 남자석으로, 다른 한쪽은 여자석으로 양분하여 앉는 관습은 유지했다.

early 1910s, both sexes could see each other during the service, though one side was for men and the other for women.

In self-propagation, there were two offerings to support helpers or evangelists. As most members were poor farmers and did not have money to donate, housewives separated a spoonful of rice when they cooked every meal and brought a bag of rice to the church once a month. They called it "rice offering" that originated from Korean Buddhism or a new religion Tonghak. The Protestant Churches adopted it for supporting evangelists, colporteurs, and helpers. The other was lay people's voluntary "day offering"for evangelism. Usually at the last evening of the winter Bible Training Classes, the attendants pledged to give days or weeks for evangelistic work in non-Christian villages.

NRM's motto, "Maximum natives, and minimum missionaries," could be realized with well-trained church members, and one of its most effective means was the system of the Bible Training Class (BTS, Sagyŏnghoe). It aimed to train all church members volunteer evangelists and equip them with basic Christian tenets and biblical messages. First, all adherents needed to attend the church BTS every Sunday morning and study the lessons systematically. Second, there were annual BTS's at three levels—athree-to-five-day BTS at a local village church with surrounding groups (unorganized churches); a five-to-six day BTS for a circuit at a central church of a county and the teachers (missionaries and helpers) moved from a circuit to another; and an annual large BTS and conference for leaders, church staffs, teachers of the province at a city church for ten days or two weeks during the lunar New Year holiday. The daily program of the winter provincial BTS consisted of Bible study in the morning, Bible study and a discussion session on church affairs and hygiene, or outdoor evangelistic work in the city in the afternoon, and an evening evangelistic/revival meeting for enrolled attendants, seekers, and believers of the city. At the BTS in Pyongyang in January 1907, the great revival started and swept all the churches in Korea in a year, and

자전 원칙에서 조사와 전도인들을 지원하기 위한 두 가지 헌금이 있었다. 대부분의 신자들은 가난한 농민으로서 헌금할 형편이 아니었으므로, 주부들이 매 끼니를 준비할 때마다 쌀 한두 숟가락을 덜어 자루에 모아서 한 달에 한 번씩 교회에 가지고 갔다. 그들은 이것을 성미(誠米)라고 불렀는데, 이는 불교나 신종교인 동학에서 유래되었다. 개신교는 이 헌미 방식을 전도인과 권서와 조사들을 지원하기 위해 채택했다. 다른 헌금은 신자들이 자원하여 전도하는 "날 연보"였다. 보통 겨울 사경회 마지막 날 저녁예배 시간에 참석자들은 교인이 없는 마을에 가서 전도하기 위해 몇 날 혹은 몇 주간의 시간을 바치기로 서약했다.

"최대한의 본토인에 최소한의 선교사"라는 네비우스-로스 방법의 표어는 교회 신자들을 잘 훈련시킴으로써 실현될 수 있었는데, 그중 가장 효과적인 방법은 사경회 체계였다. 사경회에서는 모든 교인을 자원하는 전도인으로 양성하기 위해 기본적인 기독교 교리와 성경을 가르쳤다. 첫째, 모든 신자는 매주 아침 주일 성경공부에 출석하고 주일공과를 체계적으로 배웠다. 둘째, 연례 사경회는 세 가지 단계로 개최되었고, 교인들은 최소한 이 가운데 한 사경회에 참석해야 했다. 제1단계는 지역 개교회 사경회로, 3-5일 동안 시골 마을의 작은 교회에서 인근의 교인들(미조직 교회)까지 함께 모였다. 제2단계인 시찰 사경회는 5-6일 동안 시찰 안에 있는 교회들이 주로 한 군의 중심지에 있는 읍 교회에서 모인 사경회로, 교사들(선교사나 조사)은 한 시찰에서 다른 시찰로 여행하며 사경회를 인도했다. 제3단계인 도(都)사경회는 1년에 한 번 개최되는 대규모 사경회이자 선교지부 관할에 속한 영수들과 교회 직원들과 교사들을 대상으로 하는 대회였다. 이 사경회는 대개 구정 명절 기간을 전후하여 열흘이나 보름 동안 지속되었으며 도시 교회에서 개최되었다. 선교지부의 겨울 사경회 프로그램은 다음과 같은 순서로 진행되었다. 매일 오전에는 성경공부를, 오후에는 교회의 현안, 위생 등에 대한 강의와 토론을 하거나 시내에 나가 노방전도를 했으며, 저녁에는 등록자와 그 도시의 신자와 초신자들이 함께 모여 전도 부흥 집회를 했다. 1907년 1월 평양 장대현교회에서 열린 구정 사경회에서 대부흥이 일어났다. 이것을 기점으로 그

spread out to Manchuria and China. In addition, a voluntary dawn prayer meeting started by Koreans at BTS from 1898 and Kil Sŏnju made it a voluntary church program in 1909 when the revival fever receded. The dawn prayer meeting was introduced as an everyday church program—a hallmark of the contemporary Korean Protestant Church—in 1907-09 and became a constant in the 1920s.

Regarding the self-government of the NRM, William Scott said in 1975 that "the overemphasis on self-government produced a church hierarchy that was often motivated by pride of office." In 1917 Yi Kwangsu described this structure as the "caste system" of the church. "Pastors and elders of the Korean Church today stand above their lay brethren, trying to enjoy superior privileges in all things. Pastors and elders may almost be called Yangbans while the lay members are Sangnoms."Others criticized the lower level of theological education of Korean pastors, quoting William Reynolds who said in 1896 that "Don't' send him to America to be educated, at any rate in the early stages of Mission work. Don't train him in any way that tends to lift him far above the level of the people among whom he is to live and labor." In 1955 Chun Sung Chun insisted that such a policy produced "isolationism" of the Korean Church. He said that "Information concerning social and theological developments abroad was curtailed because few students were sent overseas for further education."

The combination of these comments gives us an image of ill-educated Korean pastors ruling the churches with ecclesiastical authoritarianism in the name of self-government. In fact, the Presbyterian Church did not have any ordained Korean elder until 1900 and no ordained Korean minister until 1907. However this does not necessarily prove the absence of the self-governance. Local churches and groups were expanding rapidly and missionaries could not give them proper attention while visiting them once or twice a year. Thus they put a leader (unordained elder) on a local church and a helper (unordained minister)

해 한국의 거의 모든 교회마다 부흥의 열기가 휩쓸었고, 만주와 중국까지 퍼져나갔다. 또한 새벽기도회가 1898년부터 사경회에서 한국인 신자들에 의해 자발적으로 시작되었는데, 길선주가 대부흥의 열기가 식은 1909년에 장대현교회 프로그램의 하나로 시작했다. 한국 교회의 상표와 같은 새벽기도회는 1907-1909년 일부 교회에 매일 의례로 소개되기 시작했으며, 1920년대에는 거의 모든 교회에 정착되었다.

네비우스-로스 방법 중 자치 원칙에 대해 1975년 캐나다장로회 선교사 윌리엄 스코트는 "자치에 대한 지나친 강조는 교회 직책에 대한 교만을 조장하는 교직 계급주의를 생산했다"라고 말했다. 1917년 이광수는 이 구조를 교회의 "카스트 제도"라고 묘사했다. "오늘날 한국 교회의 목사와 장로는 그들의 형제인 평신도 위에 군림하면서 모든 일에서 최상의 특혜를 즐기고 있다. 평신도들은 상놈이며, 목사와 장로는 양반이라고 불러도 무방할 정도다." 한국인 목사들이 신학 교육을 제대로 받지 못해 수준 미달이라고 비판하는 자들도 있었는데, 그들은 1896년 윌리엄 레이놀즈가 한 다음의 말을 인용했다. "최소한 선교 사역의 초기 단계에서는 한국인을 미국에 보내서 교육시키지 말라. 그가 함께 생활하고 일해야 할 백성의 수준을 훨씬 능가할 정도로 되도록 훈련시키지 말라." 1955년 전성천은 그런 교육 정책으로 인해 한국 교회의 고립주의가 조장되었다고 주장했다. 그는 "해외에서의 사회 및 신학 발전에 관한 정보는 한국에서 차단되었는데, 이는 추가 교육을 받기 위해 해외로 보낸 학생이 거의 없었기 때문"이라고 말했다.

이런 설명을 종합해보면 한국인 목사들은 자치라는 미명하에 교권적 권위주의를 가지고 교회에서 군림한 교육 수준이 낮은 자들이라는 인상을 받게 된다. 사실 한국 장로교회에는 1900년까지 안수받은 한국인 장로가 없었고, 1907년까지 안수받은 한국인 목사가 없었다. 그러나 이것이 반드시 자치의 부재를 증명하는 것은 아니다. 시골 교회와 미조직 교회는 급속도로 확장되었으나, 40개 이상의 교회를 담당하고 있던 선교사는 1년에 한두 차례 방문할 수밖에 없었으므로, 교인을 돌보고 보살피는 데 한계가 있었다. 따라서 그들은 시골 교회에는 (안수받지 않은 장로인) 영수를 임명했고, 시찰에는

in a circuit. They had self-governing rights to preach and minister their congregations. Theological education in Korea was not lower than any other mission field that had a similar policy adopted by the Foreign Mission Conference of North America in 1897 and other world missionary conferences from 1900 to 1910. And the self-government in Korea was delayed owing to the semi-colonization in 1905 and the Japanese annexation of Korea in 1910. When many Korean pastors were produced, they became the majority of the presbyteries and the General Assembly. They were chairpersons or moderators of organizations and committees. The impression of missionaries' prolonged paternalism and delayed devolution during the colonial period is considerably misleading, for the Koreans said in 1924 that "the Presbyterian Church is a Korean Church. In other words, it is not under the control of foreign mission, but all organizations and polities are independent." The Presbyterian Church in Korean was a self-governing independent church.

One of the best exemplary places where the NRM practiced was the town of Sŏnch'ŏn, 70 miles South from Ŭiju, in Northern P'yŏng'an province where a mission station was established in 1901. The rural town church itself grew rapidly from 50 adherents in 1899 to 2,500 in 1909. It took only ten years to convert about one third of the town's population. Some missionaries in China criticized such an explosive growth as a "bubble" and characterized it a reckless mass conversion.Dr. Alfred M. Sharrocks of Sŏnch'ŏn invited such critics to come and see the facts. He insisted that the voluntary self-propagation of 15 fulltime Korean evangelists (who were supported by Koreans) and Korean congregation (who donated 8,000 days for evangelism for a year) was the secret of the rapid yet sound growth. A spirit of local people's initiative and voluntarism made a 75-people-attending town church in 1901 into a 1,435-people-enrolled church in five years. Sharrocks emphasized, "From the first the Koreans were made to believe that the spread of the Gospel and growth of the church was their work rather than ours."

(안수받지 않은 목사인) 조사를 두어 순회하게 했다. 이들은 자치 권한을 가지고 설교하고 목회했다. 한국의 신학 교육은 1897년 북미해외선교대회와 1900-1910년에 개최된 국제선교대회에서 채택한 신학 교육 정책을 시행한 다른 선교지들보다 수준이 낮지 않았다. 또한 한국 교회의 자치는 1905년 일본의 불법적 외교권 박탈과 1910년 일본의 강제 합병으로 인해 지체되었다. 1910년대에 많은 한국인 목사가 배출되면서 그들은 노회와 총회에서 다수를 차지했다. 그들은 노회와 총회의 회장이나 위원장이 되었다. 식민지 기간에 선교사들이 장기간 온정주의를 유지하고 권한 이양을 지연했다는 인상은 상당히 오도된 것이다. 1924년 「기독신보」 사설은 "長老会는 朝鮮耶蘇教이다. 換言ᄒᆞ면 이 教会는 外国宣教会 管理下에 잇지 안코 組織이나 政治가 모다(모두의 옛말—편집자 주) 独立的이다"라고 선언했다. 한국 장로교회는 자치하는 독립 교회였다.

네비우스-로스 방식이 가장 잘 실천된 지역 중 하나는 평안북도 의주에서 남쪽으로 112킬로미터 떨어져 있는 선천읍이었는데, 1901년에 선교지부가 설치되었다. 이곳의 작은 교회는 자체적으로 급성장하여 1899년 신자 50명에서 1909년 2,500명으로 불어났다. 불과 10년 만에 마을 인구의 3분의 1에 달하는 사람이 개종했다. 중국의 일부 선교사들은 이런 급성장을 "거품"이라고 비판하면서 분별없는 집단 개종이라고 일축했다. 선천의 샤록스 의사는 그런 비판자들에게 직접 와서 사실을 확인해보라고 초대했다. 그는 한국인들이 지원하는 15명의 자원 전도인과 1년 동안 전도를 위해 8,000일을 날연보한 한국인 교인들이 바로 이 건강한 급성장의 비결이라고 주장했다. 신자들의 주도력과 자발적 정신이야말로 1901년 75명의 출석교인을 가진 시골 교회를 5년 만에 1,435명의 등록교인을 가진 교회로 만든 원동력이었다. 샤록스는 "처음부터 한국인들은 복음 전파와 교회 성장이 우리(선교사)의 사역이 아니라 자신들의 사역으로 믿고 배웠다"고 강조했다.

### 축첩제 문제: 서상륜의 사례와 선교회의 통제

네비우스-로스 방법은 1890년대에 열띤 논쟁을 거친 후 수정되었다. 마포

**Polygamy Question: Sŏ Sangnyun's Caseand Missionary Control**

The NRM was revised after some heated controversies from the late 1890s. Mr. Moffett engaged in three questions—first, in the term question he steadfastlysupported for the adoption of the vernacular term for God, Hanănim, against Mr. Underwood's use of Tianzhou;second, in the polygamy question he stood with Mr. Underwood on the hard line against concubinage; and third, in the newspaper question, he was against Mr. Underwood's idea of a Christian newspaper for all Koreans, dealing with secular issues. Moffett wanted a limited sense of a "Christian" newspaper, opposing the civilization theory. As the first question was fully discussed elsewhere, the other two controversies are to be discussed here.

The polygamy questionwas the concubinage question in Korea, as the Neo-Confucian family system allowed only one lawful wife, the first wife. Yet many wealthy men kept one or more concubines in hopes of producing a male heir or for pleasure. The controversy had many complicated issues, yet the basic question was this: Can a man who had a concubine before conversion be baptized or should he remain as a "perpetual catechumen"? Most senior missionaries in China, including Nevius, Ross, MacIntyre, D. B. McCartee, and even Hudson Taylor, baptized such a man.The Korea missions discussed the subject intensely for three years from 1894. Methodists reached earlier consensus and adopted the absolute exclusionist policy in 1895. Presbyterians, influenced by the tolerant view of Nevius and Ross, were divided into three groups—opponents, tolerates who allowed the baptism of the polygamists, and compromisers who supported the baptism yet were against their holding of church offices. Daniel L. Gifford was the leading advocate of the tolerant position and William M. Baird was on the opposite side.

Interestingly enough, all missionaries in Seoul (except Underwood) and Wonsan were full or halfway (tolerant to the baptism of former

삼열은 세 가지 주제에 관여했다. 첫째는 '엘로힘'의 한국어 명칭에 대한 문제였는데, 언더우드가 '텬쥬'를 사용하자고 주장한 반면 마포삼열은 '하ᄂᆞ님'이라는 한글 호칭을 양보하지 않았다. 그다음 축첩제 논쟁에서 마포삼열은 언더우드와 함께 축첩을 엄격히 금지하는 입장을 취했다. 세 번째는 신문 논쟁으로, 마포삼열은 한국인 독자를 대상으로 하는 기독교 신문에서 세속적 문제도 같이 다루어야 한다는 언더우드의 입장에 반대했다. 마포삼열은 "기독교" 신문으로 제한된 성격을 가져야 한다고 주장하면서 서양 문명으로 계몽하려는 문명론과 서구화에 반대했다.

일부다처제 논쟁은 한국에서는 축첩제 문제였다. 당시 성리학의 가족 제도는 첫째 부인만 유일한 합법적 아내로 인정했기 때문이다. 그러나 많은 부유한 남자들은 가문을 이을 후계자인 아들을 얻기 위해서나 쾌락을 위해서 한 명 또는 여러 명의 첩을 두는 경우가 많았다. 이 논쟁은 많은 복합적인 문제를 안고 있었지만 근본적인 문제는 "개종 전에 첩을 가진 남성이 세례를 받을 수 있는가, 아니면 그는 종신 학습교인으로 남아 있어야 하는가?" 하는 것이었다. 중국의 고참 선교사인 네비우스, 로스, 매킨타이어, 맥카티 등과 허드슨 테일러도 첩을 가진 남자에게 세례를 주었다. 한국선교회들은 이 문제를 놓고 1894년부터 3년간 열띤 논쟁을 벌였다. 감리교회는 일찍 합의를 도출했고 1895년에 완전금지 정책을 채택했다. 장로교회는 네비우스와 로스의 영향을 받았으므로 세 파로 나뉘어졌다. 금지해야 한다는 강경파와 첩을 가진 남자에게 세례를 허락하자는 관용파, 그리고 세례는 베풀되 교회의 직분은 허락하지 말자는 타협적인 중도파로 나뉘어 토론에 들어갔다. 서울의 기퍼드는 중도적 입장을 주도하는 인물이었고, 평양의 베어드는 반대 진영을 이끌었다.

흥미로운 사실은 언더우드를 제외한 서울 주재 선교사와 원산 주재 선교사들은 허용파 혹은 중도파적 입장인데 반해, 평양과 부산에 주재한 선교사들은 모두 배타주의적 입장인 강경파라는 점이었다. 맥코믹 신학대학 출신 선교사들은 두 진영으로 나뉘어졌다. 아마도 그들의 사역지 위치가 축첩 문제에 대한 입장을 선택하는 결정적 요인으로 작용한 것으로 보인다. 평양

polygamists, yet against their appointment to church offices) compromisers, yet all missionaries in Pyongyang and Pusan were exclusionists. The graduates from McCormick Theological Seminary were divided into two camps. Probably their location was the decisive factor in their attitude toward concubinage. Pyongyang was famous for kisaeng(dancing girls who belonged to the local government) and sexual indulgence. When a new station opened in 1894, Moffett and Lee planned to organize a new church community free from ancestor worship, spirit worship, drinking, concubinage, and gambling. As most first believers were frugal merchants and monogamists, they could push that such a strict policy. Yet, some Korean polygamists seriously struggled with abandoning secondary wives and finally left the church.

By contrast, the king and many high officials in Seoul had concubines and missionaries had been in close relationships with them for ten years. Moreover, the leading Korean evangelist Sŏ Sangnyun in Seoul was, legally speaking, a polygamist. When he was young his first wife was chosen by parental arrangement, yet he had not lived with her since the wedding day but instead lived with a "second" wife. Thus Gale, Avison, and Miller considered the halfway as a reasonable solution. The Presbyterian Council of 1897, which Secretary Robert E. Speer from New York attended, decided the suspension of membership of Sŏ, the only baptized polygamist, and that he should be abandon the second wife to recover it. Most Korean Christians were unsatisfied with the resolution and appealed to the missionaries to reconsider the verdict for the interest of the church. Consequently, at the annual meeting of the Korea Mission of the PCUSA in 1898, after many hours of debate and prayer, the majority of the missionaries resolved that "Mr. Sŏ Sangnyun be reinstalled as evangelist and work as before." Nevertheless, exclusionism dominated the churches in the context of the Kwangmu Reform movement of the Great Han Empire in 1897. The church union movement between Methodists and Presbyterians in1905 required a

은 관기와 성적 방종으로 악명이 높은 지역이었다. 1894년 새 선교지부를 세우면서 마포삼열과 리는 조상 제사와 귀신 숭배, 음주, 축첩, 도박 등으로부터 자유로운 새로운 교회 공동체를 조직하려고 계획했다. 초기 신자들은 대부분 검약한 상인과 일부일처제를 따르는 사람들이었기 때문에 이런 엄격한 정책을 요구할 수 있었다. 그러나 축첩한 일부 남자 신도들은 첩을 버리는 문제로 고심하다가 결국 교회를 떠나는 일도 발생했다.

반면 서울에 있는 왕족과 고위 양반들은 첩을 거느리고 있었고 선교사들은 그들과 10년 넘게 친밀한 관계를 유지해왔다. 더욱이 서울의 대표적인 한국인 조사인 서상륜은 법적으로 첩을 가진 자였다. 그는 젊었을 때 양가 부모의 뜻에 따라 중매로 아내를 맞이했지만 혼인 첫날부터 그녀와 같이 산 적이 없었고, 이후 자신이 좋아하는 "둘째 부인"과 함께 살고 있었다. 게일과 에비슨과 밀러는 사실혼을 인정하고 중도적 입장이 이 문제에 대한 합리적인 해결책이라고 생각했다. 그러나 1897년 미국 뉴욕의 북장로회 해외선교부의 스피어 총무가 한국선교회 연례 회의에 참석했는데, 이 회의에서 그의 의견이 반영되어, 축첩자로서 유일하게 세례를 받은 서상륜의 직책을 정지시키고, 직책 복귀를 위해서는 둘째 부인을 버려야 한다고 의결했다. 대부분의 한국인 신자들은 그 결정에 불만을 품고, 교회를 위해 서상륜에 대한 판결을 재고해줄 것을 선교사들에게 강력히 탄원했다. 결국 1898년에 개최된 한국선교회 연례 회의에서 이 문제를 놓고 장시간 논쟁과 기도를 한 후, 대부분의 선교사들은 "서상륜을 전도인으로 복귀시켜 이전 사역을 맡기기로 한다"는 안에 동의했다. 그럼에도 불구하고 한국 교회는 1897년 대한제국의 광무 개혁과 독립협회의 개혁 운동과 동일한 노선에서 축첩제를 금지하는 강경파의 정책을 관철했다. 1905년에 진행된 감리회와 장로교 간의 교회 연합운동으로 인해 축첩제와 그 밖의 문제에 대해 교회가 통일된 정책을 유지할 필요가 생겼다. 따라서 서울의 승동장로교회가 1907년 서상륜을 장로로 피택했으나, 장로회공의회의 교회정치위원회는 "전체 교회를 위해서" 서상륜이 직분을 유지해서는 안 된다고 결정했다. 공의회 회원 대부분은 서울 지부의 온건파 정책을 반대했다. 결국 축첩제 문제가 최종 결정에 도달했고, 서

unified policy in polygamy and other issues. Even though the Sŭngdong Presbyterian Church in Seoul elected Sŏ as an elder in 1907, the Committee on Church Government of the Presbyterian Council advised that he should not hold a church office for "the interest of the church at large." The majority of the Council opposed the tolerant policy of the Seoul station. Eventually the question of polygamy reached its final decision. Mr. Sŏ remained a deacon or elder-elect.

In the polygamy question, Underwood cooperated with the Pyongyang camp and the Methodists, even though Mr. Sŏ was once his helper and was working in Seoul. Korean Christians appealed to the missionaries and reversed the decision of the Council in 1898. But that decision was applied only to Mr. Sŏ temporarily. As missionaries controlled the church polity in 1907, he was not ordained as an elder. In the polygamy question, Nevius and Ross allowed the baptism of polygamists in China, for Chinese family culture was more lenient toward them. But all the Korea missions prohibited their baptism.

### Newspaper Question: Christian Nationalism and Non-interventionism

The "Newspaper Question" in 1897-1901 revealed the missiological difference between Underwood and Moffett. Underwoodrevised the NRM and moved away from Moffett's Christ only policy and engaged Korean politics actively. Underwood began to publish the weekly newspaper Kŭrisŭdo Sinmun [Christian News] in the vernacular hangŭl in April 1897 when the All People Association of the Independence Club organized political mass meetings. In May 1897, John M. B. Sill, American minister in Seoul, sent a circular letter to American citizens not to involve in Korean politics, which targeted Underwood and Appenzeller who supported for the Club. Underwood aimed to make the newspaper attractive to both Christians and non-Christians, and each editorial was followed by articles on farming, engineering or science, government news, Sunday school lesson, local church news, overseas

상륜은 피택장로에 머물며 집사로 지낼 수밖에 없었다.

축첩제 문제에서 언더우드는 서상륜이 한때 자신의 조사였고 서울에서 사역을 하고 있었지만, 평양 지부와 감리회의 입장과 뜻을 같이했다. 한국인 신자들은 선교사들에게 항의하고 1898년 공의회가 결정을 번복하도록 했다. 그러나 그 결정은 단지 서상륜에게만 임시로 적용되었다. 선교사들은 1897년에 결의한 반축첩제 정책을 고수했으며, 서상륜은 장로로 안수받지 못했다. 축첩제 문제에서 네비우스와 로스는 축첩자에게 세례를 허락했는데, 그 이유는 중국의 일부다처제 가족 문화가 이 문제에 더 관대했기 때문이었다. 그러나 한국은 일부일처제였고, 선교회는 축첩인에 대한 세례를 허락하지 않았다.

### 신문 문제: 기독교 민족주의와 불간섭주의

1897년부터 1901년까지 논쟁이 벌어진 "신문 문제"는 언더우드와 마포삼열 사이에 존재한 선교론적 차이를 잘 보여준 주제였다. 언더우드는 네비우스-로스 방법을 수정하고 문명화 노선을 수용하면서 마포삼열이 고수한 '오직 그리스도'라는 복음화 정책에서 선회하고, 한국 정치에도 적극적으로 개입했다. 언더우드는 1897년 4월 한글 「그리스도신문」을 주간으로 출간했는데, 이때는 독립협회와 만민공동회가 서울과 지방에서 대규모의 정치적 대중 집회를 조직하던 해였다. 1897년 5월 서울 주재 실 미국공사는 미국인들에게 한국 정치에 참여하지 말라는 회람을 돌렸는데, 이것은 사실 독립협회를 지원하는 언더우드와 아펜젤러를 겨냥한 것이었다. 언더우드는 「그리스도신문」이 기독교인뿐만 아니라 비기독교인도 읽는 신문으로 만드는 것을 목표로, 사설이나 칼럼에서 농사, 기술, 과학, 교육, 정치 등을 다루고, 관보를 게재했으며, 주일학교 공과, 지방 교회 소식, 해외 기독교 소식, 주간 기도 모임 안내서, 성경 구절 주석 등도 함께 기사화했다. 대부분의 사설은 "문명 개화"의 취지를 가진 내용이었으므로 정치 문제를 건드리지 않을 수 없었다. 한국 정부는 서울에 있는 모든 관청, 13도의 도지사, 370명 군수를 위해서 이 신문을 구독하고 읽어보도록 발송했다. 이에 대한 답례로 언더우드는 구독자

Christian news, weekly prayer meeting guidance, and an exegesis of Scriptures. Most editorials disseminated the ideas of Christian "civilization and awakening," which inevitably touched political issues. The government bought subscriptions of the paper for all offices in Seoul, 13 governors, and 370 magistrates. In return Underwood distributed a printed picture of Emperor Kojong to the subscribers.

This amiable relationship terminated in October 1898 when Kojong disbanded the Independence Club by employing the Peddlers' Club. And the political uncertainty became more complicated with numerous anti-government revolts and anti-Christian incidents. Underwood had actively supported the Independence Club and the Christian News had criticized ward-heeling politics of Kim Yŏng-Jun, Chief of Police, who was favored by the Emperor. An editorial in December 1898 argued that Confucianism and Protestantism could coexist like the inside and outside of the coin—one stood for morality and the other for spirituality, and that both were needed for the modernization of Korea. The editorial targeted reform-minded Confucian intellectuals who were dissatisfied with Emperor Kojong's autocratic conservatism. Yet the Chinese Boxer Movement in 1900 had great impact on Korean politics and missions. Influenced by its anti-foreignism, Kim Yŏng-Jun and the conservative pro-Russian party conspired to massacre all American missionaries and Christians in December 1900 by sending a forged royal edict to magistrates. Although the attempt was nipped in bud by Underwood's telegraph message to Dr. Avison in Latin, in such a volatile political situation, missionaries in Pyongyang criticized Underwood's newspaper that covered secular affairs. As Underwood rejected Hanănim and used Syangju [Highest Lord] alone, the Pyongyang station planned to publish its own "church" newspaper. But Underwood who nickname was "an English bulldog" did not give up a "Christian" newspaper for the Korean society. Underwood wanted to give Koreans "an all-around gospel" through "an all-round family Christian paper."

들에게 고종 황제 어진을 인쇄하여 배포했다.

황실과 신문사의 이런 우호적인 관계는 1898년 10월에 고종 황제가 보부상을 이용해 독립협회를 해산하면서 종결되었다. 수많은 반정부 반란과 반기독교 사건들이 터지면서 정치적 불확실성은 더욱 복잡한 국면으로 전개되었다. 언더우드는 독립협회를 적극적으로 지지했는데, 「그리스도신문」은 고종의 비호 아래 부정을 저지르던 경찰총장 김영준을 신랄하게 비판했다. 반면 1898년 12월 신문의 사설은 유교와 개신교가 동전의 양면처럼 공존할 수 있다고 주장했는데, 전자의 도덕성과 후자의 영성이 한국 근대화에 필수적 요소라고 주장했다. 이 사설은 고종 황제의 독재적 보수주의에 불만을 품고 있던 개혁 성향의 청년 유교 지식인들을 겨냥한 것이었다. 그러나 1900년 중국 의화단사건은 한국 정치와 선교에 큰 영향을 미쳤다. 의화단 운동의 반외세주의에 영향을 받은 김영준과 보수적 친러파는 황제의 칙령을 날조하여 모든 미국인 선교사와 기독교 신자를 살해하라는 명령을 모든 현감에게 발송했다. 황해도를 여행 중이던 언더우드가 그 음모를 발견하고 에비슨 의사에게 라틴어 전보를 보내어 알림으로써 미연에 방지할 수 있었다. 그런 일촉즉발의 정치적 상황이 발생하자 마포삼열과 평양 주재 선교사들은 언더우드가 정치에 참여하고 신문을 통해 세속적 문제를 다루는 것을 비판했다. 동시에 언더우드가 하ᄂᆞ님 호칭을 반대하고 텬쥬/샹쥬만 사용하자, 평양 지부는 자체적으로 "교회" 신문을 발간하기로 계획했다. 그러나 "영국 불독"이란 별명을 가진 언더우드는 한국 사회 전체를 위한 "기독교" 신문을 포기하지 않았다. 언더우드는 한국인들에게 "모든 것을 포괄하는 기독교인 가족 신문"을 통해서 "모든 것을 포괄하는 복음"을 전하기를 원했다. 평양의 선교사들은 언더우드의 신문에 반대할 것을 만장일치로 가결했는데, 그 이유는 한편으로는 그 신문이 수많은 세속적 주제와 사건을 다루고, 다른 한편으로는 그것이 1년 선교비 예산 중 2,000엔을 소비했기 때문이었다. 웰즈 의사는 언더우드의 독단적인 태도 자체를 못마땅하게 여겼다. 즉 "언더우드 방식이 아니면 다른 방도가 없다"는 그의 태도를 수용할 수 없었다.

평양 지부는 1894년 언더우드가 발간한 『찬양가』를 거부하고, 1898년

Missionaries in P'yŏngyang were unanimously against it, for it covered many secular issues and topics on one hand, and it cost the mission 2,000 yen a year. Dr. Wells argued that "Mr. Underwood differs from all the rest of the Mission." Wells particularly disliked Underwood's dogmatic attitude. "It is Underwood's way or no way." The Pyongyang station opposed Underwood's hymnbook Ch'anyangga (1894) and published their own edition Ch'ansyŏngsi in 1898 with Hananim for God. This was also a result of the conflict between Seoul and Pyongyang.

Dr. Arthur J. Brown, a secretary of the Board of Foreign Mission of the PCUSA, visited China, Korea, and Japan in the spring of 1901 to check the condition of the fields after the Boxer Uprising. He advised Presbyterian missionaries not to follow the Roman Catholic policy of active participation against the government. He insisted that although the government was corrupt, it was a lawfully constituted one. He declared that "it is better for the disciples of Christ to patiently endure some injustice than to array Christianity in antagonism to the government under which they labor." He thought that it was foolish and suicidal for the infant Korean Church to continue to participate in the political reform movement when Korea was too weak to maintain independence much longer.

When Underwood went to US for a furlough in 1901, the editorship was given to James S. Gale who was closer to Moffett. Gale printed Hanănim as the term for God, which all missionaries, except Underwood, and Korean Christians were using. On the other hand, Gale censored articles written by Korean Christian nationalists who criticized the government. Gale applied Dr. Brown's guidance to the newspaper. He agreed with one of oldest Korean Christians who said, "Do not print so much news of the world, or you will spoil it as a Christian paper." In September 1901, the Council of the Presbyterian Missions adopted "Some Conditions on the Relation of Church and

『찬셩시』를 발간하고 신명으로 하ᄂᆞ님을 사용했는데, 이 『찬셩시』의 출판도 서울과 평양의 논쟁 결과 중 하나였다.

미국 북장로회 해외선교부 총무인 브라운 박사는 1901년 봄에 일본, 한국, 중국 세 나라를 방문하고 의화단 사건 이후 전개된 선교지의 상황을 조사했다. 그는 장로회 선교사들에게 천주교회의 적극적 반정부 활동에 동조하지 말 것을 당부했다. 그는 한국 정부가 부패했지만 합법적으로 운영되고 있음을 상기시켰다. 그는 "그리스도의 제자로서 그들이 사역하는 나라의 정부에 기독교가 대립각을 세우는 것보다는 불의를 참고 견디는 것이 더 바람직하다"고 선언했다. 그는 한국이 독립을 유지하기 어려운 시점에 유아기의 한국 교회가 정치적 개혁 운동에 지속적으로 참여하는 것은 어리석은 짓이며 자멸의 길이라고 충고했다.

언더우드는 1901년 안식년 휴가를 위해 미국으로 가면서 「그리스도신문」의 편집인 자리를 마포삼열과 친한 게일 목사에게 넘겨주었다. 게일은 신문에서 신명으로 하ᄂᆞ님을 사용했는데, 이것은 언더우드를 제외한 모든 선교사들과 한국인 신자들이 사용하는 호칭이었다. 다른 한편 게일은 정부를 비판하는 한국인 민족주의자들이 쓴 기사를 검열했다. 곧 게일은 신문에서 브라운 박사의 지침을 따랐다. 고령의 한 한국인 신자가 "신문에 세속사를 너무 많이 싣지 말라. 그것은 기독교 신문을 망치는 일이다"라고 말했는데, 게일은 그 말에 동의했다. 1901년 9월 장로교 선교부 총회는 "교회와 정부의 관계에 대한 몇 가지 조건"을 채택했다. 그것은 한국인들이 교회를 정치적 목적으로 이용하는 것을 엄격하게 금지했다. 선교사들은 개신교회가 정치적 조직으로 오해받는 것을 불식시키고자 했다. 이와 함께 제주도에서 발생한 도민들과 천주교회 간의 갈등은 1901년 천주교도 309명과 주민 8명이 사망하는 계축교난을 초래했다. 또한 1901년에는 러시아 정교회에 속한 한 집단이 소요를 일으킨 정길당 사건이 발생했고, 1902년에는 개신교 신자들이 황해도에서 천주교 교도들에 의해 투옥되고 폭력을 당하는 해서교안이 발생했다. 이에 장로회와 감리회는 교회를 비정치적 조직체로 유지하는 방법 외에는 다른 방도가 없다고 보고 정교분리의 입장을 취하게 되었다. 요약

State" in which they strictly prohibited Koreans from using the churches for political purposes. They tried to eliminate the misunderstanding of the Protestant Church as a political organization. Meanwhile conflict between villagers and Roman Catholics in Cheju Island resulted in the killing of 309 Catholics and 8 villagers in 1901; a group of the Russian Orthodox Church made troubles in 1901; some Protestant Christians were imprisoned and beaten by Roman Catholics in Hwanghae province in 1902. Both Presbyterians and Methodists had no other choice but to maintain the churches as apolitical organizations. In short, Moffett's position of "nothing but Jesus Christ and Him crucified" defeated Underwood's position of the holistic gospel. Underwood's position was weakened by Kojong's retreat to conservatism, China's rising nationalism, and encroaching imperial desire of Japan and Russia. The "Newspaper Question" revealed that the domestic and international political events influenced the course of the mission and its policy.

Mr. Moffett spent his second five years (1895-1899)for the establishment of the indigenous self-supporting Korean churches in Pyongyang and surrounding towns of the station, focusing on the education of the itinerating helpers and colporteurs and local leaders. He trained Han Sŏkchin, Yi Tongsŭng, Kim Chongsŏp, Kim Tuhyŏng, Yi Yŏngŏn, Pang Kich'ang, and Kil Sŏnju as helpers through theological classes and itinerating evangelistic trips. As a result of this self-propagation, he could ordain Kim Chongsŏp as the first elder of the church in Pyongyang in 1900 and two more (Kil Sŏnju and Pang Kich'ang) in the next year for the self-government of the Korean church. He also completed the first provisional edition of the Korean New Testament as chairman of the Translation Committee in September of 1900.

This second volume has many instances that reveal the human side of the Mr. Moffett or his special personal experience. In the fall of 1895, he served King Kojong as one of the missionary night guards at his bedroom in the palace after the assassination of Queen Min by Japanese

하면, 마포삼열이 고수하던 "오직 그리스도와 십자가"의 입장이 언더우드가 주장하던 총체적 복음의 입장을 이긴 것이었다. 언더우드의 입지는 고종의 보수진영으로의 퇴거와, 중국에서 부상하는 민족주의, 그리고 호시탐탐 기회를 엿보는 일본과 러시아의 제국주의적 욕망으로 인해 약화되었다. "신문 문제"는 국내외 정치적 사건들이 선교회와 그 정책에 영향을 미친다는 것을 보여주었다.

마포삼열은 자신의 두 번째 5년 사역기(1895-1899년)를 평양과 주변의 선교지부 마을에 자급하는 토착 한국 교회를 설립하기 위해 노력했고, 이를 위해 순회전도인과 권서, 그리고 지방 교회의 영수들을 훈련하는 데 집중했다. 그는 한석진, 이동성, 김종섭, 김두형, 이영언, 방기창, 길선주 등에게 신학을 가르치고, 지방 순회전도에 동반하게 하여 조사로 훈련시켰다. 이런 자전의 결과로 1900년에 그는 김종섭을 평양 장대현교회의 첫 장로로 안수할 수 있었고, 이듬해에 한국 교회의 자치를 위해 길선주와 방기창을 장로로 안수했다. 또한 그는 1900년 번역위원회 회장으로서 첫 위원회 역본 신약전서 임시본을 완성했다.

이 제2권은 마포삼열 목사의 인간적인 면모나 그의 특별한 개인적인 경험을 보여주는 사례를 많이 담고 있다. 1895년 10월 8일에 발생한 일본 암살단에 의한 명성황후 시해사건 이후, 1895년 가을에 마포삼열은 왕궁에서 고종의 침실을 지키는 야간 보초 중 한 명으로 봉사했다. 그는 여러 곳을 여행했고, 독신으로 살면서 1890년부터 1895년까지 평양선교지부를 건설하는 데 온 힘을 쏟아부은 탓에, 1896년에는 건강 문제로 상하이에서 휴식을 취하지 않을 수 없었다. 1896년 11월 그는 첫 안식년을 보내기 위해 미국으로 갔다. 그러나 그는 안식년 동안에도 수많은 교회를 다니면서 설교와 강연을 통해 한국 선교를 알리는 일을 쉬지 않았다. 그가 안식년을 끝내고 평양에 돌아왔을 때 한국인들은 그의 결혼을 위해 열심히 기도했다. 그 결과 마침내 1899년 6월 1일 마포삼열은 메리 앨리스 피시 의사와 서울에서 결혼식을 올리게 되었다. 피시 의사는 결혼을 앞두고 자전거를 타고 순회 전도여행을 하던 중 넘어져서 다리를 심하게 다쳤다. 그녀는 6개월 동안 목발을 짚

gangs on October 8, 1895. He had travelled a lot and lived as a bachelor to open the Pyongyang station 1890 to 1895, so he had to take a rest in Shanghai for his health in the spring of 1896. Then he went to American for his first Sabbath in November1896. But he made many sermons at churches and lectures about the Korea mission. When he came back to Pyongyang, Koreans earnestly prayed for his marriage. Finally he could marry Dr. Mary Ellis Fish in Seoul on June 1, 1899. Before the wedding, Dr. Fish broke her leg by a bicycle accident during an itinerating trip. She had to walk on crutches for six months and even at the wedding ceremony. So we can see in the wedding pictures that she was sitting beside Mr. Moffett. We can also read his loving caring of a weak wife between the lines of his letters. She respected him wholeheartedly. Mrs. Moffett often expressed deep gratitude for her coming to Korea, for she was greatly touched by the faith and commitment of Koreans. With the devotion of this couple, the Korean churches in the Pyongyang station grew rapidly and stood firmly.

January, 2017
UCLA
Sung-Deuk Oak

고 다녀야 했는데, 결혼식장에도 목발을 짚고 나왔다. 이 때문에 우리는 결혼식 사진에서 그녀가 마포삼열 목사 옆에 앉아 있는 모습을 보게 된다. 또한 우리는 마포삼열 목사가 몸이 약한 부인에게 보낸 수많은 편지의 행간에서 그가 얼마나 아내를 사랑하고 아꼈는지 엿볼 수 있다. 마포삼열의 부인은 남편을 전적으로 존경했다. 그녀는 자신이 한국으로 오게 된 것에 대해 자주 진심으로 감사했는데, 특히 한국인들의 신앙과 열심을 보고 깊은 감동을 받았다. 마포삼열 부부의 헌신으로 인해 평양 선교지부의 한국 교회들은 급속도로 성장했을 뿐만 아니라 견고하게 세워져 나갔다.

2017년 1월

UCLA에서

옥성득

# 일러두기 Explanatory Remarks

### 1. 맞춤법 및 부호 사용 원칙

- 맞춤법의 경우, 기본적으로 국립국어원의 원칙을 따랐다.
- 성경 인용의 경우, 개역개정을 기본으로 하고 그 외에는 인용 출처를 밝혔다.
- 국내 단행본에는『 』, 정기간행물에는「 」, 외서의 경우에는 이탤릭체, 논문에는 " "(큰따옴표)로 표시했다.
- 라틴어의 경우, 이탤릭체로 표시했다.

### 2. 구성

- 이 책에서는 마포삼열 선교사와 그 가족, 동료의 서신, 보고서, 신문과 잡지 기사 등을 연대순으로 배열했다.
- 각 자료마다 첫 부분에 그 출처를 밝혔다. 제일 위에는 자료의 출처를, 그다음 위쪽 왼편에는 글쓴이를, 오른편에는 글이 기록된 장소와 시간을 표시했다.
- 약자, 판독이 불확실한 단어, 생략된 부분의 경우, [ ]로 표시했다.
- 선교 편지의 대부분을, 장로회역사연구소(the Presbyterian Historical Society)가 발행한 마이크로필름에서 입력하고 번역했다. *The Correspondence and Reports of the Board of Foreign Missions of the Presbyterian Church of the USA, 1833-1911, Korea Missions* (Philadelphia: Presbyterian Historical Society, 1957).
- 가족 편지는 프린스턴 신학교의 '마포삼열 자료'에서 선별했다.
- 각주의 경우, 원본의 각주 외에 편역자가 추가한 각주가 있기에 한글 번역본의 각주가 영문 원본의 각주와 동일하지 않은 경우가 대부분이다.

### 3. 용어 통일

- 중국의 지명은 당시 통용하던 한자 지명을, 일본 지명은 발음대로 한 것이 많다.

  예. 만주의 봉천[심양], 산동의 지푸, 일본의 요코하마

- 다음의 지명은 현재 사용하는 용어로 통일한다.
  - Korea: '조선'이나 '대한제국' 대신 '한국'으로 번역했다.
  - Seoul: '한성'이나 '경성' 대신 '서울'로 번역했다.
  - 북한: 오늘날의 북한이 아니라 서울 이북의 지리적인 북한을 말한다.

    북부 지방, 북한 지방으로 번역하기도 했다.
  - 선교부, 선교회, 선교지부, 선교지회

    각 교단의 해외선교 이사회 'Board'는 '선교부'로,
    그 산하에 있는 한국 전체 'Mission'은 '선교회'로,
    선교사가 거주하는 여러 도시의 'station'은 '선교지부'로
    선교지부 내의 'sub-station'은 '선교지회'로 번역했다.

- 각 도의 감영(현재의 도청)이 있던 도시(capital)는 '주도'(主都)로 번역한다.

  예. 황해도의 주도인 해주

# 약어표 Abbreviations

| | |
|---|---|
| **BFBS** | The British and Foreign Bible Society |
| ***Church at H & A*** | *The Church at Home and Abroad* (New York: PCUSA) |
| **MEC** | The Methodist Episcopal Church |
| **MECS** | The Methodist Episcopal Church South |
| **PCUS** | The Presbyterian Church of the United States |
| **PCUSA** | The Presbyterian Church in the United States of America |
| **PHS** | The Presbyterian Historical Society, Philadelphia, PA |
| **PTS** | The Princeton Theological Seminary |
| **SHMC** | The Samuel Hugh Moffett Collection |
| **SPG** | The Society for the Propagation of the Gospel |
| **SVM** | The Student Volunteer Movement for Foreign Missions |
| **YMCA** | The Young Men's Christian Association |

## 사진 및 그림 제공 IMAGE COURTESY

**[MOF]** Image courtesy of Samuel Austin Moffett Collection, Special Collections of Princeton Theological Seminary Library, Princeton, New Jersey

**[OAK]** Sung-Deuk Oak's Collection

# 서신 LETTERS 1895

## Charles H. Fish[1]

***At Home [San Rafael, California]***

***New Year, 1895***

My dear wife,
I have had one of those delightful days that come to me when I can forget all about business and saw wood, burn brush, clean up about the ranch, read the paper and go down town or sit by the fire. You cannot guess who dined with us today. Norman called to wish us Happy New Year and I made him promise to come back at 1:30. We had a treat in hearing about the Master's work in China. Allie [their daughter, Alice] was in her element while he talked of medical missionaries in China and missions in general. The girls [their daughters Alice and Nellie] have gone to a surprise party at the Seminary. They take refreshments with them and a party of 18 or more will drive out in carriages. Allie takes Babe [horse] & the carryall with our girls to Miss Marks.

Sister Lucia disappointed us today and we have no word from her why she failed to come. We have been very happy this New Year day but we have missed the dear little Mother all the same. I am inclined to stay here Friday night and attend one of the courses of lectures which have been provided by the San Rafael lecture committee of citizens. One hundred men pay each $5, for which they get five tickets for each of his lectures which are to be given mostly within three months. Next Friday we have "Corea" (?) illustrated by stereopticon pictures to be delivered by A.V. Wadhams, Lieutenant Commander U.S. Navy. If I stay I will come up (if I come) at 11 o'clock Saturday. I delivered your message to Allie concerning her visit to Lytton but she has not disclosed her plan. I suppose Miss Callender's arrival will change our movements and your girls can run the ark without any help from me. I cannot give you any

---

1 Father of Mary Alice Fish.

## 찰스 H. 피시[1]

**뉴욕, 캘리포니아, 샌라파엘 집에서**

**1895년 1월 1일**

사랑하는 아내에게,

사업과 관련된 모든 일을 잊은 채 나무를 톱질하고, 낙엽을 태우고, 집 주변을 청소하고, 신문을 읽고, 시내에 나가거나 난로 주변에 앉아 지내며 즐거운 하루를 보냈소. 당신은 오늘 우리가 누구와 함께 저녁을 먹었는지 짐작할 수 없을 거요. 놀먼이 전화를 걸어 새해 안부를 전했는데, 나는 그에게 오후 1시 30분에 우리 집으로 오겠다는 약속을 받아낼 수 있었소. 우리는 주님이 중국에서 행하시는 일에 대한 이야기를 들으며 특별한 시간을 가졌다오. 놀먼이 중국에서 전개되는 의료 선교와 일반 선교에 대해 이야기할 때 앨리[앨리스][2]는 평화로운 표정으로 재미있게 들었소. 여자아이들은 신학교의 깜짝 파티에 참석했소. 먹을 것을 가져가야 하는 그 파티에 18명 넘게 모였고, 끝날 때는 마차를 타고 나온다고 하더군. 앨리는 말 '베이비'와 마차를 가지고 마크스 양에게 갔소.

여동생 루시아가 오늘 오지 않아 실망했는데 그녀는 오지 못한 이유에 대해 아무런 말이 없소. 우리는 올해 설날을 아주 행복하게 보냈지만, 그럼에도 불구하고 사랑하는 당신이 없어서 허전했소. 나는 금요일[1월 4일] 밤 이곳에 묵으며 샌라파엘 시민강좌 위원회가 제공하는 한 강의에 참석할까 하오. 100명이 각자 5달러씩 내면 강좌를 들을 수 있는 표를 5장 받는데, 3개월이면 대부분의 강의가 끝나게 되오. 다음 주 금요일에는 와드햄즈 미국 해군 소령이 입체 사진으로 보여주는 "코리아"를 볼 것이오.[3] 만일 그날 밤 이곳에 머무르고 나서 가게 된다면 토요일 11시 정도에 올라가게 될 것이오. 앨리가 리

---

1 메리 앨리스 피시의 부친.

2 앨리는 앨리스의 애칭이다.

3 와드햄즈 해군 소령이 당시 태평양에서 미국-하와이-일본을 오가던 미국 여객선 'Corea'에 대한 입체 사진(stereoscopic pictures)을 보여준 듯하다.

San Rafael news because I have not been anywhere from home except to the Post Office.

The cousins are having a delightful time, apparently, from the bubbling. Mrs. Bunn has gone to Texas expecting to pick up Nellie [their adopted daughter] at Santa Rosa on her way. That annunciator of ours in the bathroom broke down and the plumber informed me it was worn out so we have taken it out and replaced it with another pattern which does not shake the house. Well, I don't want to wear you out in one session so I will close by wishing you a Happy New Year.

I talked with Isaac Burke about your land near the depot without telling him anything about your proposition. He says it is not worth the price asked and said he could get it much less. I understood him to say that, and if I were you I would tell him what you want. He certainly could not harm you and might be of service. Tell me how big a check to send you. I do not know how much Miss Cooper will call for besides $62 for yourself and Billy. Good night my darling.

Your loving husband,

Chas. H. Fish

턴에 방문하는 것에 대해 당신이 전하라고 한 말을 전했으나, 앨리는 무슨 계획을 가지고 있는지 밝히지 않았소.[4] 캘린더 양이 도착하게 되면 우리가 오가는 일정이 바뀔 것이라고 생각하는데, 당신 딸들은 내가 전혀 도와주지 않아도 방주를 잘 운행할 수 있을 것이오.[5] 당신에게 전해줄 샌라파엘 뉴스가 전혀 없는데, 우체국 외에 다른 어디도 간 곳이 없기 때문이오.

사촌들은 남아서 비누방울놀이를 하며 즐거운 시간을 보낼 것인데, 텍사스로 출발한 분 부인이 가는 길에 산타로사에 있는 넬리를 차에 태워주기를 기대하고 있소.[6]

배관공이 화장실에 있는 경보 장치가 낡고 고장이 났다고 알려주어서 그것을 떼어내고 신형으로 교체했는데, 새 경보기는 시끄럽게 집을 흔들어 놓지는 않소. 자, 한 시간 이상 당신을 피곤하게 하고 싶지 않으니 편지를 마치겠소. 당신에게 행복한 새해를 기원하오.

창고 근처에 있는 당신 땅에 대해 이삭 버크와 이야기했는데, 당신의 제안에 관해서는 한마디도 말하지 않았소. 그는 그 땅이 내놓은 가격만큼의 가치는 없다며 가격을 더 낮춰야 팔 수 있다고 말했소. 나는 그가 그렇게 말하는 것이 이해가 되는데 만일 내가 당신이라면 그에게 원하는 바를 말하겠소. 그는 당신에게 해를 끼치지 않을 것이 분명하고 당신에게 도움이 될 것이오. 당신에게 얼마의 수표를 보내면 될지 알려주시오. 쿠퍼 양이 당신과 빌리에 대한 63달러 외에 얼마나 많이 달라고 할지 모르겠소. 잘 자요, 내 사랑.

당신의 사랑하는 남편,

찰스 H. 피시

4 리턴(Lytton 혹은 Litton)은 캘리포니아 소노마 카운티에 있던 작은 마을로, 산타로사를 지나 지금의 헬즈버그와 게이즈빌 중간에 있다. 현재 리턴 호수(Lytton Lake)가 1890년대 마을 이름을 간직하고 있다.

5 노아가 방주 안에 있던 동물을 먹였듯이 농장의 동물에게 먹이 주는 일을 비유한다.

6 넬리는 양녀로, 메리 피시가 1890년에 졸업한 캘리포니아의 산타로사 신학교에 다니고 있었다.

**Samuel A. Moffett**

***Seoul, Korea***

***January 4, 1895***

Dear Dr. Ellinwood:

Five years ago when Mr. Gale was appointed a member of the Mission we appointed a committee consisting of Mr. Gifford, Mr. Baird & myself, to supervise his theological studies with a view to his ordination. We then advised him to follow in the main the course of study adopted in McCormick Seminary. This he has done and I have no doubt that he would readily pass the examinations by any Presbytery and would be considered ready for ordination. Desiring to see him ordained, we were conferring on the subject and the thought occurred to us that it would be valid according to Presbyterian law if we should proceed as follows: Have Mr. Gale place himself under the care of the New Albany (Indiana) Presbytery and then request that Presbytery to appoint Mr. Baird & Mr. Moffett (members of that Presbytery) a Commission to examine Mr. Gale and if the way were clear to ordain him as an Evangelist—he becoming thereby a member of New Albany Presbytery.

Of course if this were done the examination and ordination would be carried on with the assistance of all the ministers on the field, it being done officially by Mr. Baird & myself representing the Presbytery. This plan commended itself to us because we prefer that he should not be ordained by the Japanese Church, becoming a Presbyter in it, and because of the expense and necessary absence from the field should he be ordained by a Presbytery in China.

Should this plan commend itself to you and meet with the approval of the Board, will you kindly forward the accompanying papers so that we can arrange all necessary matters with the New Albany Presbytery. In case the Presbytery approves, we shall hope to have it take action at the

**마포삼열**

**한국, 서울**

**1895년 1월 4일**

**북장로회 선교부 미국 뉴욕 시 5가 156번지**[1]

엘린우드 박사님께,

5년 전 게일이 선교회의 회원으로 임명되었을 때, 우리는 그가 목사 안수를 받았으면 하는 생각에서 그의 신학 공부를 감독하기 위해 기퍼드 목사, 베어드 목사, 저 자신으로 구성된 위원회를 임명했습니다. 그때 우리는 맥코믹 신학교가 채택한 교과과정을 따라가도록 그에게 조언했습니다. 그가 이 과정을 마쳤기 때문에 저는 그가 어떤 노회의 시험도 거뜬히 통과하고 안수 후보자가 되리라 확신합니다. 그가 안수받기를 바라며, 우리는 이 문제에 대해 논의하다가 장로교회 헌법에 따라 다음과 같은 절차를 거치는 것이 적법하다고 생각하게 되었습니다. 즉 게일의 소속을 인디애나 뉴알버니 노회의 관할 아래 두고, 동 노회는 게일을 심사할 위원으로 노회 회원인 베어드 목사와 저 마포삼열 목사를 임명하여 그의 안수를 확정하고 목사 안수를 하는 것입니다. 그를 전도사로 임명한 절차가 투명하다면 그는 뉴알버니 노회의 회원이 될 수 있습니다.

물론 이렇게 할 경우 이 선교지에 있는 모든 목사들의 도움을 받아 심사와 안수를 시행하겠지만, 공식적으로는 그 노회를 대표하는 베어드와 제가 진행할 것입니다. 우리는 이 계획이 권할 만하다고 생각합니다. 왜냐하면 우리는 게일이 일본 교회에서 안수를 받아 그곳 노회의 회원이 되기를 바라지 않으며, 또 중국에 있는 노회에 가서 안수를 받으려면 비용이 들고 선교지를 떠나야 하기 때문입니다.[2]

---

1 이후 이 주소는 생략한다.

2 한국에 아직 노회가 조직되어 있지 않아 목사 안수를 받기 위해 다른 나라의 노회에 가야 하므로 일본이나 중국 대신 미국 교회의 노회를 통해 안수받게 하려고 이런 계획을 수립했다.

Spring meeting & forward to us papers conferring the authority to ordain in time for our Annual Meeting next October.

Very sincerely yours,
Samuel A. Moffett

January 14—

Consulting Moore's "Digest" [The Presbyterian Digest of 1886 compiled by William E. Moore, a contend of the acts, and deliverances of the General Assembly of the PCUSA], I find the above plan is not approved by the Church,—but I send the letter asking what plan you would approve for securing Mr. Gale's ordination.

박사님이 이 계획을 괜찮다고 생각하시고 선교부 이사회에서도 허락한다면, 첨부한 서류를 노회에 제출해주시겠습니까? 그러면 우리가 뉴알버니 노회를 통해 필요한 모든 일을 처리할 수 있을 것입니다. 노회가 우리의 희망대로 허락한다는 사실을 봄 회의 때 의결해준다면, 10월 연례 회의에서 안수할 수 있도록 권위를 위임하는 서류를 시간 안에 저희에게 보내주시기를 바랍니다.

마포삼열 올림

추신 1월 14일.

[윌리엄 E.] 무어가 편집하는 [북장로교회의] 잡지 「다이제스트」를 보다가 교회에서 위의 계획을 허락하지 않았음을 알게 되었습니다. 그러나 게일이 안수받도록 하기 위해 박사님이 어떤 계획을 허락하실지 문의하려고 이 편지를 보냅니다.

**Samuel A. Moffett**

***Seoul, Korea***

***January 12, 1895***

Dear Dr. Ellinwood:

Before this you will have the reports from our Annual Meeting which passed off most profitably. Certainly we have every reason to rejoice over the work of the last 14 months. The plans adopted at the Annual Meeting always furnish me the occasion for a letter to you. I leave for Pyeng Yang in a few days hoping to stay until the Spring thaws render the place uninhabitable. The many bodies only partially decayed will in the spring make the atmosphere so foul that it will be unsafe to stay and Dr. Hall's death has impressed upon us the necessity for care. According to the state of my own health this spring and the condition of the country greatly disturbed by presence of Japanese troops & Tong Haks in insurrection I will make my plans. I am hoping to spend the spring in some country village far from the poison of Pyeng Yang and yet in my own province—but circumstances may prevent, in which case I have thought of spending a little time with Mr. Baird in Fusan where I can not only be strengthened myself—but find abundant opportunities for preaching & teaching in connection with the work of the station there and the work of the Australian missionaries.

January 14th—

Two men from near Eui Ju have just come in bringing us the news that all the Christians in the north are alive and well tho they have had a hard time of it and are now in great straits. When the Chinese fled from Pyeng Yang, they made a mad rush through Eui Ju killing and robbing Koreans as they fled. Until then our men had remained in Eui Ju but at this time in the greatest confusion and danger they all fled to the country taking what they could gather together hastily. They are now

마포삼열

한국, 서울

1895년 1월 12일

엘린우드 박사님께,

이 편지가 도착하기 전에 박사님은 우리에게 꽤 유익했던 지난 사역들에 대해 우리의 연례 회의에서 올린 보고서들을 받았을 것입니다. 확실히 지난 14개월 동안 이루어진 사역에는 우리가 즐거워할 만한 이유가 많습니다. 연례 회의에서 채택한 계획들을 실행하며 박사님께 계속 편지를 보내드리게 될 것입니다. 며칠 후 저는 평양으로 출발합니다. 봄이 되어 땅이 녹아서 거주하기가 힘들어지기 전까지 머물게 되기를 바랍니다. 현재 일부 부패한 채 방치된 많은 시체가 봄이 되어 녹게 되면 오염이 더욱 진행되어 안전하지 못할 것입니다. 홀 의사의 사망[1]으로 인해 우리는 더 조심해야 할 것 같습니다. 올봄 저의 건강 상태와 일본 군대의 주둔과 봉기한 동학군으로 인해 혼란에 빠진 지방의 상황을 지켜본 후 계획을 세우려고 합니다. 평양의 독기로부터 멀리 떨어진 시골 마을, 특히 제가 맡은 평안도에서 보냈으면 합니다. 그러나 상황이 그렇게 되지 않는다면, 부산에서 베어드 목사와 함께 잠시 시간을 보내려고 생각 중입니다. 그러면 몸도 강건하게 될 뿐만 아니라 부산 선교지부의 사역과 호주 선교사들의 사역과 연계해서 설교하고 가르칠 수 있는 풍성한 기회를 얻을 수 있을 것입니다.

1월 14일.[2]

방금 의주 근방에 사는 두 남자가 왔는데, 북부 지방에 있는 모든 기독교인들은 건강하게 생존해 있기는 하지만 큰 어려움을 겪었을 뿐 아니라 지금

1 윌리엄 홀(William Hall) 의사는 1894년 여름 청일전쟁이 발발하자 잠시 서울로 피했다가 그해 10월 마포삼열과 함께 평양으로 돌아가 의료 사역을 하던 중 과로로 발진티푸스에 감염되어 11월 서울로 이송되었으나 바로 사망했다.

2 1월 4일 자 편지와 함께 12일 자 편지도 보내지 않고 있다가 14일에 다시 내용을 추가해서 보냈다.

in the mountains living in huts of mud and branches where they will suffer considerably this cold weather. Our Evangelist Kim went back to Eui Ju sometime after the Japanese had taken possession. He found them in our house, and when he attempted to enter he was driven off. I am hoping to get through Mr. Sill [U.S. government Minister Resident in Korea] from Japanese authorities a permit for him that he may regain possession of our place. From Pyeng Yang to Eui Ju along the main road there has been great destruction with the scattering of the whole population. When things will assume their normal condition no one can say. From these men I hear of many who in their times of sore trial and distress are turning to the gospel with attentive ears and teachable hearts. I fully believe that the Lord will get great glory to Himself out of all these troubles. So far as possible, I want to be on the ground that He may make use of me as one of His instruments. Mr. Lee has decided to go with me. Whether I shall be able to go beyond Pyeng Yang in order to visit Eui Ju–remains to be seen. In your next letter to Mr. or Mrs. Lee I hope you will let Mrs. Lee know that her unselfishness in falling in with plans for work so that Mr. Lee can then spend time in the country, is appreciated. I believe the Lord has rich blessings in store for our station when once the way is opened for us to pursue more regularly our work there.

I wrote you from Pyeng Yang Nov. 1st about the situation there. I trust that letter has reached you in safety. I'm sorry it was not our house in Pyeng Yang which fell into the hands of Christian Japanese as W.W. for W. [Woman's Work for Woman] got it, but our experience was considerably different. On separate sheet I am writing of several matters connected with the appropriations. As a member of the Examining Com[mittee], I want to add a word concerning Dr. Vinton. Should the report of the Com. call out from you a letter to Dr. Vinton on the subject of the language I trust it will be one of encouragement to him. A little praise just now will I believe do more for him in that line than anything

도 곤경에 빠져 있다는 소식을 전해주었습니다. 중국군이 평양을 떠나 의주를 거쳐 황급히 달아나면서 미친 듯이 한국인들을 죽이고 약탈했습니다. 그때까지 우리 신자들은 의주에 남아 있었으나, 큰 혼란이 닥치자 급히 짐을 대충 챙겨 시골로 피신했습니다. 지금 그들은 산에서 진흙과 나뭇가지를 엮어서 만든 오두막집에 살고 있는데 이 추운 겨울에 상당히 고생스러울 것입니다. 일본군이 의주를 점령한 후 얼마 지나지 않아 전도인 김관근이 그곳으로 다시 들어갔습니다. 그는 일본군이 선교 사택을 점유한 것을 보고 사택에 들어가려고 했다가 쫓겨났습니다. 저는 그가 그곳을 다시 소유할 수 있도록 실 미국 공사를 통해 일본 당국의 허가증을 받게 되기를 바라고 있습니다. 평양에서 의주까지 간선도로를 따라 많은 건물이 파괴되었고, 모든 사람이 사방으로 흩어졌습니다. 언제 사태가 정상화될지 알 수 없습니다. 시련과 곤경의 때에 많은 사람이 귀를 기울이고 배우려는 마음으로 복음을 향해 돌아서고 있다고 앞서 언급한 두 남자에게 전해 들었습니다. 이 모든 어려움을 통해 주께서 큰 영광을 받으실 것이라고 저는 확신합니다. 주께서 저를 주님의 도구로 사용하실 수 있도록 최대한 오랫동안 현장에 있기를 원합니다. 리 목사는 저와 함께 가기로 결정했습니다.[3] 제가 의주를 방문하기 위해 평양을 지나 더 갈 수 있을지는 두고 봐야 합니다. 리 부인이 사심 없이 사역 계획에 동의했기 때문에 리 목사가 지방에서 시간을 보낼 수 있게 된 것에 대해 박사님이 리 목사 부부에게 다음에 보내실 서신에서 감사의 말을 전해주시기 바랍니다.[4] 우리가 그곳에서 정기적으로 사역할 수 있게 되면, 주께서 우리의 선교지부를 위해 풍성한 복을 예비하고 계신다고 믿습니다.

저는 지난 11월 1일 평양에서 박사님께 보낸 편지에 그곳 상황에 대해 썼습니다. 그 편지가 무사히 도착했다고 믿습니다. 잡지 「여성을 위한 여성의 사역」에 나와 있는 대로 평양에서 일본인 기독교인의 수중에 들어간 집이 우

---

3 1월 12일 자 엘린우드 박사에게 보낸 편지에서 리 목사는 13일 서울을 떠나며 3월에 아내와 함께 평양으로 이사할 계획이라고 보고했다.

4 임신 중이던 리 목사 부인과 그녀를 돌보기 위해 내한한 어머니 웹 부인(리 선교사의 장모)은 이때 리 목사가 위험한 평양에 가는 것에 동의했다. 아들 마일로(Mylo Webb Lee)는 8월 4일 서울에서 태어났다.

else although he needs to be urged to perseverance in thorough work. His progress is not yet sufficient to satisfy the Com., but he has taken hold of his study in earnest and did far better than the Com. had any expectation of his doing.

Mrs. Vinton too has begun to study and it is a pleasure to me to be able to say that there is now a good prospect of their being able to do a work here which will be a success in contributing to the establishment of the Church of Christ in Korea. I have withheld judgment on this point tho it has been a question which greatly troubled me. Of course, all this I write confidentially as also the remark that notwithstanding what I have written above—we want a new physician for Pyeng Yang. While I am on this line I want to request from you some word of commendation for Mr. Gifford who has been developing more and more both in his power to use the language and in his love for his work and for the people. His wife has been a great help to him and he has grown spiritually. He is especially useful among the people as a pastor and as his heart has more and more become interested in this line of work the session of the native church has this year given him charge of pastoral work. I write this because I know what a help it is to feel that one's efforts to become more useful in the work are recognized and appreciated. Your letters to me have been most helpful and I thank you most sincerely for them.

I enclose a letter written 10 days ago on the subject of Mr. Gale's ordination, concerning which we should be glad to have a word of advice from you.

With continued prayers for you that your health may be continued and that rich blessings may rest upon you.

Sincerely yours in Christ,

Samuel A. Moffett

리 집이 아니라 유감입니다. 그러나 우리는 상당히 특이한 경험을 했습니다. 별지에 예산과 관련된 여러 사항에 대해 씁니다. 저는 [한국어] 심사위원회의 위원으로서 빈턴 의사에 대해 한 말씀 더 드리고자 합니다. 위원회는 언어를 주제로 박사님이 빈턴 의사에게 격려의 편지를 보내주시기를 요청합니다. 비록 그에게 철저히 공부하는 꾸준함이 필요하지만 무엇보다 약간의 칭찬이 현재 그가 한국어를 배우는 데 가장 큰 도움이 되리라고 믿습니다. 아직 그의 학업 성과가 위원회를 만족시키기에 충분하지는 않지만, 그는 열심히 공부해왔고, 그래서 위원회가 예상했던 것보다 훨씬 더 잘했습니다.

빈턴 부인도 공부를 시작했는데, 저는 그들이 이곳에서 사역할 전망이 밝고 그래서 한국에 그리스도의 교회를 설립하는 데 성공적으로 기여할 수 있을 것이라고 전할 수 있어서 기쁩니다. 비록 저는 이 문제로 인해 많은 어려움을 겪었으나, 그동안 이 점에 대해 판단을 유보해왔습니다.[5] 물론 이 편지를 박사님께서만 보실 것으로 생각하고 씁니다. 또한 위에 쓴 내용에도 불구하고 우리가 평양을 위해 새 의사를 원한다고 제가 언급했던 것도 비밀입니다. 또한 박사님이 기퍼드 목사에게 칭찬의 말을 해주시기를 부탁드립니다. 그는 언어 구사 능력, 사역과 사람을 사랑하는 면에서 점점 나아지고 있습니다. 그의 아내는 그에게 지대한 도움을 주었고 그는 영적으로 성장했습니다. 그는 특별히 목회 사역에 능력을 드러냈으며, 그의 마음도 이러한 사역에 관심을 더 갖게 되었기 때문에 한국인 교회[정동장로교회]의 당회는 올해 그에게 목회 사역의 책임을 맡겼습니다. 제가 이 편지를 쓰는 이유는 자신의 사역에서 더 도움이 되려는 노력이 인정받고 높이 평가되고 있다는 느낌이 얼마나 큰 도움이 되는지 알기 때문입니다. 저에게 보내주신 박사님의 서신들은 큰 도움이 되었으며, 진심으로 감사드리는 바입니다.

게일의 안수 건에 대해 열흘 전에 쓴 편지를 동봉합니다. 이 문제에 대해 박사님이 한두 마디 조언해주시면 감사하겠습니다.

---

5 빈턴 의사는 진료 활동을 하느라 한국어를 배우는 속도가 느렸다. 나중에는 의료 기술에 대한 신뢰도도 떨어져 의사로서 활동하기도 어려워졌다. 결국 빈턴은 선교회의 회계, 서기, 서적 관리 등 일반 선교사들이 꺼리는 문서와 재정 관리를 주로 하게 되었다.

●
대구를 방문한 서경조 조사, 베어드 목사, 심상형 조사 1896년 1월 [OAK]

William Baird went to Taegu with Korean Helpers Soh and Sim, 1896

박사님이 계속 건강하고 풍성한 복을 누리기를 기도하면서,

그리스도 안에서,

마포삼열 올림

## William J. McKenzie

***Sorai, Chang Yun, Korea***

***March 1, 1895***[1]

[Dear Brother Moffett]:-

We are waiting for the snow to clear to begin building the church—the first Korean church with *Korean money alone*. Already 1,000 nyang is signed by them besides all the wood given and work gratis. The contract is given out,—800 nyang for the wood work alone. We would ask you to save up your spare papers and magazines to paper the church.

Three Tong Hak (Eastern Learning) chiefs are studying in their houses the Jesus doctrine and have contributed to the church. I secured an interview between the new magistrate and the chief Tong Hak of this province, bringing a letter from the latter and a card from the former. 1000 soldiers leaped to their spears and shooting arms at his word. He also is a hopeful inquirer.

Ten families cleaned their houses last New Year of tablets and no longer worship them or sacrifice. Sixty to seventy meet twice on Sunday and at prayer meeting on Wednesday night. A dozen or more had to stand without or sit on the *maru* (porch floor) in the cold during service. Three women pray now at their own request. Their lives are indeed reformed and today heard how Paul began preaching at once when converted, according to all he knew.

Every day several inquirers come from far and near to get medicine and to inquire about the doctrine. Next Sunday we make a new move, going to near villages and to preach in a large *sarang* [room for meeting visitors] offered for our use. The women can be in an adjoining room listening. Several boys who can sing well go with us besides Saw Kyung Cho and one or two others. Soon I trust a woman or two will go too.

1 S. A. Moffett, "Earlier Days," *Korea Mission Field*(February 1936): 33-34.

## 윌리엄 J. 매켄지

### 한국, 장연 소래

### 1895년 3월 1일

[마포삼열 형제에게]
우리는 한국인의 자금만으로 짓는 최초의 한국인 교회 건축을 시작하기 위해 눈이 녹기를 기다리고 있습니다. 교인들은 이미 1,000냥의 헌금을 작정했고 목재도 필요한 만큼 확보했으며 무임으로 작업에 참여할 것입니다. 계약이 이루어졌는데 목재 작업에만 800냥이 듭니다. 교회 도배를 위해 남는 종이와 잡지를 모아주기를 부탁합니다.

동학의 접주 3명이 자신들의 집에서 예수교를 공부하면서 교회에 기부를 했습니다. 저는 이 지방에 새로 온 군수와 황해도 동학 수령 간의 회견을 주선했는데 수령에게서는 편지를, 군수에게서는 엽서를 받았습니다. 접주가 명령하자 동학군 병사 1,000명이 재빨리 달려가 창을 들고 팔을 뻗어 허공을 찔렀는데, 그 역시 전망이 밝은 구도자입니다.

작년에 10가정에서 집의 위패를 없앴고 더 이상 거기에 절하거나 제사를 드리지 않습니다. 60-70명이 두 차례, 곧 주일과 수요일 밤 기도회에 모입니다. 12명 이상이 예배 시간에 [공간이 좁아] 추워도 밖에 서 있거나 마루에 앉습니다. 여자 3명이 지금 자원하여 기도하고 있습니다. 그들의 삶은 확실히 개혁되었습니다. 오늘 그들은 어떻게 바울이 자신이 알았던 모든 것을 버리고 개종하자마자 바로 전도를 시작했는지에 대해 들었습니다.

매일 원근 각지에서 약을 구하려고, 그리고 교리에 관해 문의하기 위해 몇 명의 구도자들이 찾아옵니다. 다음 주일 우리는 새로운 움직임을 시작합니다. 우리가 사용할 수 있도록 제공된 큰 사랑방에서 복음을 전하기 위해 이웃 마을에 갑니다. 여자들도 옆방에 모여 들을 것입니다. 서경조와 다른 한두 사람 외에도 노래를 잘 부를 수 있는 소년 몇 명이 우리와 함께 갑니다. 머지않아 여성 한두 명도 갈 수 있을 것이라고 믿습니다. 저는 가능한 한 주변의 많은 마을에서도 비슷한 특권을 누릴 수 있기를 기대하면서 기독교인을

I purpose securing similar privileges in as many villages near-by as possible and send the Christians out by twos or more.

The Sabbath is well observed in about ten houses or more. The Church will be on the spot where devils received homage a year ago. We have started a school. God has converted a carpenter and farmer who knows Chinese. He is chosen as teacher. He is quite zealous in his own quiet way to lead others into the light. He is so constituted that he is sure to gain a hearing, wages 250 nyang, 5 bags unshelled rice and suit of clothes, may be 600 nyang all told. I went this morning on the track of a tiger who visited our village last night and took off a dog. I tracked him to the mountains and got near him when he roared and ran leaping from the rock. He was within a few yards of me and had he not disappeared so quickly behind the rocks I would have shot him. I am hoping to get his skin e=er I am through with him. If so I hope to build a church with it. He was quite a monster and has frequently visited our village this winter.

The Lord has done great things for us whereof we are glad. The prayers of God=s people have done it all. March 8th and the persecutors and haters of Jesus are now inquiring.

Your Christian brother,
William J. McKenzie

2명씩 혹은 그 이상씩 짝을 지어 파송합니다.

안식일을 잘 지키는 가정은 대략 10가정이 넘습니다. 예배당은 1년 전까지 귀신 숭배가 이루어지던 장소에 세워질 것입니다. 우리는 학교를 시작했습니다. 하나님께서 한문을 알고 있는 목수 겸 농부인 한 남자를 개종시키셨습니다. 우리는 그를 교사로 선택했는데, 그는 조용했지만 다른 사람들을 빛으로 인도하는 자신의 일에 아주 열심입니다. 그는 그런 모습으로 더 많은 사람을 모을 수 있을 것입니다. 우리는 그에게 봉급 250냥과 현미 5자루, 옷가지, 모두 합해서 600냥 정도를 줄 것입니다. 어젯밤에 우리 마을에 호랑이가 와서 개를 물어갔는데, 저는 오늘 아침 호랑이의 흔적을 따라갔습니다. 깊은 산속까지 추적했고 호랑이가 울부짖을 때 그 근처까지 갔는데, 호랑이는 바위에서 뛰어내려 달아났습니다. 바로 몇 미터 앞에 있었기에 호랑이가 바위 뒤로 재빠르게 사라지지 않았다면 쏠 수 있었을 것입니다. 제가 그 놈을 놓치지 전까지 저는 계속해서 그 가죽을 얻는 것을 생각했습니다. 만약 잡았더라면 그 가죽으로 교회를 건축하고 싶었습니다. 호랑이는 괴물 같고, 올겨울에도 우리 마을에 자주 출몰했습니다.

하나님께서는 우리를 위해 큰일을 행하셨고, 그것으로 인해 우리는 기뻐합니다. 하나님의 백성의 기도는 모두 이루어졌습니다. 3월 8일. 예수님을 박해하고 증오하던 자들이 이제 구도자가 되었습니다.

당신의 기독교인 형제,

윌리엄 J. 매켄지 드림

**Mary Alice Fish**

***San Rafael, California***

***August 18, 1895***

My dear Nellie, [Alice's little sister who was adopted by her parents]

Your letter of Wednesday to Mother was brought home last evening, and this morning Father said I had better open it and learn the news from our little girl. I did not expect to find such a disconsolate letter. My poor little sister, I am so sorry you are lonely and homesick; I know just how it feels for I have been there and was just about as forlorn and miserable as anybody could be, so I can sympathize thoroughly. But, dearie, it does not last, fortunately. You feel differently even now, I expect, though you may feel just as lonely without friends of your own age.

There is one little point for you to think about, Nellie—you believe, I am sure, that Jesus is guiding your life. Did He make a mistake in sending you back to school? Are you in the wrong place, or is there some reason why He wants you there, and why everything should be just as it is? He has said, "I am with thee, and will keep thee in all places whither thou goest."

I know it is very hard, dear, after having such a happy time with your friends—to settle down to quiet school life, especially when the school is not what you hoped or expected, and you lack companionship, but remember that the last few weeks have been vacation, and we cannot have vacation always.

As for the studies you can do better work than ever with only a few scholars. Even if you are all alone in some classes, remember others have done that before you, and resolve that you will do well. I believe, dear, that Jesus has some special lesson for you to learn just now. He can see the future, you know, and there may be something very hard that is coming to you, and He wants to teach you how to trust in Him and be ready for it. Will you not say, "Dear Lord, teach me, and help me to be

## 메리 앨리스 피시[1]

**캘리포니아, 샌라파엘**

**1895년 8월 18일**

넬리에게,

네가 수요일에 어머니께 보낸 편지는 어제 저녁 집에 도착했고, 오늘 아침에 아버지께서 나더러 읽어보라고 하셔서 우리 귀여운 여동생의 소식을 듣게 되었다. 나는 그렇게 침울한 내용일 것이라고 예상하지 못했어. 가여운 내 동생, 네가 외로움을 느끼고 집을 그리워해서 안타까웠다. 나는 네가 어떤 기분인지 잘 아는데, 나도 그 학교에 다녔고 나 역시 쓸쓸하고 비참한 기분을 느꼈기 때문이야. 그래서 네 마음을 온전히 이해할 수 있단다. 하지만 동생아, 다행히 그 기분은 오래 가지 않는단다. 비록 네 또래의 친구가 없어서 외롭다고 느낄지 모르지만 지금쯤 벌써 다르게 느끼리라 생각한다.

한 가지 생각할 게 있는데, 넬리야. 너도 믿겠지만 내가 확신하는 바로는 예수님이 너의 삶을 인도하신다는 거야. 너를 그 학교에 다시 보낸 주님이 실수하신 것이겠니? 네가 지금 있어서는 안 되는 곳에 있는 거니? 아니면 주께서 네가 그곳에 있는 것을 원하시는 어떤 이유가 있을까? 왜 모든 것이 현재의 상태처럼 그렇게 되어야 하지? 주님께서 말씀하신다. "나는 너와 함께 있겠다. 네가 어디에 가든지 모든 곳에서 너를 지켜주리라."

친구들과 행복한 시간을 보내고 나서 적막한 학교생활에 적응하는 것이 매우 힘들다는 것을 안다. 특히 그 학교가 네가 희망하거나 기대했던 곳이 아닐 때, 그리고 친구가 없을 때 그럴 것이다. 그러나 지난 몇 주일간은 방학이었다는 것을 기억하려무나. 우리가 늘 방학을 보낼 수는 없단다.

학교 공부에 대해 말하자면, 네가 두세 명의 다른 학생들과 함께 공부하면 더 좋을 것이다. 비록 어떤 수업은 너 혼자일지라도, 너 앞서 다른 사람들

1 메리 앨리스는 1870년 생으로 이때 25세였고 여동생 넬리는 18세였다. 앨리스는 샌프란시스코 쿠퍼 의과대학에 다니고 있었으며 대학 내에 기독교여자청년회(YWCA)를 조직하여 활동했다.

very patient and learn the lessons."

Mother and Cora went to Lytton yesterday morning and I came over late last night to keep Father company. Am going back to work early in the morning. You know I don't often write on Sunday, but today I wanted, if possible, to send a word of comfort to you—still my little sister if you are eighteen.

Will you not write to me, dear, and tell me what work you have taken up, and if the way looks any brighter?

I am sure you can be a very helpful elder daughter in the family. Give my love to Miss Chase.

With love to my Nellie from your sister,

Alice

도 그렇게 한 것을 기억하고, 잘할 것이라고 다짐해라. 사랑하는 동생아, 예수님은 네가 지금 배워야 할 특별한 교훈을 가지고 계신다고 나는 믿는다. 너도 알다시피 예수님은 미래를 보실 수 있고 때로 힘든 일이 너에게 다가올 때 네가 어떻게 그분을 신뢰할지, 그리고 그 어려움을 어떻게 대처해야 할지 가르치기를 원하신다. 이렇게 말해보지 않을래? "사랑하는 주님, 오래 인내할 수 있도록, 그리고 교훈을 배울 수 있도록 가르쳐주시고 도와주세요."

어머니와 코라는 어제 아침 리턴에 갔고, 나는 아버지와 함께 지내기 위해 어제 밤늦게 이리로 왔다. 아침 일찍 일하러 나갈 거야. 너도 알다시피 나는 일요일에는 대개 편지를 쓰지 않지만 오늘은 아직 18세의 귀여운 여동생인 너에게 위로의 한마디를 전하고 싶었단다.

계속해서 나에게 편지를 보내주지 않겠니? 어떤 공부를 하고 있는지, 그리고 사정이 조금이라도 더 밝아 보이는지 말해주면 좋겠다.

네가 집안의 든든한 딸 노릇을 할 수 있다고 확신한다. 내 사랑을 체이스 양에게 전해주렴.

나의 넬리에게,

사랑을 담아 언니 앨리스가

**Samuel A. Moffett**

***Seoul, Korea***

***August 21, 1895***

My. Dear Dr. Ellinwood:

Various as are the experiences through which we learn the lessons of faith and patience and endurance so necessary to us in our missionary work, one of the most trying to me is that which just now I am called upon to go through. A number of conditions combine to place me in great uncertainty as to our Pyeng Yang work this fall and we are forced to hold our plans in abeyance for a while waiting for the Lord to show us just when to move.

I spent May & June in the city and surrounding country staying as long and as often as the sanitary conditions would permit but the return of fever and the approach of cholera from the North warned me that further stay was running an unnecessary risk so I returned to Seoul early in July. Our American minister, Mr. Sill, who has shown himself a good friend of mine had tried to telegraph me to return but could get no word through. I had been gone from the city but a few days when cholera broke out and swept the city. Poor Pyeng Yang! The war had left her desolate enough but now her condition reminds me of the prophecies of the destructions upon Ninevah and Babylon. Reports received last week from my teacher there tell of a deserted city, dead bodies inside and outside the walls lying there rotting in the sun. The Lord has dealt graciously with our men and so far but one of the Church members has been taken together with one Catechumen whom I had expected to baptize this fall. A number of members of families have been taken but in answer to prayer most of our men have escaped all sickness while others who were sick have recovered. Many of them have gone to mountain villages where most of them will probably be safe. The last reports however say that while the scourge has ceased in the city it is

## 마포삼열

**한국, 서울**

**1895년 8월 21일**

엘린우드 박사님께,

다양한 경험을 통해 선교사의 사역에서 가장 필요한 것이 믿음과 인내와 오래 참음이라는 교훈을 얻었는데, 바로 지금이 무척 견디기 힘든 시련의 시간을 통과하도록 부르심을 받은 때입니다. 많은 상황이 복합적으로 얽혀서 우리의 평양 사역이 올해 가을에 어떻게 될지 매우 불확실한 상황입니다. 주님께서 우리가 언제 움직여야 할지 보여주실 때까지 기다리면서 당분간 모든 계획을 중단하지 않을 수 없습니다.

저는 5월과 6월까지 위생 상태가 허락하는 한 오래 그리고 자주 평양 시와 주변 시골에 머무르면서 지냈습니다. 그러나 열병이 재발하고 북쪽에서 콜레라가 접근해와서 더 이상 머물러 있으면 위험에 처할 수 있다는 경각심을 가지고 7월 초에 서울로 돌아왔습니다. 미국 공사이며 저의 좋은 친구로 지내온 실[1] 씨는 저에게 서울로 돌아오라는 전보를 보내려고 시도했으나 전할 수 없었습니다. 제가 그 도시를 떠나온 지 이삼 일 후 콜레라가 발생하여 도시를 휩쓸었습니다. 불쌍한 평양! 전쟁으로 완전히 피폐하게 되었는데, 지금 그 도시의 상황은 니느웨와 바빌론의 멸망에 대한 예언을 상기시킵니다. 그곳에 있는 제 어학 교사가 지난주에 보낸 소식에는, 사람들이 떠난 텅 빈 도시의 성벽 안팎에 시체들이 널린 채 햇살을 받으며 썩어가고 있다고 합니다. 하나님께서는 우리 남자 신자들을 자비롭게 대하셔서 지금까지 등록교인 한 명과 가을에 세례를 주려고 예정했던 학습교인 한 명만 데려가셨습니다. 가족 가운데 죽은 이들이 많이 있지만, 기도에 응답하셔서 대부분의 남자들은 모든 질병을 피했고 병에 걸린 자들은 회복되었습니다. 다수의 사람들은 산속에 있는 안전한 마을로 갔습니다. 그러나 최근의 편지에 따르면 재앙

1 실(John M. B. Sill) 공사의 서울 재임 기간은 1894년부터 1897년까지였다.

now spreading into the surrounding villages.

The decaying bodies of the Chinese slain in battle last year not only interfered with our stay there this Spring but also filled me so full of malaria that I am now in a condition which causes all my friends to insist upon my taking a rest and many think I ought now to ask for a furlough in America. This I do not as yet feel at all called upon to do as I am trusting that a few weeks of comparative rest in the mountains near Seoul will put me in fair shape again.

What troubles me however is that just now I am not fitted to do battle against much hardship or against the unsanitary conditions into which Pyeng Yang has again been brought by the cholera. We are not quite settled in P.Y. as yet although for a year we have been just on the eve of permanent and fairly comfortable establishment of ourselves there. (I am hoping that before I feel called upon to make a visit home that I shall see our station fully established with Mr. Lee & his family and Dr. Wells there to look after things.) Then I shall be glad to lose no time in getting to my mother whose every letter now is full of longing for my return.

I think you will appreciate the fact that the uncertainty as to whether we can return to P.Y. when we had planned to do so (Sept. 1st) is pretty trying to me just now.

Perhaps, however, the detention is the Lord's plan for giving me a chance to recuperate that I may the better enter upon all the opportunities for work which will offer themselves this winter.

Dr. Wells' arrival has rejoiced both Mr. Lee and myself and we are much pleased with him. He is full of enthusiasm, frank, & sincere and withal evidently a good physician. He is having some rare experiences which form a good introductory to his work although they are interfering just now with what is of prime importance, viz., the acquisition of the language. However, I do not think they will in any way lessen his determination to study hard as soon as these necessary interruptions are over.

이 그 도시에서는 그쳤지만, 이제 근처 마을로 퍼지고 있다고 합니다.

작년 전투에서 사망한 중국 군인들의 시체가 부패하면서 우리가 올해 봄에 그곳에 머물러 있을 수 없게 되었을 뿐만 아니라, 저 역시 심한 말라리아에 걸려 제 모든 친구들이 저에게 휴식을 취하라고 강권하는 상황이며, 많은 사람이 지금 제가 미국행 휴가를 요청해야 한다고 생각합니다. 그러나 저는 아직은 그렇게 할 필요를 전혀 느끼지 않으며, 이삼 주 동안 서울 근처에 있는 산에서 약간의 휴식을 취하면 다시 건강을 회복할 것이라고 믿습니다.

하지만 저를 괴롭히는 것은 지금 당장 제가 더 많은 난관과 싸우거나 콜레라가 발생한 평양의 비위생적인 상황과 다시 싸울 수 있을 만큼 건강하지 않다는 사실입니다. 비록 1년간 우리가 그곳에서 영구적이고 평안하게 정착하기 직전의 상태로 지냈지만, 우리는 아직 평양에 제대로 자리를 잡은 것이 아닙니다. (제가 바라는 것은, 본국을 방문하도록 이끄신다고 느끼기 전에 그곳에서 사역할 리 목사와 그의 가족과 웰즈 의사와 더불어 우리의 선교지부를 그곳에 알차게 설립하는 것입니다.) 그러면 저는 지체하지 않고 기쁘게 어머니께로 갈 것입니다. 지금 어머니는 편지할 때마다 제가 돌아오기를 간절히 바라고 있습니다.

우리가 평양으로 돌아갈 계획을 세운 날짜(9월 1일)에 갈 수 있을지 불확실하기 때문에 제가 지금 힘든 시간을 보내는 것을 박사님은 이해해주시리라고 생각합니다.

하지만 아마도 당분간 지체하는 것은 저에게 기력을 회복할 시간을 주셔서 제가 올겨울 동안 만나게 될 모든 기회를 맞아 더 나은 상태로 사역할 수 있도록 하려는 주님의 계획인 듯합니다.[2]

웰즈 의사가 도착했기에 리 목사와 저는 크게 기뻐했으며, 우리는 그와 함께할 수 있어서 무척 만족스럽습니다.[3] 그는 열정이 넘치고 솔직하며 신실

---

2 마포삼열 목사는 서울에서 쉬는 동안 소책자 『환난 면ᄒᆞᄂᆞᆫ 론』을 저술하여 출판했다. "1895년에 대한셔 괴질병 심ᄒᆞᆯ ᄯᅢ에 마포목ᄉᆞ가 져슐ᄒᆞ여 츌판 ᄒᆞ엿ᄂᆞᆫᄃᆡ ᄇᆡᆨ셩들이 우샹을 셤김으로 환난이 만코 지앙에 ᄲᅡ지니 우샹을 밋지 밋ᄒᆞᆯᄲᅮᆫ외라 즉시 ᄇᆞ리고 샹쥬와 샹쥬의 진리ᄅᆞᆯ 밋으야 환난을 면ᄒᆞᆯ 리유ᄅᆞᆯ ᄇᆞᆰ히ᄂᆞᆫ ᄎᆡᆨ이라" ("대한셩교셔회샤 셔칙략론", 「그리스도신문」 1901년 2월 14일). 마포삼열 목사는 이 무렵 전도용 소책자 『쟝원량우샹론』과 『구셰론』도 번역하여 출판했다.

3 웰즈(James Hunter Wells, 1866-1938) 의사는 1895년 6월 3일 내한했다. 1895년 9월 26일 요코하마에

Mr. Lee and I have had most enjoyable times together during our trips to and stays in Pyeng Yang and we have been able to plan our work together in a way which promises the greatest harmony and co-operation throughout. I cannot be too thankful that Mr. Lee is my co-laborer for I have found him a rare man in absolute sincerity and integrity combined with good judgment and self-control.

He & Mrs. Lee are eager to get settled and to enter upon a work to which they can give uninterrupted attention and I trust that time is not far off. We expect any time to hear of P.Y.'s being opened as a port but whether it is or not this winter will doubtless see us located there and in possession of our place and work.

In Seoul the cholera has been occupying a great deal of the thought and time of most of the station. The doctors have all been hard at work and others have been nursing, inspecting, disinfecting, etc., as far (and farther) than their strength would allow.

There is now a great deal of sickness or rather exhaustion in the ranks of the missionaries. Of course as we are now quite a large community it is not to be expected that all will be in perfect health but the setting aside of even one where the work is so great affects us very greatly. Miss Strong does not seem to recover her strength and we fear she may be compelled to take a rest in America. This makes us all the more eager to have the Board grant our request for another lady for the school–the granting of which request now will in the end be a great saving to the Board. Miss Doty is now overworked and it does seem a shame not to have just the help needed for the school now that such admirable buildings are prepared for it. Mr. Lee has in his work for the school succeeded in getting by for the best and cheapest buildings which the Mission has ever obtained and those of us who for years have been dissatisfied with the Girls' School in its location and opportunities for conducting a successful school are now jubilant over the prospect which now lies before it.

한 좋은 의사입니다. 비록 의사로서의 일이 현재 그에게 가장 중요한 사역인 언어 습득을 방해하고 있지만, 그는 자기 사역에 좋은 입문이 될 보기 드문 경험을 하고 있습니다. 이런 경험으로 인해 사역이 끝나자마자 열심히 공부하겠다는 그의 결심이 결코 약화되리라고는 생각하지 않습니다.

리 목사와 저는 평양까지 여행하고 그곳에 체류하는 동안 함께 즐거운 시간을 보냈으며, 최대한 조화를 이루면서 철저히 협력하기로 약속하며 우리의 사역을 계획할 수 있었습니다. 리 목사가 저의 동역자라서 얼마나 감사한지 모르겠습니다. 그는 절대적으로 성실하고 언행일치를 이루는 보기 드문 사람이며 좋은 판단력과 자제력을 갖췄습니다.

리 목사 부부는 정착해서 사역에 착수하고 지속적으로 관심을 기울일 수 있기를 간절히 바라고 있는데, 저는 그때가 멀지 않았다고 믿습니다. 우리는 평양이 개항장으로 열린다는 소식을 곧 듣기를 기대하고 있습니다. 그러나 개항장이 되든지 안 되든지 의심할 여지없이 우리는 올해 겨울에 그곳에 정착하고 사역을 시작해 자리를 잡을 것입니다.

서울에서는 선교지부에 속한 대부분의 선교사들이 콜레라에 많은 관심을 기울이며 시간을 보내고 있습니다. 의사들 모두 열심히 일하고 있으며 다른 사람들은 간호, 검사, 소독 등의 일을 힘이 닿는 데까지, 아니 힘에 지나칠 정도로 하고 있습니다.

지금 선교사들 대부분이 아프거나 조금 지쳐 있습니다. 물론 지금 우리 공동체가 크기 때문에 모두가 완벽하게 건강할 수는 없지만, 사역이 너무 많기 때문에 단 한 사람이라도 빠지게 되면 전체에 큰 영향을 줍니다. 스트롱 양은 원기를 회복한 것으로 보이지 않으며, 우리는 그녀가 미국에서 휴식을 취하지 않으면 안 된다고 생각합니다. 이에 우리 모두는 학교를 위해 여자 선교사 한 명을 요청하며 이것을 선교부가 허락해줄 것을 더 강력히 간청합니다. 이 요청을 지금 허락하시는 것은 선교부에게도 큰 절약이 될 것입니

---

서 리블(Lula Ribble) 양과 결혼하고 10월에 함께 평양에 와서 평양 제중원을 설립했다. 1915년까지 의료선교사로 사역했으며, 1938년 미국 오리건 포틀랜드에서 사망했다. 1906년 10월 래드기념병원(평양 제중원)을 준공했으며, 1907년 소책자『위생』을 출간했다.

Admirably located with buildings adapted to an economical management and careful oversight, and with buildings sufficient for the carrying on of all kinds of work for women in connection with the school–all that is needed now is the right force of workers. The Board did not understand why those who were sent out for the school seemed to prefer other work–but could you have fully understood all the difficulties against which they had to struggle where they were, it would not have been such an enigma. For one I do not anticipate any future dissatisfaction on the part of anyone who may be assigned to work in the Girls' School–unless that one should be Miss Arbuckle who for various reasons is not likely to be so assigned by the Mission.

Our Annual Meeting is to be held in October. Before that I trust Mr. Lee, Dr. Wells & I will have been to Pyeng Yang–in which case our report to the Mission will inform you as to the outcome of the present uncertainties.

You have probably heard of the sad death of Mr. McKenzie, a most noble fellow whose promise of usefulness here was so great.

We have just heard, too, of the withdrawal from the Australian Presbyterian Mission of Miss Perry of Fusan. A trip to Japan and contact with some people there has led her into Plymouth Brethrenism. She is an earnest worker, successful in winning Koreans to Christ and we are sorry to hear of her loss to the ranks of our Presbyterian Church.

Someday I should like to write you as to the great difference in the policy of the Presbyterian Church and the Methodist Church in the work in Korea but at present will close with kind regards to yourself and prayers for all the work of the Board.

Very sincerely,

Samuel A. Moffett

다. 지금 도티 양은 과로 때문에 체력이 극도로 떨어진 상태인데, 그렇게 멋진 건물을 지어 학교를 설립했음에도 진짜 필요한 도움을 주지 않는다면 이는 정말 부끄러운 결말입니다. 리 목사는 학교를 위한 사역에서 선교부가 지금까지 구입했던 건물 가운데 가장 좋고 싼 건물을 얻는 데 성공했으며, 여러 해 동안 여학교의 위치가 나빠 성공적으로 학교 운영을 할 수 없었던 것 때문에 불만이었던 우리는 이제 여학교의 전망이 밝은 것으로 인해 환호하고 있습니다.[4]

여학교는 건물을 경제적으로 운영하며 조심스럽게 관리하는 가운데 훌륭하게 자리를 잡았고, 학교와 연계하여 여성 사역을 실시하기에 충분한 건물이 있으므로 이제 필요한 것은 적당한 사역자입니다. 선교부는 그동안 학교 사역을 위해 파송받은 자들이 왜 다른 사역을 선호했는지 이해하지 못했습니다. 그러나 그들이 처한 처지에서 힘들게 극복하지 않으면 안 되었던 모든 어려움을 충분히 고려한다면, 이는 그렇게 이해하기 어려운 문제가 아니었을 것입니다. 저는 여학교 사역에 누구를 배정하더라도 이제는 불만을 가지지 않을 것이라고 생각합니다. 다만 선교회는 여러 가지 이유 때문에 아버클 양은 배정하지 않을 듯합니다.

우리의 연례 회의는 10월에 열릴 것입니다. 그전에 리 목사와 웰즈 의사와 저는 평양에 다녀올 수 있으리라고 믿습니다.[5] 그러면 우리는 선교회에 제출할 보고서에 현재의 불확실한 여러 상황이 어떻게 전개되었는지에 대해 박사님께 알려드리겠습니다.

박사님도 매켄지 목사의 안타까운 사망 소식을 들으셨을 것입니다. 그는 이곳에서 크게 쓰임 받을 전망을 가진 대단히 고상한 인물이었습니다.

또한 우리는 방금 부산의 페리 양이 호주장로회 선교회에서 사직했다는 말을 들었습니다.[6] 그녀는 일본을 한 차례 여행하면서 몇 사람과 접촉했는데

---

4 서울의 장로교회 여학당은 이후 정신여학교로 발전했다.

5 마포삼열 선교사와 웰즈 의사는 9월 13일 서울을 떠나 평양으로 갔다.

6 페리(Jean Perry, ?-1935) 양은 영국 케임브리지 기턴 대학을 졸업하고 1892년 10월 호주장로교 선교사로 부산에 도착했다. 맨지스 양과 함께 고아 2명을 양육한 것이 이후 일신여학교로 발전했다. 1894년 4월 신

●
**매켄지 목사 [OAK]**

**William John McKenzie**

플리머스형제단에 가입했습니다.[7] 그녀는 열심히 일하고 성공적으로 한국인을 그리스도께로 인도했으므로, 우리 장로교회의 명단에서 그녀가 빠지게 되었다는 소식을 듣게 되어 유감입니다.

한국 사역에서 장로교회와 감리교회의 정책에 있어 큰 차이점이 무엇인지에 대하여 언젠가 편지로 알려드리겠습니다. 그러나 지금은 박사님의 강녕하심을 빌며 선교부의 모든 사역을 위해 기도하면서 이만 맺고자 합니다.

마포삼열 올림

---

앙에 대한 견해 차이로 호주장로회 선교회를 떠났고, 일본에서 플리머스형제단 회원들과 함께 영국복음선교회(British Evangelistic Mission)를 조직하고 다시 혼자 내한하여 서울에서 고아와 시각 장애인을 위한 사역을 시작했다. 기턴 대학 동창인 패시(E. Pash)가 동참하여 고아원(Garden for Lonely Children)을 운영했다. 페리 양은 한국에서의 경험을 바탕으로 1905-1912년 영국에서 여러 권의 책을 출판했으며 1912년에는 *Twenty Years a Korea Missionary*를 출간했다.

7 아일랜드 교회 목사 존 달비(John Nelson Darby, 1800-1882)를 중심으로 영국 성공회의 지나친 교파주의와 형식적인 생활에 환멸을 느낀 이들이 모여 형제단을 결성했고, 이후 영국 플리머스에 본부를 두게 되면서 플리머스형제단으로 불렸다. 1896년 12월 일본의 플리머스형제단 지도자인 노리마쓰 마사야스(乘松雅休, 1863-1921)가 한국에 선교사로 입국하여 경기도 수원에 성서강론소를 개설하고 활동하면서 한국 플리머스형제단이 시작되었다. 노리마쓰는 일본의 황국 신민화 정책에 앞장섰던 조합교회와 달리 정치와 무관하게 선교했으며 한국 문화를 존중하고 한국식으로 생활했다. 1917년 조선총독부의 종교단체 등록법에 따라 기독동신회로 등록했다.

**Eva Seevers**

***Chicago, Illinois***

***September 17, 1895***

***2212 12 Webster Av. San Francisco***

My dear Miss Fish:

We are very glad indeed to know that you have organized an association among the women in your college and we trust that the good beginning may go on to ever increasing strength and blessing.

I mail you today the September *Evangel* and the publications you asked for, hoping they may be what you want.

Sincerely yours,

Eva Seevers

Ruth 2:12

[Note: Alice Fish was graduated from Cooper Medical College, San Francisco, in the class of 1895. A copy of the *Commencement Exercises*, December 5, 1895, is among the S. H. Moffett collection of Moffett and Fish Papers.]

**에바 시버즈**[1]

**일리노이, 시카고**

**1895년 9월 17일**

**샌프란시스코 웹스터 12가 2212번지**

앨리스 피시 양에게,

우리는 당신이 대학에 기독교여자청년회를 조직했다는 것을 알게 되어 대단히 기쁩니다. 좋은 출발을 했으니 계속 강해지고 축복을 누릴 줄 믿습니다.[2]

요청한「복음」9월호와 그 밖의 여러 출판물을 오늘 우편으로 보냅니다.

에바 시버즈 드림

룻기 2:12.

["여호와께서 네 행한 일을 보응하시기를 원하며, 이스라엘의 하나님 여호와께서 그 날개 아래 호위를 받으러 온 네게 온전한 상 주시기를 원하노라."]

1 YWCA 국제위원회의 잡지 Evangel의 총무

2 앨리스 피시는 1895년 12월 5일 샌프란시스코 시내에 있던 쿠퍼 의과대학(Cooper Medical College)을 졸업했다. 이 학교는 1908년 스탠포드 대학교 의학과로 발전했으며 1959년 메인 캠퍼스로 이전했다.

**Samuel A. Moffett**

***Pyengyang, Korea***

***October, 1895***

Dear Brother Appenzeller:

At the last had a most satisfactory talk with Dr. Scranton and the way is clearing up beautifully to enable us to have the Gospels and Acts out in a few weeks with the whole New Testament within a year. Of course this will be only as a tentative edition.

Will see you before long and speak more in detail. May I suggest that you do not tackle the Doctor on the subject again but wait until I can talk it over with you.

Agitate! Agitate! Agitate! Someone said and it is a pretty good thing to do if you want anything done. We have agitated–now let's follow up with action in the Committee.

Sincerely,

S. A. Moffett

## 마포삼열

**한국, 평양**

**1895년 10월**

아펜젤러 형제에게,

지난번 스크랜턴 의사와의 대화는 아주 만족스러웠고, 몇 주 후에 복음서와 사도행전을 완성한 후 신약성경 전체를 1년 안에 마칠 수 있는 길이 멋지게 열리고 있습니다. 물론 이것은 단지 임시본이 될 것입니다.

머지않아 당신을 만나 좀 더 구체적으로 이야기하겠습니다. 당신이 그 주제로 그 의사와 논쟁하지 말고, 제가 당신과 대화할 수 있을 때까지 기다려주기를 부탁드립니다.

주장하라! 주장하라! 주장하라! 누군가가 이렇게 말했는데, 만약 어떤 일을 해내려면, 꽤 좋은 방법입니다. 우리는 주장했습니다. 이제는 위원회에서 결정하고 그 결정을 따릅시다.[1]

마포삼열 드림

---

1 신명 용어 문제에서 'God'을 '하ᄂᆞ님'으로 번역할 것인가 아니면 '텬쥬'(天主)로 번역할 것인가를 놓고 논쟁이 진행되고 있었다. 마포삼열은 성서위원회 위원장으로서 다수가 지지하는 '하ᄂᆞ님'으로 의견이 통일되기를 기대하고 있었다. 이때 아펜젤러는 '하ᄂᆞ님' 지지자였고 스크랜턴은 '텬쥬'를 지지했다.

## Samuel A. Moffett

***Seoul, Korea***

***late October, 1895***

To the editor, Madison [Indiana] *Courier*:

These have been busy, busy days. The annual mission meeting kept us rushed day and night, and on such a strain that we were all tired out. Immediately following that meeting, I had to copy all the long reports, since we had to have two copies of each—one to be sent to the Board, the other to go on file here.

During our meetings occurred the murder of the Queen [on Oct. 8th], with all of the political excitement involved. It was a most cowardly act, and while we all know that the Queen was anything but an angel, our sense of justice was so shocked that it threw a gloom over the entire foreign community. The King and his one faithful guard, old General W. M. Dye, were in danger of their lives, also, and the King asked Dr. Allen if he could not have a few of the foreigners come into the palace that there might be someone near him in whom he could place confidence. So we missionaries all volunteered, and since then have been taking turns in the palace every night. This enables old Gen. Dye to get his sleep, and while of course the presence of one or two foreigners is no real protection, the moral effect has been very great and doubtless has helped to avoid more serious difficulties. Poor Korea! Once more there seems nothing but darkness, gloom and disappointment before her.

The King, his people and many others have all been hoping that England and America would come to the rescue and undertake to superintend the reform of Korea, but it seems that neither can be relied upon to do anything but give advice. Neither is ready to do anything which might bring on a collision with another power.

Russia and Japan are working hard against each other. Japan is likely to have everything her own way until Russia gets ready to fight, and then

## 마포삼열

**한국, 서울**

**1895년 10월 말**

매디슨의 「인디애나 쿠리어」 편집장에게,

아주 바쁜 날들이 지나갔습니다. 우리는 선교회 연례 회의를 하느라 밤낮으로 분주했고, 그 중압감 때문에 완전히 지쳤습니다. 모임이 끝나자마자 우리는 보고서를 써야 했고, 저는 선교본부에 보내야 할 것과 이곳에 보관해야 할 것까지 2부씩 만들기 위해 장문의 보고서들을 복사해야 했습니다.[1]

회의가 열리는 동안 왕비 시해 사건이 발생했고, 이어서 여러 정치적 동요가 일어났습니다.[2] 살해는 대단히 비열한 행위였습니다. 우리가 아무리 왕비가 천사가 아님을 알고 있다지만 그럼에도 심각할 정도로 정의감에 타격을 받아서 외국인 공동체 전체의 분위기가 어두워졌습니다. 왕과 그의 충성스런 경호원인 연로한 다이 장군 역시 위험하게 되었습니다. 왕은 알렌 의사에게 외국인 몇 사람을 왕궁으로 데려올 수 있는지, 아니면 자신 곁에 둘 신뢰할 만한 사람이 있는지 물어보았습니다. 우리 선교사 모두가 자원했고, 그때부터 매일 밤 선교사들이 교대로 왕궁에 머물렀으며, 덕분에 다이 장군도 잠을 잘 수 있었습니다. 물론 외국인 한두 명이 함께 있게 된 것이 실질적인 보호가 되는 것은 아니지만, 정신적 효과는 커서 더 심각한 문제를 피하는 데 분명 도움이 되었을 것입니다. 불쌍한 한국! 다시 한 번 한국 앞에는 어둠과 음침함과 실망밖에 없는 것처럼 보입니다.[3]

왕과 백성과 다른 많은 사람은 모두 영국과 미국이 구해주러 오고 한국

---

1 개인 연례 보고서들은 이 책의 '보고서' 장을 보라.

2 을미사변은 1895년 10월 8일에 발생했다.

3 선교사들은 매일 밤 한두 명이 왕궁에 들어가 왕의 침실 옆에서 잠을 잤는데, 왕의 식사를 미리 먹어보는 역할도 맡을 때가 있었다. 선교사들은 1895년 10월부터 1896년 1월까지 계속 왕궁에 들어가 보초를 섰다. 친일파 김홍집 내각은 고종에게 단발을 강요했으나, 고종은 상투를 지키기 위해 러시아 공사 베베르에게 도움을 구했다. 그 과정에서 1896년 11월 선교사들과 베베르의 간접 지원을 받은 왕당파와 경무사 윤웅렬(윤치호의 부친) 등에 의해 고종을 구출하기 위한 '춘생문사건'이 발생했다.

no one knows what will come.

While in the palace I was admitted to audience with the King, who seemed greatly pleased that I was able to speak Korean. He and the Crown Prince received us. They are truly a pitiable pair–virtually prisoners in their own rooms, with all their enemies in power trying to coerce them into approving measures that are dastard. They tried to make the King sign a document lowering his Queen to the position of a concubine, but it is reported he said that he would cut off his right arm before he would sign it. He lacks stamina, but for once seemed to have some decision. He is very favorable to Protestant Missions, but is so weak that his own wishes and ideas count for little.

The Queen was a power, and she successively outwitted the King, King's Father, Prime Ministers, one after the other, the Japanese minister and one of Japan's greatest men, Count Inouye. She was thoroughly anti-Japanese and stood in the way of their carrying out their schemes. Poor woman! The only way they could get ahead of her was to put her out of the way.

Seoul is full of politics, and I long to get away from it. We are now busy as we can be packing up for Pyeng Yang, expecting to get off this week by boat, and will take along enough to be comfortable this winter. We are going right ahead now and expect to put up a small house this winter, into which the Lees will move in the spring. Eventually the house may become quarters for Dr. Wells and me.

We have a beautiful site for the hospital, and just as soon as we see our way clear and are ready for it we will go ahead with it. The Mission limits Dr. Wells this year to but two hours a day in medical work, as he must first give his time to the language

Rev. Samuel A. Moffett

이 개혁을 이룰 수 있도록 감독을 맡아주기를 희망해왔지만, 어느 쪽에도 조언 외에는 기대할 것이 없는 듯합니다. 그 어느 쪽도 다른 열강과 충돌을 야기할 수 있는 일을 기꺼이 하려고 하지 않습니다.

러시아와 일본은 심각하게 대립하고 있습니다. 일본은 러시아와의 전쟁 준비가 될 때까지 자신들의 뜻대로 모든 일을 처리하는 듯하며, 그래서 무슨 일이 일어날지 아무도 모릅니다.

왕궁에 있을 때 저는 왕을 알현하도록 허락을 받았는데, 그는 제가 한국어를 말할 수 있어서 크게 기뻐하는 것 같았습니다. 고종과 왕세자는 우리를 접견했습니다. 그들은 정말로 가련한 분들입니다. 사실상 자신의 방에 연금된 죄수들인데, 두 사람의 적으로서 권력을 가진 자들이 두 사람에게 비겁자나 취할 조치를 윤허하라고 강요하고 있습니다. 그 적들은 왕으로 하여금 왕비를 후궁의 위치로 낮추는 문서에 서명하게 하려고 시도했으나, 왕은 서명하기 전에 먼저 자신의 오른팔을 잘라내겠다고 말했다고 합니다. 왕은 원기가 부족하지만 어느 정도의 결단력은 있어 보입니다. 그는 개신교 선교회들을 좋아하지만, 너무 나약해서 그의 소원과 정책은 거의 무시됩니다.

왕비는 강력한 사람으로, 왕과 대원군, 영의정, 일본의 장관이자 대단한 위인인 이노우에(井上馨) 공사를 차례로 눌러 이겼습니다. 그녀는 철저히 반일(反日)적이었고, 일본의 책략을 가로막았습니다. 불쌍한 여인! 그들이 그녀를 이길 수 있는 유일한 방법은 그녀를 제거하는 것뿐이었습니다.

서울은 정치인들로 가득하며, 저는 이곳을 벗어나기를 고대합니다. 지금 우리는 평양에 가려고 분주히 짐을 꾸리고 있는데, 이번 주에 배를 타고 떠나면 올겨울은 충분히 편안하게 보내게 될 것입니다. 우리는 바로 떠나서 겨울 동안 작은 집에서 지내려고 하며, 봄에는 그 집으로 리 목사 부부가 올 것입니다. 아마 결국 그 집은 웰즈 의사와 저의 처소가 될 것입니다.

멋진 병원 부지가 있는데, 병원을 지을 방법이 분명해지고 준비가 되면 그 일을 추진할 것입니다. 선교회가 올해 웰즈 의사의 의료 사역을 하루 2시간으로 제한했는데, 먼저 그가 한국어를 좀 더 익혀야 하기 때문입니다.

마포삼열 드림

●
**명성 황후 시해, 1895년 [OAK]**

**Assassination of Queen Min, 1895**
*Le Journal illustré* (October 27, 1895), cover.

●
**이노우에 공사 [OAK]**

**Inoue**

●
**상복을 입은 고종, 1895년 [OAK]**

**King Kojong in the Mourning, 1895**
Edward H. Parker, *John Chinamen and a Few Others*(London: John Murray, 1901), 122.

**Samuel A. Moffett**

***Seoul, Korea***

***November l, 1895***

Dear Dr. Ellinwood:

Two months and more have passed without my being able to find the time for a letter to you, but now that the Annual Meeting is over and we are preparing to go back to Pyeng Yang, I feel that I must take the time for this letter. When I wrote you in August it was with much uncertainty as to the future and especially so as to my health. I cannot say how grateful I am that I completely recovered from all sickness and was able to return to Pyeng Yang and carry on our work so full of promise. The last stay in the city, tho a short one, was the most enjoyable of all and I am sure when you read our reports you will rejoice with us over the blessings which the Lord has given us. I need not refer more at length to the past work. I hope however that you will have the time for a careful reading of Mr. Lee's evangelistic report and my Pyeng Yang evangelistic report. I believe they will show you that our request for another clerical missionary is an imperative one.

I think too you will see that notwithstanding the fact that we are not yet permanently settled in the city, we have been looking after the work and pushing it–feeling that it must be attended to even tho the question of houses and accommodations for ourselves had to be neglected. We are now, we believe, ready to go ahead with plans for permanent residence of the whole station including Mr. Lee's family and so we have asked appropriation for that purpose. It may be that you will not be able to appropriate for two houses this year but I sincerely trust you will provide the $1000.00 gold for small house and $500.00 gold for enclosing, grading, drainage, etc. We shall then be able to put up a small house which will be occupied by Mr. Lee & family. Until we can get an appropriation for their house, Dr. Wells and I in the meantime will

## 마포삼열

**한국, 서울**

**1895년 11월 1일**

엘린우드 박사님께,

지난 두 달 이상 박사님께 편지 한 통 드릴 시간도 없이 지냈으나, 이제 연례회의가 끝났고 평양으로 돌아갈 준비를 하고 있기 때문에 반드시 편지를 쓸 시간을 내야 한다고 생각했습니다. 8월에 편지를 드릴 때에는 미래에, 특별히 제 건강에 많은 변수가 있었습니다. 지금 저는 모든 병에서 완전히 회복되었고 평양으로 돌아가 전망이 밝은 우리의 사역을 수행할 수 있다고 전하게 되어 얼마나 기쁜지 모르겠습니다. 지난 평양 체류 기간은 비록 짧았지만 가장 즐거운 시간이었으며, 우리의 보고서를 읽으시면 박사님도 주님이 우리에게 주신 축복에 대해 함께 기뻐하시리라고 확신합니다. 과거 사역을 길게 언급할 필요는 없습니다. 하지만 리 목사의 전도 보고서와 저의 전도 평양 사역 보고서를 자세히 읽어주시기 바랍니다. 그 보고서들을 보시면 목회선교사 한 명에 대한 추가 요청이 꼭 필요한 것임을 알게 되실 것입니다.

또한 우리가 그 도시에 정착한 것이 아님에도 불구하고, 우리가 사역을 세세히 살피면서 추진해나가고 있음을 보실 수 있을 것입니다. 우리는 주택과 거주지 문제가 해결되지 않더라도 사역에는 세심한 주의를 기울여야 한다고 생각했습니다. 이제 우리는 리 목사 가족을 포함하여 선교지부 전체의 정착지 선정과 거주에 관련된 문제를 진행할 준비가 되었다고 믿습니다. 그래서 우리는 그 목적을 위한 예산을 청구했습니다. 올해 안에 박사님이 집 두 채에 대한 예산을 배정해주실 수 없을지도 모르겠습니다. 그러나 저는 박사님이 작은 집을 위해 금화 1,000달러와 울타리, 정지 작업, 하수도 시설 등을 위해 금화 500달러를 제공해주시리라고 진심으로 믿습니다. 그러면 우리는 리 목사가 머물 작은 집을 지을 수 있을 것입니다. 그들의 집을 위한 예산을 얻을 수 있을 때까지 웰즈 의사와 저는 현재 지내는 집에서 계속 거주할 것입니다. 나중에 리 목사의 집이 생기면, 웰즈 부부가 이 집을 사용할 것이

occupy quarters in the buildings now on the place. Later when Mr. Lee's home is provided, Dr. Wells and wife will occupy this small house, while the new missionary to come and I will shift a while longer. Eventually this small house will be occupied either by myself or a single lady. I have no doubt but that this will commend itself to the Board and we are making our plans in confident anticipation of receiving this appropriation even tho you may not this year be able to grant us the $2500.00 gold for Mr. Lee's house.

I want also to present some reasons for the appropriation of the $500.00 gold asked for enclosing, grading, draining, etc. We have a beautiful site, excellently located and already supplied with several buildings well adapted to native work, school, *sarang*, native helper's residence, and dispensary. Immediately adjoining this I have with private funds purchased another site and native buildings which we intend to use as site for hospital—the funds for which I already have in hand. This latter will become the property of the Board when completed. All of these buildings are on the lower part of the hill which constitutes our property. We want to be able to enclose the whole property—that we may properly protect it and in order that we may carry on our building operations without leaving the whole place subject to the inroads of the public. We are planning not only for the building of one house—but at least three houses and a hospital and must plan to locate them to the best advantage. In order to do this we must be able to decide upon the location of drains, roads, well, etc. and must grade it with all these in view. I can also assure you of one thing, that with Mr. Lee to oversee this work the Board's money will be used to the very greatest advantage and that there will be no "botched up jobs" needing to be done all over again in a short time. Some of these days when a Secretary of the Board visits Korea and sees for himself the work which Mr. Lee did for the Board on the present Girls' School's property, he will appreciate that work and will know that under Mr. Lee's direction the Board's money will be

고, 반면 새로 올 선교사와 저는 한동안은 옮겨 다니겠지만 결국에는 이 집에 저나 미혼 여자 선교사가 살게 될 것입니다. 선교부가 이 계획을 좋아하리라는 것을 의심하지 않습니다. 비록 박사님이 리 목사의 주택을 위한 금화 2,500달러를 올해에는 우리에게 주실 수 없을지 모르겠지만, 우리는 이 자금을 받게 되리라고 확실히 기대하면서 계획을 세우고 있습니다.

울타리, 정지 작업, 하수도 등을 위해 요청한 금화 500달러 예산에 대한 이유를 말씀드리겠습니다. 우리는 아름다운 대지를 구했습니다. 탁월한 곳에 위치해 있고 본토인 사역, 학교, 사랑방, 조사의 거처, 진료소로 훌륭히 개조될 수 있는 여러 건물이 있습니다. 저는 개인 기금으로 바로 인접해 있는 다른 부지와 한옥을 매입했는데, 우리는 이 부지를 병원 용도로 사용하려고 합니다. 이를 위한 기금은 이미 제 수중에 있습니다. 한옥은 완성되면 선교부의 부동산이 될 것입니다. 우리의 부동산인 이 모든 건물은 언덕의 낮은 곳에 위치하고 있습니다. 우리는 건축 공사를 해야 하므로 안전을 위해 사람들이 다니지 못하도록 부동산 전체에 울타리를 치려고 합니다. 우리는 주택 한 채만 건축하려는 것이 아니라 적어도 주택 세 채와 병원 하나를 세울 것인데 이 건물들이 최적의 장소에 자리 잡도록 계획을 세워야 합니다. 이것을 위해 우리는 하수구, 길, 우물 등의 위치를 결정해야 하며, 이 모든 것을 고려하면서 정지 작업을 해야 합니다. 박사님께 한 가지 확실히 말씀드릴 수 있는 것은, 이 일을 리 목사가 감독한다면 선교부의 자금이 가장 유용하게 사용될 것이며, "서투른 솜씨로 일을 망쳐서" 얼마 지나지 않아 다시 일해야 하는 경우는 없을 것입니다. 언젠가 선교부의 총무가 한국을 방문해서 리 목사가 현재 [서울 연동의] 여학교 부지에 선교부를 위해 한 일을 직접 본다면 그에게 감사하게 될 것이고, 리 목사의 감독하에 선교부의 돈이 경제적으로 지혜롭게 사용되었음을 알게 될 것입니다.

리 목사에 대해, 그리고 리 목사에 대한 박사님의 명백한 오해에 대해 말씀드리겠습니다. 제가 평양 사역을 위해 다른 독신 남자를 계속 요청한 것이 조금이라도 리 목사를 염두에 둔 것이라고 혹시 생각하셨는지 여쭈어 보아도 되겠습니까? 아니면 제가 박사님으로 하여금 그가 평양에서 시간을 보

economically, wisely and practically used.

With reference to Mr. Lee and your evident misunderstanding of him, may I ask if my repeated calls for another single man for the work in Pyeng Yang have in any way seemed to reflect upon Mr. Lee or if I have in any way indirectly led you to think that he was spending time in Seoul which he could and should have spent in Pyeng Yang? If so—I desire to say that such implications were farthest from my thoughts. I think I have time and again written of my appreciation of Mr. Lee and of my gratitude in having him for a colleague. There are few men as true, as consecrated, as willing to endure hardness as a good soldier of Christ, few men so thoroughly imbued with the missionary spirit. I regret more than I can say that there should have arisen any misunderstanding which should lead to the writing of the letters which implied any lack of confidence in him or of letters which implied that there was need either for reproof or for pressure to be brought to bear upon him in order to make him do his duty. The whole mission—so far as I know, have the greatest confidence in him and regard him as one of the strongest men on the field. Of all the younger men (in years of service) on the field he was considered the one best fitted to be made Chairman of the Mission and under his direction we have just passed through the most profitable and most spiritually helpful seasons we have ever held.

I know that your recent letters to Mr. Lee have pained him most deeply and yet the spirit he has manifested has been one of patient forbearance knowing that you had no intention of wounding him but that your letters were written under a misapprehension of the facts. May I ask that Mr. Lee's sincerity, fidelity and earnestness be recognized now as I am sure they will be as time goes on and his work for the Master takes deeper and deeper hold on this people.

The report of the Examination Committee gives occasion for me to write a few words concerning Dr. Vinton and Mr. Moore.

I believe Dr. Vinton is proving himself a useful missionary

낼 수 있었고 또 보냈어야 했는데 서울에서 시간을 보내고 있다고 생각하도록 조금이라도 간접적으로 유도했습니까? 만약 그렇다면 저는 그럴 의도가 전혀 없었다는 말씀을 드리고 싶습니다. 저는 계속해서 리 목사의 가치를 인정하고 그와 동료로 지내게 된 것을 감사하는 편지를 썼습니다. 리 목사처럼 진실하고 헌신되고 그리스도의 선한 군사로서 기꺼이 고난을 감당하려는 자는 없습니다. 그렇게 선교사 정신이 투철한 자를 찾아보기 어렵습니다. 그에 대한 일말의 신뢰 부족을 드러냈거나, 그가 자신의 의무를 다하도록 책망하거나 압력을 가하는 편지를 쓰도록 유도했다는 오해를 드렸다면 저는 유감천만입니다. 제가 아는 한 선교회 전체는 그를 전적으로 신뢰하고 있으며, 선교지에서는 강인한 남자로 여기고 있습니다. 이곳에 있는 봉사 경력이 짧은 모든 선교사 가운데 그는 선교회 회장이 될 가장 적임자로 지목되고 있으며, 그의 지도 아래 우리는 어느 때보다 가장 유익하고 영적으로 도움이 되는 시기를 보내고 있습니다.

박사님께서 최근에 보낸 편지를 받고 그는 대단히 고통스러워했으나 오래 참음의 정신을 보여주었습니다. 박사님께서 그에게 상처를 줄 의도가 없었고 다만 오해로 인해 그 글을 썼다는 것을 알았기 때문입니다. 이제 박사님이 리 목사의 성실성, 진실성, 열심을 인정해주시기를 부탁드립니다. 시간이 흐르고 주님을 위한 그의 사역이 한국인들 가운데 점점 더 깊이 뿌리내릴 때, 그의 그런 인격이 인정받을 것이라고 확신합니다.

한국어시험위원회의 보고서 때문에 빈턴 의사와 무어 목사에 대하여 몇 말씀 드리겠습니다.

빈턴 의사는 비록 한국어 시험에서 실패하고 있지만(시간이 지나면 언어에 대한 실용 지식은 습득하겠지만 현재는 실패라고 말할 수밖에 없습니다), 기퍼드 목사와 밀러 목사의 사역과 연관되어 일하면서 자신이 유용한 선교사임을 증명하고 있습니다.[1] 양심적으로 말씀드리자면, 선교부가 그를 그만두게 한다면

1 기퍼드 목사는 1895년 12월 5일 자 엘린우드 총무에게 보낸 편지에서 겨울 사경회에 대해 보고하면서 빈턴 의사를 칭찬했다.

in connection with the work of Mr. Gifford and Mr. Miller and notwithstanding his failure in the language (at present we can but speak of it as failure, although he will in time probably obtain a working knowledge of the language). I can conscientiously say that I think it would be a detriment to our work should the Board not continue him. He is doing most valuable service as Secretary of the Mission and as Custodian of the Tract Society, Bible Committee and of others who have published books. We in the outstations appreciate this latter very much and I desire to throw this light on his case that you may have it before you in connection with the report of the Examination Committee.

Concerning Mr. Moore and his refusal to take the examination, I want to say as an individual member of the Committee—that I think we have a right to look to the Board to take a strong position in such cases. Mr. Moore says he wrote to the Board that he did not intend to take the examination. In view of the fact that the Board did not reply to this he felt that his course had the approval of the Board and so he persisted in his refusal. While Mr. Moore has without doubt made good progress in the language, the principle which is now before us is one which I do not think the Board can afford to ignore. We may as well have no rules and no government by the Mission if every man is at liberty to overthrow those which he does not like or which interfere with his ideas as to what should be done.

Mr. Moore is a valuable man, earnest, consecrated and useful, but his usefulness is being seriously interfered with by his determination to go ahead in his own way regardless of mission policy, methods, or rules. I think the Mission has a right to look to the Board to help develop within the Mission a proper regard for the authority of the Mission as such. The refusal to submit to the rules governing examinations is only one of several cases.

It is an unpleasant duty to have to write so much concerning persons, but it seems that each Annual Meeting brings with it unpleasant as

우리의 사역에 손실이 될 것이라고 생각합니다. 그는 선교회의 서기, 그리고 종교서회와 성서공회와 책을 출판한 다른 단체들의 관리인으로서 귀한 봉사를 하고 있습니다. 선교지부에 나가 있는 우리는 이 출판물 관리 일에 대하여 대단히 감사하고 있습니다. 시험위원회의 보고서와 연관해서 저의 이 글을 함께 책상에 올려놓고 그에 대해 조명해주시기를 바라며 이 말씀을 드립니다.

무어 목사와 그의 시험 거부 건에 대해 저는 그 위원회의 위원으로서 말씀드리겠습니다. 이런 경우, 우리는 선교부에서 좀 더 강경한 입장을 취해주셨으면 좋겠다고 생각합니다. 무어 목사는 언어 시험을 칠 의향이 없다고 선교부에 편지를 보냈다고 합니다. 이 편지에 선교부가 답장하지 않은 것에 대해 그는 자신의 뜻을 고수해도 된다고 허락받은 것으로 여기며 응시 거부 입장을 굽히지 않고 있습니다. 무어 목사는 의심할 여지없이 한국어를 잘 배우고 있지만, 우리 앞에 놓여 있는 원칙의 문제에 대해 선교부도 무시할 수 없으리라 생각합니다. 각자가 해야 할 일이 있는데 이것을 자기가 싫어한다거나 자기 생각과 맞지 않는다고 멋대로 무시해버리면 선교회로서는 규칙이 무너지고 치리할 수도 없게 될 것입니다.

무어 목사는 귀중한 사람이고 열정적이고 헌신적이며 유용합니다. 그러나 선교 정책, 방법, 규정을 무시하고 자기 마음대로 나아가는 고집 때문에 그 유용함이 제대로 빛을 발하지 못하고 있습니다. 선교회는 선교회 내부에서 그 권위를 세우기 위해 선교부의 도움을 요청할 권리가 있다고 생각합니다. 시험을 관할하는 규칙에 대한 복종 거부가 바로 그렇습니다.

개인에 대해 이렇게 길게 써야 하는 것이 제 의무이지만 유쾌한 일은 아닙니다. 그러나 연례 회의 때마다 유쾌한 일뿐만 아니라 불쾌한 일도 일어나게 되므로 이를 회피할 수는 없습니다. 올겨울과 내년 봄 평양 사역에서 큰 축복을 고대합니다. 다음 편지는 사역을 하는 도중에 쓰게 될 것인데, 사역의 진행 상황을 전할 것이기에 읽는 박사님이나 쓰는 저에게 훨씬 더 유쾌한 일이 될 것이라고 믿습니다. 글을 맺기 전에 한 가지 요청을 더 드립니다. [연동]여학교를 위해 여자 선교사 한 명을 즉시 임명해주시기를 바랍니다. 우리

well as pleasant duties none of which can be shirked. We are looking forward to great blessings in our Pyeng Yang work this winter and next spring and I trust that my next letter may be written while in the midst of the work and that it will deal with phases of the work of which it will be much more pleasant for you to hear and me to write. I will close by adding another plea for the immediate appointment of the lady missionary for the Girls' School. We may not have been able to make you see the necessity for this, but the Mission has certainly not been mistaken in laying such stress upon this request.

With kindest regards and continued prayers for your own health and for blessings upon all your work.

Sincerely yours,
Samuel A. Moffett

는 그동안 박사님께 그 필요를 잘 전하지 못했을지는 모르지만, 그러나 선교회가 드리는 이 요청은 분명 필요한 것입니다.

안부를 전하며 박사님의 건강과 하시는 모든 사역에 복이 임하기를 계속 기도합니다.

마포삼열 올림

**Samuel A. Moffett**

***Madison, Indiana***

***November 7, 1895***

Dear Dr. Ellinwood:

In behalf of the Examination Committee, I write you with reference to Miss Arbuckle's resignation which she has sent to the Board. It seems that Miss Arbuckle thought that the action of the Committee in assigning Dr. Avison to assist her in her study of the language was intended as a humiliation and as a suggestion to her that the Committee thought she ought to resign. The report to the Board of her work in the language will show that the Committee harbored no such thought. In view of what Miss A. has written to the Board and in view of the fact that the Committee recognizes that it unwittingly made a mistake in appointing Dr. Avison, a second year man, to assist a third year student (altho his phenomenal progress in the language fits him to give such assistance to any third year student) we feel that it is due to Miss A.—to ourselves, and to the Board that we should frankly admit that we made a mistake and unintentionally gave Miss Arbuckle reason to think that the Committee's report to the Board would be such as to place her in a wrong position before the Board.

So far as Miss Arbuckle's progress in the language and her ability to use it is concerned, there is nothing to warrant her resignation. With reference to her health, her feeling of unfitness for the work or any other reasons which she may have given, the Committee, as a committee, have nothing to say. The Board can of course satisfy itself on those questions from information otherwise received. We do however feel that we are under obligation to say that so far as the report of this Committee either to Miss Arbuckle or to the Board is concerned there was no desire whatever to lead to Miss Arbuckle's resignation nor to cause her to feel any humiliation beyond that which her failure in the written examination

## 마포삼열

**인디애나, 매디슨**

**1895년 11월 7일**

엘린우드 박사님께,

한국어시험위원회를 대신하여 저는 아버클 양이 선교부에 보낸 사직서에 대해 말씀드립니다. 아버클 양은 위원회가 자신의 언어 공부를 도와주도록 에비슨 의사를 배정한 것에 대해 그녀에게 창피를 주어 사임하도록 하려고 이런 결정을 했다고 여긴 듯합니다.[1] 선교부에 보낸 그녀의 언어 공부에 대한 보고서를 보시면 위원회가 그런 생각을 품은 적이 없음을 아실 수 있을 것입니다. 아버클 양이 선교부에 쓴 내용을 고려하고, 위원회가 2년 차인 에비슨 의사를 3년 차 학생을 도와주도록 임명한 것은 (비록 그가 언어에서 놀라운 진보를 이루어 어떤 3년 차 학생에게도 도움을 주기에 적합하다고 하더라도) 지혜롭지 못한 처사였으므로 아버클 양과 선교부에게 다음 사실을 솔직히 인정하는 것이 마땅합니다. 즉 우리가 잘못을 범했으며, 의도하지는 않았지만 선교부에 보낸 위원회의 보고서는 그녀를 그와 같이 잘못된 자리에 배치했다고 생각할 이유를 아버클 양에게 제공했습니다.

현재까지 아버클 양의 한국어 공부 발전 정도와 언어 사용 능력에 대해 말씀드리자면, 그녀가 사임해야 할 만한 어떤 이유도 없습니다. 그녀의 건강, 사역 적합성, 혹은 다른 어떤 여건도 마찬가지입니다. 물론 선교부는 다른 곳들에서 얻은 정보를 통해서도 이런 문제들에 만족하고 있습니다. 위원회는 아버클 양과 선교부에 보낸 보고서가 관계되는 한 그녀가 사임하도록 유도할 의도가 전혀 없었고, 필기시험 실패에 따르는 자연스러운 수치감 외에 다른 수치감을 느끼도록 조장하지 않았다고 말함으로써 우리의 의무를 다해야 한다고 느낍니다.

---

1 아버클 양은 1895년 11월 4일 엘린우드 총무 앞으로 사직서를 써서 보냈다. 그러나 시험위원회의 사과로 11월 7일 사임을 철회하는 편지를 썼다.

necessarily carried with it.

The Committee has made due explanation to Miss Arbuckle and as soon as its attention was called to the mistake, rectified the same by appointing Dr. Underwood to assist her.

Very sincerely,
Samuel A. Moffett, Chairman

This has been read to and received the approval of both Dr. Underwood and Mrs. Gifford, the other members of the Com. in Seoul.

S. A. M.

**왼쪽부터 스왈른 부인, 도티 양, 스트롱 양, 아버클 양 [OAK]**

**From left, Mrs. Swallen, Miss Doty, Miss Strong, Miss Arbuckle, 1893**

위원회는 실수한 것을 깨달은 순간 바로 아버클 양에게 충분히 설명했으며, 그녀를 돕기 위해 언더우드 박사를 임명함으로써 실수를 바로잡았습니다.

회장 마포삼열 올림

추신. 이 편지는 서울에 있는 위원회의 위원인 언더우드 박사와 기퍼드 부인도 읽었고 그들의 승인을 받았습니다.

마포삼열

**Charles H. Fish**

***San Francisco, California***

***December 3, 1895***

My dear Hester,[1]

Good things are always welcome and so your letter has been read and re-read. I supposed that the correspondence between my brother Tom [Thomas Fletcher Fish, father of Lucia Hester Fish] and your father was lively enough to keep you posted on occurrences here but perhaps brother Tom confines his letters to business and so I must give you the small talk myself. In my family we are all at home for Thanksgiving the first time in several years. Allie [daughter Mary Alice Fish] has received her diploma and is now a full-fledged M.D. licensed to poison and cut up people without being punished by the law. Nellie [adopted daughter] goes back to school at Santa Rosa today. Your Aunt Mattie [wife of Charles Fish, himself,] is at home and is quite well for her. She spends most of her time at the sanitarium but is gradually gaining strength and we hope will soon be entirely well. I am enjoying the visit with my family immensely but Allie is going to Dr. Burke for a year's practice at Lytton, where mother [referring to his wife and mother of his daughter, Alice] will spend most of her time and I must be content to care for the chickens, my horse, the ranch and whatever else in San Rafael needs attention. It would be a grand time now for you to pay me a visit. You could help me do the honors and I have one of the neatest little housekeepers anyone ever saw. She holds the house down when all the rest leave and has an easy time except during the holidays when we swarm at home. Brother Tom and wife are at the Bella Vista for the winter, Lucia Gere in the east, and the rest of the Fishes scattered and settled as when you were here. I enjoy the little cottage very much

1 daughter of his half-brother, Henry Fish.

## 찰스 H. 피시[1]

캘리포니아, 샌프란시스코

1895년 12월 3일

헤스터에게,[2]

좋은 소식은 언제나 환영이므로 너희가 보낸 편지를 읽고 또 읽었다. 내 동생 톰[토마스 피시, 루시아 피시의 아버지]과 너의 아버지가 서로 활발하게 서신을 주고받으며 이곳에서 일어나고 있는 일을 네게 자세히 알려주고 있지만, 아마 톰은 사업 이야기에만 국한할 것이므로 나는 네게 소소한 이야기를 전하고 싶다. 추수감사절에 우리 가족이 모두 집에 모인 것은 여러 해 만에 처음이다. 학위를 받고 자격증을 갖게 된 앨리[앨리스]는 지금 사람에게 독을 주고 들이키게 하고도 법적으로 아무런 처벌을 받지 않을 수 있는 완전한 의사가 되었다. 넬리는 오늘 산타 로사에 있는 학교로 되돌아갔다. 너의 고모 매티[찰스 피시의 아내]는 집에 있는데 꽤 건강한 편이다. 그녀는 대부분의 시간을 요양원에서 보내고 있지만, 점차 원기를 회복하고 있어 우리는 그녀가 곧 완전히 건강하게 되기를 바란다. 나는 가족의 방문을 무척 즐기는데, 앨리스는 1년간 의료 실습을 위해 리턴에 있는 버커 의사에게 갈 예정이다. 내 처도 그곳에서 대부분의 시간을 보내게 될 것이며, 나는 이곳에서 닭과 말과 농장을 돌보며 샌라파엘에서 내가 관심을 기울여야 할 다른 일을 하며 만족해야 할 것이다. 네가 나를 방문해준다면 좋은 시간이 될 것이다. 너는 내가 주인 노릇을 하는 것을 도와줄 수 있고, 나는 여태껏 본 적이 없는 가장 단정하고 귀여운 아이를 집에 둘 수 있을 것이다. 모든 사람이 나가면 너는 조용히 집을 지키면서 편안히 지내면 된다. 다만 공휴일이 되면 집에 사람들이 몰려들 것이다. 동생 톰 부부는 겨울에 벨라 비스타에, 루시아 게레는 동부에 머물 것이고, 피시 집안의 나머지 사람들은 네가 이곳에 왔을 때는

---

1 메리 앨리스 피시의 아버지이자 캘리포니아와 버지니아 합병 광산회사 회장.

2 배다른 동생 헨리 피시의 딸.

and I shall not be anxious to open the big house again if I can sell or rent it to advantage. I have forgotten whether I wrote to you since the death of Mrs. Trumbull. She was buried about a month since. Dot and Nina are just as lovely as ever but seem to have no sweethearts yet. My prospective son-in-law, Edgar Campbell, is spending a few days with us in San Rafael. He expects to go east for a year's practice in hospitals before enlisting as a missionary.

Give a great deal of love to father, mother, the children, cousin Mattie and her family and whatever friends I have in Los Angeles, not forgetting my dear old friend and partner, Mr. Olmstead [a Carpentaria pioneer]. He should have been born my brother for he has always stuck to me like one when I have been in a tight place. All the family joins me in love to you and yours.

Affectionately,

Uncle Charlie [Charles H. Fish][2]

---

2 Mary Alice Fish was the first wife of Samuel A. Moffett. Her first cousin, Lucia Hester Fish, was the second.

여러 곳으로 흩어져 있을 것이다. 나는 작은 오두막집을 좋아하는데 어느 쪽이든 유리한 대로 사거나 세를 얻을 수 있다면 다시는 큰 집을 얻고자 애쓰지 않을 것이다. 트럼벌 부인의 사후에 너에게 편지를 썼는지 잊어버렸다. 약 한 달 전에 장례식이 있었다. 도트와 니나는 여느 때처럼 사랑스러웠지만, 아직은 마음이 따뜻해지지는 않은 듯했다. 내 사위 후보인 에드가 캠벨은 샌라파엘에 와서 우리와 함께 며칠을 지냈다. 그는 선교사로 지원하기 전 1년간 동부로 가서 병원에서 진료할 계획이다.

아버지와 어머니와 아이들과 사촌 매티와 그녀의 가족과 로스앤젤레스에 있는 여러 친구들에게 내 큰 사랑을 전해다오. 그리고 나의 소중한 옛 친구이자 동업자인 옴스테드[카핀테리어의 개척자 중 한 명]에게 안부 전하는 것을 잊지 말기 바란다. 그는 내 동생으로 태어났어야 했다. 내가 힘들 때마다 그가 언제나 내 동생이라는 생각이 스쳤기 때문이다. 우리 가족 모두가 너와 네 가족에게 안부를 전한다.

사랑을 보내며,
심촌 찰리가

# 서신 LETTERS
# 1896

**Samuel A. Moffett**

*Pyeng Yang, Korea*

*January 21, 1896 [#1]*

Dear Dr. Ellinwood:

Your letter of Oct. 24 was most gladly received, as all your letters are. It found me in good health and at work in a way that I had feared would be impossible this fall and winter. I have never been more busy than since our return here after the Annual Meeting and I think I have never seen the prospects for our work more bright than they are at present. What we especially need now is the ability to take advantage of our opportunities and to make the most of them.

Our Training Class this winter was a success and is already multiplying our work. I wrote an account of the Class to Mr. John T. Underwood [founder of the Underwood Typewriter Company and brother of Korea missionary, Horace G. Underwood], requesting him to make known to you the contents of that letter. Since the class I have made a visit to the churches in and around Syoun An, 50 li from here. I found everything progressing nicely, a steady growth in knowledge and zeal and a strengthening of their position. I there received four members into the church by baptism and enrolled a number of Catechumens including six women. This village church is exerting a great influence far & near. Through the efforts of their leader who was an attendant upon the Class the two groups of Catechumens received last year have each succeeded in building or buying a small house for a church. I visited both of these places, preached to interested congregations and enrolled more Catechumens, some of them from two other magistracies. These latter in turn will now become the nucleus for another group, eventually to become another church. The Syoun An Church is now working for the development of a school on the model of our Primary School at Seoul. We could establish any number of schools did we furnish all the support,

## 마포삼열

**한국, 평양**

**1896년 1월 21일 [#1]**

엘린우드 박사님께,

저는 박사님의 편지를 항상 기쁘게 받고 있는데 10월 24일 자 편지도 그랬습니다. 저는 건강이 좋으며, 올해 가을과 겨울에는 불가능하리라고 생각했던 방식으로 사역에 임하고 있습니다. 연례 회의 이후 이곳에 돌아와 이렇게 바빴던 적이 없을 정도로 일하고 있으며, 지금처럼 사역 전망이 밝은 것을 본 적이 없다고 생각합니다. 지금 우리에게 특별히 필요한 것은 이 기회를 잘 잡아서 최대한 활용할 수 있는 능력입니다.

이번 겨울 사경회(查經會)는 성공을 거두었고, 벌써 그 인원은 크게 늘어나고 있습니다. 저는 존 언더우드 씨에게 사경회에 대한 설명을 써서 보냈는데, 그 편지의 내용을 박사님께 알려줄 것을 부탁했습니다.[1] 사경회가 끝난 후 저는 이곳에서 [북쪽으로] 50리 떨어진 순안(順安)과 그 주변에 있는 교회들을 심방했습니다. 모든 것이 잘 진보하고 있으며 성경 지식과 열성이 꾸준히 성장하고 교회들이 강건하게 서 있는 것을 보았습니다.[2] 그곳에 가서 4명에게 세례를 주어 입교인(入教人)으로 받았고, 여자 6명을 포함하여 많은 사람을 학습교인으로 받았습니다. 이 마을 교회는 원근 각지에 큰 영향력을 행사하고 있습니다. 사경회에 참석했던 영수(領袖)의 노력으로 작년에 등록했던 학습교인 두 반은 각각 예배당으로 사용하기 위해 작은 집을 짓거나 사는 데 성공했습니다. 저는 이 두 곳을 심방했고, 흥미 있게 듣는 회중에게 설교했으며, 더 많은 학습교인이 등록했습니다. 그들 가운데 일부는 다른 두 군에서 왔는데, 이들은 차례로 이제 다른 그룹의 핵심이 될 것이며 결국 다른

---

1 뉴욕의 존 언더우드는 언더우드잉크회사와 언더우드타자기회사의 회장인 동시에 '북장로회 해외선교부 이사회'의 이사였다. 그는 동생인 호러스 언더우드와 한국 선교 사역에 많은 재정적 도움을 주었다. 이 책에서 그 이사회는 줄여서 '선교부'로 번역했다.

2 1896년도 마포삼열의 개인 연례 보고서를 참고하라.

but the principle we have adopted is to render judicious assistance to the natives when they have first exerted all their strength to secure any desired work. At Syoun An I furnish 2/5 of the expense of the school, $20.00 silver for the year, the other 3/5 ($30.00) to be raised by the Christians. This Church also sends one of their members one Sunday a month to one of the sub-stations 16 miles away, while another member conducts one service every Sunday with the group of Catechumens in the other sub-station 2 miles away. They are thus helping others & are strengthening their own faith and zeal. Three of their members have just arranged to preach the gospel to the people in that whole region. One of them came in yesterday for books and these three men each going in a different direction will visit all the villages in their own and the adjoining magistracies of Cha San, Yong You, Suk Chun and An Ju from which repeated requests have come for instruction. These three men were attendant upon the class and went back to their homes full of faith and with rich spiritual blessings. These men can do this during the winter when they have much leisure (being farmers) but who is to look after the results of their work the rest of the year. Mr. Lee who is back from Seoul after a short time with his family during Christmas season has just started off to a part of the region on a double errand–to proclaim the gospel and to secure some timbers for building.

My teacher has just returned from a trip to still another section to the South–which he and I visited two months ago just before the Class assembled. In one of these sub-stations he finds the Catechumens standing firm in spite of bitter scorn and ridicule, meeting regularly in the little $10.00 (silver) building which they secured for a church. In another large town where we have two Catechumens he found a field full of interested inquirers. This must also be followed up. Mr. Lee's teacher during Mr. Lee's absence–visited the section in Whang Hai province concerning which Mr. Lee reported at the Annual Meeting. He came back four days ago and reports a gathering of 60 men from the several

교회들이 될 것입니다.[3] 순안교회는 지금 서울에 있는 초등학교(예수교학당)를 모범으로 하여 학교를 세우려고 노력하고 있습니다. 만일 우리가 전액을 지원한다면 원하는 수만큼 학교를 설립할 수 있습니다. 그러나 우리가 채택한 원리는 본토인들이 스스로 그들이 원하는 사역을 위해 먼저 전력을 다하게 한 후 신중하게 지원하는 것입니다.[4] 저는 순안에서 올해 학교에 드는 비용의 2/5인 은화 20달러를 제공하며, 나머지 3/5인 30달러는 교인들이 모금할 것입니다.[5] 또한 이 교회는 입교인 가운데 한 사람을 한 달에 한 번, 주일에 16마일(약 50리) 떨어져 있는 작은 지회에 파송합니다. 다른 한 사람은 매 주일 한 번씩 2마일 거리에 있는 다른 작은 지회에 가서 학습교인들의 예배를 인도하고 있습니다. 따라서 그들은 다른 사람을 도와주면서 자신들의 믿음과 열심을 강화하고 있습니다. 입교인 가운데 세 사람은 주변의 모든 지역에 있는 주민들에게 전도할 계획을 방금 마련했습니다. 어제 그들 중 한 사람이 책을 구입하러 왔습니다. 이 세 사람은 각자 다른 방향으로 가서 그들이 속한 군과 주변 군에 있는 마을들을 심방하고, 줄곧 와서 가르쳐줄 것을 요청해온 인근의 자산(慈山), 영유(永柔), 숙천(肅川), 안주(安州)를 심방할 것입니다. 이 세 사람은 사경회에 참석했는데, 믿음이 충만한 상태로 또 풍성한 영적인 복을 가지고 고향으로 돌아갔습니다. 이들은 농부이므로 시간적 여유가 있는 농한기인 겨울에 전도할 수 있습니다. 그러나 겨울 이후 나머지 기간 동안 그 사역의 결과를 누가 돌볼 것입니까? 가족과 함께 지내기 위해 성탄절 기간에 서울에 잠시 갔다가 돌아온 리 목사는 복음 선포와 건물용 목재 확보라는 두 가지 사명을 이루기 위해 조금 전에 출발했습니다.

저의 어학 교사[이영언(李永彦)]는 남쪽에 있는 다른 한 지역을 순회 전도하고 방금 돌아왔습니다. 두 달 전 곧 사경회로 모이기 직전에 저와 함께

---

3 이 책에서 '그룹'(group)은 교회(church)가 되기 전 단계의 미조직신자들의 무리를 지칭한다. 즉 소수의 세례교인이 있을 수 있으나 대부분 학습교인과 초신자로 구성된 '미조직교회'로, 아직 예배를 인도하고 설교할 수 있는 영수나 집사가 없는 초기 상태를 지칭한다. 어떤 경우에는 선교지회(sub-station)로도 불렸다.

4 네비우스 방법에 근거한 자립 정책이다.

5 초기 선교에서 초등학교를 설립할 때 대개 선교회 지원 40%, 한국인 부담 60%의 비율을 지켰다.

villages from which 4 men came to the Training Class and a gathering of 20 (?) men in the village in the Pong San magistracy, the result of the work of men who came in to the services at Pyeng Yang, talked with us here and took tracts and gospels back to their homes. These men beg us to send a teacher to stay with them for a month.

From the villages in that section which we visited last year, the man who started that work came in a fortnight ago. I examined him then and baptized him in our Church here (just two years after he became a Catechumen the day the first converts were baptized here). He has gone back as the official leader of that work and now I hear that they have secured a building, have established a school and are strengthening their position. This work has not been visited since my trip there last June. Next week Dr. Wells and I leave for a three weeks trip expecting to give careful attention to the instruction of these various groups, the examination of those formerly received as Catechumens, and to the organization of the whole work. This field ought to be visited at least 3 or 4 times a year.

The work in the city goes on, gaining steadily but calling for more time and a greater expenditure of energy the larger it grows. Nearly every Sunday we add to our number of Catechumens, while the number of regular attendants at the Sunday Services and mid-week prayer meetings is constantly growing. The church room enlarged two months ago with a seating capacity of 100 is already too small for the members, Catechumens and school boys, leaving no room for others.

With so many we are finding it difficult to give the instruction needed and some whom we might otherwise build up into steadfast Christians will doubtless drift away, while some of those who are received will no doubt come in with false motives and so prove unfaithful. We have had to expel one man from the Syoun An Church and now one of the Pyeng Yang members under suspension will I fear have to be expelled.

We have two Sunday Schools in the morning, both growing, the one at our residence in the "sarang" already being too large for the room.

심방했던 지역입니다. 이 지회들 가운데 한 곳에서 그는 학습교인들이 냉소와 조롱에도 불구하고 굳건히 서 있고 예배당으로 사용하기 위해 은화 10달러를 주고 구입한 작은 건물에서 정기적으로 모이는 것을 보았습니다. 2명의 학습교인이 있는 다른 큰 마을에서는 관심 있는 구도자들로 가득 찬 현장을 보기도 했습니다. 여기에는 반드시 후속 조치가 필요합니다. 리 목사가 없는 동안 그의 어학 교사는 연례 회의 때 보고한 적이 있는 황해도의 한 지역을 심방했습니다. 그는 나흘 전에 돌아왔습니다. 그의 말에 의하면 여러 마을에서 오는 60여 명이 모이는 한 회중이 있는데, 그중에 4명은 사경회에 참석한 자들입니다. 봉산(鳳山)군에 있는 한 마을에는 20명이 모이는 모임이 있는데, 이는 평양에 예배드리러 왔던 남자들이 전도한 결과입니다. 그들은 이곳에 와서 우리와 함께 대화를 나누고 소책자와 쪽복음을 가지고 고향으로 돌아갔던 자들입니다. 지금 이들은 우리에게 한 달 동안 그들과 함께 지낼 교사를 보내달라고 간청하고 있습니다.

작년에 우리가 심방했던 지역의 한 마을에서 사역을 시작한 한 남자가 2주일 전 찾아왔습니다. 저는 문답을 한 후 이곳 교회에서 그에게 세례를 주었습니다. (이곳의 첫 개종자들이 세례를 받았던 그날 그가 학습교인이 되었으므로 만 2년이 지났습니다.[6]) 그는 자신이 하는 사역의 공식적인 영수가 되어 돌아갔고, 지금은 건물을 하나 구입해서 학교를 설립했으며, 그들의 영향력을 강화하고 있습니다.[7] 이런 사역은 제가 작년 6월에 그곳을 여행한 이후 심방한 적이 없음에도 일어난 것입니다. 다음 주에 웰즈 의사와 저는 3주간의 여행을 떠나는데, 여러 미조직교회를 가르치고, 이전에 학습교인으로 등록한 자들을 문답하고, 전체 사역을 조직하는 데 주의를 기울일 수 있기를 기대합니다. 이 선교 현장은 1년에 적어도 서너 차례 심방해야 합니다.

---

6 제1권 635쪽을 보라. 1894년 1월 7일 평양 널다리교회에서 최초의 개종자 8명이 세례를 받았고 2명이 학습교인이 되었다.

7 영수(領袖, leader)는 '안수받지 않은 장로'로 볼 수 있으나 초창기에는 세례를 받은 후 바로 영수로 임명되었음을 알 수 있다. 목회자가 없는 지역 교회(local church)를 담당하여 이끌어가는 지도자(leader)로, 전도와 설교와 목회를 책임졌고 학습교인과 세례 신청자를 일차로 문답하여 선교사에게 추천했다.

I have now an invitation from some of the literary class living in the Wai Sung (the aristocratic suburb) about two miles from the city wall—to visit them with a view of explaining Christianity to some 30 of them who gather to read Christian books and gospels. Would that I had the time to give to them the attention and oversight which I should like to give, for I doubt not we should soon have in that suburb of well-to-do literary men a nucleus for another church here in Pyeng Yang.

I cannot neglect it altogether—but under such stress of work how is a man to heed your advice and apply "a little more force in the breeching."

It is surely a moral and spiritual impossibility for a man to keep from over-working himself under the circumstances in which we are placed. With work enough in the city to occupy all our time and work enough in four or five different directions in the country to occupy all the time of as many men it is hard indeed to have to continually postpone looking after this and that, decline repeated requests for visits and refuse that instruction which many are asking for.

I am free to confess that at times I am greatly tempted to launch out and employ a number of natives to look after these places, but our better judgment holds us back. Not all our Christians are sufficiently instructed to warrant us in putting them into official positions. Nor do we believe it for the best interests of the work to multiply the number of employees so that they comprise any great proportion of the number of baptized men. When I read of Bishop Thoburn's work in India and notice that he has employees in the proportion of 1 to every 8 (or 6?) communicants. I contrast it with the methods laid down by Dr. Nevius which have appealed to us and to you with so much force and our better judgment says the latter promises the most enduring and hence most successful results.

Nevertheless, it does seem a shame that with such opportunities before us we should fail to provide at once for these people who are now filled with the spirit of enquiry. The Roman Catholics are at work in

이 도시[평양]의 사역은 꾸준히 증가하며 진행되고 있으나, 규모가 커지면서 더 많은 시간과 에너지를 요구합니다. 거의 매 주일 학습교인의 수가 늘어나고 있는데, 주일 예배와 수요일 기도회에 정기적으로 참석하는 자는 지속적으로 증가하고 있습니다. 두 달 전 100명이 앉을 수 있게 증축한 예배당은 벌써 세례교인, 학습교인, 남학생들이 들어가기에도 너무 좁아서 다른 사람들을 위한 공간은 없습니다.

사람들이 너무 많아서 필요한 가르침을 주는 것이 어려워지고 있습니다. 견실한 기독교인으로 세울 수 있는 일부 신자들이 분명히 떨어져나가고 있고, 반면 일부 등록교인 가운데에는 분명히 거짓 동기를 가지고 들어온 자도 있어서 신실하지 않은 모습을 드러낼 것입니다. 우리는 순안교회에서 한 명을 출교(黜教)시키지 않을 수 없었으며, 현재 수찬(受餐) 중지의 책벌(責罰)을 받은 평양교회의 입교인 한 명도 출교시키지 않을 수 없을 듯합니다.[8]

우리는 주일 오전에 두 개의 주일학교를 운영하는데, 두 곳 모두 성장하고 있습니다. 사택의 사랑방에서 열리는 주일학교는 규모가 늘어나 벌써 방이 비좁습니다.

저는 지금 도시 성벽에서 약 2마일 떨어진 외성(外城)에 살고 있는 일부 양반들의 초대를 받았습니다. 기독교 서적과 복음서를 읽기 위해 모인 약 30명을 심방해 기독교를 설명해달라는 것입니다. 제가 그들에게 주의를 기울이고 돌볼 시간이 있으면 얼마나 좋겠습니까? 저는 그렇게 하고 싶습니다. 왜냐하면 부유한 학자들이 핵심 교인이 될 것과 그들이 사는 교외 지역에 평양의 또 다른 교회가 생길 것에 대해 의심할 여지가 없기 때문입니다.

저는 그 요청을 무시할 수 없습니다. 그러나 어떻게 박사님의 충고대로 주의하며 "조금 더 박차를 가할 수 있는지"에 대해 많은 부담이 있습니다.

우리가 처한 현 상황에서 어느 누구도 과로하지 않는 것은 도덕적으로나 영적으로 확실히 불가능합니다. 개인의 모든 시간을 차지하는 도시 사역

---

8 평양 선교지부의 첫 책벌(치리)이었다. 치리 사유는 알 수 없으나 재정적 이익, 정치적 힘, 재판에서의 승소(대개 산소에 관한 소송)를 목적으로 일부가 청일전쟁 이후에 입교했음을 알 수 있다.

these same regions and so many of the villagers know not the difference. I doubt not that many in whom an interest has been aroused through our seed-sowing become part of the harvest of the French priests.

I do not believe that I have ever written you exaggerated accounts of our work, for I am conscious of always having strictly guarded myself against that and I am aware of how easy it is to deceive oneself and to mistake only a superficial curiosity for a real interest in the gospel, but in this case I cannot think that we are deceived. I cannot avoid the conviction that just now there is a very deep interest and a widespread spirit of inquiry which ought to be taken advantage of at once. How long this interest and spirit of inquiry will continue no one can tell, and so as a station we took action ...... asking the Board to send us re-enforcements at once. I know how your own heart is enlisted in this work in Korea and I feel sure that we can look to you to see to it that the Minister asked by the Annual Meeting for Pyeng Yang–be sent immediately after the closing of the seminary year. He ought to be here by the 1st of August so as to take the first steamer after that date for Pyeng Yang. May I also put in this word saying that we are praying for a man who believes with all his heart that the "Gospel is the power of God" and that the Bible is the word of God–a man all on fire for the salvation of souls–an evangelist.

Is there not such a man in the senior class of McCormick Seminary before whom you can lay this appeal and who will start at once for Korea? If he is in earnest in his desire to serve the Lord here I can guarantee him the happiest life possible with plenty of hard work and rich blessings.

There are two or three other important matters concerning which I want to write you but of these I will write on separate sheets leaving the above account of our work and our need for immediate re-enforcements to claim your undivided attention thus far.

Sincerely yours in His work,

Samuel A. Moffett

뿐 아니라 여러 사람의 모든 시간을 차지하고도 남는 사방팔방의 지방 사역이 있기에, 우리는 이 일을 돌보고 저 일을 진행하며 많은 사람의 계속되는 가르침과 심방 요청을 차일피일 미루거나 외면하거나 거절할 수밖에 없어서 정말 힘듭니다.

편한 마음으로 고백하자면 때때로 저는 이곳을 돌볼 많은 본토인을 '고용'하는 일을 시작하고 싶은 강한 유혹을 받지만, 그렇게 하지 않는 것이 더 좋다는 판단에서 자제하고 있습니다. 모든 성도가 교회 직분을 맡을 수 있을 정도로 충분히 교육을 받은 것이 아닙니다. 또한 고용인의 수를 늘려서 그 결과 그들이 수세자의 많은 부분을 차지하게 하는 것이 사역을 위해 도움이 된다고 믿지도 않습니다.[9] [감리회의] 토번 감독의 인도 사역에 대한 글을 읽으면서, 저는 그가 입교인 8명 당 한 명 비율로 사역자를 고용한 것을 알게 되었습니다. 이것을 저는 우리와 박사님의 마음을 아주 강하게 끌었던 네비우스 방법과 비교한 후 현명한 판단을 내렸는데, 그것은 후자의 방법이 가장 지속적이고, 따라서 가장 성공적인 결과를 약속한다는 판단입니다.

그럼에도 불구하고 이런 기회들이 우리 앞에 있는데도 현재 구도의 정신으로 가득 차 있는 이 사람들을 위해 즉시 도움을 제공해주지 못한다면 정말 수치스러운 일입니다. 천주교 신부들이 같은 지역에서 활동하고 있는데, 많은 시골 사람들은 신구교 간의 차이를 모릅니다. 의심할 여지없이 우리가 뿌려놓은 씨앗에서 자라난 관심을 가진 많은 사람이 결국 프랑스 신부들이 거두는 추수의 일부가 될 것입니다.

저는 지금까지 편지하면서 결코 우리의 사역을 과장해서 설명한 적이 있다고 생각하지 않습니다. 왜냐하면 저는 과장하지 않으려고 항상 의식적으로 엄격하게 제 자신을 지키고 있으며, 스스로 속이는 것이 얼마나 쉬운지, 그리고 복음에 대한 단순한 호기심을 진정한 관심으로 잘못 아는 것이 얼마나 쉬운지 잘 인식하고 있기 때문입니다. 그러나 지금은 우리가 속임을 당하

9 이 역시 네비우스 방법에서 강조하는 자급과 자전의 원리로, 세례 받은 후 가능하면 원래 직업에 머물러 있도록 하고, 선교사나 교회에 고용됨으로써 직업을 바꾸는 일을 최소화했다.

●
**마포삼열과 주일학교 교사와 어린이, 1900년 [MOF]**

**Moffett and his Sunday School of the church, Pyongyang, 1900**

는 것이라고 생각할 수 없습니다. 현재 깊은 관심과 광범위한 구도의 정신이 존재한다는 확신을 떨쳐버릴 수 없으며, 이를 즉시 활용해야 합니다. 얼마나 오랫동안 이 관심과 구도의 정신이 계속될지 아무도 알 수 없습니다. 따라서 선교지부로서 우리는 선교부에 즉시 인원 보강을 요청하기로 결정했습니다. 저는 박사님께서 한국의 이 사역에 얼마나 깊은 관심을 가지고 계신지 알고 있으므로, 연례 회의에서 평양을 위해 요청한 목사를 신학교 졸업 후에 바로 파송해줄 것을 박사님께 기대할 수 있다고 생각했습니다. 그는 이곳에 8월 1일까지 와서, 그날 이후 평양으로 오는 첫 기선을 타야만 합니다. 또한 저는 다음 말을 덧붙이고 싶습니다. 우리는 온 마음으로 "복음이 하나님의 능력"이며 성경이 하나님의 말씀인 것을 믿는 사람, 영혼 구원을 위한 불타는 열정을 가진 사람, 곧 복음 전도자를 보내주시기를 기도하고 있습니다.

박사님께서 맥코믹 신학교 졸업반에 이 호소를 전했을 때 즉시 한국을 향해 출발하겠다는 사람이 없었습니까? 만일 이곳에서 주님을 섬기려는 간절한 소원을 가진 이가 있다면, 저는 그에게 어려운 사역과 풍성한 복으로 채워진 최대한 행복한 삶을 보장할 수 있습니다.

다른 두세 가지 중요한 문제가 있고 그것에 관하여 더 쓰고 싶지만 별지에 따로 쓰겠습니다. 우리의 사역에 대한 위의 설명과 즉각적인 인원 보강의 필요에 지금까지 보여주신 대로 한결같은 관심을 요청합니다.

주님의 사역을 하는,

마포삼열 올림

**Samuel A. Moffett**

***Pyeng Yang, Korea,***

***January 21, 1896 [#2]***

Dear Dr. Ellinwood:

The second object concerning which I wish to write is a request for a teacher for Industrial Dept. of boys' school in Seoul. While I feel that next to the lady asked for the girls' school, the need for another missionary in Pyeng Yang is most urgent, yet I was willing at the Annual Meeting to give the request for teacher for Industrial Dept. the preference.

I have not by any means lost my interest in the school to which I gave some pretty hard work and a good deal of thought during my 3 years superintendency of the same and since then as a member of the Educational Com. I have kept myself posted as to its work and needs.

We are, I believe, building wisely and upon a strong foundation in our plans for educational work. Now that we have the primary department well established with a Christian atmosphere, a Christian curriculum and Christian teachers–it is the model upon which we are seeking to establish primary schools throughout the country. We feel however that with the primary dept. thus well established the time has come for an advance step and the Annual Meeting recommended the gradual establishment of an academic dept. upon the same Christian basis, and the establishment of an Industrial Dept. Mr. Miller's hands are too full with Treasury work and with the responsibility of looking after nearly 100 boys in the primary dept. He cannot properly develop the academic dept. unless he has someone to assist him and to relieve him of some of the oversight of the school.

In sending an assistant–better far to send one who can also establish and direct an Industrial Department which will prove not only a great blessing to those who may go forth from the school as mechanics and

## 마포삼열

**한국, 평양**

**1896년 1월 21일 (#2)**

엘린우드 박사님께,

제가 쓰고 싶은 두 번째 주제는 서울에 있는 남학교의 실업과를 맡을 교사에 대한 요청입니다. 여학교를 위해 요청한 여성 선교사 다음으로 가장 시급한 자는 평양에서 일할 선교사이지만, 저는 연례 회의에서 기꺼이 실업과 교사 요청에 우선권을 주었습니다.

저는 결코 그 학교[예수교학당]에 대한 관심을 잃어버린 적이 없습니다. 저는 3년간 그 학교를 책임지면서 열심히 일했고 많은 생각을 했습니다. 이후 교육위원회 위원으로서 저는 그 학교의 사역 진행 상황과 필요를 늘 알고 지냈습니다.

저는 우리가 교육 사업 계획을 튼튼한 기초 위에 지혜롭게 건축하고 있다고 믿습니다. 이제 그 초등학교는 기독교 분위기 속에서 기독교 교육과정과 기독교인 교사들로 잘 세워졌으므로, 우리가 전국에 초등학교 설립을 준비할 때 따라야 할 모델이 될 것입니다. 우리는 초등 과정을 잘 세웠으므로 이제는 한 단계 더 나아갈 때라고 느끼며, 연례 회의는 동일한 기독교적 기초 위에 중등 과정과 실업 과정을 점진적으로 설립할 것을 추천했습니다. 밀러 목사는 선교회 회계로, 또 초등 과정에 있는 거의 100명의 학생들을 돌보는 책임으로 두 손에 일이 가득합니다. 그를 도와주고 초등학교 감독 일을 덜어줄 자가 없으면 밀러는 중등 과정을 적절하게 발전시킬 수 없습니다.[1]

1 당시 학교에 대한 용어로 초등학교는 'primary school'를 사용했고 지금의 중고등학교, 즉 중등 과정은 'academy'를 사용했다. 이 글에서 중등 과정은 'academic department'의 번역이며, 실업 과정은 'industrial department'의 번역이다. 초기에 장로회와 감리회 선교회들은 초등학교 졸업 후 진학할 수 있는 실업학교를 별도로 설립하지 않고 중학교를 설립할 때 그 안에 실업과를 만들어 노동의 가치를 알리고 가난한 학생들의 자급을 도왔다. 예를 들면 배재학당의 일부 학생은 삼문인쇄소에서 일하고 학비를 벌었다. 1903년에 설립된 서울의 YMCA는 실업 과정을 운영했다. 막스 베버의 자본주의 발전과 기독교 윤리의 상관성 이론에 따르면, 선교사들이 운영한 실업 과정은 한국인에게 노동의 존엄성을 심어주고 근검절약의 윤리와 사업가 정신을 길러주어 초기 자본주의 발전에 기여했다고 볼 수 있다.

artisans, but it will be a great physical and mental benefit to those who, proving themselves good scholars and earnest Christians, are put into the Higher Department for a training which will fit them to go forth as teachers and preachers, medical assistants, etc. With some industrial training our future teachers & preachers will be broader men, more in sympathy with the people and far better fitted to live among those people on small salaries. As I understand the sentiment of the Mission, it is not that we want to furnish a mere secular or English education (no one, I believe, advocates teaching English) but we do want to give an education which will send forth Christian men with sound bodies as well as sound minds and men with right ideas as to the dignity of labor.

The teacher who can conduct the Industrial Dept. will also be able to relieve Mr. Miller to such an extent that he can then give his main energy to the spiritual needs of the school and the development of the academic course of study.

We are hoping that this school will soon be able to supply us with enough good material to supply our need for teachers of Primary Schools established with the same course of study as at Seoul so that these schools shall be feeders for the Academic Dept. there.

Another five years ought to see us ready for a Collegiate Department in Seoul and Academies in Pyeng Yang, Gensan and Fusan, the work in these Academies to fall mainly upon natives sent forth from the Academy in Seoul.

Mr. Miller is doing capital work in the School and under his direction we bid fair to have a higher school on such a basis as will send out men fitted for Christian work among their own people.

When you are planning for the new work to be taken up this year, I sincerely hope that it will be found advisable to provide this Industrial Teacher for Korea.

Very sincerely,
Samuel A. Moffett

조력할 선교사를 파송할 때, 실업과를 설립하고 지도할 수 있는 사람을 보내주시면 더 좋겠습니다. 그러면 졸업 후에 기계공이나 수공업자가 되려는 자들에게 큰 복이 될 뿐만 아니라, 좋은 학생이요 진지한 기독교인임을 증명하여 고등 과정에 진학해 미래의 교사, 전도사, 의료 보조원 등으로 훈련받을 자들에게도 육체적·정신적으로 큰 혜택이 될 것입니다. 약간의 실업 훈련으로 미래에 교사와 전도사가 될 자들은 더 폭넓은 인물이 되고, 더 공감하게 되며, 적은 봉급으로 사람들과 더불어 살아가는 데 잘 적응할 수 있을 것입니다. 제가 이해하기로는 선교회가 단순한 세속적 교육이나 영어 교육을 제공하는 것보다는(제가 믿기로는 어느 누구도 영어를 가르치는 것을 옹호하지 않습니다), 건강한 육체와 건전한 정신과 노동의 존엄성에 대한 바른 개념을 가진 기독교인을 배출하는 교육을 실시하기를 진심으로 원합니다.

실업 과정 교사가 오면 밀러 목사의 짐도 덜 수 있어서, 밀러 목사는 학교의 영적 필요와 중등 과정과 교과목 발전에 몰두할 수 있을 것입니다.

우리는 이 학교가 곧 좋은 인물들을 길러서 서울과 동일한 교과과정으로 설립될 초등학교들의 교사 수요를 충분히 공급할 수 있기를 희망합니다. 그래서 그 초등학교들은 서울의 중고등학과에 진학할 학생들을 배출하게 될 것입니다.

5년 후에 우리는 서울에 대학을, 그리고 평양과 원산과 부산에 중학교를 설립할 준비가 되어 있어야 하며, 이 중학교 사역은 서울의 중학교를 졸업하고 배출될 본토인이 주로 감당해야 합니다.

학교 사역에서 중요한 부분을 감당하고 있는 밀러 목사의 지도하에 기독교 교육 사역에 있어 잘 준비된 적절한 자들이 배출되는 고등학교가 설립되기를 우리는 기대합니다.

만일 박사님께서 올해 새로운 사역을 착수할 계획이 있으시면, 한국을 위해 이 실업 과정의 교사를 보내주시는 것이 바람직하다고 생각하시기를 간절히 바랍니다.

마포삼열 올림

**Samuel A. Moffett**

***Pyeng Yang,***

***January 21, 1896 [#3]***

Dear Dr. Ellinwood:

This third letter is intended to bring clearly before you the fact that we now feel confident that we have permanent and undisputed occupation of the city and that our plans for building, etc., are made accordingly in confident expectation of the presence of the ladies and of the Board's appropriations. Mr. Lee will bring his family up here about the 1st of April—by the first steamer after the ice leaves the river. Mrs. Lee told him as he left home this time that she was not going to wait any longer and that when she came up in the spring it would not be for a visit but for good and for all. Dr. Wells and I are consequently jubilant, not to make mention of Mr. Lee's feelings. My own judgment is that there is no reason at all why the ladies should not come up this spring and become permanently settled here. We need them very much indeed and they will find a large work before them at once. We now have 17 female Catechumens here and a lady will immediately have access to hundreds of women waiting to hear the gospel. In this connection I want to endorse all that Dr. Wells has written about the practicability and advisability of having his fiancée come back this summer. What we should all like to see would be arrangements made to have Miss Ribble leave America so as to reach Japan the last of July. Dr. Wells can meet her there, be married, and return to Korea so as to reach Pyeng Yang Sept. 1st just at the close of the hot weather. We should prefer that she should thus come directly here that she may feel that she is settled here before visiting Seoul at the time of the Annual Meeting which will be a month or so later. This will enable them to make all needed preparations for the winter before the Annual Meeting.

Dr. Wells has of course been impatient to have Miss Ribble come

## 마포삼열

**한국, 평양**

**1896년 1월 21일 (#3)**

엘린우드 박사님께,

이제 우리가 이 도시에 영구적으로 그리고 이론의 여지없이 거주하게 된 것이 확실하다는 사실을 박사님께 분명히 보여드리고자 이 세 번째 편지를 씁니다. 그리고 독신 여성 선교사들의 임명과 선교부의 확실한 예산 배정을 기대하면서, 이에 따라 건물 운영 계획을 세운 것을 알려드리고자 합니다. 리 목사는 강의 얼음이 녹아서 배가 다닐 수 있을 때 첫 기선 편으로 4월 1일 쯤 이곳에 가족을 데리고 올라올 예정입니다. 리 목사가 이번에 떠나올 때 리 부인은 그에게 더 이상 기다리지 않아도 되며, 봄에 평양으로 올라가는 것은 방문이 아니라 영구적인 정착이 될 것이라고 말했습니다. 그래서 웰즈 의사와 저는 무척 기뻤습니다. 리 목사의 기분은 말할 필요도 없습니다. 제가 판단하기에 독신 여성 선교사들이 올봄에 이곳으로 와서 영구적으로 정착하지 못할 이유가 없다고 봅니다. 우리는 그들이 정말 필요하며, 그들이 이곳에 오면 즉시 눈앞에 있는 많은 일을 볼 것입니다. 현재는 17명의 여성 학습교인이 있지만, 여성 선교사 한 명이 오면 복음을 듣기 위해 기다리는 수백 명의 여성들에게 즉시 다가갈 수 있습니다. 이와 관련하여 웰즈 의사가 그의 약혼녀에게 올여름에 이곳에 오는 것이 현실적으로 가능하고 바람직하다고 편지한 것을 저는 전적으로 지지합니다. 우리 모두가 바라는 것은 리블 양이 미국을 떠나 7월 말에 일본에 도착할 수 있도록 일정을 잡는 것입니다. 그러면 웰즈 의사는 일본에서 그녀를 만날 수 있고, 결혼한 후 한국으로 돌아와서 무더위가 끝나는 시점인 9월 1일 평양에 도착할 수 있을 것입니다.[1] 우리는 그녀가 바로 이곳으로 와서 정착한 후 한 달이나 그 이후에 열리는 연례 회의 때 서울을 방문하면 좋겠다고 생각합니다. 이것은 그들로 하여금 연례 회

1 웰즈는 1895년 9월 26일 요코하마에서 리블(Lula Ribble) 양과 결혼식을 했다.

out at once, but I did not feel like endorsing his request before now—waiting until I saw the condition of things here this winter. The way is clear now. Japanese merchants with their wives are settled in the city and are here to stay—the Nippon Yusen Keisha (Japanese line) steamers will run here regularly after this spring. We are now ready to go right ahead and we need the presence of the ladies. Without doubt at the next Annual Meeting we shall ask for a lady missionary for the station.

I hope you will see your way clear to arrange at once with Miss Ribble for her departure so as to reach here in July.

Very sincerely yours,
Samuel A. Moffett

의 이전에 필요한 모든 월동 준비를 할 수 있게 할 것입니다.

물론 웰즈 의사는 리블 양이 즉시 나오기를 초조하게 기다려왔습니다. 저는 지금까지는 그의 계획을 지지할 마음이 없었고 이번 겨울의 상황을 보면서 기다리길 바랐습니다. 그러나 이제 길이 깨끗하게 열렸습니다. 일본인 상인들이 부인과 함께 이 도시에 정착해 살고 있습니다.[2] 올봄부터 일본우선회사(日本郵船會社)의 기선들이 이곳에 정기적으로 운행할 것입니다.[3] 이제 우리는 앞으로 나아갈 준비가 되어 있으며, 독신 여성 선교사들이 필요합니다. 의심할 여지없이 우리는 다음 연례 회의 때 평양 선교지부를 위해 독신 여성 선교사 한 명을 요청할 것입니다.

박사님께서 리블 양이 즉시 떠나서 7월에 일본에 도착할 수 있도록 주선해주시기를 바랍니다.

마포삼열 올림

2 청일전쟁 후 1895년부터 일본 상인들이 평양에 정착하고 장사를 하면서, 선교사들도 호혜평등의 조약 원칙에 따라 정착을 시도했다. 참고로 1903년 초에 일본인이 거주하던 북한 지역은 원산(1,600명), 진남포(720명), 평양(160명), 성진(110명) 등으로 파악되었다.

3 1896년에 한국의 여러 도시에 우체국이 설치되고 본격적으로 우체 업무가 시행되면서, 일본우선회사의 기선들이 우편물을 수송했다. 참고로 1897년 3월부터 인천의 세창양행(世昌洋行)은 화륜선 창룡환으로 제물포-진남포 노선을 운행했다(「독립신문」, 1897년 3월 16일).

**Samuel A. Moffett**

***Pyeng Yang, Korea***

***January 21, 1896 [#4]***

Dear Dr. Ellinwood:

This fourth letter is in order to bring before you more clearly our request for Appropriations which will soon be acted upon by the Board. Now that our work is developing so rapidly and our position here so secure we earnestly desire that there should be no failure in making provision for the work according to the appropriations asked for the station by the Annual Meeting.

Just after the Annual Meeting I wrote of our plans for buildings and then urged that the appropriations for one home at least be made. Now I want to write a little more specifically and urge that both appropriations be made if at all possible. On the face of things, with Mr. & Mrs. Lee & Mrs. Webb here the necessity for providing a home for them is apparent. With Dr. & Mrs. Wells to be here in September there will also be need to soon provide [them] with permanent quarters. I have been hanging on the fence or climbing up a tree for a good many years and while I should expect to do that for another year or two, I am beginning to hope that I may plan for quarters which I can call my own and from which I shall not have to be dispossessed every year or so. We have just talked over the whole question pretty thoroughly and know just what we desire to do.

The building at present occupied by us and the rooms occupied by my teacher and family with the room used this year for the Training Class can be altered at an expense of $1,000.00 or less (less, I feel sure) so as to give us first class quarters for a single gentleman and one large room to be used for a native church, Training Class room or other native work. It is understood among us that if so altered this is eventually to become my quarters. In the meantime, however, this will be made to

## 마포삼열

**한국, 평양**

**1896년 1월 21일 (#4)**

엘린우드 박사님께,

네 번째 편지는 선교부가 집행하게 될 예산에 대한 우리의 요청을 더 분명하게 박사님께 제기하기 위해 씁니다. 이제 우리의 사역이 빠르게 발전하고 있고 이곳에서 우리의 위치가 매우 확고하므로, 연례 회의에서 평양 선교지부가 요청한 예산에 따라 사역을 위해 차질 없이 지원해주시기를 간절히 바랍니다.

연례 회의 직후 저는 우리의 건물 관련 계획에 대해 편지를 보냈습니다. 그때 저는 적어도 사택 한 채를 위한 예산은 집행되어야 한다고 촉구했습니다. 이제 저는 좀 더 구체적으로 말씀드리기를 원하며 가능하다면 사택 두 채에 대한 예산을 지원해주시기를 촉구합니다. 상황이 진전됨에 따라 리 목사 부부와 웹 부인이 이곳에 와 있으므로 우리는 그들에게 집을 제공해야 할 명백한 필요가 있습니다. 웰즈 의사 부부가 9월부터 이곳에 있게 되므로 그들에게도 영구적인 거처를 제공해야 합니다. 저는 여러 해 동안 울타리 위에 걸쳐 있거나 나무에 올라가 있었고 한두 해 더 그렇게 지내리라고 예상합니다만, 이제는 제 거처를 얻기 위해 계획을 세우는 것을 바라기 시작했습니다. 제 거처가 있으면 매년 옮겨 다니지 않아도 됩니다. 우리는 방금 이런 문제에 관해 전반적으로 철저하게 이야기했고 그래서 우리가 원하는 것을 정확하게 말씀드릴 수 있습니다.

현재 우리가 거처하는 건물, 제 어학 교사와 그 가족이 거처하는 방들, 올해 사경회를 위해 사용한 방은 1,000달러나 그 이하(저는 그 이하라고 확신합니다)의 비용으로 독신 남자 선교사를 위한 최상의 처소로 만들 수 있으며 큰 방 한 개는 본토인 교회, 사경회 장소, 혹은 다른 본토인 사역을 위해 사용할 수 있습니다. 만일 이렇게 개조하면 이것은 궁극적으로 제 처소가 될 것이라고 우리는 이해합니다. 하지만 개조하기 전에는 리 목사 가족과 웰즈 부부

house Mr. Lee & family & Dr. Wells and wife while I and the minister to come will as I said "hang out on the fence" or what is better, occupy a small house adjoining this which we have purchased with private funds.

When Mr. Lee gets his house up and occupies it, Dr. Wells will take his quarters. I or someone else will move into the Doctor's quarters and then we will be ready to proceed with a house for Dr. Wells, my house to become available for me upon my return from furlough which I hope will be granted me in the summer of '97.

We are all of us willing to put up with cramped quarters for as long as is necessary but we want to get the people needed for the work on the field as soon as possible.

We cannot wait until the Board's appropriation is available if we are to have Mr. Lee's family here this spring. Fortunately I have $1,000.00 on hand for the purpose of building a hospital. The hospital cannot be built this year and it is not needed at once as we are using another small building for dispensary and hospital of one ward 8 x 8 ft.

We shall proceed at once with the alterations of this place using the hospital fund which I shall expect to receive back as soon as the appropriations are available in May. Part of the hospital fund has already been used in purchase of site adjoining this—a building for the keeper and a building adjoining the church in the city which will be torn down and the material used here. If the balance does not suffice for the alterations needed on this building, we shall have to draw from other private funds. These however we shall need this summer and through the year for many kinds of work for which we have not asked the Board to appropriate.

I think there is an advantage in having to submit to some inconveniences when one first arrives on the field and I am sure that the ladies will be as happy in their cramped quarters as they will be hereafter when better and larger provision is made for them.

Up to the present we have put in most of our time and energy in

가 살아야 하며, 저와 오게 될 남자 목회 선교사는 제가 말씀드린 대로 "울타리 위에 걸친 채" 이 집 저 집 옮겨 다니거나 아니면 더 나은 상태로는 우리가 개인 자금으로 매입한 이 건물에 붙어 있는 작은 집에 거주해야 할 것입니다.

리 목사가 자신의 집을 짓고 입주하면, 웰즈 의사가 리 목사의 이전 집을 쓰게되고, 저와 다른 사람은 의사의 처소로 이사할 것이며, 그러면 우리는 웰즈 의사를 위한 집을 건축할 준비가 될 것이며, 저의 집은 제가 1897년 여름에 허락될 것으로 바라는 안식년 휴가를 다녀오면 준비가 되어 있을 것입니다.

우리 모두는 필요하다면 오랫동안 비좁은 처소에서 참고 살 용의가 있습니다. 그러나 되도록 빨리 현장 사역에 필요한 사람들을 데려오기를 바랍니다.

올봄에 리 목사 가족을 이곳에 오게 하려면 선교부의 예산이 배정될 때까지 기다릴 수는 없습니다. 다행히 저는 병원을 건축할 목적으로 수중에 1,000달러를 가지고 있습니다.[1] 병원은 올해는 지을 수 없는데, 다른 작은 건물을 진료소로, 사방 8자 크기의 방 한 개를 병동으로 사용하고 있으므로 병원은 당장 필요하지 않습니다.

우리는 병원 기금을 사용해서 이 장소를 즉시 개조하려고 하며, 선교부 예산이 배정되는 5월에 바로 돌려받을 수 있기를 기대합니다. 병원 기금의 일부는 이미 이 건물과 붙어 있는 부지를 매입하는 데 사용했는데, 그곳에는 관리인의 집이 있습니다. 시내의 교회와 붙어 있는 건물이 곧 헐리게 되어 그 자재를 이곳에 사용할 것입니다. 그 잔액이 이 건물에 필요한 개조를 하기에 충분하지 않으면, 다른 개인 자금에서 끌어오지 않을 수 없습니다. 이것들은 반드시 올여름에 필요합니다. 그래서 우리는 올해 해야 할 많은 종류의 사역을 위해서는 선교부의 예산을 요청하지 않았습니다.

어떤 선교사가 현지에 처음 도착했을 때 일부 불편한 점을 견디며 사는 것은 이점이 있다고 생각합니다. 독신 여성 선교사들이 나중에 더 좋고 큰

1 미국의 마포삼열 가족이 평양에 병원 건축을 위해 보낸 선교 헌금이다.

the development and care of our native work and while we do not now propose to neglect this we must give time now to the question of our settlement here in permanent quarters in order that we may the more effectively carry on this work. We are hoping that we shall not have to use all of the $1,000.00 gold asked for altering this place and not all of the $2,500.00 gold asked for Mr. Lee's house, but facilities for building are not nearly so good as in Seoul or the ports and as the winters here are colder–provisions for this require greater expense.

One other point–You may think that we shall not be able to house the new missionary we ask to have sent this summer, but I assure you that we can do so even tho he should bring a wife. We Pyeng Yang–ites consider ourselves good managers and you can trust us to provide some way or other for every man & woman you will send us–until such time as the Board sees the way clear to give them better quarters.

Pardon me for taking so much of your time by writing at such length, but we are confronted here with a situation which we greatly desire you should appreciate. Please do not cut us on appropriations unless it is an absolute necessity for if anything we ought to have more than we asked for.

With kindest regards,

Sincerely yours in His work,
Samuel A. Moffett

거처가 제공되었을 때만큼이나, 처음에 좁은 처소에서 지내면서도 행복할 것이라고 저는 확신합니다.

현재까지 우리는 대부분의 시간과 노력을 본토인의 사역을 발전시키고 돌보는 데 투자했습니다. 지금 우리는 이것을 무시하자고 제안하는 것이 아니라, 이 사역을 보다 효과적으로 수행하기 위해 이곳에서 영구적인 처소에 정착하는 문제에 시간을 써야 할 때라고 제안하는 것입니다. 우리는 이 건물 개조 비용으로 청구한 금화 1,000달러와 리 목사의 사택을 위해 청구한 금화 2,500달러를 모두 사용하지 않아도 되기를 바라고 있습니다. 그러나 건축을 위한 시설이 서울이나 개항장들만큼 좋지 않고 이곳이 겨울에는 더 추우므로 더 많은 비용이 필요합니다.

다른 요점이 있습니다. 우리가 올여름에 보내달라고 요청한 새 선교사를 위한 집을 줄 수 없을 것이라고 박사님께서 생각하실지 모르겠습니다. 하지만 심지어 그가 아내를 데리고 와도 우리는 그에게 집을 줄 수 있음을 박사님께 확실히 말씀드립니다. 우리 평양 사람들은 스스로 좋은 경영인라고 여깁니다. 우리 선교부가 박사님께서 보낼 모든 남녀 선교사에게 더 나은 거처를 분명하게 제공할 수 있도록 이런저런 방법을 찾을 것임을 믿어주시기 바랍니다.

이렇게 긴 편지들로 박사님의 많은 시간을 빼앗아서 죄송합니다. 그러나 우리는 박사님께서 제대로 이해하시기를 간절히 원하는 그런 상황에 직면해 있습니다. 우리가 청구한 것보다 더 주실지언정, 우리의 예산을 삭감하는 것이 절대적으로 필요한 일이 아니라면 삭감치 마시기 바랍니다.

평안하시기를 빕니다.

주님의 사역을 하는,

마포삼열 올림

**Samuel A. Moffett**

***Pyeng Yang, Korea***

***February 1, 1896***

My Dear Dr. Ellinwood:

Dr. Wells and I have just returned from a two weeks trip to the substations in northern Whang Hai province, the section upon which Mr. Lee reported to the Annual Meeting. We were pushed for time and this with the severity of the weather prevented us from giving all the attention to the work which I should have liked. Nevertheless we did what we could and the condition of the field with what we were able to accomplish shows the wisdom of our decision to take the trip notwithstanding the weather and the urgent work in Pyeng Yang.

In the 3 substations of Sin An Po, Tai Tong Chon, and Sun Mi where we reported Catechumens last year, I had the privilege of baptizing 28 of these and of enrolling some 30 new Catechumens including a number of women. In all of these places there is most gratifying growth and our position there is steadily gaining in strength and stability, while from these places a knowledge of the gospel is being more widely proclaimed. At Sun Mi the people had raised half the amount needed for the purchase of a building for church and school purposes. The Pyeng Yang Christians sent them a contribution and we then added a small sum, so that the object was accomplished. At Tai Tong Chon our hearts were made glad as we witnessed the evidence of the deep hold which the gospel has taken upon the hearts of all. It is a small village but nearly everyone has become a Christian and all, men, women and children, observing the Lord's Day with great delight. To the hard working women this is indeed a great blessing. Here among others is an old man of 64 with six sons, the oldest being 43 years old. This man and the 5 oldest sons were baptized and several of the women of the family reported as Catechumens.

## 마포삼열

**한국, 평양**

**1896년 2월 1일**[1]

엘린우드 박사님께,

웰즈 의사와 저는 2주일간 황해도 북부 지역의 지회들을 여행하고 방금 돌아왔습니다. 그 지역은 리 목사가 연례 회의 때 보고했던 곳입니다. 우리는 시간이 촉박했고 더욱이 혹독한 추위가 방해하는 바람에 원하는 만큼 모든 주의를 기울일 수 없었습니다. 그럼에도 불구하고 우리는 할 수 있는 모든 사역을 했으며, 날씨로 인해 곤란을 겪고 시급한 평양 사역으로 인해 마음이 급했지만 여행을 다녀오기로 한 결정이 현명했음을 알 수 있습니다.

작년에 학습교인을 보고했던 신환포(新換浦),[2] 대동천(大同川), 순미 등 3개 지회에서 저는 28명에게 세례를 주고 여성들을 포함한 30명을 새롭게 학습교인으로 등록시키는 특권을 누렸습니다. 이 모든 지역에서 매우 만족스러운 성장이 있었으며, 우리는 지속적으로 튼튼해지고 안정되고 있습니다. 동시에 이 지역들로부터 복음의 지식은 더 널리 선포되고 있습니다. 순미에서 교인들은 예배당과 학교로 사용할 건물을 구입하는 데 필요한 액수의 절반을 모았습니다. 평양의 기독교인들이 헌금을 보내고, 우리 선교사들도 약간의 금액을 보태어 그 목적을 성취했습니다. 대동천에서는 복음이 모든 사람들의 가슴에 깊이 자리 잡은 증거를 볼 수 있어 마음이 기뻤습니다. 작은 마을이지만 거의 모든 주민이 기독교인이 되었고, 모든 사람이 기쁜 마음

---

1 조선은 개국 504년(고종 32, 서기 1895년) 음력 11월 17일을 조선개국 505년이자 건양 1년(고종 32, 서기 1896년) 양력 1월 1일로 선포했다. 물론 이후 음력인 시헌력이 동시에 사용되었으나 1896년부터 태양력인 그레고리력이 공식적으로 사용되었다.

2 황해도 재령의 신환포교회는 재령강의 지류인 저강 포구인 신환포리에서 1893년에 시작되었고 1895-1896년에 설립되었다. 한치순(韓致淳)이 평양에 갔다가 마포삼열 선교사를 만나 처음 복음을 듣고 한 달간 머무르면서 성경을 배웠다. 청일전쟁 때 평양 신도들이 여러 곳으로 피난을 갔는데, 이영언은 재령으로 피신하여 한치순을 만나 함께 전도했다. 이후 마포삼열 목사가 방문하여 교회를 설립했다. 처음에는 한치순의 집에서 예배를 드리다가 가옥을 매입해서 예배당을 마련했다. 1902년 천주교와의 갈등으로 해서교안이 발생한 교회다.

These places need more attention and we hope soon to put a native helper at work in that section. We also established 3 new substations enrolling over 60 Catechumens almost all of them men, the heads of families. In one of these also by a little help from the Pyeng Yang Christians and from us they have secured a good building for a church and as this is in a densely populated section, people from some 15 or more villages gather here. In the section touched by this visit we now have Christians or Catechumens in nearly 40 villages gathering in 6 different places for worship on the Lord's Day.

We returned to Pyeng Yang and found that Mr. Lee had made good headway in the work of preparation of quarters for his family. As I wrote you before, in anticipation of the Board's appropriations, we are using private funds for the alteration of our present quarters with the idea that this shall become one of the permanent residences—to be occupied successively by Mr. Lee & family, then by Dr. and Mrs. Wells and eventually to become my settled abode. The Pyeng Yang station thinks it knows how to adapt itself to circumstances and with this house so altered we hold ourselves in readiness to house Mr. Lee's family, Dr. Wells & wife, myself, two new men, and the wife of one of them if he has one, provided the new men know how to get along comfortably for a year or so in a room 8 x 8. We have a sort of Communistic settlement here so that sitting room, dining room, kitchen, store rooms, cots, tables, chairs, books, bicycles, servants, etc., etc., are common property until our quarters are enlarged. Please have no doubt as to our ability to provide quarters for all the people you can send us—until such time as the Board can provide funds for their more comfortable and proper accommodation. We shall look for Dr. Wells' fiancée in August and either at that time or soon for another Minister.

Work in Pyeng Yang goes ahead steadily. Since I last wrote you we have received by baptism 5 more members and enrolled a number of catechumens. Since the Annual Meeting the station reports 49 baptisms

으로 주일을 지킵니다. 힘들게 일하는 여자들에게 이것은 정말 커다란 복입니다.[3] 이곳에 6명의 아들을 가진 64세의 노인이 있는데, 큰아들은 43세입니다. 이 노인과 막내를 제외한 다섯 아들이 세례를 받았으며, 그 집안의 여성 여러 명이 학습교인이 되었습니다.

이 지역들에 더 많은 관심을 갖는 것이 필요하며, 우리는 곧 그 지역에서 활동할 본토인 조사(助事)를 두고자 합니다. 또 우리는 60명 이상의 학습교인이 등록된 세 개의 새 지회를 설립했는데, 거의 대부분은 남자로 집안의 가장입니다. 이 가운데 한 곳은 역시 평양 교인들과 우리의 작은 도움으로 좋은 예배당 건물을 얻었으며, 15개가 넘는 주변 마을 교인들이 이곳에 모입니다. 이번 여행 때 심방한 지역에는 현재 기독교인이거나 학습교인이 거의 40개 마을에 있으며, 주일에 모여 예배하는 곳은 6개 마을입니다.

평양에 돌아와 보니 리 목사가 그의 가족을 위한 처소를 짓기 위해 상당히 많은 준비를 해놓았습니다. 이전에 제가 드린 편지에 썼듯이 선교부의 예산 지원을 기대하면서, 우리는 현 처소의 개조를 위해 개인 자금을 사용하고 있습니다. 이렇게 개조해서 영구적인 주거지로 만들 계획인데, 먼저 리 목사 가족이 살고, 이어서 웰즈 의사 부부가 살다가, 궁극적으로는 제가 정착할 집이 될 것입니다. 평양 선교지부는 상황에 적응하는 법을 안다고 생각하며,[4] 개조한 집에 리 목사 가족, 웰즈 의사 부부, 제 자신, 새로 올 남자 선교사 2명, 그리고 만일 그들 중 한 명이 아내와 함께 올 경우 그가 사방 8자 방에서 1년이나 그 이상 편안히 지내는 법을 안다면 그 부인까지 거주할 수 있도록 만반의 준비를 갖추게 됩니다. 우리는 여기에 일종의 공산주의적인 거처를 뒀는데 응접실, 식당, 부엌, 창고, 간이침대, 탁자, 의자, 책, 자전거, 하인 등은 우리의 처소가 증축될 때까지는 공동 자산입니다. 박사님께서 파송할 모든 사람들에게 선교부가 더 편안하고 적절한 거주지를 준비할 자금을 제공

---

3 여자들이 주일 예배를 드리고 안식일을 즐거이 지키는 이유를 쉼 없는 노동에서의 안식으로 보았다.

4 바로 앞 편지에서 마포삼열은 "우리 평양 사람들(we Pyeng Yang-ites)은 좋은 경영인"이라고 표현했고, 여기서는 "우리 평양 선교지부(we the Pyeng Yang station)는 상황에 적응하는 법을 안다"고 하여, 서울 지부와 달리 작은 처소에서 경제적으로 살아갈 수 있음을 자부하고 있다.

and some 150 new catechumens and we are certainly conservative in all our methods.

The work in Eui Ju and the north is still calling in vain for a visit. I had fully expected to go there the end of this month, but there is so much to do here and so many calls from work established nearer to Pyeng Yang that it seems necessary to again postpone the visit to the north. Preparation for Mr. Lee's family who expect to come in April add to the work here and as Mr. Lee must be absent in March when he goes to Seoul to pack and move, my presence here is essential. Both Mr. Lee and Dr. Wells have protested against my going to Eui Ju at this time and as I cannot but feel that their protest is justified, however much I long to look after the promising work around Sak Ju at the north, I must coincide with their judgment and once more postpone that trip until May.

This however but emphasizes again our need for two new men. I ought to be giving more time to the training of native workers not only for the good of the work but because I am trying to cover too much territory in my itineration and cannot properly look after it all. I hope soon to be able to give half my time to itineration and half to training and catechumen classes.

Now a word as to political disturbances and their bearing upon our work. For years to come it is probable that Korea will be disturbed and from time to time there will be wild rumors of revolutions and political changes. If we wait until all is quiet before going ahead with our Mission work, I fear that this generation of Koreans will pass away with but little knowledge of Christ. We are here to preach the gospel to the people no matter who may have the political control and in the midst of the disturbances our work is pushing steadily forward. We look to the Board to keep us supplied just as fully as the contributions of the Church will permit. Of course, Russia may someday take Korea and drive us all out, but it is not ours to anticipate that unless it be to anticipate it, but so much the more widespread proclamation of the gospel while

할 때까지, 그것을 할 수 있는 우리의 능력에 대해서는 조금도 의심하지 마십시오. 우리는 8월에 웰즈 의사의 약혼녀가 오기를 고대하며, 그때나 더 일찍 다른 목사가 오기를 바랍니다.

평양의 사역은 꾸준히 진행되고 있습니다. 지난번에 제가 박사님께 편지한 이후 5명에게 추가로 세례를 주어 입교시켰으며, 많은 학습교인이 등록을 했습니다. 연례 회의 이후 선교지부 통계는 세례교인 49명, 신규 학습교인 150여 명을 보고하고 있으며, 우리는 모든 방법에서 확실히 보수적입니다.

의주와 북부의 사역은 그들이 계속 심방을 요청하고 있으나 응하지 못하고 있는 상태입니다. 저는 이달 말에 그곳에 가리라고 기대했으나, 이곳에서 할 일이 너무 많고 평양 부근에 설립된 사역에서 너무 많은 심방 요청이 있어 북부 지역 방문은 한 번 더 연기할 필요가 있는 것 같습니다. 4월에 오기로 한 리 목사의 가족을 맞을 준비로 이곳 사역이 늘어났으며, 리 목사가 3월에 짐을 꾸려 이사하기 위해 서울에 가면 그 대신 제가 이곳에 반드시 있어야 합니다. 리 목사와 웰즈 의사는 제가 이번에 의주에 가는 것을 반대했고, 저는 그들의 반대가 정당하다고 여길 수밖에 없습니다. 비록 북부에 있는 삭주(朔州) 부근의 전망이 밝은 사역을 간절히 돌보고 싶지만, 저는 그들의 판단을 따라야 하기에 5월까지 그 여행을 한 번 더 연기해야 합니다.

하지만 이것은 2명의 새 남자 선교사에 대한 우리의 필요를 강조할 뿐입니다. 저는 본토인 사역자 훈련에 더 많은 시간을 보내야 합니다. 이는 사역을 위해 좋을 뿐만 아니라, 제가 순회여행에서 너무 많은 지역을 심방하면 그것을 제대로 돌볼 수 없기 때문입니다. 저는 곧 시간의 절반은 순회여행에, 나머지 절반은 교인 훈련과 학습자반에 사용할 수 있기를 바랍니다.

정치적 소요와 그것이 우리의 사역에 미치는 영향에 대해 한 말씀 드리겠습니다. 앞으로 몇 년 동안 한국은 십중팔구 불안정할 것이며, 때때로 혁명과 정치적 변화에 대한 소문이 있을 것입니다. 만일 우리가 우리의 선교 사역을 진전시키기 전에 모든 것이 조용해질 때까지 기다린다면, 한국인의 현 세대는 그리스도에 대한 지식 없이 사라질 것입니다. 누가 정치적 권력을 쥐

opportunity offers. We ought not now to delay in providing permanent quarters here for the station. We are on the most friendly terms with officials and people and ought now to put our stakes in strong and fast. Again I want to urge the granting of all that we have asked for buildings and for grading, fencing, etc. We asked nothing last year because of the war and the uncertainty. This year we ask only for sufficient to provide good quarters for one family and cramped quarters for all the rest. We need to get Mr. Lee & his family in their permanent home by next winter if possible. For several years to come they will probably have to keep some of us as boarders while we are in cramped quarters. The winters here are more severe and are longer than in the other stations necessitating the building of a warm house so that we did not feel that we ought to ask less than $2,000.00 gold for the house altho we hope we shall not have to use all of it. I am sure we are trying to keep our request for appropriations down to actual needs and the $500.00 gold asked for grading, draining & fencing is not for one house but for the whole compound which will eventually include at least three houses, hospital, school and buildings for native work.

It may seem that we are asking appropriations for two houses in one year but in reality the $1,000.00 gold should have been available this year. Other stations have been supplied one house at a time as the men arrived on the field. We have been going ahead with our work without houses and now have three men on the field and clamoring for two more to keep up with the work. I think we have a strong claim for a liberal allowance this year and we are going ahead confident that the Lord will provide all that we ought to have.

News from the home papers indicating greater interest in Mission and a better state of the Board's Treasury give us reason for great gratitude and hopefulness of enlarged work.

In closing I want to thank you for your letter to Mr. Lee and I rejoice that there is a perfectly frank and clear understanding between you. It

고 있든지 상관없이 우리는 사람들에게 복음을 전하기 위해 이곳에 있습니다. 그리고 혼란의 한가운데서 우리의 사역을 꾸준히 앞으로 밀고 나갈 것입니다. 우리는 선교부가 교회의 헌금이 허락하는 한 충분히 우리에게 계속 자금을 공급해주실 것을 기대합니다. 물론 러시아가 한국을 차지하고 우리 모두를 몰아낼 수도 있으나, 그것을 반드시 예상하지 않아도 된다면 우리가 굳이 예상할 필요가 없으며, 기회가 제공되는 동안 더욱더 광범위하게 복음을 선포하는 것이야말로 우리가 해야 할 일입니다. 지금 우리는 선교지부를 위해 이곳에 영구적인 거처를 제공하는 일을 연기해서는 안 됩니다. 우리는 관리들과 주민들과 가장 우호적인 관계에 있는데, 지금 강하고 빠르게 투자를 해야 합니다. 저는 다시 한 번 우리가 건축, 평지 작업, 울타리 등을 위해 요청한 모든 금액을 허락해주시기를 촉구합니다. 우리는 작년에 전쟁과 불확실성 때문에 아무것도 요청하지 않았습니다. 올해 우리는 한 가족을 위한 좋은 처소와 나머지 모두를 위한 비좁은 거처를 충분히 제공할 수 있는 액수만 요청했습니다. 가능하면 다음 겨울까지 리 목사와 그의 가족이 영구적인 집에 입주하는 것이 필요합니다. 앞으로 몇 년간 우리가 비좁은 처소에 있을 동안 십중팔구 그들은 우리 가운데 몇 사람을 하숙생으로 데리고 있을 것입니다. 이곳 겨울은 다른 선교지부보다 더 혹독하고 오래 지속되므로 따뜻한 집을 건축할 필요가 있습니다. 비록 그 금액 전부를 사용하지 않기를 바라지만, 사택 한 채를 위해서 금화 2,000달러보다 적게 요청해야 한다고는 생각하지 않습니다. 우리는 예산을 청구할 때 실제 필요에 맞게 낮추려는 노력을 했다고 확신하며 평지 작업, 하수도, 울타리 등을 위해 청구한 금화 500달러는 집 한 채를 위해서가 아니라 결국 사택 세 채와 병원과 학교와 본토인 사역을 위한 건물들이 들어설 전체 선교구역을 위한 것입니다.

한 해에 사택 두 채를 위한 예산을 청구하고 있는 것처럼 보일 수도 있으나, 실제로 금화 1,000달러는 올해 이용할 수 있어야 했습니다. 다른 선교지부에서는 현장에 선교사가 도착하면 한 번에 주택이 한 채씩 공급되었습니다. 우리는 주택 없이 사역을 진행해왔으며, 이제 현장에 3명의 남자 선교사가 있으며, 사역과 보조를 맞추기 위해 추가로 2명을 강력하게 요구하고 있

has done him good and has made him even more than ever eager to go forward in his work. It matters not now how the misunderstanding arose. You will yet have great reason to rejoice over the work which Mr. & Mrs. Lee will do in this field.

With sincere regards and prayers constantly offered for blessings upon the Lord's work which together we are seeking to carry on.

Very sincerely yours,
Samuel A Moffett

습니다. 우리는 올해 관대한 지원을 강하게 요구할 권한이 있다고 생각합니다. 우리는 주께서 우리가 반드시 가져야 할 모든 것을 공급해주신다는 것을 확신하며 앞으로 나아갑니다.

선교에 더 큰 관심을 보여주는 본국 신문의 뉴스를 보고 선교부 금고의 더 나은 상태를 들으면서 크게 감사하고 더 확장된 사역을 기대합니다.

글을 맺으면서 저는 리 목사에게 보내주신 박사님의 서신에 감사드립니다. 저와 박사님이 서로 완전히 정직하고 분명히 이해할 수 있어서 기쁩니다. 그 편지는 그에게 좋은 영향을 주었고, 자신의 사역을 어느 때보다 열심히 추진하게 만들었습니다. 이제 어떻게 오해가 발생했는지는 문제가 되지 않습니다. 앞으로 박사님께 리 목사 부부가 현장에서 하게 될 사역에 대해 기뻐할 이유가 많이 있을 것입니다.

진심으로 건강하시기를 빌며 우리가 함께 수행하기를 추구하는 주님의 사역 위에 복이 계속 임하기를 기도합니다.

마포삼열 올림

●

**평양으로 가는 장로회 선교사, 제물포, 1896년 5월 1일 [OAK]**
오른쪽부터 왼쪽으로 차례대로 마포삼열, 리 목사 부인과 마일로(아들),
그레이엄 리 목사, 웹 부인, 웰즈 의사.

**The Entire Station off for Pyeng Yang, May 1, 1896**
Taken at Chemulpo just before starting by boat.
From right to left: Rev. S. A. Moffett, Mrs. Lee and Mylo,
Rev. Graham Lee, Mrs. Webb, Dr. Wells.

●
**평양으로 가는 선교사들, 제물포, 1896년 5월 1일 [MOF]**
웰즈 의사, 웹 부인, 리 목사, 리 부인
감리회의 폴웰 의사, 마포삼열, 마일로 리

**Missionaries to Pyongyang, May, 1896**

**Samuel A. Moffett**

***Seoul, Korea***

***May 4, 1896***

Dear Dr. Ellinwood:

As you have heard long ago from Dr. Wells and Mr. Lee, I was forced much to my regret to take a little vacation from work. The winter's work had proven too severe a strain and as you know I have not been very well for something over a year. However, I am now back again, well and eager to get among our people in Pyeng Yang.

I landed in Chemulpo and was met with a sight which did me more good than anything I have seen for a long time. Mr. Lee had his family and all his earthly possessions on board the boat ready for the final occupation of Pyeng Yang and by this time they are probably all of them settling down in our property there. You know how I have longed for this and I cannot say how grateful I am that it is accomplished. I came immediately to Seoul to attend to a few financial matters and to gather up some of my things. I expect to get off in two days on my wheel[1] and will go overland joining them in Pyeng Yang.

I also found a letter here from Mr. Whittemore under appointment to P. Y. and several letters from you. I have but time to write a few pages concerning the more important questions now before us.

1st–The appropriations for the Pyeng Yang work as finally approved by Board will doubtless be abundant. We asked for the larger sum because we had insufficient data upon which to estimate the probable cost. We are not planning for elaborate houses and by the purchase of good material in houses partially destroyed during the war we expect to be able to very soon equip the station with all needed buildings at far less expense than at one time seemed possible.

1 bicycle

## 마포삼열

**한국, 서울**

**1896년 5월 4일**

엘린우드 박사님께,

웰즈 의사와 리 목사에게 이미 들으셨겠지만, 저는 어쩔 수 없이 잠시 휴식을 취하지 않을 수 없어서 대단히 유감스러웠습니다.[1] 겨울 사역이 너무 심각한 부담이 되었습니다. 박사님도 아시다시피 저는 지난 1년 이상 건강이 썩 좋지 않았습니다. 하지만 지금은 다시 건강하게 돌아왔으며, 평양에 있는 우리 교인들과 함께 지내기를 간절히 원합니다.

저는 제물포에 상륙했는데, 지금까지 오랫동안 보아온 광경 중에서 가장 기쁜 광경을 보았습니다.[2] 리 목사와 그의 가족과 그가 이 땅에서 소유한 모든 짐이 평양에 최종 도착하기 위해 기선에 선적할 준비가 되어 있었습니다. 지금쯤이면 십중팔구 그들 모두가 평양에 있는 우리 거주지에 정착했을 것입니다. 제가 이것을 얼마나 갈망했는지 박사님은 잘 알고 계십니다. 저는 이 일이 이루어져 얼마나 감사한지 이루 다 말로 표현할 수 없습니다. 저는 즉시 몇 가지 재정적인 문제를 처리하고 저의 물건을 가져가기 위해 서울로 왔습니다. 저는 이틀 후에 떠나려고 하며 육로로 자전거를 타고 가서 평양에 합류할 것입니다.

또한 저는 평양에 임명된 위트모어 목사가 보낸 편지와 박사님이 보낸 여러 통의 서신을 받았습니다. 저는 시간이 없어서 지금 우리 앞에 놓여 있는 더 중요한 문제들에 관해서 한두 페이지만 쓰겠습니다.

첫째, 선교부가 최종적으로 승인한 평양 사역을 위한 예산은 의심할 여

1 마포삼열은 건강이 나빠 3월부터 4월까지 두 달 동안 중국 상하이에서 휴식을 취했다. 리 목사는 3월 초에 가족을 데리러 서울로 갔다. 그래서 3월부터 두 달간 평양에는 웰즈 의사만 남아서 사역했는데, 이 기간에 웰즈는 한국어 실력이 늘었다.

2 휴가를 마친 마포삼열은 5월 1일 제물포에서 평양으로 가는 리 가족과 웰즈 의사를 만났다. 마포삼열은 서울을 방문한 후 자전거로 평양에 갔다. 이 편지는 서울에서 썼다.

2nd—With regard to Dr. Wells and the request of the station that Miss Ribble be sent out this summer, I have read your letter to Dr. Wells—Dated Feb. 7 and also have yours to me of Feb. 10th. I appreciate your position and do not see how you or the Board could have taken any other position than you did at the time before the request of the station and the letters of Mr. Lee & myself had reached you. Dr. Wells was certainly a little too impatient and we refused to join in his request until we saw our way clear to do so.

While I now write urging the Board to send Miss Ribble, I want to state that the resolutions of the conference with reference to unmarried missionaries meets my hearty approval and in accordance with them I hope to see the right kind of men sent out as unmarried missionaries for pioneer work. In my opinion, however, the resolutions hold good only when certain qualifications are found in the men to whom they are to be applied. I have not time now to express myself fully on this question for it is one which needs handling with careful discrimination.

The rule has, I think, worked well in my case. It will not work well in Dr. Wells' case. Had you the personal knowledge of Dr. Wells which Mr. Lee & I have you would understand this perfectly, but this you have not. I feel convinced that Dr. Wells will be a better missionary, get the language better and quicker by marrying now than he will if compelled to wait the three years as both he & the Board had expected.

Now as to the lack of a house in Pyeng Yang, which was the main point of your objection to sending her now. As long as Mrs. Lee was in Seoul, of course you could not but suppose that Mrs. Wells must have to reside there also. Mrs. Lee is now settled in P.Y. in a part of the house which is being altered for my eventual permanent quarters. The other part of this house will be altered immediately and be ready for occupation by July 1st. There will then be room enough for Mr. Lee & his family—for Dr. & Mrs. Wells and for Mr. Whittemore and myself. Of course, I do not mean that we shall not be in somewhat cramped

지없이 충분합니다. 개연성 있는 비용을 추정할 수 있는 충분한 자료가 없었기 때문에 우리는 조금 더 많은 액수를 요청했습니다. 우리는 장식이 많은 집을 지으려고 계획하지 않으며, 전쟁 통에 부분적으로 파괴된 집들의 자재를 매입함으로써 선교지부에 필요한 모든 건물을 과거 예상한 비용보다 훨씬 적은 비용으로 곧 세울 수 있을 것으로 기대합니다.[3]

둘째, 리블 양을 올여름에 보내달라는 웰즈 의사와 선교지부의 요청에 관하여 박사님이 웰즈 의사에게 보낸 2월 7일 자 서신과 저에게 보낸 2월 10일 자 서신을 읽었습니다. 박사님의 입장을 이해하며, 선교지부의 요청이 담긴 서신과 리 목사와 저의 편지가 박사님께 도착하기 전에 박사님이나 선교부가 취한 입장 외에 다른 조치를 취할 수 없었을 것이라고 봅니다. 분명히 웰즈 의사는 조금 지나치게 인내심을 잃었으며, 우리는 그의 요청을 들어줄 분명한 길이 열릴 때까지 그를 지지하는 것을 거절했습니다.

저는 지금 선교부가 리블 양을 보내주기를 촉구하지만, 미혼 선교사에 대한 [북미개신교선교회] 선교대회의 결정에 진심으로 동의합니다. 또한 그 결정과 관련하여 저는 개척 사역을 위해 미혼 선교사로서 적합한 남자들이 파송되기를 바랍니다. 하지만 제 개인적인 의견으로는, 그 결정 사항들은 이를 적용할 수 있는 남자들에게 특정한 자질들이 있을 때 유효하다고 봅니다. 저는 이 문제에 대해 저의 의견을 충분히 표현할 시간이 없습니다. 왜냐하면 이것은 분별력을 갖고 조심히 다루어야 할 문제이기 때문입니다.

제 경우에는 그 규칙이 잘 작동했다고 생각합니다.[4] 하지만 웰즈 의사의

---

3 청일전쟁 이후 평양과 진남포의 부동산 가격이 내렸을 때 많은 일본인 상인과 일부 중국인 상인들이 진출하기 시작했다. 전쟁을 겪은 평양 주민의 영적 분위기만 변한 것이 아니라, 선교사들은 파괴된 건물에서 목재와 기와를 싸게 구입하는 물질적인 이익도 누려 단기간에 여러 채의 개량 한옥(선교사 사택들, 제중원, 초등학교)을 적은 비용으로 건축할 수 있었다.

4 미혼 남자 개척 선교사는 3년간 결혼하지 않는 것이 좋다는 규칙이다. 마포삼열의 경우 9년간 독신으로 지낸 후 만 35세에 결혼했다. 웰즈 의사는 내한할 때 선교부와 5년간 독신으로 지낸다는 계약을 맺었다. 웰즈는 이것이 불법적 계약이라며 항의했다. 사실 마포삼열은 몇 년간 독신으로 지낼 것이라는 계약을 선교부와 맺은 적이 없었다(J. H. Wells to F. F. Ellinwood, April 11, 1896). 언더우드 부인은 웰즈 의사가 독신으로 안절부절못하며 정착하지 못하고 지내는 것을 동정하면서 즉시 약혼자를 보내줄 것을 요청했다(Mrs. Underwood to F. F. Ellinwood, April 22, 1896).

quarters but we shall all be very comfortable and we have most heartily and joyfully planned thus, more than glad to get all the station on the grounds so that our promising work can receive the attention it needs. We shall not all need to remain in these quarters for many months as doubtless by Dec. 1st we shall have another residence finished, but even should we have to remain there a year or so, I am sure this arrangement will prove a highly satisfactory one. There is therefore no prospect that Miss Ribble will be compelled to live in Seoul. In fact, she will not see Seoul until she goes up to the Annual Meeting.

Another and a strong reason for her coming at once is that the work needs her. Mrs. Lee cannot possibly do all or half the work among the women which is now ready for someone. Just as soon as we can so plan it that we can accommodate one or two ladies we shall ask for them but we cannot ask that just now.

I sincerely hope the Board will see its way clear to grant this request. I did not join Dr. Wells in this until I felt convinced that it was the wisest thing to do nor until I saw the way clear for Miss Ribble to settle in Pyeng Yang without even a preliminary stop in Seoul.

3rd–Mrs. Bishop's letter and the Board's prompt response to our appeals for a new man have of course been a source of great pleasure to us. We rejoice too in the evidence of the work of the Holy Spirit and His blessing upon the work in Pyeng Yang, but we are especially desirous that no false impressions should be given by us and that the Board and the Church should receive no false impressions concerning the condition of things in the north. The first item in Woman's Work for Woman for March has caused me a little uneasiness. The statements made are perfectly true but I fear they may give the impression that there are "thousands" of Christians there and that the people are "clamoring for the gospel" (expressions which are often used).

I never want to give the impression that the heathen are crying out for the gospel–because they are not. "The carnal mind is enmity against

경우에는 작동하지 않을 것입니다. 만일 박사님께서 리 목사와 제가 알고 있는 웰즈 의사에 대한 개인적인 정보를 알고 계신다면 완벽하게 이해하시겠지만, 그런 정보를 가지고 있지 않습니다. 웰즈 의사는 그와 선교부가 기대했던 대로 3년 동안 기다리는 것보다 지금 결혼하면 더 좋은 선교사가 되고, 언어를 더 잘 빨리 배우게 될 것이라고 확신합니다.

다음은 평양에 사택이 한 채도 없다는 문제입니다. 이것이 박사님께서 그녀를 지금 보내는 것에 반대하는 주된 논점입니다. 리 부인이 서울에 있는 한, 물론 박사님은 웰즈 부인도 서울에 거주해야만 한다고 생각했습니다. 리 부인은 지금 평양에서 궁극적으로는 저의 영구적인 처소가 되도록 개조한 주택의 한쪽에 정착했습니다. 그 집의 다른 쪽은 즉시 개조해서 7월 1일까지 입주할 수 있습니다. 그러면 리 목사와 그의 가족, 웰즈 의사 부부, 위트모어 목사, 그리고 제가 살 수 있는 충분한 공간이 됩니다. 물론 우리가 다소 비좁은 처소에서 지내지 않을 것이라는 뜻은 아닙니다. 그러나 우리는 대단히 편안할 것이며, 진심으로 즐거이 그렇게 계획을 세웠습니다. 우리가 한 장소에 모든 선교지부를 짓게 되어 전망이 밝은 우리의 사역에 더욱 필요한 관심을 쏟을 수 있어서 기쁠 따름입니다. 의심할 여지없이 12월 1일까지 다른 사택이 완성될 것이므로 우리는 여러 달 동안 이 처소에 머물러 있을 필요가 없습니다. 그러나 만일 우리가 1년이나 그 이상 머물러야 한다고 할지라도, 이 조정은 대단히 만족스러운 것으로 판명나리라고 확신합니다. 따라서 리블 양이 서울에 어쩔 수 없이 살아야 하는 경우는 발생하지 않을 것입니다. 사실 그녀는 연례 회의 때까지는 서울에 가지 않을 것입니다.

그녀가 즉시 와야 하는 다른 확실한 이유는 사역에 필요하기 때문입니다. 현재 여성 사역은 한 사람 이상이 필요합니다. 그러므로 그 일을 리 부인이 모두 맡을 수는 없습니다. 우리가 한두 명의 독신 여성 선교사에게 처소를 제공할 수 있도록 계획을 세우는 즉시 그들을 요청하겠지만, 지금 당장은 그럴 수 없습니다.

선교부가 이 요청을 허락할 수 있다고 생각하기를 진심으로 바랍니다. 저는 이것이 현명한 일이라는 확신이 들 때까지, 또 리블 양이 서울에 당분

God" and the heathen do not care for nor want the gospel. That there is a wide spread spirit of inquiry and that the Spirit of God is working upon the hearts of a large number is joyfully true and we are finding that "the gospel" is indeed "the power of God unto salvation" but many, many of these inquirers have no idea as to what the gospel is and when they know they reject it. The situation is one of great opportunity and great promise and our responsibility as a church is a great one, but how long this will last and how soon it may give way to a spirit of indifference or open opposition we cannot know. We do not wish to in any way arouse expectations which if not fulfilled will give way to disappointment. A few years ago I found fault with the false rumor which was circulated in the papers that there were "thousands of Christians" in the so called "Korean Valleys" of the extreme north of Korea and in Manchuria.

We do not wish to furnish the occasion for such rumors with reference to our work in and around Pyeng Yang. As yet we have but about 120 baptized Christians and some 400 Catechumens–some of the former lost sight of since the war, while some of the latter will prove insincere. While giving to the church every reason to rejoice with us in what the Lord is doing here may we avoid even the slightest exaggeration and also let the church know the difficulties and the disappointments which meet us in our work.

If you feel that the item in March W. W. for W. may give wrong impressions I should be glad to have you ask Miss Parsons to give place in the August number to an item which will prevent the arousing of undue expectations with reference to this work.

We are profoundly grateful for the blessing upon our work and are joyfully expectant of great things and we have so many evidences of the real working of the Spirit in the hearts of our men that we cannot resist the conviction that it is a genuine work of grace–but we know that in other fields men have been deceived and been bitterly disappointed. We pray most earnestly that we may be rightly guided.

간 머무르지 않고 바로 평양에 정착할 수 있는 길을 분명히 알 수 있을 때까지 웰즈 의사의 편을 들지 않았습니다.

세 번째, 비숍 여사의 편지와 우리가 드린 신임 남자 선교사 요청에 대한 선교부의 즉각적인 반응은 물론 우리에게 큰 기쁨의 원천이 되었습니다. 또한 우리는 평양에서 성령께서 일하시는 증거와 우리의 사역 위에 임한 성령의 복을 기뻐하지만, 북부 지역 사정에 대해 선교부나 교회들이 저희가 주는 인상으로 인해 거짓 인상을 받지 않기를 특별히 바랍니다. 「여성을 위한 여성의 사역」 3월호의 첫 기사를 보고 저는 조금 불편했습니다. 그 진술은 완벽하게 진실이지만, 북부에 "수천 명"의 기독교인이 있고 그들이 "복음을 강력히 요구하고 있다"(자주 사용하는 표현)는 인상을 주게 될까 걱정됩니다.

저는 이방인들이 복음을 달라고 부르짖고 있다는 인상을 주고 싶은 마음은 전혀 없습니다. 왜냐하면 그들은 그렇지 않기 때문입니다. "육신의 생각은 하나님과 원수가 되며" 이방인들은 복음에는 관심도 없고 원하지도 않기 때문입니다. 광범위한 탐구심이 있고, 하나님의 영이 수많은 사람들에게 일하고 계시는 것은 즐거운 사실이고, 우리가 진실로 "복음은 구원을 주시는 하나님의 능력"인 것을 발견하지만, 수많은 탐구자들은 복음이 무엇인지 전혀 알지 못하며, 복음을 알게 되면 거절합니다. 좋은 기회와 밝은 전망이 있는 상황이고 교회로서 우리의 책임이 크지만, 언제까지 이것이 지속될지 언제 이것이 무관심으로 바뀔지 혹은 공개적인 반대로 바뀔지 우리는 알 수 없습니다. 우리는 결단코 성취되지 않으면 실망으로 바뀔 그런 기대를 불러일으키기를 원하지 않습니다. 몇 년 전 저는 만주와 한국 국경 사이의 "한인촌"에 "수천 명의 기독교인"이 있다는, 그저 세간을 떠돌던 거짓 소문이 신문 지상에 실린 것을 발견했습니다.

우리는 평양과 그 인근의 사역과 관련하여 그런 소문을 내고 싶지 않습니다. 현재 약 120명의 세례교인과 약 400명의 학습교인이 있는데, 세례교인의 일부는 전쟁 후에 연락이 두절되었고, 학습교인의 일부는 신실하지 않은 교인으로 드러날 것입니다. 주님께서 이곳에서 하고 계시는 일에서 우리와 함께 기뻐할 많은 이유를 교회에 주는 동시에, 일말의 과장도 피하고 우

We are hoping that the Board will arrange for the departure of Mr. Whittemore just as soon as possible. He ought to be in Pyeng Yang by Sept. 1st at latest. I shall write to him giving him certain information and urging his speedy departure.

There are a number of matters concerning which I should like to write but just now my time is too must limited.

With kindest regards,

Sincerely yours,

Samuel A. Moffett

P.S. I wish very much you would send to Mr. Whittemore a copy of Nevius' "Methods of Mission Work" with the suggestion that he read it on the way out.

[This has been done. Speer]

리가 사역하면서 직면하는 난관과 실망도 알리기를 원합니다.

만일 박사님께서 「여성을 위한 여성의 사역」 3월호에 있는 기사가 잘못된 인상을 줄 수 있다고 생각하시면, 편집장인 파슨 양에게 8월호에 이 사역과 관련하여 부적절한 기대가 일어나는 것을 방지할 수 있는 기사를 싣도록 부탁해주시면 감사하겠습니다.

우리는 우리의 사역에 임한 복에 깊이 감사드리며, 위대한 일을 즐겁게 기대합니다. 우리는 우리 교인들의 가슴속에 성령께서 진실로 역사하고 계신다는 수많은 증거를 가지고 있으므로, 이것은 진정한 은혜의 사역이라는 확신을 물리칠 수 없습니다. 그러나 우리는 다른 선교지에서 선교사들이 속임을 당해왔고 쓰라린 실망을 맛보았음을 압니다. 우리는 바르게 인도되도록 간절히 기도합니다.

선교부가 되도록 빨리 위트모어 목사의 출발을 주선해주실 것을 희망합니다. 그는 늦어도 9월 1일까지 평양에 와야 합니다. 저는 그에게 편지를 보내 필요한 정보를 주면서 신속한 출발을 촉구하겠습니다.

저는 여러 가지 문제에 대해 쓰고 싶지만, 현재는 시간이 너무 제한되어 있어서 그럴 수 없습니다.

평안하시기를 빕니다.

마포삼열 올림

추신. 박사님께서 위트모어 목사에게 네비우스의 「선교 방법론」 한 부를 주시고 떠나는 길에 읽으라고 권해주시기 바랍니다.

[이대로 했습니다. 스피어 목사]

## Samuel A. Moffett

***Pyeng Yang, Korea***

***June 29, 1896***

My Dear Mr. Haslup:[1]

Your letter of April 3rd revealing an interest in our work on the part of your pastor and church was a welcome part of the last mail which arrived overland from Seoul a few days ago. I have to keep in mind the fact that tho first of all I receive my commission to preach the gospel from the Lord Himself, yet second only I am here as a commissioner from the churches bearing the gospel to these people who know not the truth of God's love in Christ Jesus. I have felt since on the field that the churches and their missionaries are not properly "in touch" the one with the other and the consequence is that but a very few of the people in the home land have an intelligent interest in what should be the one great work of the whole church. The commission to preach the gospel to every creature was no more given to me than to every other Christian, only it has become my privilege to be one of those sent by the Master and the Church to the regions beyond. What I am seeking to do in the Master's name is not my work alone but the churches'; and the individuals who have a part in the sending and who furnish the means have or at least according to Scripture should have just as deep an interest in the work as have we who are here on the field.

Your letter of inquiry shows that realizing this you are seeking to keep in touch with a part of the Lord's work in these Eastern lands. I trust what I may write will prove of interest to you and will help to strengthen your faith and cause you anew to realize that "the gospel is the power of God unto salvation to everyone who believeth."

Since you have asked several questions I shall first of all take them

1 Robert LeRoy Haslup, Esq., who lived at 1725 McCulloh St., Baltimore, MD.

## 마포삼열

**한국, 평양**

**1896년 6월 29일**

하슬럽 박사님,[1]

박사님의 목회와 교회 측에서 우리 사역에 대해 관심을 표한 4월 3일자 서신은 며칠 전 서울에서 육로로 온 우편물들에 담긴 반가운 소식의 하나였습니다. 저는 비록 무엇보다 먼저 복음을 전하라는 사명을 주님으로부터 받았으나, 두 번째로 이곳에 그리스도 예수 안에 있는 하나님의 사랑을 알지 못하는 이 사람들에게 복음을 전하도록 교회로부터 보냄을 받은 사명자로서 있다는 사실을 염두에 두지 않을 수 없습니다. 저는 선교지에 온 이후 교회들과 선교사들이 서로 적절히 "연락을 하고 지내지" 않는다고 느꼈습니다. 그 결과 본국에 있는 전체 교회의 위대한 사역이 되어야 할 일을, 단지 극소수의 사람들만이 이해하고 관심을 가지고 있습니다. 모든 피조물에게 복음을 전할 사명이 어떤 기독교인보다 저에게 주어졌으며, 주님과 교회에 의해 외국에 파송된 자 가운데 한 명이 된 것은 제 특권이었습니다. 제가 주님의 이름으로 하려고 추구하는 것은 저 개인의 일만이 아니라 교회의 일입니다. 보내는 역할을 한 개인들과 그 수단을 제공하는 자들은 최소한 성경 말씀에 의하면 선교 현장에 있는 자들과 동일하게 사역에 대해 깊은 관심을 가져야 마땅합니다.

박사님의 문의 서신은, 박사님께서 이것을 인식하고 이 동양의 나라에서 이루어지는 주님의 사역의 일부와 지속적인 관계를 유지하고자 한다는 점을 보여줍니다. 제가 편지하는 내용이 박사님께 흥미가 있고, 박사님의 믿음을 강하게 하고 "복음은 믿는 모든 자에게 구원을 주시는 하나님의 능력"이라는 것을 새롭게 깨닫도록 도와주리라고 확신합니다.

박사님께서 여러 가지를 질문하셨으므로, 먼저 그것들을 차례로 다루되,

---

1 주소는 메릴랜드 볼티모어 맥컬로시 가 1725번지 로버트 르로이 하슬럽.

up in order, seeking to answer them rather by illustrations from the field than to give you categorical answers.

1. "Do you teach them their life is a sinful one and they need forgiveness?" Time and again have I asked Koreans to read the first chapter of Romans and have elicited from them the remark that this is a perfect picture of the state of mind and morals in Korea. The greatest of all sins is the rejection of God and the giving oneself up to the service of the devil and his evil spirits. These Koreans have given themselves so completely to the service of the devil that he has deprived them almost altogether of the knowledge even of the existence of God, and have come in thousands of cases to confound the creature with the Creator, looking upon the material heavens as providence. They are, however, not without that knowledge of God which Paul refers to in Romans 1:20 and in Acts 14:15-17 so that we always have that to which to appeal in seeking to lead them to listen to a message from God. Flowing from this one great sin, the rejection of God and the failure to worship Him, have come all the sins which it is possible for man to commit. I do not feel that it is possible to give the people of a Christian land an adequate description of the conditions of people physically, morally and spiritually who inhabit these heathen countries. They are not barbarians for they have the Eastern civilization; they are not all ignorant and poverty stricken but they are all living in absolute sin and misery, depraved, degraded, helpless, hopeless, given over to hatred and malice and evil speaking, to gross and sensual lives and to superstitions and fears which torment them day and night. Lying is universal and so ingrained as to forbid one putting reliance in the most ordinary statements. No man can trust his neighbor and suspicion rests upon all alike, mutual distrust existing between father and son, brother and sister, husband and wife. The very worst confusion exists in all business matters–fraud, cheating, embezzlement and forgery and all kinds of deception are so shamelessly practiced that business men are simply enveloped in an atmosphere of

단정적인 대답 대신 현장에서 일어나는 예화를 통해서 답하도록 하겠습니다.

1. "당신은 그들의 삶이 죄 많은 삶이고 용서가 필요하다고 가르칩니까?" 저는 반복해서 한국인들에게 로마서 1장을 읽으라고 부탁했으며, 이것이 한국의 정신적·도덕적 상태를 완벽하게 묘사하는 그림이라는 진술을 이끌어 냈습니다. 모든 죄 가운데 가장 큰 죄는 하나님을 거부하고 마귀와 귀신을 섬기는 것입니다. 한국인들은 마귀를 섬기는 데 완전히 자신을 바쳐서 마귀가 그들로부터 하나님의 존재에 대한 지식조차 거의 빼앗아 갔으며, 피조물을 창조주와 혼동하는 수천 가지의 경우를 가지게 되었고, 물질적인 하늘을 섭리(攝理)로 여기게 되었습니다. 하지만 그들에게 바울이 로마서 1장 20절과 사도행전 14장 15-17절에서 언급한 하나님에 대한 지식이 전혀 없는 것은 아닙니다. 그래서 우리는 하나님이 주신 말씀을 경청하도록 인도하기 위해 그 지식에 호소합니다. 하나님을 거부하고 예배하지 못하는 가장 큰 죄로부터 사람이 범할 수 있는 모든 죄가 왔습니다. 기독교 국가에 사는 사람들에게 이 이방 나라에 사는 사람들의 육체적·도덕적·영적 상태를 적절히 묘사하는 것이 가능하다고 생각하지 않습니다. 그들은 야만인이 아닙니다. 왜냐하면 그들은 동양 문명을 가지고 있기 때문입니다. 그들이 모두 무식하거나 가난한 것은 아니지만, 절대적인 죄와 비참함 속에서 타락하고 저급하고 도움 없는 절망 가운데 미움과 악의와 비방과 역겨운 감각적인 생활에 자신을 내어주고, 밤낮으로 괴롭히는 미신과 두려움 속에 삽니다. 거짓말이 보편적이며 몸에 깊이 배어서 가장 일반적인 진술에 대한 신뢰도 방해합니다. 어느 누구도 이웃을 믿을 수 없고 모든 사람을 의심하며, 아버지와 아들 사이, 형제와 자매 사이, 남편과 아내 사이에 상호 불신이 존재합니다. 최악의 혼란을 일으키는 사기, 속임, 횡령, 위조 등 온갖 종류의 기만이 모든 사업 거래에서 뻔뻔스럽게 이뤄지고 있으므로, 사업가들은 속임수와 비열한 분위기 속에 완전히 둘러싸여 있습니다.

비도덕성이 표현할 수 없을 정도로 만연해 있고 이 도시에서 너무 뻔뻔스럽게 자행되므로 소위 존경할 만한 자들도 딸을 관아(官衙)에 소속된 기녀

deceit and rascality.

Immorality is rife beyond description and so unblushing in this city that even among so-called respectable people it is considered good fortune to have one's daughter enrolled as a dancing girl in the official's retinue, the life of shame to which this leads being disregarded for the sake of the gain derived and the influence with officials which some of these obtain. People for generations have grown up in the midst of such open immoralities and are so familiar with it that they have become utterly indifferent and hardened to a sense of its sinfulness. Drunkenness, gambling, quarreling, abusive and foul language, selfishness and inhumanity are brought to one's attention every day and in every place among all classes in such aggravated forms as to make one's heart sore as he thinks of the suffering and the misery to which the women and children are especially subjected.

There is no question as to the need of preaching repentance and the doctrine of forgiveness of sin. My chief topic in preaching is Jesus Christ the Savior from sin. I tell them time and again that the distinctive feature of Christianity is "forgiveness of sin," that we have not come here to teach them morality, to tell them not to lie, steal, commit adultery, murder, etc. because they have known long before we came that these things were wrong. We have not come simply to teach them what is right and what is wrong but we have come to tell them of the Love of God in Christ Jesus who offers to them salvation from sin into which they have already fallen and wherein they are lost, hopeless and helpless eternally. We lay stress upon the fact that there is but one God and that He has given us the only religion and that He alone has revealed the way of salvation; that all other systems are simply the production of man and can have no power to redeem from sin, however much of worldly wisdom and of moral truth there may be in them.

Never for a moment would I think of placing Christianity with other religions in one class for comparison. Other religions may be compared

(妓女)로 등록하는 것을 행운으로 간주합니다.[2] 기생이 됨으로써 이익을 얻을 수 있고 또 그들 가운데 일부는 관리에게 영향력을 행사할 수 있으므로, 그들은 수치를 무시합니다. 여러 세대 동안 사람들은 그런 공개적인 부도덕성을 보며 성장하면서 그것과 너무 친숙해져서 완전히 무관심하게 되었고 그 사악함에 대한 감각이 굳어버렸습니다. 술 취함, 노름, 싸움질, 욕설, 상스러운 말, 이기심, 잔인함 등을 매일 모든 곳에서 모든 계층 속에서 악화된 형태로 보게 되며, 특히 여자와 어린이들이 당하는 고통과 비참함을 생각하면 가슴이 아픕니다.

회개와 죄 용서에 대한 교리를 설교해야 할 필요는 의문의 여지가 없습니다. 제 설교의 주된 주제는 죄에서 구원하시는 예수 그리스도입니다. 저는 그들에게 반복해서 기독교의 독특성은 "죄 용서"이며, 그들이 오래전부터 나쁘다고 알아온 거짓말, 도적질, 간음, 살인 등을 행하지 말 것과 우리가 도덕을 가르치기 위해 온 게 아니라고 이야기합니다. 우리는 그들이 단순히 무엇이 옳고 무엇이 그른지를 가르치기 위해 온 것이 아니라, 그들이 이미 죄에 빠져 있고 죄 안에서 영원히 상실되었고 절망적이고 무력하지만, 죄에서 구원하시는 그리스도 예수 안에 있는 하나님의 사랑을 말하기 위해 왔다고 이야기합니다. 유일하신 하나님이 계시고 하나님이 우리에게 유일한 종교를 주셨으며 하나님만이 구원의 길을 계시하셨다는 것과, 다른 모든 체계는 단지 인간이 만든 것으로서 비록 세속적 지혜와 도덕적 진리를 말할 수는 있지만 죄로부터 구속할 능력을 가질 수는 없다고 강조합니다.

저는 한순간도 기독교를 다른 종교와 비교할 수 있는 동일한 수준에 놓지 않습니다. 다른 종교들은 서로 비교할 수 있겠지만 하나님은 그 자체로 비교할 수 없으므로 하나님의 진리도 비교할 수 없습니다. 오직 한 하나님만 계시므로 하나님이 주신 오직 유일한 "교리"만 있을 수 있습니다.

기독교만이 죄로부터의 구원과 마음의 변화를 제시하는데, 이것 없이는

2 기생은 조선시대 8천민의 하나로, 관청에 소속된 관기는 수령의 수청을 들고 양반 고관을 가무로 즐겁게 하며 술 시중을 들었다. 약방기생이란 의녀(醫女)를 말한다.

one with another but as God Himself is incomparable so is His truth incomparable. As there is but one God so there can be but one "Doctrine" given by God.

Christianity alone provides for salvation from sin and the change of heart without which no man can enter the Kingdom of God. Systems of worldly wisdom, of morality, of philosophy, however much of truth they may contain—if lacking in the one central supreme truth of Christianity—cannot redeem men and hence fail in that which is the very essence and object of Christianity.

2. Again you ask, "Is it hard to convince them that their sins can be only forgiven through Jesus Christ and only in this way can they be saved?" They have been so long steeped in sin, in superstitions and false philosophy and in utter indifference to moral and spiritual truth that they exactly correspond to the scriptural description which says "they are dead"—yes dead to all that is spiritually good and unable to lay hold upon spiritual truth. There is lacking the spiritual perception and when one first talks to those who have never heard the gospel he is pretty sure to meet with a blank stupidity and utter indifference to spiritual things.

It is, however, a beautiful sight to see the effect of the truth and to note how the plain presentation of the fundamental truths of sin and salvation, of God's love and of the death of Christ are used by the Spirit of God to quicken the spiritual conception. The Spirit of God does just what the Lord said He would do, viz; "He convinces of sin, of righteousness and of judgment." I do not find that argument is of much use in seeking to convince them of the truth of the message. I have learned more & more to put confidence in the power of the Word of God itself to bring men to a knowledge of sin, to repentance & faith. "Faith cometh by hearing and hearing by the Word." We do find, however, that that which was a stumbling block to the Jews which has always been and is now a difficulty in the churches of all lands is also a great difficulty here—viz; the tendency of the natural man to trust to work-righteousness.

어느 누구도 하나님 나라에 들어갈 수 없습니다. 세속적 지혜, 도덕, 철학의 체계들은 많은 진리를 말하나 만일 기독교가 가진 유일하고 중심이 되는 최고의 진리가 없다면 인간을 구속할 수 없고 따라서 기독교의 본질과 목적인 그것에서 실패합니다.

2. 다시 박사님은 다음과 같이 질문합니다. "그들의 죄가 오직 예수 그리스도를 통해서만 용서받을 수 있고, 오직 이 길을 통해서만 구원받을 수 있다는 것을 확신시키는 것은 어렵지 않습니까?" 그들은 아주 오랫동안 죄에, 미신과 거짓 철학에, 그리고 도덕적·영적 진리에 대한 철저한 무관심에 푹 빠져 있었으므로, "그들은 죽었다"는 성경의 묘사에 정확히 일치합니다.[3] 그렇습니다. 영적으로 선한 모든 것에 대해 죽었고 영적인 진리를 인식할 수 없습니다. 영적인 인식이 부족하며 복음을 전혀 들어본 적이 없는 자에게 처음 말하는데 그가 그것을 확실하게 대면한다고 말하는 것은 영적인 일에 대한 멍청한 어리석음이고 철저한 무관심입니다.

하지만 진리의 효과를 보는 것, 그리고 죄와 진리, 하나님의 사랑, 그리스도의 죽음에 대한 근본적인 진리를 단순히 제시할 때 하나님의 영이 그것을 사용해 얼마나 영적인 개념을 살아나게 하시는지를 보는 것은 아름다운 광경입니다. 하나님의 영은 주께서 말씀하신 그대로 행합니다. 곧 "성령은 죄와 의와 심판에 대해 확신시킵니다."[4] 이 말씀의 진리를 그들에게 확신시키기 위해 논쟁은 별로 소용이 없다는 것을 저는 압니다. 저는 사람들을 죄에 대한 지식과 회개와 믿음으로 인도하는 하나님의 말씀 그 자체의 능력을 점점 더 신뢰하게 됩니다. "믿음은 들음에서 나오고 들음은 말씀으로 말미암습니다."[5] 하지만 유대인에게 걸림돌이 된 것, 모든 나라의 교회들에게 항상 어려움이 되었고 지금도 어려움일 수밖에 없는 것은 이곳에서도 어려움이 될 수밖에 없는데, 바로 공로에 의한 의를 신뢰하는 자연인의 경향입니다.[6] 이 사

---

3 에베소서 2장 1절.

4 요한복음 16장 8절 "그[보혜사]가 와서 죄에 대하여, 의에 대하여, 심판에 대하여 세상을 책망하시리라."

5 로마서 10장 17절 "믿음은 들음에서 나며 들음은 그리스도의 말씀으로 말미암았느니라."

6 믿음으로 의롭게 되는 것이 아니라 공로(수양, 공부, 도덕적 행위, 적선 등의 일)를 통해 의롭게 되고 구원에

All the previously known doctrines of these people have taught this and it is only under the clearest teaching and the enlightenment of the Holy Spirit that they practically grasp the idea of salvation through faith.

3. This brings me naturally to your 3rd question—"Are they able to grasp the power of faith, i.e. does the Holy Spirit give them the same light apparently that we have and cause them to walk as we know we should walk?"

I must answer the first part of this categorically and say yes while to the second part I must answer that I can point to no one of the Christians and say that through a complete yielding of himself to the Holy Spirit he is living a perfect life. The progress which many of them have made towards a holy life is very marked and the reformation in the lives of a large number of most wicked men has been such as to furnish indisputable evidence of the power of faith in Christ. Many of them have learned the power of prayer and take refuge therein in the presence of temptation, finding that the Lord furnishes the needed grace to come off conquerors. Sabbath observance has been a great test and it has been a real pleasure to see how they have been supplied with the courage and strength needed to faithfully observe this day. Merchants who when received as catechumens found it very difficult to close their shops and farmers who thought at first that it would be impossible to abstain from work on that day have now come to a joyful observance of the day and are learning more and more to appreciate its advantages for themselves and their families.

4. Your next question has been somewhat anticipated in the above. "Do you see any encouragement in your work, etc." I have been working in this province for the first six years, the first three of which were spent in only occasional visits—the last three with my headquarters here. The first years were spent in wide sowing of the seed and in personal hand to hand work with individual inquirers. The war came on us just as we had a small band of Christians who had proven their sincerity by bravely

람들에게 지금까지 알려진 모든 교리는 이것을 가르쳤으며, 그들이 믿음을 통한 구원이라는 개념을 실제로 파악하기 위해서는 분명한 가르침과 성령의 조명을 받아야 합니다.

3. 이것은 자연스럽게 박사님의 세 번째 질문으로 나아가게 합니다. "그들은 믿음의 능력을 파악할 수 있습니까? 즉 성령께서 우리가 가지고 있는 것과 동일한 빛을 분명하게 그들에게 주시고, 우리가 아는 바대로 우리가 반드시 걸어가야 할 길로 그들 역시 가게 하십니까?"

이 질문의 첫 부분에 대해서는 단정적으로 말씀드려야 하겠는데, 예, 그렇습니다. 그러나 두 번째 부분에 대해서는 그리스도인 가운데 누구도 자신이 완전히 성령께 항복하지 않는다면 완벽한 삶을 살 수 없다고 답해야 하겠습니다. 그들 가운데 많은 이들이 거룩한 삶을 향해 나아간 진보는 괄목할 만하며, 사악한 수많은 남자들의 삶이 개혁된 것은 그리스도를 믿는 믿음의 능력에 대한 증거를 제공했습니다. 그들 가운데 많은 사람이 기도의 능력을 배웠고, 유혹에 직면하면 기도 안으로 피하며, 주께서 필요한 은혜를 공급하셔서 정복자들을 끊게 하심을 알게 됩니다. 주일 성수는 커다란 시험이었으며, 이날을 신실하게 지키기 위해 필요한 용기와 힘을 공급받는 방법을 보는 것은 진정한 기쁨이었습니다. 학습교인으로 등록한 상인들은 가게를 닫는 것이 매우 어렵다는 것을 알았고, 주일에 일을 중단하는 것이 불가능하다고 생각했던 농부들은 이제 안식일을 즐거이 지키는 자들이 되었으며, 그들 자신과 가족을 위해 주일 성수가 이익이라는 것을 점점 더 알아가고 있습니다.

4. 박사님의 다음 질문은 위의 질문에서 어느 정도 예상되는 것입니다. "당신의 사역에서 어떤 고무적인 일이 있습니까?" 저는 평안도에서 지난 6년 동안 사역했습니다. 첫 몇 해 동안은 가끔 방문만 했고 지난 3년은 본부를 이곳에 두었습니다. 첫 이삼 년은 광범위하게 씨를 뿌리며 지냈는데, 직접 손에서 손으로 전도하며 개별 구도자를 만나 사역했습니다. 우리가 소수의 기독교인을 모았을 때 바로 전쟁이 발발했으며, 그들은 심한 박해를 용감하게 견

이른다는 교리다.

enduring very severe persecution. With this little band as a nucleus the work has been increasing so fast and the calls from all over the province for visits from us have been so frequent that we have far more than we can attend to. These two years have seen the establishment of 17 places where services are regularly held each Sabbath and have seen the Koreans provide 9 houses for worship, small and cheap tho they were. Since last November we have received into the churches by baptism 66 members nearly doubling our enrolled membership of last year which was 73. We have also received over 300 catechumens and from various towns and villages come requests which, if [it] were possible to follow them, would soon lead to the gathering of little groups of Christians for study and worship.

Yesterday at our service here in the city the church was crowded to overflowing and altho we have already twice enlarged it this year it will not contain the more than 400 people who assembled. The interest increases each month and we are simply unable to take advantage of all the opportunities presented, nor are we able to plan for all the work which ought to be done for the proper firm establishment of the church.

We have asked the Board to send us two more men at once. One is under appointment but we have no promise of another. If your church has not a pastor on the foreign field–how I wish that through this correspondence the Lord would call you to send one to this work in Pyeng Yang. Eight hundred dollars a year will support an unmarried man and he will find more work than ten men can do.

5. Your last question asks if the "Christians are more faithful than we are?" I believe the average is better and there is less lukewarmness coming I think from the fact that they realize more keenly than do many at home how much Christ has done for them. They are certainly much more active in making known the gospel wherever they go and seem especially to rejoice over their deliverance from the fear of evil spirits. However, the temptations which beset them are very great and coming

딤으로써 신실성을 증명했습니다. 이 적은 무리를 핵으로 삼아 사역이 아주 빠르게 성장했으며, 도 전역에서 심방을 부탁하는 요구가 너무 잦아서 일일이 들어줄 수 없는 상태입니다. 지난 2년간 주일에 정기적으로 예배를 드리는 곳이 17개 설립되었으며 이 가운데 한국인들은 비록 적은 비용으로나마 9개의 작은 예배 처소를 마련했습니다. 지난 11월 이후 66명의 세례교인을 입교인으로 받아, 작년에는[10월까지] 등록교인 73명에서 거의 두 배로 증가했습니다. 또한 우리는 300명 이상의 학습교인을 받았습니다. 여러 읍과 마을에서 요청이 오는데, 만일 후속 조치가 이루어지면 곧 성경 공부와 예배를 드리는 적은 숫자의 기독교인들의 모임이 이루어질 것입니다.

어제 이곳 도시 교회의 예배를 보면 예배당은 차고 넘쳤습니다. 비록 올해 두 번이나 증축을 했지만 400명 이상의 회중은 수용할 수 없습니다. 매달 관심이 증가하고 있으나 우리는 주어지는 이 모든 좋은 기회를 이용할 수도 없고, 교회를 굳건하게 세우기 위해 반드시 해야 할 모든 사역을 계획할 수도 없습니다.

우리는 선교부에 2명의 남자를 추가로 즉시 파송해줄 것을 요청했습니다. 한 명은 임명을 받았으나, 다른 한 명은 아직 약속을 받지 못했습니다. 만일 박사님의 교회가 외국에 목사를 파송하지 않았다면, 이 서신을 통해 평양에 있는 이 사역에 한 사람을 파송하도록 주님께서 박사님을 부르고 계심을 간절히 알려드리고 싶습니다. 1년에 800달러면 독신 남자 선교사 한 명을 후원할 수 있으며, 그는 10사람이 할 수 있는 일보다 더 많은 일을 하게 될 것입니다.

5. 박사님의 마지막 질문은 "한국의 기독교인들은 우리보다 더 신실한가?"입니다. 저는 평균적으로 더 낫다고 믿습니다. 본국에 있는 많은 신자보다 그리스도께서 얼마나 많은 일을 해주셨는지 더 날카롭게 인식하고 있다는 사실을 볼 때 미온적인 태도는 더 적습니다. 그들은 가는 곳마다 복음을 알리려고 노력하는 면에서 확실히 훨씬 더 적극적이며, 특별히 귀신에 대한 두려움에서 해방된 것을 기뻐합니다. 하지만 그들을 둘러싸고 있는 유혹은 대단히 크며 이교의 한가운데서 살아가야 하기 때문에 그들의 도덕적 관념

so recently from the very midst of heathenism their moral ideas are not yet in accord with New Testament precepts. We hold before them the Highest Standard and seek to exercise very faithful discipline over them. Church discipline is far more frequent and severe than I have ever known it in home churches altho I do not see that there is any more occasion for it here than at home.

I may have written at too great length but I trust I have been guided by the Spirit of God in answer to your prayer. I read with interest your references in Ephesians. Read please Romans the first chapter, a picture of the heathen world, and then the tenth chapter for the Lord's appeal to the church in view of the heathens' need of the gospel.

May you be richly blessed in the Master's service and as you sit before your organ leading the praise of God's people may your own soul be filled with spiritual melody.

Sincerely yours in His service,

Samuel A. Moffett

은 아직 신약의 개념과 일치하지 않습니다. 우리는 그들 앞에 최상의 기준을 제시하며 신뢰할 만한 권징을 행하여 치리하려고 합니다. 교회는 치리에 있어, 비록 본국보다 이곳에서 치리할 경우를 더 많이 보는 것은 아니지만, 본국 교회에서 제가 경험한 것보다 더 자주 더 엄중하게 시행합니다.

너무 길게 쓴 듯합니다. 그러나 저는 박사님의 기도에 답하면서 하나님의 영의 인도하심을 받았다고 믿습니다. 저는 박사님께서 에베소서를 언급한 부분을 관심을 가지고 읽었습니다. 이방 세계를 묘사하는 로마서 1장을 읽어보시기 바랍니다. 그리고 로마서 10장에 나오는 이방인에게 복음이 필요하다는 관점에서 교회에 주시는 주님의 호소를 읽으시기 바랍니다.

주님을 섬기시는 데 풍성한 복을 누리시기 바라며, 하나님의 사람들의 찬양을 인도하기 위해 오르간 앞에 앉을 때 박사님의 영혼에 영적 멜로디가 넘치시기를 빕니다.

주님을 섬기는,
마포삼열 올림

**Samuel A. Moffett**

***Pyeng Yang, Korea***

***July 20, 1896***

Dear Dr. Ellinwood:

The last three months have worked a very great change for us here and I cannot tell you how grateful I feel that everything has worked out so well for the interests of our work and the establishment of our station here. So far as the city is concerned we are now past the frontier stage and have settled down to steady growth and the development of the Christian Church. The alterations on the property in the city have given us a good large church building capable of holding a congregation of about 300, one wing occupied by men and one by women. Every Sunday this building is filled to overflowing and the interest does not abate but seems to be constantly increasing. The attendance at the Wednesday evening prayer meeting is over 150 and that at the two meetings for Bible Study on Sunday morning is about the same.

The Church has been growing constantly both in members in knowledge and in its interest in the work. This month they begin furnishing $2.00 a month on the salary of an itinerating Evangelist Colporteur who will look after a circuit of country churches a little to the north of here. In connection with the church we have also a boys' day school partially supported by the church (about 1/2 of the expense being borne by us).

On our property just outside the city wall a work of transformation has been going on and we are more than delighted with the progress made. Mr. Lee's house has been completed and is almost ready for occupancy and that too without exhausting the amount appropriated by the Board. My house has 3 rooms completed and occupied by Dr. Wells & myself while the rest of the house will be completed in two weeks. This too will be done without exhausting the Board's appropriation.

## 마포삼열

**한국, 평양**

**1896년 7월 20일**

엘린우드 박사님께,

지난 3개월 동안 우리에게 많은 변화가 일어났으며, 우리의 사역과 이곳 우리 선교지부의 설립에 도움이 되는 방향으로 모든 것이 합력하여 선을 이룬 것에 대해 얼마나 감사한지 이루 다 말씀드릴 수 없습니다. 도시에 국한해서 말씀드리면 우리는 개척 시대를 지나 지속적인 성장과 기독교 교회의 발전으로 정착했습니다. 시내에 있는 건물을 개조한 결과 300명의 회중을 수용할 수 있는 크고 좋은 교회 건물을 가지게 되었는데, 예배당의 왼편은 남자석이고 오른편은 여자석입니다. 매주 이 건물은 차고 넘치며 관심은 식지 않고 지속적으로 증가하는 듯합니다. 수요일 저녁 기도회 참석자는 150명 이상이며, 주일 아침에 열리는 두 개의 성경 공부반도 150명 정도 참석합니다.

교회는 등록교인의 지식과 사역에 대한 관심 둘 다 지속적으로 성장하고 있습니다. 이번 달에 그들은 순회 전도하는 권서(勸書, 매서인)의 월급으로 매달 2달러를 제공하기 시작했습니다. 그는 이곳에서 약간 북쪽으로 떨어진 시골 교회들을 시찰하면서 돌볼 것입니다. 교회와 연관하여 우리는 또한 교회가 부분적으로 후원하는 남자 매일학교를 운영할 것인데, 그 경비의 절반은 우리가 부담할 것입니다.

성벽 바로 밖에 있는 우리의 부지에서 개조 공사가 진행 중인데, 지금까지 이루어진 진보에 대단히 기쁩니다. 리 목사의 사택은 이제 거의 입주가 가능한 상태가 되었으며, 선교부가 배정한 금액을 다 사용하지 않고 마쳤습니다. 제 집은 방이 세 개가 되었고, 웰즈 의사와 제가 거주하고 있습니다. 집의 나머지 부분은 2주 정도 걸려야 끝낼 수 있을 것입니다. 이것도 선교부의 예산을 다 사용하지 않고 마칠 것입니다. 이것에 더하여, 제 집과 연결된 건물 한 채가 리 목사 가족의 임시 거처로 만들기 위해 개조되었으며, 지금 그 집은 위트모어 목사가 오면 바로 입주할 수 있도록 준비되어 있습니다.

In addition to this, a building in connection with my house was altered so as to make a temporary residence for the Lees while their house has been building and it is now ready for Mr. Whittemore whenever he shall arrive.

These three buildings enable us to settle ourselves for work and also to provide quarters for Mr. Whittemore, Mrs. Wells and another missionary or two just as soon as the Board will send them.

We are still hoping that each mail will bring us news of the Board's action sending Miss Ribble out to Dr. Wells. I have been surprised that my letter jokingly referring to "climbing a tree" gave you the impression that I was "generously allowing myself to be inconvenienced" for the sake of getting Miss Ribble out here. I thought I then wrote pretty plainly that we would have plenty of room for her and that I spoke of "climbing a tree" in case you immediately sent out the two ministers we were asking for and their wives. However, let me now assure you that we have one house more (Mr. Lee's) than we were then counting upon and that Miss Ribble's presence will add much to our convenience and comfort.

Dr. & Mrs. Wells can occupy part of my house while I remain and all of it while I am in America. On this mail I have started a circular requesting the approval of the Mission to my return home this fall or winter. When this request reaches the Board will you kindly see to it that action is taken and that I be informed of that action as soon after as possible.

Now that the station is established here I can leave without serious disturbance to our work. I have overtaxed my strength and without a long rest and time for permanent recuperation I can do but half work. I believe that the interest of the work will be best served by my return now and so ask for that permission.

I had hoped to stay until the Building of the Hospital is finished but with one of the buildings completed Dr. Wells can carry on his work

우리는 이 세 건물에 정착해서 사역할 수 있게 되었고, 위트모어 목사와 웰즈 부인, 그리고 선교부가 파송할 다른 한두 명의 선교사에게 바로 거처를 제공할 수 있습니다.

우리는 우편물이 올 때마다 그 안에 리블 양을 웰즈 의사에게 보낸다는 선교부의 결정이 들어 있기를 희망합니다. 제가 박사님께 보낸 편지에서 농담조로 언급한 "나무 위에 올라가 있고"라는 표현이 리블 양이 이곳에 나오도록 하기 위해 제가 "기꺼이 불편을 감내"한다는 인상을 박사님께 주어서 깜짝 놀랐습니다. 그 편지에서 저는 그녀를 위한 충분한 공간을 가지고 있다고 분명하게 썼으며, 만일 박사님께서 우리가 요청한 2명의 목사와 그들의 아내를 즉시 파송할 경우 제가 "나무 위에 올라갈" 것이라고 썼다고 생각합니다. 하지만 이제 박사님께 분명히 말씀드리자면, 우리에게는 그때 계산한 것보다 리 목사의 집 한 채가 더 있으며, 리블 양의 존재가 우리에게 편리함과 편안함을 훨씬 더해줄 것입니다.

웰즈 의사 부부는 제가 미국으로 가면 집 전체를 차지할 수 있을 것이지만 그전까지는 제가 집의 한 부분을 사용할 것입니다. 이 우편물 편으로 저는 제가 올가을이나 겨울에 본국으로 돌아가는 것에 대해 선교회의 허락을 요청하는 회람 서신을 보냅니다. 이 요청이 선교부에 도착할 때, 그 결정이 이루어질 수 있도록 박사님께서 관심을 가져주시고, 가능한 한 빨리 저에게 알려주시기를 부탁드립니다.

이제 선교지부가 이곳에 설립되었으므로, 저는 우리의 사역에 심각한 방해를 주지 않고 떠날 수 있습니다. 저는 힘에 지나치게 과로했고, 장기간의 휴식과 영구적인 회복의 시간을 가지지 못하면, 제대로 일할 수 없을 것입니다. 제가 지금 돌아가는 것이 사역을 위해 최선이라고 믿으며, 그래서 허락해 주시기를 부탁드립니다.

저는 병원 건물이 완공될 때까지 머물러 있기를 희망했지만, 그중 하나가 완공되었고, 웰즈 의사가 그 일을 멋지게 수행할 수 있으며, 나머지 건물은 제가 없는 동안 혹은 귀국 후에 세울 수 있습니다.

7월 1일 경에 첫 건물의 기공식을 했고 9월 1일까지 완공할 것입니다.

very nicely and the other buildings can go up during my absence or after my return.

We broke ground for the first building about July 1st and will have it finished by 1st of Sept.

Our greatest need in our work now is for men to itinerate and for a couple of single lady missionaries to carry on a more extensive work amongst the women. Should I go home this fall, I hope to see you in New York and lay more clearly before you the condition and the needs of our work here.

With kindest regards,

Very sincerely yours,
Samuel A. Moffett

지금 우리의 사역에서 가장 필요한 것은 순회 전도를 할 남자 선교사, 현재 여성 사역자들보다 더 광범위하게 사역할 2명의 여성 선교사입니다. 올 가을에 본국에 가면 뉴욕에서 박사님을 뵙기 원하며, 이곳 우리 사역의 상황과 필요를 좀 더 분명하게 제시하겠습니다.

안녕히 계십시오.

마포삼열 올림

**Samuel Austin Moffett**

***Pyeng Yang, Korea***

***September 22, 1896***

Dear Dr. Ellinwood:

Wanting to keep you posted by sending a letter at least once in two months and altho you will soon have before you the detailed reports which we shall present next month to the Annual Meeting, I feel like sending you a few lines telling of our present rejoicing over the work and its prospects. So great has been the advance made this year that we have had to enlarge the Church four times—the last addition having been made ready for last Sunday's service. We can now seat a congregation of 500 and from present appearances we shall soon be over-crowded. Two weeks ago at the Communion service we baptized 28 men and women and Mr. Lee returned last night from a trip to the work in the south-west where he baptized 36 more and added some 70 or 80 to the roll of Catechumens.

I leave this week for a visit to the country stations west and north and then we shall all go up to the Annual Meeting. We shall certainly present a very strong plea for more helpers especially for two lady missionaries and one more minister. With an increase of 200 per cent in membership and Catechumens—with opportunities on every hand to enlarge our work I do not see how the Church can refuse to send re-enforcements if it is at all possible to raise the funds.

I have been able to keep at work since my return from the rest in China and am feeling pretty well now. However, I believe it best for me to go home this winter that I may be here the following year. I am hoping that the Board's permission to leave on furlough will reach me so that I can leave in November, reaching home in time for Christmas.

We are just closing up all the building operations we shall undertake this year. The two buildings for the Hospital are nearly finished and we

## 마포삼열

**한국, 평양**

**1896년 9월 22일**

엘린우드 박사님께,

최소한 두 달에 한 번은 박사님께 편지를 보내기를 원했으므로, 비록 다음 달 연례 회의에 제출할 자세한 보고서를 곧 받으시겠지만, 저는 우리의 사역과 전망을 놓고 현재 우리가 느끼는 기쁨에 대해 간단히 편지를 드리고 싶습니다. 올해 너무 큰 진보를 이루었기 때문에 교회를 네 번 증축하지 않을 수 없었습니다. 최종 증축 공사는 지난주 주일 예배 전에 이뤄졌고, 이제 회중 500명이 앉을 수 있으며, 곧 차고 넘칠 것으로 예상됩니다. 2주일 전 성찬식 예배에서 우리는 남녀 28명에게 세례를 주었으며, 리 목사는 어젯밤 남서부 사역을 방문하는 여행에서 돌아왔는데, 그곳에서 36명에게 세례를 주었고 70-80명을 학습교인으로 등록시켰습니다.

저는 이번 주에 서부와 북부의 지회들을 방문하며, 그 후 우리는 연례 회의에 올라갈 것입니다. 우리는 확실히 더 많은 조사를 달라고, 특히 2명의 여성 선교사와 한 명의 목사 선교사를 요청하는 강력한 호소를 제출할 것입니다. 등록교인과 학습교인이 200% 증가했고, 모든 일손마다 사역을 확장할 기회가 주어지고 있으므로, 만일 본국 교회가 모금을 더 많이 할 수만 있다면 선교부는 우리의 인원 보강 요청을 거절할 수 없을 것입니다.

저는 중국에서 휴식을 취하고 돌아온 이후 계속 일할 수 있었으며, 이제 매우 건강하다고 느낍니다. 올겨울에 제가 본국에 가는 것이 최선이지만, 내년에 이곳에 있을 수도 있습니다. 제가 11월에 떠나서 성탄절에는 고향에 갈 수 있도록 선교부가 저의 안식년 휴가를 허락해주시기 바랍니다.

올해 착공한 모든 건축 공사를 곧 마무리하게 됩니다. 병원을 위한 건물 두 채는 거의 끝났으며, 우리는 선교회에서 제일 좋고 편리한 건물을 병원으로 가지게 될 것입니다. 웰즈 의사는 그의 사역을 열정적으로 감당하기 때문에 우리는 의료 분야에서 큰 성공을 기대합니다. 우리는 모든 시간을 여성

shall have the best and most convenient hospital building in the Mission. Dr. Wells is enthusiastic and zealous in his work and we look for great success along medical lines. We do so need lady missionaries who can give all their time to work among the women and I earnestly plead with you to send us two before the lst of May.

I shall hope to be in New York soon after reaching home and I feel sure that our request will be answered when you get clearly before you the opportunities which this field presents. We want ladies of good physical endurance and courage who can visit among the villages all around this vicinity in which we have Catechumens whose families can be reached by the ladies.

If you have any applicants now before you can you not keep them in readiness to answer the request which will reach you officially as soon as the Reports and actions of our Annual Meeting are before you?

Word from Mr. Whittemore announces that he will arrive in Seoul just in time for the Annual Meeting. I wish there were three instead of one.

With kindest regards and trusting that I shall before many months have the pleasure of a personal meeting and converse with you.

Very sincerely yours in Christ,

Samuel A. Moffett

사역에 바칠 수 있는 독신 여성 선교사들이 정말 필요합니다. 저는 박사님께 5월 1일 이전에 2명을 파송해줄 것을 간절히 부탁드립니다.

저는 본국에 도착한 직후 뉴욕에 가기를 원합니다. 박사님께서 이 선교지가 드러내는 분명한 기회를 보신다면 우리의 요청에 응해주시리라고 확신합니다. 우리는 도시 주변의 마을들을 방문할 수 있는 튼튼한 육체와 용기를 가진 독신 여성 선교사들이 필요합니다. 여성 선교사는 마을에 있는 학습교인의 가족에게 다가갈 수 있습니다.

만일 박사님께서 지원자를 알고 계신다면, 공식적인 증원 요청을 담은 우리의 연례 회의 보고서와 결정 사항이 박사님께 도착할 때까지 그들을 붙잡아두지 마시고, 바로 파송해주시기 바랍니다.

위트모어 목사가 보낸 편지에는 그가 연례 회의 이전에 서울에 도착할 것이라고 밝혔습니다. 한 명이 아닌 3명이기를 바랐는데 그렇지 않아서 유감입니다.

안부를 전하며 몇 달 후에 개인적으로 박사님을 만나 대화하는 기쁨을 누릴 줄 믿습니다.

그리스도 안에서,<br>마포삼열 올림

**Samuel A. Moffett**

***Yokohama, Japan***

***November 14, 1896***

Dear Dr. Ellinwood:

Your letter of Sept. 9th conveying the action of the Board granting me a furlough and your very kind comments on the same reached me just as I arrived in Seoul for the Annual Meeting.

Our Annual Meeting this year was a very rich treat—the presence and guidance of the Spirit of God being very markedly the distinguishing feature. We had every reason to rejoice and be glad for the Lord has certainly given us a rich harvest this year.

The presence of Mrs. [Isabella Bird] Bishop and of Mr. Loomis added very much to our pleasure and profit and I am sure that the splendid letter which Mrs. Bishop has written and which will soon reach you will make your heart glad.

We have come to be grateful that the work in Korea has touched her so deeply and that the Spirit has moved her to so interest herself in behalf of the work in Korea. I think the reports speak for themselves but backed as they are by her very strong plea I am sure you will not be surprised that we are asking for such strong re-enforcements.

I shall soon have the pleasure and privilege of laying before you all the Reports of this year which Dr. Vinton, our Secretary, has entrusted to me for delivery to you and then I shall also be able to speak to you more fully concerning our work and our requests.

I reached Seoul and found that the state of Mr. Gifford's health was such as to lead the physician to order him home at once so that we made arrangements to leave together. We arrived here yesterday and will leave on the "China" which is scheduled to leave Nov. 22nd. We stay over here—one steamer—in order to complete arrangements for taking the Prince of Korea with us to America for his education and also that we

## 마포삼열

**일본, 요코하마**

**1896년 11월 14일**

엘린우드 박사님께,

저의 안식년 휴가를 허락하는 선교부의 결정과 그 결정에 대한 친절한 언급을 담은 9월 9일 자 박사님의 편지를 제가 연례 회의에 참석하기 위해 서울에 도착하자마자 받았습니다.

올해 우리의 연례 회의는 풍성한 잔치였습니다. 하나님의 영의 임재와 인도하심이 분명하게 나타난 것이 그 뚜렷한 특징이었습니다. 주님께서 올해 우리에게 풍성한 추수를 확실히 주셨기 때문에 우리는 모든 것에 즐거워하고 기뻐할 수 있었습니다.

비숍 여사와 루미스 목사가 참석해서 우리의 즐거움과 유익이 더 했으며, 비숍 여사가 보낸 훌륭한 편지가 곧 박사님께 도착하면 박사님의 마음을 기쁘게 해 드릴 것입니다.

한국의 선교 사역이 깊은 감동을 일으키고 성령께서 이 나라로 하여금 그 사역에 관심을 가지도록 움직이신 것에 우리는 감사하게 됩니다. 보고서 안에서 강력한 호소로 보고서 스스로 자명하게 드러내고 있지만, 우리가 이처럼 인원 보강을 강력하게 요청해도 박사님께서는 크게 놀라지 않을 것이라고 확신합니다.

저는 서울에 도착하여 기퍼드 목사의 건강 상태가 의사로 하여금 그를 즉시 본국으로 보내도록 할 만큼 나쁜 것을 발견했으며 그래서 함께 떠나는 일정을 잡았습니다. 우리는 어제 이곳 요코하마에 도착했으며, 11월 22일에 출발하는 차이나호를 타고 떠날 예정입니다. 우리는 한국 왕자의 교육을 위해 그를 데리고 미국으로 갈 일정을 맞추기 위해 이곳의 한 기선에서 지내고 있습니다. 또한 우리는 서울에 있는 박영효(朴泳孝) 공의 부동산을 구입하는 문제로 그와 공개적인 협상을 하려고 이곳에 있습니다. 그 땅은 우리의 남학교 용도로 사용할 계획인데, 선교회의 결정이 박사님께 도착할 때, 그리고 우

may open negotiations with Prince Pak Young Hyo for the purchase of his property in Seoul with a view to using it for our Boys' School under the plan which will be laid before you in full when the action of the Mission reaches you and we are able to see you in New York.

As you know, Mr. Loomis has charge of the affairs connected with the plans for the Education of the Prince in America. If the plan is carried out the Prince will go with us in my charge. As yet, it is not definitely decided whether we shall go direct to New York or whether the Prince will spend Christmas with me in my home. Mr. Loomis has suggested the latter course but I shall write you again so that you will know when to expect us in New York. I sincerely hope the school at which it is decided to place the Prince may be one under Presbyterian control and one with a marked Spiritual influence and atmosphere. There is such a tendency in Japan towards a nominal Christianity which has no power to regenerate that I feel like taking the position for Korea–that we want no missionaries and no Christians but those who fully believe that the gospel is the power of God and that the gospel alone can do for Korea all that is needed. I pray that the Prince may be led to become a real Christian or none at all, for nominal Christianity is not Christianity and only blocks the way.

With reference to the request of the Mission, I wish to write now that the Mission has placed in the Order of Preference for New Missionaries at the top of the List for Women two Lady Missionaries for Pyeng Yang and at the top of the List for Men one Clerical Missionary for Pyeng Yang and this need is so imperative and urgent that I do hope these can be appointed and sent within three months so that they shall reach the field in the Spring.

Will put the case before you in full in a short time but if you have the right sort of people at hand just now please reserve them for this field unless there is a more urgent call elsewhere which I scarcely believe can be the case.

리가 뉴욕에서 박사님을 만날 수 있을 때 전체 계획을 박사님께 보여드리겠습니다.

박사님도 아시다시피 루미스 목사가 왕자의 미국 교육 계획과 관련된 제반 문제를 책임지고 있습니다. 만일 계획이 실행되면, 왕자는 저의 책임 하에 우리와 함께 갈 것입니다. 하지만 우리가 뉴욕으로 바로 갈지, 아니면 왕자가 성탄절을 저희 집에서 보낼지 아직 확실하게 결정되지 않았습니다. 물론 루미스 목사는 후자를 제안했지만, 저는 박사님께 다시 편지를 보내어 박사님께서 뉴욕에서 언제 우리를 만나기를 기대하는지 알고 싶습니다. 왕자를 입학시키기로 결정한 학교가 장로회가 운영하고 영적인 영향력과 분위기가 뚜렷한 학교이기를 진심으로 바랍니다. 일본에는 중생의 능력이 없는 명목상의 기독교를 지향하는 경향이 있어서, 저는 한국을 위해 다음과 같은 입장, 곧 복음은 하나님의 능력이며 복음만이 한국을 위해 한국이 필요한 모든 것을 할 수 있다고 완전히 믿는 선교사와 기독교인이 아니면 원하지 않는다는 입장을 취하고 싶습니다. 저는 왕자가 진정한 기독교인이 되거나 아니면 전혀 아무것도 되지 않기를 기도합니다. 왜냐하면 명목상의 기독교는 기독교가 아니며 그 길을 막을 뿐이기 때문입니다.

선교회의 요청에 관해 저는 지금 다음과 같이 쓰고 싶습니다. 누구를 새로운 선교사로 파송할 것인지 그 우선순위는 여자는 평양을 위한 2명의 독신 여성 선교사를, 남자는 평양을 위한 한 명의 목회 선교사를 최상위에 놓았습니다. 이 필요가 너무 절실하고 시급하기 때문에 이들을 임명하고 3개월 내에 파송해 그들이 봄에 현장에 도착할 수 있기를 바랍니다.

곧 박사님께 이 경우를 자세히 설명하겠지만, 만일 현재 박사님께 적절한 사람들이 있고 다른 더 긴급한 요청이 없다면, 이 선교지를 위해 그들을 예비해두시기 바랍니다. 저는 이보다 더 긴급한 경우는 없다고 생각합니다.

게일 부부는 아직도 이곳 요코하마에 있습니다. 그러나 1월 1일까지 사전을 끝내고 미국으로 떠나기를 바라고 있습니다.

다시 한 번 박사님의 친절한 여러 편지에 감사드리며, 곧 직접 뵙기를 간절히 고대합니다.

Mr. & Mrs. Gale are still here in Yokohama but hope to have the Dictionary through by Jan. 1st– when they will leave for America.

Expressing once more my appreciation of your many kind letters and looking forward most eagerly to soon meeting you in person.

Very sincerely yours in Christ,

Samuel A. Moffett

P.S. I arrived here at Miss Britten's Hotel last evening and find that Rev. Alfred E. Street of our Hainan China Mission is very seriously ill here with low fever. He is all alone on the Mission field, as I have been these past seven years, and my heart goes out to him in sympathy. Doubtless you have already heard of his illness but I feel like asking that in your noon day prayer meeting he may be prayed for.

S. A. M.

그리스도 안에서,

마포삼열 올림

추신. 저는 이곳 미스 브리턴즈 호텔에 어제 저녁에 도착했는데, 하이난 중국선교회의 알프레드 스트리트 목사가 미열과 함께 심각한 중병에 걸린 것을 알게 되었습니다. 제가 지난 7년간 그렇게 지냈듯이 그는 선교지에서 줄곧 독신으로 지냈습니다. 저는 그에게 마음으로부터 동정이 우러났습니다. 분명히 박사님은 그의 질병에 대해 들어서 알고 계시겠지만, 박사님의 정오 기도회에서 그를 위해 기도해주십시오.

마포삼열

## Samuel A. Moffett

***Seoul, Korea***

***November 1896***[1]

A recent letter from Rev. S. A. Moffett brings the interesting intelligence that he will sail on the steamer China in a few days for a visit to his home people, after an absence of seven years as a Presbyterian missionary in Korea.

Mr. Moffett has been commissioned by His Royal Highness, the King of Korea, to accompany his son the Prince, to America, where he is to receive a liberal education in one of our Eastern colleges.

Mr. Moffett, in writing to his home folks, says: "On last Sabbath, while in church, I was called out by a messenger from His Majesty, and responding, I was given audience—the King speaking to me about accompanying his son, the second Prince, to America, where they wish to place him in school. The plans have been made and my departure at this time is taken advantage of to provide him with a traveling companion who speaks Korean, and who can be trusted to handle the funds and see that he gets to his destination safely.

"This will necessitate my going directly from San Francisco to New York, and thence home, so that I shall be delayed perhaps a week longer than I otherwise should.

"The Prince is now in Japan, pretty carefully guarded. I shall go with him to New York to see him in the hands of those who are to have charge of his education there, and after seeing the officers of the Mission Board, will go directly home."

Later Mr. Moffett writes: "The arrangements for the Prince to go to America are completed and papers signed. In talking to Mr. Loomis yesterday we were thinking it might be well for the Prince to go home

1 Excerpts of a letter from Rev. S. A. Moffett which appeared in *The Indiana Courier.*

## 마포삼열

### 한국, 서울

### 1896년 11월[1]

최근 마포삼열 목사가 보낸 편지에는 고향 사람들을 방문하기 위해 기선 차이나호를 타고 바다를 건너 며칠 후에 도착한다는 흥미로운 내용이 있다. 그는 7년간 한국에서 장로회 선교사로 일했다.

마포삼열 목사는 한국 국왕의 부탁을 받고 왕자를 미국으로 데려오는 사명을 맡았는데, 그 왕자는 미국의 동부에 있는 한 대학에서 인문 교육을 받을 예정이다.[2]

다음은 마포삼열 목사가 고향 사람들에게 보낸 편지 내용이다.

"지난주 주일 교회에 있을 때 왕이 보낸 사자가 나를 불렀고, 거기에 응하여 나는 왕을 알현했습니다. 왕은 둘째 왕자가 미국으로 갈 때 동행해줄 것에 대해 말했는데, 왕자를 학교에 입학시키기를 원했기에 계획을 세웠습니다. 이번에 내가 고향으로 떠나게 된 것은 왕자에게는 여행 동반자를 얻는 기회가 되었는데, 동반자는 한국어를 말할 수 있으면서 자금을 믿고 맡길 수 있고 목적지까지 안전하게 데리고 갈 수 있는 자여야 했습니다.

이 때문에 나는 샌프란시스코에서 바로 뉴욕으로 가야만 하고 그다음에 고향으로 갈 것입니다. 그래서 고향에 일주일 정도 늦게 도착할 것입니다.

왕자는 현재 일본에 있으며 아주 조심스럽게 보호를 받고 있습니다. 나는 왕자와 함께 뉴욕으로 가서 그곳에서 왕자의 교육을 책임질 자들에게 넘겨줄 것이며, 선교부의 직원들을 만난 후 바로 고향으로 갈 것입니다."

좀 더 최근에 쓴 편지에서 마포삼열은 다음과 같이 썼다.

---

1 인디애나 매디슨에서 발행된 신문 「인디애나 쿠리어」에 실린 마포삼열 편지의 발췌문.

2 일본에 있던 의화군(의왕, 의친왕) 이강(李堈, 1877-1955)은 고종의 5남으로 어머니는 귀인 장씨였다. 다음 글에서 보듯이 그의 미국 유학은 1896년 말에 계획되었으나 실행되지 못하고 1899년에 이루어졌으며 미국 여행 후 1901년 버지니아 주 세일럼의 로노크 대학(Roanoke College)에 입학했다. 로노크 대학을 마치고 오하이오 주 델라웨어의 오하이오 웨슬리언 대학에서 공부했으며 하와이와 샌프란시스코 등지를 여행하고 1905년 귀국했다.

with me—spend Christmas there and then go on to New York—in which case I could take my time about getting him settled and also get all matters of business with the Board attended to at leisure.

"The Prince will travel, not as a Prince, but as an ordinary first class passenger—and will dress in foreign (American) clothes."

"Am to meet him in Japan and there make all arrangements."

The coming of Mr. Moffett and his distinguished guest will be awaited with much interest by our citizens, and we may justly be proud that one of our fellow townsmen has been honored with this important commission.

"왕자의 미국행 일정 조정이 이루어졌고 서류는 서명을 받았습니다. 루미스 목사와 이야기하면서 우리는 왕자가 나와 함께 고향으로 가는 것이 좋겠다고 생각했습니다.[3] 그곳에서 성탄절을 보내고 그 후에 뉴욕으로 가면 왕자가 정착하도록 내가 시간을 들일 수 있고 선교부와의 사업 문제도 여유를 가지고 처리할 수 있을 것입니다.

왕자는 왕자로서가 아니라 1등석의 일반 승객으로 여행할 것이며, 서양(미국) 옷을 입을 것입니다.

나는 일본에서 왕자를 만나 그곳에서 모든 일정을 정할 것입니다."

우리 시민들은 마포삼열 목사와 존귀한 손님이 오는 것을 큰 관심을 가지고 기다리며, 우리 고향 사람이 이 명예롭고 중요한 사명을 받은 것에 대해 자부심을 느낀다.

3 루미스(Henry Loomis, 1839-1920) 목사는 미국성서공회 일본지부 총무로서 1883년 이수정과 함께 일한 후 한국에 관심을 가지고 여러 차례 한국을 방문했다. 그는 한국의 정치와 선교 문제에 대해 오랫동안 많은 글을 신문과 잡지에 기고했는데, 일본의 한국 식민 지배를 지지했다.

PHS, microfilm reel #179, Vol. 8, letter #79

**Samuel A. Moffett**

*Colorado Springs, Colo.*

*The Alamo Hotel*

*December 15, 1896*

Dear Dr. Ellinwood:

Mr. Gifford and I arrived on the "China" reaching San Francisco Dec. 10th. Doubtless you heard from Mr. Loomis of Yokohama explaining the failure of Prince Eui Wha to accompany us.

Mr. Gifford and I stopped over Sunday at Salt Lake City and have been compelled to stop here today, having missed connection this morning.

We will go direct to our homes—Mr. Gifford to Mendota, Illinois and I to Madison, Indiana and will expect to go on to New York by the 10th of January, the limit of our tickets.

We shall have a special Memorial from the Korea Mission to lay before you, as the Mission believes that the condition in Korea is such as to lay upon us the necessity of asking for large re-enforcements. I am totally ignorant of the Board's Rules governing us during the so called period of furlough and shall be glad to hear from you at my home if need be, or hear from you when I come to New York in January. I realize the need of some rest and shall hope to get it this Spring.

Trusting that I shall soon have the privilege of presenting to you in person the needs of Korea and with the kindest regards,

Very sincerely yours,

Samuel A. Moffett

## 마포삼열

**콜로라도, 콜로라도 스프링스**

**알라모 호텔**

**1896년 12월 15일**

엘린우드 박사님께,

기퍼드 목사와 저는 차이나호를 타고 12월 10일 샌프란시스코에 도착했습니다. 의심할 여지없이 박사님께서는 요코하마의 루미스 목사로부터 의화군(義和君)이 우리와 동행하지 못했다는 소식을 들었을 줄 압니다.

기퍼드 목사와 저는 일요일에 솔트레이크시티에 들렀고, 오늘은 어쩔 수 없이 이곳에 머무르고 있는데 오늘 아침에 연결되는 기차를 놓쳤기 때문입니다.

우리는 바로 각자의 고향으로 갈 것인데 기퍼드 목사는 일리노이 멘도타로, 저는 인디애나 매디슨으로 갑니다. 저는 기차표가 유효한 10월 10일까지 뉴욕에 가게 되길 기대합니다.

박사님께 한국선교회가 보낸 특별 청원서가 도착할 것입니다. 한국선교회는 한국 상황이 대규모 인원 보강을 요청할 필요가 있다고 믿습니다. 저는 이른바 안식년 기간에 지켜야 할 선교부의 규칙에 대해 완전 무지합니다. 만일 필요하다면 제가 집에 있을 때 편지로 알려주시면 감사하겠습니다. 아니면 제가 1월에 뉴욕에 갔을 때 알려주시기 바랍니다. 저는 약간의 휴식이 필요하다고 느끼고 있으며 이번 봄까지 휴식을 취하고 싶습니다.

곧 제가 직접 한국의 필요를 박사님께 제시하는 특권을 누릴 것으로 믿습니다. 안녕히 계십시오.

마포삼열 올림

Unidentified newspaper clipping beginning: "Along the waterfront," December 10, 1896:

The steamer *China*, from Hong Kong, calling at Shanghai, Yokohama and Honolulu, arrived in port this morning a day ahead of time. She broke the record by two hours in the run between Yokohama and Honolulu.

Among her passengers was S. A. Moffett, who for many years was a missionary at Pyeng Yang, Corea. He was to have been the travelling companion of Prince Eui Wha, the second son of the King of Corea, who was preparing to come to America to be educated, but at the last moment the court officials changed their minds. It was the opinion of the missionary that the Japanese dictators to the Corean Empire persuaded the King to have his son educated in a Japanese college. Mr. Moffett, however, thinks that the Corean Prince will eventually come to America and that his education will be superintended by the American Board of Foreign Missions.

Prince Eui Wha is regarded in Corea as the successor to his father. He is far more intelligent than his elder brother and more highly regarded by the King and his subjects. He is seventeen years of age.

추신. [「샌프란시스코 신문」, 1896년 12월 10일 자]

"해안을 따라서"

기선 차이나호는 홍콩을 출발하여 상하이, 요코하마, 호놀룰루를 거쳐 오늘 아침에 예정보다 하루 일찍 도착했다. 그 기선은 요코하마에서 호놀룰루까지의 종전 기록을 2시간 앞당기는 기록을 세웠다.

승객 중에는 여러 해 동안 한국의 평양에서 선교사로 지낸 마포삼열 목사가 있다. 그는 한국 왕의 차남인 의화군의 여행 동반자가 될 예정이었다. 왕자는 교육을 받기 위해 미국에 올 준비를 하고 있었다. 그러나 마지막 순간 왕실의 관리들이 마음을 바꾸었다. 한국에 있는 일본인 독재자들이 왕을 설득하여 왕자를 일본 대학에서 교육받도록 했다는 것이 바로 선교사들의 의견이다. 하지만 마포삼열 목사는 한국 왕자가 궁극적으로는 미국에 올 것이며, 왕자의 교육은 미국공리회가 감독할 것이라고 생각한다.[1]

의화군은 한국에서 아버지의 후계자로 간주된다. 의화군은 자신의 형보다 훨씬 더 지적이고 왕과 신하들이 더 높게 평가한다. 의화군은 17세다.

---

1 미국공리회는 회중교회(조합교회) 선교회로 일본과 중국에 많은 선교사를 파송했으나, 한국에는 선교사를 파송하지 않았다.

# 서신 LETTERS
# 1897

## Graham Lee

***Pyengyang, Korea***

***January 20, 1897***

Dear Moffett:

Ko came in this morning with the mail bringing your letter from Honolulu which, it is needless to say, it was a delight to receive. We are pegging along as usual trying to do what we can with our one-handed knowledge of the language. I believe the Koreans get a little good from me but O! how little it must be. Miller is here now, and the class is in full swing. We have about fifty attending, 32 or 33 that we pay for and the balance at their own expense. Two women came up from Whang Hai and are attending at their own charges. We have a good lot of men and I think they are getting good. Part of my time I give to teaching singing and they are making fine progress. Mrs. Lee and I invited them to the house on two evenings. Half came one evening and half the next. We had games, etc. and they all seemed to enjoy themselves.

Last Sunday we had the Communion and baptized 23. There are more to be examined but the days are so full that we don't get much time to give to them. About 100 took part in the Communion. Our church presents the same problem as last year. It is again too small to accommodate all who wish to come. I'm stuck now for I don't know how to enlarge any more unless we put on another wing and make the building a cross. We have up only our stove, that "Riverside"—and it is ample, making the building very comfortable. Among those baptized were six women. Yang reports splendid work in his district. Whittemore is to start up there just as soon as the roads allow in the spring. "Whit" has been bucking too hard at the language and has been a little under the weather for a day or two. He is just a fine fellow, Moffett, and it is beautiful to see the way he is going at the language. He don't [doesn't] say much but he sits down and digs like a Trojan. Doc. [Dr. J. Hunter

## 그레이엄 리

**한국, 평양**

**1897년 1월 20일**

마포삼열 목사에게,

오늘 아침 고 씨가 당신이 호놀룰루에서 보낸 서신이 있는 우편물을 가지고 왔습니다. 말할 필요조차 없지만 서신을 받아서 기뻤습니다. 우리는 부족한 한국어 지식으로 우리가 할 수 있는 일을 하기 위해 평소처럼 바쁘게 움직이고 있습니다. 나는 한국인들이 나를 통해 약간의 좋은 것을 받고 있다고 믿지만, 그것이 얼마나 적은 것인지 또한 압니다. 밀러가 현재 이곳에 있고, 사경회는 한창 진행 중입니다. 참석자는 약 50명인데, 32명이나 33명은 우리가 비용을 지불하고 나머지는 자비로 합니다. 2명의 여자가 자비로 황해도에서 와서 참석하고 있습니다. 많은 남자가 있고 내가 생각하기에 그들은 잘 따라가고 있습니다. 내 시간의 일부를 쪼개어 찬송을 가르치고 있는데 그들의 실력은 향상되고 있습니다. 내 처와 내가 두 번에 걸쳐서 그들을 저녁에 집으로 초대했습니다. 절반은 한날 저녁에, 다른 절반은 다음날 저녁에 왔습니다. 우리는 게임 등을 했고 그들은 모두 즐거워하는 것 같았습니다.

지난 주일에 우리는 성찬식을 거행했고 23명에게 세례를 주었습니다. 문답할 사람이 더 있었지만 일정이 꽉 차서 그들에게 할애할 시간이 많지 않았습니다. 약 100명이 성찬식에 참석했습니다. 우리 교회는 작년과 동일한 문제에 직면했습니다. 건물이 또다시 너무 작아져서 오고 싶어하는 모든 사람을 수용할 수 없습니다. 나는 지금 어떻게 할 도리가 없는데, 측면에 건물을 붙여서 교회를 십자가 형태로 만들지 않는다면, 더 이상 어떻게 증축해야 할지 알 수 없기 때문입니다. 우리는 리버사이드 난로를 설치했는데 이는 교회 건물을 편안하게 만들기에 충분합니다. 수세자 가운데 6명의 여자들이 있었고, 양 씨는 자신의 지역에서 행한 훌륭한 사역을 보고했습니다. 위트모어는 봄에 도로 사정이 허락되는 대로 그곳[선천]에서 사역을 시작할 것입니다. 위트[모어]는 한국어를 너무 열심히 공부해서 하루 이틀 정도 몸이 좋지 않

Wells] speaks all the time about what he is going to do whereas "Whit" says nothing but does it.

We are having our coldest weather—12 below [F], but we are snug and comfortable, as our house is very warm. Telegram just came to us from Vinton telling of Miss Jacobson's death. She died today, Jan. 20. She had abscess of the liver, and had to be operated upon from which she never rallied. God's ways are past finding out.

Am having more snow this winter than I have ever seen in Korea. After class Miller is to go down to Anak on his way home and I leave for the Syoun An and Han Chun circuit. The snow is so deep I don't know how it will be for itinerating.

Choi, the broker, (?) our Choi, had a son born to him the other day and in consequence is happy. We are planning to baptize the child next Sunday, which will be the first infant baptism, will it not?

We are all very well and happy in our work. It is a great treat to have Miller with us and we are enjoying it exceedingly. Evidently great pressure is being brought to bear upon him in Seoul for he don't [doesn't] talk as he did the night he came home. I don't know whether he will come here or not, but this I know that if we are in the right spirit at the next meeting, it will be decided all right. I hope this will find you getting well fast for you know you must do that before you can come back here. Everything is going well I think, and the work is progressing, but we do miss you so and we will begin to count the days till your return before long.

With love from us all

Ever yours,

Graham Lee

았습니다. 마포삼열 목사님, 위트는 정말 좋은 친구입니다. 한국어를 열심히 공부하고, 말을 많이 하지는 않지만 자리에 앉으면 트로이 사람처럼 부지런히 파고드는 모습을 보는 것이 기분 좋은 일입니다. 웰즈 의사는 항상 자신이 무엇을 할지에 대해 이야기하는 반면, 위트는 아무 말 없이 실천합니다.

가장 추운 날씨가 지속되고 있는데 화씨 영하 12도입니다. 그러나 우리 집은 매우 따뜻해서 아늑하고 편안합니다. 방금 빈턴 의사가 보낸 제컵슨 양의 죽음을 알리는 전보를 받았습니다. 그녀는 오늘 1월 20일 사망했습니다. 그녀는 간 종양이 생겨 수술을 받지 않을 수 없었는데, 수술 후에 깨어나지 못했습니다. 하나님의 방법은 우리의 이해를 초월합니다.[1]

올겨울은 내가 지금까지 한국에서 보았던 어떤 겨울보다 더 많은 눈이 오고 있습니다. 사경회 후에 밀러는 서울의 집으로 가는 도중에 안악(安岳)으로 내려갈 예정이고, 나는 순안(順安)과 한천(漢川) 시찰로 순회여행을 떠날 것입니다. 눈이 너무 많이 쌓여서 순회여행이 어떻게 될지 알 수 없습니다.

며칠 전 득남한 중개인 최 씨는 아들이 태어나서 행복합니다. 우리는 다음 주일에 그 아기에게 세례를 줄 계획을 세우고 있는데, 첫 번째 유아세례가 될 것입니다. 그렇지 않습니까?

우리 모두는 건강하고 행복하게 사역하고 있습니다. 밀러가 이곳에 와서 함께 있었던 것은 대성공이었고, 우리 모두는 즐거운 시간을 보냈습니다. 그는 명백히 서울에서 많은 압력을 받고 있었지만, 우리 집에 도착했던 날 밤처럼 그렇게 많은 말을 하지는 않습니다. 나는 그가 이곳에 올지 안 올지 그 여부를 알 수 없습니다. 그러나 우리가 다음 [연례] 회의에 바른 정신으로 임

---

1 제컵슨(Anna Peterea Jacobson, 1866-1897) 양은 서울 제중원의 첫 정식 간호원이었다. 노르웨이에서 태어나 루터교회를 다녔으나, 12세 때 중생을 체험하고 장로교회에 가입했고 선교사가 되기로 결심했다. 이후 모친이 정해준 믿지 않는 남자와의 약혼을 파기했다. 장로교회 가입과 약혼 파기로 그녀는 15세 때 집에서 쫓겨났다. 간호 선교사가 되기 위해 간호학을 배우려고 1889년 미국으로 가서 몇 년간 하녀로 일하면서 1890년 4월부터 메인 주 포틀랜드 장로교회에 출석했다. 1892년 9월에 포틀랜드 종합병원 간호원양성학교에 입학했고, 간호원으로 2년간 매일 12시간씩 병동에서 근무하면서 하루에 세 시간씩 공부했다. 졸업 후 1894년 6월 4일 한국에 임명되었으며, 1895년 4월 6일 조지아나 화이팅 의사와 함께 서울에 도착했다. 제컵슨은 제중원의 간호원으로 2년간 열악한 환경에서 헌신적인 삶을 살았으나 과로와 질병으로 인해 1897년 1월 20일 사망했고 양화진 외국인묘지에 묻혔다.

한다면 잘 결정될 줄 압니다. 이 편지가 도착할 때에는 당신이 속히 회복되어 있기를 바랍니다. 당신이 이곳으로 돌아오기 전에 회복되어야 한다는 것을 당신도 알 것입니다. 모든 일이 잘 진행되고 있고, 사역은 진척되고 있습니다. 그러나 우리는 정말로 당신을 그리워하며 당신이 돌아올 날을 손꼽아 기다리고 있습니다.

우리 모두의 사랑을 담아서,

그레이엄 리 드림

## Samuel A. Moffett

***Ft. Wayne, Indiana***

***January 30, 1897***

Dear Dr. Ellinwood:

I am just in receipt of letters from Pyeng Yang showing that the work there is developing more & more and reaching out to new points to such an extent that it cannot possibly be properly cared for without re-enforcements.

While I know you feel this also and are ready to supply the need– my object in writing just now is to ask if something cannot be done to forward the arrangements for getting the two ladies to be sent to Pyeng Yang under appointment and on their way, and also a lady for Seoul whose presence is so much more needed since Miss Jacobson's death.

As I understand it the money has been promised for the two ladies for Pyeng Yang and you have also the offer to send another to Korea from the lady who, seeing Mrs. Bishop's letter, wrote offering the cost of an evening dress. Cannot ladies now on your list of applicants be appointed in view of these offers?

In Pyeng Yang we want to begin building the house for the two ladies by the 1st of May and it will be a great advantage to have them on the field before the building is begun. The invitations to deliver addresses pour in upon one thick & fast and I am planning to do as much of it as I think consistent with the conservation of my own strength. I spoke in the Pres. Church in Bucyrus, Ohio on my way here–am to speak in the 1st Church and twice next week in Indianapolis. I have also arranged to make a tour in the Southern part of the state in my own Presbytery. I am constantly praying that the church may be led to a higher degree of consecration in order to take advantage of present opportunities on the mission field. I trust that this year our hearts will be gladdened by increased gifts instead of as we have been fearing, a falling off.

## 마포삼열

**인디애나, 포트웨인**

**1897년 1월 30일**

엘린우드 박사님께,

방금 저는 평양에서 온 편지를 받았는데, 그곳 사역이 점점 더 발전하고 있어서 인원 보강 없이는 적절히 관리할 수 없는 그런 새로운 국면에 접어들고 있음을 봅니다.

박사님께서도 이를 느끼고 그 필요를 공급하려고 준비하고 계실 줄 압니다. 그럼에도 제가 지금 이 편지를 쓰는 목적은 현재 임명을 받고 진행 중인 독신 여성 선교사 2명의 평양 파송과 또 제컵슨 양의 죽음 이후 더욱 필요한 독신 여성 선교사 한 명의 서울 파송을 주선하고 추진하기 위해 어떤 조치를 취할 수는 없는지 문의하려는 것입니다.

제가 알기로 평양의 독신 여성 선교사 2명에 대한 자금이 약속되었고 박사님께서도 여성 선교사에게서 한국에 또 다른 여성 선교사를 보내달라는 제안을 받으셨습니다. 그 여성 선교사는 비숍 여사의 편지를 보고 야회복 비용을 제공하겠다는 편지를 썼습니다. 이제 박사님의 지원자 명단에 있는 여성 선교사들을 이런 제안을 고려하여 임명하실 수 없습니까?

평양에서는 5월 1일 이전에 두 여성 선교사를 위한 주택을 짓기 시작하려고 하는데, 기공하기 전에 그들이 현장에 나와 있는 것이 크게 도움이 될 것입니다. 설교를 해달라는 초청이 연이어 쇄도하고 있습니다. 저는 체력을 유지하면서 최대한 많이 설교하려고 계획합니다. 저는 이곳으로 오는 길에 오하이오 버키러스 장로교회에서 설교했고, 매디슨 제일교회에서 설교할 것이며, 다음 주에는 인디애나폴리스에서 두 번 설교할 것입니다. 또한 주 남부 지역에 있는 노회 교회들도 순회할 일정을 잡았습니다. 저는 교회가 더 높은 수준의 헌신으로 인도되어 현재 선교 현장에 있는 기회들을 활용할 수 있게 되도록 쉬지 않고 기도하고 있습니다. 올해는 우리가 우려하듯이 감소하는 것이 아니라 오히려 늘어난 헌금을 통해 우리의 마음이 기쁘게 되리라고 믿

With kindest regards to yourself and all in the Board rooms whom it was my privilege to meet and to know personally.

Sincerely yours in Christ,

Samuel A. Moffett

P.S. In your rush of work—do not feel called upon to answer all the letters I may send you. I write simply to keep you posted as to my own movements and as to whatever facts from the field or elsewhere come to my notice.

S. A. M.

습니다.[1]

박사님과 선교부에 있는 모든 분들께 안부를 전합니다. 그들을 만나고 개인적으로 알게 된 것은 저의 특권이었습니다.

그리스도 안에서,

마포삼열 올림

추신. 바쁘신 중에 제가 보내는 모든 편지에 일일이 답장하지 않으셔도 됩니다. 저는 단지 저의 동선과 선교지에서 오는 사실들, 그리고 다른 특별 사항을 알려드리기 위해 편지를 올립니다.

마포삼열

---

1 미국은 1893-1897년 경제 침체를 겪었다. 1893년 주식 대폭락 사태가 발생했는데 그 원인은 철도 사업에 이루어진 지나친 투기로 많은 철도 회사가 망했기 때문이었다. 주식 시장 붕괴로 시작된 경기 침체는 수많은 실업자를 만들었고 은 가격의 폭락과 금 수요의 증가를 초래했는데, 클리블랜드 대통령은 금 고갈을 막기 위해 은본위제를 금본위제로 바꾸었다. 1896년 대통령 선거에서 민주당과 인민당 연합후보인 브라이언을 물리친 공화당의 맥킨리가 당선되면서 금본위제는 유지되었고 새 경제 정책으로 경기가 회복되었다. 이로써 미국은 소위 '도금시대'(the Gilded Age)와 연이은 민주당 정권 시대가 마감되고, 사업과 산업을 중시하고 도시민의 지지를 받는 공화당 정권 시대가 열렸다. 즉 도시화, 산업화, 세계 시장 진출이 적극 추진되면서 고립되었던 미국은 국제화, 식민지화에 적극 참여하게 되었다. 1897년 필리핀을 식민지로 삼으면서 미국은 아시아에 적극 진출했다.

## Samuel A. Moffett

*Madison, Indiana*

*February 5, 1897*

Dear Dr. Ellinwood:

I have just arrived at home after two days spent in Indianapolis making addresses in the 2nd Church and 7th Church. I find your letter of January 30th awaiting me and you may be sure I lose no time in answering it for it deals with the question uppermost in my thoughts and prayers.

I greatly regret that the slightest idea is being entertained that we do not need at once and greatly need the whole 14 missionaries asked for. Mr. Gifford and I only spoke of a minimum because of the fact that you all gave us to understand that we could not possibly get 14 for Korea this year.

However, in speaking of the minimum—you are correct in representing us as stating most clearly that the seven we mentioned were exclusive of the two Halifax gentlemen to take up Mr. McKenzie's work.

Please allow me to repeat what I think Mr. Gifford & I both very clearly presented in all our various conversations while in & near New York.

1) In addition to the two men to take up Mr. McKenzie's work (certainly not to be neglected) we cannot look after present work not to mention advance without the following:

2) Two ladies for Pyeng Yang

3) One Minister " " " (either married or unmarried)

4) One lady for Seoul

5) One Minister for Fusan

6) One Lady Doctor for Seoul

7) One Physician for Gensan

These are the seven referred to—but are exclusive of two from Canada who are indispensable.

## 마포삼열

**인디애나, 매디슨**

**1897년 2월 5일**

엘린우드 박사님께,

저는 인디애나폴리스에서 이틀을 보내면서 제2교회와 제7교회에서 설교했고 조금 전에 집으로 돌아왔습니다. 박사님의 1월 30일 자 서신이 저를 기다리고 있었습니다. 이 편지는 제 생각과 기도의 첫 제목이 되어온 문제를 다루고 있으므로, 박사님은 제가 지체하지 않고 답장하리라고 확신하고 계실 것입니다.

우리가 요청한 14명의 선교사 전부가 당장은 크게 필요하지 않다는 생각을 박사님께서 조금이라도 하신다니 저로서는 대단히 유감입니다. 기퍼드 목사와 저는 최소한만 말씀드렸습니다. 왜냐하면 박사님께서 아마도 올해 한국에 14명을 모두 보낼 수 없을 것이라고 우리를 이해시키셨기 때문입니다.

하지만 최소한을 말할 때, 박사님께서 우리가 매켄지 목사의 사역을 대신할 [캐나다] 핼리팩스의 남자 선교사 2명을 제외한 7명을 언급하면서 분명하게 진술했다고 우리의 뜻을 대변해주신 것은 옳았습니다.

뉴욕과 뉴욕 부근에서 우리가 나누었던 모든 다양한 대화를 통해 기퍼드 목사와 제가 분명하게 제시했다고 생각하는 것을 다시 반복해서 말씀드리겠습니다.

1) 매켄지 목사의 사역을 맡게 될 2명의 남자(이는 결코 무시해서는 안 됨) 외에 다음 사람들이 없으면 사역의 진보는 말할 것도 없고 현재 사역을 돌볼 수 없습니다.

2) 평양을 위한 미혼 여성 선교사 2명

3) 평양을 위한 목사 한 명(미혼이거나 기혼자)

4) 서울을 위한 미혼 여성 선교사 한 명

5) 부산을 위한 목사 한 명

8) The request following these is for a Minister for Taigoo in the Fusan Station as a colleague for Mr. Adams and my own personal suggestion to you was that as he will have pioneer work I thought an unmarried man, if of the right kind, would be best adapted to this need. That however is a personal opinion.

9) The next request is for a Physician for the same place.

10) The next request for a Lady for the Hospital Seoul is of course now an imperative one–since Miss Jacobson has been called to higher service.

The above I think is clear and answers your questions–I had also suggested as a personal opinion that I thought it would be well were one of the Halifax gentlemen to go unmarried.

I sincerely hope & pray that the Lord will provide the means and I eagerly await news of definite actions leading to definite appointments and arrangements for sailing for Korea.

With kindest regards to you all,

Sincerely yours,
Samuel A. Moffett

6) 서울을 위한 미혼 여성 의사 한 명

7) 원산을 위한 남자 의사 한 명

이상이 언급했던 7명이지만, 꼭 필요한 캐나다에서 올 2명은 제외해야 합니다.

8) 이들에 이어 부산 선교지부에서 대구를 위한 목사 한 명으로, 애덤스 목사의 동료가 될 자입니다. 제가 박사님께 개인적으로 제안하자면, 그는 개척 사역을 하게 될 것이므로 미혼 남자가 가장 적합합니다. 하지만 그것은 저의 개인적인 의견입니다.

9) 그다음 요청은 대구를 위한 의사입니다.

10) 그다음 요청 순위는 서울 병원을 위한 미혼 여성 선교사로서, 제컵슨 양이 사망했으므로 물론 현재 절실합니다.

이상입니다. 이것이 박사님의 질문에 대한 분명한 대답이라고 생각합니다. 또한 저는 개인적 의견으로 핼리팩스의 2명 가운데 한 명은 미혼이면 더 좋을 것이라고 제안했습니다.

주께서 수단을 공급해주실 것을 진심으로 바라고 기도합니다. 한국으로 파송한다는 확실한 임명과, 여행 계획을 구체화하는 확실한 결정을 학수고대합니다.

박사님과 여러분들께 안부를 전합니다.

마포삼열 올림

**Samuel A. Moffett**

***Madison, Indiana***

***February 23, 1897***

Dear Dr. Ellinwood:

Returning from a tour of a number of churches in this my own Presbytery where I was greeted with very full houses and the very best attention, I find your letter of the 17th bearing on the question of Mr. Swallen's location and the relative importance of Fusan & Taigoo [Taegu].

The question of removing Mr. Swallen to Fusan or Taigoo is one which has already occurred to the Mission and was spoken of as a possibility in case the Board did not grant an appropriation for his house this year. This was thought of not that he is not needed in Gensan but because we feel that his present location is not one from which he can do the best work. He will have however in his present province a large field and is planning to devote himself to the work in the interior as well as in the port. I see by a recent paper from Seoul that he had just returned from a trip to the interior. His work has not been as unfruitful as that in Fusan and seems to be promising quite an enlargement. However the idea of removing him to Fusan, leaving Mr. Gale to run the Gensan work alone is one which personally I should entertain with favor only in case the prospects are that the province in which Fusan & Taigoo are located cannot be provided with a considerably larger number of men. The region tributary to Gensan probably contains less than one million people—that tributary to Fusan & Taigoo more nearly three million.

Mr. Gale will soon be in New York and I wish the idea might be suggested to him and also presented to Mr. Swallen.

As between Fusan & Taigoo I have said persistently for years that Taigoo is the important point and I am sure that all of Mr. Adams' efforts will be for its development.

## 마포삼열

**인디애나, 매디슨**

**1897년 2월 23일**

엘린우드 박사님께,

제가 속한 노회의 여러 교회를 방문하는 여행을 마치고 돌아왔습니다. 회중으로 가득 찬 교회들이 저를 맞아주었으며 최대한의 관심을 표했습니다. 스왈른 목사의 임명지 및 부산과 대구의 상대적 중요성에 관한 문제가 담긴 박사님의 17일 자 서신을 받았습니다.

스왈른 목사를 부산이나 대구로 옮기는 문제는 선교회에서 이미 다룬 문제로, 만일 선교부에서 올해 그의 주택에 대한 예산을 허락해주지 않을 경우 한 가지 가능성으로 그것이 거론되었습니다. 이는 그가 원산(元山)에 필요하지 않아서가 아니라, 그곳이 최선의 사역 장소가 아니기 때문입니다. 하지만 그는 현재 머물고 있는 함경도에서 선교지를 넓힐 것이며, 개항장뿐만 아니라 내륙 지방에서도 사역을 확대하기 위해 헌신할 계획을 세우고 있습니다. 서울에서 발간된 최근 신문을 보니 얼마 전에 그는 내륙 여행에서 돌아왔습니다. 그의 사역은 상당히 확장될 전망이 보이는데, 이는 열매가 없는 부산의 사역과 다릅니다. 그러나 그를 부산으로 옮기면, 게일 혼자 원산 사역을 맡아야 합니다. 이 안에 대해 저는 앞으로 부산과 대구가 위치한 경상도에 다수의 남자 선교사를 보낼 수 없다고 전망하시는 경우에만 찬성합니다. 납세자의 수를 볼 때 원산은 100만 명 이하이지만, 부산과 대구는 거의 300만 명 이상입니다.

게일은 곧 뉴욕으로 옵니다.[1] 그에게 이 안을 제안하고, 스왈른 목사에게도 제시하면 좋겠습니다.

부산과 대구 가운데 저는 몇 년 동안 지속적으로 대구가 중요한 지점이라고 말해왔습니다. 애덤스 목사가 그 발전을 위해 노력하리라고 확신합니다.

1 게일은 1897년 5월 13일 인디애나 주 뉴알버니 노회에서 목사 안수를 받고 미국 북장로교회 목사가 되었다.

I expressed myself at the meeting in October as very much opposed to Dr. Irvin's plans for a large hospital in Fusan—until we should know definitely as to whether Taigoo was not the point upon which all expansion should be centered. The fact that we have a house now available in Fusan makes it advisable to send a man there temporarily rather than to Taigoo although he will in all probability go into Taigoo eventually unless another man is also sent. The work in all interior points is in my opinion far more promising and should first of all be encouraged, developed, organized & provided for.

With reference to your question as to whether $3,000.00 Mexican is sufficient for both house & lot for residence for ladies at hospital—I find it very difficult to answer.

So far as I know the location of the house is not definitely decided and its decision may make quite a difference in the cost. If land with Korean houses on it is purchased it may cost considerably more unless the materials in this house prove valuable enough to considerably diminish cost of building anew.

I am not on the Property Com. of the Mission and know nothing of the plans which have been made (if made) for the building and do not know whether it is to be for two or for three ladies although I think it is for three.

I am not in a position to answer your question. The request was for $3,500.00 Mexican and those who made the plans will know.

Your last question is with reference to an agreement with Dr. Jaisohn [Suh Jae-Pil] on school site, etc.

Dr. Underwood, Dr. Avison & Mr. Moffett were a Com. to see Dr. Jaisohn and secure his agreement in writing but had no power to make any definite binding agreement with him without the sanction of the Board.

I was not able to meet with the Committee—but brought from Dr. Underwood a copy of the agreement made by Dr. Jaisohn and this

저는 10월 연례 회의 때 부산에 큰 병원을 세우려는 어빈 의사의 계획을 강하게 반대했습니다. 대구에 건물을 늘려서는 안 된다는 것을 우리가 확실히 알게 될 때까지 반대합니다. 부산에는 당장 이용 가능한 주택이 한 채 있다는 사실을 미루어 볼 때 대구보다는 부산에 임시 남자 선교사 한 명을 보내는 것이 바람직합니다. 만일 다른 남자 선교사가 파송되지 않으면 그는 궁극적으로는 십중팔구 대구로 가게 될 것으로 보입니다. 제 생각에는 모든 내륙 지점에서의 사역이 훨씬 더 전망이 밝으며, 무엇보다도 격려하고 발전시키고 조직하고 지원해주어야 합니다.

박사님께서 질문하신 문제, 곧 병원[서울 제중원]에서 일할 미혼 여성 선교사들을 위한 사택과 부지 비용으로 멕시코 은화 3,000달러가 충분할지에 대한 문제는 제가 대답하기 매우 어렵습니다.

제가 아는 한 그 사택의 위치는 아직 확실하게 정해지지 않았으며, 그 결정에 따라 비용이 크게 달라질 것입니다. 만일 한옥들이 있는 부지를 구입한다면, 그 집에 있는 자재가 새 집을 짓는 데 사용될 만큼 충분한 가치가 있지 않는 한 그 비용은 상당히 많이 들 것입니다.

저는 선교회의 자산위원회 소속이 아니며, 그 건물 계획(만일 수립되었다면)에 대해 전혀 아는 바가 없습니다. 그리고 저는 그것이 3명의 여성 선교사를 위한 것이라고 생각하지만, 2명을 위한 것인지 3명을 위한 것인지도 모릅니다.

그래서 저는 박사님의 질문에 대답을 드릴 입장에 있지 않습니다. 요청 금액은 멕시코 은화 3,500달러이며, 그 계획을 수립한 사람들이 알 것입니다.

박사님의 마지막 질문은 학교 부지 등에 관한 서재필 의사와의 합의에 대한 것입니다.

언더우드 박사, 에비슨 의사, 제가 서재필 의사를 만나 서면으로 그의 동의를 받아내기 위해 위원회를 조직했으나 선교부의 재가가 없어 그와 확실하고 강제적인 합의를 만들 권한이 없었습니다.

저는 위원회에 참석할 수 없었으나, 서재필 박사가 만든 합의문 복사본을 언더우드 박사로부터 받았고, 이를 뉴욕에서 박사님께 제출했습니다. 그

I placed in your hands while in New York. It is in Dr. Underwood's handwriting. The Mission has made no positive agreement with Dr. Jaisohn but awaits the action of the Board in the matter.

The serious condition of the finances must be causing you all very great regret. I prayerfully trust that the church may be aroused and that the condition may soon improve.

I go to Ft. Wayne for next Sabbath & then to Chicago to visit McCormick Seminary. Hope I may find just the man for Korea there.

Word from Miss Best speaks of her definite appointment but there seems to be great difficulty in finding a companion.

With sincerest regards,

Very Truly Yours,
Samuel A. Moffett

것은 언더우드의 친필로 되어 있습니다. 서재필 박사와 어떤 분명한 합의를 이루지는 못했으나, 이 문제에 대한 선교부의 결정을 기다리고 있습니다.

재정 상태가 심각한 까닭에 박사님께 대단히 유감스러운 모든 일을 일으키는 게 틀림없습니다. 저는 교회가 깨어 일어나고 상황이 곧 개선될 거라 믿으며 기도합니다.

다음 주일에 저는 포트웨인에 가고, 이어서 맥코믹 신학교를 방문하기 위해 시카고에 갑니다. 그곳에서 한국에 필요한 적절한 사람을 찾을 수 있기를 희망합니다.

베스트 양이 보낸 편지에는 자신의 확실한 임명뿐 아니라 같이 갈 다른 여성 선교사를 찾는 것에 대한 큰 어려움이 담겨 있습니다.[2]

진심으로 안부를 전합니다.

마포삼열 올림

---

2 베스트(Margaret Best, 1867-1942) 양은 1897년 7월 한국에 도착했다.

**Samuel A. Moffett**

*Madison, Indiana*

*February 26, 1897*

Dear Dr. Ellinwood:

I have received from Mr. Loomis of Yokohama a copy of the report of their Korean Colporteur who has just been through the region in Whang Hai province for which we are asking for a new missionary. The report is an intensely interesting one to me because it comes from one outside of our mission, one who going as a stranger into the field where our work has been developing finds just the same state of things to which we have been calling your attention. I hope you can spare the time to read the copy which I have had made and now forward to you.

I hope that a thoroughly good and true man may be found for this field. Word from Pyeng Yang tells of the gathering of the Winter Training Class with an attendance of fifty from all over the country. Mr. Miller had gone down from Seoul to assist Mr. Lee. Just before the Class the Communion was administered and 23 were newly baptized, others necessarily postponed from lack of time to properly and carefully examine them. Word from Dr. Woodbridge O. Johnson of Easton, Pa. tells me the Board will appoint him to Korea–if he can secure the funds. I suppose that means that he is to go to Gensan, does it not, or does your suggestion that Mr. Swallen be sent to Fusan involve sending Dr. Johnson to Taigoo?

I leave today for Ft. Wayne, Indiana where I speak twice on Sunday, once in 3rd Church & once in lst Church. After a short visit to McCormick Seminary I shall leave with Mother for a complete rest in Georgia until the last of March when I go to Brooklyn and will drop in again at the Board Rooms.

With kindest regards,

Sincerely yours in Christ,

## 마포삼열

인디애나, 매디슨

1897년 2월 26일

엘린우드 박사님께,

저는 요코하마의 루미스 목사로부터 그들[미국성서공회]의 한국인 권서가 작성한 보고서 사본 한 부를 받았습니다. 그 권서는 얼마 전에 황해도 지역을 두루 돌아다녔는데, 그 지역을 위해서 우리는 선교사를 요청했습니다. 저는 그 보고서에 대단히 관심이 많습니다. 왜냐하면 그것이 우리 선교회가 아닌 곳에서 나온 보고서요, 발전하고 있는 우리의 사역 현장을 처음으로 방문한 사람의 보고서이기 때문입니다. 그가 본 것은, 우리가 박사님께 주의를 기울여주시기를 요청한 것과 동일했습니다. 지금 제가 만들어 보내는 사본을 읽을 시간을 내실 수 있기를 바랍니다.

이 선교지를 위해 철저하게 선하고 진실한 남자를 찾을 수 있기를 희망합니다. 평양에서 온 편지에 의하면 겨울 사경회에 주변 모든 군에서 50명이 참석했다고 합니다. 밀러 목사가 리 목사를 돕기 위해 서울에서 평양으로 갔습니다. 사경회 직전에 성찬식을 거행했는데, 23명이 새로 세례를 받았으며, 다른 사람들은 적절하고 조심스럽게 문답하기 위해 어쩔 수 없이 심사를 연기했습니다. 펜실베이니아 주 이스턴의 우드브릿지 존슨 의사가 보낸 편지에 의하면, 만일 그가 기금을 확보할 수 있다면 선교부가 자신을 한국에 임명할 것이라고 합니다. 저는 그것이 그가 원산에 가는 것을 의미한다고 생각합니다. 만일 그렇지 않다면, 혹시 스왈른 목사를 부산으로 보내자는 박사님의 제안은 존슨 의사를 대구로 보내는 것과 연관되어 있습니까?

저는 오늘 인디애나 주 포트웨인으로 가며, 그곳에서 주일에 두 번, 곧 제1교회와 제3교회에서 설교할 예정입니다. 맥코믹 신학교를 잠시 방문한 후, 저는 조지아 주에서 3월 말까지 완벽한 휴식을 취하기 위해 어머니와 함께 떠납니다. 저는 3월 말에 브루클린으로 가서 선교부 사무실을 다시 한 번 잠시 방문하겠습니다.

Samuel A. Moffett

I hear that the Gales were to leave Yokohama with the Korean Prince on the Peru which sailed yesterday the 25th.

S. A. M.

●
**로버트 스피어 총무와 평양 교인들, 1897년 [MOF]**

**Rev. Robert Speer Visited Pyongyang, 1897**

안녕히 계십시오.

그리스도 안에서,

마포삼열 올림

추신. 게일 부부가 한국 왕자[의화군]와 함께 페루호를 타고 요코하마를 떠난다는 말을 들었습니다. 그 배는 어제 25일에 출항했습니다.

마포삼열

**Samuel A. Moffett**

***Thomasville, Ga.***

***March 20, 1897***

Dear Dr. Ellinwood:

I have been seeking a little rest & recuperation here and find that I am in great need of it. After fulfilling the engagements for April and the first part of May which I have already made I shall set myself to real recuperation feeling that that is my first duty—in justice to the great need of the work in Korea.

Your last letter speaking of the possibility of sending only one lady worker to Pyeng Yang was a great and deeply disappointing surprise. I do not think the Board will act at all wisely to place but one unmarried lady there to live alone. It is to my mind the poorest kind of policy—altogether aside from the great need of the work.

We asked for two—primarily because the work demands two—but secondarily from a conviction that unmarried people whether ladies or gentlemen should be sent two by two.

The unanimous opinion of the station was that we should ask the Board for two or none and I feel very deeply the conviction that the best interest of the work, the health of the ladies themselves, their happiness & usefulness will be greatly enhanced by being sent in couples. Of course there is no strong objection to be made to Miss Best's being sent in advance of the other lady to be there alone for a few months and I should not advocate her delay until the other lady is appointed but I think she should go with the understanding that another lady is to follow just as soon as found.

With regard to the prince who is expected with Mr. Gale—my understanding is that Mr. Loomis is looking to you & Mr. Gale to select

---

1 미국에서 보낸 편지이기 때문에 한국에서 받은 편지에 붙인 편지 번호가 없다.

## 마포삼열

**조지아, 토마스빌**

**1897년 3월 20일**

엘린우드 박사님께,

저는 이곳에서 잠시 휴식을 취하면서 회복하려고 노력하는 중인데, 제가 휴식이 아주 필요한 상태인 것을 깨닫습니다. 이미 맺은 4월과 5월 초의 약속을 이행한 후에 제 몸이 진정 회복될 수 있도록 할 것입니다. 그것이 저의 첫째 의무이며, 한국 사역의 엄청난 필요를 위해 마땅히 해야 할 일이라고 생각합니다.

평양에 한 명의 미혼 여성 선교사만 파송할 가능성이 있다는 지난번 박사님의 편지를 받고 저는 깊은 실망과 놀라움을 금치 못했습니다. 선교부가 미혼 여성 선교사를 그곳에 혼자 살도록 배치하는 것은 전혀 지혜롭지 못한 결정이라고 생각합니다. 사역이 요구하는 엄청난 필요를 고려하지 않더라도, 제가 판단하기에 그것은 가장 형편없는 정책입니다.

우리는 2명을 요청했는데, 첫째 이유는 사역이 2명을 요구하기 때문이며, 둘째 이유는 미혼 선교사는 여자든 남자든 2명씩 보내야 한다고 확신하기 때문이었습니다.

선교지부는 만장일치로 선교부에 2명이 아니면 아무도 요청하지 않아야 한다는 의견입니다. 사역에서 최선의 이익, 여성 선교사들의 건강, 그들의 행복과 유용성은 2명을 파송함으로써 크게 향상될 것이라고 강하게 확신합니다. 물론 다른 선교사에 앞서 베스트 양이 파송되어 그곳에서 이삼 개월 동안 혼자 지내는 것에 강한 반대는 없습니다. 또한 저는 또 다른 여성 선교사가 임명될 때까지 베스트 양이 지체하는 것을 지지하지 않습니다. 그러나 저는 또 다른 여성 선교사가 구해지자마자 뒤따라온다는 조건으로 베스트 양이 가야 한다고 생각합니다.

게일과 함께 올 것으로 기대되었던 왕자 건에 대해 말씀드립니다. 제가 이해하는 바로는, 루미스 목사는 박사님과 게일이 왕자를 위해 뉴욕 근처에

a school for him near New York and that arrangements be made for him to live in a private family in the vicinity of the school. I suppose the responsibility will be largely upon Mr. Gale acting under Mr. Loomis' advice, as the King placed his son under Mr. Loomis' direction.

I shall leave here next week for my home in Indiana and thence to New York the last of this month. Then I shall see you again in the Board Rooms.

With kindest regards,

Very sincerely,

Samuel A. Moffett

학교를 선택하고, 학교 부근의 개인 가정에서 지낼 수 있도록 거처를 마련해 주기를 바라고 있습니다. 왕이 왕자를 루미스 목사의 지도하에 맡겼으므로, 루미스 목사의 조언을 받아서 행동하는 게일에게 책임이 맡겨져 있다고 짐작합니다.

저는 다음 주에 이곳을 떠나 인디애나에 있는 집으로 가고, 그곳에서 이 달 말에 뉴욕으로 갈 것입니다. 그러면 선교부 사무실에서 박사님을 다시 뵐 것입니다.

안녕히 계십시오.

마포삼열 올림

## Graham Lee

***Pyeng Yang, Korea***

***April 22, 1897***

[Excerpt of a letter to Samuel A. Moffett while he was on furlough in America]
I went down into Whang Hai province to make a trip but visited only Tai Tong where I married Chang's brother to the daughter of Choi. Will have to go back there as soon as I can as the work is growing just as fast as ever and there are a number of new places that I have never visited.

Baird and Whittemore are in the North and from word they send have found the work in fine shape up at the [gold] mines.

## 그레이엄 리

**한국, 평양**

**1897년 4월 22일**

[발췌]

마포삼열 목사에게,

[생략]

나는 순회여행을 하기 위해 황해도로 내려갔지만 대동만 방문했고, 그곳에서 장 씨의 형과 최 씨의 딸을 혼인시켰습니다. 사역이 어느 때보다 빠르게 성장하고 있기 때문에 가능한 한 빨리 돌아가지 않을 수 없었습니다. 내가 심방하지 못한 많은 새로운 장소가 있습니다.

베어드와 위트모어는 북부 지역에 있는데, 그들이 보낸 소식에 의하면 광산에서의 사역은 좋은 상황에서 성장하고 있다고 합니다.

[후략]

## Samuel A. Moffett

***Madison, Indiana***

***June 21, 1897***

My Dear Dr. Ellinwood:

Your letter concerning Prince Eui Wha has just been received and I am glad he has finally managed to get away from the Japanese and the evil influences with which he was surrounded there. I hope the move to America may prove to be the very best for him and for Korea and I should be glad were I so situated as to in any way help to make it so.

It will not be possible for me to go East at this time and as we have left our town home for the hill-top cottage we are not so situated that we could entertain the Prince here.

This week marks the beginning of my real vacation and I am hoping to re-gain not only my usual health but also to lay in a supply of strength and vitality which will serve me during another six or eight years in Korea.

Mr. Gale is not very far from New York–somewhere in New England and may be able to render the Prince some service. Mr. Gale saw a great deal of him in Yokohama and they became good friends there. He has also the large part of his furlough ahead of him and will be able to spend a good part of it among friends even should he now give a short time to the Prince & his interests. I think Mr. Gale has some expectation of attending the Northfield Conference and if the Prince could & would accompany him there he would see a phase of life which might greatly contribute to his good.

Trusting that the way may open for such a disposition of the responsibility and opportunity as will be satisfactory to all and profitable to the Prince.

Very Sincerely Yours,
Samuel A. Moffett

P.S. Will you kindly see that the enclosed note of greeting is sent to the Prince.

S. A. M.

## 마포삼열

**인디애나, 매디슨**

**1897년 6월 21일**

엘린우드 박사님께,

의화군에 관한 박사님의 서신을 조금 전에 받았습니다. 저는 그가 마침내 일본인과 그곳에서 그를 둘러싸고 있던 악한 영향력으로부터 벗어날 수 있게 되어서 기쁩니다. 미국으로 오는 것이 그와 한국을 위해 가장 최선이었음이 증명되기를 희망하며, 그가 미국으로 오는 데 제가 조금이라도 도움을 줄 수 있는 자리에 있게 된다면 기쁘겠습니다.

지금 제가 동부로 가는 것은 불가능하며, 시내에 있는 집을 떠나 언덕 꼭대기의 작은 집으로 왔기 때문에 왕자를 대접할 수 있는 형편이 못됩니다.

이번 주는 저의 진짜 휴가가 시작되는 주이며, 저는 저의 평상시 건강을 회복할 뿐만 아니라, 한국에서 다시 6-8년 동안 봉사할 수 있는 체력과 활력을 보강하기를 원합니다.

게일 목사는 뉴욕에서 그리 멀리 떨어지지 않은 곳, 아마 뉴잉글랜드 어디엔가에 있을 것이며 왕자에게 약간의 봉사를 할 수 있을 것입니다. 요코하마에서 게일 목사는 왕자를 빈번하게 만났고, 그곳에서 그들은 좋은 친구가 되었습니다. 또한 게일 목사는 안식년의 많은 부분이 남아 있고 그 상당 부분을 친구들과 함께 보낼 수 있으므로 지금 약간의 시간을 들여서 왕자를 도와줄 수 있습니다. 제가 생각하기에 게일 목사는 [매사추세츠의] 노스필드 수양회에 참석할 마음이 어느 정도 있습니다. 만일 그곳에 왕자가 게일과 동행할 수 있고 같이 간다면, 왕자는 유익한 삶의 한 모습을 보게 될 것입니다.

그렇게 책임이 맡겨지고 기회가 주어지는 길이 열려서 모두 만족하고 왕자에게는 유익한 일이 일어나리라고 믿습니다.

마포삼열 올림

추신. 왕자에게 전하는 제 인사말을 동봉합니다. 전달해주시면 감사하겠습니다.

마포삼열

## Samuel A. Moffett

***Madison, Indiana***

***July 20, 1897***

Dear Dr. Ellinwood:

Your letter of the 14th asking about appropriations for the house of single ladies at Pyeng Yang reached me yesterday evening. My recollection of our request is that we asked for $1,750 silver with which to supplement the unexpended balance from the building of my house and Mr. Lee's—the amount of this balance at that time being uncertain but by us estimated at probably $300.00 from one and $200.00 from the other house. I judge that on May 1st when Mr. Lee made up the final account of the two houses he found a larger balance than we had expected and that it amounted to the sum mentioned in his letter, viz., $1,070.00 silver.

I do not exactly understand your question, "Can you tell us where this money has lain? Was it money that Mr. Lee had on hand either in his private possession or in a bank, or was it simply construction money in the adjustment account of this Board?" but the following may be an answer to the questions.

The amounts for my house and his house were in the bank and were drawn as fast as needed. The appropriation of the unexpended balance having been asked for the building of the Ladies' residence, this balance I judge was used in the purchase of timbers and building material during the winter and spring preparatory to the erection of the building this summer—it being necessary if the building was to be erected this summer that the timbers & material should be gotten out in the spring and I judge that this balance of $1,070 has been in these materials.

It is not at all unlikely that Mr. Lee has found building material higher in price than it was a year ago when he made our estimates or it may be that the large fire in Pyeng Yang in which 60 or more

## 마포삼열

인디애나, 매디슨

1897년 7월 20일

엘린우드 박사님께,

평양의 독신 여성 선교사들의 주택을 위한 예산에 대해 질문하신 박사님의 14일 자 서신이 어제 저녁에 도착했습니다. 저의 기억을 더듬어보면, 우리는 은화 1,750달러를 요청했으며 거기에 저의 주택과 리 목사의 주택을 건축할 때 쓰지 않은 잔액을 보충하기로 했습니다. 이 잔액은 당시에는 불확실했으나 예상하기로는 한 주택에서 300달러, 다른 주택에서 200달러였습니다. 5월 1일 리 목사가 두 주택에 대한 최종 결산서를 작성했는데, 우리가 예상했던 것보다 더 많은 잔액, 즉 은화 1,070달러에 달했습니다.

저는 박사님의 다음 질문을 정확하게 이해하지 못했습니다. "이 돈이 어디에 있는지 말해줄 수 있습니까? 리 목사가 이 돈을 개인 소유로 가지고 있습니까? 아니면 은행에 들어가 있습니까? 혹은 이 선교부의 조정 계좌에 단지 건축비로 있습니까?" 이 질문들에 대해서는 다음과 같이 답변드릴 수 있습니다.

저의 주택과 리 목사의 주택을 위한 비용은 은행에 있어서 필요할 때 즉시 인출했습니다. 사용하지 않은 잔액은, 제가 판단해볼 때, 여성 선교사의 거주지 건축비를 청구했기 때문에 올해 여름에 건물을 완공하기 위한 준비로 겨울과 봄에 목재와 건축 재료를 구입할 때 사용했습니다. 여름에 건물을 지으려면 목재와 건축 재료는 봄에 구해 운반해놓는 것이 필요합니다. 잔액 1,070달러는 이 자재 구입에 들어갔다고 생각합니다.

리 목사가 예산을 수립했을 1년 전 당시에 비해 건축 자재 가격이 많이 올랐을 가능성이 없지 않습니다. 아니면 상점 60채 이상이 불에 탄 평양의 대화재 때문에 많은 재건축이 필요했는데, 이것이 자재 가격뿐만 아니라 기술자의 임금도 올려서, 우리의 원래 예상액에 추가하지 않고는 계획대로 그가 건축하는 것이 불가능했을지도 모르겠습니다. 저는 이상의 진술이 박사

business houses were burned and which has necessitated a great deal of re-building has not only raised the price of materials but also that of skilled labor so that he has found it impossible to build as planned without adding to our original estimate. I trust that the above will be an explanation of the points covered in your letter, but if not please let me know and I shall be glad to answer other questions. I hope Mr. Lee's request may be granted for I have every confidence in his ability as a practical house builder and I am sure that it will be a saving in the end to put sufficient into the building now–so as to avoid extensive expenditures on it in the future.

Thank you for your expression of interest in my "rest." This month is giving me a very large addition to my strength and I begin to feel very much more as I did some years ago.

With kindest regards,

Very Sincerely Yours,
Samuel A. Moffett

님의 서신에서 다룬 점들에 대한 설명이 될 것으로 믿습니다. 그러나 만일 불만족스러우면 알려주시고, 다른 질문에도 기꺼이 답변해드리겠습니다. 리 목사의 요청이 허락되기를 희망합니다. 저는 실제적인 주택 건축가로서의 그의 능력을 십분 신뢰하며, 지금 건물을 충분히 지어서 앞으로 건축에 막대한 비용을 쓰지 않아도 되면 결국 돈을 아끼는 것이 될 것이라고 확신합니다.

저의 휴식에 관심을 표해주셔서 감사드립니다. 이번 달에 저는 체력을 많이 보충할 수 있었고 수년 전보다 훨씬 더 상태가 좋다고 느끼기 시작했습니다.

안녕히 계십시오.

마포삼열 올림

**Samuel A. Moffett**

***Madison, Indiana***

***July 31, 1897***

Dear Dr. Ellinwood:

Your note enclosing letter from Dr. Wells and asking my opinion about his views on retrenchment reached me yesterday evening. Dr. Wells writes "The reduced appropriations mean advancement for it compels us to put our work more and more on the self-supporting basis, and every inch gained that way means strength."

I made very nearly the same remark in the Board Rooms in April when you told me of the very great reduction this year although I qualified it by saying that in many particular cases the enforced reduction would cut off some prosperous work and would prevent the inauguration of some very promising new work. Periodically, I think, a reduction in the appropriations works a great benefit to the work for the reason that it necessitates a re-adjustment of the work so that abuses which have crept in are remedied, unprofitable features of the work are abandoned, a new appeal to the native church leads to greater efforts at self-support and the whole work is adjusted to a more economical use of funds. However, while I think that this reduction will in the end inure [lead] to the advantage of the work, I am quite sure that the work would be very seriously injured by such a large reduction were it not that the most pressing work will be provided for either by special funds or by the missionaries themselves who will draw the funds from their own pockets rather than see some of their most promising work shut off because of lack of funds which neither the Board nor the native church can supply.

Dr. Wells wrote his letter immediately after the Pyeng Yang Station had held their meeting at which they provided for an adjustment of their work in view of the cut of $2,288.62 (yen, I suppose) which fell to that station.

## 마포삼열

**인디애나, 매디슨**

**1897년 7월 31일**

엘린우드 박사님께,

웰즈 의사의 편지가 동봉된, 경비 절감에 대한 그의 의견에 관하여 제 견해를 묻는 박사님의 짧은 편지가 어제 저녁에 도착했습니다.[1] 웰즈 의사는 다음과 같이 썼습니다. "예산의 삭감은 진보를 의미합니다. 이는 우리로 하여금 우리 사역을 더욱더 자급의 기초 위에 쌓도록 만들며, 그 방식으로 나아간 1인치는 그만큼 강해졌음을 의미합니다."

저는 지난 4월에 올해의 대량 예산 삭감에 대해 박사님께서 제게 말씀하셨을 때 분명하게 전달해드렸습니다. 비록 이런 삭감은 일부 번창하는 사역을 중단시키고 전망이 밝은 사역의 시작을 방해하겠지만 저는 정기적인 예산 삭감은 사역에 큰 혜택을 준다고 생각합니다. 왜냐하면 그 때문에 사역을 재조정하게 되고, 자금이 낭비되는 것을 막고, 사역에 도움이 되지 않는 조치를 포기하며, 본토인 교회에 호소함으로써 그들의 자급 노력을 더욱 활발히 일으키며, 전체 사역이 자금을 절약하는 방향으로 변화되기 때문입니다. 하지만 저는 이 삭감이 결국에는 사역에 유익한 방향으로 나아가겠지만, 그런 대규모 삭감으로 인해 만일 가장 시급한 사역에 특별 자금이 제공되지 않거나 선교사조차 제공하지 않는다면 사역은 심각하게 손상을 입으리라고 강하게 확신합니다. 선교사들은 전망이 밝은 사역이 선교부나 본토인 교회가 자금을 제공할 수 없어서 자금 부족으로 인해 중단되는 것보다 차라리 자기 호주머니에서 자금을 인출할 것입니다.

웰즈 의사는 선교지부가 모임을 가진 직후에 편지를 썼습니다. 그 모임에서 그들은 평양 지부에 할당된 2,288.62달러의 삭감을 고려하여 사역 조정안을 작성했습니다.

---

1 미국의 경제 침체로 선교비가 삭감되자 각 선교지부와 선교사는 경비 절감 방안을 제시할 수밖에 없었다.

The fact that they were able to provide for the continuation of the work and to lead the native church to enlarged measure of self-support and that the work is not to be seriously crippled notwithstanding the very large cut, caused the doctor to give way to a feeling of jubilation (he is always either altogether jubilant or altogether depressed) and to write with but the one idea in his mind that after all, the reduction would lead to greater advance along the lines of self-support. I know however that the work would be seriously injured was there the necessity of cutting of the entire $2,288.62 from the work as planned.

Mr. Whittemore's letter to me speaks of the advantage gained by the appeal to the native church to undertake more in the way of self-support and says the work will go on just the same although we ourselves may come out at the end of the year with a small bank balance.

I have felt more concerned over the inability of the Board to send re-enforcements of men & women where they are so greatly needed and to provide houses for them than I have over the inability to provide funds for the native work. We are commissioned to take the gospel to these heathen nations but I do not see that our commission is to provide the funds for the support of the native church except in the way of assistance to them in efforts to attain self-support. I am afraid that too often large appropriations for native work have developed a spirit of dependence rather than independence which should be striven for. I have had letters from Mr. Whittemore and Mr. Baird concerning the work at Eui Ju and the north which has for so long gone without a personal visit from a missionary. I have been greatly cheered and gratified by the reports which show even a better condition than I had anticipated although I was sure genuine work was being done there.

Doubtless you have learned that Mr. Baird does not feel it right for him to stay in the school work since the Board cannot provide for its enlargement as planned and that there is some talk of his being transferred to the Pyeng Yang work. His letters to me show that he was

사역의 지속을 위해 그들이 그 안을 작성하고 본토인 교회로 하여금 자급 조치를 더 확대해나갈 수 있었다는 사실, 그리고 대규모 삭감에도 불구하고 사역이 심각하게 타격을 입지 않을 것이라는 사실로 인해 웰즈 의사는 의기양양해졌고(항상 그는 완전히 의기양양하거나 아니면 완전히 기가 죽습니다) 결국 단 하나의 생각만, 곧 예산 삭감이 자급 노선에 큰 진보를 가져올 것이라는 생각만 하면서 편지를 썼습니다. 하지만 계획된 사역에서 만일 2,288.62달러를 삭감할 필요가 있다면, 사역은 문제가 생길 것이라고 생각합니다.

위트모어 목사가 저에게 보낸 편지에 따르면, 본토인 교회에 자급을 위해 더 많은 책임을 지라고 호소한 것이 효과가 있었다고 합니다. 그래서 비록 우리의 연말 통장 잔고가 조금밖에 없는 실정이 되더라도 사역은 이전과 동일하게 진행될 것이라고 합니다.

저는 본토인 사역 자금을 제공하지 못하는 무능력보다, 인원 보강이 시급한 곳에 선교부가 추가로 남녀 선교사를 파송할 수 없고 그들에게 주택을 제공할 수 없는 무능력을 더 우려합니다. 물론 우리는 이 이방 민족에게 복음을 전할 사명을 받았습니다. 그러나 우리의 사명이 본토인 교회의 자금을 지원하는 것이라고는 보지 않습니다. 다만 그들이 자급을 이루기 위해 노력하는 것을 도와주는 방법으로 지원할 수는 있을 것입니다. 본토인 사역을 위해 너무 많은 예산을 쓰는 것은 독립 정신보다는 의존 정신을 발전시킨 경우가 많다고 저는 생각합니다. 의주와 북부 사역에 관한 위트모어 목사와 베어드 목사의 편지를 받았습니다. 그 지역의 사역은 오랫동안 선교사의 개별적인 심방 없이 진행되었습니다. 비록 저는 진정한 사역이 그곳에서 이루어지고 있다고 확신했지만, 제가 예상했던 것보다 훨씬 더 좋은 상태를 보여주는 보고서를 보고 무척 고무되었고 감사했습니다.

박사님께서도 분명히 알고 계시겠지만, 베어드 목사는 증축 계획을 선교부가 지원해줄 수 없기 때문에 학교 사역에 머물러 있는 것이 옳다고 생각하지 않으며, 그의 평양 사역으로의 전임에 대한 이야기가 살짝 있었습니다. 그는 북부 지역의 본토인 기독교인들의 진정성과, 공격적인 사역을 하도록 주어진 현재의 엄청난 기회에 깊은 인상을 받았다고 편지에 썼습니다. 저는 선

very greatly impressed with the genuineness of the native Christians in the north and with the great opportunity which is now offered for aggressive work there. I can only hope that the Mission may see its way clear to transferring him to Pyeng Yang, that Mr. Lee may be relieved before he breaks down, and that Mr. Baird may make his work from now until his furlough two years hence, tell where it will do immense good and where there is enough work ready to hand for all three of us.

Concerning the school you suggested to Mr. Miller the possibility of its removal to Pyeng Yang, but that will not commend itself at all to either Mr. Miller, the Seoul Station nor do I think the rest of the Mission. Personally I think the Seoul school should be developed and established as a strong school and that at the same time our plan for a school or academy (not a College or University) in Pyeng Yang should also be carried out. Should the Mission transfer Mr. Baird to Pyeng Yang he & Lee and I would find ourselves in hearty agreement. And I think our work along all lines would develop most advantageously.

I understand the Mission Meeting will likely be held in September at which time Mr. Speer will be in Korea. I am sure his visit will do them all great good and I very much hope he will get a far insight into all our work so as to give you in the Board Rooms such an account of conditions as we cannot do.

With kindest regards and praying that the summer may give you opportunity for rest sufficient to enable you to enter upon the fall work in good health.

Very sincerely yours,
Samuel A. Moffett

Letters from Mr. Foote & Dr. Grierson of Canada intimate that they will go to Korea in the Spring to take up Mr. McKenzie's work.

교회가 그를 평양으로 전임시키는 분명한 방향을 볼 수 있기를 바랄 뿐입니다.[2] 그러면 리 목사가 쓰러지기 전에 그의 부담을 덜어줄 수 있고, 베어드 목사는 안식년 휴가를 떠나기 전까지 2년 동안 사역할 수 있습니다. 우리 세 사람이 충분히 감당할 수 있는 사역들이 있으며 그것은 엄청난 유익을 얻게 될 것입니다.

박사님께서 밀러 목사에게 제안한 학교 건, 곧 그 학교를 평양으로 이전하는 가능성에 대해 말씀드리겠습니다. 그것은 밀러 목사나 서울 선교지부가 전혀 찬성하지 않을 것이며, 선교회의 다른 회원들도 찬성하지 않을 것이라고 저는 생각합니다. 개인적으로 저는 서울의 초등학교가 견고한 학교로 발전되고 설립되어야 하며, 동시에 평양에 초등학교나 중학교(대학이나 대학교가 아니라)를 설립하는 계획도 시행되어야 한다고 생각합니다. 만일 선교회가 베어드 목사를 평양으로 전임시킨다면, 그와 리 목사와 저는 진심으로 동일한 마음으로 일할 것입니다. 그리고 우리의 사역은 모든 노선에서 유리하게 발전할 것입니다.[3]

선교회의 연례 회의는 9월에 열릴 것이며 그때 스피어 목사가 한국에 올 것으로 압니다. 그의 방문은 큰 유익이 되리라고 확신하며, 그가 우리의 모든 사역에 대해 깊은 통찰력을 얻게 되어 선교부 사무실로 돌아가 우리가 할 수 없는 한국 상황에 대한 설명을 박사님께 해줄 수 있기를 희망합니다.

안부를 전하며 여름에 쉴 수 있는 기회를 가져서 가을에는 건강한 몸으로 사역에 임할 수 있기를 기도합니다.

마포삼열 올림

추신. 캐나다의 푸트 목사와 그리어슨 의사의 편지를 받았습니다. 그들은 매켄지의 사역을 맡기 위해 봄에 한국으로 온다고 합니다.

---

2 부산에 있던 베어드 목사의 평양 전임이 논의되기 시작했다.

3 결국 베어드 목사가 1897년 평양으로 전임되면서 이 마포삼열의 안이 시행되었고 평양 선교지부는 전도(마포삼열과 리), 교육(베어드), 의료(웰즈), 여성(베스트)의 네 사역 분야가 동반 상승효과를 이루며 조화롭게 발전했다.

## Mary Alice Fish

***S. S. Belgic (White Star Line)***

***November 17, 1897***

My dear, dear Cousin Emma,[1]

How my heart goes out to you today and many, many times a day and I long to look into your eyes and have a long talk. My letter to you was not begun when we touched at Honolulu. I tried to send back a short message by the pilot boat, but the pilot slipped away a little before the time. Today we are actually nearing Yokohama where word can be sent back to the homeland. I can scarcely realize that the main part of the voyage is so nearly over.

But there is so much to tell you, dear, that I must go back to the little home before the time of sailing. I think when I last wrote you, Nellie had just fully decided that she would come with me. About $50 was spent on her outfit, many of the things had been sent with my freight and her passage was engaged. But Will Brown had been influencing her for some time to give up the trip, and on Sunday (17th) she surprised us all by announcing she had decided to remain at home and be married in about a month. When she returned from So. Calif. she told me of her own accord that she did not care to see Will—did not love him nor intend to marry him. I felt when a girl could say that, she ought at least to wait. I went to Will, with Nellie's knowledge; told him we were all opposed simply to the time of Nellie's marriage & asked him to leave her free to wait a year, then come back to be married if she wished. But he saw that he had the control over Nellie & that she cared nothing for our wishes in the matter and seeing his advantage, kept it. The days that followed were miserable ones. Nellie was very angry with us because we had opposed

1 Emma Warner, daughter of James Alexander Warner, a brother of Mary Alice Fish's mother, Martha Warner Fish.

## 메리 앨리스 피시

S. S. 벨직호 (화이트스타 노선)

1897년 11월 17일

사랑하는 사촌 엠마에게,[1]

오늘 하루도 얼마나 자주 네 생각이 나는지, 너의 눈을 바라보며 오래도록 이야기를 나누고 싶구나. 내가 너에게 보낼 편지는 우리가 호놀룰루에 도착했을 때까지 시작하지도 못했다. 수로 안내선 편으로 간단한 소식을 보내려고 했지만, 바로 직전에 그 배가 출항해버렸다. 사실 오늘 우리는 요코하마 근처까지 가게 되므로, 그곳에서 본국으로 소식을 전할 수 있을 것이다. 나는 항해가 거의 끝났다는 사실을 실감할 수 없단다.

그러나 너에게 해줄 이야기가 많다. 나는 기선을 타기 전에 그 작은 집으로 돌아가야만 했다. 내가 지난번에 너에게 편지를 보냈을 때, 넬리는 그제야 나와 함께 가겠다고 결정했다. 넬리의 옷을 사는 데 약 50달러를 썼고, 많은 물건을 내 화물과 함께 부쳤으며, 넬리의 승선권을 예약했다. 그러나 윌 브라운이 한동안 넬리가 여행을 포기하도록 영향을 미쳤고, 주일(17일)에 넬리는 집에 남아서 한 달 안에 결혼하기로 결정했다고 말해서 우리 모두를 깜짝 놀라게 했다. 남캘리포니아에서 돌아왔을 때, 넬리는 윌이 보고 싶지도 않고 그를 사랑하지도 않으며 그와 결혼하지도 않을 것이라고 직접 내게 말했다. 여자가 그렇게 말할 때는, 나는 그녀가 최소한 기다려야 한다고 생각했다. 넬리도 알고 허락한 상황에서 나는 윌에게 가서 우리 모두 넬리의 결혼 시기에 대해 반대할 뿐이라고 말하고, 넬리를 1년 동안 기다리게 한 후 넬리가 여전히 원하면 1년 후에 결혼하라고 부탁했다. 그러나 윌은 넬리를 완전히 지배하고 있으며, 그 문제에 대해 우리가 원하는 바에 상관하지 않고, 자신의 이익만 고려해 결혼 시기를 고수했다. 그 후의 날들은 불행했다. 넬리는 우리가 자기를 반대했기 때문에 우리에게 무척 화가 나 있었고 우리 모두에게는 먹

1 엠마 워너는 메리 앨리스 피시의 어머니인 마사 워너 피시와 남매 지간인 제임스 알렉산더 워너의 딸이다.

her, and there was a cloud over us all, through which we could see no light. Only one thing was clear to me. I had a duty toward Mother, & Nellie treated her so badly that I could not go and leave them together. I knew Nellie's promise to be married two weeks after I left could not be relied upon and besides the strain and demands upon Mother might exhaust her completely. I told Nellie she must either hold to her decision to go with me or be married before I left. She chose the latter. This was Wed. Morning (20th). I was just leaving for the city and in the afternoon Mother was to go to Dr. Burke's at Altruria for she was feeling very badly. It was decided Nellie should go up with Mother to wait on her. The child had settled down into a sullen mood and, though far from pleasant company for Mother, could do the necessary things for her comfort. So I was to prepare for the wedding at home. For the last three weeks nearly every moment of my time was down on a program–there was but one day, Tues. 26th, which could possibly be made free, so I set the day for the wedding! and "the children" cheerfully acquiesced. On that Wed. morning I found myself with the last of my freight to be sent off next day, five services before leaving, purchasing to do for Nellie, a long list of last things, and–preparations for a wedding on hand! Mother sent the invitations from Altruria, Nellie had her dress made in Santa Rosa, Wong found a boy to help him and I put the wedding breakfast right into his hands, three of Nellie's friends came to decorate the house, and so–all was done.

Mother and Nellie returned from Altruria Monday night,–Tues. noon the child was married,–by night all the decorations were down, Father, Mother and I were there alone, and it all seemed like a dream. It was really a very pretty wedding. The little parlor was cleared as much as possible and turned into a bower with ferns, smilax and yellow & white chrysanthemums. The bay window from floor to ceiling was a mass of ferns with a canopy of smilax beneath which Nellie & Will stood. The dining room was ferns & chrysanthemums & the verandah

구름이 뒤덮였다. 나에게는 한 가지만 분명했다. 나는 어머니에 대한 의무가 있었고, 넬리가 어머니에게 불손했기 때문에 나는 그 두 사람을 함께 남겨둘 수 없었다. 나는 내가 떠난 뒤 2주일 후에 결혼할 것이라는 넬리의 약속을 신뢰할 수 없었고, 긴장과 강압 속에서 어머니가 완전히 지칠 것을 알고 있었다. 나는 넬리에게 나와 함께 간다는 자신의 결심을 따르든지, 아니면 내가 떠나기 전에 결혼해야 한다고 말했다. 넬리는 후자를 택했다. 그때가 수요일 아침(20일)이었다. 나는 시내로 떠나기로 했고, 어머니는 몸이 많이 편찮으셔서 오후에 알투리아에 있는 버크 의사에게 가기로 했다. 넬리는 어머니를 돌보기 위해 그녀와 함께 가기로 결정했다. 그 아이는 기분이 상해 시무룩해져서 비록 유쾌하게 동행하는 것과는 거리가 멀었지만, 어머니가 편안하도록 필요한 일을 해줄 수는 있었다. 그래서 나는 집에서 결혼식을 준비하려고 했다. 지난 3주 동안 내 시간의 거의 모든 순간은 한 가지 프로그램[선교사로 출발하는 것]에만 집중되어 있었다. 하지만 단 하루, 26일 화요일만 비어 있었으므로 나는 그날을 결혼식 날짜로 정했고, "아이들"은 환호하며 동의했다. 내 마지막 화물을 다음날에 보내기로 한 수요일 아침에 다섯 번의 환송 예배를 드려야 했고, 넬리를 위해 물품을 구입해야 하고 마지막으로 해야 할 여러 일 목록이 잔뜩 있는 가운데 눈앞에 닥친 결혼식 준비가 남아 있었다. 어머니는 알투리아에서 청첩장을 보내셨고, 넬리는 산타 로사에서 드레스를 맞추고, 윌은 자신을 도울 소년을 찾아냈으며, 나는 그의 손에 결혼식 조찬을 맡겼고, 넬리의 세 친구들은 집을 장식하러 왔다. 그리고 모든 준비가 끝났단다.

어머니와 넬리는 월요일 밤에 알투리아에서 돌아왔다. 화요일 정오에 그 아이는 결혼했으며, 밤이 되어 모든 장식이 내려졌고, 아버지와 어머니와 나만 거기에 있었는데 모든 것이 꿈만 같았다. 정말 예쁜 결혼식이었단다. 작은 거실은 최대한 치웠고, 고사리와 청미래 덩굴과 노란색 흰색 국화가 있는 휴식 공간으로 만들었다. 바닥부터 천정까지 닿는 큰 유리창에는 넬리와 윌이 서 있던 아래로 청미래 덩굴과 함께 고사리로 가득 차 있었다. 식당은 고사리와 국화로, 그리고 베란다는 막아서 장식을 했다. 넬리는 흰 장미와 공작 고

was enclosed & decorated. Nellie looked very pretty in simple white silk & lace with white roses & maidenhair. About 21 were present,—relatives of both families. To an outsider all passed off well I suppose,—as her engagement had been known for some time, this haste only meant that we wanted the wedding before I left. Very few knew how sore & grieved were our hearts over our little girl. If she had come with me, no doubt the care would have been great and my own work much hindered, but it seemed to me the only right thing for her to do, and I did my best to bring it about for her sake. Poor little girl, I fear she little knew what she was doing. We tried our best to keep her longer but since she has chosen this way and has left us, the relief on our part is very great. Our Father's guiding hand was very plain through it all.

Mother sent me off on Saturday morning without a tear. Dear little Mother was given great strength & courage. I feel sure I cannot fully realize how hard it is for them for they are absolutely alone now. I was given a beautiful farewell from the wharf. From 12 o'clock to 1 the people continued to come. Going at once to my stateroom I emptied my hand bag and before leaving had it full again of letters and treasure packages. I have had about fifty steamer letters. I do not know just how many people were at the wharf but after we left I remembered 45.

My stateroom was full of flowers and I stood on the deck with arms filled with magnificent roses, carnations & violets. All helped to make it a joyous time for me. Father had said he would not stay till the steamer left. Once as he passed me on the deck I caught him by the arm and said "I want to kiss you every time I have a chance." "Can't I have another?" He said, "Yes, indeed, when you come back." He passed on and—I didn't see him again. I know he did not intend to say goodbye and I did not want to either and yet I did long to, later.

God has given me a wonderful blessing in the great interest which was aroused in the churches of the Presbytery & in many parts of the State, in my going. It was all so plainly of the Spirit's working that I

사리로 장식된 순백의 실크 레이스로 만든 드레스를 입어서 매우 아름다웠단다. 약 21명의 양가 친지들이 참석했다. 외부인의 눈에는 모든 것이 잘 진행된 것처럼 보였을 것이다. 넬리의 약혼이 어느 정도 알려져 있었기 때문에 이처럼 서둘러 식을 올리는 것에 대해 단지 내가 떠나기 전에 결혼식을 치르고 싶은 것으로 보였을 것이다. 극소수의 사람만이 넬리의 사연이 얼마나 마음 아프고 슬픈지 알고 있었단다. 넬리가 나와 함께 왔다면 분명 신경 쓸 일이 많았을 것이고 내 일에 몹시 방해가 되었을 것이다. 그러나 그것이 넬리가 할 수 있는 유일하게 옳은 일인 것 같았고, 나는 넬리를 위해 그렇게 하는데 최선을 다했단다. 불쌍한 어린 소녀. 넬리는 스스로 무엇을 하고 있는지 잘 몰랐을 것이다. 우리는 넬리를 더 오래 데리고 있으려고 최선을 다했지만, 넬리가 결혼을 선택하고 우리 곁을 떠났기 때문에 우리는 무거운 짐을 벗었다. 우리 하나님의 인도하시는 손길이 모든 일을 통해 분명하게 드러났단다.

어머니는 토요일 아침에 눈물 한 방울 없이 나를 배웅해주셨다. 어머니는 체구가 작았지만 강인하고 용감하셨다. 나를 떠나보내는 일이 그분들에게 얼마나 힘든지, 나로서는 다 알 수 없단다. 지금 그분들은 절대적으로 외롭기 때문이다. 나는 부두에서 아름다운 배웅을 받았다. 12시부터 1시까지 사람들이 계속해서 왔다. 나는 내 선실에 가서 핸드백을 한 번 비웠는데, 떠나기 전에 또다시 편지와 귀중한 소포가 가방에 가득 찼다. 나는 약 50통의 편지를 받았다. 얼마나 많은 사람이 부두에 있었는지 모르겠지만 배가 떠난 후에 나는 45명을 기억했단다.

내 선실은 꽃으로 가득 차 있었고 나는 양팔에 엄청난 장미, 카네이션, 바이올렛을 안고 갑판에 서 있었다. 모두가 그 순간이 내게 즐거운 시간이 되도록 도와주었다. 아버지는 기선이 떠날 때까지 머물러 있지 않겠다고 말씀하셨다. 아버지가 나를 갑판으로 안내하자마자 나는 "기회가 있을 때마다 아버지께 키스해드리고 싶어요"라고 아버지의 팔을 잡고 말했다. "한 번 더 하면 안 돼요?" 아버지는 대답하셨다. "물론 되지. 네가 돌아올 때에." 아버지는 다음으로 미루셨고, 나는 그 후 아버지를 보지 못했다. 나는 아버지가 작별인사를 하려 하지 않으셨음을 안다. 나 역시 작별인사를 하고 싶지 않았지

could but wonder and be still. In my trip through Benecia I had nearly 1,100 miles of travel after Sept. 10th and in all, had 39 entire services aside from Bible classes—some of the services being in S.F. and Oakland. This has given a very close link with our people but has by no means accounted for the wide spread interest.

My college mates, Drs. Mary Ayer & Frances Cattell came on this steamer, you know. It is so delightful to be with them. A Miss Williams of San Francisco, going to Shanghai under the Meth. Board, shares my stateroom, so we are four. Two gentlemen have joined themselves to our little party. Prof. Clay MacCauley, President of one of the Colleges in Tokyo is a man about 53 yrs. of age, a scientist, writer, lecturer and a Unitarian. He is very interesting and has devoted himself to us every day since we started, reading aloud and telling us many things that will help us to understand Orientalism and the Japanese in particular. Prof. said to me the other day, "I can understand better than many another the spirit in which you go to your work. I used to be a Presbyterian and strong in the faith of my youth—I longed at one time to go to China, but my Mother absolutely refused & instead I spent three years in the study of philosophy in Germany. I would give all I possess to believe what I did before that but I cannot. I rejoice that you stand where you do." Prof's wife died several years ago and he is absolutely alone. The story of his life was pathetic to me. The other member of our party is Mr. Sinclair Kennedy, a youth about 23, just from Harvard & taking a pleasure trip round the world. He is athletic, wholesome, a perfect gentleman, full of fun, and—a Swedenborgian! Are we not a mixture? Mr. Kennedy is just at the stage when he is fond of discussing religious topics; but it will do him no good. He has himself opened the way for a private talk with each one of us on religion and missions,—our motives in the work, etc.—and I believe the seed has lodged.

Our voyage thus far has been prosperous and for the most part very delightful. The weather has been varied,—as we expected in Nov.—

만 나중에는 정말 인사하고 싶었단다.

내가 가는 것에 대해 노회의 교회들과 주위 여러 곳에서 보여준 커다란 관심을 통해 하나님은 내게 놀라운 복을 주셨다. 그것은 모두 분명한 성령의 역사였기 때문에 나는 그저 놀라며 조용히 있을 수밖에 없었다. 9월 10일 이후 베네치아를 지나 거의 1,100마일을 여행했고, 성경 공부를 제외하고도 모두 39번의 예배를 드렸단다. 예배 가운데 일부는 샌프란시스코와 오클랜드에서 드렸다. 이 예배들을 통해 사람들과 밀접한 연결 고리를 갖게 되었지만, 그것이 결코 광범위한 관심을 설명해주지는 못했다.

너도 알다시피 내 대학 동창인 메리 에이어 의사와 프랜시스 카텔 의사가 이 기선을 타고 일본에 왔다. 그들과 함께 와서 참으로 즐거웠다. 감리회 선교부 소속으로 상하이로 가는 샌프란시스코의 윌리엄스 양은 나와 객실을 같이 사용하게 되어 우리는 4명이 되었다. 2명의 신사가 우리와 동행하게 되었다. 도쿄에 있는 대학의 총장인 클레이 맥컬리 교수는 53세가량으로 과학자 겸 작가요 강사이자 유니테리언 교도란다. 맥컬리 교수는 유쾌하고 우리가 출발한 이후 매일 헌신적으로 우리가 동양 문화와 특히 일본인에 대해 이해할 수 있도록 도움이 되는 많은 것을 소리 내어 읽고 말해주었다. 맥컬리 교수는 며칠 전 나에게 다음과 같이 말했다. "나는 많은 다른 사람보다 당신이 어떤 정신으로 사역하러 가는지 그 정신을 더 잘 이해할 수 있습니다. 나도 젊어서는 장로교인이었고 믿음이 강했습니다. 한때는 중국으로 가려는 열망이 있었지만 어머니가 심하게 반대하셔서 대신 독일에서 3년 동안 철학을 공부했지요. 나는 내가 예전에 믿었던 것을 믿기 위해 내가 가진 모든 것을 주고 싶지만 할 수가 없군요. 나는 당신이 현재 서 있는 곳에 있어서 기쁩니다." 교수의 부인은 여러 해 전에 운명하여 그는 혼자였다. 맥컬리 교수의 인생 이야기는 처량하게 들렸다. 우리 일행의 다른 멤버는 싱클레어 케네디 씨로, 하버드 대학교를 졸업하자마자 세계를 일주하며 즐겁게 여행하고 있는 23세의 청년이란다. 케네디 씨는 운동을 잘하고 건전하고 재미있고 완벽한 신사요, 스웨덴보리 신도란다! 우리는 혼합물이 아닌가? 케네디 씨는 종교적인 주제로 토론하는 것을 좋아하는 단계에 있다. 하지만 그것이 케네디

nearly every day has brought a shower, but we have had only two days of continued rain. We all had our touch of seasickness but after the third day this was almost forgotten except by Dr. Cattell, who has suffered more than the rest.

The grand old Pacific has a depth of blue that I have been told can be approached only by the Indian Ocean. The weather grew very warm as we steamed toward the southern seas and is only beginning to grow cold as we round up toward Japan. With winds, showers & sunshine, beautiful cloud effects, gorgeous sunsets and moonlight nights, we have had as charming & varied a panorama as nature could give without a landscape. The first thing in the morning is a plunge in salt water, warmed just a little while we keep south, from the temperature of the ocean; breakfast at 8:30; then we four girls meet for prayers in the largest stateroom. Here we are joined by Miss Anderson, a Lutheran missionary bound for inland China. Then our party of six gathers on deck where we take turns reading aloud until time for exercise with sandbags, bowling, etc. before lunch. In the afternoons more reading or games and perhaps a nap, and in the long, moonlit evenings we have gathered way at the stern to sing. The rest for body and mind has been very grateful to me. My appetite and capacity for sleep are astonishing. At Honolulu we spent a beautiful day. The Drs. & I happened to have letters of introduction to the same person, Mrs. Judge Friar, who entertained us charmingly in her beautiful home until after lunch, when Dr. Burgess (a classmate of mine at Cooper) came with his mother to take us all driving till sailing time at 3 P.M. I shall not attempt to describe what we saw of the picturesque Island city. To us it was like a glimpse of fairyland–a dreamy, romantic charming spot–for a day or a week.

Friday, Nov. 19th.

Yesterday we were anchored in Yeddo Bay and at 5 this morning were again on our way. As I come back to letters after a long, happy day

씨에게 전혀 도움이 되지 않을 것이다. 케네디 씨는 우리 한 사람 한 사람과 종교와 선교, 우리가 하는 일에 대한 우리의 동기와 기타 등등에 대해 마음을 열고 개인적인 대화를 나누었단다. 나는 씨앗이 뿌려졌다고 믿는다.

지금까지 우리의 항해는 풍성했고 대체로 즐거웠다. 11월에 예상했듯이 날씨는 변덕스러웠다. 거의 매일 소나기가 왔지만 계속 비가 온 날은 단 이틀뿐이었다. 모두들 뱃멀미를 했지만 다른 사람들보다 더 고생한 카텔 박사를 제외하고는 사흘이 지나자 아팠던 것을 거의 잊어버렸단다.

유구하고 광대한 태평양은 사람들의 말처럼 푸른 심연이었고, 인도양에서만 접근할 수 있다고 들었다. 남쪽 바다에 가까워질수록 날씨는 무더워졌고, 일본을 향해 돌아 올라가면서 비로소 시원해졌다. 바람과 소나기와 햇빛이 비치는 구름으로 펼쳐진 아름다운 석양과 달빛이 비치는 밤을 보내며 주변 경치는 없지만 자연이 줄 수 있는 가장 매력적이고 다양한 파노라마를 경험했단다. 아침에 제일 먼저 하는 일은 남쪽으로 계속 가는 동안 대양의 열기로 약간 덥혀진 바닷물에 뛰어드는 것이다. 8시 30분에 아침을 먹고, 우리 네 명의 여자는 가장 큰 객실에서 기도 모임을 가진단다. 중국 내륙으로 가는 루터교회 선교사인 앤더슨 양도 우리와 함께했다. 그다음 우리 여섯 사람은 갑판 위에 모여 돌아가면서 소리 내어 책을 읽고, 샌드백과 볼링 등으로 운동을 한 후 점심을 먹는다. 오후에는 독서나 게임, 낮잠을 자기도 한다. 달빛이 비치는 긴 저녁 시간에는 배 뒤쪽 고물 부분에 모여 노래를 한다. 몸과 마음이 쉴 수 있어서 무척 감사했다. 내 식욕과 잠자는 능력은 놀랍구나. 호놀룰루에서 우리는 아름다운 하루를 보냈다. 다른 의사들과 나는 공교롭게도 모두 동일하게 판사 프라이어 여사에게 보내는 소개서를 가지고 있었는데, 프라이어 여사는 점심식사 후에, 쿠퍼 의대 학우 버지스가 자신의 어머니와 3시 승선 시간까지 우리 모두를 차로 태워다주기 위해 올 때까지, 아름다운 집에서 환대해주었다. 그림 같은 섬의 도시에서 우리가 무엇을 보았는지 묘사하지는 않겠다. 우리한테 그것은 하루 혹은 일주일 동안 동화의 한 장면, 꿈에서 보던 로맨틱하고 매력적인 장소로 여겨졌단다.

11월 19일 금요일.

in Yokohama & Tokyo, my mind is so full of the sights & experiences that I feel I could spend hours in writing descriptions & then come far short of making it all seem real. We were very fortunate in having Prof. MacCauley to show us the sights which he knew so well. Taking a steam launch at 6:30 A.M. for shore we "the six"—went to the Grand Hotel for breakfast then spent the morning in some little individual errands and seeing the main part of Yokohama. Taking a train for Tokyo we reached there just before noon, walked through one of the main thoroughfares to the Imperial Hotel for lunch, then starting out with jinrickshas we spent the afternoon in a tour of about 15 miles through that great city, teeming with nearly two million people. The Prof. took us to his home where we were served with tea, then we visited temples, tombs, parks, Imperial grounds, bazaars, and all the points of interest he could possibly show us in so short a time. Returning by train to Yokohama we dined at the Hotel & at 9:30 "launched" out for the Belgic, scarcely even tired from our fifteen hours of sightseeing.

This is but the skeleton of that day and no words of mine could possibly make it live with the Oriental life of this strange land. From this glimpse at the exterior I am ready to say, "Fair, fascinating Japan," and with the love for the people which I know I should have, I don't believe closer knowledge of them would overcome the first impression. Korea will I know be very, very different,—more degraded, filthy & repulsive, I expect—yet I am glad, so glad to go on, for it is Korea that has been given to me, and it is the one place where I want to be.

I had a thick package of steamer letters from you, Cousin Emma,— did you know it? They began coming last Aug. and as I have read them I have been again with you, to Fresno, the Sierras, the Valley, Santa Barbara and all the way home, and have refreshed my memory with details, which came to me the first time during very busy days. The little tea cloth was used at Nellie's wedding before being packed for Korea. I am so glad to have it from you, dear. Mrs. Kerr in San Rafael also gave

어제 우리는 에도 만(江戶灣)에 도착했고, 오늘 아침 5시에 다시 항해를 시작했단다. 요코하마와 도쿄에서 행복한 하루를 보낸 후 편지를 쓰려고 하니, 내 마음은 경치와 경험으로 가득 차서 몇 시간을 할애해도 그것을 사실적으로 묘사하기에는 부족하다고 느낀다. 운이 좋게도 맥컬리 교수가 자신이 잘 알고 있는 경치들을 보여주었다. 해안으로 가서 아침 6시 반에 출발하는 기선을 탄 우리 "6"명은 그랜드 호텔에서 아침을 먹고 각자 볼일을 보고 요코하마의 주요 명소들을 보며 오전 시간을 보냈다. 도쿄행 기차를 타고 정오 전에 거기에 도착했고, 주요 도로를 걸어서 임페리얼 호텔에서 점심을 먹고, 인력거를 타고 2백만의 사람들이 넘치는 멋진 도시 속에서 15마일 정도 관광을 하면서 오후를 보냈다. 맥컬리 교수는 우리를 자기 집으로 데려가서 차를 대접했고, 우리는 절과 무덤과 공원, 황실 정원, 시장, 또 짧은 시간 동안 맥컬리 교수가 보여줄 수 있는 모든 관광 명소를 방문했단다. 기차를 타고 요코하마로 돌아오면서 우리는 호텔에서 식사하고 9시 30분에 벨직호를 향해 출발했는데, 15시간을 관광했는데도 조금도 피곤하지 않았다.

이것은 그날의 개요일 뿐이고 어떤 말로도 이 이상한 땅에서의 동양적 삶을 생생하게 표현할 수 없을 것이다. 바깥에서 이렇게 잠깐 보는 것으로 나는 "아름답고 매혹적인 일본"이라고 말할 준비가 되어 있다. 내가 사랑해야 한다고 알고 있는 그 사람들을 향한 사랑으로 그들을 더 많이 안다고 해도 내 첫인상이 달라지리라고는 믿지 않는다. 한국은 완전히 다르다고 알고 있단다. 더 부패하고 불결하고 불쾌한 곳이라고 예상한다.[2] 그러나 나는 나아가고 싶다. 왜냐하면 내게 주어진 곳이 한국이고, 그곳이 내가 있고 싶은 유일한 장소이기 때문이란다.

사촌 엠마야, 네가 기선 편으로 보낸 두꺼운 편지 꾸러미가 있다. 알고 있었니? 그 편지들은 지난 8월부터 오기 시작했다. 편지를 읽을 때, 나는 프레스노, 시에라, 밸리, 산타 바바라, 그리고 멀리 집으로 가서 너와 함께 있게

---

2 많은 선교사들이 일본을 먼저 보고 한국에 왔기 때문에 항상 '근대화된 문명국 일본'과 '미개하고 야만적인 한국'이라는 이중적인 오리엔탈리즘의 인상을 가졌고, 이를 극복하는 데 많은 시간이 필요했다.

me a beautiful center-piece. I tried to imagine them on my pine board table! Both seemed to me too handsome for a missionary to own but—I was really glad somebody else didn't think so.

I found time before leaving for two lessons of an hour each on the wheel & did so want just a little more time. I learned to dismount at once so was not afraid of falling, and the second hour rode much of the time alone. Three times, when all was favorable I was able to mount alone. After seeing how the land lies in Korea I may send to Japan for a wheel. I wonder how you are, dear. Much better I hope during the cold weather. How I do wish you could be with Mother during the next vacation for both your sakes. I think and wonder so much about what the days bring to you. Our dear Father is the guide and I ask that He may show you His hand of love in every detail, and make the inner life so rich with His precious indwelling that rivers of living water may flow to bless others. I have read and enjoyed both the "Ministry of the Spirit" and "Shepherd Psalm," and I think both were sent with my freight so that I can review them for they both are worthy of being one's companions. Just now I am reading "The Spirit of Christ" by Andrew Murray;—a deeply devotional book. There is so much more that I want to write, dear, but this letter may be long delayed unless mailed in the morning at Kobe. Give my love to each of the dear family by name. Warmest love to Uncle James & Mcbeth. And for you, dear, the love that goes out to you constantly & that will deepen and broaden as we both know more & more of the love that passeth knowledge.

A loving Goodnight from

Alice

된다. 그 편지들은 자세한 이야기로 내 기억을 새롭게 해주었는데, 바쁜 날을 지내는 동안 처음으로 그런 기억이 살아났다. 작은 차 탁자용 식탁보는 한국으로 보내려고 포장하기 전에 넬리의 결혼식에서 사용했단다. 나는 네게서 식탁보를 받아 매우 기쁘다. 섄라파엘의 커 부인도 내게 아름다운 장식물을 주었다. 나는 참나무로 된 테이블 위에 있는 그 장식물을 상상해보았다. 두 가지 모두 선교사가 소유하기에는 지나치게 멋진 물건이지만, 다른 사람들이 그렇게 생각하지 않아서 정말 기뻤다.

나는 떠나기 전에 한 시간씩 두 번 자전거 타는 법을 배울 기회가 있었고, 시간이 조금 더 있기를 원했다. 나는 첫 시간에 내리는 것을 배워 넘어지는 것이 그렇게 겁나지는 않았다. 두 번째 시도에서는 오랜 시간을 혼자서 탔다. 모든 것이 순조로웠던 세 번째 시도에서 나는 혼자 탈 수 있었다. 한국에 가서 땅이 어떤지 살펴본 후, 나는 일본에 자전거를 주문할 수 있을 것이다. 네가 어떻게 지내는지 궁금하구나. 추운 날씨에 잘 지내기를 바란다. 다음 휴가 때 네가 어머니와 함께 지낼 수 있기를 두 사람 모두를 위해 바란다. 세월 앞에 네가 어떻게 변했을지 궁금하다. 하나님 아버지께서 인도하시며, 너에게 모든 세세한 면에서 당신의 사랑의 손길을 보여주시고, 내적인 삶이 주님의 귀한 임재하심으로 말미암아 풍부해져서 생명수 강이 흘러 다른 사람들에게 복이 되기를 기도한다. 나는 『성령의 목회』(*Ministry of the Spirit*)와 『목자의 시』(*Shepherd Psalm*)를 모두 즐겁게 읽었단다. 나는 두 책이 동반자가 될 만하기 때문에 다시 음미할 수 있도록 두 책을 내 화물과 함께 보내야겠다고 생각했다. 나는 앤드류 머레이의 『그리스도의 영』(*The Spirit of Christ*)을 읽고 있단다. 경건한 책이다. 쓰고 싶은 것이 많지만, 아침에 고베에서 보내지 않으면 이 편지가 오래 지연될 수 있단다. 내 사랑을 사랑하는 가족 한 사람 한 사람에게 전한다. 제임스와 맥베드 삼촌에게 가장 따뜻한 사랑을 보낸다. 그리고 늘 너에게 사랑을 보낸다. 우리 모두 지식을 초월하는 더 많은 사랑을 알기에 그 사랑이 깊어지고 넓어질 것이다.

사랑을 담아,

앨리스

## Mary Alice Fish

***Nagasaki, Japan***

***November 26, 1897***[1]

Dear Father,

I want to begin with the story of the days where I left it last week so you will have a somewhat connected account. It was last Thursday, the 18th (so I think,–it is hard to keep track of the days myself) that we steamed away from Yokohama harbor. We left Professor McCauley and Mr. Kennedy there, so we four girls formed "the party" after that. By the way, I don't think I told you that we (the six) had been named "The Goonies," because like those birds we were fond of the moonlight, braved all weathers, and apparently did not know enough to go in when it rained. Friday after leaving Yokohama was rather cold and dismal. I think we were more tired than we realized after all the sight-seeing of the day before, so we were very quiet. Saturday morning at daylight we entered the harbor at Kobe. If I had not since come to Nagasaki, I should say Kobe must surely be the most beautiful port in Japan. The sunrise that morning was charming. It is no wonder to me that the Japanese are so artistic in their decorations and combinations of colors, which other people do not dare to place together, for nature instructs them here as she certainly does in few other places, if at all, elsewhere. There are tints in cloud and sky, in sea and foliage such as we never see at home. Japan has an atmosphere that colors everything. I don't know what explains it. Kobe is on the western shore of the harbor, and on the eastern slope of a beautifully wooded range rising abruptly from the sea. That morning as the sun rose from behind the low shore line on the east, it brought to light the scores of little fishing boats weaving their way in and out among the vessels at anchor and making toward the open sea. Touching the tips of the

1 As printed in a San Rafael or San Francisco newspaper.

## 메리 앨리스 피시

### 일본, 나가사키

### 1897년 11월 26일[1]

아버지께,

아버지께서 어느 정도 연결된 이야기를 들으실 수 있도록, 지난주에 제가 중단했던 날에서 이야기를 시작하려고 합니다. 우리가 요코하마 항을 떠난 것은 지난 목요일 18일이었다고 생각합니다. (제가 스스로 날짜를 계속 확인하는 것은 어렵습니다.) 우리는 그곳에서 맥컬리 교수와 케네디 씨와 작별했습니다. 우리 여자 넷은 그 후에 "단체"를 결성했습니다. 제가 이 말씀은 드리지 않았다고 생각합니다만, 우리 6명은 "구니스"(Goonies)라고 이름을 붙였는데,[2] 그 새처럼 우리가 달빛을 좋아하고 모든 악천후를 용감하게 견디며 비가 올 때 어디로 가는지 충분히 모르기 때문입니다. 요코하마(横濱)를 떠난 후 금요일은 조금 춥고 침울했습니다. 우리는 전날의 관광이 끝난 후에 생각보다 피곤해져서 조용히 지냈습니다. 토요일 아침 동이 틀 때, 우리는 고베(神戶) 항에 도착했습니다. 그 이후에 나가사키(長崎)에 가지 않았다면, 분명히 고베가 일본에서 가장 아름다운 항구라고 말했을 것입니다. 그날 아침의 일출은 매력적이었습니다. 일본인들이 장식과 색 조합에 있어서 다른 나라 사람들과 감히 비교할 수 없을 정도로 예술적이라는 사실이 저에게는 전혀 놀랍지 않습니다. 자연이 적어도 몇몇 다른 곳에서 그렇게 하듯이 이곳에서도 일본인들을 가르치기 때문입니다. 구름과 하늘과 바다와 나뭇잎에는 우리 고향에서는 전혀 보지 못했던 부드러운 색조가 있습니다. 일본은 모든 것을 색으로 물들이는 분위기가 있습니다. 그것을 무엇으로 설명해야 할지 모르겠습니다. 고베는 항구의 서쪽 해안가에 위치해 있는데, 바다로부터 불쑥 튀어나온 동쪽 경사면에 나무가 아름답게 우거져 있었습니다. 그날 아침, 태양이 동쪽

1 샌라파엘이나 샌프란시스코에서 발행된 신문.

2 구니(gooney)는 바다에 사는 검은 발을 가진 대형 알바트로스 새다.

mountain range, the rays crept down the slope, bringing out the autumn tints in the foliage and revealing one picturesque house after another that nestled among the trees on the hillside, until they (the rays) finally reached the water's edge and the whole town lay in the sunlight.

After an early breakfast we four went off in a launch, nerving ourselves to face Orientalism for the first time on our own responsibility. We had a plan for the day, but its carrying out was something we were still curious about. We went first to the shops in Kobe and spent an hour or two until we were afraid we would be financially ruined if we remained longer. About 10:40 a.m. we took the train for an hour's ride to Osaka, a large manufacturing place and the second city in size in the Empire. The ride lay through rice fields dotted with villages at the foot of the slopes of the hills. It is all like a miniature world filled with little people playing at living. And yet there is too much poverty and pain to make life play for the most of them. Osaka is the Manchester of Japan. On approach it presents a peculiar appearance with its scores of great brick chimneys rising so far above the one-story native houses. Many of the finest silk, porcelain and lacquer manufactures are there. Our train was crowded and at the station we found by the throngs of people and the soldiers on parade that it must be a holiday for one city at least.

How to make ourselves understood was the next problem. Out of the multitude of jinriksha men surrounding us we tried again and again to make one understand we wanted to go to the hotel, but failing with all, we boldly pushed our way through the throng and started to walk up one of the roads. Every foreigner is of course the center of a crowd, but we were attracting so many people that it seemed as if very soon the whole city would know that we were stranded and lost. So we walked for a while trying to appear as if we knew the entire country, but really not knowing what to do next. Of course the situation was not serious for we were four together and we could at least go back on the train—but we wanted to see Osaka. We stopped a few minutes to consult. A

의 낮은 해안선 뒤에서 떠오르면서, 닻을 내린 범선들 사이를 누비며 이리저리 넓은 바다로 나가는 수십 척의 어선들에게 빛을 비추었습니다. 산맥의 봉우리들을 비추면서 태양빛은 마침내 바닷가에 이르러 도시 전체가 태양빛 아래 놓일 때까지, 비탈을 내려와 나뭇잎에 가을의 색조를 드리우고 언덕의 나무들 사이에 자리 잡은 그림 같은 집들을 하나하나 드러냈습니다.

이른 아침 조반을 먹고 난 후, 우리 4명은 용기를 내어 처음으로 직접 동양 문화를 접하기로 했습니다. 그날 우리는 계획이 있었지만 어떻게 이행할 수 있을지는 아직 알 수 없었습니다. 우리는 먼저 고베에 있는 상점들로 가서 한 시간 반을 머물렀는데 더 이상 그곳에 머무르다가는 파산할 지경이 되리라고 걱정하게 되었습니다. 오전 10시 40분에 우리는 한 시간 정도 걸리는 오사카(大阪)행 기차를 탔는데, 오사카는 제조업 지역으로 일본 제국에서 두 번째로 큰 도시입니다. 기차는 언덕 경사면 아래 여기저기에 자리 잡은 마을들이 있는 논을 지나갔습니다. 그 모든 풍경은 살아가는 연기를 하는 작은 사람들로 가득 찬 모형 세상 같았습니다. 그러나 대부분 너무 가난하고 고통 받는 삶이라 연극으로 만들 수 없습니다. 오사카는 일본의 맨체스터입니다. 근처에 이르자 단층으로 된 일본식 집 위로 높게 솟아 있는 수십 개의 거대한 벽돌로 된 굴뚝과 함께 그 독특한 모습을 드러냈습니다. 최고급 비단, 도자기, 칠기를 생산하는 많은 제조업자가 그곳에 있습니다. 기차에는 사람들이 가득 차 있었는데, 역에서 우리는 수많은 사람과 행진하는 군인을 보고 적어도 이 도시의 공휴일이 틀림없을 것이라고 생각했습니다.

그다음 문제는 의사소통이었습니다. 우리를 둘러싸고 있는 많은 인력거꾼 가운데 한 사람에게 호텔로 가고 싶다고 이해시키려고 노력하고 또 노력했지만 모두 허사였습니다. 우리는 대담하게 무리를 뚫고 지나가서 한 길을 따라 걸어 올라가기 시작했습니다. 외국인 주변에는 항상 군중이 모이지만, 우리는 너무 많은 사람의 시선을 끌어서 곧 도시 전체가 우리가 길을 잃었다는 사실을 아는 것 같았습니다. 그래서 우리는 마치 나라 전체를 아는 것처럼 보이려고 한동안 걸었지만 사실은 다음에 무엇을 해야 할지 몰랐습니다. 물론 우리 4명은 함께 있었고 적어도 기차로 다시 돌아갈 수 있었기 때문

jinriksha man came toward us and to our great relief we found he could speak a little English. For the rest of the day Namamoto was our guide and we were personally conducted and cared for. After lunch at the hotel we went to the Government Bazaar (the Wanamaker's of Osaka), then what seemed to be the endless miles of the principal shop and business streets; down a theatre street where the theatres were doing a thriving business, the people were in gala dress, and one could scarcely see the sky for the clouds of flying banners overhead. Back to the station again we took the train and reached Kobe in time to visit the famous waterfall. Returning to the Belgic by dinner time we considered the day quite a success (with the help of Namamoto.) That man must be a treasure to foreigners for he took the greatest interest in showing us the sights and did not attempt to overcharge, which is very unusual.

The next morning (Sabbath) we went on shore and attended service at the Kobe Union Church, which, as I understand, is in theory supported by different denominations and used by them, but which seemed to me in its service to be chiefly influenced by the Church of England. We made a long stay in Kobe because the Belgic had so much freight to land. But at daylight Monday morning we were off again and all that day were sailing through Japan's marvelous Inland Sea. If I have not been able to describe any of the choice bits of scenery we had before that, I certainly should not attempt to describe what is called the most beautiful shore scenery in the world. The weather could not have been more perfect except that the wind was a little cold. But we wrapped ourselves warmly and, taking our rugs way up into the peak of the bow, spent nearly the whole day there, looking from side to side and exclaiming over the beauties of islands, shores, mountains, sea, sky, forest and village. The passages are so intricate and the channel so narrow that we were obliged to anchor that night. The next morning we were up at daylight to see our passage through the beautiful Shimonoseki straits which close the inland sea on the west. About 5 a.m. Tuesday we entered Nagasaki harbor, and

에 상황이 심각하지는 않았습니다. 그러나 우리는 오사카를 보고 싶었습니다. 우리는 이야기를 나누기 위해 몇 분 동안 멈춰 섰습니다. 한 인력거꾼이 우리에게 왔고 다행히 그는 영어를 약간 할 수 있었습니다. 나마모토는 그날 나머지 시간 동안 우리의 안내인이 되었고, 우리는 개인적으로 안내와 보살핌을 잘 받았습니다. 호텔에서 점심을 먹고 나서 정부 바자(오사카의 워너메이커)에 갔는데, 상점과 사업의 주요 도로들이 끝없이 펼쳐져 있는 것 같았습니다. 극장들이 성업 중인 극장가에는 사람들이 야유회 복장을 하고 있었습니다. 바람에 나부끼는 깃발들이 구름처럼 머리 위에서 펄럭여 하늘을 거의 볼 수 없었습니다. 다시 역으로 돌아와, 우리는 기차를 타고 유명한 폭포를 방문하는 데 적당한 시간에 고베에 도착했습니다. 저녁 시간이 되어서 벨직호로 돌아와 우리는 그날이 (나마모토의 도움으로) 꽤 성공적이었다고 생각했습니다. 그 사람은 외국인들에게 보물과 같은 존재임이 틀림없는데, 우리에게 명소를 보여주기 위해 깊은 관심을 기울였고, 지나친 요금을 청구하려고 하지 않았기 때문입니다. 이는 흔치 않은 일입니다.

다음날 안식일 아침에 우리는 바닷가로 가서 고베 연합교회의 예배에 참석했습니다. 제가 이해하기로 그 교회는 외형적으로는 많은 교파가 원조하고 사용하는 곳이지만, 그곳의 예배는 주로 영국 성공회의 영향을 받은 것처럼 보였습니다. 벨직호는 하선할 화물이 너무 많아서 우리는 고베에서 오랫동안 머물렀습니다. 그러나 월요일 아침 동이 틀 무렵 다시 출발했고 그날 하루 종일 아주 멋진 일본 내해(內海)를 항해했습니다. 만일 제가 전에 보았던 경치 가운데 가장 좋은 곳을 조금이라도 묘사할 수 없었다면, 소위 세상에서 가장 아름다운 이 해안가의 풍경을 묘사하려고 시도해서는 분명 안 될 것입니다. 날씨는 바람이 약간 찬 것 외에는 더할 나위 없이 완벽했습니다. 우리는 따뜻하게 옷을 입고 방석을 뱃머리 위쪽에 매달아 그늘을 만든 뒤 거의 하루 종일 그곳에서 지내면서 좌우를 보며 섬, 해안가, 산, 바다, 하늘, 숲, 마을의 아름다움에 경탄을 금치 못했습니다. 선로가 복잡하고 해협이 너무 좁아서 우리는 그날 밤 정박해야만 했습니다. 다음날 아침 우리는 동틀 무렵에 일어나 서쪽에서 내해를 막고 있는 아름다운 시모노세키 해협을 보았습

though it was raining we could not help being struck with this which is called the most beautiful harbor in the world.

The Belgic had to stay until 4 p.m. Wednesday to coal, and I stayed on board with the girls till the last moment, finally coming on shore in a sampan (rowboat), and finding myself on shore in Asia alone. After getting my baggage through the Custom House I took a room at the Central Hotel and then thought I would make an effort to find a missionary of some kind. On saying "mission" to my jinricksha man, he took me to the Roman Catholic church, but the priest kindly gave the man directions to take me to the Methodist Girl's School where Miss Russell is in charge. She told me of the Mission and Girl's School under the Dutch Reformed church, which of course is more nearly like our own, and I found the place but did not find Miss Lansing, the Superintendent. It was then dark and I returned to the hotel. It is run by Japanese but they have European food. The steward could understand English pretty well so I could make my wants known. There were one or two Russians about the place, but I was the only woman so far as I saw. The room was clean and I was perfectly comfortable that night, but beyond that I guess it would hardly be safe to describe my feelings. It is a strange sensation to hear constant jabbering on every side and have no one you can speak to. You feel the best thing to do is to keep your mouth closed, for you will accomplish nothing if you open it. Frances Cattell gave me a letter just before I left her, to be read that night, and it certainly was a great comfort to me. I opened my Bible to Isaiah 42, and the verses from 6 to 8 came home as they never had before. How precious are the personal words of the blessed Book. I went to bed early and lay there listening to the unfamiliar sounds in the street below–the cries of the venders, the calls of the runners, the plaintive whistle of the blind men. But all too constant were the shouts, songs and curses of the drunken sailors who too many of these people are representatives of England and America.

니다. 화요일 오전 5시 무렵에 우리는 나가사키 항에 도착했습니다. 비가 내리고 있었지만 우리는 세상에서 가장 아름다운 항구라고 불리는 이곳을 보고 놀라지 않을 수 없었습니다.

벨직호는 석탄을 싣기 위해 수요일 오후 4시까지 머물러 있어야 했습니다. 저는 마지막까지 여자 친구들과 선상에 머물러 있었고, 마침내 나룻배를 타고 해안가로 와서 이제 아시아의 해안가에 홀로 남아 있다는 사실을 실감해야 했습니다. 세관을 통해 짐을 받고 난 후, 저는 센트럴 호텔에 방을 잡고 아무 선교사라도 만나야겠다고 생각했습니다.

인력거꾼에게 "미션"이라고 말하자 곧 인력거꾼이 저를 천주교 교회로 데려다주었지만, 신부가 친절하게 러셀 양이 담당하고 있는 감리회여학교로 가는 길을 인력거꾼에게 알려주었습니다. 러셀 양은 저에게 네덜란드 개혁교회가 운영하는 선교회와 여학교에 대해 말해주었는데, 물론 우리 선교회와 거의 비슷했습니다. 제가 그곳을 찾아갔지만 관리자인 랜싱 양은 보지 못했습니다. 날이 이미 어두워졌으므로 호텔로 돌아왔습니다. 호텔은 일본인이 운영하지만 유럽 음식이 있었습니다. 지배인이 영어를 잘 이해해서 저는 제가 원하는 것을 알려줄 수 있었습니다. 그 장소에는 한두 명의 러시아인이 있었지만 제가 본 바로는 제가 유일한 여자였습니다. 방은 깨끗했고 저는 그날 밤 편안하게 지냈습니다. 그러나 그뿐이었고, 제 느낌을 말하자면, 그곳은 거의 편안하지 않았습니다. 모든 곳에서 끊임없이 떠드는 소리가 들려오지만, 말할 수 있는 사람이 아무도 없다는 것은 이상한 느낌이었습니다. 말을 한다고 해도 할 수 있는 것이 없기 때문에, 할 수 있는 최선은 입을 다물고 있는 것이라는 사실을 느껴보셨을 것입니다. 프랜시스 카텔은 제가 떠나기 전에 그날 밤에 읽으라고 편지를 주었는데 확실히 제게 큰 위안이 되었습니다. 저는 성경을 꺼내 이사야 42장을 펼쳤는데, 6-8절이 이전과는 전혀 다르게 마음 깊이 다가왔습니다. 복된 성경이 제게 개인적으로 주는 말씀이 얼마나 소중한지요. 저는 일찍 잠자리에 들었고, 아래쪽 거리에서 나는 행상의 외침, 호객꾼 소리, 맹인의 구슬픈 휘파람 소리 등 익숙하지 않은 소리를 들으면서 누워 있었습니다. 그러나 꾸준히 들렸던 소리는 술 취한 선원의 외침, 노래,

Next morning just as I finished breakfast, Miss Lansing came to say they would take me in up at the Girl's School while I have to stay here, and you don't know how glad I was to go. Mrs. Davis invited me with the rest of the missionaries to Thanksgiving dinner yesterday and I was invited out to another one with some of the Methodist ladies in the evening. Miss Lansing has taken me right up into her room and I am already quite at home. So here I am today in the dining room of the Girl's School of the Dutch Reformed church, way up on a hillside looking out over beautiful Nagasaki harbor and writing to you by the yard.

Alice

욕이었는데 그들은 이곳의 많은 사람에게는 영국과 미국을 대표하는 자들입니다.

다음날 아침 식사를 막 마쳤을 때 랜싱 양이 와서 제가 이곳에서 지내는 동안 여학교에 머무르도록 해주겠다고 말했습니다. 그곳으로 가게 되어서 제가 얼마나 기뻤는지 모르실 겁니다. 데이비스 부인은 어제 추수감사절 만찬에 다른 선교사들과 함께 저를 초대했습니다. 저는 저녁에 몇몇 감리회 여자 선교사들과 다른 곳에도 초대를 받았습니다. 랜싱 양은 그녀의 방으로 저를 데리고 갔고 저는 이제 아주 편안합니다. 그래서 오늘 저는 아름다운 나가사키 항구가 내려다보이는 언덕 위에 있는 네덜란드 개혁교회 산하 여학교의 식당에서 장황한 편지를 아버지께 쓰고 있습니다.

앨리스 올림

**Mary Alice Fish**

***Chefoo, China***

***December 1, 1897***[1]

Dear Father,

Well, to "resume and continue on," I left Nagasaki on Saturday, November 27th. On going down town from Miss Lansing's about 11 a.m. I found a Russian steamer had entered port and was leaving that afternoon for Chemulpo via Chefoo. I went out to her in a sampan to see the accommodations, and though the prospect was very poor the alternative was to wait till December 20 (!) for a Nippon Yusen Kaisha steamer–the regular Japan Mail. (I think I told you I missed the last steamer of the two weeks' system by about eighteen hours.) So I decided to brave the unpleasantness and come under the Russian flag. The voyage has proved more than all it promised to be. The "Bankabb" is quite small and mainly a freight boat running to Vladivostok. The staterooms, such as they are, are down stairs in the stern, directly over the propeller and shaft, and open into the dining room which the men use for smoking. (There are little holes for ventilators which cannot be closed.)

I am the only woman on board. The men are Russian, Japanese and Chinese. The captain and one passenger speak a little English. They are certainly Russian angels to me just now! The berths, very narrow and much too short, are of a thin hard mattress on cross boards. We have had a strong, cold head wind nearly all the way and a very choppy sea, and this little craft has pitched and tossed in all directions about three times to one good roll of the Belgic. I was never so seasick before–the Russian fare, with everything swimming in grease, has not troubled me. But one can scarcely be too sick to do anything if there is nobody else to do it. There is a boy who would wait on me but doesn't know a word

---

1 As printed in a San Rafael or San Francisco newspaper.

## 메리 앨리스 피시

### 중국, 얀타이 시

### 1897년 12월 1일[1]

아버지께,

"다시 이어서 말씀드리자면" 저는 11월 27일 토요일에 나가사키를 떠났습니다. 대략 11시에 랜싱 양의 집을 떠나 도시를 내려갔는데 곧 러시아 기선이 항구에 들어와 있고, 그날 오후에 지푸(芝罘)를 거쳐 제물포로 떠난다는 사실을 알았습니다.[2] 저는 객실을 보기 위해 나룻배를 타고 그 기선에 갔습니다. 가능성은 매우 낮았으나, 대안은 일본의 정규 우편물 수송선인 일본우선회사 기선이 떠나는 12월 20일까지(!) 기다리는 것이었습니다. (제가 약 18시간 차이로 격주로 운행하는 지난번 기선을 타지 못했다고 말씀드린 것으로 생각합니다.) 그래서 저는 불쾌함을 무릅쓰고 용감하게 러시아 깃발 아래로 들어가기로 결정했습니다. 항해는 예상보다 훨씬 좋지 않았습니다. 밴카브호는 블라디보스토크로 가는 작은 화물선이었습니다. 객실이라고 하는 방들은 선미의 계단 아래, 프로펠러와 축 바로 위에 있고 사람들이 담배를 피우기 위해 사용하는 식당 쪽으로 열려져 있습니다. 닫히지 않는 작은 환기구들도 있었습니다.

저는 승선한 유일한 여자였고 남자 승객은 러시아인, 일본인, 중국인이 있었습니다. 선장과 승객 한 사람이 영어를 약간 했는데, 지금 당장 그들은 저에게 분명 러시아인 천사입니다. 좁고 길이가 짧은 선실에는 십자 형태의 널빤지 위에 얇고 딱딱한 매트리스가 있습니다. 거의 모든 방향에서 강하고 찬 맞바람이 불었고 바다는 파도로 심하게 울렁거렸습니다. 이 작은 배는 벨직호가 한 번 크게 넘실거렸던 것에 비해 대략 세 번 모든 방향으로 넘실거렸습니다. 저는 이전에 그렇게 뱃멀미가 심했던 적이 없었습니다. 온통 기름으로 가득 찬 러시아 음식은 아무런 문제도 되지 않았습니다. 조금이라도 도

---

1 샌라파엘이나 샌프란시스코에서 발행된 신문.

2 지푸 항은 지금의 얀타이(烟台)로, 산동 반도의 개항장이라 미국 북장로회 선교지부 등이 있었다.

of English and I am not versed in Russian, so I do without. I write notes as a last extremity for toast and hot water, and I suppose the captain interprets. What a blessing happiness does not depend on surrounding circumstances. All has been bright within. When I cannot read I am thankful I know so many texts and hymns and can always pray, and so I've had sweet days of communion with the Lord.

We have come northward close along the Korean coast and within a comparatively short distance of Chemulpo. I have laughingly begged the captain to drop me there, but he is ordered to Chefoo first, so we must go off across the sea and make the trip three or four days longer. The wind feels like that off Glacier Bay in Alaska, and I can face it only a little while each day. It will put us back too, and it makes us pitch so it seems to me that propeller must be nearly out of the water half the time. Wednesday morning we reached Chefoo and the passenger who speaks English and I went ashore in a sampan. He is Mr. Von Rendenfeld, who was for a year secretary to the Korean Ambassador and he has been very kind indeed to me. I wanted to call on Dr. and Mrs. Corbett in Chefoo, whom I met at 920 Sacramento Street just before they sailed in August. So at the hotel I took a chair and two coolies for their home, a mile away. The chair was all of cane lashed between two bamboo poles about fourteen feet long, with cross pieces at the ends which rested on the coolies' shoulders. I took my seat and was "hoisted" and borne off at a solemn, measured tread.

At first I thought, "Dear me, this is slow work after the runners of Japan, but when we entered the narrow winding city streets and began to meet the donkey trains I found the pace quite rapid enough. Every hundred yards or less, one of the men shifts to the other shoulder, and if they both happen to shift at once, you wish they wouldn't and hope they will never do so again, which they are sure to do. The sights and sounds and filth of those streets I'll not attempt to describe. It was only a bit of China and of course is far worse in the interior. After about 20

와줄 수 있는 사람이 없으면 아예 아무것도 할 수 없을 정도로 심하게 아팠습니다. 저를 시중드는 급사가 있었지만, 그는 영어를 한마디도 모르고 저는 러시아어에 능하지 않습니다. 그래서 저는 급사의 도움 없이 지냈습니다. 저는 궁여지책으로 토스트와 뜨거운 물을 달라는 메모를 썼습니다. 선장이 번역해줄 것이라고 생각합니다. 복된 기쁨은 주변 환경에 달려 있지 않습니다. 저의 내면은 모든 것이 밝았습니다. 읽을 수 없을 때, 제가 많은 구절과 찬송을 알고 또 항상 기도할 수 있음에 감사합니다. 그래서 저는 주님과 함께 교제하는 달콤한 날들을 보냈습니다.

우리는 한국 해안선을 따라서 북쪽으로 올라가 비교적 제물포에 가까운 거리까지 갔습니다. 저는 선장에게 그곳에 내려달라고 웃으면서 간청했습니다. 그러나 선장은 지푸로 먼저 가라는 지시를 받았으며, 따라서 우리는 그 해역을 가로질러 삼사 일 더 항해해야 합니다. 바람은 알래스카의 빙산 만에 부는 바람처럼 차갑게 느껴집니다. 그래서 저는 매일 조금씩 바람을 맞을 수 있습니다. 바람은 우리를 뒤로 밀고, 또 우리 배를 넘실거리게 해서 프로펠러가 종종 거의 물 밖으로 나와 있는 것처럼 보이게 합니다. 수요일 아침에 우리는 지푸에 도착했고, 영어를 하는 승객과 저는 나룻배를 타고 해안가로 갔습니다. 승객은 본 렌덴펠트 씨로, 1년간 한국 대사의 비서였으며, 저에게 정말로 친절했습니다. 저는 지푸에서 코르베트 의사 부부를 방문하기를 원했습니다. 지난 8월 출항하기 전에 샌프란시스코 세크라멘토가 920번지에서 만났던 분들입니다. 그래서 저는 호텔에서 2인 가마꾼의 가마를 타고 1마일가량 떨어진 의사 부부의 집으로 갔습니다. 가마는 일꾼들이 어깨에 올려 메는 대략 14자 길이의 대나무 가로대 두 개 사이에 등나무 의자를 묶은 것이 전부였습니다. 저는 자리에 앉았고 일꾼들이 저를 메고 조용히 보조를 맞추어 걸어갔습니다.

처음에는 "이런, 일본에서 뛰어다니던 인력거꾼에 비하면, 이건 느리군" 하고 생각했습니다. 그러나 우리가 좁고 꼬불꼬불한 도시의 거리로 들어가서 나귀 행렬을 만나기 시작했을 때, 저는 가마의 속도가 충분히 빠르다는 것을 알게 되었습니다. 약 90미터마다 일꾼 중 한 사람이 막대를 다른 어깨

minutes the coolies set me down and took out their pipes for a smoke. I quickly had a crowd around me, but smiling into their faces brought them too close for comfort, as I had no means of escape, so I put all my attention upon a man who was apparently a carpenter, working nearby, and presently the coolies decided to go on. I spent about three hours at Dr. Corbett's and oh, that visit was such a treat. Could I ever have learned the full meaning of fellowship, companionship if I had not come out here? Returning to the hotel I met my companion and we went to the ship in the Custom House boat. My coolies had about 20 cents apiece of our American money for their four hours service. We were doomed to disappointment and more waiting than there was cargo to take on and we did not start till morning. But patience is a lesson one must learn in the East, for nobody hurries here. All through Japan we reminded ourselves "There is no more hurry now." And Japan is comparatively very rapid. It is surprising how much people can bustle around without accomplishing anything.

This morning we start across the sea again, to reach Chemulpo. I'll not attempt to say when. In reality our speed is 5 miles an hour–the Captain said so. Well, such a time. Let's call it a funny time, because the word is so utterly inappropriate. However, at the latest, I hope to be in Seoul by Saturday night and then shall quickly forget all these details and remember only enough to advise others not to take a Russian steamer. I am glad every moment that I came to Korea and have never been otherwise, because the dear Lord has made the way so plain. I do believe He wants me here now, and His full will for the future is all my desire. How wonderful is his support and care, and how tender His love. And day by day through all the time that has seemed so silent because I could have no word from you, He has helped me to trust for you both, and to realize the instant blessings come to each other because of our punctual waiting upon Him, or even before we ask are the answers given.

로 바꾸었습니다. 아버지라면 일꾼들이 그렇게 하지 않기를 바라고, 만일 우연히 두 사람이 동시에 바꾼다면 결코 다시는 그렇게 하지 않기를 희망하시겠지만 분명히 일꾼들은 그렇게 할 것입니다. 거리의 광경, 소리, 더러움에 대한 묘사는 시도조차 하지 않겠습니다. 그것은 중국의 극히 일부분에 지나지 않으며, 물론 내륙은 훨씬 더 나쁩니다. 대략 20분 후에 가마꾼들은 저를 내려놓고 담배를 피우기 위해 파이프를 꺼냈습니다. 제 주위로 빠르게 사람들이 몰려들었고, 그들에게 미소를 짓자 그들이 너무 가까이 다가와서 불편했습니다. 빠져나갈 어떤 수단도 없었기 때문에 저는 근처에서 일하는 목수로 보이는 한 남자에게 제 모든 주의를 기울였는데, 이윽고 가마꾼들이 출발했습니다. 코르베트 씨의 집에서 저는 약 3시간을 보냈으며 큰 환대를 받았습니다. 제가 이곳에 오지 않았다면 친교와 동료애의 완전한 의미를 배울 수 있었을까요? 호텔로 돌아오면서, 저는 제 동반자를 만났고 우리는 세관 선박 안에 있는 배로 갔습니다. 제 가마꾼들은 4시간 동안 일했는데 미화로 각각 약 20센트를 받았습니다. 그런데 우리 앞에는 실망스러운 또 다른 일이 기다리고 있었습니다. 실을 화물이 더 있어서 배가 아침이 되어서야 출발한다는 것이었습니다. 그러나 인내는 동양에서 배워야 하는 교훈입니다. 왜냐하면 이곳에서는 아무도 서두르지 않기 때문입니다. 일본에 있을 동안 줄곧 우리는 "이제 더 이상 서두르는 일은 없다"고 스스로를 일깨웠습니다. 일본은 상대적으로 매우 신속합니다. 아무것도 성취하지 못하면서 사람들이 이렇게 북적거린다는 것은 놀라운 일입니다.

오늘 아침 우리는 제물포로 가기 위해 바다를 건너기 시작했습니다. 언제 도착할지는 말씀드리지 않겠습니다. 실제로 우리의 속도는 한 시간에 5마일입니다. 선장이 그렇게 말했습니다. 글쎄요, 그런 시간입니다. 그것을 재미있는 시간이라고 부르겠습니다. 왜냐하면 그 단어가 완전히 맞지 않는 말이니까요. 그러나 적어도 저는 토요일 밤까지는 서울에 도착하기를 희망합니다. 그러면 이 모든 세세한 일을 빨리 잊고 러시아 기선을 타지 말라고 다른 사람들에게 조언하기에 충분하다는 것만 기억할 것입니다. 저는 한국에 오기로 하고 나서 매 순간이 기뻤고 또 기쁘지 않은 적이 없었는데, 사랑하

Now I am going to close this letter and have it ready to send back from Chemulpo, for it will probably reach you sooner than the word I send from Seoul. Dear me, this is December 2nd. A rich and blessed New Year for you.

Alice

는 주님께서 길을 평탄하게 해주셨기 때문입니다. 저는 하나님께서 지금 이곳에 제가 있기를 원하신다고 믿으며, 미래를 위한 그분의 온전한 뜻이 저의 모든 소원입니다. 하나님의 도우심과 보살핌이 얼마나 놀랍고 그의 사랑이 얼마나 부드러운지요. 아버지께서 보내주시는 편지를 전혀 받지 않았기 때문에 하루하루 모든 시간이 적막합니다. 하나님께서 두 분을 하나님께 맡기도록 도와주셨으며, 우리가 그분을 제대로 섬길 때 곧 축복이 우리 각자에게 임하고 심지어 우리가 구하기 전에 응답해주신 것을 깨닫도록 도와주셨습니다.

이제 이 편지를 끝내고 제물포에서 보낼 준비를 해야겠습니다. 이곳에서 발송하는 것이 제가 서울에서 보내는 것보다 빨리 아버지께 도착할 것입니다. 벌써 12월 2일입니다. 풍성하고 복된 새해를 맞이하시기를 빕니다.

앨리스 올림

## Mary Alice Fish

***Seoul, Korea***

***December 10, 1897***

Dear Father and Mother:

It is surprising how the last few days have slipped away. I finished the last letter to you on the famous Russian steamer, I believe, just before we reached port. Arriving in Chemulpo harbor about 2 p.m. Friday afternoon (3rd), I went ashore in the Custom House boat followed by the baggage in a Korean sampan. The Korean coast looks very bare at first sight because of the lack of foliage and yet there is an attractiveness about the rocky bluffs backed by rugged mountain peaks. As we approached Chemulpo I was rather startled by the appearance of the people, for although I knew something about their costume I had not realized what the effect would be en masse. The national costume is all white (the nation is in mourning for the Queen just now); loose padded trousers, white shoes (or rather padded stockings), long loose coats reaching below the knees, and tall useless white hats. Apparently the whole town of Chemulpo was out along the water's edge in the sun, and I could think of nothing but a throng of children, dressed in white frocks and sent out to play.

As we landed I was directed at once to a hotel in the place which is kept by Chinamen and there I was soon settled with my hand baggage. I then sent a message off to the Chemulpo railroad office in the hope of finding Mr. Bostwick, and sure enough, in less than an hour he came himself. I soon felt as if I had known him for a month or more. I tell you, two Americans are not likely to stand on ceremony when they meet on the coast of Asia. At least I felt very thankful that I knew of Mr. Bostwick and was able to find him so easily. Through his kindness I sent a telegram to Dr. Whiting in Seoul and made all my arrangements to take the steam launch up the river next day. He even came back next

## 메리 앨리스 피시

한국, 서울

1897년 12월 10일

부모님께,

지난 며칠이 얼마나 빨리 흘러갔는지 놀랍습니다. 항구에 도착하기 직전에 그 유명한 러시아 기선에서 부모님께 드리는 편지를 다 썼다고 저는 생각합니다. 금요일(3일) 오후 2시경에 제물포 항에 도착한 후, 저는 화물을 실은 한국 나룻배가 뒤따르는 세관선을 타고 해안가로 갔습니다. 한국의 해안은 처음 보았을 때에는 벌거벗은 듯 나무나 숲이 없는 것처럼 보였으나 바위 절벽의 울퉁불퉁한 산을 배경으로 하는 매력적인 경관이었습니다. 제물포에 다가가며 저는 조금 놀랐는데, 왜냐하면 사람들의 의복에 대해 어느 정도 알고 있었지만 모여 있을 때 어떤 효과가 있는지는 상상해보지 못했기 때문입니다. 의상이 모두 흰색이었습니다. (지금은 황후를 위한 국상 기간입니다.) 헐렁한 솜바지 차림에 흰색 신발(혹은 솜버선)을 신고 무릎 아래까지 닿는 길고 헐렁한 상의를 입고 높고 쓸모없는 흰색 패랭이를 쓰고 있습니다.[1] 분명히 제물포 도시 전체가 해변을 따라 있었습니다. 그러나 저는 밖에서 뛰어노는 흰옷을 입은 아이들의 무리 외에 어떤 것도 생각할 수 없었습니다.

육지에 내린 후 저는 곧장 그곳에 있는 중국인들이 운영하는 호텔로 향했고, 그곳에서 곧 들고 갔던 짐을 풀었습니다. 그 후에 저는 보스트윅 씨를 찾아볼 희망으로 제물포 철도 사무소에 전갈을 보냈습니다. 아니나 다를까 한 시간이 지나기 전에 보스트윅 씨가 직접 왔습니다. 곧 저는 약 한 달 동안 보스트윅 씨를 알고 지냈던 것처럼 느꼈습니다. 제가 말씀드리지만 두 미국인이 아시아의 해안에서 만났을 때 격식을 차릴 가능성은 없습니다. 적어도 저는 제가 보스트윅 씨를 알고 이렇게 쉽게 그를 찾을 수 있었다는 사실을

1 댓개비로 엮어 만든 갓. 조선 시대에는 역졸, 보부상 같은 신분이 낮은 사람이나 상(喪)을 당한 사람이 썼다. 국상 기간에 모든 남자 성인은 흰색 패랭이를 써야 했다.

morning and saw that I was well started on the last bit of my journey. The little launch was crowded with Japanese and Koreans, but I was favored by having a corner of the floor in a cabin 7x9x5 (!) with three Japanese and sometimes four. The trip is nearly eight hours by the river and I did grow tired sitting on the floor, but I had a book and the benefit of a little charcoal stove to warm my feet and found one of the Japanese who could speak a little English and kindly sent for coffee to go with my sandwiches. Soon after 5 p.m. we reached our landing place at Yung San and whom should I see coming out in a sampan to meet me but Dr. Field, Miss Shields and Miss Strong, while Dr. Whiting was back on the shore with chairs and coolies to take us up to the city (about five miles). Such was my reception in my new home and a pleasant one it was.

Dr. Whiting is living in the house which belongs to Mr. and Mrs. Gifford, while they are in America and has taken me right in with her. Does it not seem strange that having known each other in College we girls should be living together in this far away land? The Mission has taken no action yet on a permanent location for me. My work assigned is only language study, and unless a change should be made at the next Station meeting I shall probably remain in Seoul and in this house for the next eight or nine months. This district of the city is known as Yun-mot-kol. This house and the girl's school where Miss Doty and Dr. Field are living, are in the same compound. The enclosure is on high ground very nearly in the center of the city and from the little knoll just at the side of this house we can look out over the city in every direction and away to the mountains that form almost a complete circle around us. How thankful I am for these restful mountains. I love their ragged peaks and scarred sides. From our windows we look out over hundreds of gray Korean roofs. The house faces about S.E. and the first rays of the sun come into the windows of our sitting room and my bedroom. (I shall send you a plan later.)

Well, it was about eight o'clock Saturday evening December 4th,

감사하게 생각합니다. 보스트윅 씨의 친절 덕분에 저는 서울에 있는 화이팅 의사에게 전보를 보냈고, 다음날 강을 따라 올라가는 기선을 예약했습니다. 보스트윅 씨는 심지어 다음날 다시 와서 제가 마지막 여행을 잘 떠나도록 배웅해주었습니다. 작은 증기선은 일본인과 한국인들로 붐볐지만 서너 명의 일본인과 함께 7×9×5자 크기의 선실 한 구석 바닥에 자리 잡을 수 있는 호의를 받았습니다. 여행은 배로 약 8시간이 걸립니다. 저는 바닥에 앉아 있는 것이 지겨워졌지만 책이 있었고 발을 따뜻하게 해줄 수 있는 작은 석탄 난로의 혜택을 받을 수 있었습니다. 그리고 영어를 조금 말할 수 있는 일본인 한 사람을 찾았고 그는 친절하게도 샌드위치를 먹을 수 있도록 커피를 주었습니다. 배는 오후 5시 정각 직후에 종착지인 용산(龍山)에 도착했습니다. 배에서 나오니 부두에서 저를 맞아준 이들은 다름 아닌 필드 의사, 쉴즈 양, 스트롱 양이었으며, 화이팅 의사는 뒤쪽 강변에서 우리를 5마일쯤 떨어진 시내로 데리고 갈 가마와 짐꾼과 함께 있었습니다. 이렇게 저는 새로운 모국에 도착했고 즐거웠습니다.

화이팅 의사는 기퍼드 부부가 미국에 가 있는 동안 기퍼드 부부의 집에 살고 있는데, 화이팅 의사가 바로 저를 집 안으로 데리고 갔습니다. 대학에서 서로 알고 지냈던 우리가 고국에서 멀리 떨어진 이곳에서 함께 산다는 사실이 이상하지 않습니까? 선교회는 제가 계속 지내게 될 지역에 대해 아직 어떤 결정도 내리지 않았습니다. 다음 선교지부 모임에서 어떤 변화가 없다면, 저는 아마도 서울에, 그리고 다음 8-9개월 동안 이 집에 머무르게 될 것입니다. 이 지역은 연못골(蓮洞)로 알려져 있습니다. 이 집과 도티 양과 필드 의사가 살고 있는 여학교는 같은 구역 안에 있습니다. 이 구역은 도시 중심에서 가까운 높은 지대에 있고, 이 집의 인근에 있는 작은 언덕에서 멀리 도시의 모든 방향을 볼 수 있으며 거의 완벽한 원 형태로 주위를 둘러싼 산들을 볼 수 있습니다. 이 아늑한 산들에게 제가 얼마나 감사하는지요. 저는 산들의 울퉁불퉁한 정상과 깎아지른 듯한 측면이 좋습니다. 집 창문을 통해 우리는 수백 채의 한옥 회색 지붕을 봅니다. 집은 남동향이고 아침 첫 햇살이 거실과 제 침실의 창문으로 들어옵니다. (나중에 지도를 보내겠습니다.)

when we came up to this dear little house and my journey ended. Dr. Whiting has two Korean servants–a cook and a "boy"–and for the present I am just to live with her and pay my board.

The next day, Sabbath, we walked over to the Union church two and a half miles away and after a helpful service which was a study into the life of prayer, I met most of those connected with the work in Seoul. I know I shall love all the workers here. Another joy was in store for me, for Dr. Whiting secured a teacher for me and Monday forenoon I began on the language. So far I have had five days of study on five years of work! Dr. Whiting has been given itinerating work in the country quite recently and on Wednesday morning she started off to be away about two weeks. So I have the house all to myself and go down to the girls' school for my meals. I am not one of the lonely kind, you know, so I get along very nicely. The two boys keep the house in order and when necessary I use pantomime with a Korean word now and then if I can manage one. My freight was forwarded from Chemulpo last week and the first of the boxes came up from the river today by coolies and ponies. I am very, very fortunate. Many of those who come from the east have had to wait three months and more for freight. Dr. Field, you know, sailed from Vancouver before September 15th, and her freight has not yet come.

As I look back over the journey and my arrival here, the blessings of the way are so many, and our dear Father's hand has been so evident and so loving in every detail. In Mr. Meyer's book on the life of Joseph he says "God can also raise up friends for His servants in the most unlikely places and of the most unlikely people." And as I read it I thought of the friends He raised up for me,–Miss Lansing in Nagasaki, the Russian on the steamer, the Chinaman in the hotel in Chemulpo, Mr. Bostwick, and the Japanese on the river boat. Everywhere there has been a need He has had someone ready to supply that need. And I believe God prepared the way here and sent me right to Dr. Whiting. I am thankful, so thankful to be here. It is a privilege, dear ones. My heart is at rest for I am so sure it

자, 이 아름다운 작은 집에 올라온 것은 12월 4일 저녁 8시경이었고, 제 여행은 끝났습니다. 화이팅 의사에게는 2명의 한국인 고용인으로서 요리사와 소년이 있었고, 현재로서 저는 그녀와 함께 살며 식비를 지불할 것입니다.

다음날 안식일에 우리는 2.5마일 떨어진 유니언 교회로 걸어갔습니다. 기도의 삶에 대해 배울 수 있는 유익한 예배가 끝나고, 저는 서울에서의 사역과 연관된 사람들을 만났습니다. 저는 이곳의 모든 사역자들을 사랑하게 될 것을 압니다. 또 다른 즐거운 일이 있는데, 화이팅 의사가 저를 위해 어학교사를 초빙해주셨습니다. 월요일 오전부터 공부를 시작했습니다. 지금까지 5년 과정 중 5일을 공부했습니다! 화이팅 의사는 최근에 지방 순회를 해왔는데, 수요일 아침에 출발해서 약 2주간 떠나 있을 것입니다. 그동안 집을 저 혼자 사용하니 식사하러 여학교로 내려갈 것입니다. 부모님도 아시겠지만 저는 혼자 지내는 사람이 아니라서 잘 어울리고 있습니다. 2명의 소년이 집을 잘 정리합니다. 필요할 때 한국어 단어 하나를 말할 수 있으면 그 단어와 함께 손짓으로 의사소통을 합니다. 제 화물은 지난주에 제물포에서 발송되어 오늘 강에서 일꾼들과 조랑말이 그 첫 번째 상자들을 가져왔습니다. 저는 운이 좋습니다. 미국 동부에서 오는 많은 선교사가 화물을 받는 데 3개월이나 그 이상을 기다려야 하니까요. 필드 의사는 9월 15일 이전에 밴쿠버에서 배를 타고 왔는데, 화물이 아직 도착하지 않았습니다.

이번 여행과 여기 도착한 것을 돌이켜보면, 많은 방법으로 축복받은 것을 알 수 있습니다. 사랑하는 우리 하나님의 손길이 모든 세세한 일에서 명백했고 사랑으로 넘쳤습니다. 메이어 씨는 요셉의 삶에 대한 책에서 다음과 같이 썼습니다. "하나님께서는 당신의 종을 위해 친구를 세우실 수 있는데, 가장 소망 없는 곳에서 가장 소망 없는 사람들 가운데 하십니다." 그것을 읽으면서 주님께서 저를 위해 세우신 친구들을 생각했습니다. 나가사키의 랜싱 양, 기선의 러시아인, 제물포 호텔의 중국인, 보스트윅 씨, 그리고 작은 기선에서 만난 일본인들. 모든 곳에서 도움이 필요했고, 그 필요를 채우시기 위해 하나님께서는 누군가를 예비하셨습니다. 이곳으로 인도해주신 하나님께서는 저를 바로 화이팅 의사에게 보내주셨습니다. 저는 이곳에 오게 되어 감

is His will. He is able to keep that which I have committed to Him, and in His hand and only by His power I shall be kept humble, and pleasing in His sight. Pray for this. I am ashamed that sometimes there creeps in a little fear of how God may deal with us in the future. It should not be so, for we are in a Father's hand and it is the "all things" which work together for good. But it is hard for me to trust for you. I cannot always lay the burden down.

The weather is very cold to me. Ever since we left Nagasaki it has been growing colder. Snow has fallen lightly three times since I came to Seoul, but now the clouds have gone and it is clear and biting cold. I like it but am not toned up to it quite yet; so I stay about the stove closely and indulge in a bag for my feet at night. I hope I shall be braced for colder weather still in January, for I am wearing all the clothing now that I can comfortably. Many of the people even here in the city are already suffering a good deal, for both wood and rice are very high this year. From what I have seen of the Koreans I love them very much. How one does long to be able to speak to them at once. They seem so receptive and are so very accessible. But the way to the telling of the Gospel story lies at present along a very uphill path. I do desire special help with the language. Now, dear ones, goodnight. God bless you richly and keep you safely in the hollow of His hand.

A heart full of love for you both from
Alice

My little clock is great company. It talks to me every half hour. The muff Miss Walker gave me is a comfort.

사합니다. 사랑하는 여러분, 이것은 정말 특권입니다. 이것이 하나님의 뜻임을 확신하기 때문에 제 마음은 평안합니다. 주님께서는 제가 헌신한 것을 맡아 지키실 수 있습니다. 주님의 손안에서만, 그리고 주님의 권능을 통해서만 저는 겸손하게 있을 수 있고, 주님이 보시기에 사랑스러울 수 있습니다. 이를 위해 기도해주십시오. 때로는 하나님께서 미래에 우리를 어떻게 이끄실지 살짝 두려운 마음이 들어 부끄럽습니다. 두려워하지 말아야 하는 이유는 우리가 하나님의 손안에 있고, 그것이 합력하여 선을 이루는 "모든 것"이기 때문입니다. 그러나 부모님을 맡기는 것은 어렵습니다. 저는 늘 그 짐을 내려놓을 수 없습니다.

저에게 이곳은 너무 춥습니다. 나가사키를 떠난 이후 점점 추워졌습니다. 제가 서울에 온 후 세 차례 눈이 조금 내렸지만, 구름은 사라져서 맑고 살을 에는 듯이 춥습니다. 이런 날씨가 좋지만 아직 몸에 익숙하지 않습니다. 그래서 난로 옆에 머물러 있고, 밤에는 가방에 발을 넣고 지냅니다. 더 추운 1월을 대비해 월동 준비가 되기를 희망합니다. 왜냐하면 지금도 제가 편안히 입을 수 있는 모든 옷을 껴입고 있기 때문입니다. 이 도시의 많은 사람조차 추위로 인해 이미 많은 고통을 받고 있는데, 올해 땔감과 쌀이 비싸기 때문입니다. 제가 한국인들을 본 것으로 이야기하자면 저는 한국인을 정말 사랑합니다. 한국인과 바로 대화를 나눌 수 있을 때까지는 얼마나 걸릴까요? 한국인은 잘 받아들이고 다가가기가 쉬운 것 같습니다. 그러나 복음을 말하는 길은 현재 가파른 경사 위에 있습니다. 그 언어를 배우는 일에 특별한 도움이 있기를 정말로 소원합니다. 이제 사랑하는 부모님, 안녕히 주무십시오. 하나님께서 두 분을 풍성히 축복하시고 당신의 손안에서 안전하게 지켜주시기를 빕니다.

두 분을 향한 사랑이 가득한 마음으로,

앨리스 올림

제 작은 시계는 훌륭한 친구입니다. 매 30분마다 저에게 시간을 알려줍니다. 워커 양이 준 토시는 저를 편안하게 해줍니다.

## Mary Alice Fish

***Seoul, Korea***

***December 31, 1897***[1]

"Our first letter from Dr. Alice Fish received by our Foreign Cor. Secretary, is here given to the readers of the Occident. In a private letter, she reported her first surgical operation—the amputating of a man's ten toes. Frost and afterwards gangrene had made this necessary. She finds the language the most difficult part of her work now, and this she realized when she sat before five Koreans, with the command, 'now talk'."

Dear Mrs. Horsburgh:
Saturday evening, December 4th I reached my new home, after a journey of thirty-five days, many of them very enjoyable. During the last week when traveling all alone, there were some times of loneliness:

"Yet never alone is the Christian,
Who lives by faith and prayer;
For God is a Friend unfailing,
And God is everywhere."

The Chinese girls at the Home gave me as a parting verse, "Behold the Lamb of God, which taketh away the sin of the world," and the last words I heard from the dock as we steamed away were those of the chorus, "Wash me in the blood of the lamb and I shall be whiter than snow." This is the message I bring to Korea. Precious message, blessed

1 Letter to the Foreign Corresponding Secretary of The Occidental Board of Foreign Missions, 920 Sacramento Street. San Francisco, as printed in *The Occident* and a local newspaper.

## 메리 앨리스 피시

**한국, 서울**

**1897년 12월 31일**[1]

"우리 해외 선교부의 서신 총무가 받은 앨리스 피시 의사의 첫 번째 서신을 여기 독자들에게 드린다. 그녀는 이 개인적인 서신에서 첫 외과 수술을 보고했다. 한 남자의 발가락 열 개를 절단했는데, 동상과 이후의 괴저 현상으로 수술이 불가피했다. 그녀는 한국어 공부가 현재 사역에서 가장 어려운 부분이라는 사실을 발견했는데, [언어 시험을 위해] 5명의 한국인 앞에 앉아서 '이제 말하세요'라는 명령을 받았을 때 실감했다."

호스버그 부인께,

12월 4일 토요일 아침, 대부분 즐거운 나날이었던 35일간의 여행을 마치고 새 고향[한국]에 도착했습니다. 혼자 여행했던 지난주에는 때때로 외롭기도 했습니다.

"그러나 기독교인은 결코 혼자가 아니다,
신앙과 기도로 살기에.
하나님은 변치 않는 친구이시며
하나님은 어디에나 계시기 때문이다."

고국에서 중국인 소녀들이 저에게 작별 노래로 "보라! 세상 죄를 지고 가는 하나님의 어린 양이로다"를 불러주었습니다. 부두에서 들었던 마지막 구절은 후렴부의 "어린 양의 피로 씻으시니 눈보다 더 희리라"였습니다. 이것이 제가 한국으로 가져온 소중한 메시지고, 그것을 전할 수 있는 특권은 축

1 샌프란시스코에 있던 동양해외선교부의 해외 서신 총무에게 보낸 편지로, 지역의 장로교회 가족 신문인 「옥시덴트」(*The Occident*)에 실렸다.

privilege to bear it. I praise God He has permitted me to come. And next to my Heavenly Father, my heart is full of gratitude to all the dear friends of the Occidental Board and of Benicia Presbytery, who, by their interest and prompt and willing gifts, made it possible to come here this fall. I am grateful to you all for the affection and love which you give me and for the support of your gifts and prayers. We know you will not cease to pray for us in Korea, that we may be enabled to take "God's best" for this land.

I am living at present with Dr. Georgiana Whiting (who was a college mate in Philadelphia) in the house which belongs to Mr. and Mrs. Gifford, now in America. We are in the same compound with the Girls' School, where are Miss Doty and Dr. Field. Some very good times we have together. These little girls are as dear as they can be, and the women win one's heart at once. Some of us are wishing with all our hearts that we could at once speak to these people who are so accessible and so ready to listen and often so eager to learn. But it is the faithful language study which daily brings nearer the time when we can begin independent work among them.

How I wish you might have been with us at the morning service last Sabbath in one of the native churches. It was the communion season, the building was crowded and twenty-two women and twenty men were received into the church by baptism. Some of the women had been kept long as catechumens, and their joy was very great at being at last received into the church. All were hushed in prayer during the communion, and at the close sang most heartily, "O, happy day that fixed my choice, on Thee, my Saviour and my God." I am sure that you, too, would have found it impossible to keep back the tears. This blessed work is yours and ours, and we do often wish that you, too, could see such sights and could look into the faces of these dear people. Pray especially for the native helpers, both men and women. Their lives before the people mean so much, and some of them in the country have

복입니다. 박사님께서 제가 하늘에 계신 아버지 옆에 가까이 있도록 허락하신 데 대해 하나님을 찬양합니다. 관심과 조언과 마음에서 우러나온 선물로 올가을에 이곳에 오는 것을 가능하게 해주었던 동양선교부와 베니시아 노회의 사랑하는 모든 형제들에 대한 감사가 제 마음에 가득합니다. 박사님께서 저에게 주신 애정과 사랑, 은총과 기도로 도우신 것을 감사드립니다. 우리는 한국에 있는 우리를 위해 박사님께서 기도하기를 쉬지 않을 것을 알며, 또 우리가 이 나라를 위해 "하나님의 최선"을 이끌어낼 수 있음을 압니다.

현재 저는 지금 미국에 있는 기퍼드 부부의 집에 필라델피아에서 대학 동창이었던 조지아나 화이팅 의사와 함께 살고 있습니다. 우리는 [정신]여학교가 있는 구내에 있는데, 그 학교에는 도티 양과 필드 의사가 있습니다. 우리는 함께 몇 차례 즐거운 시간을 가졌습니다. 여자 선교사들은 즉시 사람의 마음을 사로잡고, 학교의 어린 소녀들은 더할 나위 없이 사랑스럽습니다. 그 가운데 일부는 쉽게 다가갈 수 있고 들을 준비가 잘 되어 있습니다. 열심히 배우려는 그들에게 즉시 말할 수 있기를 진심으로 바랍니다. 그러나 우리가 그들 가운데 독자적으로 사역을 시작할 수 있을 때, 매일 가까이 다가갈 수 있는 길은 열심히 언어를 공부하는 것입니다.

한 본토인 교회에서 드린 지난주 주일 아침 예배에 저와 함께 박사님도 참석하셨다면 얼마나 좋았을까요? 성찬식을 하는 때라 건물은 가득 찼고, 22명의 여자와 20명의 남자가 세례를 받고 입교했습니다. 여성들 중 일부는 학습교인으로 오랫동안 있었는데 마침내 교회에 입교하게 되어 크게 기뻐했습니다. 모두가 성찬식이 거행되는 동안 기도하면서 침묵했고, 끝으로 진실한 마음으로 "주의 말씀 받은 그날 참 기쁘고 복되도다"를 찬송했습니다. 분명 박사님도 눈물을 참는 것이 불가능했을 것입니다. 이 복된 사역은 박사님의 것이요 우리의 것입니다. 우리는 박사님께서 그런 광경을 보고 이 사랑스러운 사람들의 얼굴을 볼 수 있기를 바랍니다. 특히 본토인 남녀 조사들을 위해 기도해주십시오. 이 민족 앞에 그들의 삶은 너무 많은 것을 의미합니다. 시골에 있는 일부 조사들은 선교사가 방문한 적이 없는 곳에서 사람들을 가르치는 책임을 감당하고 있습니다.

the responsibility of teaching people where no missionary has been able even to visit.

Our prayers are often and often united for the freedom of the Holy Spirit in His work in the churches at home. From my heart I send as a message to you in the homeland, 2 Thessalonians 1: 11-12, and may the prayer be fulfilled to each and every one. Thank you, dear Mrs. Horsburgh, for your letter and loving advice. I know God will help me to be prudent as well as faithful.

With warmest love to all, I am

Mary Alice Fish

우리는 본국에 있는 교회에서 이루어지는 주님의 사역 가운데 성령의 자유를 위해 자주 합심하여 기도합니다. 진심 어린 마음으로 모국에 있는 박사님께 데살로니가후서 1장 11-12절 말씀을 메시지로 전합니다. 그리고 각자 모든 사람의 기도가 이루어지기를 기도합니다. 호스버그 박사님의 서신과 사랑 어린 조언에 감사드립니다. 하나님께서 제가 신중하고 신실하게 되도록 도와주실 줄 압니다.

모든 분께 따뜻한 사랑의 마음으로,

앨리스 피시 올림

# 서신 LETTERS
# 1898

## Mary Alice Fish

***Seoul, Korea***

***January 1, 1898***

Dear Father and Mother:

The first letter of the New Year shall be dated to you. On December 18th I received the first word from home and now again on New Year's Day I am made very happy by more home letters. How thankful I am for the good news from my dear ones; that you are so well and your letters are so full of courage and peace. God is blessing us very richly. May our Father keep you safely and so near to Himself that the changing circumstances which come shall touch lightly. I do wish you might have as clear a picture of my new home and surroundings as is brought up to my mind when you speak of yours.

I am very, very happy here, and very comfortably settled. At first there was no stove in my bedroom so I had to live in Dr. Georgiana Whiting's sitting room, and only come in here when ready to tuck myself under blankets and comforters. It was so cold the water froze every night in the pitcher, and my little clock would not run even to keep warm! Three of the coldest nights I made up a cot in the warm sitting room. I do not know how low the temperature went, but think it was not below zero. There were clear cold days when it never went above 30 degrees in my bedroom. Needless to say, I did not stay in there long. I enjoy the cold and have not once wished for summer, but this weather is very hard on these poor people. Both rice and fuel are very high and during the cold snap just before Christmas we were told over 200 in the City were frozen. When my stove came I found it about the only thing in the shipment which was disappointing. It was sent without a grate.

On Christmas Day we had a delightful party of missionaries down at the Girl's School. Miss Doty and Dr. Field were hostesses. Miss Ellen Strong, whose sister I saw in San Francisco, was there, also Miss

## 메리 앨리스 피시

**한국, 서울**

**1898년 1월 1일**

부모님께,

신년 첫 편지를 두 분께 보냅니다. 12월 18일에 저는 집에서 보낸 첫 소식을 받았고, 이제 다시 새해 첫날 집에서 보낸 더 많은 편지를 받고 행복합니다. 사랑하는 사람들로부터 온 좋은 소식과 두 분이 건강하시고 두 분의 편지가 용기와 평화로 가득 차 있어서 얼마나 감사한지요. 하나님께서 우리를 풍성하게 축복하고 계십니다. 하나님 아버지께서 두 분을 안전하게 지키시고 당신 옆에 두셔서 변화하는 상황에 크게 영향을 받지 않기를 기도합니다. 부모님께서 집과 환경에 대해 말씀하실 때, 두 분께 저의 새로운 집과 주변 환경을 보여주는 선명한 사진을 보내드리면 좋겠다는 생각이 떠올랐습니다.

저는 이곳에서 행복하며, 편안하게 정착했습니다. 처음에는 제 방에 난로가 없어서 조지아나 화이팅 의사의 거실에서 지내야 했고, 목도리를 하고 만반의 준비를 한 후 이불 속으로 들어갔습니다. 날씨가 너무 추워서 주전자에 있는 물이 매일 밤 얼고, 제 작은 시계도 작동하지 않았습니다. 시계가 제 몸을 따뜻하게 하려면 열심히 달려야 했을 텐데요! 가장 추웠던 3일 밤 동안에는 따뜻한 거실에 간이침대를 두었습니다. 얼마나 온도가 내려갔는지는 모르지만 화씨로 영하는 아니었다고 생각합니다. 제 침실 온도가 30도 위로는 결코 올라가지 않았던 맑고 추운 날이었습니다. 말할 필요도 없이 저는 그곳에 오래 머물러 있지 않았습니다. 저는 추위를 즐기고 한 번도 여름이 오기를 바란 적이 없었지만, 이 날씨가 저 불쌍한 가난한 사람들에게는 큰 고통을 줍니다. 쌀과 연료가 모두 너무 비싸 성탄절 직전에 한파가 닥쳤을 때 이 도시에서 200명 이상이 동사했다는 말을 들었습니다. 난로가 들어있는 제 화물이 도착했을 때, 저는 유일하게 난로만 찾으려고 했는데 난로에 쓰는 쇠꼬챙이를 빼놓고 보낸 것을 알고 실망하기도 했습니다.

성탄절에는 아래 여학교에서 선교사들이 모여 즐거운 파티를 열었습니

Shields, the nurse who came out with Dr. Field and now is living with Miss Strong, Mr. and Mrs. Miller of our mission, also Miss Wambold, Dr. Whiting and myself. I expect to write so much about all these dear people that you will soon know them very well. Miss Doty—here eight years, was at home last year and returned. She has entire charge of the Girl's school, and is doing a splendid work. She is a beautiful character. Miss Doty was a good faithful friend, acting as my interpreter and helping me to get settled. You would love her dearly. My little organ is the greatest comfort. That, and not medicine, has been the first thing to let me into the hearts of some of these dear people. The women who come all enjoy it so much. I have played several times in the little native church over the hill, and now I have undertaken to teach the native woman who is the helper in the school, to play the hymns, so she can lead the little girls. She comes for half an hour every day and is delighted with the thought of learning. Dr. Georgiana Whiting and I dined on Christmas day at the home of Dr. and Mrs. Vinton—and I received so many Christmas remembrances I felt as if I were in a circle of friends I had known a long time. At night last of all I opened the dear little present from my dear little mother. It was last and best and fullest of love.

New Year's Day was one of universal reception. The gentlemen preserve the old fashioned custom of calling on all the ladies. I spent the day alone—writing, reading, and resting. In the evening came the precious home mail with your last letter of December 6th (!). That made me feel nearer home than before. How thankful I am for my precious home. [ ] My language study is very slow. I have just begun with my third teacher, but he is so much better than the other two, that I feel I shall really make some progress now if I work hard. It seems a hopeless task, [ ] Oh, I am so glad to be here, so thankful to begin the New Year in this land. It seems to me when I can speak to the people, that no work could be more delightful or satisfying. I am learning for my first Korean hymn "Nothing but the Blood of Jesus," and shall next

다. 도티 양과 필드 의사가 주최했습니다. 엘렌 스트롱 양이 그곳에 있었는데, 저는 그녀의 여동생을 샌프란시스코에서 만났습니다. 또한 필드 의사와 함께 내한해서 지금은 스트롱 양과 함께 사는 간호원인 쉴즈 양, 우리 선교회의 밀러 목사 부부, 웜볼드 양, 화이팅 의사, 그리고 제가 참석했습니다. 제가 이 모든 사랑스러운 사람들에 대해 많이 쓸 예정이므로, 두 분은 곧 이들을 잘 아시게 될 것입니다. 이곳에서 8년 동안 일했던 도티 양은 작년에 본국에 있었고 다시 돌아왔습니다. 도티 양은 여학교의 총책임자로서 훌륭하게 사역하고 있습니다. 그녀는 아름다운 인물입니다. 도티 양은 착하고 신실한 친구인데, 제 통역자로 일하고 있으며, 저의 정착을 돕고 있습니다. 부모님도 그녀를 정말 사랑하시게 될 것입니다. 제 작은 오르간은 가장 큰 위로가 됩니다. 약이 아니라 오르간이 이 사랑스러운 한국인들 가운데 몇 사람의 마음을 열고 제가 다가갈 수 있도록 해준 첫 물건이었습니다. 찾아오는 여자들은 모두 오르간을 좋아합니다. 저는 언덕 너머에 있는 작은 본토인 교회[연동교회]에서 여러 번 연주했습니다. 지금 학교의 조사인 한 한국인 여성에게 찬송 연주법을 가르치는 일을 하고 있으므로 그녀가 어린 소녀들을 지도할 수 있을 것입니다. 그녀는 와서 매일 30분간 배우는데, 배울 수 있다는 생각에 즐거워합니다. 성탄절에 조지아나 화이팅 의사와 저는 빈턴 의사 부부 집에서 저녁을 먹었고, 많은 선물을 받아서 마치 제가 오랫동안 알고 지내던 친구들 사이에 있는 것같이 느껴졌습니다. 밤에 마침내 저는 사랑하는 어머니가 보내신 작고 사랑스러운 선물을 열어보았습니다. 그것은 마지막이자 최고의 선물로, 사랑이 가득 차 있었습니다.

새해 첫날은 모두 손님을 맞이하는 날입니다. 남자들은 모든 여자들을 방문하는 오래된 관습을 지킵니다. 저는 그날에 편지를 쓰고 책을 읽고 쉬면서 혼자 지냈습니다. 저녁에 12월 6일에 두 분이 보내신 소중한 서신이 왔습니다. 그 편지로 인해 저는 그 이전보다 더 집과 가까이 있다고 느꼈습니다. 소중한 집에 대해 얼마나 감사하는지요. [몇 단어 판독 불가] 저의 언어 습득 속도는 매우 느립니다. 저는 이제 막 세 번째 어학 교사와 공부를 시작했는데, 이 교사가 다른 두 사람보다 훨씬 좋아서, 이제 열심히 공부하면 정말 어

take "More Love to Thee."

Will you have the record of an ordinary day thus far? Rise at 7, and spend the time until 9 o'clock (after straightening my room) in Bible study and prayer–then attend prayers which Dr. Whiting conducts in Korean. From 10 to 12, study with my teacher. Go down to the school for dinner, and then I try to study from 2 to 4, but this is much interrupted. This week its place is taken by the afternoon meetings of the week of prayer which are being held in the foreign settlement 2½ miles away. These are very precious meetings to us,–the missionaries of all denominations come together, nearly 40 attending at times. What joy in the thought that there is a belt of united prayer round all this great globe. How greatly we must depend upon prayer, and what a blessing that He who holds the affairs of nations is a prayer answering God. May He answer with blessings for poor down-trodden Korea. Our petition is that whatever the steps of the nations, the Gospel message may have free course.

Your loving daughter,

Alice

느 정도 진전이 있겠다고 느낍니다. 그러나 [몇 단어 판독 불가] 절망적인 일처럼 보입니다. 오, 저는 이곳에 있는 것이 기쁘고, 이 땅에서 새해를 시작하는 것에 감사합니다. 제가 이 사람들에게 말할 수 있게 되면 어떤 것보다도 기쁘고 만족스러울 것 같습니다. 저는 제 첫 번째 한국어 찬송으로 "예수의 피밖에 없네"를 배우고 있고, 그다음에 "더욱 사랑"을 배울 것입니다.

제가 매일 일과를 어떻게 보내는지 알고 싶으십니까? 7시에 일어나서 (제 방을 정리한 후) 9시까지 성경 공부와 기도로 시간을 보내고, 이어서 화이팅 의사가 한국어로 인도하는 기도회에 참석합니다. 10시부터 12시까지 어학 교사와 함께 [한국어를] 공부합니다. 그 후 식사하러 학교로 걸어서 내려갑니다. 2시에서 4시까지 공부하려고 하지만, 이것은 자주 중단됩니다. 이번 주에는 그 시간에 2.5마일 거리에 있는 외국인 거주지에서 열리는 기도주간 오후 모임에 갔습니다. 우리에게 이것은 소중한 모임으로서 모든 교파의 선교사가 함께 모이는데, 때때로 거의 40명이 참석하기도 합니다. 이 거대한 지구촌에 걸쳐서 연합 기도 벨트가 있다고 생각하니 정말 기뻤습니다. 우리는 단단하게 기도에 의존해야 합니다. 모든 나라의 정세를 붙잡고 계시는 분이 바로 기도에 응답하시는 하나님이시니 얼마나 큰 복인지요. 주께서 가난하고 억압받는 한국을 축복하심으로써 응답해주시기를 기도합니다. 우리의 소원은 나라들이 어떤 조치를 취하든지, 복음의 메시지가 자유롭게 나아가는 것입니다.

두 분의 사랑하는 딸,

앨리스 올림

## Samuel A. Moffett

***Paris, France***

***January 4, 1898***[1]

Dear Dr. Ellinwood:

In the midst of so much sightseeing during our journey through Ireland, Scotland and England I completely neglected to send you any word of my progress towards Korea. In another week I shall be on board the North German *Lloyd S. S. Sachsen* which leaves Naples January 12th for Shanghai and by the middle of February I shall hope to again have the pleasure of writing you from Korea concerning our work there. This journey has indeed been a delightful experience and one which I feel sure has been of great benefit, preparing me for more effective work.

We have seen quite a great deal of church life—both city and country and have been helped thereby. In Edinburgh I had the pleasure of hearing Mrs. Bishop [Isabella Bird Bishop] lecture upon Missions and afterwards of renewing my acquaintance with her at an afternoon reception where she was being entertained. Her lectures certainly do great good as she is gifted in the ability to graphically describe the great need for Mission work.

In London we were greatly pleased with the Boarding House of the Foreign Missions Club which is at present managed by Mr. & Mrs. Whitnee (?). He was for many years a missionary of the L. M. S. [London Missionary Society] in Samoa and makes his home atmosphere a very helpful one. I am sorry for those who may follow me that he is not to continue in charge but I trust his successor may be equally successful. Mr. Smith of the Agency Department very satisfactorily attended to all

1 This letter was incorrectly dated "1897," probably because it was written so early in the year 1898. It is, therefore, incorrectly listed among the 1897 letters in the index. It should be dated and listed "1898."

## 마포삼열

**프랑스, 파리**

**1898년 1월 4일**[1]

엘린우드 박사님께,

아일랜드, 스코틀랜드, 영국을 두루 여행하는 동안 너무 많은 관광을 하다 보니 박사님께 제 한국행 일정에 대해 편지 올리는 것을 완전히 등한히 하고 편지 한 줄도 보내지 못했습니다. 일주일 후 북부 독일에서 로이드 작센호를 탈 것이며, 그 배가 1월 12일 나폴리를 출발하여 상하이로 가는데, 2월 중순까지 한국에 가서 그곳 사역에 대해 박사님께 편지 드리는 기쁨을 다시 누리기를 희망합니다. 여행은 정말 즐거운 경험이었으며, 더 효과적인 사역을 위해 저를 준비하면서 큰 유익을 얻은 여행이었다고 확신합니다.

우리는 도시와 농촌에 걸쳐 많은 교회 생활을 보았으며, 이를 통해 도움을 받았습니다. 저는 에든버러에서 선교에 대한 비숍 여사의 강의를 듣는 기쁨을 누렸는데, 비숍 여사를 대접한 오후 리셉션에서 그녀를 만나 얼굴을 다시 익혔습니다. 확실히 비숍 여사의 강의는 유익했는데, 그녀는 그림을 그리듯이 묘사하는 타고난 능력으로 선교 사역의 큰 필요를 잘 보여주었습니다.

런던에서 우리는 외국 선교회 클럽의 하숙집에 묵게 되어 기뻤습니다. 현재 그 클럽은 휘트니 부부가 경영합니다. 휘트니 씨는 여러 해 동안 사모아에서 런던선교회의 선교사로 사역했으며, 자신의 집을 도움이 되는 분위기로 만들었습니다. 제 뒤에 오는 분들에게는 미안하지만, 그는 더 이상 책임을 맡지 않습니다. 그러나 그의 후임자가 동일하게 성공적으로 운영하리라 믿습니다. 그 클럽의 여행과에서 일하는 스미스 씨가 대단히 만족스럽게 제 모든 업무를 처리해주었습니다. 우리 선교부도 런던에 그런 여행사를 둔다면 선교사들이 큰 편의를 제공받을 것이라고 생각합니다.

---

1 장로회역사연구소의 서신철과 마이크로필름에는 이 편지가 1897년도 파일에 잘못 편집되어 있다. 1898년 1월 4일에 쓴 편지이므로 1898년 서신철에 넣어야 옳다.

my business affairs and I consider it a very great convenience to the missionaries of our Board that we have such an agency in London.

I have had a good rest from work and am longing to reach Korea again. I shall overrun my furlough nearly two weeks and shall have to ask the indulgence of the Board to that extent.

With kindest regards to you and to all in the office.

Very sincerely yours,

Samuel A. Moffett

저는 사역으로부터 떠나 충분히 휴식했으며, 다시 한국에 돌아가기를 고대합니다. 저는 예정된 안식년 휴가 기간보다 거의 2주일을 더 보내야 하므로, 이에 대한 선교부의 면죄부를 부탁해야 할 것입니다.

박사님과 사무실의 모든 분들께 안부를 전합니다.

마포삼열 올림

## Mary Alice Fish

***Seoul, Korea***

***January 15, 1898***[1]

Another home mail came last evening to delight me. From our front window we can look across the city to the slope of the hill opposite where an extra flag is set flying whenever a mail arrives. Even after the flag is seen, we are sometimes disappointed, however, for the mail proves to be a local one from Japan or Shanghai. I feel very fortunate in having had word every two weeks. Seoul is a very beautiful place to me, for I never tire of looking at these grand and rugged mountains which surround us. The weather has been delightful most of the time since I came and I am told it is not at all unusual. The snowfalls nearly all come in the night and the days are bright, clear and cold. We have had some sunsets that rival even those of the Golden Gate. Day after day, as I walk the streets and mingle with the people I often wish it were possible to bring the scenes before the people at home–especially my friends and those who are interested in God's work here. The people are certainly very kindly in their relations with us. I have not as yet been treated at all rudely by a Korean. They have not the polite polish of the Japanese (so much of which often covers real unkindness), but seem to be really kindly in their feelings towards us. The Christians are most grateful, devoted and affectionate. Their lives are so barren it is a great joy to see how much Christianity brings to them of real heart joy, though outwardly it often means great persecution.

Soon after I came I went over to Miss Strong's home (about twenty minutes walk from here) and she asked me to go and see an old woman in a neighboring house who they said was very sick. She led me through a gateway and through court yards into one of the tiny rooms of a small

1 letter as printed in San Francisco Presbyterian Family Newspaper, *The Occident.*

## 메리 앨리스 피시

**한국, 서울**

**1898년 1월 15일**[1]

어제 저녁 집에서 또 다른 우편물이 와서 기뻤습니다. 우편물이 도착할 때마다 도시를 가로질러 반대편 언덕 경사면 쪽에 깃발이 추가로 게양되는 것을 앞쪽 창문을 통해 볼 수 있습니다. 그러나 깃발을 보았다고 해도 우리는 때때로 실망하는데, 그 우편물이 일본이나 상해에서 온 지역 우편인 것을 알게 되기 때문입니다. 격주로 소식을 들을 수 있어서 저는 운이 좋다고 생각합니다. 제가 보기에 서울은 아름다운 도시입니다. 왜냐하면 우리를 둘러싸고 있는 이 웅장한 암석 산들을 보는 것이 결코 싫증 나지 않기 때문입니다. 제가 이곳에 온 이후 날씨는 대부분 좋았습니다. 이것이 특이한 경우가 전혀 아니라고 들었습니다. 눈은 항상 밤에 오고 낮에는 밝고 청명하고 추웠습니다. 심지어 금문교의 석양과도 견줄 만한 석양이 질 때도 가끔 있습니다. 매일 거리를 걸으며 사람들과 어울리면서 저는 고향에 있는 사람들, 특히 제 친구들과 이곳에서 일어나는 하나님의 사역에 관심을 가진 사람들에게 이 장면을 보여줄 수 있으면 좋겠다고 자주 생각했습니다. 이곳 사람들은 분명히 우리와의 관계에서 친절합니다. 저는 아직 한국인으로부터 무례한 대접을 받아본 적이 없습니다. 일본인 같은 예의 바른 겉모습(그 대부분은 자주 불친절한 진심을 가립니다)은 없지만, 우리를 대하는 한국인의 감정은 정말 친절한 것처럼 보입니다. 기독교인들은 고마워하고 헌신적이며 다정합니다. 그들의 삶은 너무 황폐해서, 기독교가 비록 겉으로는 자주 큰 핍박을 의미하지만, 그들에게 참으로 마음으로 느끼는 기쁨이 얼마나 큰지 보는 것은 저에게도 큰 기쁨입니다.

도착 직후에 저는 바로 (이곳에서 걸어서 약 20분 걸리는) 스트롱 양의 집으로 갔습니다. 그녀는 이웃집에 사는 노파를 만나보라고 부탁했는데, 사람들

1 샌프란시스코 장로교회 가족 신문인 「옥시덴트」(*The Occident*)에 실린 편지.

house with mud floor and walls and straw roof. There were two women and two children in a room as large as a good sized closet or store room, besides the poor old sick woman who was curled on the floor in a corner with a quilt wrapped round her. She was perhaps 65 years old, could scarcely breathe apparently and seemed too weak to cough (probably from lack of food). Yet she tried to sit up as I went to her and to appear brighter. It was decided we must if possible get her to the hospital, for she would certainly die if left there. So finally after sending word ahead to Dr. Avison, Miss Strong secured two coolies and a Korean chair in which to send her. This chair is a little frame work with floor and roof and the sides enclosed by curtains which is borne on long bamboo poles by two men. The occupant sits "tailor fashion" on a cushion, and can see out through a tiny window in the curtain on either side. In spite of the cold weather, we bundled the dear old woman into this chair with a bottle of hot water at her feet and sent her off to the hospital. For several days Dr. Avison feared she was too old and weak to recover, but now she is much brighter and seems to be gaining. At first she refused to have anything said to her by those who went to her side, but the last few days she has been quite willing to listen to the story of the Jesus who died for her and she is even beginning to respond a little. We can only pray that her poor dark heart may open to the light. The Master Himself has to teach us that there is "no difference" in His love, and He does it very clearly when He sends us to minister to such poor children of His.

Several days ago some of the Christian women in the neighborhood came in to talk with Dr. Whiting—as they often do—and as I watched their bright happy faces there was a whole sermon in the difference between them and the women in the heathen homes. Some of them have very hard lives but Jesus gives them joy in the midst of their troubles because He is all they have and they rely wholly upon Him. I had a little conversation with one of them through Dr. Whiting as interpreter. The woman said, among other things: "There is so much sorrow and trouble

은 그녀가 심각하게 아프다고 말합니다. 스트롱 양은 집 입구와 뜰을 지나 초가지붕에 황토로 된 벽과 바닥을 가진 작은 집에 딸린 좁은 방으로 저를 데리고 갔습니다. 큰 벽장이나 창고 정도 되는 크기의 방 한쪽 구석에 누비이불로 몸을 감싼 채 몸을 구부리고 누워 있는 몸이 아픈 가련한 노파 외에 2명의 여자와 2명의 아이가 있었습니다. 노파는 65세 정도로 보였는데 숨도 잘 쉴 수가 없었고 너무 허약해서 기침도 하기 어려운 처지였습니다. (아마도 영양실조 때문인 것 같습니다.) 그러나 제가 노파에게 다가가자 일어나 앉으려고 했고 더 밝게 보이려고 노력했습니다. 가능하다면 그녀를 병원으로 데려가야 한다고 결정했는데, 그곳에 그대로 두면 분명 죽을 것이기 때문입니다. 그래서 에비슨 의사에게 전갈을 보낸 후 마침 스트롱 양이 노파를 보낼 가마와 가마꾼을 구했습니다. 이 가마는 바닥과 덮개가 있는 작은 틀인데, 양쪽 옆은 천으로 덮여 있으며, 긴 대나무 막대에 연결되어서 두 가마꾼이 운반하는 것입니다. 가마를 타는 사람은 방석에 "양반 다리"로 앉아서 양 쪽에 있는 천 가운데에 만들어진 작은 창문을 통해 밖을 내다볼 수 있습니다. 추운 날씨에도 불구하고 우리는 이 사랑스러운 노인을 서둘러 가마에 태우고 발 쪽에 뜨거운 물병을 넣어서 병원으로 보냈습니다. 며칠 동안 에비슨 의사는 그녀가 너무 늙고 허약해서 회복하기 어려울 것이라고 걱정했지만, 이제 그녀는 훨씬 표정이 밝고 회복된 것처럼 보입니다. 처음에 그녀는 간병인들이 하는 말을 들으려고 하지 않았지만, 지난 며칠간 그녀를 위해 돌아가신 예수님의 이야기를 약간은 들으려고 했고 조금씩 반응을 보이기 시작했습니다. 우리는 그녀의 가련하고 어두운 마음이 빛을 향하여 열리기만을 기도할 뿐입니다. 주님께서 직접 당신의 사랑 안에는 "어떤 차별도 없다"는 사실을 가르쳐주셔야 합니다. 주님께서 당신의 가련한 자녀들을 돌보라고 우리를 보내실 때, 주님은 분명하게 그렇게 가르치십니다.

며칠 전 이웃에 사는 몇몇 여자 기독교인들이 자주 그렇게 하듯이 화이팅 의사와 이야기를 나누기 위해 찾아왔습니다. 제가 그들의 밝고 행복한 얼굴을 보자, 그들과 이교도 집안에 있는 여자들 사이의 차이점에 대한 설교 전부가 그 안에 있었습니다. 그들 가운데 몇 명은 대단히 어렵게 살지만, 예

in this world,—we cannot understand what heaven is like where there will be no sorrow." I said, "Yes, but there is also very much joy in the world and yet the Bible tells us to depart and be with Christ is very far better than all the happiness and blessing we could possibly have in this life." "Oh yes," she said, "we cannot tell nor even think how much better it is. And I am so glad now that my little boy has gone there." Her son was 8 years old when he died, and a beautiful Christian.

수님께서 그들이 어려운 가운데도 기쁨을 주고 계셨는데, 예수님이 그들이 가진 모든 것이고 그들이 모두 전적으로 그분께 의존하고 있기 때문입니다. 저는 화이팅 의사의 통역을 통해 그들 가운데 한 사람과 약간의 대화를 나누었습니다. 여러 말을 했지만 그녀는 "이 세상에는 많은 슬픔과 어려움이 있습니다. 우리는 슬픔이 전혀 없는 천국이 어떤 곳인지 이해할 수 없습니다"라고 말했습니다. 그래서 저는 "예, 그러나 세상에는 많은 기쁨 역시 있습니다. 성경은 우리에게 이곳을 떠나 예수와 함께 있는 것이 이승의 삶에서 우리가 누릴 수 있는 모든 행복과 축복보다 훨씬 더 낫다고 말합니다"라고 전했습니다. 그녀는 "오, 그렇습니다. 우리는 얼마나 그것이 더 나은지 말할 수도 없고 심지어 생각할 수도 없습니다"라고 했습니다. 그녀의 아들은 여덟 살에 죽었고 아름다운 기독교인이었습니다.

## Mary Alice Fish

**(Dictated by Georgiana E. Whiting)**

***Seoul, Korea***

***February 5, 1898***

Dear Dr. Ellinwood:

A letter was received this evening from Mrs. C. A. Mills of Teng Chou-foo, China, asking me to transfer my work to the East Shantung province and saying that letters had gone to the Board asking for this transfer.

I can truly say that from my first application to the Board, I have had no will of my own as to the country or station where I should be placed. Though I have not heard from the Board directly, I have been told since coming here that my appointment was for the Pyeng Yang station after the first year of language study and have earnestly hoped the Korean Mission would ratify this appointment. Since Korea was first mentioned as my field, the Pyeng Yang station has been on my heart in the hope that I might be permitted to go there. The desire is as strong as ever for these reasons: because of the character of the station, the character of the work done there, the prominence of evangelistic work; and the great desire of the people for Bible truth.

I know the medical work is not needed as a wedge for the gospel but this does not say that a woman physician who is first an evangelist cannot find a very important secondary place for medical work.

It has been my desire to do medical itinerating and I learn that that is just the work which is needed at Pyeng Yang.

The need is surely great in China, but is not now the day for Northern Korea? Where else are the people as hungry for the Truth?

If the Board, notwithstanding this, considers it best I should be transferred to China, I am willing to go.

I leave the matter with the Lord and ask that He may very clearly

## 메리 앨리스 피시

(조지아나 E. 화이팅이 받아씀)

한국, 서울

1898년 2월 5일

엘린우드 박사님께,

오늘 저녁에 중국 텡조우푸(登洲府)에 있는 밀즈 부인이 보낸 편지를 받았는데, 저의 사역을 동부 산동(山東)으로 이전해줄 것을 요청하는 내용이었으며, 선교부에도 이 전임을 요청하는 편지들을 보냈다고 합니다.

제가 진심으로 말할 수 있는데, 선교부에 보낸 첫 지원서에서부터 제가 배치되어야 할 국가나 선교지부에 대해 제 자신의 의지는 없었습니다. 비록 선교부로부터 직접 듣지는 못했지만, 이곳에 온 후 1년간의 어학 공부가 끝나면 저의 임명은 평양 선교지부라고 들었으며, 한국선교회가 이 임명을 재가해줄 것을 간절히 희망해왔습니다. 한국이 제 현장으로 처음 언급되었기 때문에, 평양 선교지부가 제 마음속에 있었고 그곳에 가도록 허락이 나기를 바라고 있었습니다. 그 열망은 더욱더 강해지고 있는데 그 이유는 다음과 같습니다. 곧 그 선교지부의 성격, 그곳에서 이루어진 사역의 성격, 전도 사역의 우위, 그리고 성경 진리에 대한 사람들의 거대한 열망 등입니다.

저는 의료 사역이 복음의 문을 여는 쐐기로서는 더 이상 필요하지 않다는 사실을 압니다. 그러나 이것이 전도인인 여성 의사가 의료 사역을 위해 중요한 이차적인 자리를 찾을 수 없다는 것을 의미하지는 않습니다.

순회 의료 사역을 하는 것이 제 소망이었으며, 그것이 평양에서 필요한 사역이라고 합니다.

중국에서의 필요도 분명 크겠지만, 지금은 한국 북부를 위한 때가 아닙니까? 다른 어느 곳에 진리를 그렇게 목마르게 기다리는 사람들이 있습니까?

그럼에도 불구하고 만일 선교부에서 제가 중국으로 전임하는 것이 최선이라고 생각하신다면, 저는 기꺼이 가겠습니다.

guide in the decisions.

Very sincerely,
Mary Alice Fish

P.S. Dr. Fish is ill with fever and I have written the above at her dictation.

Sincerely yours,
Georgiana E. Whiting

저는 이 문제를 주님께 맡기며, 주께서 결정을 분명하게 인도해주실 것을 기도합니다.

메리 앨리스 피시 올림

추신. 피시 의사가 열이 나고 아파서 제가 그녀가 불러주는 것을 적었습니다.

조지아나 E. 화이팅 올림

**Samuel A. Moffett**

***Pyeng Yang, Korea***

***April 6, 1898***

Mr. Dear Dr. Ellinwood:

Since my arrival a month or so ago I have wanted to write you, but I have been plunged into the midst of such a great work, the consideration of so many questions and so much responsibility that the days have been absolutely filled with duties demanding immediate attention.

1. I wish I could give you some idea of the great joy that has come to me over the reception given me by these Korean Christians and over their evident manifestation of a deep and real work of the Spirit of God in this whole region.

My heart has been touched as never before by the love and interest shown by the Christians. Some fifty or sixty of them went out the road to meet me as I came from Seoul on my bicycle. I rode into the first group of them 20 miles out the road where they had gone with some from the Choung Hoa Church. From there all the way in, I found them here and there along the road waiting for me and their great joy and the evident sincerity of their welcome was, I can assure you, most touchingly gratifying to me. What a contrast was this ovation to the reception accorded me eight years ago!

2. I have been made most grateful however by finding that almost all of those with whom I had labored and whom I had seen come under the influence of the gospel have stood firm and shown that their faith was in demonstration of the Spirit and in power, that they were not our converts but the Lord's and that the gospel itself had taken hold of them. Many have been added to their number during my absence and among them are some who had formerly been bitter opponents with whom I had repeatedly talked of the gospel and who now came to me with glad faces saying they wanted to take back all the abuse and insult offered me in days past. The progress

## 마포삼열

**한국, 평양**

**1898년 4월 6일**

엘린우드 박사님께,

한 달여 전에 도착한 이후 제가 박사님께 편지를 드리려고 했으나, 너무 거대한 사역 속에 빠져들었고, 수많은 문제를 고려해야 했고 너무 많은 책임을 맡았기 때문에, 매일매일 즉각적인 주의를 요구하는 의무에 둘러싸여서 조금의 여유도 없었습니다.

1. 한국인들이 저를 환영하면서 보여준 환대와 전체 지역에서 하나님의 영이 행하시는 깊고 진정한 사역이 그들 가운데 분명하게 나타나는 것을 보고 제가 느꼈던 큰 기쁨에 대해 약간의 설명을 드리고 싶었습니다.

저는 기독교인들이 보여준 사랑과 관심으로 인해 지금까지 경험하지 못한 큰 감동을 받았습니다. 제가 서울에서 자전거를 타고 오는 길에 50-60명의 신자들이 저를 만나기 위해 길에 나와 있었습니다. 그 첫 무리는 중화(中和) 교회에서 온 일부 교인들과 함께 평양 외곽 20마일 지점의 길에 나와 있었습니다. 그곳에서부터 평양까지 길을 따라 이곳저곳에서 사람들이 저를 기다리고 있었고 진심으로 저를 열렬히 환영해주었는데, 박사님께 분명히 말씀드리지만, 이런 모습을 보고 저는 무척 감동을 받았고 감사했습니다. 이 박수갈채는 제가 8년 전에 받았던 냉대와 얼마나 대조적입니까!

2. 하지만 제가 가장 감사했던 것은 저와 함께 사역했던 거의 모든 사람들과 복음의 영향력 아래 들어왔던 사람들이 굳건히 서 있고, 그들의 믿음이 성령의 능력의 나타나심 안에 있음을 보게 되고,[1] 그래서 그들이 우리의 개종자가 아니라 주님의 개종자이며 복음 자체가 그들을 사로잡고 있음을 발견한 것입니다. 제가 없는 동안 많은 수의 사람들이 늘어났는데, 그 일부는

1 고린도전서 2장 4-5절 "내 말과 내 전도함이 지혜의 권하는 말로 하지 아니하고 다만 성령의 나타남과 능력으로 하여, 너희 믿음이 사람의 지혜에 있지 아니하고 다만 하나님의 능력에 있게 하려 하였노라." 이는 마포삼열이 항상 마음에 두고 자주 사용한 성경 구절이었다.

made in the work is a perfect delight and the first night of my arrival as I stood before the audience of some 250 men and women gathered for a prayer meeting my thoughts went back to the time when but a little over five years ago I here baptized seven men, forming them into a little church.

The first Sabbath after my return I visited the four Sabbath Schools and the two church services, one for men and one for women and found between six and seven hundred people assembled for worship. When I spoke to the congregation of near 200 women my heart was full of gratitude and all I could say was "Kitpou!" "Kitpou!" "I am delighted!" "I am delighted!" Truly the Lord has blessed this work most marvelously. All this month I have had a constant run of visitors from near and far, expressing their joy over my return and the letters have been pouring in from all over the country, so that more and more I am learning of the power of the gospel and of its marvelous and wide spread influences.

It has not taken me long to get into the work again and as the direction of the church here with its pastoral oversight is the first work assigned to me I have given my first attention to it. The problems which confront us now are quite different from those we met in the earlier stages of the work and I trust we shall have the same guidance and direction now as then in what seems to me one of the most important steps before us, viz., the gradual and judicious transference of the government and management of the native church to those Koreans whom we have been and are training to meet the responsibilities of leadership.

3. We have already taken in hand the question of providing a larger church building which is so urgently needed. Whether the Koreans will be able to build the church without assistance is yet to be seen, but acting upon the supposition that they are to do so we began on last Sabbath receiving subscriptions for that purpose. They are responding eagerly and liberally so that in one day the subscriptions received amounted to three hundred dollars.

Before leaving New York I spoke to you of my brother's offer to provide the funds for the church, but we think it best to hold this offer

과거에 제가 반복해서 복음에 대해 이야기했지만 극심하게 반대했던 자들이었으나 이제 제게 와서 기쁜 얼굴로 지난날 저에게 퍼부었던 욕설과 모욕을 취소하고 싶다고 말했습니다. 사역에서 이루어진 진보를 보고 저는 기뻤습니다. 도착한 날 밤에 저는 약 250명의 남녀가 기도회로 모인 자리에 나가서 회중 앞에 섰는데, 그때 제 생각은 약 5년 전에 제가 7명에게 세례를 주고 작은 교회를 만들었던 시점으로 되돌아갔습니다.

제가 돌아온 후 처음 맞이한 안식일에 저는 4개의 주일학교와 2개의 예배를 방문했는데, 한 예배는 남성들을 위한 것이고 다른 예배는 여성들을 위한 것으로, 저는 600-700명이 예배를 드리러 모인 것을 보았습니다. 약 200명의 여성 회중에게 말할 때 저의 가슴은 감사로 가득 찼으며, 제가 할 수 있는 말은 그저 "기쁘오!" "기쁘오!"가 전부였습니다. 진실로 주께서 이 사역을 놀랍게 축복해주셨습니다. 지난 한 달간 저는 원근 각처에서 끊임없이 줄지어 찾아오는 방문객을 만났는데 그들은 제가 돌아온 데 기쁨을 표현했습니다. 또한 모든 지방에서 편지가 쇄도하고 있습니다. 그래서 저는 더욱더 복음의 능력과 경이롭고 광범위한 영향력을 배우고 있습니다.

제가 사역에 다시 착수하는 데에는 많은 시간이 걸리지 않았습니다. 이곳 교회의 지도와 그 목회적 돌봄이 제게 할당된 첫 사역이었기 때문에, 저는 먼저 그 일에 주의를 기울였습니다. 지금 우리가 직면하고 있는 문제는 사역의 초기 단계에서 만났던 문제와 아주 다릅니다. 저는 우리가 그때처럼 지금도 동일한 인도와 지도를 받아야 한다고 믿으며, 그것이 가장 중요한 단계의 하나라고 생각합니다. 곧 본토인 교회의 정치와 경영을 우리가 그동안 지도자로 훈련시켜온 한국인들에게 점진적으로 신중하게 넘겨주는 것입니다.[2]

3. 우리는 이미 큰 교회 건물을 제공하는 시급한 문제에 착수했습니다. 지원 없이 한국인들이 교회를 지을 수 있을지는 두고 보아야 하겠지만, 그렇

2 네비우스 정책에서 자급과 자전에 이어 자치(self-government)의 단계로 나아가야 한다는 것이다. 이를 위해서는 교육을 통해 영수를 장로로 안수하는 일과 신학교 교육을 통해 조사를 목사로 안수하는 것이 중요했으며, 전자는 1901년 장대현교회의 첫 장로를 안수하기 시작하면서, 후자는 1901년 평양 장로회신학교를 설립하면서 구체화되기 시작했다.

in abeyance until we have given the Koreans the opportunity to provide for all or as much of it as possible. I was much interested in Mr. Speer's remarks on this subject in his report, page 43, and very much wish I could have met him to discuss this and many other questions.

With over 600 catechumens and 150 baptized members in this city church the task of providing sufficient instruction and spiritual oversight is not a light one. The presence of Mr. & Mrs. Baird, both of whom have the gift of teaching, is a great help in enabling us to provide for some of this but our great need is for well-trained spiritually minded men to constitute a native board of Elders who can efficiently bear a part of this responsibility.

4. The country work has increased by leaps and bounds and wherever it has had close attention from the missionary or from well trained and well instructed native Christians it has been kept well in hand, but the growth has been so prodigious that the force of men available has been totally inadequate to supervise it carefully. I cannot but feel that we must provide for more training classes that the leaders may come into more intimate contact with us, get our spirit and ideas and be able to direct their own people into right channels.

As to whether we should have one strong central station or open one or two new stations I shall have clearer views and convictions after I have visited our country work and more clearly grasped the present situation and after we have more compactly organized our work. I am quite sure however that our present force will not be sufficient to meet the needs of the work one or two years from now unless we should meet with some unexpected hindrance to the advance of the work. I shall write you again on this subject.

5. I have been glad to find Mr. Lee's health as good as it is after the strain of the work through which he has been going, and I rejoice also in the way Mr. Whittemore has taken up the northern work. He is now there expecting to spend 3 months on the field. He has a faithful and able assistant in Mr. Yang and together they are seeing that work develop most promisingly although more slowly than some other parts.

게 하자는 제안을 행동으로 옮기기 위해 우리는 지난 주일에 그 목적을 위한 헌금 약정을 받기 시작했습니다. 그들은 아낌없이 열심히 내고 있으며, 그래서 하루 약정 금액이 300달러에 달하기도 했습니다.

뉴욕을 떠나기 전에 저는 박사님께 교회 건물을 위한 기금을 제공하겠다는 저의 형의 제안을 말씀드렸습니다만, 우리는 한국인들이 전부를 감당하거나 그들이 할 수 있는 만큼 최대한 제공할 수 있는 기회를 우리가 그들에게 줄 때까지 이 제안을 잠시 보류하는 것이 최선이라고 생각합니다. 이 주제에 대해 스피어 목사가 보고서 43쪽에 한 언급에 저는 큰 관심이 있으며, 이 주제와 다른 문제들을 놓고 그를 만나 토론했으면 좋았겠지만 그렇지 못해 유감입니다.

이 도시 교회에 600명 이상의 학습교인과 150명의 세례교인이 있으므로, 충분한 가르침과 영적 감독을 제공하는 일은 가벼운 과제가 아닙니다. 두 사람 모두 가르치는 은사를 가진 베어드 목사 부부가 있다는 것은 이런 일을 할 수 있도록 하는 데 큰 도움이 됩니다. 하지만 우리가 더욱 바라는 것은, 효과적으로 이 책임을 감당할 수 있도록 본토인 장로 위원회를 구성할 수 있는 영적인 마음을 가진 잘 훈련된 남자들입니다.

4. 지방 사역이 놀랍게 급성장했습니다. 선교사나 훈련과 가르침을 잘 받은 본토인 기독교인들이 세심하게 관심을 기울인 모든 곳은 잘 관리되었습니다. 그러나 성장이 너무 엄청났기 때문에 지금 인력으로는 새로운 곳을 주의 깊게 감독하기에 부족합니다. 우리가 더 많은 사경회를 열어 영수들이 우리와 더 친밀하게 접촉하고, 우리의 정신과 개념을 가지게 되고, 바른 방향으로 회중을 인도할 수 있도록 해야 한다고 느끼지 않을 수 없습니다.

우리가 하나의 강한 중앙 선교지부를 가져야 할지, 아니면 열린 한 개 혹은 새로운 두 개의 선교지부를 가져야 할지는 제가 우리의 시골 사역을 심방하고 더 분명하게 현 상황을 파악한 후, 그리고 우리의 사역을 좀 더 견고하게 조직한 후에 보다 분명한 견해와 확신을 가질 수 있을 것입니다. 하지만 제가 확신하기로 현재 인원은, 사역의 진보에 예상치 못한 어떤 방해를 받지 않는 한, 지금으로부터 한두 해 후 사역의 필요에 대처하기에는 충분하지 못

6. Next to the oversight of the Church here the station has thought that I could render greatest assistance by meeting Mr. Lee's request that we together visit the Whang Hai region in order to strengthen and direct that wonderful work, which because of its almost magical growth presents some rather different problems. We expect to leave next week to be gone nearly two months visiting more than fifty substations. I shall enjoy writing you after that trip.

7. There are two questions which have recently arisen concerning which I wish to write.

The Shantung Mission China has prepared a request that Dr. Fish be transferred to that Mission. In regard to this the Pyeng Yang station to which we all understood Dr. Fish was appointed is decidedly and unanimously of the opinion that she is needed here far more than in any other field. She wants to come here; she already has some knowledge of the language; it is evident that she will work well with us; and there is an opportunity for her here which certainly cannot be surpassed anywhere, even tho it may possibly be equaled. Why there was any uncertainty about her destination I know not, but I quite distinctly remember your telling me that she was to go direct to Pyeng Yang. I was therefore surprised to find her in Seoul with no notification from the Board that she was appointed with a view to work in Pyeng Yang. We sincerely hope that the Board will meet the need for a lady doctor in the Shantung Mission by an appointment from America and that the original appointment of Dr. Fish to Pyeng Yang will not be altered.

8. The other question is one which arises out of our plans for meeting the needs of our large country work. The demand for Scriptures, tracts & books of all kinds has become so great that the Press in Seoul is not only not able to meet that demand but we are practically shut out from use of the press for minor items such as pastoral letters & circulars, church blanks, Sunday School lesson sheets, etc., etc. This has raised in our minds the question of purchasing a small press so that we can

할 것입니다. 이 문제에 대해 박사님께 다시 편지 드리겠습니다.

5. 리 목사가 부담이 될 만한 사역을 겪은 후에도 건강이 예전처럼 좋아서 기뻤습니다. 또한 위트모어 목사가 북부 사역을 맡아 일하는 방식도 기쁩니다. 그는 지금 3개월을 보낼 예정으로 현지에 가 있습니다. 그에게는 신실하고 유능한 조사인 양[전백] 씨가 있으며, 비록 다른 지역보다 더 천천히 발전하지만, 사역이 밝은 전망으로 발전하는 것을 두 사람이 함께 보고 있습니다.

6. 제가 이곳 교회를 감독하는 일 다음으로, 선교지부는 리 목사의 요구대로 우리 두 사람이 함께 황해도 지역을 방문하여 그곳의 놀라운 사역을 강화하고 지도하는 일에 가장 큰 도움을 줄 수 있다고 생각합니다. 그곳은 기적적인 성장 때문에 조금 다른 문제가 불거지고 있습니다. 우리는 다음 주에 출발해서 거의 두 달 동안 50개 이상의 선교지회를 심방할 예정입니다. 그 여행 후 박사님께 편지를 쓰는 즐거움을 누리겠습니다.

7. 최근에 발생한 두 가지 문제에 대해 쓰겠습니다.

중국 산동선교회는 피시 의사가 그 선교회로 전임되어야 한다고 요청했습니다. 이와 관련하여 피시 의사가 임명될 곳으로 모두 이해하고 있는 평양 선교지부는 분명히 그녀가 어느 선교지보다 이곳에 훨씬 더 필요하다는 의견에 만장일치로 동의합니다. 그녀는 이곳에 오기를 원하고, 이미 한국어를 어느 정도 배웠습니다. 그녀는 이곳에서 우리와 함께하며 사역을 잘할 수 있을 것이 분명합니다. 그리고 다른 곳에서도 어느 정도 제공할지 모르지만 그것과 다른, 어느 곳에서도 제공할 수 없는 명백하고도 탁월한 기회가 이곳에 있습니다. 그녀의 목적지가 왜 불확실해야 했는지 저는 알지 못합니다. 그러나 저는 박사님께서 그녀가 바로 평양으로 갈 것이라고 저에게 하신 말씀을 분명하게 기억합니다. 따라서 저는 서울에 갔을 때 그녀가 평양에서 일하도록 임명받았다는 선교부의 통보를 가지고 있지 않아서 깜짝 놀랐습니다. 저는 선교부가 여의사를 요청한 산동선교회의 필요에 대해서는 미국에서 새로 임명함으로써 대처해주기를 바라며, 평양으로 파송하기로 한 피시 의사에 대해서는 원래의 임명이 변경되지 않기를 간절히 희망합니다.

8. 최근에 발생한 다른 문제는 우리의 거대한 시골 사역에 필요한 것들

more efficiently meet the demands of our country work for such letters, circulars, sheets, etc. We are using a mimeograph but with a small press the same amount of work would provide us with a thousand copies instead of a hundred as now. For the larger demands we have we are obliged to provide thousands of copies and the advantages we should gain in looking after, organizing and unifying our work would be so great that we are eager to secure a small outfit at once. We shall not ask the Board for an appropriation but can provide it from private funds. I do not understand that such an amateur outfit as we contemplate has anything to do with the section of the Board's Manual which deals with "Printing Press" anymore than our present use of the mimeograph has.

9. I am rejoiced to be at work again and am very deeply impressed with the genuineness of the work here. I cannot but feel that it is due to the fact that from the very beginning nothing but the plain simple truths of the gospel have been urged upon these people and that these truths have been allowed to work out their own effects. Oh, how I wish it might be emphasized and re-emphasized the world over that the gospel alone is the power of God unto salvation and that the gospel alone can do and does for these people all that it has done and does for us. The introduction of other appeals based upon financial, educational or other advantages which draw the attention from the central truth of salvation from sin weakens the appeal and in so far as they enter into the lives of the people deprives them of spiritual power and strong faith.

I shall very much appreciate a letter from you giving me your advice and counsel concerning all the subjects treated in this letter. I trust that your health and strength may be preserved for many years and that I may have during my second term of service as pleasant and as helpful a correspondence with you as that during the first term.

With kindest regards,

Very sincerely yours,
Samuel A. Moffett

을 채우기 위한 계획입니다. 성경, 소책자, 각종 책에 대한 수요가 늘어나고 있기 때문에 서울에 있는 인쇄소에서 그 일을 다 감당할 수 없을 뿐만 아니라 그보다 조금 덜 중요한 문서인 목회 서신, 회람, 교회 주보, 주일학교 공과 학습지 등을 위해서는 인쇄소 사용이 실제적으로 불가능합니다. 이 때문에 우리는 효과적으로 대처할 수 있도록 작은 인쇄기를 구입해서 우리의 시골 사역에 필요한 편지, 회람, 학습지 등을 제작하는 데 사용하자는 생각을 하게 되었습니다. 우리는 지금 등사기를 사용하고 있지만 작은 인쇄기가 있다면 동일한 노력으로 수백 부가 아니라 수천 부를 공급할 수 있습니다. 현재 우리에게 필요한 수요가 많아서 우리는 수천 부를 공급하지 않을 수 없으며, 우리의 사역을 돌보고 조직하고 연합하는 데서 얻게 될 장점이 대단히 많기 때문에 즉시 작은 인쇄기를 마련하되, 선교부에 예산을 요청하지 않고 개인 자금으로 구입하려고 합니다. 우리가 구상하는 그런 비전문적인 시설이 현재 사용하고 있는 등사기와 달리 선교부의 지침서에 있는 "인쇄소"의 조항과 어떤 연관이 있는지 모르겠습니다.

9. 제가 다시 일하게 되어 기쁘고 이곳 사역의 진정성에 깊은 인상을 받았습니다. 이 진정성은 시초부터 복음의 단순한 진리만을 사람들에게 전했고, 이 진리가 자체의 효과를 발휘하도록 했다는 사실에 기인한다고 느끼지 않을 수 없습니다. 오, 저는 오직 복음만이 구원을 주시는 하나님의 능력이요, 오직 복음만이 우리를 위해 이루어진 모든 일을 사람들에게 할 수 있음을 세상에 계속해서 강조하기를 얼마나 원했는지요! 재정, 교육, 유익에 근거한 다른 매력적인 것을 소개하는 일은 복음의 중심이 되는 죄로부터의 구원이라는 진리에서 주의를 빼앗아 복음의 매력을 약화시키고, 그들의 삶에 그 유익이 들어간 정도만큼 그들로부터 영적 힘과 강한 믿음을 제거합니다.

이 편지에서 취급한 모든 주제에 대해 박사님의 조언과 충고를 담은 편지를 보내주시면 대단히 감사하겠습니다. 박사님의 건강과 기력이 오랫동안 보존되고, 저의 두 번째 사역 기간에 첫 번째 기간처럼 박사님과 즐겁고 도움이 되는 서신 교환을 할 수 있으리라고 믿습니다. 안녕히 계십시오.

마포삼열 올림

**Mary Alice Fish**

***Seoul, Korea***

***April 16, 1898***

Dear Father:

The package from home arrived night before last. I was like a child emptying its Christmas stocking as I sat on the floor and unpacked it. But I had to listen to all my own exclamations for there was no one up here to enjoy it with me. The beds have been ready for the seeds for some time, and now the seeds shall go to the beds! Perhaps the richest product for the first year will be experience–there is good soil for it I am sure. There is a small asparagus bed in the garden of several years' standing, and today Miss Doty and I gathered the first little bundle of tops. One has to live from a store room from which come things canned and things for stewing in order to better appreciate fresh vegetables or fruits. We have not a thing to complain of surely, for we live very well. Sometimes it does seem to me I have no right to sit down to two good meals a day when so many poor people around us have one scant meal and go hungry till the next can be found, and some people in the city have really died of starvation. Rice is getting a trifle higher every few days. The Koreans who are with us on the place, and our teachers, too, are saying they have hard work to get along these days and feed their families. If these who are getting regular wages find difficulty in buying enough food, I often wonder how others all about us manage to live at all.

The Koreans are utterly improvident, living literally from hand to mouth; and that sometimes means from our hands to their mouths.

I do not mean by that that there are many beggars, nor that the missionaries give to them on every occasion. There are few street beggars because of the custom of the people of living upon each other.

## 메리 앨리스 피시

한국, 서울

1898년 4월 16일

아버지께,

집에서 보낸 소포가 엊그제 밤에 도착했습니다. 저는 성탄절 양말을 꺼내보는 아이처럼 바닥에 앉아서 그것을 풀었습니다. 혼자서 감탄을 연발하지 않을 수 없었는데, 함께 그것을 즐길 사람이 아무도 없었기 때문입니다.

한동안 모판을 준비했는데, 이제 모판에 씨앗을 뿌릴 때입니다![1] 아마 첫해에 가장 풍성한 생산물을 경험하게 될 것입니다. 저는 그것을 위한 좋은 토양이 있다고 확신합니다. 정원에 몇 년 동안 묵은 작은 아스파라거스 모판이 있습니다. 오늘 도티 양과 저는 처음으로 작은 한 다발의 윗부분을 땄습니다. 우리는 창고에 저장한 물건으로 살지 않을 수 없습니다. 신선한 채소와 과일의 가치를 더 잘 이해하게 만드는 통조림과 스튜 재료가 저장고에 있습니다. 하지만 우리는 불평할 일이 하나도 없습니다. 우리는 아주 잘사는 축에 들기 때문입니다. 우리 주위에 너무 많은 사람이 한 끼의 빈약한 식사를 하고 나서 다음 식사를 구할 수 있을 때까지 굶어야 하고, 도시의 많은 사람이 실제로 굶어 죽는 이때에 저는 제가 하루에 두 끼씩 좋은 식사를 가만히 앉아서 먹을 권리가 없다고 느낍니다. 며칠 간격으로 쌀 가격이 세 배씩 비싸지고 있습니다. 이 집에서 우리와 함께 있는 한국인들과 우리의 어학 교사들도 요즘 가족을 먹여 살리기가 어렵다고 말합니다. 정기적인 임금을 받는 자들이 충분한 음식을 사는 데 어려움을 겪고 있다면, 주위의 다른 사람들은 도대체 어떻게 살아가는지 자주 궁금해집니다.

한국인들은 전혀 장래를 대비하지 않고, 문자 그대로 그날 벌어서 그날 먹고삽니다. 때때로 우리 손으로 그들에게 먹을 것을 주어야 합니다.

이 말은 거지들이 많다거나 매번 선교사들이 그들에게 나누어준다는 의

1 선교사들은 마당이나 집 언덕에 작은 채소밭을 만들고 각종 서양 채소를 직접 길러 먹었다.

A destitute individual or family may be entirely supported for a time by relatives or friends who are in better circumstances and when times are brighter the one who has been helped is expected to do the same for others.

We try always to give some kind of work to those who come asking help; and often with the laborers and coolies part of the wages must be paid during the day so they can have a meal, and the remainder at the close of the day pays for the evening meal.

At that rate, you see, omitting a meal is about the only way of getting a trifle ahead. With wages at 14 cents a day this means working all day on one meal of rice and having 7 cents at night.

I wonder who originated the system of two meals a day in Korea! It most certainly was here before Dr. Dewey's day!

There is much sickness now, especially among the children. Tonics are needed in all the cases I have seen and usually I know only too well the tonic of nourishing food is the necessity. For several days I have been visiting the little three year old girl of the man who carries our wood and water down at the school. Five in the family live in a room not more than twelve feet square which has a little outer shed and a tiny yard. The little sick girl lay in dirty ragged clothes on the heated floor, but she was very patient and quiet and took so greedily some of the diluted condensed milk I had brought that it was pathetic.

I knew that what I wanted to do for her could not be done there and how I did want to lift her out of the dirt and bring her where she could be nursed well again. But Korean customs are specially sacred where sickness is concerned. The child must on no account be moved from that hot floor. Though its body is very dirty, it would surely die if any water were put on it–and the parents must be quite progressive if they will allow you to give any foreign "yak" (medicine). The father of this little one is, I believe, a true Christian, and as the mother has been attending the little church here, I hoped she would be willing to trust us to do

미는 아닙니다. 서로 돕고 사는 관습 때문에 거리에는 거지들이 거의 없습니다. 더 잘사는 친척이나 친구가 가난한 개인이나 가족을 전적으로 지원해주기도 합니다. 상황이 좋아지면 도움을 받던 사람이 다른 사람에게 똑같이 할 것입니다.

우리는 도움을 구하러 오는 사람들에게 약간의 일이라도 주려고 항상 노력합니다. 노동자와 일꾼에게 임금의 일부를 낮에 주어 그 돈으로 식사할 수 있게 하고, 나머지는 다음 식사를 위해 해질 때 지불합니다.

그들이 식사를 얻을 수 있는 유일한 방법은 임금을 받는 것입니다. 이들에게 주는 일당 14센트는 한 끼의 쌀밥으로 하루 종일 일하고 밤에 7센트를 받는 것을 의미합니다.

저는 누가 한국에서 하루에 두 끼 식사를 하는 체계를 시작했는지 궁금합니다. 그것은 듀이 박사 이전에 분명히 이곳에 있었습니다![2]

요즈음 질병이 많은데 특히 아이들에게 두드러집니다. 제가 본 모든 경우도 그랬지만, 대부분 영양가 있는 음식인 강장제가 필요하다는 것이 분명합니다. 며칠 동안 저는 아래 학교에서 우리를 위한 음식과 물을 운반하는 남자의 세 살짜리 작은 딸을 심방했습니다. 다섯 식구가 작은 헛간과 조그마한 마당이 있는 집에서 2평(12자 평방)보다 작은 방 하나에서 살고 있었습니다. 작고 병든 여자아이가 뜨거운 온돌바닥에 더럽고 다 해진 옷을 입고 누워 있었습니다. 그러나 그 아이는 인내심이 강했고 조용했으며 제가 가져간 물에 탄 약간의 연유를 게걸스럽게 먹었습니다. 너무도 측은했습니다.

저는 그 아이를 위해 하고 싶은 것을 그곳에서 할 수 없다는 것과, 또 제가 얼마나 그를 그 더러운 곳에서 데리고 나와 잘 보살펴줄 수 있는 곳으로 보내기 원하는지 잘 알고 있었습니다. 그러나 질병과 관계된 한국의 관습은 신성시됩니다. 어떤 이유에서도 그 아이를 저 뜨거운 바닥에서 옮겨서는 안

---

2 서양에서 아침 조반이 보편화된 것은 근대의 일로, 중세까지는 간단한 점심식사와 저녁식사만 했다. 1890년대 의사 듀이(Edward H. Dewey) 박사는 조반 없이 하루 두 끼만 먹는 것과 금식이 건강에 좋다는 것을 환자들에게 적용하여 효과를 보았다. 1900년에 출판된 박사의 *The No Breakfast Plan(and The Fasting-Cure)*은 큰 인기를 끌었다.

something for the child, and so she was willing I should go for a while and give a little "yak" but whether from the influence of neighbors or not, something caused a sudden change and I could do nothing more. I am afraid the little one is not alive tonight.

Hot needles can be run into a sick baby's body and a tender burn can be covered over with irritating charcoal by a native doctor; but a warm, soothing, cleansing bath would to their minds be courting death. They share with some of the Chinese the idea that we are differently constructed and therefore it does not injure us to bathe.

If we believed these people had to be civilized and change their customs and ideas before they would be ready to receive and accept the Lord Jesus Christ as a Saviour, surely we would feel we were working far below the surface and only laying small pebbles in the foundation which not for many generations would bear the weight of the building of a Christian temple. But it works just the other way. And praise the Lord that it does. The love of the Lord Jesus Christ entering first is what displaces old customs and prejudices and makes a foundation for new teaching in every department.

We are just about over our siege of measles in the school, and all the little girls are out once more. They are such a happy little company. Out of school hours you may nearly always hear one and another of the gospel hymns ringing through the air.

April 18th

됩니다. 몸이 더럽더라도 약간의 물이라도 몸에 닿으면 그 아이는 확실히 죽을 것이라고 믿기 때문입니다. 만일 부모가 어떤 외국 "약"을 주도록 허락한다면, 그들은 상당히 진보적인 사람들임이 틀림없습니다. 저는 이 작은 아이의 아버지가 독실한 기독교인이라고 믿습니다. 그 어머니가 이곳의 작은 교회에 출석했기 때문에, 저는 어머니가 그 아이를 위해 무엇인가 할 수 있도록 우리를 기꺼이 신뢰하기를 원했습니다. 그녀는 제가 나가서 약간의 "약"을 주는 것을 반대하지 않았습니다. 그러나 이웃의 영향이건 아니건 간에, 갑자기 태도 변화가 일어났고, 저는 더 이상 아무것도 할 수 없었습니다. 저는 그 어린아이가 오늘 밤을 넘기지 못할 것이라는 걱정이 들었습니다.

본토인 의사가 뜨거운 침을 아픈 아이의 몸에 찌를 수 있고, 연약하고 뜨거운 아이를 자극적인 숯[뜸]으로 덮을 수 있습니다. 그러나 따뜻하고 고통을 완화시키고 깨끗이 닦아주는 목욕은 그들의 생각에는 죽음을 초래하는 것입니다. 일부 중국인들은 우리가 체질이 달라서 목욕을 해도 해를 입지 않는다고 보는데 이들도 그렇게 생각합니다.

이 사람들이 주 예수 그리스도를 구세주로 받아들일 준비가 되기 전에 문명화되어야 하고 관습과 사고를 바꾸어야 한다고 믿는다면, 그것은 세대를 거쳐 기독교 성전 건물의 무게를 감당하지 못할 작은 조약돌을 기초로 놓고 있을 뿐입니다. 역사는 정반대로 일어납니다. 그렇게 역사하시는 주님을 찬미하십시오. 처음 들어간 주 예수 그리스도의 사랑이 오래된 관습과 편견을 물리치고 모든 분야에서 새 가르침을 위한 기초를 만듭니다.

우리는 학교에서 벌어진 홍역의 공격에서 이제 막 벗어났습니다. 어린 소녀들이 모두 다시 출석했습니다. 그들은 정말로 행복한 작은 무리입니다. 학교 수업 시간이 끝나면 언제나 하늘에 울려 퍼지는 한두 개의 찬송 소리를 들을 수 있습니다.

4월 18일

On these beautiful Spring mornings, "The world looks very beautiful" is the first song which comes into my mind. From our hill top the sunrise and sunset are often charming–and at night the stars are so brilliant they remind me of the nights in Colorado and the Sierras. During these days the hillsides and the fields about the city are rapidly growing green and the trees are beginning to leave and blossom. There are hundreds of sparrows that waken one early with their chirping about these quaint tile eaves, and great numbers of crows and magpies that are very noisy creatures. There is Spring in the air and it is surely a beautiful world. But here human nature as we see it, as it is thrust upon us on every side and we are crowded in by it, is such a blot on the beauties of God's creation, and we are so oppressed by the knowledge of what these poor people are, and of what they may and ought to be, that I think we often forget to see the beauties in nature and look only at the vileness of man.

When I was over at the hospital there was a woman brought in one morning by her husband and literally "dumped" on the floor of one of the rooms. Before I could reach there the man had gone, leaving us no trace. The woman was certainly a most pitiable creature. She had a few ragged clothes on and was rolled in an old quilt. Clothes and body were filthy and alive with vermin. She could find strength enough only to roll her head from side to side, but I think it was simply from starvation. We could learn nothing from her for her mind was almost gone. She said she had had nothing to eat for six months. It was not my place to take her in because it was evident we could do nothing to save her, and the people are so superstitious that for the good of the hospital it is best to avoid as many deaths as possible, but there was nothing else to be done for the present except care for her in the hope her husband would return. A tiny room was heated for her and small doses of stimulants and nourishment were begun. That afternoon I remained with her for a while to see if anything else could be done. The poor woman's face was greatly

이 아름다운 봄날 아침에, 찬송 "세상은 참으로 아름다워"가 제 마음에 떠오른 첫 노래입니다.[3] 우리 언덕 꼭대기에서 흔히 볼 수 있는 일출과 석양은 매력적입니다. 밤하늘의 별들은 너무 밝아서 제게 콜로라도와 시에라 산맥의 밤을 연상시킵니다. 요즈음 도시 주변의 언덕과 들판은 빠르게 녹색으로 바뀌고 있고, 나무는 잎과 꽃을 피우기 시작합니다. 이 예스러운 기와 처마 주위에서 지저귀는 소리로 아침 일찍 잠을 깨우는 수백 마리의 참새들이 있습니다. 몹시 시끄러운 수많은 까마귀와 까치도 있습니다. 대기에는 봄기운이 있고 분명히 아름다운 세상입니다. 그러나 우리가 보듯이 이곳의 인간 본성은 모든 면에서 우리에게 밀려와서 우리를 매몰시키기 때문에, 하나님이 행하신 창조의 아름다움에 있는 큰 오점(汚點)입니다. 우리는 이 가난한 사람들이 누구이며, 무엇이 될 수 있고 또 되어야 하는지에 대한 지식에 너무 압도되어서 자주 자연의 아름다움을 보는 것을 잊어버리고 인간의 사악함만 보게 된다고 저는 생각합니다.

제가 병원[제중원]에 있을 때, 어느 날 아침에 남편이 데려와서 방바닥에 문자 그대로 "던져버린" 여자가 있었습니다. 제가 그곳에 도착하기 전에 남자는 흔적 없이 사라졌습니다. 그 여자는 확실히 가장 가련한 피조물이었습니다. 그녀는 해진 옷을 여러 겹 걸쳐 입었고 낡은 누비이불로 말려 있었습니다. 옷과 몸은 더러웠고 해충과 함께 살고 있었습니다. 그녀는 그저 머리를 양쪽으로 돌릴 만한 힘밖에 없었는데, 저는 그것이 단지 배고픔 때문이었다고 생각합니다. 우리는 그녀로부터 어떤 것도 알아낼 수 없었는데, 그녀가 거의 정신이 나갔기 때문이었습니다. 그녀는 6개월 동안 먹은 것이 없다고 말했습니다. 우리가 그녀를 구하기 위해 어떤 것도 할 수 없음이 명백했기 때문에, 그녀를 받아들인 곳은 저의 집이 아니었습니다. 이 사람들은 너무 미신이 강해서 병원을 위해 되도록이면 많은 사망자를 피하는 것이 최선이었지만, 현재로서는 그녀의 남편이 돌아오리라는 희망을 가지고 그녀를 돌보

3 이 찬송은 한국에 번역되지 않은 찬송이다. 1절 가사의 첫 부분은 다음과 같다. "The world looks very beautiful, And full of joy to me. The sunshines out in glory on everything I see."

deformed, the nose had been entirely eaten away by disease leaving merely a hole surrounded by a great scar. The upper lip was drawn up, nearly all the teeth gone and gums shrunken. As I looked at her I could not help saying, "Is it possible this is a human being and that there is a soul here, which has once had all the possibilities of a soul?"

That is a dark figure in the picture we see. But there are so many, oh, such bright ones. Women with bright, shining, happy faces, rejoicing in Christ Jesus no matter what their circumstances, and men who are fervent in prayer and earnest in preaching Christ to their people.

Your daughter,

Alice

는 것 외에는 다른 방도가 없습니다. 그녀를 위해 작은 방을 따뜻하게 했고 소량의 각성제와 음식을 주기 시작했습니다. 그날 오후 저는 어떤 다른 것을 할 수 있는지 보려고 잠시 그녀와 함께 남았습니다. 그 가련한 여자의 얼굴은 망가져 있었는데, 코는 질병으로 완전히 막혀서 큰 화상 흉터로 둘러싸인 구멍 한 개만 남았습니다. 윗입술은 위로 말렸고 치아는 모두 없어졌으며 잇몸은 수축되고 있었습니다. 그녀를 보면서 저는 "이것이 사람이고 한때 모든 가능성을 가졌던 영혼이 여기에 머물러 있을 수 있을까?"라고 묻지 않을 수 없었습니다.

그것이 우리가 보는 그림 안에 있는 어두운 모습입니다. 그러나 밝은 모습도 많이 있습니다. 밝고 빛나는 행복한 얼굴을 지니고, 그들의 상황이 어떻든지 간에, 예수 그리스도 안에서 기뻐하는 여자들과 기도에 열정적이고 그리스도를 전하는 일에 성실한 남자들이 있습니다.

당신의 딸,

앨리스 올림

## Mary Alice Fish

***Chandarry, Korea***

***April 24, 1898***

My dear Cousin Emma,

Your letter of March 15th came just a few days ago. Yes, I think I have received every one of your messages, so precious to me, for they have come very frequently—far more so than I deserved when I have been silent so long. One reason is that every time I turned to my paper to write to you, I either had so little time it seemed useless to begin, or a business letter was before me which must have attention. I am so sorry, dear, you have been so long without a letter. Every one of yours has rebuked me for my neglect. I would resolve to write all that I do so long to tell you, and in trying to find the time for the long letter I wish to send, none would be written. How the time has gone so rapidly, I hardly know. During December I was getting settled, receiving freight, and becoming acquainted generally. Then came the holiday season, which the missionaries very rightfully take as a time of being more together than they can be at other times and of learning of each other's work. In January Dr. Field and I took up some work at the Royal Korean Hospital in Dr. Avison's absence. The greater part of February I spent in bed at Dr. Avison's with remittent fever, and took a little piece off the first of March in getting strong again. During March Dr. Field was away on a trip to Pyeng Yang leaving Miss Doty alone in the Girls' School of thirty one pupils. There was an epidemic of measles among the Koreans at the time, and I found my spare time all occupied with eleven cases in the school and quite a little practice in the neighborhood. And now April has almost slipped away. During the last two weeks I have found not a little work in going through all my boxes and preparing all my worldly possessions to pass through the summer rainy season. From what I hear it seems as if almost everything is likely to suffer from mold, moths,

## 메리 앨리스 피시

### 한국, 잔다리[1]

### 1898년 4월 24일

사랑하는 사촌 엠마에게,

네가 보낸 3월 15일 자 편지를 바로 며칠 전에 받았단다. 그래, 나는 네가 보낸 소중한 소식을 모두 받았다고 생각한다. 내가 너무 오랫동안 쓰지 못했음에도, 네 편지들이 자주 왔기 때문이다. 내가 편지를 쓰지 못한 한 가지 이유는 내가 종이를 펴고 너에게 편지를 쓰기 시작할 때마다 시간이 너무 촉박해서 시작하는 것이 소용없어 보이거나, 아니면 신경 써야 할 업무 편지가 내 앞에 있었기 때문이란다. 미안하다. 너에게 너무 오랫동안 편지를 못 썼구나. 너의 편지들이 내 소홀함을 꾸짖는 듯하다. 너에게 정말 말하고 싶은 모든 것을 쓰려고 결심하고, 내가 보내고 싶은 장문의 편지를 쓰기 위한 시간을 내려고 하면서도 전혀 쓰지 못했다. 시간이 얼마나 빨리 가는지 나는 깨닫지도 못했다. 나는 12월 한 달 동안 정착하는 데 시간을 보냈고 짐을 받았고 제법 익숙해졌단다. 그리고 명절이 되었는데, 선교사들은 이 시간을 마땅하게도 다른 때보다 더 함께 있고 서로의 사역에 대해 알 수 있는 시간으로 생각한단다. 1월에 필드 의사와 나는 에비슨 의사가 자리를 비운 사이에 한국 왕실 병원[제중원]에서 약간의 일을 맡았다. 2월의 대부분을 나는 이장열(弛張熱)에 걸려 에비슨 의사의 집 침대에서 보냈고, 다시 회복하는 데 3월 초까지 며칠을 보냈다. 3월에는 필드 의사가 평양으로 여행을 떠나서 30명의 학생이 있는 여학교에 도티 양만 남게 되었다. 그때 한국인들에게 홍역이 유행해서, 나는 남는 시간을 학교의 환자 11명과 이웃들을 돌보는 데 할애했다. 이제 4월이 다 지나갔단다. 나는 지난 2주 동안 내 모든 짐을 정리하고 여름 장마철을 지내기 위해 필요한 물건을 정리하는 데 적지 않은 시간을 보냈다. 내가 들은 바로는 모든 것이 곰팡이, 나방, 녹 등으로 상할 것처럼 보인단다.

1 서울의 잔다리는 현재의 서교동이다. 피시 의사는 선교사가 없는 성 밖 잔다리에 나와서 한국어를 배웠다.

rust, etc. Perhaps it is not so bad as it seems. Of course language study is to be kept ahead of everything else. The hours from ten to twelve every day are kept exclusively for that and whenever possible I try to study also from two to four in the afternoon. Sometimes even when not interrupted I find two hours a day is about all I can do of constant study with my teacher. Often the learning of the language seems quite a hopeless task, but our new comers are told we must have nothing to say about that till the first three years of drudgery are past.

And now, dear, I realize it is just the barest outline of the past few months that I have given you. The inner life and the details are what you want to know and what I long to talk over with you. What can I tell you of all that might be told? First,–I am very happy here–difficulties are not necessarily discouragements. My heavenly Father's hand was so evident in sending me here and His daily keeping power is so precious there is no room for anything but peace concerning His plan for me and its carrying out.

The stations and definite work of the new comers in this Mission will probably be decided at our annual meeting in Sept. or Oct. Only a little while ago I learned that the N.Y. Board intended I should go directly to Pyeng Yang and spend this year there expecting that to be my permanent field–but they did not tell me so, and I am rather glad I did not know it, for Seoul seems to be the best place to gain an idea of all the departments of the work both north and south of here, and if I should eventually be sent to Pyeng Yang I shall be glad of this first year in the Capital. Mr. Lee came to see me for a few minutes while I was sick at the Hospital and he was making a flying trip to Seoul. I had such a cordial invitation to visit them when Dr. Field and Miss Shields went north but was not strong enough just then. Probably I shall go during the summer to stay for a time with Mrs. Baird in Pyeng Yang and return for the annual meeting.

The Tung Chow station, or, rather the Shantung Mission, China

아마도 그만큼 나쁘지는 않을 것이다. 물론 언어 공부는 다른 모든 것보다 우선순위에 있어야 한다. 언어 공부만을 위해 매일 10시부터 12시까지의 시간을 확보해두었고, 가능할 때는 오후 2시부터 4시까지도 공부하려고 한단다. 때때로 방해받지 않을 때조차, 하루에 두 시간을 내는 것이 어학 교사와의 꾸준한 공부를 위해 내가 할 수 있는 최선이란다. 종종 이 언어를 배우는 것이 거의 희망 없는 일처럼 보일 때도 있지만, 새로 온 선교사들은 지루하고 힘든 첫 3년이 지날 때까지는 언어를 배우는 일에 대해서 토를 달아서는 안 된단다.

지금까지 한 말은 지난 몇 달간에 대한 가장 기본적인 개요일 뿐이야. 내가 네게 하고 싶은 진짜 이야기는 내적인 삶과 자세한 세부들이야. 그 모든 것에 대해 무엇을 이야기할 수 있을까? 우선 나는 이곳에서 매우 행복하단다. 일이 어렵다고 반드시 낙담이 되는 것은 아니야. 하늘에 계신 아버지의 손길이 나를 이곳에 보내신 것이 명백하고, 매일 견디게 하시는 그분의 권능은 소중해서, 나를 위한 그분의 계획과 그것을 성취하는 일에 대한 마음의 평화 외에는 다른 어떤 것이 차지할 공간이 없단다.

이 선교회에서 선교지회와 새로 온 선교사들의 명확한 사역은 아마도 9월이나 10월에 열릴 연례 회의에서 결정될 것이다. 불과 얼마 전에 나는 내가 평양으로 곧바로 가서 그곳을 나의 종신 사역지로 예상하면서 올해를 지내도록 뉴욕 선교부가 계획했다는 사실을 들었단다. 그러나 그들은 내게 그렇게 말하지 않았고, 나는 그것을 몰랐던 것이 오히려 기쁘다. 왜냐하면 서울이 이곳의 남쪽과 북쪽 사역의 모든 부분에 대해서 알 수 있는 최선의 장소처럼 보이기 때문이란다. 만일 결국 평양으로 가게 된다면, 나는 수도에서 첫해를 보낸 사실이 기쁠 것이다. 리 목사는 내가 병원에서 아파 누워 있는 동안 서울에 잠시 여행을 왔다가 몇 분간 나를 보러 왔다. 나는 필드 의사와 쉴즈 양이 북쪽에 올 때 그들을 방문해달라는 진심 어린 초청을 받았지만, 그때는 충분히 건강하지 못했단다. 아마도 나는 여름에 얼마 동안 지내기 위해 베어드 부인과 함께 평양으로 갔다가 연례 회의에 참석하기 위해 돌아올 예정이다.

sent requests to the Korean Mission and the N.Y. Board that I should be transferred there for the sake of their medical work, believing that evangelistic workers are more needed here than physicians. From last week's letter from N. Y., I think it is decided I shall remain here. I could go cheerfully if it were clearly right, but am very glad to stay here. I dearly love this land and people.

Last Saturday I came down here to Chandarry, a little village three miles outside the City gates and about six miles from Yun-moht-kol, the district of Seoul where I have been living. A Mr. Ko who is a Christian, lets me rent a tiny room in his house and here I am going to stay for a while to be out among the people where I cannot hear a word of English and can hear Korean from morning till night. Saturday evening the women crowded into my room and we sang hymns for about half an hour, one of the Christian women afterward leading in prayer. Sabbath morning we went over the hills half a mile to the little church attended by the Christians of the neighboring villages and presided over by a native pastor [unordained evangelist] who comes out from the city each Sabbath. There were thirty women and twenty babies in our side of the little room—there is a curtain, you know, between the men and the women. I have been impressed ever since I came with the prominent place the Korean Christians give to prayer. It bears a large part in their services. And at any time when a difficulty arises or a special gift is desired from the Lord, those of the simplest and strongest faith at once say "Let us pray about it."

It is good to be in this Christian household. Not an angry word have I heard since I came. The wife seems to be a very earnest Christian and a lovely character. She has gone about in the neighboring villages so that many women are "Jesus believers" because of her words. Yesterday afternoon as I was walking along a narrow path through the fields I stopped to speak a word of greeting to a woman gathering greens, and could understand just enough of her reply to know that she said, "Lady,

중국의 칭주 선교지부, 아니 정확히 말하면 산동선교회는, 한국에는 의사보다 전도인 사역자가 더 필요하다고 믿으면서 나를 그들의 의료 사역을 위해 그곳으로 전임시켜달라는 요청서를 한국선교회와 뉴욕 선교부에 보냈단다. 지난주에 도착한 뉴욕에서 보낸 편지를 보니 나는 내가 이곳에 머무르도록 결정이 내려졌다는 생각이 든다. 산동선교회의 주장이 명백히 옳다면 내가 기쁜 마음으로 갈 수 있겠지만, 이곳에 머무르게 되어서 기쁘다. 나는 진심으로 이 나라와 이곳 사람들을 사랑한단다.

지난 토요일 나는 이곳 잔다리로 내려왔는데, 이곳은 도시 성문 밖에서 3마일, 그리고 내가 살고 있는 서울 지역인 연못골에서는 약 6마일 떨어진 작은 마을이란다. 기독교인인 고 씨가 그의 집에 있는 작은 방을 빌려주어서 한동안 머무를 예정인데, 이 사람들 가운데 지내면서 나는 아침부터 저녁까지 한마디의 영어도 들을 수 없고 한국어만 들을 수 있다. 토요일 저녁에 여자들이 내 방으로 몰려와서 우리는 약 30분 동안 찬송을 불렀고, 한 기독교인 여자가 그 후에 기도를 인도했단다. 안식일 아침에 나는 언덕을 따라 800미터쯤 올라 작은 교회에 갔는데, 그곳은 이웃 마을의 기독교인들이 참석하며 매 안식일마다 시내에서 심방하는 본토인 조사가 담당하는 교회란다.[2] 남자들과 여자들 사이에는 커튼이 있단다. 작은 예배실의 우리 쪽에는 30명의 여자와 20명의 어린이가 있었다. 나는 한국에 온 이후 한국인 기독교인들이 기도를 얼마나 중요시하는지에 대해 감명을 받았단다. 기도는 그들의 예배에서 큰 부분을 차지한단다. 어려운 일이 생기거나 주님께 특별한 은사를 원할 때 언제나 가장 단순하고 가장 강한 신앙을 지닌 사람들은 즉시 "그것에 대해서 기도합시다"라고 말한단다.

이 기독교인 가정에 머무는 것은 즐거운 일이란다. 내가 온 이후 한마디 화내는 말을 들은 적이 없단다. 아내는 진지한 기독교인이고 사랑스러운 사람인 듯하구나. 그녀는 이웃 마을을 다녔는데 많은 여자가 그녀의 말 덕분에 '예수교인'이 되었다. 어제 오후 들판에 있는 작은 길을 따라 걷다가 나는 나

2 정동장로교회(새문안교회)가 개척한 잔다리교회이다. 지금의 서교동교회로 발전했다.

you and I are sisters, are we not? For God in heaven is your Father and mine." They call us "Poo-een" or "Pu-ine"—(the latter is a better spelling, I think) which is a high term about corresponding to our word "lady". I am a "wee-won pu-ine" or doctor lady. Monday morning after seeing me at the service there were quite a number of women, young and old, who crowded in to tell me of their ailments. I had to say "Medicine is lacking here, and merely to look at your trouble is useless. You will have to go to the Hospital in the City." There was a Christian man sitting on the ground in the little courtyard at the time, weaving straw thatching, and as the women turned away from my room, he attracted their attention and kept it for about twenty minutes while he preached Christ to them. It was joy to watch his face and theirs while I sent up prayer that they might receive the Word of truth in their hearts. This man and Mr. Ko's wife make me think of Paul preaching while making tents and of his admonition "Preach the Word; be instant in season, out of season."

April 26th.

Will you pay me a visit this bright Spring morning and see my surroundings? I am sitting out on the "maru," or portion of raised flooring partially surrounding the courtyard. A gateway leads to another courtyard and the apartments occupied by the family. My room, 8 X 12 feet opens from the "maru." The walls are mud-covered inside and out with heavy brown Korean paper; there is a good substantial tile roof, and within, the ceiling and floor are of heavy oiled paper. I have a folding cot and straw mattress, a telescope basket for clothing, a box of provisions and a tiny oil stove. With these necessities and Korean books and my Bible, I am quite comfortable and happy. A boy brings me water and is my means of communication with the City. My teacher comes down every morning.

Cousin Emma, I would not have had you chide yourself once that I did not know of Miss Stryker in Nagasaki. Every experience that has

물을 캐는 여자에게 인사말을 하기 위해 멈추어 섰단다. 그리고 "부인, 당신과 나는 자매입니다. 그렇지 않습니까? 왜냐하면 하늘에 계신 하나님이 당신과 나의 아버지이기 때문입니다"라고 충분히 알아들을 수 있을 만큼 말했고 그 대답을 통해 그녀가 이해한 것을 알 수 있었단다. 그들은 우리를 "부인"(Poo-een 혹은 Pu-ine)이라고 부른단다. (후자가 더 좋은 음역이라고 생각한다.) 그 말은 영어의 "lady"에 해당하는 높임말이다. 나는 "의원 부인" 즉 여자 의사란다. 월요일 아침 예배에서 나를 보고 아픈 것에 대해 말하려고 몰려온 나이 든 여자들과 젊은 여자들이 많이 있었다. 나는 "이곳에는 약이 부족합니다. 단지 여러분의 아픈 곳을 보는 것은 소용이 없습니다. 여러분은 시내의 병원으로 가지 않으면 안 됩니다"라고 말해야 했단다. 그때 작은 마당의 땅바닥에 앉아서 짚으로 이엉을 만들고 있는 남자 기독교인이 있었단다. 여자들이 내 방에서 나오자 그는 그들의 주의를 끌었고 약 20분 동안 그들에게 그리스도를 전했다. 그들이 마음으로 진리의 말씀을 받아들일 수 있도록 기도를 올리면서, 그와 그 여자들의 얼굴을 보는 것은 기쁜 일이었단다. 이 남자와 고 씨 부인을 통해 나는 천막을 만들면서 설교했던 바울과, "말씀을 전파하라. 때를 얻든지 못 얻든지 항상 힘쓰라"고 했던 바울의 권고를 생각하게 되었단다.

4월 26일.

이 밝은 봄날 아침에 나를 찾아와 내 주변을 보겠니? 나는 마당을 부분적으로 둘러싸고 있는 "마루"에 나와 앉아 있단다. 입구는 또 다른 마당과 가족이 쓰고 있는 처소로 향한다. 8×12자 크기의 내 방은 마루부터 트여 있다. 벽의 안쪽은 황토고 그 바깥쪽은 진한 갈색의 한지(韓紙)로 도배되어 있다. 좋은 재질의 기와지붕이 있고, 안쪽으로 천정과 바닥은 기름을 두껍게 바른 종이로 되어 있다. 나는 접는 간이침대와 짚으로 만든 멍석, 옷을 넣는 다단식 바구니, 음식을 위한 상자, 그리고 작은 기름 난로가 있단다. 이 필수품과 한국 책들과 성경이 있어서 나는 편안하고 행복하구나. 한 소년이 나에게 물을 가져오는데, 그 소년이 도시와의 통신 수단이다. 내 교사는 매일 아침 시

come has been good for me. I am afraid entirely too much has been made at home of the Russian steamer trip. It was not exactly pleasant, but was far from real hardship or danger.

My teacher has come and my boy is going to the City, so rather than keep you waiting longer I shall say Goodbye. I am glad for what you wrote of Dr. Campbell [Dr. Edgar Campbell, to whom Alice's father, Charles Fish, once referred as "my prospective son-in-law"*] as I have heard no word from any other source. Do not fear you have hurt me. The sore spots have all been healed. I wish I could answer all your dear letters and write all I would. It makes me glad to know of how the Lord is using you to give messages to others. Some time He will let you see how full has been the message of your life. I do wonder if it will be possible for you to be with Father and Mother this summer. It would be so much to them.

Give warmest love to Uncle James, Aunt Carrie and my cousins. And for you, dear Cousin, a heart full of love and the prayer your deepest longing may be "satisfied with Jesus every day."

Lovingly yours,
Mary Alice Fish
Seoul, Korea

I hope this slight envelope will bear the wear of the journey—it is all I have out here.

*See letter of Charles Fish to Hester Fish, Dec. 3, 1895

내에서 내려온다.

사촌 엠마, 내가 나가사키에 있는 스트리커 양에 대해 몰랐던 것에 대해서 네가 한 번이라도 자책하지 않기를 바란다. 내가 겪었던 모든 경험이 내게는 좋은 일이었단다. 러시아 기선 여행을 너무 편하게 한 것 같다. 여행이 꼭 유쾌하지는 않았지만 정말 힘들거나 위험한 것과는 거리가 멀었다.

어학 교사가 왔고 소년은 도시로 갈 예정이란다. 그래서 너를 더 오래 기다리게 하기보다는 작별인사를 해야겠다. 다른 곳에서 어떤 이야기도 들을 수 없기 때문에 나는 네가 켐벨 의사에 대해 알려주어서 기쁘다.[3] 네가 나에게 상처를 주었다고 걱정하지는 말아라. 상처 난 부분은 모두 치유되었다. 내가 너의 모든 사랑스러운 편지에 대해 답장을 쓰고, 내가 쓰고 싶은 모든 것을 쓸 수 있으면 좋겠다. 어떻게 주님이 다른 사람들에게 내 소식을 전하기 위해 너를 사용하시는지 알게 되어서 기쁘다. 언젠가 너의 소식이 얼마나 완전했는지 주님께서 보여주실 것이다. 네가 올여름에 내 부모님과 함께 있는 것이 가능한지 궁금하구나. 그렇게 할 수 있다면 부모님께 무척 좋은 일이 될거다.

제임스 삼촌과 캐리 고모와 사촌들에게 가장 따뜻한 사랑을 전한다. 사랑하는 사촌, 사랑과 기도가 가득한 마음으로 네 가장 깊은 바람이 "매일 주님과 함께 충족되기를" 기도한다.

사랑하는,
앨리스 피시
한국, 서울

추신. 이 얇은 봉투가 오랜 여행을 견뎌내기를 희망한다. 이것이 내가 이곳에서 가지고 있는 전부란다.

---

3 앨리스의 아버지인 찰스 피시가 한때 '나의 장래 사위'라고 불렀던 에드가 켐벨 의사다.

## Mary Alice Fish

***Chandarry, Korea***

***May 4, 1898***

Dear Friends of Benicia Presbytery:

There is very much of encouragement that comes to us in the Lord's work here in Korea, and we want to share all the blessings with you as well as have you bear the responsibility with us. For the work is all one, and is first our Master's to direct, then ours to perform by His enabling. Since I came to Korea I realize more than ever before the oneness of Christian work over all the world, when I see how we turn toward our fellow-workers in the home land; how we value every link that binds us to you; and how we reach out after your prayers, your sympathy, yes, and *your growth in grace*, for we know that spiritual quickening *there* means blessings *here*, and that as the prayer of faith prevails *there*, more abundant answers shall be *ours here*. Our God reigneth! The treasure house of our King is overflowing. We have tasted of its riches, and He is longing to give more and more. Is he waiting to be inquired of by any of us? Do not cease to pray that the power of God's word and of the Holy Spirit may be very great here in Korea. I know you are praying for me, and not only has the knowledge been a source of help, but in graciously caring for and blessing me, my Heavenly Father is answering the prayers of those whom He led to make it possible for me to come here.

My time for the first year is, as you know, given almost wholly to language study. One often wishes there were no such barrier as the language standing in the way. But one of our missionaries has said that it is a good thing we are not able at once to go out among the people and talk to them. For the Koreans' habits of life and of thought are so different from ours that we need to learn not only their language but their customs and methods of thinking and of reasoning, in order to present the truth of Christ in the best way to them.

## 메리 앨리스 피시

**한국, 잔다리**

**1898년 5월 4일**

베니시아 노회의 친구들에게,

이곳 한국에서 주님의 사역을 하는 우리에게 고무적인 일이 많이 있습니다. 우리는 여러분과 모든 축복을 함께 나누고, 우리와 함께 여러분이 책임을 감당하기를 원합니다. 왜냐하면 사역은 모두 하나고 무엇보다도 지시하시는 이가 우리 주님이시며, 주님께서 권능을 부여하심으로써 일하는 것이 우리의 몫이기 때문입니다. 한국에 온 이후 저는 우리가 모국에 있는 동료 사역자들에게 얼마나 의존하며, 우리와 여러분을 연결하는 모든 고리를 얼마나 소중하게 여기고, 여러분의 기도, 여러분의 공감, 그리고 은혜 안에서 나아가는 여러분의 성장을 얼마나 구하며 다가가는지를 봅니다. 어느 때보다 더욱 전 세계에서 행해지는 기독교 사역이 하나임을 실감하게 됩니다. 왜냐하면 우리는 그곳에서의 영적인 각성이 이곳에서의 축복을 의미하고, 그곳에서 신실한 기도가 우세하면 이곳에서 더 풍성한 응답이 우리의 것이 됨을 알기 때문입니다. 하나님이 통치하십니다! 우리의 왕이신 분의 보물창고는 넘칩니다. 우리는 그 풍성함을 맛보았고, 하나님은 더 많은 것을 주고 싶어하십니다. 그는 우리 가운데 누군가가 구하기를 기다리고 계실까요? 하나님의 말씀과 성령의 권능이 이곳 한국에서 크게 일어나도록 기도하기를 멈추지 말아주십시오. 여러분이 저를 위해 기도하시는 것을 압니다. 그 사실을 아는 것이 도움의 원천이 되었습니다. 그뿐 아니라, 저를 은혜롭게 돌보시고 복 주시려고 하늘에 계신 내 아버지께서 제가 이곳에 오는 것이 가능하도록 인도해 주시기를 기도한 이들에게 응답하고 계십니다.

여러분도 아시겠지만, 첫해 동안 저는 전적으로 언어 공부에 몰두했습니다. 사람들은 종종 언어와 같은 장벽이 방해하지 않기를 바랍니다. 그러나 우리 선교사들 가운데 한 사람은 우리가 즉시 사람들 가운데 나아가서 그들에게 말할 수 없는 것이 좋은 일이라고 말했습니다. 왜냐하면 한국인들의 생활

A few weeks ago I was called to see a boy about fourteen years old who was very ill with pneumonia—even then almost beyond all help. He was an earnest little Christian, and his parents were adherents of the church. We did what we could, but every hour the little fellow grew steadily worse. Only a little while before he passed away, he begged his mother to wash his face and hands very clean, so he would be ready when Jesus should come for him. He said he would soon be in his heavenly Father's house, and seemed not only ready but glad to go. But the parents were not willing to give up their boy, and in their grief turned away from their heavenly Father. The child had been the strong link between them and God's people. He taught them hymns, read the Scriptures to them, and was teaching them to read for themselves. The relatives said: "Now you had better give up this 'Jesus doctrine'; two children have died since you began listening to those people, and the other two will die if you do not stop. You must sacrifice to the spirits to save the rest of your family." And the father, while not taking the lead in the heathen rites, did not oppose what was done. But the Lord Jesus had a tender hold on these parents, and did not long permit them to stray. The second Sabbath after the boy's death the father rose in church, confessed that he had been rebellious against God, had had a very wicked mind, and had permitted heathen rites to be performed in his house. But now he was truly penitent, and, with his wife, begged for baptism. Both have since been baptized, and are eager for some one to teach them to read God's word.

Two weeks ago I came down to this little village of Chantari, about three miles outside the city gates, where by being all alone with the people for a time I hope to accomplish more with the language. There are several Christian families in the neighborhood, and the women of these households form the nucleus of a little company that gathers in my room every evening for prayers. After several hymns I read a few verses from John's Gospel, and one of the women explains the verses and leads

과 사고방식은 우리와 너무 달라서 그들에게 가장 좋은 방식으로 그리스도의 진리를 전하기 위해서는 우리가 그들의 언어뿐만 아니라 그들의 관습, 사고방식, 이해 방식을 배울 필요가 있기 때문입니다.

몇 주 전에 저는 폐렴으로 심하게 아픈 14세 정도 되는 소년을 진찰해달라는 부름을 받았습니다. 소년은 거의 손을 쓸 수 없는 상황이었습니다. 그 소년은 신실한 기독교인이었고, 그의 부모는 교회의 독실한 신자였습니다. 우리는 할 수 있는 것을 다 했지만, 그 어린 친구는 계속 악화되었습니다. 그는 죽기 직전에 어머니에게 예수님께서 그를 위해 오실 때 맞이할 준비가 되도록 얼굴과 손을 깨끗이 씻어달라고 부탁했습니다. 그는 곧 하늘에 계신 아버지의 집으로 갈 것이며 그렇게 할 준비가 되어 있을 뿐만 아니라 기쁘다고 말했습니다. 그러나 부모는 아이를 포기하려고 하지 않았고, 슬픔 가운데 하늘에 계신 아버지를 외면했습니다. 그 아이는 부모와 하나님의 사람들 사이의 강한 연결 고리였습니다. 그는 부모에게 찬송을 가르쳤고, 성경을 읽어주었으며, 부모 스스로 읽을 수 있도록 가르치고 있었습니다. 친척들은 다음과 같이 말했습니다. "이제 당신들은 이 '예수교'를 포기하면 좋겠다. 당신들이 그들의 말을 듣기 시작한 이후 두 명의 아이가 죽었다. 그만두지 않으면 나머지 두 아이도 죽을 것이다. 나머지 가족을 구하기 위해 신령에게 희생을 바쳐야 한다." 그 아버지는 이교도의 의식을 주도하지는 않았지만 반대하지도 않았습니다. 그러나 예수님께서 이 부모를 부드럽게 잡고 계셨고 이들이 오래 헤매지 않도록 하셨습니다. 아이가 죽은 후 두 번째 되는 안식일에, 아버지는 교회에서 일어나 자신이 하나님을 거역했고 나쁜 마음을 가지고 있었으며, 그의 집에서 이교의 의식을 치르도록 허락했다고 고백했습니다. 그러나 이제 그는 진실로 회개했고 그의 아내와 함께 세례를 요청했습니다. 이후 두 사람은 세례를 받았고, 누군가 그들에게 하나님의 말씀을 가르쳐주기를 간절히 바라고 있습니다.

2주 전에 저는 이 작은 잔다리 마을로 내려왔는데, 이곳은 도시 성문 밖에서 약 3마일 떨어진 곳으로, 한동안 이 사람들과 함께 지내며 한국어를 좀 더 익힐 수 있기를 바랍니다. 이웃에 여러 기독교인 가정이 있는데, 매일 저

in prayer. Just over the hill is a small church building where, on Sabbaths and Wednesday evenings, about forty men and women gather from the villages nearby, and are led by a native pastor [unordained evangelist].

Yesterday while I was studying with my teacher, a very rough-looking woodman came into the courtyard; he listened a moment, and when he found I was reading from the New Testament his face showed the greatest interest, and he would now and then exclaim: "Oh, that is good! yes, that is so!" with great earnestness. No one needed to tell me the Word of Life had entered that man's heart, for the love of Christ was shining in his face, and his whole being responded to God's Word. I could not help thinking, "How little one would expect such a glowing spirit out among Korean hills; yet the Shepherd sought and found this sheep—and *He* knows every one of His own, however hidden from man." My teacher explained that this woodman said: "A few years ago I used to gamble and drink a great deal of 'syoul' (Korean wine), but when I knew Jesus, He took this wicked mind away from me so I hated these things. At one time I was caught and beaten for being a Christian, but I said to the men who bound me, 'It does not matter what you do—you may hurt my body, but you cannot injure my soul.'"

A young man from a neighboring village told me today how a few years ago he heard of Dr. Underwood's school, began attending, and there first heard of Jesus. Taking home a New Testament one day, his father was so angry that he beat him severely each day for five days, and threatened to kill him if he returned to the school. He said: "Though my body was sore, my heart kept saying, 'I want to go to school and to church,' and I did go as soon as I could. Now I know that beating was just what Jesus told about, and said would come to some of his followers. My mother is now a Christian, and my father is better than last year, for he lets us live in the house, although he does not yet believe in Jesus. Please pray for him every day." He turned away singing "He Leadeth Me, Oh Blessed Thought," and I lifted my heart in thanksgiving

녁에 이 가정의 여성들과 제 방에 모여 작은 기도 모임을 갖습니다. 찬송 몇 곡을 부르고, 제가 요한복음 몇 구절을 읽고, 한 여성이 그 구절을 설명하고 기도를 인도합니다. 언덕 바로 위에 작은 교회가 있는데, 안식일과 수요일 저녁에 근처 마을에 사는 40여 명의 남녀가 모이고, 한국인 조사가 인도합니다.

어제 제가 어학 교사와 공부하고 있는데 험악하게 생긴 나무꾼이 마당에 왔습니다. 그는 잠시 듣고 있다가, 제가 신약을 읽고 있는 것을 보고 큰 관심을 보였습니다. 가끔 그는 진지하게 "오, 그것 좋습니다!"라고 외치곤 했습니다. 생명의 말씀이 그 남자의 마음속에 들어갔다는 것은 말할 필요도 없었습니다. 왜냐하면 그리스도의 사랑이 그의 얼굴에서 빛나고 있었고 그의 존재 전체가 하나님의 말씀에 응답하고 있었기 때문입니다. 저는 "한국의 언덕에서 그렇게 빛나는 영혼을 볼 것이라고 누구도 기대하지 않을 것이다. 그러나 목자는 이 양을 구했고 찾았다. 아무리 사람이 볼 수 없다 하더라도 주님은 당신의 모든 양을 알고 계신다"라고 생각하게 되었습니다. 저의 교사는 이 나무꾼이 다음과 같이 말했다고 설명했습니다. 그는 몇 년 전 노름을 하고 술을 많이 마셨지만, 예수님을 알게 되었을 때 주님이 사악한 마음을 그에게서 떠나게 하셨고, 그래서 그런 것들을 싫어하게 되었다고 합니다. 한번은 기독교인이라는 이유로 잡혀서 맞았지만, 그는 자신을 묶었던 사람들에게 이렇게 말했습니다. "당신들이 무엇을 하든 문제가 되지 않는다. 당신들이 내 몸을 다치게 할 수 있을지는 모르지만 내 영혼을 상하게 할 수는 없다."

이웃 마을의 한 젊은 남자는 오늘 저에게 몇 년 전 자신이 언더우드 박사가 학교에 대해 하는 이야기를 듣고 출석하기 시작했으며 그곳에서 처음으로 예수에 대해 들었다고 말했습니다. 어느 날 집으로 신약성경을 가지고 가자, 그의 아버지는 너무 화가 나서 5일 동안 매일 심하게 그를 때렸고 그가 다시 학교에 가면 죽이겠다고 협박했습니다. 그는 이렇게 말했습니다. "제 몸은 아팠지만 제 마음은 '나는 학교와 교회에 가고 싶다'고 계속 말했습니다. 저는 제가 그렇게 할 수 있게 되자마자 갔습니다. 이제 저는 예수님이 매를 맞으신 일과, 당신을 따르는 자들 일부에게 그런 일이 일어날 것을 바로 예수님이 말씀하셨다는 것을 알고 있습니다. 제 어머니는 이제 기독교인이

that the Lord had given him strength when only a boy to bear persecution for His name's sake.

The country here is specially beautiful just now. Back from the Han river stretch rice and barley fields and softly rolling, pine-covered hills, dotted with villages. The grass is thick with wild flowers, the pink azalea and sweet-flowering trees are in full bloom, and one says "Surely Korea is a fair land." But here by the roadside I could show you an immense heap of loose stones which nearly obstructs all passage. And to me as I look at it, the sun seems suddenly less bright and nature less beautiful, for I know that every stone in the great pile means a prayer offered to the spirits in the trees, and the bits of bright-colored cloth and paper tied to the bushes represent earnest petitions from hearts that do not know to whom they pray but are afraid not to pray at all. The simple, childlike faith of the Korean Christians is beautiful to see. But the many, many darkened souls all about us are a great burden, to be daily brought to the feet of the dear Savior who died for them.

And now, dear friends, may the words and the spirit of Ephesians III: 14-21 be our prayer for each other; and may our service be acceptable to the King because wrought by His Holy Spirit through us.

Yours in His Name,

Mary Alice Fish

되셨고, 제 아버지는 작년보다는 좋아지셨는데, 왜냐하면 비록 예수님을 아직 믿지는 않지만, 우리가 집에서 살도록 해주시기 때문입니다. 매일 그를 위해 기도해주십시오." 그는 돌아서서 찬송 "예수님이 거느리시니 즐겁고 평안하구나"를 불렀습니다.[1] 오직 주님의 이름을 위해 소년이 박해를 감당해야 할 때 주님께서 그에게 힘을 주셨다는 감사함으로 제 마음은 고양되었습니다.

이 나라는 바로 이때가 특별히 아름답습니다. 한강 건너편에 벼가 자라는 논과 보리밭이 펼쳐져 있고 소나무 숲이 우거진 언덕이 완만하게 흐르는 곳에 마을들이 점점이 흩어져 있습니다. 풀은 야생화로 무성하고 분홍색 진달래와 향기로운 나무들에 꽃이 활짝 피었습니다. 어떤 사람은 "분명 한국은 멋진 곳이다"라고 말합니다. 그러나 이곳 도로변에는 모든 길을 가로막고 있는 거대한 돌더미[서낭당]들을 볼 수 있습니다.[2] 제가 그것을 바라볼 때, 태양이 갑자기 흐려지고 자연이 덜 아름다워 보입니다. 왜냐하면 거대한 더미의 돌 모두가 나무 신령에게 바쳐진 기도를 의미하며, 덤불에 묶여 있는 밝은 색깔의 천과 종이는 그들이 누구에게 기도해야 할지 모르지만 전혀 기도하지 않는 것을 두려워하는 마음에서 나온 애원을 나타내기 때문입니다. 한국 기독교인들의 단순하고 어린아이와 같은 신앙은 보기에 아름답습니다. 그러나 우리 주변의 어둠 속에 사는 수많은 영혼들은 우리에게 큰 짐이며, 그들을 위해 죽으신 사랑하는 구세주의 발아래로 이들을 매일 데리고 가야 합니다.

이제, 사랑하는 친구들이여, 에베소서 3장 14-21절까지의 말씀이 서로를 위한 우리의 기도가 되기를 바랍니다. 우리가 우리 안에서 역사하시는 하나님의 영으로 봉사해 왕 되신 하나님께 받아들여지기를 기도합니다.

하나님의 이름 안에서,

앨리스 피시 올림

---

1 영어 제목은 "He Leaeth Me, Oh Blessed Thought"이다. 한글 번역 1절 가사는 "예수님이 거느리시니 즐겁고 평안하구나 주야에 자고 깨는 것 예수님이 거느리시네 주님 날 항상 돌보시고 날 친히 거느리시네 주님 날 항상 돌보시고 날 친히 거느리시네"다. 1898년 전후에 한국인 신자들이 많은 찬송을 외워 부른 것을 알 수 있다.

2 대개 마을 어귀나 산모퉁이에 있는 오래된 신목 아래 돌을 쌓아놓은 서낭당은 외부의 악한 기운이 그 동네에 들어오지 못하도록 막는 마을 수호신의 역할을 했다. 그곳에 장승을 세우기도 했다.

## Mary Alice Fish

***Pyengyang, Korea***

***June 21, 1898***[1]

Dear Dr. Field and Miss Doty,

After reaching here I put off writing for a while to have more news to give you and now there is so much the question is how to tell it.

We left Chemulpo about 9 o'clock Monday evening on the Kyeng Chae, and at six Tuesday evening arrived at Chinnampo in a regular and orderly manner as the Kyung Chae should do. In the cabin there were 2 Korean women, 2 French priests, 6 Japanese, Mr. Baird, Mr. Bunker and myself. We followed the shore closely and had some pretty bits of scenery.

I finished the 14[th] chapter of John and Mr. Baird quizzed me on some of the forms and part of the time we took turns in reading aloud parts of Chinese Characteristics. My "yo" cover filled with straw made a fine bed but I woke during the first night to find the great lump (which I dreamed was a clod of earth) in the straw was only the inverted wash basin under the mattress. I wonder if the pet tiger cub was a part of the Kyung Chae when Dr. Field came up. That animal and Mr. Bunker's dog together made great fun for us.

At Chinnampo we had to wait over night for the red tape of the Custom House & then 'til 2 p.m. Wednesday for the tide so we landed and made an exploration of the "settlement," selecting our lots from those staked off for the sale. There are some very substantial Korean houses going up just outside the port limits.

Coming on up the river we reached the landing place between 6 and 7 p.m. but the delay in transferring to a sampan was just enough so the

1 Transcribed from the diaries of Dr. Eva Field [Pieters] and addressed to Dr. Field and Miss Doty.

## 메리 앨리스 피시

**한국, 평양**

**1898년 6월 21일**[1]

필드 의사와 도티 양에게,

이곳에 도착한 이후 나는 더 많은 소식을 두 사람에게 전하기 위해 한동안 편지 쓰는 것을 미루었습니다. 이제 많은 소식이 있지만, 그것을 어떻게 말할지가 문제입니다.

우리는 월요일 저녁 9시쯤 경재호를 타고 제물포를 떠나 화요일 저녁 6시에, 경재호가 언제나 그렇듯이 예정 시각에 정확히 진남포에 도착했습니다. 객실에는 2명의 한국 여자, 2명의 프랑스 신부, 6명의 일본인, 베어드 목사, 벙커 목사, 그리고 내가 있었습니다. 기차는 바닷가를 바짝 붙어서 달렸고 가끔 예쁜 경치가 보이기도 했습니다.

나는 요한복음 14장을 다 읽었고 베어드 목사는 내게 몇몇 한국어 변화형에 대한 퀴즈를 냈습니다. 얼마 동안 우리는 한자(漢字)를 차례로 돌아가며 소리 내어 읽었습니다. 짚으로 채워진 "요"는 좋은 잠자리가 되었지만, 나는 첫날 밤 자다가 깨어서 짚 안에 있는 큰 덩어리(저는 흙뭉치라고 꿈을 꾸었는데)가 매트리스 아래에 뒤집어 넣어놓은 물 대야인 것을 알았습니다. 나는 필드 의사가 지난번에 올라왔을 때 이야기한 애완용 호랑이 새끼가 경재호의 일부인지 궁금했습니다. 그 동물과 벙커 목사의 개가 우리를 즐겁게 해주었습니다.

진남포에서 우리는 세관의 비능률로 인하여 하룻밤을 지내고 수요일 오후 2시까지 썰물 때를 기다려야 했습니다. 우리는 육지에 내려 판매를 위해 구획해놓은 토지에서 우리 구역을 고르면서 "정착지"를 답사했습니다. 항구 경계 바로 외곽으로는 견고한 한국 주택 몇 채를 짓고 있었습니다.

[대동]강을 올라가면서 우리는 오후 6시와 7시 사이에 부두에 도착했지

1 Dr. Eva Field [Pieters]의 일기에서 가져왔다.

tide had turned before we reached the city. There were the alternatives of returning to the boat, staying all night in the sampan or landing & walking to the city. We chose the latter as we were only 10 li away & arrived here at 11 p.m. leaving the boatman to come up with the freight on the morning tide.

Where shall I begin to tell you all that has happened since I came & how can I express my happiness at being here.

On Thursday Mrs. Baird gave a birthday dinner for Mr. Baird, inviting Mr. Bunker and the bachelors of the station. Friday, Miss Best and I were invited to Mrs. Wells' to dinner. Saturday evening all the gentlemen came up here to call. As they entered the compound we saw them go to the fence corner & each take a good-sized board and write his name upon it to bring up. By the time they reached the front door Miss Best and I had the wood box from the kitchen ready as a card receiver.

Sabbath, of course, was the best day of all. We went to the women's Sabbath School in the morning and to their service in the afternoon using the little organ for both. Mr. Moffett led the foreign service in the afternoon & gave us a most helpful sermon from the text "In that He Himself hath suffered being tempted He is able also to succor them that are tempted." Mr. Moffett does not seem well to me. He is over-working or is burdened by something in particular. All the missionaries were present at the Sabbath service. We numbered eighteen. Monday we had the station meeting. We have already taken one beautiful walk, though a short one; and this p.m. we, Methodists and all, are going on a picnic to Kijah's grave and the point.

Miss Best has organized a little school in connection with the women's church with an enrollment of 14 and spends part of each morning with them. I go down the first thing in the morning to give them half an hour's singing lesson, then I study with Miss Best's teacher till noon and she takes him in the p.m. The site for the new church has been selected and the Koreans are greatly pleased with it. A training class for

만, 삼판선으로 갈아타는 것이 지연되면서 우리가 그 도시에 도착하기 전에 때마침 조수가 바뀌었습니다. 배로 돌아가야 할지, 삼판선에서 밤을 지내야 할지, 아니면 내려서 도시로 걸어가야 할지 선택하지 않을 수 없었습니다. 우리는 마지막 것을 선택했는데, 도시가 불과 10리 정도 떨어져 있었기 때문이었습니다. 우리는 사공에게 아침 조수 때 짐을 싣고 올라오도록 운임을 주고 사공을 떠나 오후 11시에 이곳[평양]에 도착했습니다.

내가 여기에 온 이후 일어났던 모든 일에 대한 이야기를 어디서부터 시작해야 할까요? 그리고 이곳에 머무르는 것에 대한 제 행복한 마음을 어떻게 표현할 수 있을까요?

목요일에 베어드 부인은 벙커 목사와 선교지부의 미혼 남자들을 초대해서 베어드 목사의 생일을 축하하는 저녁 식사를 준비했습니다. 금요일에 베스트 양과 나는 웰즈 씨의 저녁 식사에 초대를 받았습니다. 토요일 저녁에는 모든 남자들이 이곳으로 찾아왔습니다. 그들이 구내로 들어올 때, 우리는 그들이 울타리 쪽으로 가서 각각 적당한 크기의 나무판을 골라 그것에 자기 이름을 써서 가져오는 것을 보았습니다. 그들이 앞문에 도착했을 때 나는 베스트 양과 부엌에서 나무 상자를 들고 나와 그들이 가져온 카드를 담았습니다.

물론 안식일이 가장 좋은 날입니다. 우리는 아침과 오후에 여학교 주일 예배에 가서 작은 오르간을 사용했습니다. 마포삼열 목사는 오후에 외국인 예배를 인도했고 "그가 이 일에 친히 시험을 받아 고난을 당하셨으므로 시험 받는 자들을 능히 도와주실 수 있느니라"라는 본문으로 유익한 설교를 했습니다. 마포삼열 목사는 건강이 좋아 보이지 않았습니다. 그는 과로하고 있거나 어떤 특별한 짐을 지고 있었습니다. 모든 선교사들이 안식일 예배에 참석했습니다. 18명이었습니다. 월요일에 우리는 선교지부 모임을 가졌습니다. 우리는 짧지만 아름다운 산책을 했습니다. 오늘 오후 감리회 선교사들과 함께 모두 기자묘(箕子墓)와 을밀대(乙密臺)로 소풍을 갈 것입니다.

베스트 양은 14명의 등록교인이 있는 여자 교회와 연계해서 작은 학교를 조직했고, 거기에 매일 아침 시간 일부를 할애하고 있습니다. 나는 아침에 제일 먼저 30분간 노래 부르기를 가르칩니다. 이어서 정오까지 베스트 양의

teachers opened yesterday in which Mr. Baird, Mr. Moffett & Mr. Lee each have a course. Dr's house [Dr. Wells] is progressing finely. The tiling on Mr. Noble's [Methodist] home is completed also.

Dr. Hall [Methodist missionary, Rosetta Sherwood Hall] has opened her dispensary. The country is beautiful. Do come up, Miss Doty. There is a warm welcome waiting you. Everybody has asked me when you were coming & when I spoke of kahn floors to be laid, all with one voice said, "She ought to put that work in the hands of some trusted Korean." I hope you will accept the decision of Pyeng Yang station.

John Baird climbed up to me yesterday & informed me that God made that thing (mole) on my forehead, so it was all right it should be there. He readily permits himself to take playthings away from brother but stands up as his champion when he imagines any one else is going to abuse him. He is brim full of affection.

Last week Mr. Lee, Mr. Whittemore & Dr. Wells visited a remarkable cave about seventy li from here & are very enthusiastic in their descriptions of it. They went straight down in one place about 30 or 40 feet by a rope ladder & in one of the caverns found the body of a man which crumbled on being touched. There were a couple of brass dishes beside the skeleton & even they broke in pieces when handled. Mr. Baird asked Mr. Lee if he knew anything about the man. "Oh yes, he even knew his name–it was *Imi Chuggeunja* (One gōne dead ee)." Just show me the man who can get ahead of Mr. Lee.

Well, I found my furniture from Japan safe and sound in the Customs at Chemulpo. Mrs. Jones remarked she had a good sized house with not much furniture so she has willingly taken it for the present. Dr. Field, may I ask you to finish up this expensive business for me by getting a check on a Yokohama bank & forwarding it to MacArthur? I shall be glad to have it over.

Do not be surprised if no mail comes for me for I left directions to have it forwarded from Chemulpo with Mr. Baird's for the next 6 weeks.

어학 교사와 함께 한국어를 공부합니다. 베스트 양은 어학 교사와 오후에 공부합니다. 새 교회 건물을 위한 장소를 골랐고 한국인들은 이를 대단히 기뻐하고 있습니다. 교사를 위한 사경회가 어제 시작되었는데 베어드 목사, 마포삼열 목사, 리 목사가 각각 한 과목씩을 맡고 있습니다. 웰즈 의사의 사택 공사는 잘 진행되고 있습니다. 감리회의 노블 목사의 주택은 지붕에 기와가 다 올라갔습니다.

홀 의사는 그녀의 진료소를 개원했습니다. 아름다운 장소입니다. 도티 양! 오세요. 따뜻한 환대가 당신을 기다리고 있습니다. 모든 사람이 내게 당신이 언제 오는지 물어보았습니다. 내가 마루를 깔아야 한다고 말하자, 모두가 한목소리로 "믿을 만한 한국인 몇 사람에게 그 일을 맡겨야 합니다"라고 말했습니다. 나는 당신이 평양 지부의 결정을 받아들이기를 바랍니다.

존 베어드가 어제 내가 있는 곳으로 올라와 하나님께서 검은 점을 내 이마에 두셨으므로 점이 이마에 있는 것이 괜찮다고 말했습니다. 존 베어드는 동생의 장난감을 쉽게 빼앗지만 다른 누군가가 동생을 괴롭힌다고 생각하면 동생의 옹호자로서 나섭니다. 존 베어드는 사랑이 넘치는 아이입니다.

지난주에는 리 목사, 위트모어 목사, 웰즈 의사가 이곳에서 70리쯤 떨어진 멋진 동굴을 방문했는데,[2] 동굴에 대해 설명하면서 그들은 열광적이었습니다. 그들은 밧줄로 된 사다리를 타고 한 지점에서 밑으로 약 40자를 내려갔고, 한 동굴에서는 사람의 시체를 발견했는데 만지자마자 부서져버렸습니다. 해골 옆에는 놋쇠 그릇 두 개가 있었고 그것들도 만지자마자 조각조각 부서졌습니다. 베어드 목사는 리 목사에게 그 사람에 대해 무엇인가 알고 있는지 물어보았습니다. "아, 그럼. 그 사람 이름도 알지. 그 해골 주인공의 이름은 '이미 죽은 자'이지." [유머에서] 리 목사를 능가할 수 있는 사람이 있으면 알려주세요.

자, 나는 일본에서 보낸 내 가구를 제물포 세관에서 무사히 찾았습니다. 존스 부인은 가구가 그렇게 많지 않은 적당한 크기의 집을 가지고 있어서 당

2 평양시 주변에는 동굴이 많은데 구석기와 신석기 시대 유적이 많이 발굴되었다.

On the other hand I suppose I need not be surprised if it all goes to you as before. It is ever so good to be up here & I am very glad I came. Give my love to all the Seoul friends.

With very much love for your two selves,

Yours most lovingly,
Mary Alice Fish

분간 내 가구를 보관해주겠다고 말했습니다. 필드 선생님, 요코하마 은행에서 수표를 끊어 맥아더에게 발송하는 일, 곧 내게는 비용이 많이 드는 이 일을 처리해달라고 부탁해도 되겠습니까? 그 일이 마무리되면 기쁠 것입니다.

다음 6주 동안 베어드 목사의 우편과 함께 내 우편을 제물포에서 발송하도록 지시문을 남겼으므로 내게 우편물이 오지 않아도 놀라지 마십시오. 반면에 이전처럼 우편물이 모두 박사님에게 가도 놀랄 필요가 없다고 생각합니다. 이곳에 올라와 있는 것이 정말로 좋습니다. 이곳에 와서 기쁩니다. 서울의 모든 친구들에게 내 사랑을 전합니다.

두 분에게 사랑을 담아서,

사랑하는,

앨리스 피시 올림

**Samuel A. Moffett**

***Pyeng Yang, Korea***

***June 27, 1898***

Dear Dr. Ellinwood:

It is certainly a pleasure to write to you, after having such a day as we had yesterday. Ever since our return from the visits to the Whang Hai province Mr. Lee and I have been busy examining candidates for baptism. These have all been on the roll of catechumens for from one to three years and of the number we yesterday baptized 45 of whom 23 were men and 22 women. This gives us in the Pyeng Yang church an enrollment of over 200 communicants to which others will be added at our September Communion service as there are still a great many catechumens awaiting examination.

The church is now nicely organized with an assistant pastor (unordained), whose salary is wholly provided by the church, two leaders (unordained elders), and three deacons. It is a great pleasure to direct the affairs of the church through this Board of Officers with whom I hold meetings twice a month. Under the instruction and discipline they are receiving it will not be long before they can be safely entrusted with the government of the church.

You will not wonder at my eagerness to get back to the work and you will know that I am now rejoicing in it again when I am able to report that in the less than 4 months since my return I have had the privilege of examining and baptizing 197 men & women and of receiving over 500 catechumens, while in the section to the north which is under my care there are over 20 groups still awaiting a visit for examination and organization.

The two trips to Whang Hai province with Mr. Lee were full of pleasure although they demanded the very hardest kind of work, that work which draws most on one's vitality. I realize anew the fact that

## 마포삼열

**한국, 평양**

**1898년 6월 27일**

엘린우드 박사님께,

어제와 같은 날을 보내고 박사님께 편지하는 것은 확실히 기쁜 일입니다. 황해도 방문을 마치고 돌아온 이후 계속 리 목사와 저는 세례 신청자를 심사하느라 바쁘게 지냈습니다. 모두 학습교인 명부에 이름을 올린 지 1년에서 3년이 된 사람들이었습니다. 그들 가운데 어제 45명에게 세례를 주었는데, 남자 23명, 여자 22명이었습니다. 이로써 평양교회는 등록교인이 200명이 넘으며, 심사를 기다리는 많은 학습교인이 있기 때문에 9월 성찬식 예배 때 다른 사람들이 추가될 것입니다.

교회는 이제 잘 조직되었습니다. 안수를 받지 않은 부목회자의 봉급은 전적으로 교회가 부담하며, 안수받지 않은 장로인 영수 2명과 집사 3명이 있습니다. 이 제직회(諸職會)를 통해 교회 사무를 지도하는 것은 큰 기쁨이며, 저는 그들과 한 달에 두 번 회의를 합니다. 지도와 훈련을 받으면 멀지 않아 제직회에 교회 치리를 안전하게 맡길 수 있을 것입니다.

제가 돌아온 지 4개월이 못되어 197명의 남녀에게 문답을 거쳐 세례를 주었고 500명 이상을 학습교인으로 받아들이는 특권을 누렸다고 보고할 수 있습니다. 그러므로 박사님은 제가 사역에 복귀하려던 열망을 이상하게 여기지 않을 것이며, 제가 이제 다시 이 일을 즐거워 하고 있음을 아실 것입니다. 동시에 저의 관할 아래 있는 북부 지역에는 20개 이상의 미조직교회들이 있는데, 제가 심방해서 세례문답을 하고 조직해주기를 기다리고 있습니다.

리 목사와 함께 황해도를 두 차례 방문했는데, 비록 많은 체력을 소모해야 하는 어려운 사역이었지만 기쁨이 충만했습니다. 저는 현재 인원으로는 이 거대한 사역을 적절히 감독하는 데 역부족이라는 사실을 다시금 실감합니다. 두 사람이 한 달 안에 60개 이상의 교회를 심방하는 것을 생각해보십시오. 그리고 400명의 세례 신청자를 꼼꼼히 심사하고, 모든 곳에서 한두 번

our present force is not equal to the strain of properly supervising this great work. Think of two men within a month trying to visit over 60 churches–carefully examine over 400 candidates for baptism–hold services one or more in all these places, baptize 300 people and meet and receive nearly 1,000 catechumens,–besides discussing all the various phases of the church work, counseling with the officers and members and attempting the solution of many difficult problems presented. With such hurried visits and so much requiring careful attention, justice cannot possibly be done the work and while for the present the very momentum of the movement carries it along–we shall soon lose greatly and meet much more serious difficulties unless we can in some way provide for more thorough instruction and training, more direct touch and closer oversight.

I am told that Mr. Speer and Mr. Grant thought the idea of opening a new station in this region to be a mistake and I am not ready to say that their knowledge of the results in other fields of opening several stations in a given extent of territory does not warrant them in so thinking. I wish however they could have visited that section of our field and have been brought face to face with its condition. I am quite sure that we must provide for a closer touch and greater attention than can be given under present arrangements. The need is a pressing one and the promise is wonderful. We ought to have at least two men and two women available who could spend several months in the year in that district–making prolonged visits sufficient to bring them into a more direct touch with the field, its leaders, its needs & problems than can be secured by these running visits which are a "touch & go" contact. The Roman Catholics have two priests in that region, reaping from our seed-sowing, seeking to create discord in our ranks, annoying our people and doing all they can to confuse and nullify our work. Since our return we have had visits from eight of our groups–the men coming to consult us on various questions and to ask aid in adjusting church affairs. They feel the need of

의 예배를 인도하고, 300명에게 세례를 주고, 1,000명 가까운 사람들을 학습교인으로 등록시키고, 여기에 더하여 교회 사역의 온갖 다양한 문제들을 토론하고, 교회 직원과 교인과 상담하고, 제시된 어려운 많은 문제를 해결하려고 노력해야 합니다. 그렇게 서둘러 방문하면서 세심한 관심을 기울여야 하므로, 제대로 사역이 이루어질 수 없습니다. 반면 현재 가속도가 붙은 사역은 빠르게 굴러가고 있습니다. 그러나 만일 더 철저한 가르침과 훈련과 더 직접적인 만남과 밀접한 감독이 어떤 형태로든 이루어지지 않으면, 곧 큰 손실을 볼 것이며 더 심각한 문제에 봉착할 것입니다.[1]

스피어 목사와 그랜트 목사가 이 지역에 새 선교지부를 개설하는 안이 실수라고 생각한다는 말을 들었습니다. 다른 선교지에서 일정 선교지 안에 여러 개의 선교지부를 개설한 결과가 좋지 않았으므로, 이곳에서도 그럴 것이라고 생각할 수도 있습니다. 하지만 저는 그들이 평안도 북부 지역을 방문해서 직접 현장 상황을 확인했더라면 좋았을 것이라고 생각합니다. 저는 현재와 같은 심방 대신 더 친밀한 만남과 더 주의 깊은 관찰이 있어야 한다고 강하게 확신합니다. 시급하게 해야 할 필요가 있고 밝은 전망이 기다리고 있습니다. 적어도 2명의 남자 선교사와 2명의 여자 선교사가 있어서, 한 해에 여러 달 동안 그 지역에서 보낼 수 있어야 합니다. 즉 단기간 심방으로 얻을 수 있는 "만나고 떠나는" 식의 접촉보다는 장기간의 심방을 통해서 현장, 지도자, 필요, 문제에 대해 더 직접적으로 대처할 수 있어야 합니다. 천주교인들을 위해 그 지역에 있는 2명의 사제가 우리가 뿌린 씨앗에서 추수하고, 우리 교인들 사이에 불화를 조장하고, 우리 교인들을 괴롭히고, 우리의 사역에 혼란을 일으키고 무력화하기 위해 온갖 일을 다 하고 있습니다. 여행에서 돌아오자 8개의 미조직교회에서 찾아왔는데, 다양한 문제를 상의하고 교회 사태를 조정하는 데 도움을 구하기 위해서였습니다. 그들은 우리가 직접 오는 것이 필요하다고 느끼며, 모든 곳에서 남녀 신자들이 그들에게 선교사 한 명

1 이런 예로, 소위 쌀 신자(rice Christians)와 교회를 정치 조직이나 이익 단체로 만드는 교폐(church abuse cases) 문제를 들 수 있다. 이런 교회의 정치화는 1900-1906년 황해도와 경기도에서 강하게 발생했으며, 천주교와 개신교의 갈등은 1902년 황해도의 '해서교안'(海西敎案)으로 비화되었다.

our personal presence and in every place men and women begged me to plan for placing a missionary among them. The whole section has united in prayer that the Lord will send a missionary to live among them.

With reference to this work I feel that we must look ahead a little and plan so as to avoid loss because of failure to adequately provide for oversight & instruction.

Mr. Baird goes home next spring and Mr. Lee the year following. There is no provision for anyone to look after their work while absent. Mr. Hunt will be able to do it to a certain extent although at the present rate of increase he will have upon his hands by that time a work which in itself will require all his time. Mr. Whittemore's time is already wholly absorbed by the northern work which is growing beautifully.

We cannot afford to ignore the present promising situation and we ought to take energetic measures towards providing for oversight of all the work.

There is no reason why we should allow other Protestant Churches or the Roman Catholics to reap the harvest from our sowing–if we can provide the reapers ourselves. I have no doubt we shall go to the Annual Meeting this fall with an urgent request for more men and women either as re-enforcements for this station or with a view to opening new stations as may seem most desirable. I shall hope that in anticipation of this request you may be able to secure the men and money so as to be able to send them this winter–without having to wait until next year's graduating classes provide the men.

It would be worth much to our work now if our new members already had the language and could enter upon full work. During these few years each month gained counts for more than a year's work ten years hence.

We have received the Appropriations and the "cut" has been apportioned by the Finance Committee. Our share is $1,409.30 (yen) which is an improvement upon last year although it is serious enough,

을 배치해줄 것을 간청했습니다. 전 지역이 합심해서 주님께서 선교사 한 명을 보내어 그들 가운데 거주하게 해달라고 기도해 왔습니다.

이 사역과 관련하여 저는 우리가 더 멀리 내다보아야 하며, 적절한 감독과 가르침을 제공하지 못해서 야기되는 손실을 막을 계획을 세워야 한다고 느낍니다.

베어드 목사는 내년 봄에 본국으로 가며, 리 목사는 그다음 해에 갑니다. 그들이 없을 때 그들의 사역을 돌볼 자는 아무도 없습니다. 비록 현재의 성장 속도라면 그때쯤이면 헌트 목사도 일정 부분 그들의 사역을 할 수 있을 것이지만, 사실 맡고 있는 사역 자체만으로도 시간이 모자라게 될 것입니다. 위트모어 목사는 아름답게 성장하고 있는 북부 사역에 이미 전적으로 매달리고 있습니다.

우리는 현재 전망이 밝은 상황을 무시할 수 없으며, 모든 사역을 돌보기 위해 적극적인 조치를 반드시 취해야 합니다.

만일 우리가 추수할 자를 보낼 수 있다면 다른 개신교회나 천주교인들로 하여금 우리가 뿌린 씨앗을 거두도록 둘 이유가 없습니다. 의심의 여지없이 우리는 올가을에 열리는 연례 회의에 가서 이 선교지부를 위해 또는 새 선교지부를 개설하기 위해 더 많은 남자와 여자를 긴급하게 요청하게 되겠지만 어느 쪽이든 더 바람직한 방향으로 할 것입니다. 이 요청을 예상하면서, 저는 박사님께서 내년 졸업반들로부터 사람을 받을 때까지 기다리지 않고 올겨울에 파송할 수 있도록 사람과 돈을 확보하실 수 있기를 희망합니다.

만일 우리의 새 선교사들이 이미 언어를 익히고 사역에 완전히 임할 수 있었다면 우리의 사역에 큰 가치가 있었을 것입니다. 지난 몇 년 동안 한 달에 늘어난 신자의 수는 지난 10년 동안의 한 해 치보다 많았습니다.

우리는 예산 배정을 받았으며, "삭감"액은 재정위원회에서 비율대로 나누어 할당했습니다. 우리의 몫은 1,409.30엔으로 비록 심한 삭감이 이루어졌지만 작년에 비해 증가된 액수입니다. 특히 작년 연례 회의에서 여러 건의 중요한 필요, 즉 리 목사를 위한 조사와 선교지부의 새 선교사들을 위한 순회여행 자금을 간과함으로써 지원하지 않았기 때문에 심각한 문제가 발생했

especially so since the last Annual Meeting by an oversight failed to provide for several important needs among which is a Helper for Mr. Lee and an itinerating fund for new members of the station.

Dr. Wells' house is under way and approaching completion. Dr. Fish is now here with Miss Best and both are hard at work–preparing especially with a view to village itinerating. Mr. Baird is directing the Normal Class now in session and Mr. Lee and I are assisting with an hour a day given to teaching. We are all of course deeply interested in the war, praying that peace may soon be declared and that the result may be the opening of benighted Spain, Cuba & the Philippines to the clear light of the Gospel. I have obtained so much profit & pleasure from reading Mr. Speer's reports on the "Mission in Korea" and the "Mission in Japan," the latter read in Nagasaki, that I am led to prefer a request for a copy of each of his reports on the different missions visited.

Trusting that your health is still good and sincere regards,

Very sincerely yours,

Samuel A. Moffett

습니다.

웰즈 의사의 사택은 공사 중이며 완공 단계입니다. 피시 의사가 베스트 양과 함께 지내며 두 사람이 열심히 일하는데, 특히 시골 순회를 준비하고 있습니다. 베어드 목사는 현재 진행 중인 교사 사경회를 지도하고 있고, 리 목사와 저는 하루에 한 시간씩 가르치고 있습니다. 우리는 물론 전쟁에 깊은 관심이 있으며, 곧 평화가 선포되고 그 결과 어두운 스페인, 쿠바, 필리핀이 복음의 분명한 빛에 의해 열리기를 기도합니다.[2] 저는 스피어 목사가 쓴 "한국 선교"와 "일본 선교" 보고서를 읽고 많은 유익과 기쁨을 얻었습니다. 후자는 나가사키에서 읽었는데, 스피어 목사가 방문한 여러 선교회에 대한 보고서를 한 부씩 저에게 보내주시면 감사하겠습니다.

박사님께서 강건하시기를 빌며, 안부를 전합니다.

마포삼열 올림

---

2 미국과 스페인의 미서전쟁이다. 승전한 미국은 쿠바와 필리핀을 식민지로 삼았고, 아시아에서 식민 세력으로 남았다.

## Mary Alice Fish

***Seoul, Korea***

***September, 1898***

My dear Aunt Lute and Lucia,

If every thought of you were a letter, or if all the intended letters had been sent, your "Received" pigeon holes would have been filled long ago with epistles from a certain corner of the earth I know of. But unfortunately, as Cousin Emma Paige said in her letter the other day, the mails have not yet learned to carry thoughts without the media of paper and ink, and the transfer does take much time.

Somehow the funny things in Korean life always make me think of you, Aunt Lute, and I wish you could have them just as they occur. Those are not the only times I think of you, however; for life is pretty sober out here,—we have to make the most of little things to have a hearty laugh.

Our Korean house servants are the ones who strike us oftenest in a certain place which is pretty close to both laughter and tears, and if their actions are apt to fall upon us on the tears side, it is by all means best to stay out of the kitchen and eat our meals asking no questions. The good souls generally mean well and try their utmost, but they have never seen stoves or tablecloths before;—and how should they know by intuition all about our foreign concoctions. As for cleanliness,—well, after patient teaching, the next generation may develop some capacity for understanding what it means.

After all, why do Americans waste so much time cleaning chickens for cooking? Koreans remove the feathers and plunge the fowl in, head, claws and crop just as he is. This is one of their feast delicacies. Our servants however do try hard to anticipate all our strange wishes for having things clean, and so the cook one day when I was making salad for a special occasion, removed the shells from the hard boiled eggs and

## 메리 앨리스 피시

**한국, 서울**

**1898년 9월**

루트 고모와 루시아에게,

두 사람에 대한 모든 생각이 편지가 되었다면, 또 쓰려고 했던 모든 편지를 보냈다면, 두 사람의 편지 수신함은 지구의 한모퉁이에서 보낸 편지로 오래 전에 가득 찼을 것입니다. 그러나 불행히도 지난번에 사촌인 엠마 페기가 편지에서 말했듯이, 우편물은 종이와 잉크라는 매개 없이는 생각을 전달할 수 없고, 우편 배송은 많은 시간이 걸립니다.

아무튼 한국에서 생활하면서 일어나는 재미있는 일은 저로 하여금 두 사람을 생각나게 합니다. 루트 고모, 저는 그런 일이 생길 때마다 고모가 바로 이 일을 알 수 있으면 좋겠다고 생각합니다. 그러나 그때만 고모를 생각하는 것은 아닙니다. 이곳에서의 생활은 단조롭기 때문에, 웃기 위해서는 사소한 일을 최대한 활용해야 합니다.

우리의 한국 집에서 일하는 고용인들은 우리가 가장 가까이에서 가장 자주 만나는 사람들인데, 그들은 우리로 하여금 폭소나 눈물을 자아내게 합니다. 만일 그들의 행동이 눈물을 자아내는 방향으로 갈 것 같으면 무슨 수를 쓰더라도 주방에서 얼른 빠져 나와 아무 질문도 하지 않고 식사하는 것이 최선입니다. 이 착한 영혼들은 일반적으로 선량한 마음을 가지고 최선을 다하려고 하지만, 이전에 스토브나 식탁보를 본 적이 없습니다. 그러니 어떻게 직관적으로 우리 외국산 제품에 대해 속속들이 알 수 있겠습니까? 청결에 대해 말하자면 꾸준히 가르쳐도 아무 소용이 없는데, 아마 다음 세대에 가서야 그것이 의미하는 바를 이해할 수 있는 능력이 계발될 수 있을 것입니다.

아무튼 미국인들은 요리할 때 닭을 씻으며 왜 그렇게 많은 시간을 낭비할까요? 한국인들은 털을 제거한 후에 머리, 발, 똥집이 있는 그대로 닭을 끓는 물에 집어넣습니다. 이것은 그들의 별미 가운데 하나입니다. 하지만 우리 고용인은 음식을 청결하게 하라는 우리의 이상한 요구를 모두 충족시키려고

carefully washed each shining white surface to get it clean. A good many of their cleanly (?) ways are put on though when we are near or are heard approaching. When I scalded some fruit in a large kettle a few days ago, some happened to gather on the bottom and going out in search of that same kettle half an hour later I found it at the bottom of the swill water barrel soaking!

Dr. Field came very near being struck on the tear side one day when she entered the kitchen and found the wet floor cloth carefully spread over her newly-baked bread. Part of the time I was boarding at the Girls' School in Seoul. It had only a boy to bring wood and water to my bedroom up on the hill. When he blossomed out one day in a suit of clean clothes I determined to teach him to do room work, and spent several mornings on the mysteries of bed-making. Saturday morning I laid out the clean bedding telling him to put the clean sheet on top, how to place the hem, etc. But I didn't tell him to take off the under sheet, so that night found me trying to get between the three. Why he took off the soiled pillow cases I have never discovered.

Mr. and Mrs. Baird in Pyeng Yang received the other day their Fall and Winter supply of groceries and Mrs. Baird set a new Korean to open a half barrel of sugar in the store room. She found him a little later working away to pry off the hoops; in a few moments more the barrel would have been effectually opened.

The Koreans are a simple, kindhearted, lovable people; there is something fascinating about their very childishness. I simply cannot tell how I love these dear Christian women. It is an honor to be their friend and hold the place in their hearts which they give to one.

Three Sabbaths ago was Communion service in Pyeng Yang. The men and women worship in separate buildings for lack of room, but this time, that the service might be one of closer fellowship, it was announced that only the communicants should assemble in the men's church which holds perhaps 450. Even with the church members

노력합니다. 어느 날 그 요리사는 제가 특별 행사용으로 샐러드를 만들고 있을 때 완숙 계란의 껍데기를 제거하고 그것을 깨끗하게 하기 위해서 반짝거리는 흰 표면을 한 개씩 주의 깊게 씻었습니다. 그러나 우리가 근처에 있거나 가까이 오는 기척이 있을 때에만 그들은 수많은 청결 방식을 적용하는 척합니다. 며칠 전 제가 큰 주전자에 과일을 넣고 데쳤는데 그 일부가 바닥에 달라붙었습니다. 약 30분 후에 주전자를 찾으러 갔더니, 주전자가 설거지 물통 바닥에 잠겨 있었습니다.

필드 의사는 어느 날 거의 울 뻔했는데, 주방에 들어가서 그녀가 새로 구운 빵 위에 젖은 걸레가 조심스럽게 펼쳐져 있는 것을 발견했기 때문입니다. 얼마 동안 저는 서울에 있는 여학교에서 지냈습니다. 그 학교에는 언덕 위의 제 침실로 땔감과 물을 날라주는 한 소년이 있었습니다. 그가 어느 날 말쑥하게 옷을 차려입고 왔을 때 저는 그에게 방 정리하는 것을 가르치기로 결심했고, 며칠 동안 아침 시간을 이용해 침대를 정리하는 신비로운 일을 가르쳤습니다. 토요일 아침에 저는 깨끗한 침구를 펼치고, 맨 위에 깨끗한 시트를 놓는 법과 가장자리를 접어 넣는 방법 등을 알려주었습니다. 그러나 그에게 침대보를 벗겨야 한다는 말을 하지 않았고, 그래서 저는 그날 밤 그 셋 사이에 들어가서 애써 잠을 청하지 않을 수 없었습니다. 그리고 그가 왜 더러운 베갯잇을 빨지 않고 없애버렸는지 결코 알 수 없었습니다.

평양에 있는 베어드 부부가 며칠 전에 가을과 겨울 식료품을 받았습니다. 베어드 부인이 새로 고용한 한국인에게 창고에 있는 큰 설탕 통을 열어서 반 배럴만 가져오라고 시켰습니다. 잠시 후 그녀는 하인이 나무통의 테두리를 비틀어 열려고 애쓰는 것을 발견했습니다. 그대로 두었더라면 잠시 후에 실제로 한 통이 다 열려서 설탕이 쏟아졌을 것입니다.

한국인들은 단순하고 친절하며 사랑스러운 사람들입니다. 어린아이 같은 그들의 행동에는 매력적인 어떤 것이 있습니다. 제가 얼마나 이 사랑스러운 여자 기독교인들을 사랑하는지 간단히 말할 수 없습니다. 그들의 친구가 되고 그들이 다른 사람에게 주는 그들의 마음속에 자리를 잡는 것은 영광입니다.

it was over crowded, and outsiders crowded all the openings that stand for doors and windows. Forty persons–17 men and 23 women were received into the church by baptism; this being the number the missionaries had found time to examine carefully. There are 50 or 60 more under instruction and waiting to be examined for membership. The service was very solemn and impressive. Oh, what an object lesson in the power of the Gospel it is to see these people in their old lives, degraded care-worn and hopeless, and then see them sitting at the table of the Lord, transformed in heart and in face, and worshiping in the simplicity of true faith. As I sat there that Sabbath it seemed the happiest spot on earth and this the most blessed work that could be.

This letter should be headed "Yellow Sea"; I am writing it on the return trip from Pyeng Yang to Seoul. The location and surroundings of Pyeng Yang are beautiful, but it is somewhat inaccessible. Overland from Seoul it is about eight days of hard travel; by the rivers and the sea it is anywhere from four to ten, according to native caprice, tides and the weather, though the run between the ports of the two places might be easily made in twenty hours. You know the Far East is prejudiced against haste.

On this present journey, I left Pyeng Yang early Friday morning, with my baggage loaded on the backs of two coolies, and walked across the city to the great gate which opens on the Tai Tong river. There taking a sampan (Korean flat-bottomed boat) with a couple of Koreans, we dropped down the beautiful river, with the tide in our favor, making about 60 "li" in 4½ hrs. There we found the little steamer Hai Riong at anchor. The current was still running almost like a mill race past her sides, so my Koreans went ashore to eat their rice and I waited a couple of hours before attempting to approach and board her. The little craft is owned half by Japanese and half by Koreans and so enjoys the distinction shared by very few vessels in the world, of flying the Korean flag from one of her masts. On board I engaged a miniature stateroom almost

평양에서 3주일 전에 성찬식이 있었습니다. 공간이 작아 남자와 여자는 별도의 건물에서 예배를 드리지만, 이번에는 그 예배가 좀 더 친밀한 교제를 위한 것이어서 성찬을 받는 자만 약 450명을 수용할 수 있는 남자 교회에 모여야 한다고 광고했습니다. 등록교인만으로도 예배당은 수용 인원을 초과했습니다. 외부인들이 문과 창문으로 된 모든 입구에 몰려들었습니다. 17명의 남자와 23명의 여자, 합계 40명이 세례를 받고 입교했습니다. 이것은 선교사들이 시간을 내어서 주의 깊게 심사한 숫자입니다. 50명에서 60명 정도 더 되는 사람들이 배우고 있고 입교인이 되기 위해 문답을 기다리고 있습니다. 예배는 엄숙했고 인상적이었습니다. 노년의 사람들이, 타락해서 걱정으로 찌들고 희망이 없는 얼굴에서, 주님의 식탁에 앉아 마음과 얼굴이 변화되어 진실한 신앙으로 예배하는 모습을 보는 것은 복음의 능력에 대한 진정하고 객관적인 교훈이 됩니다. 안식일에 그곳에 앉아 있을 때, 그곳은 지구상에서 가장 행복한 장소였으며, 이것이 할 수 있는 가장 복된 사역인 것 같았습니다.

이 편지는 "황해"로 가야 합니다. 저는 평양에서 서울로 가는 여행 도중에 이 편지를 쓰고 있습니다. 평양의 위치와 주변 환경은 아름답지만 접근하기가 약간 어렵습니다. 서울에서 평양까지 육로로 가면 약 8일간의 힘든 여행을 해야 합니다. 강과 바다를 이용하면, 두 항구 사이는 20시간 안에 쉽게 항해할 수 있지만 조수나 날씨 같은 자연의 변덕에 따라 4일에서 10일이 걸립니다. 아시겠지만 극동은 서두르는 것에 대해 편견이 있습니다.

이번 여행에서 저는 2명의 일꾼의 등에 제 짐을 지우고 금요일 아침 일찍 평양을 떠나 도시를 가로질러 대동강으로 향하는 대문으로 걸어갔습니다. 그곳에서 2명의 한국인과 거룻배(한국식의 바닥이 평평한 배)를 타고 그 아름다운 강을 내려갔습니다. 조수가 우리가 가는 쪽으로 흘러서 4시간 반에 약 60리를 갔습니다. 그곳에서 우리는 작은 기선인 해룡(海龍)호가 정박해 있는 것을 발견했습니다. 여전히 조류는 물레방아를 돌리는 물처럼 배 옆을 흘러가고 있었습니다. 그래서 저의 한국인 일꾼들은 강기슭에 올라가 밥을 먹었습니다. 저는 그들이 배에 다가가 오르려고 시도하기 전까지 2시간을

entirely filled with four small berths,—(how I should like to make one out of two of them,) and upon informing the ship master I wished the room alone, he graciously said "Yes, unless some Japanese or Korean woman should come on board." The best way to meet that difficulty was to be the first one in with the door locked,—for there were plenty of berths in other rooms. So here I am in my room of state with a bullet hole for a window, carefully slanted upward toward the sky so the rain can pour into the berth just below it. We waited 18 hours before starting, then 10 hours at the cargo port to load 700 bags of rice. After this there was apparently nothing but smooth sailing between us and Chemulpo, but no, that would have been unusual and very un-Korean, so when it began to rain a little we quietly slipped in behind an island and anchored for another 10 hrs. They have a great way of doing that—to rest the engine if there is no other excuse.

Seoul, Sept. 23rd.

In Chemulpo I found the little boat up the Han river would leave at 3 a.m. so went on board about 10 the night before. It was none too early—I had but just spread my blankets in a corner of the tiny cabin when it began to fill with Chinese, Japanese and Koreans, who talked and smoked all night. As many as possible arranged themselves in parallel lines down the length of the room. Rousing from one of my 150 naps that night I found myself stretching out and planting my feet in a Japanese crown. Possibly I shocked the entire line! I did not ask.

It is good to be here again, and I find life quite exciting after three months in the backwoods of the north. I am living with Miss Shields, of Pennsylvania, the trained nurse who was sent out by the New York Board. She is lovely. This p.m. we have had a meeting for women and girls. Mrs. Gifford came to talk to them and we taught them a song and some verses to take home with them. All seemed interested.

Lucia, dear, how are you? Working away again by the time this

기다렸습니다. 그 작은 기선은 반은 일본인 소유고 반은 한국인 소유이므로, 배의 한 돛대에 태극기가 휘날리는 세상에서 드문 특징이 있는 배입니다. 배에 올라서 저는 네 개의 작은 침상으로 거의 채워진 소규모 전용 선실에 들어갔습니다. 저는 정말로 그것들 가운데 두 개를 하나로 만들고 싶었습니다. 선장에게 방을 혼자 쓰고 싶다고 말하자마자 그는 "예. 어떤 일본인이나 한국인 여자가 배에 오르지 않는다면"이라고 친절하게 말했습니다. 그런 어려움에 대처하는 최선의 방법은 먼저 들어가서 문을 잠그는 것입니다. 왜냐하면 다른 방에 충분한 침상이 있었기 때문입니다. 그래서 이곳에서 저는 총알 구멍 크기의 창문이 있는 방에 있습니다. 그 창문은 하늘 쪽으로 조심스럽게 위로 기울어져 있어서 비가 오면 빗물이 침상 바로 아래로 쏟아져 들어올 수 있게 만들었습니다. 우리는 출항하기 전에 18시간을, 그리고 쌀 700가마를 싣기 위해 화물 항구에서 10시간을 기다렸습니다. 그다음에는 거기서 제물포까지 순조롭게 항해하는 것만 남은 것처럼 보였습니다. 그러나 그게 아니었습니다. 그렇게 됐더라면 이는 매우 흔치 않은 일이고 전혀 한국적이지 않았을 것입니다. 즉 비가 조금 오기 시작하자 우리는 섬 뒤로 조용히 미끄러져 들어가서 10시간을 더 정박했습니다. 그들은 그렇게 할 만한 좋은 변명거리가 생기면 엔진을 쉬게 하는 것입니다.

서울, 9월 23일.

제물포에서 저는 한강으로 올라가는 작은 배가 새벽 3시에 떠난다는 사실을 알게 되어 전날 밤 10시경에 배에 올랐습니다. 그것은 너무 이른 것이 아니었습니다. 제가 막 작은 선실의 구석에서 제 이불을 펼쳤을 때 중국인, 한국인, 일본인으로 배가 차기 시작했는데 그들은 밤새 이야기하고 담배를 피웠습니다. 그들은 최대한 넓게 선실의 세로 폭을 따라 평행선으로 자리를 차지했습니다. 그날 밤 150번이나 잠깐 잠들었다가 깨었는데 한번 깨어보니 저의 쭉 뻗은 다리의 한 발이 어떤 일본인의 정수리에 닿아 있었습니다. 아마도 저는 그 줄 전체를 놀라게 했을 것입니다! 그러나 물어보지 않았습니다.

이곳[서울]에 다시 와서 좋습니다. 저는 북쪽의 오지에서 3개월간 지냈

reaches you? What is it, specially, on hand now?

My poor little Nellie! I cannot at all realize that she has gone Home. The last bright letter she wrote me, dated only June 10th, told me so many of the things about her friend I wanted to know and spoke of Lucia in Santa Cruz. I wonder if I shall fully realize it till I go back.

Now with much love to all the relatives and friends and warmest love for you both,

Yours lovingly,
Mary Alice Fish

는데 그 생활이 흥미로웠다고 느낍니다. 저는 펜실베이니아 출신의 쉴즈 양과 살고 있는데, 그녀는 뉴욕 선교부가 파송한 숙련된 간호원입니다. 그녀는 사랑스럽습니다. 오늘 오후 우리는 성인 여성과 소녀를 위한 모임을 열었습니다. 기퍼드 부인이 와서 그들에게 이야기했습니다. 우리는 집에서도 노래하고 읽을 수 있도록 그들에게 노래와 약간의 시를 가르쳤습니다. 모두 재미있어했습니다.

사랑하는 루시아, 어떻게 지내니? 이 편지가 너에게 도착할 즈음에는 다시 열심히 일하겠구나? 지금 하고 있는 일은 정확히 무엇이니?

가엾고 귀여운 넬리! 나는 넬리가 하늘 본향으로 갔다는 것을 전혀 실감할 수 없습니다. 넬리가 제게 마지막으로 보낸 밝은 편지는 6월 10에 쓴 것인데, 제가 알고 싶은 자신의 친구에 대한 많은 것을 말했고, 산타크루즈에 있는 루시아에 대해 이야기했습니다. 제가 돌아갈 때까지 넬리가 없다는 사실을 완전히 실감할 수 있을지 모르겠습니다.

이제 모든 친척과 친구에게 많은 사랑을, 그리고 두 사람에게 가장 따뜻한 사랑을 담아,

사랑하는,
앨리스 피시 올림

## Mary Alice Fish

***Pyeng Yang, Korea***

***November 30, 1898***

My dear Dr. Ellinwood:

November has been a month of comings and goings in our station. Most of our number arrived on Nov. 5th, on their return from the Annual Meeting, others following shortly. We were all made glad when on the 15th Mr. Lee and family arrived from China. The return sea voyage did much to strengthen Mr. Lee, and he is already talking of a short country trip before Christmas. Mrs. Hunt has been gladly welcomed by us and is faithfully at work on the language. Mrs. Wells' class of young women, and the little girls' schools both inside the city and on missionary hill are in good working order. Mrs. Baird and Mrs. Lee have sent out letters of invitation to the women's training class to be opened on December 10th, asking the people to bear the expenses of those who come. The winter itineration was begun as soon as possible after returning. Mr. Baird was asked to go in place of Mr. Lee, on a very important trip down into a portion of Whang Hai Do. Mr. Hunt is in the western part of the same province. Miss Best is now at Chung Wha where she finds a large number of women ready to attend meetings. She expects soon to go further and spend some time with the Christian community at Muk Chun. Mr. Moffett and Mr. Whittemore have gone north and are holding a training class at Sun Chun, from there expecting to go on to Eui Ju. I have been given the visiting of the women's Sabbath Schools and meeting places within twenty "li" of the city, and am doing some house to house visiting. The last two Sabbath mornings I have found the meeting places filled and the women eager to learn.

North of here, at An Ju where Mr. Moffett and Mr. Whittemore have just visited, is a new group of ten who are under instruction–apparently the beginning of a good church. The Christian men of Suk Chun have of

## 메리 앨리스 피시[1]

**한국, 평양**

**1898년 11월 30일**

엘린우드 박사님께,

11월은 우리 선교지부에서 오가는 한 달입니다. 대부분의 회원들은 11월 5일 연례 회의에서 돌아왔으며, 나머지도 곧 뒤이어 돌아왔습니다. 15일 리 목사와 가족이 중국에서 돌아와 우리 모두는 즐거웠습니다. 돌아오는 길의 바다 여행이 리 목사를 건강하게 했고, 그는 벌써 성탄절 전에 갈 단기 시골 여행에 대해 말하고 있습니다. 우리는 헌트 부인을 기쁘게 환영했으며, 헌트 부인은 언어 공부를 충실하게 하고 있습니다. 시내의 선교사 건물이 있는 언덕에서 모이는 웰즈 부인의 젊은 여자반과 어린 소녀들의 학교는 모두 질서 정연하게 이루어지고 있습니다. 베어드 부인과 리 부인이 12월 10일에 개최하는 여자 사경회를 위해서 초청장을 발송했는데, 참석자들은 자비 부담으로 오도록 부탁했습니다. 겨울 순회여행은 연례 회의에서 돌아오자마자 시작됐습니다. 베어드 목사는 리 목사 대신 황해도 일부를 다니는 중요한 여행을 부탁받고 갔습니다. 헌트 목사는 황해도 서부에 있습니다. 베스트 양은 지금 중화에 있는데, 많은 여자가 모임에 기꺼이 참석하고 있습니다. 그녀는 곧 더 가서 묵천에서 기독교인 공동체와 일정 시간을 보낼 예정입니다. 마포삼열 목사와 위트모어 목사는 북쪽으로 가서 선천에서 사경회를 열고 있으며, 그곳에서 의주로 갈 계획입니다. 저는 여자 주일학교들과 시내에서 20리 안에 있는 모임들을 심방했으며, 일부 가가호호 심방을 하고 있습니다. 지난 두 주일 아침에 저는 모이는 장소에 여성들이 가득 차고 열심히 배우려는 모습을 보았습니다.

이곳에서 북쪽에 있는 안주는 마포삼열 목사와 위트모어 목사가 방금

1 이 편지는 평양 지부의 11월 월례 보고서다. 당시 선교사들은 돌아가면서 한 선교지부의 월례 보고서 형식의 편지를 뉴욕 선교부 엘린우드 총무에게 보냈다.

their own accord banded together and decided to take books and going two by two, visit all the unevangelized places in that circuit. Such work as this ought to be closely followed up by the missionaries, but it is so widespread as to be far beyond the possibility of doing so.

The Korean Christians seem to grasp with surprising readiness the teaching concerning the indwelling, guidance and teaching of the Holy Spirit. God the Spirit is so evidently working within them that they know Him in their own experience. We praise our Lord continually for His ingathering of this people and for the inestimable privilege we have of being in this work. These women and the children about us make their way right into our hearts and take us directly into theirs. This is indeed a lovable people.

We look forward eagerly to having Mr. Swallen and family with us in the spring, especially for the sake of the needy Whang Hai district, for which work the necessity for the house asked for as temporary quarters grows more and more apparent. The eagerness of the people there in asking for some one to come and teach them amounts almost to a demand.

For the stability of the Church of the future, one cannot help desiring that the work of the coming year may be one of teaching and grounding rather than of wide ingathering into the Church. At the same time, knowing that the Christians will continue to preach, we pray that the ingathering into the fold of the Master may be greater than ever before, even according to the Shepherd's own yearning desire for these His lost ones.

Earnestly seeking all needed blessings upon the dear friends at the Board rooms whose thoughts and prayers are so often with us, I am, for the Station.

Yours very sincerely,
Mary Alice Fish

심방한 곳으로, 가르침을 받는 10명의 새 그룹이 있는데 좋은 교회가 시작된 것이 분명합니다. 선천의 기독교인 남자들은 스스로 무리를 만들어 책을 들고 2명씩 짝을 만들어 그 시찰에서 복음화가 되지 않은 모든 마을을 심방하기로 결정했습니다. 이런 일은 선교사들에 의해 면밀한 후속 조치가 이루어져야 하지만, 너무 광범위하게 퍼져 있어서 그렇게 할 가능성이 거의 없습니다.

한국인 그리스도인들은 성령의 내주하심, 인도하심, 교훈하심에 대한 가르침을 놀라울 정도로 쉽게 파악하는 듯합니다. 하나님의 영이 그들 안에 분명하게 역사하고 있으므로 그들은 스스로의 경험으로 하나님을 압니다. 이 사람들을 불러 모아주시고, 우리를 이 사역에 있도록 하여 측량할 수 없는 특권을 누리게 하신 주님을 계속해서 찬양합니다. 우리 주변에 있는 이 여자들과 어린이들이 우리 가슴에 바로 들어왔고 우리가 그들 가슴속에 바로 들어갔습니다. 이들은 정말 사랑스러운 사람들입니다.

우리는 스왈른 목사와 그 가족이 봄에 우리와 함께하기를 고대합니다. 특히 스왈른 목사는 일손이 부족한 황해도 지역을 위해 필요하며, 사역을 위해 요청한 임시 거주지로서 주택이 필요하다는 사실은 점점 더 분명해지고 있습니다. 와서 가르쳐줄 선교사를 요청하는 그곳 사람들의 열성은 거의 강력하게 요구하는 수준입니다.

향후 교회의 안정성을 위해 내년도 사역은 교회에 사람을 광범위하게 끌어들이는 것보다 가르침과 기초를 쌓는 것이 되기를 바라 마지않습니다. 동시에 기독교인들이 계속 전도할 것을 알기 때문에, 우리 안으로 들어오는 주님의 사람들이 이전보다 더 많기를 기도합니다. 이는 목자이신 주님께서 스스로 당신의 잃어버린 자들을 간절히 찾고 계시기 때문이기도 합니다.

선교부 사무실에 있는 사랑하는 친구들에게 모든 필요한 복이 임하기를 간절히 바랍니다. 우리는 그들을 자주 생각하고 기도합니다. 선교지부를 대신하여,

앨리스 피시 올림

**Samuel A. Moffett**

***Sun Chun, North Korea***

***December l, 1898***

My Dear Mr. Speer:

Your good long letter of Aug. 12th so full in its treatment of the questions upon which I desired to hear from you reached me in time to be of great assistance to us in our plans for the Annual Meeting. Since it was received, the final work of the year, the Annual Meeting with its volume of work, the return to Pyeng Yang and work there, plans for fall and winter campaign and the present trip with Mr. Whittemore–have followed in such rapid succession and have so completely occupied my time that notwithstanding my great desire to write you concerning the Annual Meeting and its decisions as they affect the work now before us, I have not been able to do so. There is much of which I wish to write to you and to Dr. Ellinwood and I shall take up the items one by one dealing with each one as fully as possible trusting that this month I shall be able to cover the ground.

The most pressing question with us is how to take advantage of our wonderful opportunities which are increasing faster and faster–leaving us almost in sheer despair of being unable to so supervise and direct this work that it shall be solidly established–to reap the abundant harvests offered and to provide instruction for the hundreds, yea, thousands who are placing themselves under us for instruction. I have not a particle of doubt as to the genuineness of this work–that it is a work of the Spirit and that most of our leaders among the Koreans in the joy of their own conversion and in grateful service for the Master are doing a genuine work preaching and teaching the fundamental truth of the gospel–It has been my pleasure and privilege since my return to examine for baptism over 500 men and women, to baptize nearly 300 and to receive over 1,000 Catechumens. These have been in all parts of our field among groups

## 마포삼열

**북부 한국, 선천**

**1898년 12월 1일**

스피어 박사님,

제가 듣고 싶었던 문제를 충분히 다룬 박사님의 8월 12일 자 장문의 서신을 제때에 잘 받았으며, 연례 회의를 위한 우리의 계획에 큰 도움이 되었습니다. 서신을 수령한 이후 연말의 마지막 사역, 일이 많은 연례 회의, 평양으로의 복귀와 그곳의 사역, 가을과 겨울 전도대회를 위한 계획, 그리고 위트모어 목사와 함께하는 현지 여행 등이 빠르게 연속적으로 다가와서 제 시간을 다 차지했기 때문에, 현재 우리 앞에 있는 사역에 영향을 주는 연례 회의와 그 결정들에 대하여 박사님께 편지하고 싶은 큰 소원에도 불구하고 그렇게 하지 못했습니다. 박사님과 엘린우드 박사님께 쓰고 싶은 것이 많이 있지만, 이번 달에는 그렇게 할 수 있다고 믿고 차례로 하나씩 한 주제를 가능한 한 충분히 다루도록 하겠습니다.

우리에게 가장 긴급한 문제는 놀라운 기회들을 어떻게 활용할 것인가의 문제입니다. 기회들은 더욱더 빠른 속도로 증가하고 있고, 우리는 이 사역을 잘 감독하고 지도하여 견고하게 세워야 하지만, 그렇게 할 수 없기 때문에 깊은 절망감에 빠져 있습니다. 곧 사방에 널려 있는 풍성한 추수를 할 수 없고, 우리에게 배우러 오는 수천 명의 사람들을 가르칠 수 없기 때문입니다. 저는 사역의 진정성에 대해서는 일말의 의심도 없습니다. 그 사역은 성령의 사역이며, 대부분의 한국인 지도자들은 그들 스스로 즐거이 개종하였고, 감사함으로 주님을 섬기면서 복음의 근본적인 진리를 설교하고 가르치는 진정한 사역을 하고 있습니다. 제가 돌아온 이후 500명 이상의 남녀 세례 신청자를 심사하여 약 300명에게 세례를 주었고, 또한 1,000명 이상을 학습교인으로 받은 것이 제 기쁨이요 특권이었습니다. 이것은 30-40명의 조사와 영수의 가르침을 받는 우리 선교지의 모든 지역에 있는 미조직교회들에서 이루어졌습니다.

under the teaching of 30 or 40 Helpers and Leaders.

That we make some mistakes I know full well,—that some people deceive us I am equally sure,—that in some cases we have moved too fast I grant,—but that we are in theory and in practice conservative, that we are not and have not been eager for numbers, that we are seeking for and praying for every safeguard around the work I am perfectly confident—and if there is any way by which to judge of the genuineness of a work of grace in the hearts of a people we cannot resist the conviction that the Lord through His own word and by His Spirit is mightily moving upon this people working faith in them, transforming their lives and characters and making them new creatures in Christ Jesus. I care not how skeptical one may be, he could not hear and see the testimonies I have seen and heard in these months in the various sections of our field—he could not experience this and believe otherwise than that this is genuine work. There will be those who will fall away, there may be a great many, but I have not the slightest doubt that hundreds and thousands of these people are safe in Christ Jesus and that no man shall be able to pluck them out of His hand.

The work however is simply too much for us—(I rejoice that it is His work and under His care) but we are doing all we can and are laying it, as it appeals to us, before you that you and we may co-operate in the wisest and best way for its proper oversight and development. We have very fully talked over the situation, have prayed over it and then made our plans as we believe the Spirit of God has led us. The Mission very unanimously approved and sanctioned our every request and plan and now we hope to see the Board and the Church do the same. Our General report will place before you what these plans and requests are and I write now to call particular attention to the most important and those demanding most urgent attention.

1st—The request for a missionary from another station who having command of the language and experience can enter at once into the work

우리가 일부 실수하고 있다는 것은 저도 충분히 알고 있습니다. 즉 일부 사람들이 우리를 속인다는 것은 저도 동일하게 확신합니다. 그리고 어떤 경우에는 우리가 너무 빨리 움직였다는 것도 인정합니다. 그러나 우리는 이론과 실제에서 보수적이고, 숫자에 연연하지 않으며, 사역에 모든 안전장치를 하려고 노력하고 기도했다고 자신합니다. 만일 한 민족의 마음속에 역사하는 은혜로운 사역의 진정성을 판단할 수 있는 방법이 있다면, 우리는 주님께서 자신의 말씀을 통해 그리고 성령으로 강력하게 이 민족 위에 움직이시고 그들 속에 믿음을 만들고 계시며, 그들의 삶과 인격을 변혁시키고, 그들을 그리스도 예수 안에서 새로운 피조물로 만들고 계신다는 확신을 거부할 수 없습니다. 저는 어떤 사람이 얼마나 회의적일 수 있는지 관심이 없습니다. 그는 우리 선교지의 다양한 지역에서 지난 몇 달 동안 제가 보고 들었던 간증을 보고 들을 수 없었습니다. 만일 그가 이것을 경험할 수 있었다면, 그는 이것이 진정한 사역이라고 믿지 않을 수 없을 것입니다. 떨어져 나가는 자도 있을 것이며, 어쩌면 그 수가 상당히 많을 수도 있습니다. 그러나 저는 수백 명, 수천 명의 사람들이 그리스도 예수 안에서 안전하며, 어느 누구도 그들을 그분의 손에서 빼앗을 수 없다는 것을 조금도 의심하지 않습니다.

하지만 사역이 우리에게 너무 많아 역부족입니다. (저는 그것이 주님의 사역이고 그의 돌보심 아래 있기에 기쁩니다.) 그러나 우리는 우리가 할 수 있는 최선을 다합니다. 그리고 우리가 보는 현 상황을 그대로 박사님께 제시할 수 있고, 그렇게 해서 박사님과 우리가 가장 지혜롭고 최선의 방법으로 상황을 돌보고 발전시키기 위해 협력할 수 있습니다. 우리는 현 상황에 대해 충분히 이야기했고, 그것을 놓고 기도했으며, 하나님의 영이 우리를 인도했다고 믿는 대로 우리의 계획을 세웠습니다. 선교회는 만장일치로 우리의 요구와 계획을 매번 찬성하고 승인했으며, 지금 우리는 선교부와 교회가 동일하게 해주기를 원합니다. 박사님께 제출한 우리의 종합 보고서를 보시면 우리의 계획과 요구가 무엇인지 알 수 있을 것입니다. 지금 저는 가장 중요하고 긴급한 주의가 필요한 사안에 대하여 박사님의 특별한 관심을 촉구하고자 이 글을 씁니다.

in Whang Hai province where Mr. Lee cannot possibly do one third that should be done. That work is suffering from lack of attention and will cause us serious trouble and loss unless better cared for very speedily. The Mission has met our request by asking the Board to sanction the transfer of Ham Kyeng province with our work at Gensan [Wonsan] and Ham Heung to the Canadian Presbyterian Mission–which is able to care for the whole province as we cannot, and thus release Mr. Swallen for our work here. This has appealed to us all as a most desirable move both for the advantage of the work of our Mission and for the best use of the Canadian Mission in advancing the Lord's work in Korea. Feeling so strongly our immediate need for Mr. Swallen's presence here we as a station cannot urge too strongly upon the Board our desire that it speedily give its consent and let us know this decision as soon as possible.

2nd–Immediately connected with this is our request for 800 yen with which to provide quarters in Whang Hai province so that we may constantly have one or more of the station on that field in direct touch with the people and the Leaders during this important stage of the work.

Given them and the trial of our plan for its use for a year and with this we may be able to so provide for our Whang Hai work that we shall not need a separate station there. At present, we feel that a new station is and will be needed but we hope that a year of work with Mr. Swallen here, with Mr. Hunt's advance in the language and ability to take charge of work and with a house suitable for a two or three months occupation without serious injury to our health, may so enable us to handle the work that a new station will not then seem imperative.

I should like to make a special plea for this 800 yen (only $400.00 gold) and that according to request of Mission it be appropriated at once (this year's work) so that there may be no delay in carrying out our plans. If our work here–the methods adopted which have met your cordial approval–our experience so far as it goes and the great blessing the Lord

첫째, 다른 선교지부에서 한국어를 잘 구사하고 경험을 쌓은 자 가운데 황해도 사역에 즉시 투입될 수 있는 한 명의 남자 선교사를 요청합니다. 그곳에서 리 목사가 사역하고 있지만 해야 할 일의 1/3도 하지 못하는 실정입니다. 그 사역은 관심 부족으로 악화되고 있으며, 신속하게 더 잘 관리하지 않으면 심각한 문제와 상실을 초래할 것입니다. 선교회는 우리의 요구에 대처하기 위해서 원산과 함흥에 있는 우리의 사역과 함께 함경도를 캐나다장로회선교회로 이양하는 것을 선교부에서 재가해줄 것을 요청했습니다. 캐나다장로회선교회는 우리가 돌볼 수 없는 함경도 전체를 관리할 수 있으며, 따라서 스왈른 목사는 자유롭게 되어 이곳에서 우리와 같이 사역할 수 있습니다. 이 안은 한국에서 주님의 사역을 확장하고 우리 선교회의 사역을 발전시키고 캐나다 선교회를 가장 잘 활용하는 바람직한 조치라고 우리 모두는 동의했습니다. 스왈른 목사가 지금 이곳에 있는 것이 우리에게 필요하기 때문에, 선교지부로서 우리가 선교부에 이 요청을 신속히 승인하고 그 결정을 최대한 빨리 알려주시기를 아무리 강력하게 촉구해도 지나치지 않습니다.

둘째, 이것과 즉각적으로 연결된 것으로, 황해도에 거처를 제공하기 위해 800엔을 요청합니다. 이 거처가 마련되면 우리는 지속적으로 선교지부에서 한 명이나 그 이상의 선교사를 현장에 두어 이 중요한 사역의 시기에 사람들 및 영수들과 직접 접촉할 수 있습니다.

거처를 마련하고 1년간 시험적으로 운영해보면 황해도에 별도의 선교지부가 필요한지 그렇지 않은지 알 수 있을 것입니다. 현재 우리는 새 선교지부가 필요할 것이라고 느끼지만, 스왈른 목사가 1년간 사역하고, 헌트 목사가 언어를 익히고 사역을 맡을 수 있는 능력이 자라고 건강에 심각한 해를 주지 않을 정도로 두세 달씩 거주하기에 적당한 거처가 있으면 그 사역을 감당할 수 있을 것이고, 그러면 새 선교지부가 필수적이지 않을 수도 있을 것입니다.

저는 이 800엔(단지 400달러)에 대해 특별히 간청드리고 싶으며, 선교회의 요청에 따라 즉시 (올해의 사역으로) 지원해주셔서 계획 수행이 지연되는 일이 없기를 바랍니다. 이곳 우리의 사역은 다음 여러 사실 가운데 한 가지

has given us–and our knowledge of the conditions and urgent needs of the situation give us any warrant at all for asking special consideration for any one thing, I plead most earnestly for this and for the similar request for the work in Mr. Whittemore's field in North Pyeng An province where I now am with him.

This plan has been in my mind for more than two years, has been considered in all its bearings so far as was possible, has been discussed with the station in the light of the somewhat similar beginnings of our work in Pyeng Yang and Eui Ju and I desire more than I can say that the Board should allow us to work it out as we had planned it, believing that it means the very greatest advantage to a work which is more than taxing our strength.

3rd–The request for 700 yen for temporary quarters for this northern work. The plan is the same as above except that it definitely looks forward to the opening of a new station here–it being our settled conviction that this region is too far from Pyeng Yang and too extensive to be properly worked from there. The point we should open is 120 miles from Pyeng Yang, a three days journey even on a bicycle (over the roads) and the field covered reaches to points more than 250 miles from Pyeng Yang. As to the development of work which has already taken place, it is enough to say that Mr. Whittemore already has more than one man can look after. I am here now–not because the work at Pyeng Yang is not urgent but because this trip was imperative and intended to have far reaching results upon the whole future development of the work in the north. We are holding a Training Class here with more than 40 men and 10 women enrolled–coming from 10 counties and representing about 20 groups of Christians not to mention individual inquirers from many other villages.

In the city the Church consists of 1 baptized man and 41 Catechumens, having two Church buildings, one for men and one for women. Attendance at the service last Sabbath was about 150 and at the

만 보아도 이 특별 요청이 정당하다는 것을 알 수 있습니다. 곧 박사님께서 채택한 방법을 적극 찬성하신 점, 지금까지 진행된 경험, 주님께서 우리에게 베푸신 놀라운 복, 상황에 대한 우리의 지식, 그리고 긴급한 필요가 있는 실정 등입니다. 저는 이것을 절실히 간청하며, 지금 함께 있는 위트모어 목사의 평안북도 현장에 있는 사역을 위해서도 비슷한 요청을 합니다.

저는 이 계획을 마음속에 2년 이상 품어왔는데, 조정할 때마다 최대한 고려했고, 평양과 의주에서의 사역과 출발이 비슷하다는 관점에서 선교지부와 토론해왔습니다. 저는 우리의 계획대로 진행되도록 선교부가 허락해야 한다고 몇 번이라도 말하고 싶습니다. 그것이 현재 우리가 모든 힘을 쏟아붓고 있는 사역에 가장 큰 도움이 된다고 믿기 때문입니다.

셋째, 이 북부 지역[평안북도] 사역에 필요한 임시 숙소를 위한 700엔 요청 건입니다. 이것은 위의 요청과 동일하지만, 이곳[선천]에 새 선교지부를 개설하려는 분명한 전망을 가진다는 점에서 다릅니다. 우리 모두는 이 지역이 평양에서 너무 멀리 떨어져 있고, 평양에서 적절하게 사역하기에는 너무 광범위하다고 확신합니다. 개설해야 할 지점은 평양에서 120마일 떨어진 곳으로, 자전거로 달려도 3일이 걸리며, 담당할 구역은 평양에서 250마일 떨어진 지역까지 포함됩니다.[1] 이미 이루어진 사역의 발전에 대해서 말씀드리자면, 위트모어 목사는 이미 한 사람이 돌볼 수 있는 사역 이상을 감당하고 있습니다. 저는 지금 이곳 선천에 있습니다. 평양 사역이 긴급하지 않아서가 아니라, 이 여행이 긴급히 필요했고, 또 향후 북부 지역 사역의 전체 발전에 큰 파급 효과를 일으키려는 의도 때문입니다. 우리는 이곳에서 사경회를 개최했으며, 40명 이상의 남자와 10명의 여자가 등록했습니다. 그들은 10개 군(郡)으로부터 왔는데, 여러 마을에서 온 개인적인 구도자도 있지만, 20개 미조직교회의 기독교인을 대표하는 자들입니다.

선천읍교회는 한 명의 남자 세례교인과 41명의 학습교인으로 구성되어 있으며, 두 개의 예배당을 가지고 있는데 각각 남성용과 여성용입니다. 지난

---

1 이 무렵 마포삼열과 위트모어 등은 새 선교지부를 선천(宣川)에 개설하기로 결정한 듯하다.

Evangelistic services each night this week about 100. We are at work from morning till night—each half hour we can spare being given to examination of Candidates for baptism and for the Catechumens. We have accepted 15 for baptism and I have seldom heard clearer testimony or noted more evident signs of joy. These people have endured abuse and persecution, have contributed of their own means for church buildings and expenses, are strictly observing the Sabbath, have clear views of the atonement and give evidence of being new men and women. On Sabbath we shall probably baptize some 25 or more— receive a number of Catechumens and administer the Lord's Supper. When the Class adjourns next week it will be followed by the work of all these people in their own neighborhoods and the result will be hundreds of inquirers asking for instruction. From here we shall go to Eui Ju and service other places to examine for baptism, to teach and preach and then I must hurry back to Pyeng Yang to prepare for our Winter Theological Class next month. The Class this year promises to have an attendance of from 100 to 200—50 of whom will be the selected Helpers and Leaders of the whole station.

Mr. Whittemore will continue his work here but will not be able to visit all the places before he too must return to Pyeng Yang.

The opportunities on all sides are simply marvelous and I do not believe that there was ever offered to our Church a greater opportunity. I plead just as strongly as I know how for your fullest co-operation just now. We ask for another minister and a medical missionary for this field. They should come at once. Before they can acquire the language their hands will be full of work. The 700 yen we ask—is for such quarters as will enable Mr. Whittemore to stay here a few months at a time—without killing himself. He stayed 5 months last year and was sick all summer (necessitating a health trip at his own expense). There is more in the way of results in this field now than there was in all Korea 8 years ago and with such promise I do not see how our claim for immediate

주 주일 예배 참석자는 약 150명이며, 이번 주 매일 밤마다 열린 전도 집회에는 약 100명이 참석했습니다. 우리는 아침부터 밤까지 일하고 있습니다. 매일 30분간 세례 지원자와 학습교인들을 문답했습니다. 그 가운데 15명을 세례교인으로 받았는데, 저는 이들이 하는 것보다 더 명확한 신앙 고백을 들은 적이 없고 이들보다 더 선명하게 기쁜 모습을 가진 자들을 본 적이 없습니다. 이들은 모욕과 박해를 참고 견뎠고, 교회 건축과 운영을 위해 스스로 헌금했으며, 엄격하게 안식일을 지키고, 속죄(贖罪)에 대한 명확한 견해를 가지고 있으며, 새로운 피조물이 되었다는 증거를 보여주고 있습니다. 우리는 안식일에 25명 이상에게 세례를 주고 많은 사람을 학습교인으로 받을 것이며 성찬식을 거행할 것입니다. 다음 주에 사경회가 끝나면 이들은 각자 자신의 마을로 돌아가 사역할 것이며, 그 결과 수백 명의 구도자들이 더 알기 위해서 문의하러 올 것입니다. 우리는 이곳 의주 선교부를 떠나 다른 지역으로 가서 세례 문답을 하고 가르치고 설교할 것이며, 그 후 저는 다음 달에 열릴 겨울 신학반(神學班)을 준비하기 위해 급히 평양으로 돌아갈 것입니다. 올해 신학반은 약 100명에서 200명이 참석할 것으로 전망됩니다. 그들 가운데 50명은 전체 선교지부에서 선발된 조사와 영수입니다.[2]

위트모어 목사는 이곳 선천에서 사역을 계속할 것이지만, 그 역시 급히 평양으로 돌아가야 하므로 모든 지역을 심방할 수는 없습니다.

사방에 널려 있는 기회는 정말 놀라우며, 우리 교회에 이보다 더 큰 기회가 주어진 적은 지금까지 없었다고 믿습니다. 저는 지금과 같은 총무님의 전적인 협력을 강력하게 간청합니다. 이 지역에 목사 한 명과 의료 선교사 한 명을 파송해주시기를 부탁합니다. 그들은 즉시 와야 합니다. 그들이 한국어를 습득하기 전에 그들 손에 할 일이 가득 차 있을 것입니다. 우리가 요청한 700엔은 위트모어 목사가 심방할 때마다 몇 달 동안 거처하고 아프지 않도록 쉴 수 있는 숙소를 구입하기 위한 예산입니다. 그는 지난 해 5개월간 그 지역에서 지내면서 사역했는데 여름 내내 아팠습니다. (그는 요양하기 위해 자

2 이 신학반이 발전하여 1901년 평양신학교가 설립되었다.

assistance can be laid aside. Mr. Whittemore and I are now living in a little Korean room 8x8, smoky, low, unhealthful, and doing a work which even in most favorable circumstances is a severe drain upon one's strength. The work is a most joyous one and an inestimable privilege and of course Mr. Whittemore will go ahead with it as long as strength lasts—but it ought not to be that we should be compelled to carry it on under such circumstances so liable to cut us off from it altogether—when the Lord's people are so abundantly able to provide otherwise. Mr. Whittemore has already a fair knowledge of the language, has won the hearts and the confidence of these Koreans, is conservative, has good judgment, is zealous and consecrated and is doing a valuable work. As a mere question of business policy let us have word early in March that the 700 yen has been granted—and our whole station will breathe more freely when we see Mr. W. start off for his country trips. I have written strong because I feel strongly and have deep conviction that our plans have been made under the guidance of the Spirit. Will you please lay this before Dr. Ellinwood to whom I hope to write very soon concerning other matters.

Our request for Mission approval to our plan for providing a small printing outfit was granted and I trust we shall have the sanction of the Board to the same. My former letter detailed our needs and plans.

I thank you for copies of your reports on Japan and Korea and look forward to receiving those on Persia and China. I was denied the privilege of meeting you here and in America, but I have appreciated your reports and your letter dealing with the subjects so prominently before us and now occupying our serious and prayerful attention.

Letters from you or articles which you would commend as bearing upon our problems will be most welcome. I had long ago learned to value very highly Dr. Ashmore's articles with their sound sense and evangelical views, and I thank you for calling my attention to another of them.

비로 여행을 떠나지 않을 수 없었습니다.) 지난 8년간 선교지부 전체에서 일어난 결과보다 더 많은 결실이 현재 이 지역에서 맺히고 있으며, 그런 전망을 가지고 있기 때문에 저는 우리의 긴급한 도움 요청이 무시되지 않으리라고 생각합니다. 위트모어 목사는 현재 사방 8자 크기의 작은 한옥 방에서 살고 있는데, 연기가 차고 천장도 낮고 건강에도 좋지 않습니다. 가장 쾌적한 환경에서 일해도 한 사람의 체력을 심각하게 소진시키는 그런 일을 그가 감당하고 있습니다. 그러나 그 일은 가장 기쁜 일이며 측량할 수 없이 귀한 특권입니다. 물론 위트모어 목사는 온 힘을 다해서 그 일을 계속할 것입니다. 그러나 주님의 사람들이 충분한 도움을 제공받을 수 있는데도, 그렇게 하지 않고 도움이 차단된 악조건 속에 있도록 내버려 두고 계속 일하도록 강요해서는 안 될 것입니다. 위트모어 목사는 이미 한국어를 상당히 잘 구사하고 있으며, 한국인들의 마음과 신뢰를 얻었습니다. 그는 보수적이며 판단력이 좋고 열성적이며 헌신적이고 귀중한 사역을 하고 있습니다. 사업 정책에 대한 단순한 문제로서, 700엔이 승인되었다는 말을 3월초까지 알려주시기 바랍니다. 그러면 우리 선교지부 전체는 위트모어 목사가 시골 여행을 출발하는 것을 볼 때 좀 더 자유롭게 안도의 숨을 쉴 것입니다. 저는 지금까지 강력한 어조로 편지를 썼는데, 그것은 우리의 계획이 성령의 인도하심을 받아 세워졌다고 강하게 느끼고 깊이 확신하기 때문입니다. 이것을 엘린우드 박사님께 전달해주시기 바랍니다. 저는 곧 다른 문제들에 대해 그분께 편지하기를 원합니다.

작은 인쇄기를 장만하려는 우리의 계획을 선교회가 승인했는데, 선교부도 허락해주리라고 믿습니다. 저의 지난번 편지에서 그 필요와 계획에 대해 상세히 설명했습니다.

일본과 한국에 대한 박사님의 보고서에 감사드리며, 페르시아와 중국에 대한 보고서도 받아볼 수 있기를 기대합니다. 제가 이곳이나 미국에서 박사님을 만나는 특권을 누리지는 못했지만, 우리가 직면하고 있는 여러 주제를 박사님께서 탁월하게 다룬 보고서와 편지를 감사히 읽었습니다. 이제 우리는 기도하면서 그 보고서에 진지한 관심을 기울이고 있습니다.

With kindest regards to yourself and all in the Board Rooms, but with special remembrance to Dr. Ellinwood whose counsel and whose personal interest in me has been so helpful.

Very sincerely yours in the Master's service,

Samuel A. Moffett

우리의 선교 문제에 대한 박사님의 편지와 추천해주시는 기사는 크게 환영받을 것입니다. 저는 오래전에 애쉬모어 박사가 건전한 판단력과 복음주의적 관점으로 쓴 기사를 매우 높게 평가하게 되었습니다. 박사님께서 그 중 다른 기사에 관심을 가지도록 해주셔서 감사드립니다.

박사님과 선교부 방에 있는 모든 분께 문안드리며, 특별히 엘린우드 박사님께 안부를 전해주시기 바랍니다. 그의 충고와 저에게 개인적인 관심을 보여준 것이 큰 도움이 되었습니다.

주님을 섬기는,

마포삼열 올림

# 서신 LETTERS
# 1899

## Samuel A. Moffett

*Pyeng Yang, Korea*

*January 18, 1899*

Dear Dr. Ellinwood,

[1st page given to Assembly...]

Most urgent needs: You may have a statement of our most urgent needs before you.

**First—Our need for Two Houses this year is especially urgent.**

There are five families and four single persons to be provided for—exclusive of the 3 new missionaries urgently needed. To meet this we have three good permanent houses—the Lee House, the Ladies' House—the Wells' House—and one makeshift, Mr. Moffett's house, a Korean house altered for use in beginning the establishment of the station, costing less than $350.00 gold.

The result is that every possible available room has been made into a bed-room and that we are more than crowded. In the Ladies' house Miss Best has one room—Mr. & Mrs. Baird with their children have one bed-room, while Dr. Fish occupies Mr. Lee's guest house (built by Mrs. Webb). Mr. Whittemore and I and Mr. Swallen are huddled together in this house, so cold in winter as to be a trial and so low that in summer everyone who has lived in it has suffered from fever. Mr. & Mrs. Hunt are living in the little low house which belongs to me and which I should like to tear down or use for outside storage rooms, of which there is a great lack all around. The Lees and the Wells are comfortably and permanently settled but all the rest are shifting about in close quarters—working under disadvantages and adapting themselves to inconveniences until something better can be provided. We really need four houses—one for the Bairds, one for the Hunts, one for the Swallens and one for me (for I think that the time has come when I have a right to ask that this makeshift of a house give way to something better and more permanent—as from the first we

## 마포삼열

**한국, 평양**

**1899년 1월 18일**

엘린우드 박사님께,

[첫 페이지 소실: 장로회 총회에 보내는 요청 설명.]

가장 긴급한 필요: 박사님께서는 우리의 가장 긴급한 필요에 대한 진술서를 가지고 계실 것입니다.

**첫째, 올해 주택 두 채가 특히 긴급하게 필요합니다.** 새로 올 3명의 선교사를 제외하고 다섯 가족과 4명의 독신자에게 긴급하게 주택을 제공해주어야 합니다. 이 필요에 부응해야 할 우리에게는 세 채의 훌륭하고 영구적인 사택이 있습니다. 곧 리 목사의 집과 여자 선교사 사택, 웰즈 의사의 집, 그리고 돌아가면서 쓰는 마포삼열 목사의 집입니다. 마포삼열의 집은 한옥을 개량하여 선교지부 설립 초기부터 사용하고 있는데 금화 350달러 이하의 비용이 들었습니다.

그 결과 모든 사용 가능한 방들은 침실로 바뀌었고, 그래서 빈 방이 없이 붐비고 있습니다. 여자 선교사 사택에는 베스트 양이 방 한 개를 쓰고, 베어드 부부가 아이들과 함께 방 한 개를 사용하고 있으며, 피시 의사는 웹 부인이 건축한 리 목사의 사랑방에 기거합니다. 위트모어 목사와 저와 스왈른 목사가 함께 지내는 집은 겨울에 너무 추워서 견디기 어려우며, 집이 낮아서 그 집에 산 적이 있는 사람은 누구나 여름에 열병에 걸렸습니다. 헌트 부부는 제가 소유한 작고 낮은 한옥에 살고 있는데, 저는 그 집을 허물어 지금 우리에게 부족한 저장 창고로 사용할 작정입니다. 리 부부와 웰즈 부부는 편안하게 영구적으로 정착했으나, 다른 사람들은 모두 가까운 거처에서 방을 돌아가면서 쓰고 있는데, 더 나은 조치가 이루어질 때까지 불편을 감수하면서 열악한 환경 속에서 일하고 있습니다. 우리는 주택 네 채가 정말 필요합니다. 곧 베어드 부부 1채, 헌트 부부 1채, 스왈른 부부 1채, 그리고 저를 위한 1채입니다. (저도 이제 이 집 저 집 돌아다니는 대신 더 나은 영구적인 집을 요청할 권리가 있다고

planned that it should do).

However, if we can get two houses this year we shall continue to make shift successfully until the others can be granted.

Mr. Lee and I from personal funds have provided temporary quarters for new missionaries and these we will hold ready for new missionaries this year if the Board will provide permanent houses for those now on the field.

**Second—Our Need for New Missionaries.**

The Pyeng Yang General Report and the letters from Mr. Whittemore and Mr. Moffett concerning the work in the north around Sun Chun have clearly expressed this need. Mr. Swallen's transfer here will not provide for our needs as Mr. Baird will leave on furlough, and when he returns the furlough of Mr. Lee & Mr. Swallen will be due. I do not see how we are to compass this work and without new men we shall be in worse shape two years hence than we now are—even tho the work should make but little progress.

We want one clerical and one medical missionary to accompany Mr. Whittemore in providing for the northern work—and we want one clerical missionary for country itineration in Whang Hai province.

**Third—Our Need for Evangelistic Helpers and Itineration Fund.**

We are asking for an increase but not in proportion to the advance in the work and but a very slight increase considering the number of missionaries to be provided for. We are more & more urging self-support and are securing it. The Pyeng Yang Church provides entire support for its Helpers and three country circuits are providing partial support.

With reference to the itinerating fund, I should like to make known this fact—that each year this fund falls short of paying our itinerating expenses—a considerable part of which we have had to meet from our own pockets. I have for this year already drawn all my share of this fund and have spent 30 yen beside. Before the 1st of May I shall probably spend 50 yen more—or else refuse to look after my country work—which

생각합니다. 처음부터 이렇게 하려고 계획했습니다.)

만일 우리가 올해 두 채의 집을 가질 수 있다면, 다른 집들이 주어질 때까지는 계속 옮겨 다닐 수 있을 것입니다.

리 목사와 저는 개인 자금으로 새 선교사들을 위한 임시 거처를 마련했으며, 만일 선교부가 현재 선교지에 있는 사람들에게 영구적인 사택을 제공한다면, 이 거처는 올해 올 새 선교사들을 위해서 준비해두겠습니다.

**둘째, 새 선교사들이 필요합니다.**

평양 선교지부의 종합 보고서와 선천 부근 북부 지역 사역에 대한 위트모어 목사와 마포삼열 목사의 편지는 분명하게 이 필요를 표현했습니다. 스왈른 목사가 이곳으로 전임해와도 우리의 필요를 충족시키지 못합니다. 왜냐하면 베어드 목사가 휴가를 떠나기 때문이며, 그가 돌아오면 리 목사와 스왈른 목사가 안식년 휴가를 가야 하기 때문입니다. 저는 우리가 이 사역을 새 선교사들의 보충 없이 진행할 방법을 알지 못합니다. 사역이 거의 발전하지 못할 것이며, 2년 후에는 지금보다 더 나쁜 상황에 처하게 될 것입니다.

우리는 위트모어 목사와 함께 북부 지역 사역에 동참할 한 명의 목회 선교사와 한 명의 의료 선교사를 원하며, 황해도에서 시골 순회 전도를 할 한 명의 목회 선교사를 원합니다.

**셋째, 전도 조사들과 순회 기금이 필요합니다.**

우리는 예산 인상을 요청합니다. 이것은 사역의 진전에 따른 비율적 인상이 아니라, 지원될 선교사의 수를 고려하여 극히 소액의 인상을 요청하는 것입니다. 우리는 점점 더 자급을 권장하고 그것을 이루어가고 있습니다. 평양교회는 조사의 월급을 전적으로 부담하고 있으며, 세 곳의 지방 시찰도 부분적으로 자급하고 있습니다.

순회 기금에 대해서는 다음 사실을 알려드리고 싶습니다. 매년 순회 비용을 지급하기에는 이 기금이 모자랍니다. 우리가 내는 비용의 상당 부분이 우리 자신의 호주머니에서 나가야 합니다. 저는 올해에 벌써 이 기금 전부를 인출했고 추가로 30엔을 지불했습니다. 5월 1일 이전에 추가로 50엔 이상을 사용하거나 아니면 시골 사역을 돌보는 것을 거절해야 하겠지만 저는 그

I will not do. We do not complain, nor do we regret using the money so—we are glad to do & so far as we can—only I think the fact ought to be known that the adjustment of the "cut" each year necessitates our casting about to provide the funds for work which cannot be cut. I suppose there is nothing more important than these two items.

**Fourth—Educational Needs.**

The Training Classes are the life of our work and their influence cannot be estimated.

The new work for which we are asking this year is the School which is to be developed into an Academy. We ask for but 700 yen ($350.00) for building and 178 yen ($89.00) for teachers and expenses.

We plan nothing on a large scale and want no foreign buildings with large running expenses. We want it on such a scale and so nearly Korean as will make it fit into a Korean Church, which in time can provide for it, man it and direct it under our supervision.

On the face of it, with over 1,000 members and 3,500 Catechumens, our work has reached a stage demanding something more than elementary education. Before asking the Board for this amount we have experimented with our own funds and the experiment is sufficiently successful to warrant the asking for funds to carry out this plan. The paragraph on educational work in the General Report and Mr. Baird's reports will explain this plan more fully.

**Fifth**—In addition to these more urgent requests of our own station I want to add a plea for the granting of **re-enforcements to the Taigoo Station.** I have heretofore written and spoken to you of my conviction that Taigoo is one of the most important points for the development of work. Situated in the interior it is relieved of the drawbacks of work in an open port. Mr. Adams has a splendid command of the language, is well balanced and consecrated and I see no reason why there should not be such a development in the work there as we have been having in the north.

렇게 하지 않을 것입니다. 우리가 불평하는 것도 아니고 돈을 그렇게 사용해서 후회하는 것도 아닙니다. 우리는 그렇게 할 수 있는 한 그렇게 하는 것이 기쁩니다. 다만 알려드리고 싶은 것은 매년 예산 조정에서 "삭감"되는 금액을 따라 삭감할 수 없는 이 사역을 하기 위해 기금을 만들려면 예산 조정을 하지 않을 수 없다는 사실입니다. 이 두 가지 사항보다 더 중요한 것은 없다고 생각합니다.

**넷째, 교육 사업이 필요합니다.**

사경회는 우리 사역의 생명이며 그 영향력은 측정할 수 없을 정도로 큽니다.

올해 우리가 요청하는 새 사역은 [숭실]중학교로 발전하게 될 학교입니다. 우리는 단지 건물을 위한 700엔(350달러), 교사와 운영을 위한 178엔(89달러)만 요청합니다.

우리는 대규모 학교를 계획하고 있지 않으며 많은 운영비가 드는 서양식 건물도 원하지 않습니다. 우리는 작은 규모의 한국식 건물을 원하며, 그래서 한국 교회에 어울리는 학교로 만들 것입니다. 그리고 때가 되면 교회가 경비를 대고 교사도 고용하고 우리 감독하에 학교를 운영할 수 있을 것입니다.

세례교인이 1,000명이 넘고 학습교인이 3,500명인 현 상황을 직시할 때 우리의 사역은 초등 교육 이상을 요구하는 단계에 도달했습니다. 선교부에 이 금액을 요청하기 전에 우리는 자비로 실험을 했으며, 그 실험이 충분히 성공적인 결과를 거두었기 때문에 이 계획을 실천할 자금을 요청하는 바입니다. 종합 보고서에 있는 교육 사업에 대한 문단과 베어드 목사의 보고서들이 이 계획을 보다 자세히 설명해줄 것입니다.

**다섯째,** 우리 선교지부에 대한 이상의 긴급한 요청들 외에 **대구 선교지부에 대한 인원 보강**을 허락해주시기를 간청합니다. 지금까지 저는 대구가 사역 발전을 위한 가장 중요한 거점이라는 제 확신을 글이나 말로 박사님께 말씀드려왔습니다. 대구는 내륙에 위치하고 있기 때문에 개항장에서 이루어지는 사역의 단점으로부터 벗어나 있습니다. 한국어가 유창한 애덤스 목사는 균형 감각을 가진 헌신된 인물로, 대구에서 북한 지역과 같은 사역이 발전되

Mr. Adams has greatly desired us to send two earnest Christians from here to spend a few months with him in evangelistic work in Taigoo and we hope soon to have one of our Leaders go to him carrying with him something of the earnest, aggressive faith-communicating spirit which has been so characteristic of these men.

The seed sown in the South seems to be promising a harvest and certainly the two new missionaries asked for Taigoo are none too many for the large territory tributary to the station—even in the pioneer stage of the work.

**Sixth—Special appropriations for small houses—Sun Chun and in Whang Hai province**—were asked that they might be granted this year, 1898-99 appropriations. They were also included in the estimates for the appropriations for 1899-1900 so that they would not fail—should it be that the Board could not grant them at once. If they have not already been granted, will you please give special attention to these requests and the reasons for them which are given in the General Report and in the letters of Mr. Whittemore and in my letter to Mr. Speer written from Sun Chun.

I trust I have not written at too great length on questions which have already been brought to your attention. We feel so strongly our needs that I have felt a great desire to have them more explicitly before you at a time when I know you will be considering the appropriations.

We are eagerly awaiting word that the Board sanctions the transfer of Mr. Swallen and the giving up of the Gensan Station to the Canadians. Mr. Swallen is delighted to be with us and is eager to move his family here. I cannot tell how much we need him—and with his fine equipment in language and experience and with his earnest spirit his work here will count for much.

We are all well with the exception of Mrs. Wells whose winter cough causes her considerable trouble.

Political troubles connected with the Independence Clubs of which a

지 않을 이유가 없습니다.

애덤스 목사는 우리에게 2명의 신실한 기독교인을 대구로 보내 몇 달 간 머무르면서 그와 함께 전도 사업을 할 수 있게 해달라고 간곡히 부탁했습니다. 우리는 진지하고 공격적이고 믿음을 전파하는 정신을 가진 조사 한 명을 그에게 곧 보내기를 희망합니다. 그것은 우리 조사들의 특징입니다.

남부에 뿌려진 씨앗은 추수할 전망이 밝습니다. 대구를 위해 요청한 2명의 새 선교사는 그 넓은 영토를 고려하면 심지어 사역의 개척기에도 결코 많은 수가 아닙니다.

**여섯째, 선천과 황해도에 세워질 작은 집들에 대한 특별 예산이 필요합니다.**

이 집들은 올해, 곧 1898-1899년도 예산에 승인될 것을 기대하고 요청했습니다. 그것은 1899-1900년도 예산에도 포함되어 있으므로, 배정 불가가 되지는 않겠지만, 선교부에서 즉시 승인하지 않을 수도 있다는 생각이 듭니다. 아직 배정이 되지 않았다면 이 요청에 특별한 주의를 기울여주시기를 부탁드립니다. 종합 보고서와 위트모어 목사의 편지와 제가 선천에서 스피어 목사에게 보낸 편지에 그 이유들이 설명되어 있습니다.

박사님께서 이미 관심을 가지고 계신 문제에 대해 너무 길게 쓰지는 않았는지 모르겠습니다. 우리는 우리의 필요를 강하게 느끼기 때문에, 박사님께서 예산을 고려할 시점에 그 필요를 분명하게 제시하고 싶은 마음이 절실하게 일어났습니다.

우리는 선교부로부터 스왈른 목사의 전임을 허락하고 원산을 캐나다인들에게 넘겨주기로 했다는 전갈이 오기를 간절히 기다리고 있습니다. 스왈른 목사는 우리와 함께 있는 것을 기뻐하며, 이곳으로 가족을 옮겨오기를 갈망하고 있습니다. 그가 우리에게 얼마나 절실히 필요한지 이루 말로 다 표현할 수 없습니다. 그는 유창한 한국어 실력과 경험, 열심을 가진 사람이므로 이곳에서 비중 있는 사역을 할 것입니다.

웰즈 부인을 제외하면 우리 모두는 건강하게 지냅니다. 그녀는 겨울 독감에 걸려 심한 고통을 겪고 있습니다.

많은 기독교인이 가입한 독립협회와 연관된 정치적인 문제로 인하여 일

number of Christians have been members have caused some persecution of some of our people. And there seems to be some indication of a strong re-action in the government–reverting to the days of the Conservatives. We were all glad to receive your last letter showing that you were back at your office again–after the illness and furlough of this summer.

Hoping to write you again soon–concerning the city church and my country district and various plans connected with my work and wishing you continued health and joy in the work.

Very sincerely yours,

Samuel A. Moffett

부 기독교인들이 박해를 받았습니다. 그리고 정부 안에 강력한 반동의 조짐, 곧 수구파(守舊派)의 시대로 되돌아가려는 움직임이 있는 듯합니다. 박사님께서 병환과 여름휴가 후에 다시 업무에 복귀하셨다는 소식을 담은 박사님의 최근 편지를 받게 되어서 우리 모두는 기뻤습니다.

시내 교회와 시골 지역과 제 사역과 관련된 여러 계획에 대해 곧 박사님께 편지를 올릴 수 있기를 바라며, 박사님께서 계속 건강하시고 사역에서 기쁨을 누리시기를 바랍니다.

마포삼열 올림

**Samuel A. Moffett**

***Seoul, Korea***

***February 11, 1899***

My Dear Dr. Ellinwood:

I am just in receipt of letters from America from the parents of Dr. M. Alice Fish giving their consent to our marriage and I take the first opportunity to communicate this fact to you feeling sure that I shall have your approval and hearty congratulations.

I had about come to the conclusion that the Lord intended that I should serve Him as a single man–seeing that He had never brought me into contact with a woman who called forth my love. Now that He has done so and that I have won her love, I very gratefully look forward to even a happier life in the Master's service here than I have had heretofore and as you know I have been a pretty happy man and have had very rich blessings in the work here.

It will be several months before we can be married and we shall have to come to Seoul in order that the ceremony may be performed in the presence of the U. S. Consul. It will be so planned however as to work in harmoniously with the work of the station as already planned and will probably bring us to Seoul again just in time for the next meeting of the Bible Committee.

That you will rejoice with me in my happiness and that we shall have your prayers that together we may serve the Lord more faithfully and usefully than we otherwise could, I feel perfectly confident and shall look forward with pleasure to your letter in answer to this. I am grateful for the years spent as a single man in pioneer work and I am grateful that just as the pioneer period of the work was finished the Lord sent Dr. Fish to Korea. When our plans are more definitely settled, I shall write you again and at more length concerning the work.

With kindest regards to all associated with you and with earnest

## 마포삼열

**한국, 서울[1]**

**1899년 2월 11일**

엘린우드 박사님께,

조금 전에 저는 미국에 계신 앨리스 피시 의사의 부모님으로부터 우리의 결혼을 승낙하는 편지들을 받았습니다. 저는 최대한 빨리 박사님께 이 사실을 알려드립니다. 박사님께서 허락하시고 진심으로 축하해주시리라고 확신합니다.

저는 제가 독신으로 주님을 섬기도록 주께서 의도하셨다는 결론에 거의 도달했었습니다. 주께서 지금까지 한 번도 제 마음에 사랑의 감정을 불러일으키는 여자와 접촉하도록 저를 이끌어주시지 않았기 때문입니다. 이제 주님께서 그렇게 하셨고, 제가 그녀의 사랑을 얻었으므로, 저는 이곳에서 주님을 섬기는 사역에서 이전보다 훨씬 더 행복한 삶을 기대하며 감사드립니다. 그리고 박사님께서도 아시다시피 저는 지금까지 행복한 사람이었고, 이곳에서 풍성한 축복을 누려왔습니다.

우리는 여러 달 후에 결혼할 수 있을 것이며, 미국 영사 앞에서 결혼식을 거행하기 위해 서울에 가야 할 것입니다. 하지만 이미 계획된 선교지부의 사역과 조화롭게 이루어지도록 계획을 잡을 것이며, 십중팔구 성서위원회의 다음 회의에 참석하러 다시 서울에 와야 할 때에 맞춰 거행할 것입니다.[2]

박사님께서 저의 행복을 함께 즐거워하시고 저희 두 사람이 따로 있을 때보다 함께 더욱 신실하고 유용하게 주님을 섬길 수 있도록 기도해주시리라고 확신하며, 이 편지에 대한 박사님의 답장을 기쁜 마음으로 고대합니다.

---

1 이 편지는 서울에서 썼다. 성서위원회 위원장인 마포삼열이 그 모임을 위해 서울에 왔기 때문이다. 피시 의사도 이때 서울에 있었는데, 한쪽 다리가 부러져서 치료를 받았다. 다리는 몇 달간 낫지 않았고, 목발로 다니다가 이어서 지팡이를 짚고 다녀야 했다.

2 결혼식은 1899년 6월 1일 서울의 수전 도티 양 집에서 거행되었다. 주례는 리 목사가 맡았고, 당시 미국영사관의 대리공사 샌즈(William Franklin Sands)가 참관했다.

prayer for your own health.

Very sincerely yours,

Samuel A. Moffett

저는 독신자로서 개척 사역을 위해 보낸 여러 해를 감사하며, 그 개척 시대가 끝나자마자 피시 의사를 한국으로 보내주셔서 감사드립니다. 우리의 계획이 확정되면 박사님께 편지로 사역에 대해 더 자세히 말씀드리겠습니다.

박사님과 함께 일하는 모든 분들께 안부를 전하며, 박사님의 건강을 위하여 간절히 기도합니다.

마포삼열 올림

**Gifford/Avison/Fish**

***Seoul, Korea***

***March 9, 1899***

To the Board of Foreign Missions of the Presbyterian Church in America:

Dear Brethren:

At our last Annual Meeting the undersigned were appointed a Committee to write you concerning Miss Strong's health in view of her return or otherwise to Korea. All recognize her devotion and her usefulness as a missionary up to the extent of her physical powers and earnestly desire, if she recovers, that she may return to her place amongst them. Nevertheless, a feeling of uneasiness has been in our minds that a curious condition may be developing–or in other words that her condition is not a want of nerve energy that will be restored by a year's rest, but rather that there is a deeper cause underlying her prolonged suffering, which should if possible be discovered and removed.

Dr. Avison in his letter to the Board at the time of her return home drew your attention to the greatness of her suffering and the length of time it had existed and the object of this letter is to emphasize in your mind the need there is that her exact condition be examined into and if possible determined, with a view to knowing the probability or otherwise of a restoration to a condition that would fit her for residence and work in this trying country.

As to how and by whom this examination should be conducted we have no suggestion to make as you have better knowledge of that than have we.

This letter is not to be understood as a suggestion that she should not be sent back to the field but only that the Board should know if possible the present condition of her health and the probabilities for the future and decide after knowing.

## 기퍼드/에비슨/피시

**한국, 서울**

**1899년 3월 9일**

미국북장로회 해외선교부 귀중

형제들에게,

작년도 우리의 연례 회의에서 스트롱 양의 건강에 대하여 선교부에 편지를 쓰도록 위원회를 임명했습니다. 그녀가 본국으로 돌아가거나 아니면 한국에 돌아오는 문제입니다. 우리 모두는 그녀의 체력이 허락하는 한 선교사로서 그녀의 헌신과 유용성을 인정하며, 만일 건강이 회복되면 이전 자리로 다시 돌아와 우리와 함께 일하기를 간절히 바랍니다. 그럼에도 불구하고 어떤 이상한 상태로 발전할지도 모른다는 일말의 의구심이 있습니다. 다시 말하면, 그녀의 상태가 1년간의 휴식으로 회복될 수 있는 신경 쇠약이 아니라 장기간의 통증 근저에 더 깊은 원인이 있을 수 있고, 가능하면 이를 발견해서 제거해야 한다는 것입니다.

스트롱 양이 본국으로 돌아갔을 때 에비슨 의사는 선교부에 보낸 편지에서 그녀가 얼마나 심하게 또 얼마나 오랫동안 통증을 겪었는지에 대해 주의를 환기시켰습니다. 이 편지의 목적은 그녀의 정확한 상태를 면밀히 검사할 필요를 강조하는 것입니다. 그래서 만약 판명이 나면, 이 살기 힘든 나라에서 거주하고 사역하는 데 적절한 몸 상태로 회복될 가능성이나 그 반대의 경우를 알 수 있을 것입니다.

어떻게 또 누가 이 검사를 실시할 것인지 우리는 제안할 것이 없으며, 여러분이 우리보다 더 잘 아실 것입니다.

이 편지는 그녀가 현장으로 돌아와서는 안 된다고 제안하는 것이 아니라, 선교부가 가능하다면 그녀의 현재 건강 상태와 미래의 가능성을 알아야 하고, 그 지식을 가진 후에 결정을 내려달라고 제안하는 것입니다.

우리 모두는 검사 결과가 좋아서 그녀가 최대한 빨리 복귀하기를 희망합니다.

We all hope that the result will warrant her return here at an early date.

On behalf of the Korea Mission,

Mary H. Gifford

O. R. Avison

Mary Alice Fish

한국선교회를 대신하여,

메리 H. 기퍼드

O. R. 에비슨

앨리스 피시 올림

## Mary Alice Fish

***Pyeng Yang, Korea***

***April 29, 1899***

Dear Dr. Ellinwood,

The month of April has seen a continuation of the itineration begun as soon as the winter weather would permit, and the reports from all districts are as ever most encouraging. Mr. Whittemore returned recently after two months spent in Northern Pyeng An province where he visited nineteen of the twenty-four groups of believers and saw people from all but one group. In spite of the activity of the Catholics and their efforts to proselyte, the work there is becoming better established and the numbers are increasing. Mr. Whittemore during this last stay has examined and received one hundred thirty-two catechumens. From the new groups springing up here and there through the Northern province, there promises to be a repetition of the ingathering which the Church here has seen. We are praying the Lord of the harvest to send laborers for those fields already white. What would a pastor in the home-land think of a parish of the extent of Mr. Whittemore's? He would not long be left in full possession. The heart of many a Christian teacher at home would be gladdened by having a people as hungry for a knowledge of the Scriptures as are these Koreans.

Mr. Lee has made two trips down into the Whang Hai province, holding a training class of five days in a central village and receiving fifty-four catechumens.

Mr. Swallen's great pleasure in the trip which he took into his newly-appointed district was a delight to see. He found the people so much more receptive than those among whom he had been working on the East coast, that instead of the necessity of seeking opportunities, the difficulty was to supply the demand for teaching. We are most heartily thankful to have Mr. and Mrs. Swallen and family established in this

## 메리 앨리스 피시

**한국, 평양**

**1899년 4월 29일**

엘린우드 박사님께,

겨울 날씨가 조금 풀리자마자 시작했던 지방 순회를 4월 한 달 동안 계속했습니다. 모든 지역에서 들어오는 보고는 어느 때보다 고무적입니다. 위트모어 목사는 평안북도에서 2개월을 보내고 방금 돌아왔습니다. 그는 24개 미조직신자들 가운데 19개를 심방했고, 한 지역을 제외한 모든 곳의 신자들을 만났습니다. 천주교인들의 활동과 개종 노력에도 불구하고 그곳의 사역은 더 잘 세워져 가고 있으며 신자 수도 증가하고 있습니다. 최근에 위트모어 목사가 그 지역에 머무르는 동안 문답을 거쳐 132명의 학습교인을 받았습니다. 평안북도 도처에서 솟아나는 새로운 미조직신자들을 보면, 이곳 평양의 교회에 지금까지 목도해온 영적 수확이 반복해서 일어날 전망이 밝습니다. 우리는 추수하시는 주님께 이미 희어져 무르익은 들판을 위해 일꾼들을 보내달라고 기도하고 있습니다. 본국에 있는 한 교구 담당 목사가 위트모어 목사가 맡고 있는 광범위한 교구를 보면 어떤 생각을 하겠습니까?[1] 누구도 혼자 그 넓은 지역 전체를 맡도록 내버려 두지는 않을 것입니다. 본국에 있는 많은 기독교인 교사가 한국인들처럼 성경 지식에 굶주린 사람을 가르친다면 마음에 기쁨이 넘칠 것입니다.

리 목사는 황해도를 두 차례 여행했으며, 중앙에 있는 한 마을에서 5일간 사경회를 개최했고, 54명의 학습교인을 받았습니다.

새로 임명받은 지역으로 기쁘게 여행을 떠나는 스왈른 목사를 보니 즐거웠습니다. 그는 이 지역 사람들이 과거 동해안 지역에서 사역할 때의 사람들보다 훨씬 더 복음을 잘 받아들이는 것을 알았습니다. 그래서 전도할 기회를 찾을 필요가 전혀 없었고, 가르쳐달라는 수요에 제대로 부응해주지 못해

1 이때 위트모어 목사는 선천을 중심으로 평안북도 전체를 혼자 담당하는 선교사였다.

station; the Korean Christians also have given them a warm welcome.

Mr. Moffett, during two trips on the Soon An circuit, met with an encouraging response to the call for subscriptions toward the support of a native Helper, nearly all the support for half a year having been paid. There was an attendance of fifty at a training class held for eight days, and at different places more than eighty were received on the list of catechumens. To a part of this district two of the best women of the City Church were recently sent out by the Home Missionary Society—formed by the women themselves—with the result there is a greatly increased interest among the women there, and they are eager to be taught. When the two women returned from their preaching trip, before stopping for food or rest, they came to my study and with radiant faces told where they had visited and how been received. One said that along the way they often had many insulting things to bear, when they were known as Christians; but she smiled and added, "that does not make any difference when it is for Jesus' sake, and when we can bring home such things as these," and she handed me some spirit garments and a little brass instrument given up by a sorceress who has ceased using incantations to demons and now knows the true God. At three places in that district where last year there were only from one to three believers, there are now thirty at one and nearly twenty in each of the others. From one place the people walk six miles to attend Church, and at one village Mr. Moffett recently baptized three old women, 56, 62 and 70 years of age (one of them having followed him fourteen miles to receive baptism), all of them happy as could be, though ignorant of almost everything save their new life and joy in Christ.

These are the same kinds of facts—are they not?—which you have heard from here many times before;—and from lack of time very many such are never told. But may they never grow old for us either to tell or to hear. It seems to me we should live day by day by the text, "I will make mention of the loving kindnesses of the Lord, and the praises of

서 힘들었습니다. 우리는 스왈른 목사 부부와 가족이 이 선교지부에 정착하게 되어 진심으로 감사합니다. 한국인 교인들도 따뜻하게 환영했습니다.

마포삼열 목사는 순안(順安) 시찰에 두 차례 여행하면서 한국인 조사 한 명에 대한 헌금 지원을 요청했는데 고무적인 반응을 얻어 반년 동안 거의 모든 지원이 이루어졌습니다.[2] 8일간 열린 사경회에 50명이 참석했으며, 다른 여러 곳에서 80명 이상의 학습교인을 받았습니다. 최근에 시내 교회[장대현교회] 소속의 가장 유능한 여성 신도 2명이 스스로 조직한 국내 전도회에서 이 시찰의 일부 지역으로 파송되었는데, 그 결과 그 지역의 여성들이 대단히 큰 관심을 가지게 되었고, 배우려는 열심이 일어났습니다. 두 여성이 전도 여행에서 돌아왔을 때, 먹거나 쉬기 전에 먼저 제 서재로 와서 밝은 표정으로 어디를 심방했는지, 어떻게 복음이 수용되었는지 이야기했습니다. 그들이 예수교인인 것이 알려지자 길에서 자주 모욕적인 일을 당해서 참아야 했다고 한 명이 말했습니다. 그러나 그녀는 웃으며 다음과 같은 말을 덧붙였습니다. "그러나 그것이 예수님을 위한 일이라면, 그리고 이런 물건을 가지고 집으로 돌아올 수 있다면 아무 상관이 없어요." 그러면서 그녀는 한 무당이 준 무의와 작은 놋 바라를 제게 건네주었습니다.[3] 그 무당은 더 이상 귀신에게 주문을 올리지 않고 참된 하나님을 알게 되었습니다. 작년에는 그 지역 세 장소에 신자가 1-3명만 있었으나, 지금은 한 마을에 30명이 있고 다른 두 마을에는 각각 거의 20명씩 있습니다. 그 가운데 한곳에서는 사람들이 교회에 참석하기 위해 20리를 걸어 다닙니다. 다른 한 마을에서는 마포삼열 목사가 3명의 여성에게 세례를 주었는데 각각 56, 62, 70세 노인이었고 이 가운데 한 명은 세례를 받기 위해 마포삼열을 따라 약 50리 길을 걸어왔습니다. 비록 이들은 예수님 안에서 새 생명과 기쁨을 얻은 것 외에 다른 것을 알

2 북장로회의 한국선교회는 이때 목회 선교사에게 한 명의 유급 조사를 지원했다. 당시 다른 나라에서는 목회 선교사 한 명이 2-10명의 유급 조사를 지원받았다. 한국에서 '자급'이 강조되면서 한국인 스스로 지원하는 경우가 늘어났다.

3 무당이 사용하는 기구는 의식에 따라 다르나 놋으로 만든 바라, 방울, 징과 신검(神劍), 부채, 작두, 삼지창(三指槍), 오방기(五方旗), 대나무 등이 있으며, 무의(巫衣: 神衣)와 신도(神圖)에는 화려한 오색(五色)을 이용한다.

the Lord, according to all that the Lord hath bestowed on us."

Mr. and Mrs. Hunt, Miss Best, and Mr. Moffett are at present on short trips in the country, and Mr. Whittemore has left for another month in the North.

The Spring training class for women will we expect, be held here for ten days from the sixth of May, the women will from now on enjoy an especial privilege in having Mrs. Swallen's classes.

In the City Church four deacons have been chosen and ordained and the people have given in their second annual subscription nearly $200 (gold) toward the much needed new church building. Fifteen men and women are to be received here tomorrow as catechumens. There have been comparatively few baptisms, it being thought best by the station that this year should be one of establishing after the wide ingathering of the previous two or three years. However, on a recent trip of only five days, Mr. Moffett baptized twenty-seven saying on his return, "What can one do when all the conditions are met? Neglect to gather in sheaves?"

We heard with great sorrow for those at home who loved and needed him, and for ourselves, of the "home-going" of our beloved Dr. Gillespie. He now sees the beauty of pattern and plan which God is still working out through us who remain. May a double portion of his spirit be given to one who in his stead shall carry on the work. Be assured that we who also feel his absence from us are praying for you who must so sorely miss his co-operation and counsel.

Very sincerely yours,
Mary Alice Fish
For the station

지 못했지만, 모두 행복한 모습이었습니다.

이런 이야기는 박사님께서 과거에도 이곳으로부터 많이 들었던 동일한 종류의 사실입니다. 그렇지 않습니까? 시간이 부족해서 많은 이야기를 일일이 말씀드리지 못했습니다. 그러나 우리에게 그 이야기들은 오래전에 말하고 들은 이야기가 결코 아닙니다. 저는 마치 우리가 매일 다음 본문처럼 살아가는 듯합니다. "내가 주의 인자하심을 말하며, 주께서 베풀어주신 모든 것을 따라 주께 찬양합니다."[4]

헌트 목사 부부, 베스트 양, 마포삼열 목사는 현재 잠시 시골로 전도 여행을 나가 있으며, 위트모어 목사는 한 달간 북부 지방으로 여행을 떠났습니다.

우리가 기대하는 춘계 부인 사경회는 5월 6일부터 열흘간 열립니다.[5] 여성들은 스왈른 부인의 가르침을 받는 특권을 누릴 것입니다.

도시의 장대현교회에서는 4명의 집사(執事)가 선출되어 안수를 받았습니다. 교인들은 두 번째 연례 헌금 약정에서 절실히 필요한 새 교회 건물을 위해 거의 금화 200달러를 드렸습니다. 내일 15명의 남녀가 학습교인으로 등록합니다. 새 세례교인은 비교적 적습니다. 지난 이삼 년간 선교지부는 광범위하게 사람들을 받아들였지만, 올해는 교회를 세우는 한 해가 되어야 한다고 판단했기 때문입니다. 하지만 최근 5일간의 여행에서 마포삼열 목사가 27명에게 세례를 주었는데, 돌아오자마자 그는 이렇게 말했습니다. "모든 조건이 충분한데 어떻게 세례를 주지 않을 수 있겠습니까? 누가 이삭을 거두어들이지 않고 밭에 버려두겠습니까?"

우리는 사랑하는 길레스피 박사님이 별세하셨다는 소식을 들었습니다.[6] 그를 사랑했고 그를 필요로 했던 본국에 계신 여러분들과 함께 우리는 큰 슬픔에 잠겨 있습니다. 그분은 본향에서 이제 이 땅에 남아 있는 우리를 통해

---

4 이사야 63장 7절.

5 겨울 사경회에 이어 봄 사경회가 열린 것을 알 수 있다. 평양 지방은 5월 중순에 모내기를 하므로 그 직전의 짧은 농한기 철을 이용한 사경회라고 할 수 있다.

6 선교부 총무로 13년간 수고했던 길레스피(John Gillespie) 박사가 1899년 2월 16일 사망했다. 그의 후임으로 뉴욕에서 목회하던 핼지(A. Woodruff Halsey) 박사가 선임되었다.

여전히 일하고 계시는 하나님의 아름다운 계획과 방식을 보고 있습니다. 주께서 그의 후임자에게 갑절의 영감을 주셔서 사역을 잘 감당할 수 있기를 기도합니다. 우리가 그의 부재를 느끼지만, 그의 협력과 충고를 절실히 그리워하실 박사님을 위해서도 간절히 기도합니다.

선교지부를 대신하여,[7]

앨리스 피시 올림

7 평양 선교지부의 월례 보고서다.

**Mary Alice Fish**

***Pyeng Yang, Korea***

***May 2, 1899***

Dear Cousin Emma,

I am ever so sorry the enclosed draft has to be returned. It took rather a long time to reach me—came just at the time I was hurt out in the country, and by the time I forwarded it to Chemulpo, there was no enough time for it to reach London within the limit. So there is nothing to do but return it. This winter when the river was frozen, the courier service overland was very insufficient and many of our mails were delayed. Father has the advantage of the international bank in San Francisco which has an office in Chemulpo. If you wish to send to him he will forward,—or another way would be to send a check to the treasurer, Mr. Hand, at 156 Fifth Ave. [New York], stating the sum is not for general work but to be sent to me through our station treasurer. Mr. Hand often acts in this way as the transmitter of funds for individuals.

In our northern station we are feeling very much the need of a printing press of sufficient size to furnish lesson sheets for the Sabbath Schools, print pastoral letters to the country churches, and perhaps a small paper, quarterly or monthly. I have thought you would like to have the money go toward this plant, which will be scattering the Scriptures far and wide in lesson leaves, and print a paper to help build up Christian homes.

While Mr. and Mrs. Baird are in America they expect to secure money to purchase the press, and this forty yen a year will be a large part of the running expenses.

Your letter of February 19th came to me in April. I am distressed that you have had the grippe, and a letter even before that told of a severe cold so I fear you have been working through the winter against great physical weakness. How I wish I might be with you and know just how

## 메리 앨리스 피시

한국, 평양

1899년 5월 2일

사촌 엠마에게,

첨부하는 수표를 되돌려주어서 정말 미안하다. 그것이 내게 오는 데 시간이 오래 걸렸는데, 그것도 하필 내가 시골에 나가서 [자전거를 타다가 넘어져 다리를] 다쳤을 때 왔단다. 그리고 내가 수표를 제물포에서 런던으로 보냈을 때에는 기한 내에 도착할 수 있는 충분한 시간이 없었다. 그래서 할 수 없이 수표를 되돌려 보내지 않을 수 없단다. 강이 얼어붙는 겨울에는 육상 배달 서비스가 너무 불충분해서 우리의 많은 우편물이 연기되었단다. 아버지는 제물포에 사무실을 가지고 있는 샌프란시스코의 국제 은행을 이용하고 있단다. 만일 네가 아버지께 돈을 보내면 아버지께서 내게 전해줄 것이다. 다른 방법은 네가 뉴욕 5가 156번지에 있는 선교부 회계인 핸드 씨에게 수표를 보내는 것인데, 일반 사업을 위한 기부금이 아니라, 우리 선교지부 회계를 통해서 내게 보내는 돈이라는 설명과 함께 보내야 한다. 핸드 씨는 자주 이런 방법으로 개인에게 주는 기부금을 송금한단다.

우리의 북부 선교지부에서는 주일학교용 공과를 공급하고, 시골 교회에 보낼 목회 서신을 인쇄하고, 또 계간지나 월간지로 나올 수도 있는 작은 신문을 인쇄할 수 있는 충분히 큰 인쇄기가 절실히 필요하단다. 나는 네가 이 기계 구입에 사용할 돈을 보내주었으면 좋겠다고 생각했다. 그러면 성경을 공과지에 담아서 멀리 그리고 널리 배포할 수 있고, 기독교 가정을 세우도록 도와줄 신문을 인쇄할 수 있을 것이다.

베어드 부부가 미국에 있을 동안 인쇄기를 구입할 수 있는 돈을 확보하기를 기대한다. 이 40엔은 매년 경상비의 대부분을 충당할 것이다.[1]

네가 보낸 2월 19일 자 편지가 4월에 도착했단다. 네가 유행성 감기에

1 사촌 엠마가 매년 40엔(20달러)을 지원해주겠다고 알린 듯하다.

you are.

I know you are truly happy over the deep joy and love which have come to me. You know I rejoiced in coming to Korea, and I have been very happy in the work and in the preparation for future work. Truly I have had not a single feeling of homesickness, nor a time of loneliness. The Master is very precious and makes all the days bright with His presence. But now the aspect of all things is brightened as one does not know it can be till true love comes. Truly our Father does teach us through His good gifts how better to understand and receive His divine love and blessings. We pray that the blessings He is bestowing on us may all be used for His glory and the building up of this people. It is a great responsibility as well as privilege to enter into so wide a work as Mr. Moffett has here. He has built up all this northern work from its very beginnings. It is beautiful to see how dearly the Koreans love him, and he is never so thoroughly in his element as when preaching to and teaching them.

The work is growing and deepening on all sides and while there are many serious problems to be solved, there are encouraging reports from nearly every district. Recently Mr. Moffett made two short trips out into the country, one of five days in which he visited eight groups, baptized twenty-seven people and received eighty one on the list of catechumens. Three of those baptized were old women, 50, 62 and 70 years of age, very ignorant, but full of joy and happiness in their new found Savior. The one 62 years old walked fourteen miles to receive baptism. On the second trip from Saturday till Tuesday he baptized thirty six and received sixty four catechumens. One man out there over fifty years old had been a very hard drinker but has stopped entirely and is leading an earnest Christian life. Christianity has broken up hundreds of wine shops here and reformed thousands of drunkards. The preaching of the Gospel needs no pledges nor organizations to supplement its power. On every side there is a harvest waiting and multitudes of people eager to

걸렸다니 마음이 무겁구나. 그전 편지에서도 독감에 걸렸다고 해서 나는 네가 연약한 몸으로 겨울 내내 지내지 않을까 걱정했다. 너와 함께 있으면서 네 몸 상태가 어떤지 알 수 있으면 좋을 텐데.

나는 네가 정말 행복하다는 것을 안다. 편지에서 너의 깊은 기쁨과 사랑이 나에게도 전해졌단다. 너는 내가 한국에 와서 기쁘게 지낸다는 것을 알고 있다. 그동안의 사역에서 나는 행복했고 또 미래의 사역을 위한 준비로 행복하단다. 진실로 나는 한순간도 향수병에 걸리거나 외로움을 느낀 적이 없다. 주님이 소중하며 그분의 임재는 모든 나날을 찬란하게 만든다. 그러나 이제 만사가 더 밝아졌는데, 참사랑이 오기 전까지는 아무도 그것을 모른다. 진실로 우리의 하나님 아버지는 당신의 좋은 선물을 통해 당신의 신적 사랑과 축복을 더 잘 이해하고 받을 수 있도록 가르쳐주신다. 우리에게 부어주시는 하나님의 축복이 당신의 영광과 이 한국 백성을 세우는 일에 전적으로 사용되기를 기도한다. 마포삼열 목사가 이곳에서 맡고 있는 사역은 너무 광대해서 그 일에 들어가는 것은 큰 책임이자 특권이다. 그는 모든 북부 지역의 사역을 처음부터 세워왔다. 한국인들이 그를 얼마나 진정으로 사랑하는지 바라보면 아름답다. 그가 그들에게 설교하고 가르칠 때면 완전히 물 만난 고기처럼 보인단다.

사역이 모든 면에서 성장하고 깊어지고 있다. 해결해야 할 심각한 문제가 많이 있지만, 모든 지역에서 고무적인 보고서가 오고 있다. 최근 마포삼열 목사가 시골로 두 번 단기 여행을 갔는데, 5일간의 여행에서 8개의 미조직교회를 심방하여 27명에게 세례를 주었고 학습교인 지원자 명부에 81명을 받아들였단다. 세례교인 가운데 3명이 50, 62, 70세의 나이 든 여자들로 교육을 받지 않아 무식했으나 새로 발견한 구세주 안에서 기쁨과 행복이 충만했다. 62세의 노부인은 세례를 받기 위해 50리 가까운 길을 걸어왔다. 마포삼열 목사는 토요일부터 화요일까지 두 번째 여행에서 36명에게 세례를 주고 64명을 학습교인으로 받았다. 그곳에는 50세가 넘은 술주정뱅이 남자가 있었는데 술을 완전히 끊었고 신실한 기독교인의 삶을 영위하고 있단다. 기독교는 이곳에서 수백 개의 주점(酒店)을 망하게 했고, 수천 명의 술주정꾼을 교

be taught. Would there were more workers here now,–we cannot know how long the land will be permitted such quiet.

Just now the woman's training class is in session again for ten days and the time is more than full.

How much there is to tell you, Cousin Emma. I wish I might talk with you. How you would enjoy stepping into the midst of our little community. Looking out the window, down the hill a little way, you could see the frame of our new house the Korean carpenters are building. It is Korean made on the whole, with mud walls and tile roof, but with the foreign modification of higher ceilings, glass windows and full size doors. The little house where Mr. Moffett has been living is cozy and would be quite large enough, but its location is too low and he has been fighting malaria for too many years already. It is well that a move is necessary now, for with pressure of work and so many places for money, I doubt if anyone could have made him see the need of it for his own sake. The home will mean more to him than anyone can know who has not followed through all the years of pioneer work out here. We both look forward to it also as a means of blessing to these people,–one can do so much for them through the home.

I want to thank you now, Cousin Emma, for the gift which is on the way. I hope it comes safely, and know I shall be pleased,–most of all because it comes from you. When we had our community dinner last Christmas, the pretty center piece you gave me adorned the table. Before long I shall have a (pine) board of my own to place it on!

Please give warmest love to all the family for me,–specially to dear Uncle James and Macbeth. Mr. Moffett sends kindest regards to you. And you know that my heart goes out in love to you constantly.

Phil. 3:7-11 have been made very precious to me. May the Master give you "to know the power of His resurrection" and keep within you constantly the sense of His abiding presence.

Very lovingly yours,

화시켰다. 복음서 설교는 힘을 보충해주는 서약이나 조직이 필요 없다. 사방에 추수할 곳이 기다리고 있고 수많은 사람이 열심히 배우려고 한다. 지금 더 많은 일꾼이 있다면 얼마나 좋을까? 우리는 이 나라가 얼마나 더 오랫동안 전쟁이 일어나지 않고 조용할지 알지 못한단다.

지금 부인 사경회가 다시 열흘간 열리고 있다. 바야흐로 때는 충분히 찼다.

사촌 엠마, 네게 해주고 싶은 이야기가 너무 많구나. 너와 만나 이야기할 수 있으면 얼마나 좋으랴. 네가 우리의 이 작은 공동체 안에 발을 들여놓는 순간 너는 기쁨을 누릴 것이다. 창문 밖으로 내다보면 언덕 아래로 조금 내려가서 한국인 목수들이 짓고 있는 우리의 새 집 구조를 볼 수 있단다. 그것은 진흙 벽에 기와지붕이 있는 완전한 한옥이다. 그러나 서양식으로 변형된 부분이 있는데 높은 천장, 유리 창문, 큰 문이 있단다. 마포삼열 목사가 살아온 작은 집은 아늑하고 꽤 넓은 편이다. 하지만 집이 너무 저지대에 위치해 있어서 그는 이미 여러 해 동안 말라리아에 걸려 고생해야 했다. 이제 이사하는 것이 필요하게 되어 다행이다. 왜냐하면 업무에 대한 압박이 커지고 예산을 쓸 데가 너무 많아서, 어느 누구도 그를 위한 새 집이 필요한 것을 알지 못하기 때문이다. 누구보다 집은 그에게 큰 의미가 있단다. 그가 이곳에 나와서 개척하는 동안 계속 집이 없었다. 우리 두 사람은 그 집이 이 한국인들에게도 복을 주는 수단이 되기를 간절히 기대한다. 우리는 집(가정)을 통해 그들에게 아주 많은 것을 해줄 수 있을 거야.

사촌 엠마, 이제 오고 있는 선물에 대해 너에게 고맙다는 말을 하고 싶다. 선물이 안전하게 도착하기를 희망한다. 너도 알겠지만 나는 선물을 특히 네가 보내주어서 기쁘단다. 작년 성탄절에 다 같이 모여서 저녁을 먹었는데, 네가 보내준 예쁜 장식이 식탁 중앙을 장식했다. 이제 곧 나는 장식을 올려놓을 소나무로 만든 내 식탁을 가지게 된단다!

모든 가족에게 안부를 전해주렴. 특히 사랑하는 삼촌 제임스와 맥베스에게. 마포삼열 목사가 네게 따뜻한 안부를 전한다. 너도 알겠지만 나의 마음이 사랑으로 끊임없이 네게 간다.

Mary Alice Fish

Please give my love also to Mrs. Helm and Miss Nellie.

I am curious to see Kipling's "Truce of the Bear." Have you seen it printed in form which you could send to me?

Finished May 9th. My limb is doing well though I cannot yet bear my weight on it.

빌립보서 3장 7-11절이 내게 아주 소중한 구절이 되었단다.[2] 주께서 네게 "그의 부활의 능력을 알게" 해주시고 그의 내주하시는 임재를 지속적으로 느낄 수 있도록 지켜주시기를 빈다.

큰 사랑을 담아,

앨리스 피시

내 사랑을 헬름 부인과 넬리 양에게도 전해주렴.

키플링의 『곰의 휴전』이 어떤지 궁금하다. 그 책이 어디서 출판되었는지 알면 한 권 보내줄 수 있겠니?

5월 9일 편지 마침. 아직 설 수는 없지만 내 다리는 잘 회복되고 있다.

---

2 "그러나 무엇이든지 내게 유익하던 것을 내가 그리스도를 위하여 다 해로 여길 뿐더러, 또한 모든 것을 해로 여김은 내 주 그리스도 예수를 아는 지식이 가장 고상함을 인함이라. 내가 그를 위하여 모든 것을 잃어버리고 배설물로 여김은 그리스도를 얻고 그 안에서 발견되려 함이니, 내가 가진 의는 율법에서 난 것이 아니요 오직 그리스도를 믿음으로 말미암은 것이니, 곧 믿음으로 하나님께로서 난 의라. 내가 그리스도와 그 부활의 권능과 그 고난에 참예함을 알려 하여 그의 죽으심을 본받아 어찌하든지 죽은 자 가운데서 부활에 이르려 하노니."

## Graham Lee

***Seoul, Korea***

***May 31, 1899***

Dear Father and Mother:

Are you surprised at a letter from me from Seoul? I am down here to take part in Mr. Moffett's wedding–in fact I am to be the officiating minister. We came down overland and had a very pleasant trip. You know that Dr. Fish broke one of her limbs in February–it was a very bad break and is not well yet–in fact, she cannot use it at all and has to use crutches all the time. Mr. Moffett and I came down on our wheels and Dr. Fish rode in a chair carried by four men. Miss Best also came with us and she rode her wheel part of the way. When she would get tired riding her wheel she would take her chair. Mr. Whittemore is here, too, but he came down later. Miss Best is to be bride's maid, Mr. Whittemore to be best man and I am to perform the ceremony, so you see it is to be entirely a Pyeng Yang affair. They wanted to be married in P.Y. and we all wanted to have it so, but they have to be married in the presence of the American Consul and as he couldn't come to P.Y. we of course had to come to Seoul. The ceremony is to be tomorrow, June 1st, at 12 o'clock noon at Miss Doty's home. All the missionary community of Seoul are invited, and a few others. There will probably be about seventy guests. The wedding cakes were made in America and sent out to Pyeng Yang and from Pyeng Yang had to be sent down to Seoul, so they are much-traveled wedding cakes. We brought one with us on the way down and I thought surely there would be no form or beauty left to it seeing the way it was handled by the packers who brought our loads, but it was all right and suffered no injury. Our loads, you see, were brought down on ponies. We had quite a party. There were four of us, Mr. Moffett's Korean teacher, two servants, one Korean woman, ten chair men, three horse men, three chairs, three horses and three bicycles. We traveled one

## 그레이엄 리

**한국, 서울**

**1899년 5월 31일**

부모님께,

제가 서울에서 보낸 편지를 받고 놀라셨습니까? 저는 마포삼열 목사의 결혼식에 참석하기 위해 이곳에 내려왔습니다. 사실은 제가 주례를 할 예정입니다. 우리는 육로로 내려왔는데 무척 즐거운 여행이었습니다. 아시다시피 피시 의사는 지난 2월에 한쪽 다리가 부러졌습니다. 그것은 악성 골절이라 아직 낫지 않았습니다. 사실 그녀는 그 다리를 쓸 수 없고 계속 목발을 사용해야 합니다. 마포삼열 목사와 저는 자전거를 타고 왔고 피시 의사는 가마꾼 4명이 나르는 가마를 타고 왔습니다. 베스트 양도 우리와 함께 내려왔는데 일부 구간은 자전거를 탔습니다. 자전거를 타다가 피곤하면 가마를 탔습니다. 위트모어 목사도 이곳에 왔는데 그는 나중에 내려왔습니다. 베스트 양이 신부 들러리를 하고 위트모어가 신랑 들러리를 하고 저는 주례를 할 예정입니다. 그래서 보시다시피 식은 완전히 평양 잔치가 될 것입니다. 그들은 평양에서 결혼하기를 원했고 우리도 모두 같았습니다. 그러나 미국 영사가 참석한 가운데 결혼을 해야 하는데, 영사가 평양에 올 수 없었기 때문에, 당연히 우리가 서울로 와야 했습니다. 결혼식은 내일 6월 1일 12시 정각에 도티 양의 사택에서 열립니다. 서울에 있는 선교사 모두를 비롯하여 몇 명의 다른 사람들이 초청되었습니다. 하객은 70명 정도 될 것입니다. 결혼식에 쓸 케이크는 미국에서 만들어 평양으로 보냈는데, 그것을 다시 서울로 가져왔으니, 먼 길을 여행한 케이크입니다. 우리는 내려올 때 케이크 한 개를 가지고 왔습니다. 짐꾼들이 케이크를 마구 나르는 모습을 보고 분명히 그것이 완전히 망가졌으리라고 생각했습니다. 그러나 알고 보니 무사했고 손상된 부분이 없었습니다. 보시다시피 짐을 조랑말에 싣고 이곳으로 내려왔습니다. 우리는 큰 무리를 지어 내려왔습니다. 선교사 4명, 마포삼열의 한국어 교사, 하인 2명, 한국인 여자 한 명, 가마꾼 10명, 마부 3명, 가마 3개, 말 3필, 자전거

hundred li a day, which is about thirty miles. To do this we had to get up about four o'clock in the morning, get started about six or six thirty, and travel till seven o'clock in the evening, with about two hours for noon. The last night we slept eighty li out, a little over twenty-five miles. The next morning I left at twenty-five minutes to six and reached the city gate at seventeen minutes past eight which, considering the hilly nature of the country I thought was pretty good time. I had one pull of about five miles all up hill. It pays to have a wheel in this country. I was the first missionary to use the bicycle in traveling in the country. Now nearly all the missionaries have wheels.

The city of Seoul is progressing. We have now an electric street railway. It runs across the city from west to east and out the East Gate some three miles to the late Queen's grave. This is a great innovation for staid old Korea and whether the thing is going to be a success or no is a matter of question. The road was built by American contractors but the capital was all furnished by Koreans. The line was started a day or two before we got in and ran two or three days after we got here and then everything stopped and is still stopped. The trouble arose as follows. We had all been expecting someone would get killed, for the Koreans wouldn't keep off the track and one morning the expected accident happened. A child was run over and killed and the father who was standing near and saw it all, picked up the mangled remains and held them up for the crowd to see. This maddened them and they started in to destroy the whole plant. They tipped one car off the track, built a fire in it and burnt everything but the iron work. Another car they tipped over and started in to burn it but before the fire got well started the foreigners reached the place and chased the crowd away. They left the cars and started for the power house to destroy that but their courage gave out before they accomplished anything. The affair happened about eight o'clock one morning. I had to go across the city that morning and knew nothing about the trouble until I ran into a big crowd standing about

3대 등으로 구성되어 있었습니다. 하루에 100리, 곧 약 30마일을 여행했습니다. 이를 위해 새벽 4시경에 일어나 6시나 6시 반쯤 출발해서 점심 때 두 시간 정도 쉬는 것 외에는 저녁 7시까지 여행해야 했습니다. 마지막 날 밤에는 서울에서 80리(25마일이 조금 넘는 거리) 떨어진 곳에서 잤습니다. 다음 날 아침 저는 5시 35분에 출발했고, 서울의 성문에는 8시 17분에 도착했습니다. 언덕이 많은 지형을 고려하면 꽤 일찍 도착한 셈입니다. 저는 지방 여행을 할 때 자전거를 사용한 첫 선교사였습니다. 지금은 거의 모든 선교사가 자전거를 가지고 있습니다.

서울 도시는 진보하고 있습니다. 이제 전차 궤도가 놓였습니다. 전차는 서울의 서쪽에서 동쪽을 가로질러 운행하며, 동대문을 지나 3마일쯤 떨어진 고 명성황후의 무덤까지 갑니다. 이것은 정체되어 있던 옛 한국에서는 혁신적인 일입니다. 이것의 성공 여부는 지켜볼 문제입니다. 전차 레일은 미국 사업자가 건설했지만 자금은 전부 한국인이 제공했습니다. 전차는 우리가 도착하기 하루 이틀 전에 개통되었고, 우리가 온 후 이삼 일 동안 다녔는데, 갑자기 모든 운행이 중단되었고, 지금은 전차가 다니지 않습니다. 그 이유는 사고가 일어났기 때문입니다. 우리 모두가 누군가 치여 죽을 것이라고 예상했는데, 한국인들은 전차가 오는 것을 보아도 궤도 밖으로 비키지 않기 때문입니다. 어느 날 아침 예견된 사고가 발생했습니다. 한 어린아이가 전차에 치여 죽었습니다. 근처에 있다가 그 광경을 본 아이의 아버지가 찢겨진 시신 조각을 집어서 군중이 볼 수 있도록 쳐들었습니다. 성난 군중은 전차 시설을 파괴하기 시작했습니다. 그들은 전차 차량 한 대를 궤도에서 이탈시키고 불을 질러서 철제 틀만 남기고 전소시켰습니다. 그들은 다른 전차 한 대를 전복시킨 후 불태우려 했으나, 불이 붙기 전에 외국인들이 그곳에 도착하여 군중을 해산시켰습니다. 전차를 버려두고 떠난 군중은 이번에는 발전소를 파괴하러 갔습니다.[1] 그러나 감히 그렇게 할 엄두를 내지 못하고 아무 일도 하지 못

1 이때 가뭄이 심했다. 사람들은 동대문에 화력(火力) 발전소를 세우고 전차를 운행하면서 용왕신을 노엽게 해서 비가 오지 않는다는 풍수설을 믿었고, 이에 동대문 발전소를 파괴하려고 했다.

the wreck of the car that hadn't been burned. When the mob attacked the cars the Japanese motormen ran for their lives and have refused to go back to work since and on their account the line is not running. The contractors are up a stump. The Koreans are not able to run the cars and the Japs say they will not, so they may have to send to America for motormen. I'm afraid there will be many people killed before these people get used to electric cars. I must go now and help make preparation for the wedding.

Much love to all.

Your affectionate son,
Graham Lee

했습니다. 그 사건은 아침 8시경에 일어났습니다. 저는 그날 아침에 시내를 가로질러 가지 않으면 안 되었는데, 그 사태에 대해 전혀 모르고 있다가, 불타지 않은 전차의 잔해 주변에 모여 있는 군중과 마주치게 되었습니다. 군중이 전차를 습격했을 때 일본인 운전수들이 목숨을 부지하려고 도망을 쳤는데, 그 이후 다시 일하러 가는 것을 거부했고, 그 때문에 노선은 운행되지 않고 있습니다. 계약업자들은 어쩔 줄 몰라 쩔쩔매고 있습니다. 한국인은 전차를 운전할 줄 모르고 일본인은 하지 않겠다고 하므로, 미국에서 전차 기사를 불러오지 않을 수 없을 듯합니다. 한국인이 전차에 익숙하게 될 때까지 많은 사람이 죽지 않을까 우려됩니다. 저는 이제 가서 결혼식 준비를 도와야겠습니다.

모두에게 사랑을 가득 드리며,

사랑하는 아들,

그레이엄 리 올림

●
**마포삼열 부부 결혼식, 서울, 1899년 6월 1일 [MOF]**

**Wedding in Seoul, June 1, 1899**

마포삼열과 게일, 결혼식 [MOF]

**Mr. Moffett and Mr. Gale, Wedding**

**Samuel A. Moffett**

***Pyeng Yang, Korea***

***July 10, 1899***

My Dear Dr. Ellinwood:

1. Ever since the receipt of your letter of March 14–congratulating us upon our approaching marriage, I have wanted to express my very sincere appreciation of your kind words and assurance of friendship and interest.

We were married June 1st, under most pleasant circumstances and our skies have been all sunshine. We are now happily settled in our home, earnestly at work in what we believe will be better service than ever in this fruitful and particularly happy field of labor.

2. I was appointed to write the Station's monthly letter and I fear it will be another budget of the usually monotonously good news which we have been sending you for the last few years. There are however some clouds mingled with the sunshine, some disappointments in the midst of the generally prosperous advance of the work. It would be strange if in such a rapid and wide spread growth as we have had, there were not some pretty serious defections, some disappointments, some unsatisfactory conditions. Almost all of them however can be ascribed to the one cause,

3. Our inability to provide sufficient oversight and instruction. The Roman Catholics have been making most determined, persistent, insinuating efforts to break up our Whang Hai work, and in cases where many of the Catechumens had received little instruction, they have succeeded in breaking up a number of groups. They have placed four priests at work in that section in the midst of our largest work–have persecuted many of our people, have used fair and foul means to get hold of our men, have had their agents at work everywhere where we have a group, have used political power and influence, have intimidated,

## 마포삼열

**한국, 평양**

**1899년 7월 10일**

엘린우드 박사님께,

1. 박사님께서 우리의 예정된 결혼을 축하해주신 3월 14일 자 서신을 받은 이후, 저는 박사님께서 친절한 말씀을 해주시고 우정과 관심을 확인해주신 데 대하여 진심으로 감사를 표하고 싶었습니다.

우리는 지난 6월 1일 즐거운 분위기와 햇빛이 화사한 날씨 속에서 결혼식을 올렸습니다. 이제는 우리의 사택에 행복하게 정착했으며, 이 열매가 많고 행복한 사역 현장에서 이전보다 더 잘 섬길 수 있을 것이라고 믿으며 열심히 일하고 있습니다.

2. 저는 선교지부의 월간 서신을 쓰도록 지명받았습니다. 그런데 이 편지가 지난 몇 년 동안 우리가 박사님께 보냈던 일상적이고 단조로우며 좋은 소식들을 모아놓은 또 하나의 보고서가 되지 않을까 우려됩니다. 하지만 햇빛을 가리는 구름이 조금 떠 있고, 일반적으로 번창하고 진보하는 사역 속에서 약간의 실망스러운 일이 있습니다. 우리가 지금까지 누렸던 그렇게 급속하고 광범위한 성장 속에서, 만일 심각한 결점이나 실망이나 만족스럽지 못한 상황이 없다면 오히려 이상할 것입니다. 하지만 그런 문제가 대부분 하나의 원인으로 귀결될 수 있습니다.

3. 그것은 바로 우리가 충분히 감독하고 가르치지 못하기 때문입니다. 천주교인들은 단단히 결심하고 교묘한 방법으로 우리의 황해도 사역을 와해시키려고 끈질기게 노력해왔습니다. 그래서 천주교인들은 가르침을 받지 못한 학습교인이 많았던 미조직교회들을 와해시키는 데 성공했습니다. 그들은 우리의 가장 큰 사역이 이루어지고 있는 지역에 4명의 신부를 배치했고, 우리의 많은 신자를 핍박했으며, 신도들을 빼앗아가려고 온갖 수단을 다 사용했고, 우리 미조직교회가 있는 모든 곳에 사역자를 두었으며, 정치적인 힘과 영향력을 사용했고, 위협하고 협박하거나 소송을 도와주겠다고 약속했습

threatened, promised help in civil cases, and by every means known to the wily agents of an iniquitous system have done much to impede the progress of our work, to discourage some, to demoralize some, to lead some astray. There will certainly be a falling off in the number of Catechumens reported from there this year—and yet—notwithstanding the falling off from political causes and Roman Catholic aggression, there is so much to encourage, so much of the true foundation, so much that remains steadfast and true, that we have every reason to rejoice. We have yet an open door and more opportunities to advance than we can attend to and our greatest problem is how to provide for the work which thrusts itself upon our attention. Mr. Swallen and Mr. Hunt are now giving time and attention to a part of the Whang Hai work and are working faithfully to give order and strength to it when it is in most need of such attention.

4. In other sections we are making steady progress. Just before going to Seoul for our marriage I made two trips—one north, one east, visiting nine places, baptizing sixty three and receiving 145 catechumens—and some ten days ago I made another short trip southeast for Mr. Lee, visiting four churches—two of them new groups which were in need of attention. On all these trips I saw so many opportunities for advancing the work that my heart was gladdened at the prospect—altho I was and am greatly perplexed to know how we can provide such oversight and instruction as will conserve the work and cause it to endure when it too comes into contact with the same destructive forces now at work in Whang Hai. We do not want to employ too many men with foreign funds, but we can hardly expect these new converts to immediately attain to such growth in the grace of giving that they will at once provide not only church buildings, books and running expenses of their churches, but also funds sufficient to support native teachers and preachers in numbers sufficient to adequately cover the ground. As it is now we have so many groups that the missionary can visit each one but once or

니다. 이렇게 사악한 조직의 간교한 요원들이나 아는 모든 수단을 동원하여 우리 사역의 발전을 가로막고, 사람들을 낙담시키고, 사기를 떨어뜨리고, 신앙의 길에서 벗어나게 했습니다.[1] 올해 그 지역에서 많은 학습교인이 떨어져 나갔다는 보고가 올라올 것이 분명합니다. 그러나 정치적 요인과 천주교의 공격적인 전도로 인하여 떨어져 나갔음에도 불구하고, 고무적인 경우가 많고, 참된 기초 위에 서 있는 자가 많으며, 견고하고 진실하게 남아 있는 자가 많기 때문에 우리는 즐거워할 이유가 많습니다. 우리에게는 열린 문이 있고 우리가 따라잡을 수 없을 정도로 빨리 발전하는 기회가 넘치기 때문에, 우리의 관심을 필요로 하는 사역을 어떻게 돌볼 것인가가 우리의 가장 큰 문제입니다. 스왈른 목사와 헌트 목사는 현재 황해도 일부 지방의 사역에 시간과 관심을 쏟고 있는데, 그런 관심이 꼭 필요한 시점에 그곳에 질서를 잡고 힘을 북돋아주기 위해서 신실하게 일하고 있습니다.

4. 다른 지역에서 우리는 꾸준히 진보하고 있습니다. 저는 결혼하기 위하여 서울로 가기 직전에 두 차례 전도 여행을 했습니다. 한 번은 북쪽으로, 또 한 번은 동쪽으로 갔는데, 9개의 예배 처소를 심방하여 63명에게 세례를 주고 145명을 학습교인으로 받았습니다. 그리고 10일 전쯤 리 목사를 대신하여 동남쪽으로 단기간 전도 여행을 다녀왔는데, 4개 교회를 심방했습니다. 이 가운데 2개는 관심이 필요한 새로운 모임입니다. 이 모든 여행을 하면서 저는 사역을 발전시킬 수 있는 많은 기회를 보았기 때문에, 비록 지금은 황해도에서 활동하고 있는 파괴적인 세력을 생각하고 또한 앞으로 그런 동일한 세력과 접촉하게 되었을 때 어떻게 사역을 보존하도록 감독하고 가르칠 수 있을까를 생각하면 당황스럽지만, 그 밝은 전망으로 인하여 제 마음은 즐거웠습니다. 우리는 해외 자금으로 많은 남자들을 고용하기를 원하지 않습니다. 그러나 우리는 지금 이 새로운 개종자들이 연보를 드리는 은혜 속에 곧 자라나서[2] 교회 건물, 서적, 교회 운영비뿐만 아니라 사역을 적절히 감당

1 이런 개신교와 천주교의 갈등이 결국 1902년 해서교안(海西敎案)으로 발전했다.

2 고린도후서 8장 7절 "오직 너희는 믿음과 말과 지식과 모든 간절함과 우리를 사랑하는 이 모든 일에 풍성한 것같이 이 은혜에도 풍성하게 할지니라." 여기서 '이 은혜'란 가난한 중에도 다른 형제들을 돕기 위해 자원

possibly twice a year and then spend but little time at each place. We very greatly need trained men to constantly visit these churches–men sufficiently well trained to command the confidence and esteem of the churches, men who can co-operate with us in our plan for developing a self-supporting church. Our growth has been so rapid that we have not had time enough to provide this body of trained men. We are hard at work on this department also.

5. Today we began our Training Class for Helpers–limiting the number to 20–those who are now in or are in training for the position of Helper–that is, men who as Assistant Pastors and Evangelists work under the direction of the missionary.

The more I attack this double problem of self-support–and provision for proper oversight and instruction–the more I regret not having met Mr. Speer and Mr. Grant while they were here. I want to "thrash" out a few of these questions with men who have come into contact with the work in a number of fields where different methods and conditions have been met.

6. A week ago we had our communion service in the Church here. Eighteen men & women were baptized and ten more have been accepted for baptism. There are nearly a hundred yet on the rolls awaiting examination before the next Communion service the last of August.

7. During the summer heat and the rains of July & August, we cannot itinerate but there is no lack of work on hand. Mr. Lee is hard at work building houses and with the rest of us assisting in the Training Class, examination of Candidates, etc. The Schools and all the regular work of the various men's & women's classes keep us busy; and as Mrs. Swallen said soon after her arrival from Gensan, "This is a perfect bee-hive."

We are certainly a very happy, busy, harmonious body of missionaries–more & more rejoicing in the privilege which has been given us.

The advent of the Swallens has been a very great help, as both of

할 수 있을 만큼 충분한 수의 한국인 교사와 전도사를 지원할 만한 모든 자금을 마련할 수 있으리라고 기대할 수 없습니다. 현재 미조직교회가 너무 많기 때문에 선교사는 1년에 한 번이나 혹은 가능하면 두 번밖에 심방하지 못하며, 심방을 해도 한곳에서 잠시만 시간을 보냅니다.[3] 우리에게는 이 교회들을 지속적으로 심방할 훈련받은 남자들이 절실히 필요합니다. 교회의 신뢰와 존경을 받을 수 있을 정도로 충분히 잘 훈련되고, 자급하는 교회로 발전시키려는 우리의 계획에 협력할 수 있는 사람이 필요합니다. 이곳의 성장 속도가 너무 빨라서 이렇게 훈련해 사람들을 보낼 만한 충분한 시간이 없습니다. 이제 우리는 이 분야에서도 열심히 작업하고 있습니다.

5. 오늘 우리는 조사 사경회를 시작했습니다. 참석자를 20명으로 제한했습니다. 현재 조사로 일하고 있거나 훈련 중인 자로서 선교사의 지도 아래 부목사와 전도사로 일하는 자들입니다.

제가 자급과 함께 적절한 감독과 가르침 제공이라는 이 이중적인 문제와 씨름하면 할수록 스피어 목사와 그랜트 목사가 이곳을 방문했을 때 만나지 못했던 것을 더욱더 후회하게 됩니다. 저는 다른 선교 방법과 다양한 상황에 직면했던 수많은 선교지의 사역을 둘러본 그들을 만나서 이 문제들 가운데 두세 개를 "차분히 논의하면서" 해결하고 싶었습니다.

6. 일주일 전에 우리는 이곳 교회에서 성찬식을 거행했습니다. 18명의 남녀 교인이 세례를 받았고, 10명이 세례 후보자가 되었습니다. 8월 말에 열리는 다음 성찬식 이전에 문답을 받기 위해서 기다리는 세례 문답 지원자들이 벌써 100여 명이나 됩니다.

7. 7월과 8월은 무더위와 장마로 인해 순회 전도 여행을 할 수 없지만, 손을 놓고 지낼 틈이 없습니다. 리 목사는 건축에 매진하고 있고, 다른 사람

---

하여 힘에 지나도록 풍성한 연보를 드리는 은혜(grace of giving)로, 예수 그리스도의 은혜, 즉 부요한 자이나 사람들을 위해 가난하게 되어 사람들을 부요하게 하신 은혜를 말한다.

3 한국인의 자발적인 '자전'(self-propagation)의 결과, 처음부터 장로교회는 각 지역 개교회의 '자급'(self-support)을 강조했고 선교사가 일일이 돌볼 수 없는 상황이었기 때문에 조사와 영수가 개교회를 다스리고 돌보는 '자치'(self-government)가 발전될 수밖에 없었다.

them have fine command of the language and are thoroughly in love with the work of teaching the Scriptures. Mrs. Swallen has taken Mrs. Baird's Classes, Mr. Swallen has taken charge of the School and a part of the Whang Hai work. Mr. Hunt has just taken charge of services at the Sabbath School across the river and in all probability we shall set that off as a separate church before very long. He has been making fine progress in the language and is a strong man.

Mr. Whittemore returned last week from another trip to his northern field. He has purchased property, and has so altered the house as to provide fairly comfortable and healthy quarters which will serve to house the new station until it gets well under way and is ready for permanent buildings. His work is growing in all directions and the men asked—a doctor and a minister for that region are more and more imperatively needed.

8. We have heard nothing as to prospects for new missionaries except that we see by the papers that the Board plans to send out a goodly number this year. We hope Korea will get all we asked for and I should like to call your attention to the fact that we now need another lady missionary to be with Miss Best and to do itinerating evangelistic work. The opportunities along this line are limitless and Miss Best's work has already shown the immense value of it. At the Annual Meeting we shall ask for the appointment of a lady but even before that request reaches you, can you not be on the lookout for just such an one as we need that she may come to us this fall.

We need the other man asked for Whang Hai and I wish we had a single man to do for that region what Mr. Whittemore is doing for the north and what I was able to do a few years ago for Pyeng Yang.

9. The health of the station is in the main good. The summer always brings with it physical depression and the health of the children causes considerable thought. Dr. & Mrs. Wells have gone down the river to the sea-shore for a month's absence from work and for the sake of their

들은 사경회를 돕고, 세례 지원자들을 문답하는 등의 일을 하고 있습니다. 학교들과 정규적으로 가르쳐야 하는 다양한 남녀 성경 공부반의 일로 우리는 항상 바쁩니다. 스왈른 부인이 원산에서 이곳에 도착한 직후 다음과 같이 말할 정도였습니다. "이곳은 완전 벌통입니다."

이곳의 선교사들은 행복하고 바쁘며 조화롭게 일하는 무리임이 분명합니다. 우리에게 주어진 특권으로 인하여 점점 더 즐거워합니다.

스왈른 부부가 와서 큰 도움이 되었습니다. 두 사람이 한국어를 잘 구사하고, 성경 말씀을 가르치는 사역을 철저히 사랑하기 때문입니다. 스왈른 부인은 베어드 부인의 성경반을 맡았고, 스왈른 목사는 학교와 황해도 일부 사역을 맡았습니다. 헌트 목사는 강 건너편에 있는 주일학교의 예배를 이제 막 책임지게 되었습니다. 십중팔구 머지않아 그것을 독립 교회로 분리해야 할 것입니다. 헌트 목사는 언어에서 많은 진보를 이루었고 강한 남자입니다.

위트모어 목사는 지난주에 북부 지방을 한 번 더 순회하고 돌아왔습니다. 그는 집을 사서 편안하고 건강에 좋은 주거지가 되도록 개조하여 새 선교지부 사택으로 만들었습니다. 새 선교지부가 잘 발전되어 영구적인 건물에 들어갈 수 있을 때까지 이곳을 이용할 것입니다. 그의 사역은 모든 방면에서 성장하고 있으며, 요청한 남자들, 즉 그 지역을 위한 의사 한 명과 목사 한 명의 긴급한 필요성이 증대되고 있습니다.

8. 올해 선교부가 새 선교사를 많이 파송할 계획이라는 것을 신문 지상을 통해 본 것 외에는 새 선교사가 올 전망에 대해 아는 바가 전혀 없습니다. 한국에서 요청한 모든 선교사들이 오기를 희망합니다. 그리고 베스트 양과 함께 지내며 순회 전도 여행을 할 독신 여성 선교사 한 명이 더 필요하다는 사실에 박사님의 주의를 환기시켜드리고 싶습니다. 이 분야에서 기회는 무한합니다. 베스트 양이 이미 한 일은 이 분야의 사역이 가진 엄청난 가치를 보여줍니다. 연례 회의 때 우리는 독신 여성 선교사 한 명의 임명을 요청할 것입니다. 그러나 그 요청을 보내기 전이라도 우리에게 필요한 여성 선교사를 물색해주셔서 올가을에 파송해주시면 감사하겠습니다.

우리는 황해도를 위해 요청한 다른 남자 선교사 한 명이 필요합니다. 지금

children who are not well. Mr. & Mrs. Lee have accepted in the best possible and most beautiful spirit the great trial which came to them in the death of their little boy.

Mrs. Moffett has not yet recovered the use of her limb, but is still on crutches. We are hoping and confidently expecting that another two weeks will see the bone perfectly united. She joins me in expressions of sincerest esteem and in prayers for you and all associated with you in the Board room.

Very sincerely yours,
Samuel A. Moffett

위트모어 목사가 평안북도 지역에서 하고 있고, 몇 년 전에 제가 평양에서 했던 일을 그 지역을 위해 할 수 있는 독신 남자가 오기를 바랍니다.

9. 선교지부의 건강 상태는 대체로 양호합니다. 무더운 여름철에는 항상 육체적으로 나른하고 어린아이들의 건강에 주의를 기울여야 합니다. 웰즈 의사 부부는 아이들의 건강이 좋지 않아서 대동강을 따라 내려가 바닷가에서 한 달 동안 일을 쉬고 있습니다. 리 목사 부부는 어린 사내아이의 죽음으로 인한 큰 시련을 가장 아름다운 정신으로 받아들였습니다.[4]

제 처는 아직 다리를 못 쓰고 여전히 목발을 짚고 다닙니다. 2주일 후에는 뼈가 완전히 아물 것으로 보입니다. 저는 아내와 더불어 박사님과 선교부 사무실의 모든 분께 진심으로 경의를 표하며 여러분을 위해서 기도합니다.[5]

마포삼열 올림

---

4 1899년 6월 9일 아들 찰스(Charles Raymond Lee)가 평양에서 죽었다.

5 이때 알렌 공사가 미국 뉴욕을 방문하고 있었는데, 그는 선교부의 핼시 회계를 만나 한국에 있는 선교사들을 언급하면서 마포삼열 목사와 피시 의사는 가장 뛰어난 선교사들이며 더할 나위 없이 좋은 자들로 두 사람이 결혼하여 '강력한 팀'이 될 것이라고 말했다. 또한 자전거 사고를 당해 다리가 골절된 피시 의사 때문에 그는 "자전거는 선교사의 적"이라고 생각하게 되었다고 안타까움을 표했다(A. W. Halsey to F. F. Ellinwood, July 10, 1899).

## Lucia Hester Fish

***University of California, Berkeley***

***July 13, 1899***

My dear Aunt, [Mrs. Henry Fish]

I don't think I need to tell you what a good time I had with you on the trip and in Carpinteria. Aunt Mat[tie Berkeley] said that she did not have to ask how I enjoyed it. I looked so much better and even my face seemed fuller.

We reached here safely although Hester did not feel quite happy on the train. Yesterday she took me all through the Normal School and seemed quite well. You are all model entertainers and Carpinteria a model place to entertain in.

Wouldn't I like some quail cooked over a camp fire now though? or one of Miss Emeline's doughnuts or one of Ben's hugs or a game of tag or a ride on the [ ]. Still, it is lovely here and the N. E. A. meetings are very good. Hester is probably hearing about Ethics and Evolution now as I should be if we had not gone to the U. C. reception at the Van Nuys' last night in consequence of which two o'clock found my breakfast still waiting. Margaret has [ ] and we must go to town so goodbye with love to all,

Lucia Hester

## 루시아 헤스터 피시

**버클리 캘리포니아 대학교**

**1899년 7월 13일**

고모[헨리 피시의 부인]에게,

제가 고모와 함께 여행을 가서 카핀테리어에서 보낸 시간이 즐거웠다는 것을 굳이 이야기할 필요가 없겠지요. 매티 고모는 제가 얼마나 즐거웠는지 아시냐고 물을 필요도 없지 않겠느냐고 말했어요. 저는 신수가 훤했고 얼굴은 달덩이 같았을 겁니다.

우리는 이곳에 무사히 도착했습니다.[1] 다만 헤스터가 기차에서 별로 기분이 좋지 않았어요. 어제 헤스터가 저를 사범학교까지 데려갔는데, 기분이 꽤 좋아 보였습니다. 고모는 완전히 손님 접대자의 모델이고, 카핀테리어는 손님 접대에 좋은 모델이 될 만한 장소입니다.

모닥불에 구운 참새라든지 에플린 양의 도넛, 벤의 포옹, 잡기 놀이, 말타기 등 이곳은 아직 멋지고 전국교육협회 모임은 훌륭합니다.[2] 헤스터는 십중팔구 "윤리와 진화"를 들을 것입니다. 저도 그것을 들을 생각이었으므로, 어젯밤 밴나이즈에서 열린 캘리포니아 대학교 만찬회에 참석하지 않았다면 그렇게 했을 것입니다. 그런데 일어나보니 차려진 아침밥이 저를 기다리고 있고 오후 2시였습니다. 마가레트는 어디론가 갔고 우리는 시내에 가야 합니다. 그래서 모두에게 사랑을 담아 안녕을 전합니다.

루시아 헤스터 올림

---

1 편지 주소는 버클리 캘리포니아 대학으로 되어 있으나, 샌프란시스코에서 남쪽으로 내려와 카핀테리어에서 지낸 후 로스앤젤레스에서 열린 미국교육협회 대회에 참석하고 있다.

2 미국교육협회 연례 대회가 7월 11일 로스앤젤레스에서 열렸다. 대회 논문 발표와 토론 내용은 샌프란시스코 일간지나 로스앤젤레스 신문에 주요 기사로 요약되고 있었다.

**Lucia Hester Fish**

***University of California, Berkeley***

***August 20, 1899***

Dear Ben,

I am afraid you must have forgotten a promise you made and so I am going to remind you that we want to know what you have been doing.

As you know, San Francisco has gone wild over the return of the California boys from Manila but I am sure you cannot imagine what a boy's paradise it has been with every cannon on the ships booming, all the guns fired, the steam whistles helping all they can, to say nothing of bells and the horns and firecrackers. It was deafening when the Sherman came in escorted by all the boats and tugs, [  ] and sailing vessels in the bay. They were all bright with flags and banners and in the evening were brilliantly lighted and paraded about the Sherman again. Then fireworks were sent up to remind our gallant boys how heroic they were to go off for a lark, and finding something quite different, to endure as long as they couldn't help themselves.

But tell me honestly now, Benjamin Harrison, on your word of honor as a gentleman, how many beans have you helped to grow this summer and how do you like the Billy Hoe that your father introduced you to last July? He looked to me as if he could be quite cutting and mean sometimes. Still trusting that you are not like him in that, I will venture to send these dreadful pictures and ask you to distribute them impartially. As soon as possible I will print the rest and send them and some blueprints for your aunt. Please tell Harry the U. C. Register was poorly done up and if he fails to get it I will have the records and try again. I have been told the College of Agriculture is very good, but now our new president is ex-professor of Greek and Latin, those departments will be tip-top by the time Fanny is ready to enter, as you must advise her to take Latin next year and decide to begin Greek at college; then

## 루시아 헤스터 피시

**버클리 캘리포니아 대학교**

**1899년 8월 20일**

벤에게,

네가 나에게 한 약속을 혹시 잊어버리고 지내는지 알 수 없어서 네가 무엇을 하고 있는지 우리가 궁금해한다는 것을 상기시키고 싶구나.

너도 알다시피 샌프란시스코 사람들은 [필리핀과의 전쟁에서 이기고] 마닐라에서 돌아온 캘리포니아 장병들의 귀환에 열광했다. 그러나 병사들이 그 낙원 같은 곳에서 종소리, 나팔 소리, 폭죽 소리는 말할 것도 없고 군함 위에서 빵빵 터지는 대포 소리, 빗발처럼 쏘아대는 수많은 총 소리, 힘껏 울려대는 기적 소리와 함께 있어야 했다는 것을 너는 상상할 수 없으리라고 확신한다. 여러 척의 배와 예인선 등의 안내를 받으며 군함 셔먼호가 다른 범선들이 있는 만으로 들어왔을 때 귀가 멍멍해졌다. 군함들은 나부끼는 국기와 깃발로 밝게 장식되어 있었고 저녁에는 휘황찬란하게 불이 켜졌는데, 셔먼호 주변으로 군함 퍼레이드가 다시 열렸다. 그때 불꽃놀이가 시작되었고 하늘 위로 솟아오르는 불꽃이, 장난삼아 출전했다가 전혀 다른 것을 발견하고 어쩔 수 없이 장기간 참아야 했던 병사들의 유쾌한 모습을 비추면서 그들이 얼마나 영웅적이었는가를 상기시켜주었단다.

그런데 벤저민 해리슨, 솔직하게 말해보렴. 올여름에 얼마나 많은 콩이 자라게 일손을 거들었는지, 그리고 작년 7월 부친이 너에게 알려준 괭이를 얼마나 좋아하는지 신사답게 명예를 지키면서 말해줘. 네 부친은 나를 뚫어지게 바라보며 뭔가 말씀하려고 하셨지. 나는 네가 아직도 그것을 싫어하지 않았으면 한다. 나는 용기를 내어 이 못 나온 사진들을 보내며 네가 공평하게 나누어주길 바란다. 나머지도 될 수 있는 대로 빨리 인화해서 보내주마. 그리고 고모에게는 필름도 보낼게. 캘리포니아 대학교 교무처는 [지원서가 몰려서] 녹초가 되어 있다고 해리에게 말해주렴. 만일 그가 실패하면 내가 서류를 챙겨서 다시 지원하마. 이곳 농과대학이 아주 좋다는 말을 들었으나

she will be a bachelor of Arts before she knows it, and ready to coach you and Julia. Then I wish you would ask Tom if he is still suffering for information about the South African question or the falling of stones, etc.. Maybe I could find out for him but I do hope he won't want me to. Tell him to apply to "Dear Madam." Has that learned lady gone away to teach yet or do you still have to call her sister.

I meant to try teaching an hour a day this term but my courage failed me and I took another course instead. I was taken for a freshman and Mr. Rowell showed me how to find books in the library, as I was afraid, my senior bearing was not marked enough to impress the grammar school children yet.

The poor freshmen, the hottest day we had, a junior pretended he had orders to drill them for a parade Saturday night in [ ] of the soldiers, so he did with a vengeance, then they [ ] up a room as the [ ] office and made them strip for a physical examination. They filled a jar with water and made them blow through a tube attached, to test their lungs. But they told one boy that with such chest development he ought to blow harder. Well, he did–he blew most of the water out, too, and fairly drenched himself. Then they sent some to the record for meal tickets and told others who wanted to ask questions to go to Room 18. It had a recitation hour there, a freshie stepped to the door, saw a class and beat a hasty retreat, then another came and so that door was kept banging until Prof. Baron was nearly wild. Well, this is about enough of this, I think, so goodbye

With a great deal of love from

Lucia Hester Fish

지금 새로 온 총장은 전에 그리스어와 라틴어 교수였으므로, 패니가 들어올 때가 되면 그 학과들은 최정상에 있을 것이다. 그래서 그녀에게 내년에는 라틴어를 듣고 대학에 와서는 그리스어를 시작하겠다고 결심할 수 있도록 반드시 전해야 한다. 그러면 그녀는 어느새 학사 학위를 받게 되어 너와 줄리아를 지도할 수 있을 것이다. 그리고 톰에게 여전히 남아프리카 문제나 돌들이 떨어지는 문제 등에 관한 정보가 없어서 힘든지 물어보기 바란다. 내 도움이 필요 없기를 바라지만 내가 그를 위해 정보를 찾아줄 수는 있단다. 그에게 "친애하는 아씨께"로 시작하는 정보 요청서를 보내라고 하렴. 그 박식한 숙녀는 가르치려고 떠났지만 너는 그녀를 여전히 자매로 불러야 한다.

나는 이번 학기에 하루에 한 시간은 가르치려고 노력했지만, 용기 부족으로 대신 다른 과목을 하나 더 수강했단다. 나는 신입생 취급을 받았는데 도서관장인 로웰 씨가 나에게 도서관에서 책을 찾는 법을 가르쳐주었다. 내가 아직 4학년 표시가 잘 나지 않아서 초등학교 아이들에게도 충분히 선생님이라는 인상을 심어주지 못할 모양이다.

불쌍한 신입생들, 가장 더웠던 토요일 밤에 3학년생 한 명이 복수심을 갖고 신입생들에게 열병 연습을 시키라는 명령을 군인들로부터 받은 척했다. 그러자 신입생들은 사무실이 [잠겨 있어서] 방 한 개를 치웠고, 그는 신체검사를 한다며 1학년들의 옷을 벗겼다. 그들의 폐활량을 검사한다며 물통에 물을 가득 채운 후 연결된 호스로 불도록 했고, 한 남학생에게는 흉부가 덜 발달되었다고 더 힘껏 불어야 한다고 시켰단다. 글쎄, 그는 시키는 대로 불어서 한 통을 거의 다 불었는데 온몸이 물에 흠뻑 젖어버렸다. 그 후 몇 명은 식권을 받아 오도록 서기부로 보냈고, 질문을 하고 싶은 다른 학생들은 18호 방으로 가도록 했다. 그 방에서 그들은 암기하는 시간을 보냈단다. 문을 열고 들어오려던 다른 신입생들은 수업이 있는 줄 알고 재빨리 나갔는데, 그것이 반복되면서 문을 여닫는 소리가 계속 쿵쿵거렸다. 마침내 화가 잔뜩 난 베이런 교수가 나타났단다. 자, 오늘은 이것으로 충분하겠지. 그럼, 안녕.

사랑을 가득 안고,

루시아 헤스터 피시로부터

**Alice Fish Moffett**

***Pyeng Yang, Korea***

***August 26, 1899***[1]

At a little place called So-oo-mool, across the Tai Tong river, and about twenty-five or thirty li from here [a li is a measure of 654 yards, or a little over one-third of a mile.–Ed.], there is quite a strong country church. As it was a long time since they had had the communion service administered in their own building, Mr. Moffett had promised to be with them on Sabbath two weeks ago, and I went out with him, of course being compelled to go in my four-man chair, while he walked. We had a most beautiful day in every way, and it was enough to make one's heart sing for joy to see the happiness and earnestness of those dear people. On the way going out we passed a little church by the roadside, where the people were holding their morning service, and we could hear the hymns ringing out through the village street and over the fields. Oh, what a change it means to this people! Mr. Moffett said, "Just think! Less than six years ago there were not more than two or three Christians in all this country round here, and now there are twelve congregations (meeting places) in this country alone, aside from the large city church." We have no right ever to be in the least cast down when we think of what God has done and is doing here. We are not cast down, to be sure, and the only time when we ever approach such a feeling is when we think of the magnitude of the work, the many places which cannot be visited, and where the harvest cannot be reaped for lack of workers. It is wonderful to be here. We ought to realize our privilege constantly, and I believe God knows that our hearts do really praise him. But are there no cold times? Yes, for myself I have to acknowledge that there are—times when I take things as a matter of course (all these wonderful things that are

1 As printed in *the Occident.*

## 앨리스 피시 마페트

**한국, 평양**

**1899년 8월 26일**[1]

편집장 박사님,

이곳에서 25리나 30리 정도 떨어진 대동강 건너편 소우물이라 불리는 작은 마을에 건강한 시골 교회[장천교회]가 있습니다. 그 예배당에서 성찬식을 한 지가 오래되었기 때문에 마포삼열 목사는 2주일 전 주일에 그들과 함께하겠다고 약속했고 저는 마포삼열 목사와 같이 갔습니다. 물론 저는 4인 가마를 타고 가지 않을 수 없었으며 마포삼열 목사는 걸어갔습니다. 우리는 모든 면에서 정말 아름다운 날을 보냈습니다. 사랑스런 교인들의 행복하고 진지한 모습을 보는 기쁨으로 인해 마음에서 저절로 노래가 흘러나오는 날이었습니다. 가는 도중에 우리는 길가에 있는 작은 교회를 지나갔습니다. 아침 예배를 드리고 있었습니다. 그들이 부르는 찬송은 마을 거리를 울리면서 퍼져나가 들판 위에 넘쳐흐르고 있었습니다. 오, 이들에게 이 변화는 얼마나 많은 것을 의미하는지! 마포삼열 목사는 말합니다. "생각해보십시오. 6년 전에 이곳 모든 시골에는 기독교인이 두세 명밖에 없었습니다. 그런데 지금은 큰 시내 교회[장대현교회]를 제외하고, 시골에만 12개의 회중(예배 처소)이 있습니다." 이곳에서 하나님께서 하셨고 또 하시고 계신 일을 우리가 생각할 때, 우리에게 조금이라도 의기소침할 권리는 없습니다. 우리는 전혀 의기소침하지 않습니다. 만일 그런 감정을 느낄 때가 있다면, 그것은 엄청난 사역의 크기를 생각하고, 심방할 수 없는 많은 지역을 생각하고, 일꾼이 부족하여 추수할 수 없는 곳을 생각할 때입니다. 이곳에 있는 것은 놀라울 따름입니다. 우리는 우리의 특권을 끊임없이 인식해야 합니다. 우리의 마음이 하나님을 진정으로 찬양하고 있다는 것을 그분께서 아신다고 저는 믿습니다. 그러나 냉랭할 때는 없을까요? 있습니다. 제 경우에 그런 시간이 있다는 것을 인정하지 않을

---

1 신문 「옥시덴트」(*The Occident*)에 실린 편지.

going on around us), and forget the other fields where earnest workers are laboring with little or no encouragement or result; times when I feel almost useless here, and as if I were far away from the people. And then, oh, how gently the dear Lord gives me some experience just full of blessing, or else causes me to remember that he sent and placed me here, and is caring for the work, small as it seems to be.

Well, before we reached the town that morning, a troop of nine or ten little boys of the church came racing out on the road to greet us, and danced up to Mr. Moffett, exclaiming, "O pastor, have you come, have you come? The people are all in the church waiting for you." Another part of the congregation waited for us under a tree on the hilltop, and together we all descended to the new, commodious church building and held the morning service for Bible study of about one and one-half hours, the lesson being from John ix: 13-41. Then we went to the home of Han So Pang, the leader, for dinner, and back again to the church for the communion service, from two till four o'clock. By the way, this is the same Han whose picture is in the little pamphlet, "A Forward Movement in Northern Korea"–the man I read about so long before coming out here. How strange it seems to look back upon that time!

There were thirty-nine baptized members who partook of the communion, and a congregation of about one hundred, or one hundred and ten, both morning and afternoon.

Last Sabbath was a wonderful day here, for the people of the church and for us. The examination of catechumens for baptism has been going on through the summer days, and on Sabbath there were thirty-two women and twenty-six men baptized, and about two hundred and fifty church members partook of the communion. Quite a number of the women were over seventy years old. The service was very solemn, and people felt deeply its solemnity; but nevertheless, the faces of those dear women beamed with the joy which was in their hearts.

I think I have written you about little Kil Lai, the child Mr. Moffett

수 없습니다. 제가 주변에서 일어나는 이 모든 놀라운 일을 당연한 것으로 생각할 때, 아무런 격려나 열매도 없이 열심히 일하는 사역자들이 있는 다른 선교지들을 잊고 지낼 때, 제가 쓸모없는 존재라고 느낄 때, 그리고 제가 사람들로부터 멀리 떠나 있는 것처럼 느낄 때 그러합니다. 그러나 그때, 오, 사랑의 주님께서 저에게 얼마나 부드럽게 복이 넘치는 경험을 하게 하시는지, 당신께서 나를 이곳에 보내시고 두셨으며, 비록 그 일이 작게 보여도 그 일을 주께서 돌보고 계신다는 것을 기억하게 하십니다.

그날 아침 마을에 도착하기 전에 교회에서 온 9-10명의 소년들이 길로 달려와서 우리를 맞이했고, 마포삼열 목사 주변에서 춤을 추면서 외쳤습니다. "오, 목사님, 오셨어요, 오셨어요? 사람들이 모두 교회에서 목사님을 기다리고 있답니다." 다른 한 무리의 회중은 언덕 위에 있는 나무 아래에서 기다리고 있었습니다. 우리는 함께 언덕을 내려가서 새로 지은 널찍한 예배당에서 오전에 잠시 예배를 드린 후,[2] 1시간 30분 동안 요한복음 9장 13-41절을 본문으로 성경 공부를 했습니다. 이어서 영수인 한 서방 집으로 점심을 먹으러 갔습니다.[3] 그리고 다시 교회로 돌아와서 오후 2시부터 4시까지 성찬식 예배를 드렸습니다.[4] 그런데 한 씨는 소책자 『한국 북부 지역의 선교 전진 운동』에 나오는 바로 그 한 씨로, 그에 대해서는 내가 이곳에 오기 오래전에 읽었습니다.[5] 그 당시를 되돌아보는 것은 얼마나 이상한지!

성찬식에 참석한 세례교인은 39명이었고, 회중 전체는 오전과 오후 두 번 모임 다 100명이나 혹은 110명 정도 되었습니다.

---

2 1897년 설립된 장천교회는 이듬해 1898년 6칸 기와 예배당을 마련했다.

3 한석진(韓錫晋, 1868-1939)이다. 그는 1897년 대동군 소우물에 장천교회(將泉敎會)를 개척하여 영수로서 교회 책임을 맡았으며, 독립협회에도 참여했다. 장천교회는 평안남도 대동군 율리면(栗里面) 장천리(將泉里)에 있었는데 장천리에는 큰 샘물이 있었다. 마시면 장수와 같은 힘이 솟는다고 해서 이 샘물을 '장천'이라고 했다. 소가 발견했기 때문에 장천을 소우물 또는 소우물을 한자로 바꿔 '우정'(牛井)이라고도 했다. 그래서 장천교회를 소우물교회라고도 부른다. 현재 평양 사동(寺洞)으로, 평양 중심부에서 능라도를 지나 대동강 상류 쪽으로 7-8km 더 올라가면 아래쪽이 사동이다.

4 당시 주일 오전에는 전교인 성경 공부, 오후에는 예배를 드렸다.

5 Daniel L. Gifford, *A Forward Mission Movement in North Korea*(New York: Foreign Mission Library of the Board of Foreign Missions of PCUSA, 1897). 전체 28면의 소책자로 안표지에 한석진의 사진이 실려 있다.

has been supporting for three years. She and her old grandmother, the only immediate member of the family, sat side by side and received baptism, and they truly made a picture. The old grandmother fixed her eyes on the child's face while she was being baptized, and afterwards smoothed her hair lovingly, with a motion as if she wanted to hug her then and there. There was a dear old woman 83 years old, who walked in from the country ten li, and had to stop to rest ten times on the way. But, oh, the joy, peace and happiness in that dear old wrinkled face and bent form! She is jubilant in her joy.

The day she came in to be examined for baptism there were some women here in the sitting room who had come in merely to see the foreigner's house, and said they had never heard the "Jesus doctrine" before. One of the women was over eighty years, she said. While my little woman and I were talking to them she was more interested in looking about and in asking questions about other things. But presently Mr. Moffett came out of the study with the dear old Christian woman, and said to her, "Now, here is a woman nearly as old as you who does not know Jesus. Tell her about the grace and peace you have received." Her face lighted up as she began telling what God had done for her, and the other woman forgot to look around, and came nearer and nearer to listen. Soon she burst out with, "Did you call God in heaven your father? Well, I never can understand that." For two Sabbaths now this old woman has attended church to hear more of the strange teaching. It surely will not be long before her own face will shine with the light of the knowledge of Christ.

A few weeks ago one of the young Korean helpers came to ask if he might go out on the river with a party, sight-seeing. Mr. Moffett said, "Certainly. Go and play as hard as you can. Whatever you do, do with your might." The party went up the river, stopped near a Buddhist monastery, fell into conversation with some of the priests, and told them about Christianity. One of the young priests was evidently greatly

지난 주일은 이곳 평양교회 교인들과 우리에게 놀라운 날이었습니다. 세례를 받기 위해 학습교인들의 문답이 여름 내내 계속되었는데, 주일에 32명의 여자와 26명의 남자가 세례를 받았으며 약 250명의 입교인들이 성찬식에 참석했습니다. 여자들은 대부분 70세가 넘은 노인입니다. 예배는 엄숙했고 이런 분위기가 사람들을 지배했습니다. 그럼에도 불구하고 사랑스런 여자들의 얼굴은 마음속에 있는 기쁨을 숨길 수 없어서 환하게 빛나고 있었습니다.

길례(吉禮)라는 소녀에 대해 편지한 적이 있다고 생각합니다. 마포삼열 목사가 3년간 지원해온 여자아이입니다. 그에게는 가까운 가족이라고는 할머니밖에 없는데, 두 사람이 같이 앉아 세례를 받는 모습은 정말 한 폭의 그림이었습니다. 늙은 할머니는 세례를 받으면서 눈을 손녀의 얼굴에 고정하고 있었으며, 세례 후에는 아이의 머리를 사랑스럽게 쓰다듬었습니다. 그 행동은 마치 그때 그 자리에서 손녀를 안아주기를 원하는 것처럼 보였습니다. 시골에서 10리를 걸어온 83세의 노파도 있었는데, 교회까지 오는 길에 10번이나 쉬지 않으면 안 되었다고 합니다. 그러나 오, 주름투성이 얼굴과 굽은 허리에도 불구하고 사랑스런 노파의 얼굴에 나타난 기쁨과 평화와 행복! 그녀에게는 기쁨이 넘쳐흘렀습니다.

그녀가 세례 문답을 하러 온 날, 이곳 건넛방에는 단지 외국인의 집을 보기 위해 찾아온 여자들이 몇 명 있었는데 그들은 지금까지 "야소교"에 대해서 들어본 적이 없다고 말했습니다. 그중 한 명은 80세가 넘었는데, 그녀는 나와 소녀가 이야기할 때 방을 둘러보고는 다른 것을 질문하는 데 더 관심이 있다고 말했습니다. 그러나 마포삼열 목사가 앞에서 말한 그 사랑스런 기독교인 노파와 공부하다가 나와서 노파에게 이렇게 말했습니다. "자, 여기 어르신과 똑같이 늙었고 예수님을 모르는 분들이 있습니다. 그들에게 당신이 받은 은혜와 평안에 대해 이야기해주세요." 노파가 하나님께서 자신을 위해 하신 일을 이야기하기 시작했을 때 그녀의 얼굴은 환하게 밝아졌습니다. 그러자 다른 여자들이 주변을 둘러보는 것을 잊고 이야기를 듣기 위해 점점 더 가까이 다가갔습니다. 갑자기 한 여자가 크게 웃으며 말했습니다. "자네는 하

dissatisfied with his monastic life; the truth began to take hold of his heart; and two days after, he left the temple behind and came in here, asking to be taught and ready to work. We were grading about the house just then, and the young ex-priest went to work carrying dirt on his back like the coolies. It seems that seventeen years before, he had run away from home to the monastery; had not heard from his parents since, and did not know whether they were living or not. After a few days here, he came bringing his Buddhist cap and a curious old book, saying he wanted to go to find his parents, and if we would buy those he would have money enough for the journey. Next morning he started off, promising to tell about Jesus wherever he went.

Alice Fish Moffett

늘에 계신 하나님을 아버지로 부르나? 그건 도무지 이해하지 못하겠어." 그러나 그 후 그녀는 주일 예배에 두 번 참석하여 이 이상한 가르침을 더 들었습니다. 그녀의 얼굴이 그리스도를 아는 지식의 빛으로 밝아질 날이 멀지 않았다고 확신합니다.

몇 주 전에 한 젊은 조사가 사람들을 데리고 강가로 소풍을 가도 되는지 물었습니다. 마포삼열 목사는 "물론이오. 가서 마음껏 노시오. 무엇을 하든지 힘껏 하시오"라고 말했습니다. 한 무리의 사람들이 강으로 갔고 불교 사찰 근처에서 쉬었는데, 불승 몇 명과 대화하게 되어 기독교에 대해 이야기를 했습니다. 젊은 승려 한 명이 사찰 생활에 크게 불만을 느끼고 있었는데, 진리가 그의 마음을 사로잡기 시작했습니다. 이틀 후 그는 사찰을 떠나 이곳으로 왔으며, 가르침을 받고 일할 수 있는지 물었습니다. 우리는 그때 마침 사택 주변 땅을 고르고 있었으므로, 이전에 승려였던 그 청년은 일꾼처럼 등에 흙을 지고 나르는 일을 하러 갔습니다. 17년 전 그는 가출하여 한 사찰에 들어갔고, 그 이후 부모에 대한 소식을 모르고 지냈으며 그들의 생사조차 몰랐습니다. 이곳에 있은 지 며칠 후 그는 승려 모자와 이상한 고서를 들고 와서 부모를 찾고 싶다고 하면서 우리가 그것들을 사면 여행비가 넉넉하겠다고 말했습니다. 그는 다음날 아침에 떠났는데 가는 곳마다 예수님에 대해 이야기하겠다고 약속했습니다.

앨리스 피시 마페트 올림

**Samuel A. Moffett**

***Seoul, Korea***

***October 17, 1899***

Dear Dr. Ellinwood:

Our Annual Meeting is over and almost all have scattered from Seoul to take up another year's work. We are detained here a week longer in order to attend to some dentistry, but we are hoping to be on our way to Pyeng Yang in another two days.

The Annual Meeting was as usual a great delight—the spirit of the meeting was a very fine one indeed, the discussions were profitable and the plans laid and decisions reached were, I believe, wise ones. We of the north are rejoicing over the fact that the blessing upon the work is not so largely confined to our own section and that the promise now is for a large ingathering in other parts of Korea. We realize keenly the needs of our own field and are disappointed that we go back with no re-enforcements, but we heartily concurred in the decision to apportion the new men to other fields.

There seemed to be no other course to take than to appoint Dr. Sharrocks to the Government Hospital until Dr. Avison's return,—as we are under obligation to the government to furnish a physician, and Dr. Vinton leaves next month for America.

The Seoul Station made strenuous efforts to secure Miss Best for the Girls' School, but we did not feel that it would be right to take her from her larger field of usefulness among the women of the north where she is happily at work and where her own convictions are that she is called to labor. The Mission saw the force of our position and refused to transfer her to Seoul. Following this, Miss Nourse was assigned to Yon Mot Kol in Seoul owing to Miss Doty's physical condition and to Mrs. Gifford's illness. Then it seemed necessary to appoint Mr. & Mrs. Sidebotham to Taigoo—primarily perhaps on Mrs. Johnson's account, but also because

## 마포삼열

**한국, 서울**

**1899년 10월 17일**

엘린우드 박사님께,

우리의 연례 회의가 끝났습니다. 거의 모든 사람들이 또 한 해의 사역을 시작하기 위해 서울을 떠나 흩어졌습니다. 우리는 치과 치료 때문에 이곳에서 일주일을 더 지내야 하지만 이틀 후에는 평양으로 갈 수 있기를 바라고 있습니다.

연례 회의는 예년처럼 큰 기쁨이었습니다. 회의는 진실로 좋은 정신 속에서 진행되었으며, 토론은 유익했고, 세워진 계획과 내려진 결정은 현명했다고 저는 믿습니다. 우리는 사역의 축복이 우리 북부 지역에만 국한된 것이 아니라는 사실과, 이제 한국의 다른 지방에서도 대규모 수확에 대한 전망이 밝다는 사실에 기뻤습니다. 우리는 우리가 맡은 선교지의 필요를 절실하게 느끼지만, 인원 보충 없이 돌아가게 되어서 실망했습니다. 그러나 신임 남자 선교사들을 다른 지역에 배정하는 결정에 진심으로 동의했습니다.

에비슨 의사가 돌아올 때까지 샤록스 의사를 제중원에 임명하는 방안 외에 다른 도리가 없는 듯합니다. 우리는 정부에 의사 한 명을 제공해야 할 의무가 있고 빈턴 의사는 다음 달에 미국으로 떠나기 때문입니다.

서울 선교지부가 [정신]여학교를 위해 베스트 양을 데려가려고 끈질기게 노력했습니다. 그러나 우리는 그녀가 현재 행복하고 효과적으로 여성 사역을 하고 있으며 더 넓은 북부 지역에서 그녀를 데리고 가는 것은 옳지 않다고 생각했습니다. 그녀 스스로도 북부 지역이 자신이 일하도록 부름을 받은 땅이라고 확신합니다. 선교회는 우리의 입장이 강경한 것을 보고 그녀의 서울 이전을 거절했습니다. 이것에 이어 도티 양의 건강 문제와 기퍼드 부인의 병환으로 눌스 양이 서울 연못골에 배정되었습니다. 이어서 사이드보텀 목사 부부를 대구로 임명하는 것이 필요한 것처럼 보였는데, 아마 주된 이유는 존슨 부인 때문이겠지만, 인구가 밀집된 도에서 단기간 내에 큰 사역을

there is a strong feeling among us that that most densely populated province should have more missionaries preparing for what is expected to become a very large work in a short time.

This leaves us of the north somewhat appalled at the situation which confronts us, as we realize the magnitude of the work already developed and the insufficiency of the force of workers to grapple with it—yet we believe the Lord has guided the Mission and as we are to have the first clerical missionary and the first two ladies sent out this year and to have Dr. & Mrs. Sharrocks next year, we look forward in faith, nothing doubting but that the Lord will provide for His own church. The Annual Meeting has laid emphasis upon four great needs of our work in Korea:

1st—The need of a large number of new workers now. The opportunity is now and is an unusual one. I am Chairman of a Committee to lay before the Board the conditions which lead us to ask for such a large number of new missionaries, and as soon as I have the facts in hand from the other members of the Com. I hope to lay before you the details as to the exact needs of each station.

2nd—The imperative need for more training of Helpers and Leaders—if we are to conserve the ingathering of thousands of believers. Some of us must devote more time to this—but in that case who will look after the gathering of the already ripe harvests. We must however make an advance in this department of our work—even tho some fields go unharvested.

3rd—Our need for the development of our educational system. We now have our Christian constituency demanding an education—and the time has come to move forward. We all feel it. We are fairly started in the work of providing an Academy in Pyeng Yang and when Mr. Baird returns—that will be his first work. The constituency of the Seoul Station is also now large enough to make the need for an Academy there equally imperative, and the request of the station that the Board send a special call to Rev. Lapsley McAfee or someone else fitted to develop

하려고 기대하고 준비하려면 더 많은 선교사가 있어야 한다는 것이 우리의 확고한 생각입니다.

이로써 북부에 있는 우리는 현재 직면하고 있는 상황에 대해서 당황하고 있습니다. 이미 발전된 엄청난 규모의 사역과 그것을 해결하려고 노력할 충분한 사역자가 없음을 인식하기 때문입니다. 하지만 우리는 주께서 선교회를 인도하셨다고 믿습니다. 올해 파송되는 첫 목회 선교사와 2명의 첫 독신 여성 선교사를 우리가 받을 것이고, 샤록스 의사 부부가 내년에 오게 되므로, 우리는 믿음 안에서 바라면서 아무것도 의심하지 않고 다만 주께서 당신 자신의 교회를 위해 공급해주실 줄 믿습니다. 연례 회의에서 우리는 한국 사역에서 가장 필요한 것을 다음 네 가지로 강조했습니다.

첫째, 다수의 새 사역자가 지금 바로 필요합니다.

기회는 지금이며, 비상한 기회입니다. 저는 그렇게 많은 수의 신임 선교사가 필요한 상황을 선교부에 제시할 위원회의 위원장입니다. 다른 위원들로부터 사실을 입수하는 대로 각 선교지부의 정확한 필요에 대한 세부 사항을 박사님께 제출할 수 있기를 희망합니다.

둘째, 조사와 영수에 대한 더 많은 훈련이 필수적입니다.

만일 우리가 거두어들인 수천 명의 신자들을 유지하려면 이것이 긴급합니다. 우리 선교사 가운데 몇 명은 이 일에 더 많은 시간을 헌신해야 합니다. 그러나 그 경우 이미 무르익어 추수를 기다리는 밭은 누가 돌보겠습니까? 하지만 비록 일부 밭에서 추수하지 못하더라도, 우리 사역의 이 분야에서 반드시 진보를 이루어야 합니다.

셋째, 교육 제도의 발전이 필요합니다.

이제 기독교인 수가 늘어나 교육이 필요하며, 앞으로 나아갈 때가 왔습니다. 우리는 그것을 느낍니다. 평양에서 우리는 중학교를 제공하는 사역을 잘 시작했습니다. 베어드 목사가 돌아오면 그것이 그의 첫 사역이 될 것입니다. 서울 선교지부의 교인 수도 중학교가 필수적으로 필요할 만큼 충분히 많습니다. 그리고 서울지부가 랩슬리 맥아피 목사나 그가 발전시킬 노선과 동일한 교육 사업을 발전시킬 적임자를 파송해줄 것을 선교부에 특별히 요청

educational work along such lines as the McAfees would develop it, was unanimously concurred in by the Mission.

The policy proposed by the educational Com. and adopted by the Mission is—to establish an Academy in each station when the Mission deems that the time for such a step has arrived. We have reached that time both in Pyeng Yang and in Seoul. What the next step in advance will be and when it will be demanded—we do not yet know. The development of the Academies and the work of the Mission will have to determine that.

Personally I believe that well developed thorough Academies will meet our needs for another eight or ten years and then circumstances and the conditions of the various stations and their Academies at that time will determine very largely where the Mission College should be established.

What we need now however and need imperatively are the two Academies at Pyeng Yang and Seoul. We feel that in Mr. Baird we have the man for the Pyeng Yang Academy—supported as he will be by the co-operation of the whole station. Seoul has no man for the work—and very much needs a man of strong character, decided convictions and independent judgment who can make & mold the educational work of the station. Great as I feel the need of the field along other lines—I feel that the call for Mr. McAfee takes precedence—and so suggested that this be first on the order of preference.

4th—The need for first-class medical equipment. Drs. Avison and Irvin have both equipped themselves with a good knowledge of the language, have shown themselves to be first-class physicians and surgeons commanding the confidence of foreigners and natives—and they now deserve to be provided with such an equipment as will enable them to do justice to their profession and to make the medical department of our missionary work a real help to the cause.

The Government Hospital is a disgrace to the government, to the

한 안건은 선교회에서 만장일치로 통과되었습니다.

교육위원회가 제안하고 선교회가 채택한 정책은 선교회가 보기에 적절한 단계에 이르렀다고 판단되면 선교지부마다 하나의 중학교를 설립하는 것입니다. 평양과 서울에 그때가 이르렀습니다. 그다음 단계가 무엇일지, 그리고 언제 그것이 요구될지, 우리는 아직 모릅니다. 중학교의 발전과 선교회 사업이 그것을 결정해야 할 것입니다.

개인적으로 저는 모든 면에서 잘 발전된 중학교들이 향후 8-10년간 우리의 필요를 대처할 것으로 생각합니다. 그 후 여러 선교지부와 그들의 중학교의 상황과 상태에 따라 선교 대학을 설립할 장소를 결정하게 될 것입니다.[1]

하지만 지금 우리에게 절실히 필요한 것은 평양과 서울의 중학교입니다. 우리는 베어드 목사라는 평양 중학교를 위한 적임자가 있고, 선교지부 전체가 그와 협력하면서 지원할 것입니다. 서울에는 그 사역을 위한 사람이 없습니다. 그 선교지부의 교육 사업을 만들고 형성할 수 있는 강인한 인격과 확고한 신념과 독립적인 판단력을 가진 사람이 절실히 필요합니다.[2] 다른 사역 노선의 필요와 동일하게 중대한 필요를 느끼지만, 저는 맥아피 목사를 요청하는 것이 우선이라고 느끼며 따라서 이것이 우선순위에서 첫째가 되어야 한다고 제안하는 바입니다.

넷째, 일류 의료 시설이 필요합니다.

에비슨 의사와 어빈 의사는 좋은 언어 구사력을 갖추었고, 일류 내과의사 겸 외과의사임을 증명하여 외국인과 한국인의 신임을 얻었습니다. 이제 그들이 의술을 제대로 발휘하고, 또 우리의 선교 사업에서 의료 분야가 선교 대의에 진정한 도움이 되도록 그들에게 그런 일류 의료 시설을 제공해주는 것이 마땅합니다.

정부 병원인 제중원(濟衆院) 의사들은 정부와 선교회와 그 병원을 위해 일해야 하나 현재 열악한 수준입니다. 만일 우리가 한국의 정치적 변화 가운

---

1 곧 대학 설립 장소를 놓고 서울과 평양이 오랫동안 대립하게 된다. 그 갈등이 '대학 논쟁'이다.

2 베어드 목사와 마포삼열은 대학과 신학교 동기동창으로 친구였다. 베어드 목사가 평양 지부의 교육 책임자로 오면서 숭실학당은 5년제 숭실중학교(1900년)에 이어 숭실대학(1905년)을 창설하고 발전하게 된다.

Mission and to the doctors who have been compelled to work in it. If we can secure the Mission against loss in the event of political changes here–it is the sentiment of the Mission that it is high time to give our Mission a medical plant in Seoul somewhat in keeping with our position as those in charge of the Royal Hospital and as the Mission with the largest church in Korea–and one which will enable the doctors to do such work as will be creditable to them and to the Mission. We provide two doctors and a nurse and residences for them–and then give them for their medical work a lot of ram-shackly buildings–badly located, badly built, and unhealthful in arrangement, in equipment, and in location. If we are to have a medical plant here at all–it should be a first class one–although not necessarily a very large one. Better far have none than to go on with the present plant.

I do not believe a doctor has a right to ask for such an equipment until he has gotten the language and shown himself to be fitted for his work as a physician and as a missionary, but when he has done that I believe we ought to put him in the position to do the very best kind of work. A committee of 3 doctors and two ministers was appointed to lay before the Mission next year definite plans for the permanent medical plant needed by our mission in Seoul. The outlook for establishing a very strong influential church in Korea is so bright that we are warranted in making large requests from the church at home. If at all possible we should be given large gifts in men, buildings and equipment this year.

We come again this year with a plea for more houses for Pyeng Yang. Mr. Swallen has never been provided with a house although he has been on the field 7 years. Now that he is permanently located with his permanent work, we think he has first claim for a house in Pyeng Yang. The request for Mr. Hunt's house comes next as I have been perfectly willing to wait for my appropriation until these two have been granted. In connection with the request for appropriations for my house, I want to call attention to the form of the request.

데 손실을 입지 않고 선교회를 안전하게 지키려면 지금 서울에 선교회 병원을 세워야 한다는 것이 선교회의 공통된 의견입니다. 왕실까지 책임져야 하는 제중원 의사들의 위치 및 한국에서 제일 큰 교회를 가진 선교회의 위치와 어느 정도 어울리는 동시에, 의사들이 본인들과 선교회에 유익이 되는 사역을 할 수 있는 병원 건물을 세워야 할 때입니다. 우리는 정부에 2명의 의사와 한 명의 간호원, 그리고 그들의 사택을 제공합니다. 정부 측은 의료 사업을 할 건물을 제공해야 하는데, 기준에 미치지 못할 뿐 아니라 위치도 나쁘고 잘못 지어져서 그 배치와 설비가 건강에 좋지 않습니다. 만일 우리가 이곳 서울에 병원 건물을 지으려면, 병원이 클 필요는 없지만 최고급이어야 합니다. 현재의 병원 시설을 계속 운영하는 것보다는 차라리 병원이 없는 편이 더 낫다고 할 수 있습니다.

저는 어떤 의사가 현지 언어를 습득하고 의사와 선교사로서 자신의 사역을 감당할 수 있음을 보여줄 때까지 최상급의 시설을 요청할 권리가 없다고 생각합니다. 그러나 그렇게 했을 때에는 그를 최고의 일을 할 수 있는 위치에 두어야 한다고 믿습니다. 3명의 의사와 2명의 목사로 구성된 위원회를 임명하여 서울에 우리 선교회가 필요로 하는 영구적인 의료 시설에 대한 확실한 계획을 세워서 내년에 선교회에 제출하기로 했습니다. 한국에서 강력하고 영향력 있는 교회를 설립할 전망은 매우 밝으므로, 우리가 본국 교회에 많은 요구를 하는 것은 정당합니다. 혹시 가능하면 우리는 올해에 인원, 건물, 시설을 위해 많은 선물을 받고 싶습니다.[3]

우리는 올해에 평양을 위해 더 많은 주택을 요청합니다. 스왈른 목사가 선교지에 7년간 있었지만 아직 사택을 제공받지 못했습니다. 이제 영구적인 사역을 가지고 정착했으므로, 그가 평양에서 주택을 요구할 수 있는 우선순위에 있다고 우리는 생각합니다. 헌트 목사를 위한 사택 청구가 그다음 순위입니다. 저는 이 두 사택이 허락될 때까지 기다렸다가 그다음에 제 주택에 대한 예산을 배정받아도 좋기 때문입니다. 제 주택을 위한 예산 배정과 관련

3 그 선물의 하나가 1900년 뉴욕 선교대회에서 세브란스가 에비슨 의사에게 기부하기로 약속한 병원 기금이었다.

When in 1895 Mr. Lee and I made request for an appropriation for houses for himself & family and for me—I suggested that instead of asking for a new house for me we ask only for sufficient to alter the old Korean house on the place so that it might be used by me for some years or until the need of a new house became imperative. I said then that I would be willing to ask for as much less for my eventual permanent house as should go into the preparation of the old house for use during the settling and establishment of the station. We thus saved valuable time when it was most needed and at little expense provided what has been used as temporary quarters for many of the station. Now that I need my permanent house and need to tear down and remove the temporary one which is immediately in front of the site of the new house, I have offered to give for the old one all that the Board has expended on it—so that my permanent residence costs the Board all told from the beginning of my residence in Pyeng Yang, no more than is asked for the houses of the other missionaries. This will explain why in the request for my house appropriation for 3,500 yen—something over 1,000 yen is to be raised on the field and the amount to be newly appropriated is only a little over 2,300 yen.

Another personal matter of which I wish to write. In view of the delayed union of the bones in Mrs. Moffett's broken leg the Mission granted us 6 months leave of absence if at the end of another month or so the improvement has not been so marked as to relieve us of the necessity of going to America for an operation. I am very grateful that the last 10 days has shown such improvement as to render it quite probable that we shall not have to leave the field this year. The work is in such good shape and so well in hand and so promising that we shall be very loath to leave unless imperatively necessary.

There are a number of other subjects of which I should like to write but I must defer them. However I do want to write a few words about Dr. Vinton who leaves for his furlough next month. In view

하여 아래와 같은 요청 형식에 주의를 기울여주시기 바랍니다.

1895년에 리 목사와 저는 리 목사 가족과 제가 거주할 주택을 위한 예산을 요청하면서, 저를 위한 새 주택을 요청하는 대신 당시 그 자리에 있던 낡은 한옥을 개조하면 제가 몇 년간 사용하기에 충분하고, 아니면 새 집이 반드시 필요할 때까지 사용할 수 있다고 제안했습니다. 저는 그때 선교지부를 정착시키고 설립하는 동안 사용할 낡은 집을 수리하는 데 들어가는 비용만큼 삭감한 예산을 나중에 저의 영구적인 주택을 위해 요청할 용의가 있다고 말했습니다. 따라서 우리는 가장 시간이 필요할 때 시간을 아낄 수 있었으며, 적은 비용으로 선교지부의 많은 사람이 사용할 임시 가옥을 제공했습니다. 이제 저의 영구 주택이 필요하게 되어 새 주택 부지 바로 앞에 있는 임시 가옥을 허물고 철거해야 하므로, 저는 낡은 집에 대해 선교부가 지불한 전액을 돌려드리겠다고 이미 말씀드렸습니다. 그래서 저의 영구 주택을 위해 제가 평양에 거주하기 시작하던 때 말씀드렸던 것과 동일하고, 다른 선교사들의 주택을 위해 요청한 것보다 많지 않은 비용을 선교부가 지불하게 될 것입니다. 저의 주택을 위한 예산 3,500엔 가운데 1,000엔이 넘는 금액은 현지에서 모금할 예정이므로, 선교부가 새로 책정할 지출액은 단지 2,300엔이 조금 넘습니다.

말씀드리고 싶은 개인적인 문제가 또 있습니다. 아내의 부러진 다리뼈가 빨리 아물지 않아서 선교회는 우리에게 6개월간의 휴가를 허락했습니다. 만일 한 달쯤 후에도 뚜렷한 차도가 없으면 수술을 하기 위해 미국으로 가지 않으면 안 되기 때문입니다. 그러나 지난 10일 동안 상당히 회복되었기 때문에 십중팔구 올해에 이곳을 떠나야 할 필요는 없을 것 같아 감사하고 있습니다. 사역은 좋은 상태이고 잘 운영되며 전망이 밝기 때문에 반드시 필요하지 않으면 결코 떠나고 싶지 않습니다.

편지로 말씀드리고 싶은 다른 주제들이 많이 있지만 다음으로 미루어야만 합니다. 하지만 다음 달에 안식년 휴가를 떠나는 빈턴 의사에 대해 몇 마디만 쓰고 싶습니다. 제가 몇 년 전에 한국어시험위원회 위원장이었을 때 보내드린 편지와 관련하여 저는 지금 다음과 같이 말씀드리고자 합니다. 빈턴

of our correspondence some years ago when I was Chairman of the Examination Committee, I want to say now that Dr. Vinton is one of our most useful missionaries, that he has found a field of usefulness here which makes him so helpful to the whole mission that he adds immensely to the efficiency of every other member of the Mission. As Treasurer his work is superb, as Secretary, perfect, while as Depositor of the Tract Society, member of various committees, etc., etc.—his services to those of us who are in other stations are invaluable. Besides this as he co-operates with Mr. Gifford in his Evangelistic work, his services in connection with the Yun Mot Kol Church and the country circuit are no small factor in that work. I hope that while he is at home you may let him know that the Board entertains the same idea of his usefulness as is in the minds of his colleagues on the field.

I am glad that the reports from Korea this year also are such as will rejoice your heart and I trust that your loving helpful counsel and interest may ever be rewarded by such conditions on the field as will be a cause for rejoicing.

Mrs. Moffett joins me in the sincerest appreciation of your friendship and regard,

Very sincerely yours,
Samuel A. Moffett

의사는 우리 가운데 가장 쓸모 있는 선교사이며, 이제 유용한 분야를 맡아서 선교회 전체에 도움을 주는 인물이 되어 선교회의 다른 회원 모두의 효율성을 크게 향상시키고 있습니다. 선교회 회계로서 그의 업무는 탁월하며, 서기로서도 완벽합니다. 예수교서회의 관리인과 다양한 위원회의 위원 등 다른 선교지부에 있는 선교사들을 위한 그의 봉사는 대단히 소중합니다. 그 밖에도 그는 기퍼드 목사의 전도 사역에 협력하고 있으므로, 그의 연못골 교회와 관련된 봉사와 시골 순회 사역은 기퍼드 목사의 사역에서 적지 않은 요소입니다. 그가 고국에 있을 동안, 현장에 있는 저희 동료들이 그를 유용하게 생각하듯이 선교부에서도 동일하게 그를 대우한다는 것을 박사님께서 그에게 알려주시기 바랍니다.

올해에도 한국에서 보내는 보고서들이 박사님의 마음을 즐겁게 하는 것이라 기쁩니다. 박사님의 인자하고 유익한 조언과 관심을 통해 선교지의 상태가 좋아지고 그것이 박사님이 즐거워하는 원천이 됨으로써 항상 보답되리라고 믿습니다.

저희 부부는 박사님의 우정과 배려에 진심으로 감사드립니다.

마포삼열 올림

**Samuel A. Moffett**

***Pyeng Yang, Korea***

***November 27, 1899***

Dear Dr. Ellinwood:

1. I have just returned from a ten days trip to a portion of my country circuit, having had a very satisfactory trip indeed, the work program nicely growing in strength and in numbers. I visited 12 places, holding services in 11 of them–baptized 22 and received 48 catechumens. The best feature of the trip however was my conference with the 20 leaders of the whole circuit who met me for a whole day's conference. This circuit has now undertaken the support of two Helpers (Evangelists) and we have organized the work much more satisfactorily. Shall hope to write you more fully along this line another time.

2. I write now with reference to the Gensan [Wonsan] property. I find awaiting me a letter from Dr. Grierson, Secretary of the Canadian Mission in Gensan, on the subject and yesterday your letter to the Mission on the same subject was received.

Dr. Grierson writes as follows:

"In the course of his (Foreign Secretary, Canada) letter, he states that in a communication received from Dr. Ellinwood the price of the building was to be $2,025.00 gold. As I had previously written that the purchase price mentioned by your Committee in Seoul was yen 3,300.00 viz yen 2,800 as the estimated present value of the house, and yen 500 as the present value of the site, our Board does not know which is right. I do not know how the difference has arisen if your Committee notified your Board on the lines of our conference in Seoul in October 1898. I do see how Dr. Ellinwood made the yen 4,050, however. He took the total original cost of the house and cash viz. yen 3,549.33 (as stated by your Committee to us in Seoul) and subtracted from that the yen 500 at which your Committee valued the property at the present time. This would

## 마포삼열

한국, 평양

1899년 11월 27일

엘린우드 박사님께,

1. 제가 담당하는 시골 시찰(視察, 순회구역)의 일부 지역을 열흘 동안 여행하고 방금 돌아왔습니다. 참으로 만족스러운 여행이었습니다. 사역 프로그램이 강건해지고 숫자도 늘며 잘 성장하고 있습니다. 저는 12곳을 심방했는데, 열한 곳에서 예배를 드렸으며, 22명에게 세례를 주고 48명을 학습교인으로 받았습니다. 하지만 여행에서 가장 좋았던 점은 전체 시찰에서 온 20명의 영수들과 하루 종일 함께 보낸 수련회였습니다. 이 시찰은 이제 2명의 조사(전도사)를 지원하기 시작했으며, 우리는 사역을 훨씬 더 만족스럽게 조직했습니다. 다음에 편지할 때 이 노선에 대해 좀 더 자세히 쓸 수 있기를 희망합니다.

2. 이제 원산의 부동산에 대해 말씀드리고자 합니다. 여행에서 돌아와 보니 원산에 있는 캐나다장로회 선교회의 서기인 그리어슨 의사로부터 그 주제에 관한 편지 한 통이 와 있었으며, 어제는 박사님께서 동일한 주제에 관해 쓰신 서신을 받았습니다.

그리어슨 의사는 다음과 같이 썼습니다.

"그(캐나다 선교부 총무)는 서신에서 엘린우드 박사님으로부터 그 건물의 가격이 금화 2,025달러(4,050엔)라는 연락을 받았다고 합니다. 그런데 내가 전에 선교부에 편지했을 때 서울에 있는 귀 위원회가 언급한 매입 가격은 3,300엔으로 이는 주택의 시가 2,800엔과 대지의 시가 500엔을 합한 것이라고 보고했기 때문에, 우리는 어느 것이 맞는지 모릅니다. 만일 귀 위원회가 1898년 10월 서울에서 열렸던 회의 내용대로 귀 선교부에 통보했다면 어떻게 그런 금액 차이가 생겼는지 알 수 없습니다. 하지만 나는 엘린우드 박사께서 어떻게 4,050엔으로 계산했는지 바로 떠올랐습니다. 그는 주택을 지을 때 든 총 경비인 3,549.33엔(이것은 귀 위원회가 서울에서 우리에게 진술한 것임)을 받아들인 후, 귀 위원회가 그 대지의 시가로 계산한 500엔을 더한 것입니다.

make just yen 4,049.33 or 67 sen less than $2,025.00 gold. By order of our Mission I have written our Board that Yen 3,300 is not only the sum mentioned by your Committee, but also that in our estimation it is full value for the property as it at present stands. I am also directed to inform you as Chairman of the Apportionment Committee with whom we met, of the different terms now presented. I must not neglect to say that in my note to our Canadian Board I have advised them of the scores of thousands of dollars your Board has expended here to the results of which our Mission falls heir, so that if the $2,025.00 gold is a serious offer and not simply a misunderstanding on the part of the Home Board in New York, the transfer will go through at the latter price. If it is a mistake, however, we trust to your Committee to correct it."

I have quoted Dr. Grierson's letter at length as it will give you the clearest understanding of the situation.

The Apportionment Committee of the Mission in its Conference with the Canadian brethren in Oct. 1898 did state the value of the property as above expressed–viz., Yen 2,800.00 as present value of house and yen 500.00 as present value of site, a total of yen 3,300.00. I supposed that the Committee which had in charge the details of the transfer, Mr. Gale and one or two others, had written you fully as to the conclusion of our conference.

Either they did not write, or there has arisen a slight misunderstanding, or the Board feels unwilling to accept less than the amount expended on the property plus the present increased value of the land.

However–in what I have written above I think you will have all the data in the case and will be able to adjust the matter satisfactorily to all.

3. We have just received word of Mr. Gifford's appointment as Treasurer. We are grateful for the good which it works to our station in that Mr. Lee will not have to serve as mission Treasurer. We are greatly feeling the lack of men and have a good many doubts as to whether the Mission did wisely in transferring Mr. & Mrs. Sidebotham.

그러면 금화 2,025달러에서 67엔이 모자라는 4,049.33엔이 됩니다. 나는 우리 선교회의 지시에 따라 선교부에 3,300엔은 귀 위원회가 거론한 금액일 뿐만 아니라 우리가 평가하기에 현재 그 부동산에 대한 최고 가격이라고 편지했습니다. 또한 나는 우리가 만났던 예산할당위원회의 위원장인 박사님께 지금 제시한 다른 금액들에 대해서 통보하도록 지시를 받았습니다. 나는 다음 말을 꼭 언급하고 싶습니다. 우리 캐나다 선교부에 보낸 짧은 보고서에서 나는 귀 선교부가 이곳 원산에서 수만 달러를 썼고 그 결과를 우리 선교회가 상속으로 받게 되었으며, 따라서 금화 2,025달러가 뉴욕 선교부 측의 단순한 오해가 아니라 진지한 제안이라면 후자의 금액으로 거래가 성사되어야 할 것이라고 조언했습니다. 하지만 만일 그것이 실수라면, 귀 위원회가 이를 바로잡아주리라고 믿습니다."

박사님께서 상황을 분명히 이해하실 수 있도록 그리어슨 의사의 편지를 길게 인용했습니다.

선교회의 할당위원회는 1898년 10월에 캐나다 형제들과 가진 회의에서 그 부동산의 가치를 위에서 표현한 대로 곧 주택 시가 2,800엔, 대지 시가 500엔, 합계 3,300엔이라고 진술했습니다. 이 거래의 세부 사항을 책임지고 있는 위원회와 게일 목사 또는 다른 한두 사람이 그 회의의 결론에 대해서 박사님께 충분히 편지했다고 저는 생각했습니다.

그들이 편지를 보내지 않았거나, 아니면 약간의 오해가 발생했거나, 아니면 선교부에서 그 부동산을 위해 지출한 금액에 현재 증가된 대지의 가치를 더한 액수보다 적은 금액은 수용할 의사가 없다고 본 것입니다.

하지만 박사님은 제가 위에 쓴 내용에서 이 문제에 대한 모든 자료를 가지게 되므로 그것을 모든 사람이 만족할 수 있도록 조정하실 수 있으리라고 생각합니다.

3. 방금 기퍼드 목사가 선교회의 회계로 임명되었다는 말을 들었습니다. 우리는 리 목사가 선교지부 회계로 봉사하지 않아도 될 것이므로 우리 선교지부에 도움이 되는 이 좋은 소식에 감사드립니다. 우리는 인력이 부족함을 절실히 느끼고 있으므로 선교회가 사이드보텀 목사 부부를 전임시킨 것이

4. Mr. Whittemore ought to have someone at once with him to help plan & care for the large work on his hands and we certainly need help here. Please send us the one man and two ladies first on the list just as soon as possible.

Am exceedingly busy and cannot write more just now tho I should like to do so.

With kindest regards from Mrs. Moffett and myself,

Very sincerely yours,

Samuel A. Moffett

P.S. The Mission has had nothing to do with the matter of Mrs. Gibson's property which is a private or individual matter. S. A. M.

현명한 처사였는지 상당히 회의적입니다.[1]

4. 위트모어 목사는 즉시 동역하면서 큰 사역을 계획하고 돌보고 도움을 줄 남자 선교사가 필요하며, 평양의 우리도 분명 도움이 필요합니다. 파송자 명단에 있는 남자 선교사 한 명과 여자 선교사 2명을 될 수 있는 대로 빨리 보내주시기 바랍니다.

더 쓰고 싶지만 지금은 바빠서 그럴 수 없습니다.

아내와 함께 박사님의 평안하심을 빕니다.

마포삼열 올림

추신. 선교회는 깁슨 부인의 부동산과 관련된 사적이고 개인적인 문제와는 아무런 상관이 없습니다. 마포삼열.

---

1 사이드보텀 부부는 평양 선교지부가 양보하여 대구로 임명되었다.

●
**공사중인 평양 장대현교회, 1899년 [OAK]**

**The Central Presbyterian Church in Pyongyang under construction, 1899**

# 서신 LETTERS
# 1900

**Samuel A. Moffett**

*Pyengyang, Korea*

*January 25, 1900*

My Dear Dr. Ellinwood:

It is a pleasure to acknowledge the receipt of several letters from you and once again I want to express my appreciation of and gratitude to you for all the kind things you have written of us and to us upon the occasion of our marriage. The months since June have been happy ones indeed and I believe have been more fruitful of service to the Master than the past time has been.

Mrs. Moffett had recovered the use of her leg and was walking without crutches, but only for a short time when she was taken ill and for nearly two months has been in bed. She is now considerably better and we expect to see her up again in a week or two.

As all thought of going home was long since given up I need not reply to your letters on that subject except in so far as to remove any cause for misunderstanding. The request for leave of absence was made in view of the possibility of its becoming necessary to undergo a surgical operation and the permission of the mission was asked and granted on the understanding that the Board would not be asked to defray the expense. Why this statement and the mission's action of approval were not sent with the minutes, I do not understand. It was our plan to take Mrs. Moffett to her home in California in the expectation that I would be able to return to Korea within three months, while if we went to Japan it would probably involve on my part a much longer absence from my work.

However, we are grateful that the permission did not need to be taken advantage of and that we have been able to keep right along at work where there is so much to be done.

Our work continues to advance along all lines and notwithstanding

## 마포삼열

**한국, 평양**

**1900년 1월 25일**

엘린우드 박사님께,

박사님께서 보내신 여러 통의 서신을 기쁘게 받았습니다. 다시 한 번 우리와 우리의 결혼식에 대해 박사님께서 써주신 모든 친절한 말씀에 깊이 감사드리고 싶습니다. 6월 이후 지금까지 정말 행복한 시간이었으며, 과거보다 더 많은 열매를 맺으며 주님을 섬겼다고 믿습니다.

아내는 다리를 다시 쓸 수 있을 정도로 회복되었고 목발 없이 걸었으나, 그것도 잠시뿐 병에 걸려서 거의 두 달 동안 침대에 누워 있었습니다. 이제는 많이 나았으며, 한두 주일 지나면 다시 일어나리라고 기대합니다.

본국에 가려던 생각을 오래전에 포기했으므로, 그 주제에 대해 박사님께 답장을 드릴 필요는 없으나, 다만 일말의 오해를 불식시키기 위해 간단히 적습니다. 저는 외과 수술의 필요성과 가능성을 염두에 두고 유급 휴직을 신청해야 할 필요를 느끼게 되어 선교회에 허락을 요청했고, 선교부가 여행비를 부담하지 않는다는 조건으로 허락을 받았습니다. 왜 이 진술과 선교회의 승인 결정이 회의록과 함께 보내지지 않았는지 저로서는 이해하기 어렵습니다. 저는 아내를 캘리포니아에 있는 친정에 데려다주고 3개월 안에 한국으로 돌아올 계획이었습니다. 만일 그 대신 우리가 수술하러 일본으로 갔다면 십중팔구 저로서는 더 오랫동안 사역을 떠나 있어야 했을 것입니다.

하지만 우리는 그 허락을 이용할 필요가 없었고, 해야 할 일이 많은 사역의 현장에 남아서 계속 일할 수 있어서 감사하고 있습니다.

우리의 사역은 모든 노선에서 계속 진보하고 있습니다. 어쩔 수 없이 발생하는 문제와 작지만 이곳저곳에서 벌어지는 실망스러운 일에도 불구하고, 우리는 꾸준히 발전하고 있으며 사역도 강화되고 있습니다. 황해도에서 천주교의 공격이 위세를 부리면서 일부 학습교인들을 빼앗아갔고 많은 신자가 떨어져 나갔지만, 세례교인 가운데 영향을 받은 사람은 아주 적습니다. 교회

the problems which necessarily arise, and minor disappointments here and there, we are steadily progressing and the work is being strengthened. The Roman Catholic aggression in Whang Hai province has spent its force and while it took off some catechumens and caused quite a good many more to drop out, the number of baptized men affected was very small indeed. The church stood the onset even better than at one time we expected it to and it has gathered itself together, standing more firmly than ever. The sloughing off of the questionable element has doubtless been an advantage, and yet I cannot but feel that could we have been in closer contact with this field and have given it more attention, many of those who have dropped out might have been held and built up into strong and faithful men. I feel deeply concerned about this section. Mr. Swallen goes on furlough in July and while Mr. Baird's return to the field apparently fills the vacancy, in reality it does not, for his work is primarily that of the Academy, so that our force for itinerating work will be reduced. I sincerely hope we shall get two men this year–one for the North in place of Mr. Sidebotham to be with Mr. Whittemore, and one to take up part of the country work which is already too much for us. The necessity of frequent contact with the field is emphasized over and over again. Practically all our trouble comes from the lack of it, and nearly all of it fades away when proper oversight is given.

Mr. Whittemore's difficulties [in the] North–appeared very great at this distance and when he & Mr. Lee wrote you there was apparent ground for great concern about the situation, but Mr. Whittemore had not gotten half way from here to Eui Ju before he discovered that reports had greatly exaggerated the trouble and by the time he had been on the field a little while, the work was well in hand, the slight disaffection overcome and the work was again gaining strength and spreading still further.

While we were at Annual Meeting in Seoul, some of the Seoul

는 한때 우리가 예상했던 것보다 시작 단계를 훨씬 더 잘 견뎠으며, 스스로 함께 뭉쳤고 어느 때보다 더 견고하게 서 있습니다. 의심스러운 요소가 떨어져 나간 것이 장점이 된 게 분명합니다. 그러나 우리가 이 현장과 좀 더 긴밀하게 접촉하고 더 관심을 기울였다면 떨어져 나간 많은 사람을 붙잡을 수 있었고, 강하고 신실한 사람들로 세울 수 있었을 것입니다. 저는 이 지역에 깊은 관심을 가지고 있습니다. 스왈른 목사가 7월에 안식년 휴가를 떠납니다. 베어드 목사가 현장으로 돌아오면 분명 그 공백을 채우겠지만, 실제로는 그렇지 못합니다. 베어드 목사의 주된 사역이 중학교이기 때문에 순회 사역을 위한 우리의 인력은 감소할 것입니다. 저는 올해 우리가 2명의 남자 선교사를 새로 받기를 간절히 희망합니다. 한 명은 사이드보텀 목사를 대신해서 위트모어 목사와 함께 북부에서 일하고, 다른 한 명은 이미 우리의 힘에 부치는 시골 사역의 일부를 맡게 될 것입니다. 현장과 빈번히 접촉할 필요성이 있음을 반복해서 강조합니다. 실제로 우리의 모든 곤경은 접촉 부족에서 생기며, 적절히 감독할 때 거의 모든 곤경이 사라집니다.

북부 지방에서 위트모어 목사가 겪는 어려움이 멀리 떨어진 이곳에서 보면 크게 보였습니다. 위트모어 목사와 리 목사가 박사님께 편지했을 당시 상황에서 분명하고 중대한 우려가 있었습니다. 그러나 위트모어 목사가 이곳을 떠나 의주로 절반쯤 갔을 때 보고서가 문제를 지나치게 과장했다는 것을 알게 되었고, 현장에 가서 잠시 머물러 있게 되자 사역은 잘 관리되었으며, 사소한 민심 이탈은 극복되었고, 사역은 다시 힘을 얻어 널리 확장되었습니다.

우리가 연례 회의로 서울에 있을 때, 서울의 일부 기독교인들이 교회 독립을 위해 갈라져 나가기 시작했습니다.[1] 선교사들로부터 독립된 총회를 조

1 1895년 양반 교인들이 백정들과 합석할 수 없다 하여 곤당골교회에서 분리해 나가 홍문수골교회를 세웠는데, 서울에서 4개 장로교회의 하나로 잘 성장했다. 1898년까지 에비슨, 밀러, 빈턴, 언더우드 등이 돌아가면서 설교했고, 1898년 3월에는 이승두와 목원근 두 사람이 집사로 선출되었다. 그러나 1898년 6월 곤당골교회 화재로 인해 두 교회는 홍문수골교회(무어 목사 담임)로 통합되었다. 1899년 독립협회 계열 인사들이 선교사들의 정교 분리 정책에 반대하여 홍문수골교회에서 독립하려는 움직임이 있었다. 결국 이들로 인해 선교사들은 교권에 도전하는 불순한 교인들이 있는 홍문수골교회를 해산하고 신축한 곤당골교회(승동

Christians led off in what seemed to be a move for independence. Letters were sent to all the churches in the country looking towards the organizing of an Assembly independent of the missionaries and when we first got back from Seoul we heard all sorts of rumors of independency, etc. Our leaders however were not led astray and awaited our coming to confer with us about it, and as soon as we had been here a week or so and had time to get in touch with the people and they found out that the move had been made without consultation with or approval of the missionaries, nothing further was thought of it and we have heard nothing of independence since.

Our Training Class this year which has just closed brought together most all of our helpers & leaders and prominent workers from the whole field, there being over 250 in attendance. Besides the hours for study and class room work we held conferences, the helpers and leaders taking part with us in discussing such questions as church government, holding of church property, marriage, education, & the duties of leaders & deacons. It was cause for great joy and gratification to notice how these men have grown, with what strength they have formed convictions, and with what power they advocate what is right and Scriptural. We closed the class with the Lord's Supper on January 14th. Heretofore we have held a joint service for the men and women when we administered the sacraments, but the last time we did so in August the building and yard were so crowded that barely more than half of the people could get the benefit of the service. This time the men alone were far too many and great numbers of them were compelled to stand outside.

The new large church building is most urgently needed and it will be a great disappointment and drawback if we do not secure it this year. In two weeks we expect to take up subscriptions once more and are earnestly praying that we may receive enough to enable us to see our way to going ahead with the building. Judging from the Christmas offering of nearly 100 yen for the Deacon's fund we have reason for

직할 목적으로 전국에 있는 모든 교회로 서신을 발송해, 우리가 서울을 떠나 다시 돌아오니 독립 등에 관한 무성한 소문이 나돌고 있었습니다. 하지만 우리의 조사(助事)들은 방황하지 않고 그 문제에 대해 우리와 의논하기 위해 우리가 올 때까지 기다렸습니다. 우리는 이곳에 오자마자 바로 일주일 동안 사람들을 만났으며, 그들은 이 움직임이 선교사들과 상의 없이 혹은 선교사들의 허락 없이 이루어진 것을 알게 되었고, 따라서 그들은 더 이상 그것을 염두에 두지 않게 되었으며, 그 이후로는 독립에 대해 일언반구도 들은 것이 없습니다.

방금 끝난 사경회에 전체 선교지에서 거의 모든 조사와 영수와 전망이 밝은 사역자들이 250명 이상 참석했습니다. 우리는 성경 공부 시간 외에 토론 시간을 가졌는데, 조사들과 영수들이 함께 참석하여 교회 정치, 교회 재산 관리, 결혼, 교육, 영수와 집사의 의무 등과 같은 주제를 토론했습니다. 이 남자들이 얼마나 성장했는지, 그들의 확신이 얼마나 강한지, 그리고 옳고 성경적인 것을 얼마나 힘차게 옹호하는지 알게 된 것은 큰 기쁨과 감사의 원인이었습니다. 우리는 1월 14일에 성찬식으로 사경회를 마감했습니다. 지금까지 우리는 남녀가 함께 모여 연합 예배를 드리고 성찬식을 거행했습니다. 지난 8월에 그렇게 했을 때 건물과 마당이 차고 넘쳐서 절반만 예배당 안에서 예배를 드릴 수 있었습니다. 이번에는 남자들만 해도 너무 많아서 다수의 남자들이 바깥에 서서 예배를 드려야 했습니다.

크고 새로운 교회 건물이 바로 지금 필요합니다. 올해에 교회 건물을 확보하지 못한다면 큰 실망과 문제가 될 것입니다. 2주일 후에 한 번 더 작정 헌금을 할 예정이며, 건물을 착공할 수 있도록 충분히 모금되기를 간절히 기도하고 있습니다. 집사 기금을 위한 성탄절 헌금이 거의 100엔이었던 것으

---

교회)로 재조직했다. 그러나 후대에 나온 자료는 서흥 사람 황 모와 상동교회 교인 백 모가 철도 부설 관계로 사적인 이익을 목적으로 교인을 규합하여 홍문수골교회를 설립했으나 이후 내부 분쟁과 선교사에 대한 구타설로 필경 해산되었고 다수 교인은 곤당골교회에 합류했다고 기술했다. 차재명, 『조선예수교장로회 사기 상』(서울: 조선기독교창문사, 1928), 188. 이 기록의 사실 여부를 떠나, 홍문동교회에 선교사들의 통제로부터 독립하여 교회를 독자적으로 운영하려고 했던 유식한 양반 출신 한국인 교인이 있었음을 알 수 있다. 김권정, "홍문동교회 해체와 그 성격", 「한국기독교역사연구소 소식」 65 (2004년): 36-44.

encouragement.

Since the Annual Meeting all of us have made from one to three trips to our country work and when we came together for the quarterly meeting of the "Session" just before Christmas we found that already this year nearly 300 had been baptized and over 700 catechumens received. So far there is no check on the progress of the work, but every such advance renders it more and more difficult for us to visit all the places for even the necessary work of administering the sacraments and giving the much needed instruction and oversight. We have just taken one step forward towards receiving more help from the Korean Assistants. The "Session" took action giving permission to so-called "Helpers" (five of them) to receive and enroll catechumens under the direction of the missionary. This may help us out a little but we are in very great need of missionaries to do the work which as yet we cannot commit to Koreans.

Mr. Hunt is laid aside for a month or so with a sprained knee, but we hope it is for not more than that length of time. Mr. Whittemore has gone north again where he will be joined later by Mr. Lee who will assist him in a class there—after he returns from his present trip to his own country section. After work in the city church for another two weeks, I hope to get off to my country work for a couple of classes and for some itinerating.

I am enclosing with this a short note to Mrs. Fry and also a letter on the subject of our reasons for requesting 17 new missionaries. Four of us, one from each station, were appointed to present such a statement to the Board and I now write as Chairman of the Committee.

I am sure that we of the North while realizing our great need of men do not wish to ignore or under-estimate the needs of the other parts of Korea. We do not suppose that we shall get all the missionaries asked for—this year—but we feel that it is our duty to make known to the Board and the Church the number we need if it is at all possible for the

로 판단해볼 때, 고무적이라고 생각합니다.

연례 회의 이후 우리 각 사람이 시골 사역에 한 번에서 세 번까지 여행을 했으며, 성탄절 직전에 분기별 "당회"를 위해 함께 모였을 때, 올해에 벌써 300명이 세례를 받았으며, 700명 이상을 학습교인으로 받아들인 것을 알게 되었습니다. 지금까지 사역의 진보에 대해 점검이 이루어지지 않았으나, 이런 성장은 우리가 모든 장소를 심방하는 것을 점점 더 어렵게 만들고, 심지어 성찬식을 거행하고 긴요한 것을 가르치고 감독하는 것과 같은 필수적인 사역도 어렵게 만듭니다. 우리는 한국인 조사들에게 더 많은 도움을 받는 방향으로 한 단계 나아가는 조치를 취했습니다. 당회는 소위 조사들(5명)에게 선교사의 지도 아래 학습교인들을 받고 등록시키도록 허락했습니다.[2] 이 조치가 우리에게 약간의 도움이 되겠지만, 그래도 한국인들에게 아직 맡길 수 없는 사역을 해야 할 선교사들이 절실히 필요합니다.

헌트 목사는 무릎을 다쳐 한 달 정도 쉬게 되었는데, 그 기간이 더 길어지지 않기를 바랍니다. 위트모어 목사가 다시 북쪽으로 갔으며, 리 목사가 자신의 시골 구역을 심방하고 돌아오면 북부로 가서 위트모어와 합류하고 그의 사경회를 도와줄 것입니다. 저는 도시 교회에서 2주 동안 더 사역한 후, 사경회 두 개를 인도하고 약간의 순회여행을 하는 시골 사역을 위해 떠나기를 원합니다.

프라이 부인에게 보내는 짧은 편지와 17명의 신임 선교사를 요청하는 이유를 주제로 쓴 편지 한 통을 동봉합니다. 각 선교지부에서 한 명씩 4명이 그런 진술서를 선교부에 제출하도록 임명을 받았고, 저는 그 위원회의 위원장으로서 이렇게 편지를 드립니다.

북쪽에 있는 우리도 선교사에 대한 필요를 절실히 느끼지만, 한국의 다른 지역의 필요를 무시하거나 과소평가하고 싶지 않습니다. 우리는 올해에 요청한 선교사 모두를 받을 것이라고는 생각하지 않습니다. 그러나 아무튼

2 선교사가 모자라 시골의 지역 교회를 자주 심방할 수 없었기 때문에 조사가 학습교인을 받아 등록시키도록 했다. 이것이 자치의 첫걸음이었다. 이로써 대다수 학습교인의 등록은 한국인 영수의 추천과 조사의 심사로 결정되었다.

Church to send them.

Personally I think that of the first 9 missionaries asked for, all but the one lady for Fusan should be sent this year if we are not to lose very much of the fruit of our labor. We need the others but these 8 seem to me to be imperatively needed.

With sincerest regards from Mrs. Moffett and myself and with continued prayers that you may be kept in health and be given greater & greater joy in service

Sincerely yours,

Samuel A. Moffett

교회가 보낼 가능성을 염두에 두면서 우리가 필요로 하는 인원을 선교부와 교회에 알려드리는 것이 우리의 의무라고 느낍니다.

개인적으로 저는 요청 명단에서 첫 9명의 경우, 만일 우리의 노동의 열매 가운데 많은 부분을 상실하지 않으려면 부산 지부를 위한 여성 선교사 한 명을 제외하고 올해에 파송해주어야 한다고 생각합니다. 우리는 다른 선교사들도 필요하지만, 이 8명은 반드시 필요합니다.

저희 부부가 함께 박사님의 평안하심을 진심으로 빕니다. 주께서 건강을 지켜주시고 사역에서 더욱 큰 기쁨을 누리시기를 기도합니다.

마포삼열 올림

**S. A. Moffett**

***Pyengyang, Korea***

***February 6, 1900***

My Dear Dr. Ellinwood:

After our experience on last Sabbath, I feel that I must write you just a few words at any rate to let you know of our joy over the way in which our people are responding to our efforts to lead them up to self-support.

For six months we have been preparing for a great effort to raise enough money from the people to enable us to go ahead with the new and large church building so greatly needed. After repeated meetings of the officers and the Building Fund Committee, and after a great deal of quiet work among the people we took the subscriptions on last Sabbath.

We had raised among the Koreans in the last two years 600 yen, but under the plan adopted by station & mission, we needed to raise from them 2,000 yen more before we could build the 4,000 yen building which we need, we to supply with foreign funds not more than 1/3 the cost. We felt that if we could offer enough to make them feel that it was within the range of the possibility of their raising the necessary amount and so believe that the building was assured if they used all their strength, they would then put forth every effort and possibly enable us to build without even having to give assistance to the extent of one-third.

The plan evolved was to ask for bona fide subscriptions amounting to at least 2,000 yen—payable within three years, so that being assured of receiving that amount we could put up the building at once while it is so urgently needed.

It certainly would have done you good could you have been present on Sabbath when after remarks by Mr. Lee and myself and three of the Korean Church officers at the men's church and by Mr. Swallen and two of the officers at the women's church, the subscriptions were recorded. One man, a miracle of grace, one of the first seven men I baptized

## 마포삼열

**한국, 평양**

**1900년 2월 6일**

엘린우드 박사님께,

지난 안식일에 있었던 일에 대해 몇 마디라도 박사님께 편지로 반드시 알려드려야 한다고 생각합니다. 곧 우리가 한국인들을 자급하도록 이끄는 노력에 대해 그들이 반응하는 방법을 보고 우리가 느끼는 기쁨에 대해 말씀드리고자 합니다.

6개월간 우리는 긴급히 필요한 새 대형 교회 건물을 착공할 충분한 기금을 모금하고자 대대적인 노력을 기울여왔습니다. 교회 제직들과 건축기금위원회가 계속 만났고, 조용하지만 많은 일을 한 후에 우리는 지난 주일에 교인들에게 작정 헌금을 하도록 했습니다.

우리는 지난 두 해 동안 한국인들로부터 600엔을 모금했습니다. 그러나 선교지부와 선교회가 채택한 계획에 따라 우리에게 필요한 4,000엔의 건물을 건축할 수 있으려면 그전에 2,000엔을 모금해야 했는데, 이는 건축비의 1/3이상을 외국 자금으로 지원할 수 없기 때문입니다. 만일 우리가 한국인들이 교회 건축에 필요한 금액을 모금할 능력이 있다는 것을 느끼도록 그들에게 충분히 이야기하면, 그래서 그들이 확실히 건축할 수 있다는 믿음을 가지고 전력을 다하게 되면, 그들은 모든 노력을 다 쏟아부을 것이고 아마도 1/3의 도움을 주지 않아도 건축할 수 있을 것이라고 생각했습니다.

발전된 계획은 3년 안에 최소한 2,000엔에 해당하는 금액을 선의로 작정 헌금하도록 부탁해서, 그 금액을 받을 수 있다는 확실한 믿음 위에 긴급하게 필요한 건물을 즉시 착공할 수 있도록 하는 것이었습니다.

박사님께서 주일 예배에 참석할 수 있었더라면 유익했을 것입니다. 남자들 예배에서 리 목사와 저와 한국 교회 제직 3명이 설명했고, 여자들 예배에서는 스왈른 목사와 2명의 제직이 설명한 후 작정 헌금을 기록했습니다. 은혜의 기적이라고 할 수 있는 한 교인, 곧 1894년 청일전쟁이 일어나기 직전

here just before the war in '94, led off with a subscription of 200 yen followed soon after by a recent convert's subscription of 240 yen, the largest single amount subscribed. After that the sums ranged all the way from 80 yen to 40 sen (20¢) in some 400 subscriptions amounting in all to nearly 3,000 yen. It was intensely interesting to stand before that audience and watch the thoughtful faces of many of the men as they were making up their minds as to how much they were able to subscribe, and it was amusing to have some of the men who, not able to find room in the building owing to the large congregation, come around to the door just back of us and call out through the door the amounts of their subscriptions. Their zeal must have kept them warm for the day was intensely cold, the thermometer marking near zero [0° Fahrenheit]. Some of the women this year again showed their interest and zeal by contributing their silver rings. The Koreans and ourselves too, were surprised and delighted beyond measure and while their subscriptions mean great sacrifice and close economy for most of them for the next three years, it also means a rich spiritual blessing to them. May the Lord grant to continue His blessing to these people, developing them in every Christian grace, and grant to us wisdom in leading them.

Very Sincerely Yours,
Samuel A. Moffett

P.S. I want to make use of the above in what seems to me a perfectly justifiable way, viz; to thereby call the attention of the Board to our claims for consideration of our requests for new houses and new missionaries. As to houses–we ask for three this year and we need all of them very very urgently.

Where a Station asks for as little as we do for the work, but leads the people to provide for the work–where we ask nothing for church buildings, practically nothing for parochial day schools and very little for evangelists–obtaining the money for these from the people, it seems to

에 제가 세례를 주었던 일곱 세례교인 중의 한 명인 남자가 200엔을 작정 헌금했습니다.[1] 이어서 최근에 개종한 남자가 240엔을 작정 헌금했는데, 이는 개인이 작정한 헌금 중에서 가장 많은 액수였습니다. 나머지 작정액은 80엔에서 40엔(20센트)까지 다양했으며, 400여 명이 헌금하여 총액이 거의 3,000엔에 달했습니다. 청중 앞에 서서 얼마나 많이 작정 헌금을 할 수 있을 것인지 결심하는 많은 남자들의 숙고하는 얼굴을 바라보는 것은 흥미로운 일이었습니다. 회중이 너무 많아서 앉을 자리를 찾을 수 없었던 일부 교인들은 우리가 서 있는 곳 바로 뒤에 있는 문으로 돌아와서 그 문을 통해 자신들의 작정 헌금 액수를 큰소리로 외쳤습니다. 그들의 열정이 그들을 따뜻하게 해주었을 것입니다. 왜냐하면 그날 기온이 화씨 0도(섭씨 영하 17.8도) 가까이 떨어져 혹독하게 추웠기 때문입니다. 일부 여자들은 은반지를 연보함으로써 올해에도 그들의 관심과 열심을 보여주었습니다. 한국인들은 물론 우리도 깜짝 놀랐고 한량없이 기뻤습니다. 그들의 작정 헌금은 그들 대부분에게 앞으로 3년 동안 커다란 희생과 근검절약을 의미하지만 동시에 풍성한 영적 축복도 의미합니다. 이들이 기독교의 모든 은혜 가운데 발전하기를 빌며, 주께서 이들에게 지속적으로 복을 주시고 우리에게 이들을 인도하는 지혜를 주시기를 기도합니다.

마포삼열 올림

추신. 저는 위에 쓴 글을 완전히 정당한 방법으로 사용하기를 원합니다. 즉 새 주택과 신임 선교사들에 대한 우리의 요구에 대하여 선교부가 관심을 기울여주시기를 요청합니다. 주택은 올해에 매우 매우 긴급하게 세 채가 필요합니다.

사역을 위해서 선교부에는 최소한만 요청하고 대신 교인들에게 사역을 위한 자금을 제공하라고 인도하는 선교지부, 그리고 교회 건물과 교구의 학

1 최치량이 200엔(=100달러)을 작정 헌금했다. 이때 한국인 조사의 월급이 5엔 수준이었으므로 연봉 3년치에 해당하는 큰돈이었다. 참고로 길선주가 1902년 조사로 임명되었을 때 월급 6엔을 받았다.

me we have a right to ask for a larger percentage of an appropriation for those needs which we do not expect the Koreans to supply, and that we have a prior claim, for our needed houses, on the Board's resources than should be allowed those fields where large sums are asked for church buildings, schools, and mission employed preachers, and a prior claim to new work not yet undertaken.

So urgent has been our need for the houses that both Mr. Swallen and myself secured private funds and put up our own house this year (on plans approved by Mission Property Committee) rather than be crippled for our work by insufficient and unhealthy accommodations. Both of us have been able to render far better service by having our houses.

We plead for appropriations for these two houses and for one for Mr. Hunt this year even tho the request may seem a large one. It certainly is not a request out of proportion to the needs and the work and the length of service represented. Should it be impossible to allow the three, I have been freely willing to have Mr. Hunt's request take precedence of mine, because if necessity be, I can wait for the money, but Mr. Hunt needs his house. However, I do feel that the Board will do its own work the greatest benefit by appropriating for all three this year. The money I have invested in the house, I need for use in the Lord's work here, not for personal needs. I need it for the publishing of books and for supplying books, etc. for our Book Store which is one of the great factors in our work successfully distributing immense quantities of literature all over this northern country. Heretofore I have been able to keep invested in this work from one to two thousand yen turning it over and over as the books were sold, but I now find the supply of books nearly exhausted and no funds with which to continue it. Did we request an appropriation for that work doubtless you would grant it, but that is a need which can usually be met otherwise and one which we want eventually to make self-supporting under Korean management—while our houses are primarily within the province of the Board to supply.

교와 전도 사업을 위해 실제적으로 선교부에 아무것도 요청하지 않고 그 돈을 교인들로부터 얻는 선교지부로서는, 한국인들이 모두 감당할 것으로 기대할 수 없는 분야에 필요한 경비를 더 많은 비율로 요청할 권리가 있다고 생각합니다. 그리고 우리는 선교부의 예산이 교회 건축, 학교, 선교회가 고용한 전도인 등의 분야에 많이 할당되는 것보다 우리가 필요로 하는 주택 건축에, 그리고 아직 착수하지 않은 새로운 사업에 우선적으로 사용될 수 있도록 요청할 권리가 있다고 생각합니다.

주택이 너무 긴급하게 필요했기 때문에 스왈른 목사와 저는 개인 자금을 확보하여 (선교회자산위원회의 허락을 받아서) 올해에 우리 자신의 주택을 지었습니다. 불충분하고 건강에 좋지 않은 주거지 때문에 사역이 중단되는 것보다 낫기 때문입니다. 우리 두 사람은 주택이 생김으로써 사역을 훨씬 더 잘할 수 있게 되었습니다.

큰 요청으로 보일지 모르지만 우리는 올해 이 두 채의 주택과 헌트 목사를 위한 주택에 대한 예산 배정을 요청합니다. 이것은 필요와 사역과 봉사 기간의 비율을 따져서 요청하는 것이 아닙니다. 세 채의 주택에 대한 자금 할당이 불가능하다면, 헌트 목사의 요청이 우선적으로 배정되도록 제가 기꺼이 양보하겠습니다. 왜냐하면 필요할 경우 저는 돈을 기다릴 수 있지만, 헌트 목사는 집이 필요하기 때문입니다. 하지만 올해 세 채 모두를 예산 배정함으로써 선교부가 가장 큰 혜택을 볼 것입니다. 제가 집에 투자한 돈은 저의 개인적인 필요가 아니라, 이곳에서 주님의 사역에 사용하기 위해서 필요합니다. 저는 책을 출판하고 공급하며, 서점을 운영하기 위해서 그 돈이 필요합니다. 우리의 사역에서 중대한 요소 중 하나는 이 북부 지역 전체에 엄청난 양의 문서를 성공적으로 배포하는 것입니다. 지금까지 저는 책을 팔아서 이 사역에 일이천 엔을 계속 돌려서 투자할 수 있었습니다. 그러나 이제 책이 거의 매진되어 공급할 수 없고 그래서 계속할 자금이 없습니다. 박사님께서 분명히 재가해주실 그 사역을 위해서 우리가 예산 배정을 요구한 적이 있습니까? 그러나 그것은 다른 방법으로 충당할 수 있는 필요이며, 궁극적으로 한국인의 경영하에 자급하도록 만들기를 원하는 사역입니다. 그러나 우리의

As for new missionaries, I believe our policy gives us a claim—because the after expenses incident to sending us new missionaries are not as great as under the employment system—and while I do not want our claims to supersede any field where the need is more urgent and the promise brighter, I believe we have a right to ask the church to at once relieve us of some of our great burden of work which has been piled upon us before it undertakes new work which still awaits development.

Is not our claim a just one, and is it not a reasonable request we make in urging these reasons for particular attention to our needs? In this belief I have written as I have.

With kindest regards and sincerest wishes for a blessing upon you at the time of the Ecumenical Conference.

Very Sincerely,
Samuel A. Moffett

● 평양의 첫 교인이자 장대현교회 최고 부자였던 최치량, 1899년 [OAK]

**Choi Chiryang, 1899**
One of the first Christians in Pyongyang

주택은 일차적으로 선교부가 공급할 영역 안에 있습니다.

다음은 새 선교사 건입니다. 이것은 우리의 [자급] 정책에 따른 요청이었다고 저는 믿습니다. 새 선교사를 파송하는 데 부수적으로 따라오는 사후 비용은 고용 체계 아래에서 드는 비용보다 많지 않습니다.[2] 이곳보다 더 긴급한 필요가 있고 전망이 더 밝은 어떤 선교지를 대신해서 우리를 지원해달라고 요청하는 것이 아닙니다. 그러나 우리 앞에 쌓여 있는 사역의 거대한 짐 가운데 일부를 즉시 덜어달라고 본국 교회에 요구할 권리가 우리에게 있다고 믿습니다. 그 짐 때문에 우리가 발전을 기다리는 새로운 사역에 착수하지 못하고 있습니다.

우리의 요구가 정당하지 않습니까? 우리의 필요에 각별히 주의를 기울여야 할 이유를 역설하면서 요청하는 것이 합리적이지 않습니까? 저는 이런 믿음을 가지고 위와 같은 글을 썼습니다.

에큐메니컬선교대회 동안 평안하시고 강녕하시기를 진심으로 빕니다.[3]

마포삼열 올림

2 고용 체계(employment system)란 토착인 전도인들을 많이 고용하여 전도하는 체계다. 마포삼열은 일부 선교지에서는 선교사 한 명이 10명의 현지인 조사를 고용하고 있다고 지적하면서, 한국의 북한 지역에서는 선교사 한 명에게 한 명의 조사가 있으나, 이들도 한국인 교회가 자급하려고 한다고 말했다. 곧 마포삼열은 선교부가 선교사 한 명을 파송하여 월급을 주는 것이 고용한 많은 조사들에게 월급을 주는 것보다 적은 비용이 들 수 있다고 주장한다.

3 1900년 4월 21일부터 5월 1일까지 뉴욕 카네기홀에서 열린 세계선교대회다. 독일의 바르넥(G. Warneck) 교수가 1888년 제안하고 미국의 엘린우드 총무가 협력하여 개최되었다. 160개 선교 단체로부터 온 2,600여 명의 대표가 참석했으며, 열흘 동안 약 20만 명이 대회장을 방문했다. 미국 대통령 맥킨리도 첫날 방문하여 축사를 했다.

**Alice Fish Moffett**

*Pyeng Yang, Korea*

*April 29, 1900*

Dear Father and Mother:

I wish I might have taken you with me to the service at the Woman's church this afternoon. As usual the building was crowded and women were standing in all the doorway–there were probably two hundred present. We had an excellent sermon from Mr. Kil, who is a leader and one of the officers of this city church. His text was James 3:5, 7, 10 and his subject the power of the tongue for good and for evil. He is a good man and I have always liked him, but I was surprised today to find he could preach so well. He had in mind a good outline, made it clear and simple, used illustrations from the every day life of the women, and held their attention quite well, most of the time. This last is far from easy to do with Korean women. They do not know how to think continuously and their minds wander. It is great joy to see these men develop in their Christian lives and by their study of the word. Our dear Ye Sunsaing [teacher Lee], who has so recently gone from us, was the only one about us here who had, as Mr. [Graham] Lee likes to call it, the true Homiletic bias. He delighted in the study of sermon outlines and was constantly on the watch for illustrations to use in preaching.

Mr. Kim, the assistant pastor, is the man who has the clearest, deepest insight into spiritual things. He has a beautiful spirit, and is most earnest in his preaching. I have often seen him really tremble as he stood before the people, he seemed so overpowered by the greatness of the message he had to bring. His manner is very quiet and calm and he thinks and feels deeply.

I have written you many times about the little woman who has been so much to me ever since I came north. Every day in the dispensary I am so thankful for her and for her contact with the women. She loses not a

## 앨리스 피시 마페트

**한국, 평양**

**1900년 4월 29일**

부모님께,

제가 두 분을 오늘 오후 여성 교회 예배에 모시고 갈 수 있었으면 얼마나 좋았을까요? 평소처럼 건물은 붐볐고 여자들은 출입구마다 서 있었습니다. 아마도 200명이 참석했을 것입니다. 영수이자 이 도시 교회의 제직이기도 한 길선주 씨가 훌륭한 설교를 했습니다. 본문은 야고보서 3장 5, 7, 10절이었고 주제는 '선과 악을 위한 혀의 권능'이었습니다. 그는 좋은 사람이고 저는 항상 그를 좋아했지만, 오늘 그가 설교를 아주 잘하는 것을 보고 깜짝 놀랐습니다. 좋은 개요를 마음속에 두고 그것을 명확하고 단순하게 전달했고, 여성의 일상생활에서 일어나는 일화들을 사용해서 설교 시간 내내 그들의 주의를 잘 집중시켰습니다. 이 마지막 부분은 한국 여성에게 결코 쉬운 일이 아닙니다. 그들은 지속적으로 사고하는 방법을 모르고 마음은 항상 산만합니다. 남자들이 기독교인의 삶에서 자라가되 말씀을 공부함으로써 발전하는 것을 보는 일은 큰 기쁨입니다. 최근에 우리를 떠난 사랑하는 이 선생은 리 목사가 애용한 호칭을 빌리자면 진정한 '설교적인 성향'을 지닌 유일한 인물이었습니다. 이 씨는 설교 개요를 짜는 일을 좋아했고 항상 설교에 활용할 일화를 찾았습니다.

부목사인 김 씨는 영적인 일에 명확하고 깊은 통찰을 지닌 사람입니다.[1] 그는 아름다운 영혼을 지녔고 신실하게 설교합니다. 저는 그가 사람들 앞에 섰을 때 정말로 떨고 있는 것을 자주 보았습니다. 그는 자신이 전달해야 할 메시지의 위대함에 완전히 압도된 것처럼 보였습니다. 그는 조용하고 침착한 태도를 지녔으며 깊이 생각하고 의식합니다.

1 김종섭(金鍾燮, 1862-1940)은 1900년 6월에 장로로 안수받았다. 따라서 이 편지를 쓸 때는 장로가 아니었지만, 마포삼열 목사를 도와 설교도 하고 성경을 가르쳤기 때문에 '부목사'라는 호칭을 썼다.

moment when she can get in a word about Jesus, and she knows how to meet the thoughts and objections of the women where my set phrases come so short. Oh, there is nothing in the world like this coming in contact with people who have never heard of Christ and telling over and over the story of His love.

Yesterday when we were talking about heaven and how we could reach there, one woman was very curious to know if I lived in that dispensary. No, I lived in another house up the hill. Was it better than this one? Yes. It must be like heaven. No, heaven was very far better than anything we could see on earth. In heaven we would be with God and with Jesus, and there would be no sin. Oh, but if she had a house like that medicine room it would be heaven for her. She had heard I had something soft to sleep on—had I? Yes. That, too, would be like heaven for her.

Poor, comfortless lives, knowing not their real need. What a consolation for us to know that the Master knows all about each one and is full of compassion and help. Would that they all knew how to take His comfort and salvation.

Now good night, my dear ones. Praise be to our loving Father for His rich blessings in your lives and ours. May we be but a blessing to others. Mr. Moffett would send much love with mine, if he were here.

Your loving daughter,

Alice F. Moffett

제가 북쪽 지역에 온 이후 제게 정말로 많은 것을 의미했던 작은 여인에 대해 여러 번 두 분께 편지를 보냈습니다. 매일 진료실에서 저는 그녀의 존재와 그녀가 여자들과 접촉하는 것에 감사하고 있습니다. 그녀는 예수님에 대해 말할 수 있는 기회를 한순간도 놓치지 않습니다. 그리고 제가 쓰는 몇몇 정해진 한국어 문구들이 부족해서 여자들의 생각과 부딪힐 때 어떻게 대처해야 할지 알고 있습니다. 오, 그리스도에 대해 전혀 들어본 적도 없는 사람들과 만나서 그의 사랑을 계속해서 이야기해주는 것보다 이 세상에서 더 좋은 일은 없습니다.

어제 우리가 천국에 대해, 어떻게 그곳에 갈 수 있는지에 대해 이야기하고 있을 때 한 여자가 제가 진료실에서 사는지 궁금해했습니다. "아니오, 나는 언덕 위에 있는 집에서 삽니다." "여기보다 더 좋은가요?" "예." "그러면 그곳은 천국과 같겠군요." "아니오, 천국은 우리가 이 땅에서 볼 수 있는 어떤 것보다 훨씬 더 좋습니다. 천국에서 우리는 하나님과 함께 있고, 예수님과 함께 있고, 아무 죄도 없을 것입니다." 오, 그러나 만일 그녀가 진료실과 같은 집을 가지고 있다면 그녀에게는 그곳이 천국일 것입니다. 그녀는 병실에 깔고 잘 수 있는 부드러운 침상이 있다는 내 말을 들었습니다. 예, 그것 또한 그녀에게는 천국과 같은 것입니다.

이들은 가난하고 불편한 삶을 살면서 진정으로 필요한 것이 무엇인지 모르고 삽니다. 주님께서 한 사람 한 사람에 대해 모든 것을 아시고 자비와 도움으로 풍성하게 하시는 것을 안다면 정말로 큰 위안이 됩니다. 그들이 어떻게 주님의 위로와 구원을 얻는지 모두 알 수 있다면 얼마나 좋을까요?

사랑하는 부모님, 이제 안녕히 주무세요. 두 분의 삶과 우리의 삶에 허락하신 주님의 풍성한 축복으로 인하여 우리가 사랑하는 하나님 아버지를 찬양합니다. 우리가 다른 사람에게 축복만이 되기를 바랍니다. 마포삼열 씨가 지금 이곳에 있다면 저와 함께 많은 사랑을 전할 것입니다.

두 분의 사랑하는 딸,

앨리스 F. 마페트 올림

**Alice F. Moffett**

***Pyengyang, Korea***

***May 10, 1900***

My dear Dr. Ellinwood,

In the midst of the experiences of the past month we have been called upon as a Mission to sorrow deeply in the death of our beloved Mr. and Mrs. Gifford. We cannot yet fully realize that their faithful, loving work among this people has ceased; our hearts are sore over the loss of their helpful presence, and we shall miss them at every turn. The breach in the rank of workers is a wide one & we are pleading that the Lord of the harvest may speedily choose and send those whose hearts shall be filled to overflowing with love for the work thus left.

In our Station too, death has come near to us and the Lord has called to Himself a dear native worker, Teacher Ye, who for some years has been a leader in the Church and was soon to be ordained as elder. A strong, lovable and loving man, taught of the Holy Spirit, he was one to whom many turned for sympathy, advice and assistance. He had been Mr. Moffett's teacher, and in recent years their daily conferences and work together for the Church were most harmonious and of great help to both. Before going Home he said he had a great desire to stay longer and work for the Church but he knew the Lord had called him and he was happy to go.

Early in April the Spring training class for women was held during eleven days. Over fifty women from the country were in attendance though a few did not remain during the entire session. There were two classes, an upper and a lower, taking studies in Mark, Luke and James. Also a singing class was held each day. Three native workers assisted by reviewing the classes in their Bible studies, and by teaching some of the women to read. To those who came for the first time, the class was the opening up of many new things, during its sessions they drank in

## 앨리스 F. 마페트

**한국, 평양**

**1900년 5월 10일**

엘린우드 박사님께,

지난달 우리 선교회는 사랑하는 기퍼드 목사 부부의 죽음 앞에서 깊은 슬픔을 경험했습니다.[1] 이 백성 가운데서 봉사한 그들의 신실하고 애정 어린 사역이 마감되었다는 것을 우리는 아직도 실감할 수 없습니다. 그들은 우리에게 큰 도움이 되었고 이제 함께할 수 없어 마음이 아픕니다. 우리는 모든 순간마다 그들을 그리워할 것입니다. 사역자들 가운데 생긴 공백이 매우 크며, 우리는 추수의 주인께서 이 남겨진 사역을 위해 사랑으로 흘러넘치는 일꾼들을 신속히 선택하여 파송해주시기를 간청합니다.

우리 선교지부에도 죽음이 가까이 다가왔고, 주께서 당신의 사랑하는 한국인 사역자인 이 선생을 불러 가셨습니다. 이동승(李東昇) 선생은 여러 해 동안 교회의 영수였으며, 곧 장로로 안수받을 예정이었습니다.[2] 강하고 사랑스럽고 사랑이 넘치는 사람으로서 성령의 가르침을 받은 자였으므로, 많은 사람이 동정과 충고와 도움을 받기 위해서 그에게 갔습니다. 그는 마포삼열 목사의 어학 교사였고, 최근 몇 년 동안 두 사람이 교회를 위해 매일 회의하고 사역하면서 조화롭게 일해왔으며 서로에게 큰 도움이 되었습니다. 본향으로 가기 전 그는 더 살아서 교회를 위해 일하고 싶은 강한 소망이 있다고 말했으나, 주께서 이미 그를 불렀음을 알고 행복하게 떠났습니다.

4월 초에 춘계 부인 사경회가 11일 동안 열렸습니다. 시골에서 50명이

---

1 일리노이 주 출신인 데니얼 기퍼드(1861-1900) 목사는 맥코믹 신학교를 졸업하고 1888년 10월 27일 내한하여 서울에서 사역했다. 1890년 4월 24일 정동여학교 학장 하이든(1857-1900) 양과 결혼했다. 1896년 건강 악화로 안식년 휴가를 가졌고 1898년 가을에 다시 돌아와 사역했으나 지방 순회여행 중 1900년 4월 10일 갑자기 사망했다. 미주리 출신인 아내 메리 하이든 기퍼드 부인은 1888년 11월 15일 내한하여 서울에서 사역했다. 한국어에 가장 능한 여자 선교사로서 언어시험위원으로 봉사했고 예수교서회에서 발간한 『복음요사』 등 여러 소책자를 번역, 수정했다. 남편의 사망에 충격을 받고 1900년 5월 5일 사망했다.

2 그는 1895년 5월에 널다리교회(장대현교회의 전신)의 초대 영수로, 그 후 장로로 선임되었다. 참고로 1895년에 김종섭이 세례를 받고 1896년에 두 번째 영수이자 조사로 임명받았다.

what they could, then started off for home each with a book and a new determination. These women will be the supporters of future classes.

During short trips to the country Mr. Lee and Mr. Hunt received thirty in baptism, and admitted one hundred sixty-three catechumens, while among the country groups two members have been suspended under discipline and three catechumens dropped from the rolls.

There is much persecution from officials throughout the district. In spite of the lack of teaching of inquirers, and the utter inability on the part of the missionaries to properly cover the field, there is continued and wonderful ingathering. The region just West of the City is being aroused and inquirers are multiplying in one village after another.

We are rejoicing over the news of the appointment of new workers for Northern Korea, and earnestly urge that they make all effort to reach the field as early as possible. A warm welcome awaits them from us and from the Koreans.

Plans are being made for holding the Annual Meeting in Pyeng Yang next September. This will mean very much for good we believe, in permitting the members of the Mission to come in contact with the people of the North and to be of help to the Church here during the sessions of the meeting. We expect a large gathering of Koreans from the country districts and look for rich blessing upon them and upon us.

Last Sabbath, which was appointed by the governor here as a day of celebration in honor of Buddha's birthday, brought many people to the city and consequently the church buildings and courtyards were crowded. On going to the woman's building for Mrs. Lee's morning Bible study class, I found the Christian women gathered as usual and the doors and courtyard thronged with sightseers. Just after I entered the women began talking among themselves and I heard one say, "We come here every Lord's Day but some of these women outside will never come again. Let us go out and make them take our places." A number at once began working their way toward the door, and one woman fearing

넘는 여자들이 참석했는데, 끝까지 남지 못한 사람은 두세 명뿐입니다. 상급반과 하급반 두 개로 나누어 마가복음과 누가복음, 야고보서를 공부했습니다. 또한 매일 찬송을 배웠습니다. 세 명의 한국인 사역자들이 성경 공부 반에 들어가 복습을 지도하고, 일부 여성들에게 글 읽는 법을 가르치며 도왔습니다. 처음 참석한 자들이 사경회 동안 귀를 기울여 새로운 많은 일을 깨닫게 되었고, 집으로 돌아갈 때는 새 책과 함께 새로운 결심을 품고 떠났습니다. 이 여자들이 장래에 사경회의 후원자들이 될 것입니다.

짧은 시골 여행 동안 리 목사와 헌트 목사가 세례교인 30명과 학습교인 163명을 받았습니다. 반면 시골 미조직교회들 가운데 2명의 남자가 치리를 받고 교인 자격을 정지당했으며, 3명의 학습교인이 떨어져 나갔습니다.

지방 전체에 걸쳐 관리들의 핍박이 심해졌습니다. 구도자에 대한 가르침이 부족했음에도 불구하고, 그리고 선교사들이 선교지를 전혀 적절하게 관리할 수 없었음에도 불구하고 놀라운 추수가 계속되고 있습니다. 도시의 서쪽 지역의 경우, 기독교에 대한 관심이 일어나면서 마을마다 구도자들이 급속히 늘어나고 있습니다.

우리는 이곳 한국 북부를 위해 새로운 사역자들을 임명한 소식을 듣고 기뻐하고 있습니다. 그들이 될 수 있는 대로 빨리 선교지에 도착하도록 진심으로 촉구합니다. 우리와 한국인들이 그들을 따뜻이 환영할 것입니다.

9월에 평양에서 차기 연례 회의를 개최하기 위한 계획을 세우고 있습니다. 이것이 많은 유익을 줄 것이라고 믿습니다. 선교회 회원들이 회기 동안 북부 지역 사람들과 접촉하면서 이곳 교회에 힘이 될 수 있을 것입니다. 우리는 시골로부터 많은 한국인이 올 것을 기대하고, 그들과 우리에게 풍성한 복이 임하기를 바랍니다.

지난 안식일은 이곳 평양 감사가 석가 탄신을 기념하는 날로 지정한 날이었는데, 많은 사람이 도시에 모였고 그 결과 교회 건물과 마당까지 인파로 붐볐습니다. 제가 리 부인의 아침 성경 공부반에 가려고 여성용 건물에 도착해보니 기독교인 여자들이 평소처럼 모여 있었고, 문과 마당에는 구경꾼들로 가득 차 있었습니다. 제가 막 들어가자 여자들이 이야기를 하고 있었는데,

I would not understand, came to explain to me. Before long Mrs. Wells had made room by taking her class of young women to her own home, the little girls had gone as usual with Mrs. Webb to another building, the majority of the Christian women were outside, three of them talking to three separate groups, and the main building was crowded with strangers listening with comparative quietness to the Gospel. It was good to see the pleasure of the women in giving up their hour of study that others might come in to hear for the first time. And we thought with pleasure of the new building for women's meetings outside the city which will soon be ready and which for the present, at least, will hold a number larger than the believers. In some places in the country as well there is lack of room to accommodate those who gather. In one or two places the country groups are enlarging their places of worship and in others they are rebuilding.

It certainly could never be said that such a work as this is ours or the result of our labors; its growth so far exceeds what could possibly be accomplished through the number of workers here that it sometimes seems as if we can but stand and see what the Spirit of God is doing in the hearts of the people, and how He is causing those who believe to grow in grace and in knowledge of God.

The passage which so often expresses the feeling of my heart is that in Isaiah 63:7, "I will make mention of the loving kindnesses of the Lord, and the praises of the Lord, according to all that the Lord hath bestowed on us." We praise the Lord for His loving-kindness and tenderness toward this people, and ask that His name may be more and more glorified in them.

With warmest regards from all the members of our Station, I am

Yours sincerely,

Alice F. Moffett

한 명이 이렇게 말하는 것이 들렸습니다. "우리는 매 주일 이곳에 오지만 밖에 있는 많은 여자들은 이곳에 다시 오지 않을 것입니다. 우리가 나가고 그들이 이 자리에 있을 수 있게 합시다." 많은 사람이 즉시 나가기 시작했습니다. 한 여성은 제가 이해하지 못했을까봐 제게 와서 설명해주었습니다. 얼마 후 웰즈 부인이 여자 청년들을 위한 공부반을 자기 집으로 옮겨서 자리를 비워주었고, 어린 소녀들은 평소와 다름없이 웹 부인을 따라 다른 건물로 갔습니다. 대부분의 여성 신도들이 밖에 있었는데 세 무리로 나뉘어 각각 한 사람의 이야기를 들었고, 본관 건물에는 처음 온 사람들로 붐볐는데 비교적 조용히 복음을 경청했습니다. 공간을 내어줌으로써 처음으로 복음을 듣도록 다른 사람들을 들어오게 하여 여성 신도들이 기뻐하는 것을 보니 좋았습니다. 또한 우리는 기쁜 마음으로 도성 바깥에 여성 집회를 위한 새 건물을 구상하고 있는데, 곧 준비될 것입니다. 현재로서는 적어도 기존 신자보다 더 많은 사람을 수용할 수 있는 규모로 지을 것입니다. 또한 시골의 일부 지역에서는 모이는 자들을 수용할 공간이 부족합니다. 한두 지역의 모임에서 예배처소를 증축하고 있으며, 다른 곳에서는 재건축을 하고 있습니다.

분명히 이런 사역이 우리의 것이거나 우리의 노동의 결과라고 결코 말할 수 없을 것입니다. 지금까지의 성장은 이곳에 있는 소수의 사역자들을 통해 성취할 수 있었던 것을 훨씬 능가하고 있습니다. 그래서 우리는 때때로 가만히 서서 하나님의 영이 사람들의 마음속에서 무슨 일을 하시는지, 하나님께서 어떻게 신자들로 하여금 하나님의 은혜와 그분을 아는 지식 안에서 자라게 하시는지 지켜볼 수밖에 없는 듯합니다.

제 심정을 잘 표현하는 성경 구절이 이사야 63장 7절입니다. "여호와께서 우리에게 베푸신 모든 인자하심을 말하며 그를 찬송하리라." 우리는 이 백성을 향한 주님의 인자와 긍휼로 인하여 주님을 찬양하며, 그들 안에서 주님의 이름이 더욱더 영광을 받으시기를 간구합니다.

우리 선교지부의 모든 회원들이 박사님께 따뜻한 안부를 전합니다.

앨리스 F. 마페트 올림

## Alice Fish Moffett

***Pyeng Yang, Korea***

***May 15, 1900***[1]

Dear Mother:

The following is a letter my little woman has dictated to you. We have so many times talked together about you that I know she thinks about you a great deal and for some time the thought that she might send you a message has been one of great interest to her.

Alice F. Moffett

To the elderly lady:—By the grace of God, and because I know Jesus, my heart is constantly full of praise and thankfulness to Him.

During last year Puine once spoke to me about sending you a letter, and from that time I desired to do so, but because our language is different it was not easy for me to do, and even now when I try to tell Puine what I want to say, it is difficult for me.

We love each other very much. I am grateful that Puine loves the Korean people and am constantly thankful to God that He sent her to live here. Also I am very thankful that she is well again and can go about as she used to do. It is my earnest desire that just according to the will of God she may be permitted to live here among our people, and that in the future according to His purpose He will permit her to see you again. Although you are separated in body you are one in mind and in your trust in God. This I know. When you see this letter I hope that you may know my mind as I have tried to tell it to Puine and that in the future I may receive a letter from you.

Puine says that if I tell you a little about myself it will be good.

It was six years ago that I first heard about the Jesus teaching. At that

---

1 as printed in *the Occident*.

## 앨리스 피시 마페트

**한국, 평양**

**1900년 5월 15일**[1]

어머니께,

다음은 저의 "작은 여인"이 어머니께 드리는 편지입니다. 우리는 함께 어머니에 대해 자주 이야기했기 때문에, 그녀가 어머니를 많이 생각하고 얼마 동안 어머니께 편지를 보내려고 관심을 가지고 생각해온 것을 저는 알고 있었습니다.

앨리스 F. 마페트 올림

노부인께,

하나님의 은혜로, 그리고 제가 예수님을 알기 때문에, 제 마음은 끊임없이 그분에 대한 찬양과 감사로 가득 차 있습니다.

작년에 마 부인이 당신께 편지를 한번 보내면 어떨까 저에게 이야기했습니다. 그때부터 저는 그렇게 하고 싶었지만, 서로 언어가 달라서 그렇게 하는 것이 쉽지 않았습니다. 지금도 마 부인에게 제가 말하고 싶은 것을 말하고 있지만, 제게는 이 일이 어렵습니다.

우리는 서로를 아주 많이 사랑합니다. 저는 마 부인이 한국인들을 사랑하는 것에 감사하며, 하나님께서 그녀를 이곳에 보내어 살게 하신 데 대해 끊임없이 감사를 드립니다. 또한 저는 그녀가 다시 건강해져서 하던 일을 다시 시작할 수 있게 되어서 감사합니다. 하나님의 뜻에 따라 그녀가 이곳에서 우리 백성 가운데 살도록 허락하시고, 장래에 당신의 목적에 따라서 그녀가 부인을 다시 만나도록 허락하시기를 진심으로 바랍니다. 비록 두 분이 육신은 떨어져 있지만 하나님에 대한 신앙과 마음으로 하나입니다. 이 사실을 저는 알고 있습니다. 부인께서 이 편지를 볼 때, 제가 마 부인에게 말

1 신문 「옥시덴트」(*The Occident*)에 실린 글.

time my husband came home one day and said he had heard about the Jesus doctrine and that he intended to believe and to attend the meeting place, but he said it was not for me and I need not think I could go. I was out in the country at that time. Although I believed in what I heard then I know now that I did not at that time truly believe nor trust in Jesus. For...

[letter incomplete]

하려고 했던 저의 심정을 아시기를 바라며, 앞으로 부인에게서 편지를 받기를 바랍니다.

마 부인은 제 자신에 대해 이야기를 조금 하면 좋을 것이라고 말합니다.

제가 예수교에 대해 처음 들었던 것은 6년 전이었습니다. 어느 날 제 남편이 집으로 돌아와서 예수교 교리에 대해 들었는데 그것을 믿고 그 모임에 참석할 것이라고 말했습니다. 그러나 남편은 저도 그럴 필요는 없다고 해서 저는 갈 필요가 없다고 생각했습니다. 그때 저는 시골에 가 있었습니다. 제가 들었던 것을 그때 믿었다고 하더라도, 그때 제가 진실로 예수를 믿거나 신뢰하지 않았을 것입니다. 왜냐하면….

[이후 부분 소실.]

## S. A. Moffett

***Pyongyang, Korea***

***September 10, 1900***

[Dear H. N. Allen],

At Koo Sung, the border district next west of the Unsan Mining District, two local officials have been making much trouble by reviling and arresting native Christians. These officials are the Chip Kang집강 of 천마면 and of 사긔면 Chun Mah Myun, the first named, arrested two Christians but let them go after much discussion and after the men had been badly beaten. He said however that after the harvest was gathered the Foreigners and the native Christians would all be killed or driven out.

Report is common in the border districts, Weiju, Koo Sung and Yong Chun, that in the 0th moon the Poo Sangs (peddlers) and the Tong Haks, will arise and slaughter all the Christians and Foreigners.

Tong Haks are reported as increasing in the north and they are taking to pretending an interest in Christianity so they may meet as Christians and attend to their own doctrines.

Boxers of Chinese border offered a reward of 15 yang, yen 10, for any Catholic or Protestant Christian brought them by the Koreans.

Weiju is quiet enough but the official is opposed to the Christians and denies having received any word from Seoul to protect them. Foreign Minister agreed to send instructions for granting such protection.

A number of the most considerable merchants have left Weiju, fearing trouble later on.

At Yong Chun the mob attacked and partly destroyed the church; caught ten of the Christians and beat them cruelly but let them go. They then sent a petition to the magistrate asking if they should not annihilate the Christians. The magistrate replied "how is it possible not to destroy the 'Western Learning Boxers.'"

[Sincerely yours,
Samuel A. Moffett]

## 마포삼열

**한국, 평양**

**1900년 9월 10일**[1]

[전략]

운산광산 지구의 서쪽에 인접한 지역인 구성(龜城)에서 두 지방 관리가 현지 기독교인들을 욕하고 체포하여 많은 문제를 일으키고 있습니다. 이 지방 관리는 천마면(天馬面)과 사기면(沙機面)의 집강(執綱)인데, 앞에 말한 천마면의 집강은 2명의 기독교인을 체포하여 혹독하게 심문하고 때린 후에 석방했습니다. 그러나 그는 추수 후에 외국인과 현지 기독교인들을 모아들여 모두 살해하든지 축출할 것이라고 말했습니다.

의주, 구성, 용천(龍川) 등 변방 지역에서 10월에 부상(負商)과 동학교도(東學敎徒)들이 일어나 모든 기독교인과 외국인들을 도륙(屠戮)할 것이라는 보고가 일반적입니다.

동학도들이 북부 변방에서 더욱 늘어나고 있으며 기독교에 관심이 있는 것으로 가장하고, 기독교인인 것처럼 모여 집회를 열고 동학 교리 강론에 전

---

1 舊韓國外交文書, 舊韓國外交文書 第12卷, 美案 2209號, 光武 4年 9月 14日 2209. "宣敎師와 敎民保護要請: 附. 모페트報告(基督敎士敎民의 拘留와 詰難風聞)" Horace N. Allen, Minister of the Legation of the United States, to Pak Chai Soon Minister for Foreign Affairs, Korea, September 14, 1900 Attachment Report from Rev. S. A. Moffett

마포삼열의 이 편지는 알렌 공사가 박제순(朴齊純) 외부대신에게 보낸 1900년 9월 14일 자 서한 "조선 외부대신 박제순 각하에게"에 첨부된 것이다.

"대미(大美) 흠명주차 조선 편의행사 대신 겸 총영사 안(安)이 조회하는 바입니다. 믿을 만한 미국 선교사가 보고한 바에 의하면 귀국의 북부 변방 각처에 현재 정황이 점점 긴급해지고 있으며 또한 추수가 끝나기를 기다린 후(음력 10월 중)에 장차 소요가 일어나 각각 내외 교민(敎民)들을 축출한다는 소문이 있습니다. 전에 본 대신이 교민 보호에 대해 간절히 말씀드린 바 있으며 곧 귀 대신께서 보호하라는 지시의 전칙(電飭)을 내리겠다고 하셨는데, 의주 군수는 처음부터 이런 중앙의 전칙이 없었다고 하며, 또한 민간 물정으로 논하자면 그들이 청나라 일이 어떻게 결말이 났는지를 알지 못하여 오히려 주저하고 있으며, 그러나 지금의 형세로는 큰 소요가 일어나고야 말 것입니다. 이에 조회하오니 청컨대 귀 대신이 번거로우시더라도 조사하고 판단하시어 이런 일을 미리 예방하여 근심이 없어야 할 것입니다. 평양에 사는 선교사 마포(馬布)의 보고를 참고하시도록 올리니 살펴보아 주시기 바랍니다. 이에 조회하는 바입니다. 대한 외부대신 박(제순) 각하에게. 1900년 9월 14일." "선교사와 교민보호요청", 『구한국외교문서』, 조회 제238호.

이를 받은 박제순은 9월 21일 내부대신 이건하(李乾夏)에게 이를 전달하고 처리를 위임했다. "미국 공사가 평북지역 동학교인들로부터 미국인 선교사와 교인들의 보호 요청", 「각사등록 근대편」, 조회 제십칠호.

●
**평양 첫 여자 세례교인 풀무골 이씨 [OAK]**
주일학교 교사로 40년 봉사

**Mrs. Yi of Pulmugol**
The First Woman Baptized in Pyongyang in 1895

심하려고 한다고 합니다.

국경 부근의 중국 지방 의화단원(義和團員)들은 천주교도나 개신교도를 잡아오는 한인에게 15냥(10원)을 지급하겠다고 현상금을 걸고 있습니다.

의주는 상당히 안정되었으나, 지방관들이 기독교인을 억압할 뿐만 아니라 기독교인을 보호하라는 어떤 훈령도 서울로부터 받지 않았다고 합니다. 외부대신은 그런 보호를 준수하는 훈령을 보내겠다고 동의했습니다.

많은 상인(商人)들이 소요 발생을 두려워하여 의주를 떠나고 있습니다.

용천에서 폭도들이 교회당을 공격하여 일부 파괴했으며, 10명의 기독교인을 잡아 심하게 때리고 보내주었습니다. 그때 그들은 지방관에게 자신들이 기독교인을 섬멸할 수 없겠는지 청원서를 보냈습니다. 지방관은 "어찌 서학을 하는 오랑캐들을 박멸하지 않을 수 있겠느냐"라고 대답했습니다.

[후략]

## Samuel A. Moffett

***Pyengyang, Korea***

***September 27, 1900***

To the Secretary, American Bible Society, New York

Dear Brother:

In accordance with the instructions of the Presbyterian Mission (North) which has just closed its Annual Meeting here, I send you the enclosed which in a large measure is self-explanatory.

Our Mission is the largest one in Korea having more than 1/3 of all the missionaries and having by far the largest work among the Koreans. We have been striving for 10 years or more to establish our work upon what is very largely a self-supporting basis and our Mission feels deeply interested in all questions which affect that policy. We very much desire the cooperation of the Bible Societies and their agents in our endeavor to conserve this policy in Korea and we have been unwilling to ratify the clauses in the proposed amendments to the Bible Committee's Constitution which would place the power to inaugurate a policy opposed to that upon which our work has been established, in the hands of those not on the field, or what would really be the case, in the hands of the local agent of the Bible Societies who might at any time be one opposed to or out of sympathy with our policy. We have the unanimous backing of our Board of Foreign Missions in favor of the policy upon which our very successful work in Korea has been built up and in all questions which affect Mission work and policy we feel that the Missions equally with the Bible Societies should have the power of decision.

Under the clause as proposed by the agent of the British and Foreign Bible Society in Korea, the Missions would have no power—but could only advise, and while under ordinary circumstances the advice of the Missions would doubtless be followed, we do not believe it right that the

## 마포삼열

**한국, 평양**

**1900년 9월 27일**

뉴욕 미국 성서공회 총무

형제님께,

이곳에서 방금 마친 북장로회의 연례 회의의 지시에 따라 동봉하는 편지를 보냅니다. 편지 자체에서 충분히 전달하고 있으므로 대부분 별도의 설명이 필요 없을 것입니다.

우리 선교회는 한국에서 전체 선교사의 1/3을 차지하는 가장 큰 선교회로서 한국인 교인 비율은 이보다 훨씬 많습니다. 우리는 지난 10년 이상 대체적으로 자급의 기초 위에 우리의 사역을 세우려고 노력해왔으며, 그 정책에 영향을 주는 모든 문제에 깊은 관심을 가지고 있습니다. 우리는 한국에서 이 정책을 유지하기 위해 성서공회들과 현지 총무들의 협조가 절실히 필요합니다. 그래서 우리는 성서위원회 정관에 대해 제안된 수정안에 있는 조항들을 비준할 의사가 없습니다. 그 조항들은 우리의 사역이 세워진 기초에 반대되는 정책을 개시하도록 하는 권한을 현지에 없는 이들의 손에, 혹은 실제로 우리의 정책에 언제든지 반대하거나 비우호적으로 나올 수 있는 성서공회의 현지 직원들의 손에 쥐어주기 때문입니다. 한국에서 우리가 수립하고 그에 따라 성공적으로 사역하고 있는 정책을 우리 선교부는 만장일치로 찬성하고 지지하고 있습니다. 우리는 선교회들과 같이 성서공회들도 선교회의 사역과 정책에 영향을 주는 모든 문제에서 결정권을 가지고 있다고 생각합니다.[1]

---

1 영국 성서공회의 켄뮤어 총무는 이때 신자를 위한 신약전서의 가격은 생산비(50전)에 맞게, 불신자를 위한 복음서는 생산비보다 낮게 판매해야 한다고 주장했으나, 선교회 측에서는 교인들의 경제 상황을 고려하고 자급 정책을 유지하기 위해 새로 출판한 신약전서를 50전이 아닌 35전에 판매해야 한다고 주장했다. 켄뮤어는 낮은 성경 가격 정책으로 인해 공회가 입는 재정적 손해에 관심을 보였다. A. Kenmure to Mr. Ritson, January 26, 1901, 옥성득 편역, 『대한성서공회사 자료집 제2권: 켄뮤어 서신』(서울: 대한성서공회, 2006), 24.

conservation of our policy of self-support should be liable to overthrow by the decision of one or more men who do not represent the Mission.

I write briefly from the midst of a very pressing and advancing work, some idea of which can be obtained from a copy of our report which I send by this mail.

Trusting that in all Bible work in Korea there may be the fullest cooperation of the Bible Societies and the Missions and grateful for what your Society has done for our work, I want especially to mention the great pleasure it has been to have Mr. Loomis with us once each year.

Very sincerely yours in the Master's service,

Samuel A. Moffett

한국에 있는 영국 성서공회 총무가 제안한 조항에 따르면 선교회는 아무 권한이 없으나 다만 조언은 할 수 있고 일반적인 상황에서는 선교회의 조언에 틀림없이 따를 것이라고 되어 있습니다. 그러나 우리는 우리의 자금 정책을 보존하는 일이 선교회를 대표하지 않는 한두 사람의 결정으로 쉽게 뒤집히는 게 옳다고 생각하지 않습니다.

저는 지금 몰려드는 사역의 압박 때문에 간단히 쓸 수밖에 없습니다. 이 우편으로 동봉하는 우리의 보고서 사본을 보시면 우리의 생각을 아실 수 있을 것입니다.

한국에서 이루어지는 모든 성서 사업에서 성서공회들과 선교회들이 충분히 협조할 것으로 믿습니다. 귀 공회가 우리의 사역을 위해서 해주신 일에 감사드리며, 특히 매년 한 번씩 루미스 목사가 우리에게 와서 대단히 기쁘다는 말씀을 드리고 싶습니다.

주님을 섬기는,

마포삼열 올림

**Samuel A. Moffett**

***Pyengyang, Korea***

***October 22, 1900***

My Dear Dr. Ellinwood:

I have been greatly disappointed in not having taken the time for my semi-occasional letter to you, but it seems that the work on our hands increases at such a rate that only the most imperatively urgent things receive attention and the many other things we should like to do are postponed again and again. This time I can combine a personal letter with the monthly station letter concerning the work of the station during the month of meetings of Council and Mission.

None of us had very much of a respite from work this summer, Miss Best, Mrs. Moffett & I being the only ones who succeeded, through absolute necessity, in running off for two weeks to Chemulpo [Inchon] where, however, delayed correspondence and a host of minor items pretty fully occupied our time. The month of August is the only month in which there is a lull in the work and this year that time was needed for preparations of reports and of plans for the Council and Annual Meeting.

Mr. Lee & Dr. Sharrocks were busy on the new church building. Dr. Sharrocks, a practical carpenter, having arrived in Pyengyang just in time to render very valuable assistance to Mr. Lee in what has been a truly great undertaking, the building of such a large church. Mr. Baird spent his time in getting back into the harness and in perfecting plans for the Academy, also making one country trip to ten groups on his former circuit. Mr. Hunt was pushing on to completion his new house in hopes of being able to entertain some additional guests during the Annual Meeting, and to his narrative he briefly adds: "Vacation 3 days." Dr. & Mrs. Wells were off for a brief trip on the river, the rest of the time being spent in the hospital as usual.

The primary schools were all started again for the fall and winter

## 마포삼열

**한국, 평양**

**1900년 10월 22일**

엘린우드 박사님께,

박사님께 가끔 보내는 편지마저도 시간을 들여 쓰지 못해서 저 스스로 실망하고 있었습니다. 그러나 우리 수중에 있는 사역이 너무 빨리 성장해서 가장 필수적으로 긴급한 일에만 관심을 기울이고, 우리가 해야 할 다른 많은 일은 계속 연기할 수밖에 없습니다. 이번 편지는 저의 개인적인 편지를 겸하여 장로회공의회와 선교회 연례 회의가 열렸던 한 달 동안 있었던 선교지부 사역에 대한 선교지부 월례 보고서로 올립니다.

올여름에는 아무도 사역에서 벗어나 제대로 휴식을 취하지 못했습니다. 베스트 양과 저희 부부만 절대적인 필요로 제물포에서 2주 동안 휴가를 보내는 데 성공했습니다. 하지만 그곳에서 밀린 서신 교환과 잡다한 일을 하느라 여유가 없었습니다. 8월은 사역이 소강상태에 들어가는 유일한 달이지만, 올해는 그달을 공의회와 선교회 연례 회의를 준비하고 보고서를 작성하는 데 보냈습니다.

리 목사와 샤록스 의사는 새 교회 건축에 바쁩니다.[1] 샤록스 의사는 실무 경험이 있는 목수인데, 마침 필요한 때에 평양에 도착해 그렇게 큰 교회 건물을 짓는 공사를 하는 리 목사에게 귀중한 도움을 주고 있습니다. 베어드 목사는 평상 업무로 복귀하여 중학교를 위한 계획을 마무리하고 있으며, 과거에 맡았던 시찰에 있는 10개의 미조직교회를 심방하기 위해 한 차례 지방 순회여행을 했습니다. 헌트 목사가 연례 회의 기간에 올 몇 사람의 손님이 잘 수 있게 할 생각으로 새 집의 마무리 공사에 박차를 가했는데, 헌트 목사는 자신의 이야기에 다음 말을 간단히 덧붙이고 있습니다. "휴가 3일." 웰즈 의사 부부는 강변으로 잠시 여행을 다녀왔을 뿐, 나머지 시간은 평소처럼 병

1 장대현교회 건축을 말한다. 샤록스 의사가 목수로서 리 목사를 도왔음을 알 수 있다.

work–and we then went into the work of Council [the Presbyterian Council] and Mission with all the concentration of thought & energy which that necessitates.

Mr. Lee, Mr. Hunt & I went to Chemulpo for the Council which this year was exceedingly important in that we have reached the point where the 3rd stage in the self-development of the Korean Church is being dealt with. We already have a self-propagating church and we have made fair progress along the lines of self-support, but we are now dealing with a much more difficult phase of development–self-government and all the problems which it presents. We have begun the ordination of elders, there now being two ordained elders in Korea. This year we received the sanction of the Council to the ordination of 3 more; two in the Pyengyang Church and one in the Sun Chun Church where Mr. Whittemore and Dr. Sharrocks now are.

We have been greatly gratified with the way in which the church here has selected the very best men for the eldership. We have left it entirely to them without a suggestion other than to emphasize the importance of the office and the Scriptural qualifications necessary in those who desire the office of a bishop. The Church has shown that it can be trusted to choose the right kind of men.

We also requested the Council for permission to take under our care two men as candidates for the ministry, one of them now our only ordained Elder, the present Assistant Pastor–the other an Elder elect who for three years has been an assistant to Mr. Baird & Mr. Hunt in the country work. We expect to take these men through a several years' course of study before ordination and leave the question as to the time of ordination to be determined when we consider them fully qualified for it. I feel that we have taken a great step and one which means much to the Church in that it shows our people the character of men whom we expect to see become ministers and shows them also that we are looking forward towards placing upon them full responsibilities and privileges

원에서 보냈습니다.

모든 초등학교가 가을에 무사히 개학했습니다. 이어서 우리는 장로회공의회와 선교회 일에 착수했고 그 일에 모든 생각과 힘을 집중했습니다.

리 목사와 헌트 목사와 저는 공의회에 참석하기 위해 제물포로 갔습니다. 올해 회의는 중요했는데, 한국 교회의 자체 발전을 위한 세 번째 단계가 논의되는 시점에 이르렀기 때문입니다. 우리는 이미 자전(自傳)하는 교회를 가지고 있으며, 자급(自給) 노선을 따라 상당히 발전했습니다. 그러나 이제 우리는 훨씬 더 어려운 발전 단계인 자치(自治)와 그에 따라오는 모든 문제들을 다루고 있습니다. 우리는 장로 안수를 시작했고, 현재 한국에는 안수받은 장로가 2명 있습니다.[2] 올해 우리는 공의회로부터 추가로 세 명의 안수를 허락받았는데, 평양교회에 두 명과 위트모어 목사와 샤록스 의사가 있는 선천교회에 한 명입니다.[3]

우리는 이곳 교회가 장로 직에 가장 적합한 좋은 자들을 선택한 방식에 크게 감사했습니다. 우리는 그 직책의 중요성과 감독의 직책을 원하는 자들에게 필요한 성경적인 자격 요건을 강조했을 뿐 다른 어떤 제안도 하지 않고 전적으로 그들에게 선출을 맡겼습니다. 교회는 적임자들을 선출할 만큼 신뢰할 수 있음을 보여주었습니다.

또 우리는 공의회에 목회자 후보생으로 2명을 관리하겠다고 신청하여 허락을 받았습니다. 한 명은 지금 우리에게 있는 유일하게 안수받은 장로로서 현재 부목사 일을 하고 있으며, 다른 한 명은 피택장로로서 3년간 베어드 목사와 헌트 목사의 지방 사역을 도운 조사입니다.[4] 우리는 이들이 안수 받기 전에 몇 년간의 교육 과정을 이수하도록 할 예정이며,[5] 안수 시기 문제는

2 황해 소래의 서경조와 평남 평양의 김종섭이 1900년에 첫 장로로 안수를 받았다.

3 평양 장대현교회의 길선주와 방기창은 1901년 5월 15일 평양을 방문한 선교부 총무 브라운 목사에게 안수를 받았다. 선천교회의 양전백은 1902년 2월 장로로 안수를 받고 장립되었다. 참고로 길선주는 1897년 8월 15일 스피어 총무와 그랜트 총무가 평양을 방문했을 때 리 목사에게 세례를 받았고, 1898년 봄에 영수로 임명받았다.

4 김종섭 장로와 방기창 조사다. 길선주는 1902년에 신학교에 입학하게 된다.

5 1901년에 신학교를 설립하고 1902년에 임시 교육과정을 만들었다.

just as soon as we believe them fitted for it, but not before that time.

We have also planned to hold part of our next Council meeting in the Korean language—admitting 10 Koreans as delegates, these ten selected by ourselves and only the ordained elders among them having the right to vote with us—the right of discussion being accorded to all. This is looking forward to the training and disciplining of the men to enter into the work of a Presbytery when the time to set off a Presbytery in charge of the Korean Church shall have arrived. As in all other steps in our work we here also aim to develop a natural, gradual growth, giving power, authority and responsibility to the Koreans little by little, increasing it as they show by trial that they are fitted to bear the responsibility and [are] worthy to exercise authority.

The discussions in the Council on the subjects of Discipline and the Relation of the Church to State affairs were profitable in a large degree. Laxness in discipline is one of the surest ways of building up a weak church and we feel very deeply on this subject, believing that while every kindness and all love should be shown the erring, yet that no sin should be overlooked, no principle or Scriptural standard of conduct should be compromised. In our own work here we have certainly strengthened the church and made much stronger men of our leaders by taking high ground and the firmest stand on such questions as ancestral worship, polygamy, drinking and the lottery. Our leading men and officers stand with us now in all these matters, seeing the importance and the benefit of setting such a standard.

The discussion on political matters will have a marked effect in preventing the Church from being shifted off into a political organization.

After the Council we all came up here for the Mission meeting which was one of intense interest. We were delighted to be able to have the meeting here for it has been a great help to our people and to the work. The first Sabbath all were here we held the first service

그들이 충분한 자격이 있다고 여겨질 때 결정하도록 남겨두려고 합니다. 우리는 교회에 많은 것을 의미하는 중대한 조치를 취했다고 생각합니다. 이를 통해 우리는 교인들에게 우리가 기대하는 목사가 되려는 사람이 가져야 할 자질이 무엇인지 보여주고, 또한 그들이 자격을 갖추기 전이 아니라 갖추는 때가 오면 즉시 그들에게 전적인 책임과 특권을 부여하는 방향으로 나아가기를 고대한다는 것을 보여주었습니다.

또한 우리는 다음 공의회 때 10명의 한국인 총대를 받아들여서 회의 일부를 한국어로 할 계획을 세웠습니다. 우리가 선발할 이 10명 가운데 안수받은 장로들만 투표권을 가지고, 나머지 사람에게는 발언권이 주어질 것입니다. 이를 통해 한국 교회를 담당할 노회(老會)를 출범할 때가 오면 그 노회에 들어갈 사람들을 훈련하고 치리하기를 바랍니다.[6] 우리의 사역에서 다른 모든 단계처럼 여기에서도 우리는 자연스럽고 점진적인 성장을 이루어서 권력과 권위와 책임을 조금씩 한국인에게 넘겨주고, 시행착오를 통해 책임을 맡기에 적합하고 권위를 행사하기에 어울리는 것을 보여줄 때 이양의 폭을 확대하는 것이 목표입니다.

'치리와 교회와 정부와의 관계'라는 주제로 열린 공의회의 토론은 대체로 유익했습니다. 치리가 엄하지 않은 것이 허약한 교회를 세우는 가장 확실한 방법의 하나이며, 우리는 이 주제를 깊이 절감하고 있습니다. 잘못한 자에게 모든 친절과 사랑을 보여주어야 하지만, 어떤 죄도 간과해서는 안 되며, 어떤 원칙이나 성경적 행동 기준을 타협해서도 안 된다고 믿습니다. 이곳 사역에서 제사, 일부다처제, 음주, 도박 등의 문제에 대해 높은 기준과 확고한 입장을 취함으로써 교회를 강하게 만들었고 교회 지도자들을 훨씬 더 강한 사람들로 만들어왔음이 분명합니다. 우리 지도자와 교회 제직들은 그런 기준을 세우는 것의 중요성과 이익을 보았기 때문에 이 모든 문제에서 이제 우리와 동일한 의견을 가지고 있습니다.

---

6 1901년부터 '조선야소교장로회공의회'는 '영어를 쓰는 공의회'와 '조선어를 쓰는 공의회'(장로 3인, 조사 6인 참석)로 진행되었는데, 후자는 1907년 독노회가 조직될 때까지 운영되었다. 곧 이 편지에서 밝힌 대로 후자는 향후 노회 조직을 바라보며 한국인 지도자들에게 장로교 정치를 가르치기 위한 과도적 조치였다.

(Korean) in the new Church building which was far enough advanced in building to admit of this. Fully a thousand people gathered to listen to helpful sermons from Dr. Underwood & Mr. Gale and the meeting was an inspiration to the Koreans and the sight of such a congregation of Christians in the new large church was an inspiration to the whole Mission.

It was a great treat to have with us 4 of the missionaries from China, Mr. Luce from Tung Chou Fu and Messrs. Drummond, Lobenstein and Morris of Nanking. Men of fine spirit and attractive personality, we thoroughly enjoyed their presence and they very evidently enjoyed being with us, looking into our work and rejoicing with us over what God is doing here. Just before the meetings I had the privilege of taking them off to one of my little country groups where the people had just finished a very pretty little church building and where we held a helpful service.

The Annual Meeting was a good one, but it has left in the minds of many of us a feeling of great misgiving and deep concern. We are now a large Mission and the larger we grow the more difficult becomes the task of restraining individual peculiarities and tendencies and of conserving the unity and harmony of our work along lines of settled and approved policy.

This year there was an evident tendency to develop work along lines of a very different policy from that which has characterized our work for many years–ever since Dr. Nevius' visit in 1890.

I believe the most important element in the successful development of our work, that which has given us a self-propagating, self-supporting Church, has been the Apostolic simplicity of the work and the holding in the foreground the gospel character, the soul-saving, spiritual nature of the message of God to a lost world.

We have avoided the presentation of any other appeal based upon material, educational or philanthropic advantages and have concentrated our efforts upon bringing to bear upon the heathen people the supreme

정치 문제에 대한 토론은 교회가 정치 조직으로 변질되는 것을 막아주는 분명한 효과가 있을 것입니다.[7]

공의회 후에 우리는 모두 선교회 연례 회의를 위해 평양으로 올라왔으며, 연례 회의는 흥미로웠습니다. 우리가 모임을 이곳에서 할 수 있어서 기뻤는데, 우리 교인들과 사역에 크게 도움이 되었기 때문입니다. 우리 모두가 돌아온 첫 안식일에 우리는 새 교회 건물에서 첫 한국어 예배를 드렸는데, 예배를 드릴 수 있을 정도로 충분히 공사가 진행되어 있었습니다. 족히 1,000명이 되는 사람이 모여서 언더우드 박사와 게일 목사의 유익한 설교를 들었으며, 예배가 한국인에게 영감을 주었고, 새 대형 교회에 모인 대규모의 기독교인 회중은 선교회 전체 선교사들에게 영감을 주었습니다.

중국에서 4명의 선교사들이 우리를 방문해서 특별한 선물을 받은 기분이었습니다. 산동 칭주(青州)의 루스와 난징(南京)의 드러먼드, 로벤슈타인, 모리스 등입니다.[8] 좋은 정신과 매력적인 인품을 지닌 이들로 인하여 우리가 얼마나 즐거웠는지 모릅니다. 그들도 즐거운 마음으로 우리와 함께 지내면서 우리의 사역을 자세히 살펴보고 이곳에서 하나님께서 지금 하고 계시는 일에 대해 우리와 함께 기뻐했습니다. 회의가 시작되기 직전에 저는 그들을 데리고 제가 담당하고 있는 시골의 작은 미조직교회를 심방하는 특권을 누렸는데, 교인들이 작고 예쁜 예배당을 막 완공했기 때문에 우리가 그곳에서 유익한 예배를 드렸습니다.

연례 회의는 좋은 모임이었지만, 우리 중 많은 사람의 마음에 큰 불안감과 깊은 근심을 안겨주었습니다. 우리는 이제 큰 선교회고, 규모가 커질수록 개성과 취향을 제한하는 과업과 이미 결정되고 승인받은 정책 노선에 따

---

7 흔히 1901년 9월 20일 공의회가 결정하고 한국 교회에 발송한 "교회와 정부 사이의 교제 조건"을 한국 장로교회의 정교분리 정책의 중요한 분기점으로 보지만, 이미 1900년 9월 공의회에서 이를 논의하고 교회가 정부 일에 개입하지 않는다는 방침을 정했다. 그것은 1900년에 중국에서 의화단사건이 발생하고 제주도의 신축교난 등 많은 교폐 사건이 발생하고 있었기 때문이다. 교인들의 정치 참여 금지가 아닌 '정교 분리'가 기본 원칙이었다.

8 1896년 프린스턴 신학교를 졸업하고 1897년 중국에 파송 받은 헨리 루스(Henry W. Luce, 1868-1941) 목사와 평양의 첫 인연이다. 그의 아들은 유명한 「타임즈」 창설자 헨리 루스(Henry R. Luce, 1898-1967)다. 루스 재단은 한국에 장로회신학대학교와 연세대학교에 루스 홀을 기증했다.

claims of the gospel which we believe to contain what God has ordained for the salvation of men. No institution has been allowed to stand before the people as an exponent of Christianity but Christianity itself (Christ & his truth) has been presented to them, so that this people have been made to feel that the Church is the institution which stands forth as the evident center and aim of the Western religion. Medical and educational works have been made secondary—as they should be. I believe thoroughly in both the medical and educational work and in their thorough development as first class work when the time for that development arrives and I have been foremost in the Mission in advocating thorough first class medical and educational work—but I insist with all the strength of deep conviction that that development must succeed, not precede the establishment of the Church. (This would not rule out preliminary medical work where needed to open the way—but applies to developed institutional work.)

Four years ago I believed the time for advance in our educational work had arrived and for four years I have urged over and over again the establishment of thorough Academies in the two stations, Seoul and Pyengyang, where the Church has already provided a constituency, and I still urge the development of these Academies not by a forced growth into large institutions but gradually, naturally, and thoroughly. In this I believe we have the Mission policy rightly established and I should look with alarm upon any deviation from it. I hope the Board will grant all that we ask for the Pyengyang Academy and will send at once a man for an Academy in Seoul to begin the development of an Academy there; that is, grant all that the Mission has approved and asked for this year for educational work.

In the medical work, we this year saw a departure from our policy, and a tendency which fills me with the gravest misgivings.

Last year I introduced the resolution that we as a Mission favor the establishment of a first class Mission Hospital in Seoul and that we appoint a committee to present definite plans, to the next meeting

라 우리의 사역에서 일치와 조화를 유지하는 일이 점점 더 어려워지고 있습니다.

올해는 1890년 네비우스 박사님이 방문한 이후 여러 해 동안 우리의 사역의 특징을 이루었던 정책과는 아주 다른 노선을 따라 사역을 발전시키려는 뚜렷한 경향이 있습니다.

우리에게 자전하고 자급하는 교회를 주었고, 우리의 사역의 성공적인 발전에서 가장 중요했던 요소는 사역의 사도적(使徒的) 단순성이었으며 본연의 복음, 영혼 구원, 길을 잃은 세상에 주는 하나님 메시지의 영적인 성격을 전면에 강하게 내세운 것이었습니다.

우리는 이 이방 민족에게 복음의 지고한 주장에 관심을 가지도록 모든 노력을 쏟아부었으며 물질적·교육적·자선적 유익에 근거한 어떤 다른 매력을 제시하는 것을 피했습니다. 그 복음 안에 하나님께서 인간을 구원하기 위해 정해 놓으신 모든 것이 들어 있다고 믿기 때문입니다. 우리는 기독교 자체(그리스도와 그의 진리) 외에 기독교를 설명하는 어떤 기구를 사람들 앞에 내세우는 것을 허락하지 않았습니다. 그래서 이곳 주민들은 교회가 서양 종교의 중심이자 목표라고 생각하게 되었습니다. 의료 사업과 교육 사업은 이차적인 것으로 만들었는데, 그것이 마땅합니다. 저는 의료 사업과 교육 사업의 가치를 철저히 믿으며, 그 사역들이 최고 수준으로 완벽하게 발전될 때가 되면 그렇게 되리라고 믿으며, 최고 수준의 의료 사업과 교육 사업을 선교회에서 가장 앞장서서 옹호했습니다. 그러나 이런 발전은 교회의 설립을 뒤따라야지 앞서가면 안 됩니다(이것은 선교의 문을 여는 데 필요한 예비적인 의료 사업을 배제하는 것이 아니라, 이미 발전된 기관 사업에 적용되는 것입니다).[9]

9 근대 선교는 기독교 문명(교육, 의료, 출판, 인권)과 함께 전파되었다. 이때 순수한 복음을 우선 뿌리고 문명의 혜택을 뒤따르게 할 것인지, 아니면 문명을 전면에 내세워 땅을 고르고 복음의 씨앗을 뿌릴 것인지 논쟁이 일어났다. 1900년을 전후하여 마포삼열과 평양은 네비우스 정책이 지향하는 전자의 '그리스도만'의 정책을, 언더우드와 서울은 '그리스도와 문명을 함께'라는 정책으로 나아갔다. 전자가 개인 복음화와 교회 설립에 우선하는 '교회 모델'이라면 후자는 한국 사회를 기독교화하려는 '왕국 모델'이라고 하겠다. 북감리회는 후자의 정책을 취했다. 평양 지부에서는 이 왕국 모델에 대해 '기구주의'로 비판하고 대형 세브란스 병원 설립에 반대했으며, 이어서 언더우드의 연희전문학교 설립에 강하게 반발했다.

of the Mission, for our medical plant. It became evident through the year that some thought the Mission had thereby committed itself to the establishment of a large medical plant with an increased force of workers and that plans were being formed far in advance of what the mission would approve. In the meeting of the committee to report definite plans I succeeded in having two clauses inserted which represent the opinion of most of the mission, though not all–and the mission has approved the establishment of a first class medical plant in Seoul not too large to be managed by the present force of medical workers–one male physician, one lady physician and one nurse–and which shall not require for running expenses more than 2,000 yen as an annual appropriation from the Board.

We sincerely hope the Board will not go beyond the approved plans of the Mission. We were surprised to hear that another physician had been appointed to Korea when the Mission had made no request for one.

The Mission believes in medical work and we want a first class plant in Seoul but I think I see clearly that it will take the hardest kind of work in the mission and the sympathetic backing and co-operation of the Board to prevent the medical work in Seoul from assuming proportions which instead of making it a real help to our main work, the evangelization of Korea, will make it an obstacle in that as a medical work it will absorb the money, energy, time and interest not only of the home church and the mission force but that of the Korean church, so that to the Korean nation, Christianity will be presented rather as a philanthropic institution, the medical work being its most prominent feature–and not as the Church of Jesus Christ for the salvation of men. In trying to make clear what I believe is a fundamental and essentially important principle which is at stake, I realize that I run the risk of being misunderstood–but I am not opposed to medical work. I do believe in it most heartily, I planned for it in our own work here–and yet it does seem to me that this year the Mission has been carried outside of the

저는 4년 전에 교육 사업을 진전시킬 때가 왔다고 믿었고, 지난 4년 동안 이미 학생들이 충분히 있는 서울과 평양의 두 개 선교지부에서 온전한 중학교를 설립할 것을 반복해서 주장했습니다.[10] 그리고 저는 이 중학교들을 대형 기구로 무리하게 성장시킬 것이 아니라 점진적으로 자연스럽게, 그러나 온전하게 발전시킬 것을 계속해서 촉구하는 바입니다.[11] 이 점에서 저는 우리가 선교회의 정책을 올바르게 수립했다고 믿으며, 그것에서 벗어나는 어떤 일탈에 대해서도 경계심을 가지고 지켜볼 것입니다. 저는 선교부가 평양중학교를 위해 요청한 모든 것을 허락하시고, 서울에서도 중학교를 시작할 수 있도록 즉시 선교사 한 명을 파송해주시기 바랍니다. 올해 교육 사업을 위해 허락하고 요청한 모든 것을 선교부에서 승인해주시기 바랍니다.

의료 사업에서 올해 우리의 정책에서 벗어나는 것을 보았으며, 이 경향에 대해 저는 심각하게 우려하고 있습니다.

지난해에 저는 선교회가 서울에 최상급의 선교 병원을 설립하는 데 찬성하며, 차기 선교회 회의에서 병원 시설에 대한 구체적인 계획을 제출할 위원회를 임명하기로 결정했음을 알렸습니다. 한 해 동안 일부 선교사는 선교회가 그렇게 함으로써 증원된 많은 사역자를 가진 대형 병원 설립을 지지했다고 생각했고, 선교회가 허락한 수준을 분명히 훨씬 초과하는 설립 안을 만들기도 했습니다. 구체적인 계획을 보고할 위원회가 모였을 때 저는 선교회 전체 의견은 아니지만 선교회 대다수의 의견을 대변하는 두 개의 구절을 성공적으로 첨가했습니다. 곧 선교회가 서울에 현재 의료 선교사 인원인 남자 의사 한 명, 여자 의사 한 명, 간호원 한 명으로 운영할 수 있을 정도로 너무 크지 않은 최상급 병원 설립을 승인했다는 것과, 그 병원 운영비로 선교부에 매년 2,000엔 이상의 예산을 요청하지 않는다는 것입니다.

우리는 선교부가 선교회가 허락한 계획을 초과해서 가지 않기를 진심으

10 숭실학당과 경신학당은 5년제 'academy'로 발전한다. 이 글에서 'academy'는 '중학교'로 번역했다. 숭실중학교는 1910년 사립학교령에 의해 숭실고등보통학교(숭실고보)로 변경되었다.

11 숭실학당은 1900년 9월 30일 5년 과정의 중학교를 개교했는데, 정규반 2개와 비정규반 1개에 학생은 30명이었다. 지원자가 많아 입학시험을 쳐서 선발했으며, 등록금이 없어 다니지 못하는 학생들도 많았다.

bounds of reason and is endangering that which compared to the medical work is of infinitely more value than the medical work.

What I have written with reference to the Seoul medical work is not in opposition to any action of the Mission taken so far, but is in view of what I fear will be forced upon us later on unless we can get the Board to stand for the same principle for which we most urgently plead.

What I shall now write concerning medical work in the South–Fusan and Taigoo stations–is in opposition to the action of the Mission taken this year. Neither Fusan nor Taigoo have more than the barest beginning in evangelistic work–a few baptized men–a few more catechumens. Everything is in its initial formative period when precedents and impressions count for most. They are asking for sums for a development of their medical work all out of proportion and to grant their requests will, I believe, prevent them from having what heretofore I have confidently expected they would have–a repetition of our experience in the North–a large evangelistic work with a strong self-propagating, self-supporting church composed in the main of genuinely converted men.

If the Board grants the money for such a development of the medical work there now (at this stage of the work) and thereby sanctions that policy, I believe you effectually prevent in South Korea what you & we have mutually rejoiced in in North Korea. If our protest is overruled I shall hope against hope that my fears may prove false, but I profoundly believe that the people of South Korea will have Christianity presented to them (the missionaries' words to the contrary notwithstanding), primarily as a philanthropic religion and that will be their idea of it. There is no power in that to convert men and the Spirit of God does not bless that idea to the Salvation of Souls. To a church that is losing faith in the gospel I wish Paul could stand forth once again and in all solemnity cry, "I am not ashamed of the gospel of Jesus Christ, for it is the power of God unto salvation." I would I could appear before the Board and speak to you from a heart moved to its very depths with convictions on this

로 바랍니다. 선교회가 요청하지도 않았는데 의사 한 명이 추가로 한국에 임명되었다는 소식을 듣고 우리는 깜짝 놀랐습니다.

선교회는 의료 사업의 가치를 믿으며, 서울에 최상급 병원을 세우길 소망합니다. 그러나 제가 생각하기에 서울에서 의료 사업이 우리의 본업인 한국의 복음화에 방해가 되는 규모가 되지 않도록 하려면, 선교회가 가장 어려운 종류의 일을 해야 하고 공감할 만한 선교부의 지원과 협조가 필요할 것입니다. 왜냐하면 의료 사업이 본국 교회와 선교회의 인력뿐만 아니라 한국 교회의 돈, 힘, 시간, 관심을 흡수할 것이므로 한국 민족에게 기독교는 인류 구원을 위한 예수 그리스도의 교회가 아니라 자선 기관으로 소개되고, 의료 사업은 기독교의 가장 뚜렷한 특징으로 제시될 것이기 때문입니다. 제가 믿는 바가 근본적이고 본질적으로 중요한 원리이며 현재의 관건인데, 이것을 분명하게 하기 위해 오해받을 수 있는 위험을 무릅쓴 것을 깨닫습니다. 그러나 저는 의료 사업을 반대하지 않습니다. 저는 진심으로 그 가치를 믿습니다. 저는 우리의 사역을 하며 그것을 위해 계획을 세웠습니다. 그러나 제가 볼 때 올해 선교회가 합리적인 선을 벗어났고, 의료 사업과 비교해볼 때 그것보다 무한히 더 가치 있는 전도 사업을 위태롭게 만들고 있습니다.

서울의 의료 사업에 대해 제가 쓴 것은 선교회가 지금까지 내린 어떤 결정을 반대하는 것이 아니라, 우리가 지금 긴급하게 간청하는 똑같은 원리에 대해 선교부의 지지를 얻지 못하는 한 제가 염려하는 일이 우리에게 강요될 것을 고려한 것입니다.

이제 남부에 있는 부산과 대구 선교지부의 의료 사업에 대해 적겠습니다. 저는 올해 선교회가 내린 결정에 반대합니다. 부산이나 대구는 이제 막 전도 사업을 시작한 상태로, 소수의 세례교인과 조금 더 많은 소수의 학습교인만 있습니다. 모든 것이 초기 형성 단계에 있으며, 따라서 어떤 선례를 만들고 인상을 주는지가 중요합니다. 그들은 의료 사업을 발전시킬 예산액을 과도하게 요청하고 있습니다. 만일 그들의 요청을 승인하면, 우리가 이곳 북부 지역에서 경험했던 일을 그들도 경험하게 될 것이라는 확신에 가까운 저의 기대, 곧 대부분 진실로 개종한 사람들로 구성된 자전·자급하는 강한 교

subject.

On Dr. Irwin's proposition that he be allowed to raise 5,500 yen in addition to 2,500 yen granted last year–this in addition to the value of his present plant–about 3,000 yen, it required the hardest kind of work to cut it down to 3,000 yen, although on the motion to cut it still further he succeeded in carrying his proposition by a vote of only 14 out of 24 voting members of the mission , 7 of these being the single ladies of the Seoul station. Miss Chase of Fusan voted steadily against it, showing her grit and courage in standing against her station. She is deeply concerned over the state of things in Fusan. The fact that the proposition was not for an appropriation (which requires a 2/3 vote) but for permission to raise the funds outside was what enabled it to reach the Board as the action of the Mission.

I also opposed the proposition to grant Dr. Johnson 6,000 yen for his work in Taigoo although I recognize the difference between that and the Fusan case which led Mr. Adams & Mr. Baird to vote for it (they having recorded their votes against the Fusan case). In Taigoo Dr. Johnson has nothing and in Taigoo building is more expensive. Nevertheless, if that amount of money is now used in a medical plant, my position as above stated, holds good.

I write from deep conviction, believing that we have reached the parting of the ways and that our work in Korea is in greater & graver danger than at any time for 10 years. The decision rests with the Board–we can but speak the things which we believe and which our experience here has engraven deeply in our convictions.

The Board has seldom had a question to decide in relation to the work in Korea which is of greater importance or which affects more profoundly fundamental principles. We ask that judgment of an even one-half of the senior missionaries on the field be given grave consideration at this critical point in our work.

I have just returned from a three weeks trip to a part of my country

회와 더불어 수행하는 대규모 전도 사업을 못하게 될 것이라고 생각합니다.

만일 선교부가 지금(사역의 현재 단계에서) 그곳에 의료 사업의 발전을 위한 자금을 승인하고 그래서 그 정책을 허가한다면 이는 북한에서 박사님과 우리가 서로 기뻐했던 일이 남한에서 일어나지 못하도록 박사님께서 실제로 방해하는 것이라고 믿습니다. 우리의 항의가 묵살된다 할지라도, 저는 제 우려가 잘못으로 판명될 것이라는 희망을 버리지 않을 것입니다. 그러나 저는 (비록 선교사들은 다르게 말하지만) 남한 사람들이 일차적으로 박애주의 종교로 제시된 기독교를 가지게 될 것이며, 그것이 그들이 이해하는 기독교에 대한 개념이 될 것이라고 확신합니다. 그런 종교 안에는 사람을 변화시키는 능력이 없으며, 하나님의 영은 영혼 구원에 대한 그런 식의 개념을 축복하지 않습니다. 복음에 대한 믿음을 잃어가는 교회를 향해 바울이 다시 한 번 나서서 엄숙하게 외쳐주면 좋겠습니다. "나는 예수 그리스도의 복음을 부끄러워하지 않습니다. 왜냐하면 복음은 구원을 주시는 하나님의 능력이기 때문입니다."[12] 저는 선교부에 가서 이 주제에 대해 제 마음속에서 우러나오는 깊은 확신을 박사님께 직접 말씀드리고 싶습니다.

어윈 의사가 현재의 시설을 보충하기 위해 지난해에 승인된 2,500엔에 3,000엔을 추가 모금하여 5,500엔이 되도록 하자는 제안에 대해 말씀드리겠습니다. 이 제안은 3,000엔으로 줄이자는 어려운 논의 작업을 이끌었는데, 비록 더 삭감하자는 안이 있기는 했지만 그의 제안을 선교회 투표권자 24명 가운데 14명의 찬성표로 통과시키게 되었고 그중 7명이 서울 선교지부의 독신 여성 선교사들이었습니다. 부산의 체이스 양은 초지일관 그 안에 반대했는데, 자신의 선교지부에 반대 입장을 견지하는 배짱과 용기를 보여주었습니다. 그녀는 부산의 사정에 대해 깊이 우려하고 있었던 것입니다. 제안이 (2/3 찬성이 필요한) 예산 배정을 위해서가 아니라 외부 모금을 위한 허락을 받기 위해서였다는 사실이 선교회의 조치로 선교부에 전달될 수 있었습니다.

또한 저는 존슨 의사의 대구 사역을 위해 그에게 6,000엔을 승인하자는

12 로마서 1장 16절.

work visiting 6 old groups and establishing 5 new ones. I had the pleasure of the company of Mr. Ross of Fusan and of Mr. Bruen of Taigoo, they having stayed over to see something of our work and methods. It was my privilege on this trip to baptize 46 and to receive 130 catechumens and to see the gospel extending still further into the mountains of the North.

There is no indication of a reaction–all goes on steadily and in the new places as well as the old the gospel is still transforming lives and characters, carrying joy and light into many a heart and many a home. With such a work on our hands & hearts we have given a double welcome to the new missionaries just arrived, Mr. & Mrs. Leck, Mr. Bernheisel and Miss Howell.

It has been with greatest interest that I have inquired at every opportunity–concerning your health. I most earnestly pray that your strength may be conserved and your health continued for yet many years of co-operation with us in this joyous service.

With kindest greetings to all in the Board rooms–in which greeting to you and to them Mrs. Moffett joins me.

Very Sincerely Yours,

Samuel A. Moffett

제안을 반대했습니다. (부산의 경우에 반대표를 던졌던) 애덤스 목사와 베어드 목사가 비록 부산의 경우와 다르다고 찬성했고, 제가 그 차이를 인정하지만 말입니다. 대구에서 존슨 의사가 얻을 수 있는 것은 전혀 없으며 게다가 대구는 건축비가 더 비쌉니다. 그럼에도 불구하고 만일 그런 액수의 돈이 지금 의료 시설에 사용된다면, 앞에서 진술했던 제 입장이 그대로 유효합니다.

저는 깊은 확신을 갖고 글을 씁니다. 우리는 갈림길에 섰으며, 한국에서의 우리의 사역이 과거 10년 동안의 어느 때보다 더욱 크고 심각한 위험에 처해 있습니다. 결정은 선교부에 달려 있습니다. 우리는 우리가 믿는 것과 이곳에서의 경험이 우리의 확신 속에 깊이 각인된 것을 말할 수 있을 뿐입니다.

한국 사역과 관련하여 선교부는 중요하거나 근본적인 원리에 심대한 영향을 미치는 결정을 하는 데 문제를 가진 적이 없었습니다. 우리의 사역에서 이렇게 중대한 시점에서 현장에 있는 경험이 많은 선교사의 절반만의 의견일지라도 중대하게 고려해주시기를 부탁드립니다.

저는 방금 제가 맡은 지방에 대한 사역의 일부인 3주간의 여행을 마치고 돌아왔습니다. 6개의 미조직교회를 방문하고 5개의 새 미조직교회를 세웠습니다. 저는 부산의 로스 목사와 대구의 브루엔 목사와 동행하는 즐거움을 누렸습니다.[13] 그들은 우리의 사역과 방법을 보기 위해 이곳에 와서 지내고 있습니다. 이번 여행에서 46명에게 세례를 주고 130명을 학습교인으로 받았으며, 복음이 북부 산악 지방으로 깊숙이 확장되는 것을 보는 것이 저의 특권이었습니다.

사역에서 반발의 징조는 없습니다. 모든 것이 꾸준히 진행되고 있으며, 오래된 장소뿐만 아니라 새로운 곳에서도 복음은 삶과 인격을 여전히 변화시키고, 많은 사람의 마음과 가정에 기쁨과 빛을 전하고 있습니다. 우리는 이제 막 도착한 신임 선교사인 렉 목사 부부, 번하이젤 목사 부부, 하웰 양을 손과 마음에 공을 들여 두 배로 환영했습니다.[14]

---

13 시릴 로스(Cyril Ross)는 1897년 내한하여 부산에 임명되었고, 헨리 브루엔(Henry M. Bruen)은 1899년 9월에 내한하여 대구에 배정되었다. 로스 목사는 1902년 11월 선천 지부에 임명되었다.

14 렉(George Leck, 1870-1901) 목사는 1900년 10월 18일 내한하여 평양에서 1년간 지낸 후 1901년 9

저는 기회가 있을 때마다 지대한 관심을 가지고 박사님의 건강에 대해서 문의해왔습니다. 기력을 보전하시고 건강하셔서 이 즐거운 봉사에 우리와 함께 여러 해 동안 협조를 계속해주시기를 간절히 기도합니다.

선교부 사무실에 있는 모든 분께 안부를 전하며, 저와 함께 제 아내가 박사님과 모든 분께 인사를 드립니다.

마포삼열 올림

월 선천에 임명되었으나, 12월 강계 지방 여행 중 천연두에 감염되어 사망했다. 번하이젤(Charles Bernheisel) 목사는 렉 목사와 함께 내한하여 평양에 임명되었다. 하웰(Howell) 양에 대해서는 알려진 바가 없다.

## Horace N. Allen

***Seoul, Korea***

***December 12, 1900***

Dear Mr. Moffett,

I have before me your three letters of Nov. 6, 22 and 27, together with the copies and original of the placard mentioned. I thank you for all these, and regret that the placard is so unobjectionable as it is.

In attempting to get satisfaction for the Bland murder, with my British colleague, I spoke of the reports I had received of the unfriendly attitude of the Governor, and unfortunately mentioned the placard. I have since had to take back what I said, as I have absolutely nothing to prove any unfriendliness on the part of the Governor. He has, however, resigned because of the remarks I made of him, but his resignation has not yet been accepted and probably will not be.

I cannot take up the matter of the Widow Han as it now stands. The whole question of the protection of native Christians, and the right to reside in the interior in houses owned under private agreement with Koreans has now reached an acute stage through troubles they have been having at Taikoo, in connection with which I was obliged to use some very strong language and carry the matter to His Majesty direct. The same may be said of a case I have just concluded in solving the violation of the treaty by the arrest of the Korean employee of an American missionary, and another of the violation of the domicile of an American missionary, while I am still trying to obtain satisfaction for the assault and robbery committed upon Mrs. Johnson and Mr. Sidebotham. You see I have my hands full and must not take up things that I cannot hope to put through. The whole question as to how far I shall go in demanding protection for native converts and their property will probably come up and be settled this coming year. I have the satisfaction of believing that I have so far been able, by prompt and energetic measures, to prevent

## 호러스 N. 알렌

한국, 서울

1900년 12월 12일

마포삼열 목사에게,

지금 내 앞에는 당신이 보내준 11월 6일, 22일, 27일 자 편지가 있으며, 언급한 관찰사의 벽보인 방(榜)의 원본과 사본이 있습니다. 이것들을 보내주어서 감사하며, 그 벽보에 흠잡을 데가 없어서 유감입니다.[1]

블랜드 씨 살인 사건의 진상을 규명하기 위해 영국인 공사와 함께 노력하던 중 관찰사의 비우호적인 태도에 관한 보고서에 대해 이야기하면서 유감스럽게도 그 벽보를 언급했습니다.[2] 그 후 나는 내 말을 철회하지 않을 수 없었습니다. 나는 관찰사가 비우호적이었다는 것을 증명할 만한 것이 전혀 없었기 때문입니다. 그 관찰사가 내 발언 때문에 사임했지만 사표는 아직 수리되지 않았고 십중팔구 수리되지 않을 것입니다.

과부 한 씨 건은 현재 상태로서는 손을 쓸 수 없습니다. 본토인 기독교인의 보호 문제와, 선교사가 한국인과 사적으로 합의해서 소유한 주택에서 거

1 이것은 운산광산(Oriental Consolidated Mining Company) 노동자들의 음주와 블랜드 살인 사건과 관련해, 운산광산과 알렌의 금주령 요청에 대해 평양 감사와 외부대신이 거절한 사건과 연관된다. 『구한국외교문서 제12권』 미안 2254호 광무 4년 11월 5일 자를 보면, "전월(11월) 5일 미국 공사 알렌이 외부대신 박제순에게 조회하여 운산군 미국 금광 소재지에서의 한국 광부 등의 음주로 인한 폐해를 말하고 해 지역에 금주령을 시행하도록 제의한 바, 이날 박제순이 조복하여 국내에는 금주의 예가 없으므로 본 대신이 제칙(提飭)하기 어렵다 하고, 이어 해 지방관이 판리(辦理)하여 일시 설금(設禁)할 수는 있으므로 해 회사와 해 지방관이 상의하여 서로 좋은 방법을 찾음은 가하다고 하다"라고 했다.

2 1900년 10월에 발생한 미국인 소유 운산광산 근처의 작은 금광인 촛대금광(Candlestick Gold Mine) 기술자인 영국인 블랜드(J. D. Bland) 살해 사건이다. 그는 아일랜드 태생으로 운산에서 30리 떨어진 곳에서 약 30명의 한국인 노동자와 두세 명의 중국인을 고용하여 독자적으로 광산을 개발하다가, 술에 취해 제대로 일을 하지 못하는 노동자들에게 불만을 가졌다. 아마 추석이었는지 다시 노동자들이 술을 마시고 잔치를 벌인다는 소식을 들은 그는 마을의 술집을 방문하여 술병을 모두 파괴했다. 그 자리에서는 아무 일이 없었으나 광산으로 돌아온 블랜드는 그날 밤에 살해되었다. 이 사건은 *The Japanese Gazette*에 처음 보도된 후 미국, 중국, 싱가포르 신문 등에도 실렸다. "The China Crisis," *Singapore Free Press and Mercantile Advertiser*, 6 November 1900: Robert Neff, "English Miner's Murder," *Korea Times*, May 18, 2012. 미국 신문의 일부 보도와 달리 강도 높은 조사와 고문에도 불구하고 범인은 밝혀지지 않았다. 반외국인 감정이 고조되던 때 발생한 이 사건은 주한 외국인들에게 큰 우려를 불러일으켰다.

what seemed to be an inevitable uprising at about this time. There will probably be trouble yet when the increased taxes begin to be collected, and my caution to you still holds good.

I thank you very much for your account of your visit to the Governor and Magistrate in connection with the secret circular. I was especially glad to receive the copy of the telegram sent to the Peng-yang officials. You handled this matter in a masterly manner. I hope you will keep me posted as to any developments that may occur at Peng-yang or in your region. I shall be very prompt to assist you when I can, and to that end I trust you will always try to get me such proof as I may be able to use. Korean reports are excellent for my own information, but you know they are useless for pressing a case with the Government, since even if I could and should I would only run the risk of getting the informant into trouble. Any public notices or writings that you can get for me, I can safely and successfully use. As to the protection of property in the interior, I cannot protect property of native Christians because of a foreign interest in it, for no such interest can be acquired by treaty. But I can protect your persons and your moveable property when you are traveling on passport. That is, I can attempt it, though I am not having brilliant success in the Taikoo robbery.

If you will get me duplicate receipts for telegrams you send me giving me general information, I will be glad to refund the amount to you. The office will issue such duplicates on demand.

Yours very truly,

Horace N. Allen

Rev. S.A. Moffett, Peng-yang

주하는 권리에 관한 문제 전체가 대구에서 발생한 사건을 통해 지금 첨예한 단계에 이르렀습니다. 이에 관해서 나는 좀 더 강력한 언어를 사용하고, 이 문제를 직접 국왕 폐하께 가지고 가지 않을 수 없었습니다. 동일한 내용을 지금 막 결론이 난 다른 사건에서도 말했습니다. 미국인 선교사가 고용한 한국인을 지방관이 체포하고 미국인 선교사의 거주지를 무단으로 침입함으로써 조약을 어긴 문제를 해결한 사건입니다.[3] 나는 아직도 존슨 부인과 사이드보텀 목사에게 범해진 폭행과 강도 사건을 해결하기 위해서 노력하고 있습니다. 아시다시피 해야 할 일이 너무 많기 때문에, 끝까지 처리할 수 없는 일은 맡아서는 안 됩니다. 내가 한국인 개종자들과 그들의 재산 보호를 어느 정도까지 요구할 것인가에 대한 모든 문제가 십중팔구 내년에 제기되고 해결될 것입니다. 나는 신속하고 열정적인 조치들을 취해 이때쯤 불가피하게 발생할 뻔했던 폭동을 미연에 방지했다는 사실에 만족하고 있습니다.[4] 십중팔구 인상한 세금을 거두어들이기 시작하면 사건이 터질 것이므로, 박사님더러 조심하라고 한 내 말은 여전히 유효합니다.[5]

---

3 이 대구 사건에 대해서는 다음을 보라. "미국 공사 안련(安連)이 대구부에 거주하는 미국인으로부터 본년 11월 25일과 12월 1일에 미국인이 고용한 한인 김택영(金澤榮)을 체포하기 위해 경상남도 관찰사가 약장(約章)을 위반하고 순검 등을 파송하여 해 미국인 가옥에 침입한 것과 해 미국인의 고용원인 김택영이 무고한데도 미국인을 위해 종사한다는 이유로 형신(刑訊)하였다는 보고서를 수수하고 이날 외부대신 박제순에게 조회하여 이를 항의하다." 『구한국외교문서 제12권』 미안 2276호 광무 4년 12월 17일 자.

한국인과 외국인의 주택 거래가 첨예한 논쟁거리가 되자 한성부에서는 12월 24일 "외국인에게 가옥을 매도할 경우에는 사전에 한성부의 허가를 얻도록" 고시했다. 이에 대하여 미국 공사 알렌, 영국 대리공사 가빈스, 독일 영사 바이퍼트 등은 즉각 외부(外部)로 조회하여 조약 위반 행위임을 들어 청종할 수 없음을 주장했다. 외부대신 박제순이 각 공사관으로 조복하여 사전에 관허(官許)를 얻도록 한 것은 다만 한국인 주민들의 작간(作奸)을 막고자 한 것일 뿐 외국인에 대한 가옥 매도를 제한하고자 한 것이 아니라고 해명했다. 그러나 프랑스 공사도 가담하여 조약 위반이라고 다시 항의했다.

4 이용익과 김영준 등 친러 보수파가 친미 개화파를 제거하기 위해 꾸민 '기독교인박멸음모사건'을 말한다. 이들은 황실 재정을 주도하던 자들로, 친미 정동파 독립협회의 비판에 깊은 반감을 가지고 있었고, 미국 회사의 전차 운영에도 반대했다. 1900년 중국에서 의화단사건이 일어나고, 국내에서도 반외국인 감정이 고조되자, 9월에 서울 시내 전차 반대 폭동을 배후에서 지원했다. 그러나 알렌과 다른 공사들의 노력으로 전차 운행이 정상화되자, 고종 황제의 칙령을 날조하여 기독교인과 선교사들을 음력 10월 15일(양력 12월 6일)에 모두 살육하라는 통문을 지방 관청에 보냈다. 그러나 11월 19일 황해도 해주에 갔던 언더우드가 이 사실을 은율읍교회 영수 홍성서로부터 전해 듣고 서울의 에비슨 의사에게 라틴어로 전보를 보냈고, 알렌 공사가 고종을 알현하고 보고하여 기독교인 보호 칙령을 내림으로써 사전에 폭동을 막았다. 김영준은 이 일과 이어서 발각된 인천 월미도를 매각한 사건과 연관되어 1901년 처형되었다.

5 1902년에 발생한 해서교안의 한 원인이 세금이었다.

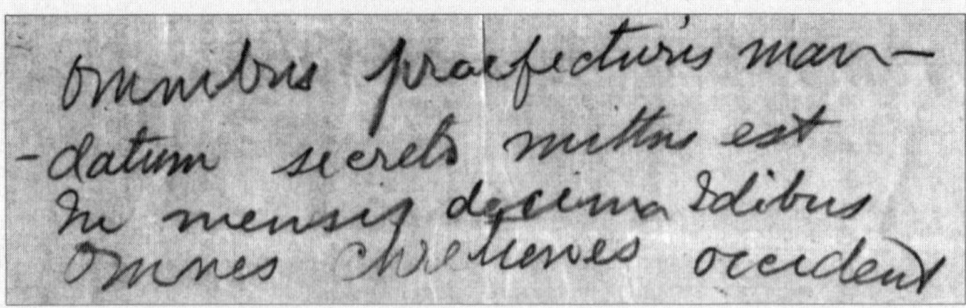

Omnibus praefectrius man-
-datum secreto mittus est
In mensis decima Idibus
Omnes Christienes occident

●

**언더우드가 해주에서 에비슨 의사에게 보낸 라틴어 전보, 1900년 10월 19일**[1]

**Priscilla Welbon Ewy, Arthur Goes to Korea (Self-published, 2010), 121.**

1 *"Omnibus praefectrius mandatum secreto mittus est In mensis decima Idibus omnes Christienes occident."* 이를 문법에 맞는 라틴어로 다시 쓰면 다음과 같다. *"Omnibus praefectoribus mandatum secreto missum est In mensi decimo Idibus omnes Christianes occident."* 영어 번역은 다음과 같다. "A command was sent secretly to all magistrates to put all Christians to death in the 15th day of the tenth month." 곧 "모든 현감에게 비밀 지령 보냄, 10월 15일에 모든 기독교인 살해." 10월 15일을 양력으로 하면 12월 6일이기에 알렌은 이 편지에서 '이때쯤 불가피하게 발생할 뻔했던 폭동'이라고 언급했다. 알렌 공사는 만일의 사태를 대비하여 미국 국무성에 해군 파병을 요청하기도 했다.

비밀 통문과 관련하여 박사님이 관찰사와 현감을 방문한 것을 설명해 주어서 대단히 감사합니다. 평양의 관리들에게 보낸 전보의 사본을 받아서 특히 기뻤습니다. 박사님이 이 문제를 완벽하게 처리했습니다. 평양이나 박사님이 있는 지역에서 발생할 수도 있는 어떤 징후라도 저에게 알려주시기 바랍니다. 나는 가능한 한 신속하게 당신을 돕겠습니다. 그리고 그 목적을 위해서 내가 사용할 수 있는 증거를 항상 나에게 전하도록 노력해주기를 바랍니다. 한국인의 보고서들은 내 자신의 정보로는 탁월하지만, 아시다시피 한국 정부에 어떤 사건을 관철하려고 할 때에는 아무 소용이 없습니다. 왜냐하면 비록 내가 그렇게 할 수 있고 또 해야 하겠지만, 정보 제공자를 곤경에 빠뜨리는 위험을 감수해야 하기 때문입니다. 박사님이 나를 위해서 제공해주는 지방 정부의 공식 통고나 문서는 무엇이든지 안전하고 효과적으로 사용할 수 있습니다. 내륙의 재산 보호 문제 건에 대해 말하자면, 외국인의 이해가 포함되어 있어도 본토인의 재산은 보호해줄 수 없습니다. 왜냐하면 그런 이해는 조약을 통해 획득할 수 없기 때문입니다. 그러나 조약에 의하면 나는 박사님이 호조(여권)를 소지하고 여행할 때 박사님의 생명과 동산(動産)을 보호할 수 있습니다. 비록 대구의 강도 사건에 대해서는 아직 뚜렷한 성과를 거두지 못하고 있지만, 보호하려는 시도는 할 수 있습니다.

박사님이 일반적인 정보를 제공하려고 내게 보내는 전보에 대한 영수증 사본을 보내주면 나는 그 금액을 기꺼이 환불해드리겠습니다. 우체국에 요구하면 영수증 사본을 얻을 수 있을 것입니다.

호러스 N. 알렌 드림

# 보고서 REPORTS

PHS, microfilm reel #180, vol. 11

**Samuel A. Moffett**

**Seoul, Korea**

**January 14, 1895**

---

### Appropriation for Publication of Mr. Gale's Dictionary

Concerning this it perhaps need only be said that it was at the unanimous request of all the Presbyterian Missionaries in Korea two years ago that Mr. Gale began the translation of the Korean-French dictionary into a Korean-English dictionary. He soon found however that this work could be greatly improved by dropping many words in the French and by adding hundreds or thousands of words not in the French. The result is that he has given us an entirely new work one-half larger than the French dictionary with several valuable features added.

Such a dictionary as this is now our greatest need and doubtless it will supply all the need for a dictionary on the part of most students even after the "Unabridged Dictionary" now supposed to be in preparation by the Methodist Mission, is published. This latter will not be ready for many years to come—even though they ever complete it.

The sales of the book will, we believe, eventually return all the money invested in it. Last year you appropriated $200 silver for publication of Mr. Gale's "Grammatical Forms". We printed 150 copies at a cost of $210 silver and have in 6 months sold copies to the amount of $146. For this as yet nothing has been drawn from the Board. Before the year closes we may have to draw some $50 silver but this too will eventually be returned as further sales are made. The amount asked from our Board is $500 gold, the Southern Presbyterian and Australian Boards being asked for the rest.

Samuel A. Moffett

## 마포삼열
## 한국, 서울
## 1895년 1월 14일

[엘린우드 박사님께]

**게일 목사의 사전 출판을 위한 예산**

이것에 관하여 아마 다음 사실, 곧 한국에 있는 모든 장로회 선교사들이 2년 전 만장일치로 게일 목사가 『한불ᄌᆞ뎐』(韓佛字典)을 한영자전으로 번역해야 한다고 요청한 것만 말씀드릴 필요가 있겠습니다. 하지만 그는 얼마 후 많은 프랑스어 단어를 생략하고, 새로 수백 개나 수천 개의 단어를 추가하면 크게 개선될 수 있음을 깨달았습니다. 그 결과 완전히 새로운 작품이 되었는데, 『한불ᄌᆞ뎐』보다 분량이 절반 이상 늘어났고, 많은 중요한 특징이 더해진 사전입니다.[1]

이런 사전이 지금 우리에게 필요하며, 비록 감리회에서 준비 중인 "줄이지 않은 대사전"이 출판되더라도 그 사전은 분명 한국어 학생들 대부분의 모든 필요를 충족시켜줄 것입니다. 후자의 대사전은 언젠가 완성되더라도 준비하는 데 앞으로 여러 해가 걸릴 것입니다.

우리는 게일의 사전 판매로 투자한 금액 전부를 결국 회수할 것이라고 생각합니다. 작년에 박사님께서 게일의 문법서인 『사과지남』(辭課指南)의 출판비로 은화 200달러를 배정하셨습니다. 우리는 은화 210달러로 150부를 출간했으며, 지난 6개월간 판매하여 146달러를 받았습니다. 아직 이를 위해서 선교부로부터 받은 예산은 없습니다. 올해가 가기 전에 50달러를 지출해야

1 프랑스인 신부 리델(Felix-Clair Ridel)이 1880년에 일본의 요코하마에서 출판한 『한불ᄌᆞ뎐』은 첫 근대적 한국어 이중어 사전이다. 표제어 29,000(어휘부, 지리부)를 수집했다. 반면 게일의 『한영ᄌᆞ뎐』(Yokohama: Kelly & Welsh; 횡빈: 복음인쇄회사, 1897)은 어휘 35,000개를 포함했다. 그러나 그 상당 부분(약 40% 이상)은 한불자전의 번역이었다. 이후 게일은 계속 사전 작업을 해서 어휘수를 늘렸는데, 2판 『한영자전』(1911)에서는 50,000개, 3판 『한영대자전』(1931)에서는 80,000개로 늘렸다.

게일 [MOF]

James S. Gale

할지도 모르지만, 이 금액도 추가 판매를 하면 곧 회수될 것입니다. 사전을 위해서 우리 선교부에서 금화 500달러를 책정했으며, 나머지는 남장로회와 호주장로회 선교부에 청구할 것입니다.

마포삼열 올림

PHS, microfilm reel #179, vol. 8, letter #58

**S. A. Moffett**

**October 1895**

## EVANGELISTIC WORK IN EUI JU AND THE NORTH

Since the last report I have not been able to visit Eui Ju, this partly on account of the ravages of cholera having for the second time depopulated the city, and partly on account of having to give all the time spent in the province to the more urgent and most promising work in and around Pyeng Yang.

The work in Eui Ju city has been practically suspended for more than a year or ever since the entrance of the Chinese troops at the beginning of the war. Then the city was not only depopulated but its houses were, with but few exceptions, either destroyed or greatly injured. Our own property suffered considerable damage and is in need of repair. My helper, Kim Koan Keun and his wife, with the Bible woman Mrs. Paik and another Christian family fled to the mountains where they built a little hut in which they passed the fall and winter. He reported to me and as at that time our property was in the possession of the Japanese, request was made through the American Minister who secured its restoration to Mr. Kim. He then made provision for its temporary occupation and protection and reported to me in Pyeng Yang this summer. Returning with books and a small sum of money sufficient for the repair of roofs and doors in order to make the place habitable and to prevent further damage by the rains—he arrived there just as the cholera was beginning to carry off its victims by the hundreds. Unable to move his family back, he again left the place in charge of a relative and passed the next two months with his family and in looking after his appointed work in Kou Syeng. Again in September he was with me in Pyeng Yang. He returned to Eui Ju hoping that the way might be clear for the people to return to

## 마포삼열
## 1895년 10월

### 의주와 북부의 전도 사업

지난번 보고한 이후로 나는 의주를 방문할 수 없었는데, 이는 그 도시의 많은 사람을 죽음으로 몰고 간 콜레라가 재발하여 기승을 부렸기 때문이기도 하고, 다른 한편으로는 평양과 그 주변에서 더 시급하고 유망한 사역을 위해 모든 시간을 할애했기 때문입니다.

의주 사역은 전쟁 초기에 중국 군대가 진군한 이후 사실상 중단되었습니다. 그때 도시에서는 인구가 감소되었을 뿐만 아니라 집들도 거의 예외 없이 크게 파괴되었습니다. 우리의 사택도 심각한 손상을 입어 복구가 필요합니다. 조사 김관근(金觀根)과 그의 아내는 전도부인[1]인 백씨 부인과 또 다른 기독교인 가족과 함께 산속으로 피난을 갔으며, 그곳에서 그들은 작은 오두막을 짓고 가을과 겨울을 지냈습니다.[2] 그의 보고에 의하면, 당시 우리 사택을 일본인이 소유했는데, 미국 공사에게 요청한 결과 일본인이 김 씨에게 사택을 반환했습니다. 그 후 김 씨는 임시 거주와 보호를 위해 준비했고, 올여름 평양으로 와서 이것을 내게 보고했습니다. 그는 돌아갈 때 책과 함께 사택 수리비, 곧바로 거주할 수 있는 처소를 만들고 더 이상 비 피해를 입지 않도록 지붕과 문을 보수하기에 충분한 약간의 돈을 가지고 갔는데, 마침 콜레라가 발생하여 희생자의 사체를 수백 명씩 성 밖으로 운구하기 시작했을 때 그곳에 도착했습니다. 그의 가족은 돌아갈 수 없었고, 그는 친척에게 집을 맡긴 채 다시 그곳을 떠나 자기 가족과 함께 자기에게 맡겨진 구성(龜城)의 사

1 한국 선교 초창기에 문화적인 차이로 외국인 남자 선교사들이 여성에게 전도하기 어려웠을 때 남성을 대신하여 복음 전도 사역을 수행한 부인들을 가리킨다. 이들은 개인 전도를 넘어 매서(賣書) 활동에도 적극 참여했다.

2 백씨 부인은 백홍준의 부인을 말한다. 아마도 생계를 위해 선교지부에서 그녀를 전도부인으로 임명했던 듯하다. 그러나 청일전쟁으로 사역이 중단되면서 그녀의 임명도 철회되었다.

the city and he be able to re-establish our work. He has been through most trying times and has had no one upon whom he could rely for counsel or assistance. Not being a very strong or self-reliant man he has not borne himself with special credit, so that the opportunities afforded by the war and the cholera, which a stronger man might have improved, have not been taken advantage of by him, to the furtherance of our work. He is however holding together the fragments of our property and our work there as best he can, waiting until by personal visitation we can plan for the best disposition of the property and the better care of all our interests.

The work being so interrupted and Mrs. Paik not being able to carry on work among women, by action of the station we have discontinued her salary as a Bible woman. While we report for the Eui Ju Church an enrollment of 34 members and 10 catechumens, it is probable that in the whole district not more than 12 or 15 men can be gathered together this winter as the nucleus around which to re-organize the church. Many of the new enrolled had been lost sight of, many have left never to return -some will never again be heard of although Kim is under instructions to make diligent inquiry for them that they may be followed up. We hope that some of them in their wanderings and in their new homes, will bear faithful witness of Christ and that the seed thus widely sown may bring forth even more fruit for the Master's harvest. Dr. Wells and I plan to visit Eui Ju in the early spring, while we have arranged that Mr. Kim and one other from Eui Ju shall be in attendance upon our Training Class this winter.

Of the condition of things in Kou Syeng and Sak Ju I can give a much brighter picture, although this field also has suffered much from lack of personal oversight and direction. The war broke up our school there, so that when the school teacher Mr. Yang reported to me in the winter I arranged to send him out as a colporteur giving special attention

역을 돌보는 데 두 달을 보냈습니다. 그는 9월에 다시 평양을 방문해서 저와 함께 있었고, 사람들이 도시로 돌아오고 사역을 다시 세워 나갈 수 있는 길이 열리기를 바라며 의주로 돌아갔습니다. 그는 가장 힘든 시간을 보냈는데, 조언이나 도움을 구할 수 있는 사람이 아무도 없었습니다. 그래서 강인한 사람이라면 전쟁과 콜레라로 인해 주어진 좋은 기회를 선용할 수 있었겠지만, 그는 강인하거나 자립적인 사람이 아니기 때문에 특별히 훌륭하게 처신할 수 없었고 사역의 발전을 위해 이 기회를 활용하지 못했습니다. 그러나 그는 그곳에서 최선을 다하여 우리의 부서진 사택과 남은 사역을 지키면서, 우리가 직접 방문해서 자산을 잘 처분하고 우리의 모든 관심사를 더 잘 관리할 계획을 수립할 때를 기다리고 있습니다.

사역이 크게 방해를 받았고 백씨 부인도 여성 사역을 수행할 수 없었기 때문에, 선교지부의 결정에 따라 우리는 그녀의 전도부인 봉급을 중단시켰습니다. 의주교회에 대하여 세례교인 34명과 학습교인 10명을 보고하지만, 십중팔구 올겨울에 이 지역 전체에서 교회를 재조직할 핵심이 될 남자 12-15명을 모을 수 있을 것입니다. 새로 등록한 자 중에 많은 사람이 눈에 띄지 않았고, 멀리 떠난 많은 사람이 결코 돌아오지 않을 것이며, 일부는 비록 성실한 구도자를 만들고자 하는 김 조사의 지도를 받았다 해도 다시는 소식을 들을 수 없을 것입니다. 그들 가운데 일부는 방랑하다가 또는 새 집에 정착해서 그리스도를 충실히 전했으면 하는 것이 우리의 소망입니다. 그래서 주께서 추수하실 때 널리 뿌린 씨앗이 풍성한 열매를 맺을 수 있기를 바랍니다. 웰즈 의사와 내가 이른 봄에 의주 방문을 계획하는 한편, 김 씨와 의주 출신 다른 한 사람이 올겨울 사경회에 참석하기 위해 준비하고 있습니다.

구성과 삭주의 상황입니다. 이 지역 역시 직접적인 관리와 지도의 부족을 심각하게 겪었지만 훨씬 더 나은 모습을 보여줄 수 있는 곳입니다. 전쟁으로 그곳의 우리 학교는 휴교를 했고, 그래서 교사 양전백 씨가 겨울에 나에게 보고했을 때 그를 권서로 파견하여 구성과 삭주 사역에 특별한 관심을 기울이게 했으며, 구성에서는 한 달에 2주일, 삭주에서는 1주일을 할애하고,

to the work at Kou Syeng and at Sak Ju, giving two Sundays a month to the former, one to the latter and one Sunday to be spent in other villages selling books and making known the gospel. He was thus employed with the sanction of the station–private funds being used to supply his salary which is 2000 cash per month with 100 cash per day for traveling expenses when itinerating. Several years acquaintance with him as a school-teacher and contact with him as a student in three successive training classes led me to think very highly of him and to expect good results from his work. We have not been disappointed and his report is full of encouragement.

In the early spring he with two of the Kou Syeng Christians came to us in Pyeng Yang with plans for the securing of a building for a church and for the helpers' residence. The building formerly so used had to be given up since the discontinuance of the school, because some of those who had secured the use of that building were now demanding it for others. This would necessitate the removal of Mr. Yang from the village and these Christians wanted our assistance in securing another building. Feeling that they asked more than it was wise for us to furnish, we sent them back with the proposition to furnish 10,000 cash, one half the cost, when they should raise the other half and bring the deed for the building. They were doubtful as to their ability to raise that sum but went back determined to make the effort. They succeeded and in the summer just before I left Pyeng Yang the deed was placed in my hands, so that the Kou Syeng church is now provided with a church home.

There are but 7 members and 4 catechumens so that the sum they raised, 10,000 cash (equal to $22.00 silver) was a large one for men of their poverty.

At this time one of the catechumens who had waited for over a year, came to Pyeng Yang asking to be baptized. Passing a satisfactory examination and having been known to me for several years he was

나머지 1주일은 다른 마을에서 서적을 팔고 복음을 전하도록 했습니다. 따라서 그는 선교지부의 승인을 받고 고용되었습니다. 개인 자금으로 그의 봉급을 지급하고 있는데, 매달 2,000냥에다가 순회할 때 드는 여행비로 하루에 100냥을 줍니다. 몇 년 동안 그를 교사로 알고 지냈고, 세 번 연속 사경회의 학생으로 만나면서 그를 높이 평가하게 되었으며, 그의 사역에 대해 좋은 결과를 기대하게 되었습니다. 그는 우리를 실망시키지 않았는데 그의 보고가 매우 고무적입니다.

이른 봄에 그는 구성의 기독교인 2명과 함께 교회당과 조사의 사택을 확보할 계획을 가지고 평양에 있는 우리를 찾아왔습니다. 이전에 사용했던 건물을 학교가 폐교된 이후 포기하지 않을 수 없었는데, 당시 그 사용권을 확보한 자들 일부가 다른 용도로 그 건물을 요구했기 때문입니다. 이 때문에 양 씨는 그 마을에서 이사를 해야 했고, 기독교인들은 또 다른 건물을 확보하기 위해 우리의 도움을 청했습니다. 그들이 우리가 적절하다고 생각한 지원 금액보다 더 많이 요청했기 때문에, 우리는 그들이 비용의 절반을 부담하고 건물 문서를 가져오면 그때 우리가 나머지 절반인 10,000냥을 제공하겠다는 제안을 하고 돌려보냈습니다. 그들은 그 비용 마련을 위한 자신들의 능력에 대해 의심을 품었지만 노력하겠다고 결심하며 돌아갔습니다. 그들은 성공했고, 여름에 내가 평양을 떠나기 직전에 내 수중에 문서가 들어왔으며, 그래서 지금 구성교회에는 사택이 마련되어 있습니다.

그들은 교인 7명과 학습교인 4명뿐이므로, 그들이 부담한 10,000냥(은화 22달러 상당)은 가난한 자들에게는 큰돈이었습니다.

이 무렵 1년 넘게 기다렸던 학습교인 중 한 명이 세례를 받기 위해 평양에 왔습니다. 그는 문답을 만족스럽게 통과했고 내가 몇 년 동안 알고 있었기 때문에, 평양교회 앞에서 세례를 받고 기뻐하며 돌아갔습니다.

이 읍에 있는 작은 무리의 기독교인들은 한결같은 자들로 그 어두운 지역에서 타오르는 횃불이 되어왔습니다. 삭주 사역은 18개월 전 의주에서 열린 지난번 사경회에 참석했던 두 사람이 가르친 결과입니다. 이 가운데 한

baptized in the presence of the Pyeng Yang church and went on his way rejoicing.

The little band of Christians in this town seem very steadfast and have certainly been a beacon light in the darkness of that region. The work at Sak Ju is the result of the teaching of two men who attended the last Training Class held in Eui Ju 18 months ago. One of these, a doctor named Paik, became most deeply interested, seemed sincerely repentant of sin and desirous of serving Christ. He went back to his home and his work, full of joy and evidently intent on making the good news known. Ever since, I have been hearing of his active labors. Services have been held at his house every Sunday and Mr. Yang, who has more recently visited them and given them better instruction says there are over a hundred men in different villages who are interested and he has given me the names of 35 whom he believes to be thoroughly sincere in their profession of repentance and faith, with a knowledge of which is the real import of Christianity. These men are not enrolled as catechumens tho they are under instruction and so far as their knowledge goes seem to be seeking to serve and worship God.

Paik the doctor has this summer gained the gratitude of the whole city of Sak Ju and of those in the neighborhood. During the cholera every physician in the neighborhood fled—he alone remaining. With faith in God he determined to stay and do what he could to relieve the suffering. Night and day he was incessantly at work with every means of saving the lives of not a few. When the cholera was over his services were recognized by a grateful community who called attention to the fact that he alone remained with them and not only administered medicines but prayed with them and sought to comfort them and care for them. A generous subscription was taken up for him. He is a man of wide acquaintance, as a physician travels a great deal and wherever he has gone he has spread the news of the gospel of Christ. It is with peculiar

명은 한의사 백 씨로 예수교에 깊은 관심을 가지게 되었고 진심으로 죄를 회개하고 그리스도께 헌신하기를 바라는 것처럼 보였습니다.[3] 그는 자기 집과 직업으로 돌아갔는데 기쁨에 차서 열심히 복음을 전했습니다. 이후 나는 그가 적극적으로 활동하고 있다는 말을 듣고 있습니다. 그는 집에서 주일마다 예배를 드리고 있습니다. 최근에 그곳을 방문하고 더 좋은 가르침을 준 양[전백] 씨는 여러 마을에서 관심을 가진 자들이 100명이 넘는다고 말하며, 그중에서 회개와 신앙 고백에서 철저히 신실하고 기독교의 진정한 의미를 안다고 여겨지는 35명의 명단을 내게 주었습니다. 비록 이 사람들이 가르침을 받고 있고, 자기가 알고 있는 만큼 하나님을 섬기고 예배하려고 애쓰는 것처럼 보이지만 그들을 학습교인으로 받지는 않았습니다.

한의사 백 씨는 올여름에 삭주와 주변 모든 도시에서 감사의 인사를 받았습니다. 콜레라가 만연한 동안 그를 제외한 모든 한의사들이 피난을 갔습니다. 그는 하나님을 믿으며 머물러 있기로 결심했고, 고통을 완화시킬 수 있는 일을 했습니다. 그는 밤낮으로 적지 않은 생명을 구하기 위해 모든 수단을 동원하며 쉴 새 없이 일했습니다. 콜레라가 지나갔을 때 지역 주민들이 그의 봉사를 고마워하며 치하했는데, 그 혼자만 남아서 치료를 해주었을 뿐만 아니라 함께 기도하고 위로하고 돌봐주기까지 했다는 사실을 주목했습니다. 그를 위해서 사람들이 아낌없이 부조를 했습니다. 그는 널리 알려진 사람이 되었습니다. 의사로서 수많은 곳을 왕진하는데 어느곳에 가더라도 그리스도의 복음을 전했습니다. 한국 전역에서 내가 폭도에게 습격당할 뻔했던 유일한 장소인 삭주를 다시 방문하기를 기다리는 일은 특별한 기쁨입니다. 3년 전에 내가 그 도시를 방문한 첫 외국인으로 그곳에 들어갔을 때, 나를 만난 한 노파는 나의 출현에 몹시 화가 난 것처럼 인상을 쓰면서 주먹을 부르르 떨었습니다. 주일에 하루 종일 내가 그리스도에 관해서 사람들에게 이야기할 때 여관 주변에 성난 폭도가 모였는데, 내 사환이 엿들은 바에 의하면

3 삭주교회 설립자 백유계(白留溪)다. 삭주교회 출신으로는 최권능 목사가 유명하다.

pleasure that I look forward to re-visiting Sak Ju, the only place in all Korea which I felt that I came seriously near being mobbed. Three years ago when, as the first foreigner who had ever been seen there, I entered the city, I was met by an old woman who scowled upon me and shook her fists as tho terribly enraged by my appearance. All day Sunday as I talked to them of Christ a sullen, angry mob gathered about the inn, my boy over-hearing the various propositions which were made to seize and beat me.

With Paik the doctor at my back I anticipate a very different welcome and shall hope to find among those now interested some who heard the truth for the first time on that Sunday which I passed in Sak Ju.

Mr. Yang's visits to these people have been gladly welcomed, as he has sought to instruct them and direct them in their worship. He has also several times visited a large market town in the Eui Ju district where he has sold many books and where at last report there is one man who seems deeply interested in the truth. He is hoping through this man to develop a greater interest leading to the establishment of permanent work there.

Mr. Yang is a tried man who has shown himself worthy of confidence and seems sincerely in earnest in seeking to win souls. He will attend the Training Class in Pyeng Yang, bringing with him Paik the doctor, two Christian teachers in boys' schools and another man from Kou Syeng. One of the Christian teachers uses Christian text books, has his boys sing hymns, and on Sunday conducts a service for worship, the parents of some of the boys attending. Dr. Wells and I plan to visit these places on our way to Eui Ju in the Spring.

Respectfully submitted,
Samuel A. Moffett

나를 사로잡아 때리자는 여러 가지 모의를 했습니다.

그러나 백 의사를 데리고 함께 간다면 아주 다른 대접을 받으리라고 기대하며, 내가 삭주에 들렀던 그 주일날 처음으로 진리를 들었고 지금도 관심을 가진 이들을 찾을 수 있기를 바랍니다.

이들은 양전백 씨의 방문을 크게 환영했는데, 양전백 씨가 그들을 가르치기 위해서 애쓰고 예배를 지도했기 때문입니다. 또한 그는 의주 지역에서 큰 장시가 열리는 의주읍을 몇 차례 방문했고 그곳에서 많은 책을 팔았는데, 지난번 보고서에 의하면 진리에 깊은 관심을 보이는 사람이 한 명 있다고 합니다. 양전백 씨는 그곳에 사역이 영구적으로 정착하도록 이 사람을 통해서 관심이 더 늘어나기를 바라고 있습니다.

양전백 씨는 신뢰할 만한 자로서 시험을 거쳤으며 영혼을 구하기 위해 열심히 애쓰는 신실한 자인 것 같습니다. 그가 평양의 사경회에 참석할 때 한의사 백유계와 서당 훈장인 두 기독교인 교사, 구성 출신의 또 다른 사람을 데리고 올 것입니다. 그 기독교인 훈장 중 한 명에게는 기독교 서적을 교과서로 사용하고 찬송가를 부르는 학생들이 있으며, 주일에는 예배를 드리는데 일부 소년들의 부모가 참석합니다. 웰즈 의사와 나는 봄에 의주로 가는 길에 이곳을 방문할 계획을 세우고 있습니다.

정중히 제출합니다.

마포삼열 올림

PHS, microfilm reel #179, Vol. 8, letter #59

**Samuel A. Moffett**

**Seoul, Korea**

**October, 1895**

---

### Salaries of Korea Mission

I have for a long time thought that the salaries in our Mission here were higher than necessary and have frankly and freely said so. Heretofore I have refrained from saying what I thought is sufficient salary for a married man, but feeling that a single man is competent to hold an opinion on this as on any other business question, I wish this year to state what my view is as to all the salaries.

If the Southern Presbyterian missionaries can live on a salary of \$1,000.oo gold [per year] and the Methodist missionaries on from \$950.oo to \$1,200.oo gold (exclusive of some extras), our salary of \$1,350.oo gold is excessive. I have for some time thought that \$1,200.oo gold would be the proper amount for salary of a married man, but should like to see it placed at \$1,250.oo until such time as the Mission might think it advisable to again raise the question.

The salary of a single lady now placed at \$675.oo [a year] gold does not seem to be excessive. The former salary of \$800.oo was without doubt unnecessarily high. I should be loth to see the salary made less than \$650.oo gold, even tho the ladies themselves may be willing to receive less.

The salary of a single gentleman was placed at \$850.oo gold although when I was the only single gentleman in the Mission I suggested \$800.oo as a sufficient amount. I still believe \$800.oo gold to be sufficient and in my judgment the proper amount—although I shall be perfectly willing to accept \$750.oo should the Board think that sufficient. To provide less than the latter amount would in my judgment be a detriment to the work.

**마포삼열**
**한국, 서울**
**1895년 10월**

## 한국선교회의 봉급

나는 오랫동안 이곳 우리 선교회의 봉급이 필요보다 많다고 생각했으며, 솔직하고 자유롭게 그렇다고 말했습니다. 지금까지 나는 결혼한 남자에게 충분한 연봉 액수에 대해서는 자제하면서 생각을 말하지 않았습니다.[1] 그러나 독신 남자는 업무의 다른 문제처럼 연봉 액수에 대한 의견을 쉽게 가질 수 있다고 생각하기 때문에, 올해에는 전반적인 봉급에 대한 내 견해를 진술하고 싶습니다.

만일 남장로회 선교사들이 금화 1,000달러의 연봉으로 살 수 있고, 감리회 선교사들이 금화 950-1,200달러(특별 수당 제외)로 살 수 있다면, 우리가 받는 연봉인 금화 1,350달러는 지나치게 많습니다. 저는 얼마 동안 금화 1,200달러가 결혼한 남자의 봉급으로 적절하다고 생각했지만, 선교회가 이 문제를 재론할 때까지 1,250달러로 정하는 것이 좋다고 봅니다.

현재 독신 여성 선교사의 봉급으로 책정된 금화 675달러가 지나치게 많다고 생각하지 않습니다. 이전의 금화 800달러는 분명 불필요하게 많았습니다. 비록 독신 여성 선교사들이 감봉을 기꺼이 받아들이겠지만, 저는 연봉이 650달러 이하로 내려가는 것은 좋지 않다고 봅니다.

독신 남자의 봉급은 금화 850달러로 정해져 있었습니다. 비록 선교회에서 저 혼자만 독신 남자였지만, 저는 충분한 액수로 800달러를 제시했습니다. 저는 여전히 금화 800달러가 충분하다고 믿으며, 제가 판단하기에 적절

1 그가 오랫동안 독신으로 있었기 때문에 결혼한 남자의 적정 봉급을 말하지 않았다. 1895년 선교부의 재정 긴축으로 선교사의 연봉이 삭감되었는데, 선교부에서는 현장의 선교사에게 각자 적정한 봉급액이 얼마일지 보고하도록 했다.

I can see no reasons for making a distinction between different stations. There are advantages and disadvantages peculiar to each. Transportation to the interior is very expensive but this is offset by the fact that many calls for money met by those in the ports are not met by those in the interior.

Trusting that this may throw one more side light and help towards a just decision on the part of the Board.

Very sincerely,

Samuel A. Moffett

한 액수라고 봅니다. 만일 선교부가 750달러가 충분하다고 생각한다면 저는 기꺼이 그것을 받을 뜻이 있습니다. 그러나 그보다 적게 제공하면 사역에 지장이 있을 것이라고 판단합니다.

선교지부별로 봉급을 다르게 할 이유는 없다고 봅니다. 각 선교지부에는 특정 장단점이 있습니다. 내륙까지의 교통비는 비싸지만, 개항장에 있는 자들에 비해 내륙에 있는 자들은 돈을 쓸 일이 별로 생기지 않는다는 사실이 이를 상쇄시켜줍니다.

선교부가 바른 판단을 내리는 데 이 편지가 작은 빛을 주고 약간이라도 도움이 되기를 바랍니다.

마포삼열 올림

PHS, microfilm reel #179, vol. 8, letter #60

**Samuel A. Moffett**

**Pyeng Yang Station**

**October, 1895**

### Evangelistic Work in Pyeng Yang and Vicinity

It is our very great pleasure to report that the work in Pyeng Yang has passed the initiatory stage and has become an established work, a church beginning to develop, to expand and to make itself felt as a factor in the life of the city and the surrounding country.

We are also able to report that in several places in which mention of a beginning of work was made in our last report, there are now either small churches established or groups of catechumens meeting regularly every Sunday for worship and study.

The Lord has blessed us even beyond our expectations and it is truly with glad and thankful hearts that we lay before you this account of the progress and present condition of the work.

Certain phases in this progress make us particularly grateful and hopeful, confident that with these the church is being established on strong foundations, assuring us that it is becoming a self-propagating, self-supporting church.

The first of these is the earnest and faithful evangelistic work carried on by the members and catechumens. These men have been doing the work and we have been receiving the calls to follow up their work, establish it, direct it, and organize it; calls so numerous that we have not been able to attend to all of them. More than a score of men have taken books and visited other cities and villages, preached Christ, gathered groups of inquirers, started them to assembling on the Sabbath, and instructed them as far as they could do so. From these villages one and another has come in, sought us out, listened to the truth and gone back

**마포삼열**
**평양 선교지부**
**1895년 10월**

## 평양과 그 주변의 전도 사역

평양의 사역이 시작 단계를 지나 확립된 사역이 되었음을 보고하게 되어 대단히 기쁩니다. 교회는 이 도시와 주변 지역에서 발전하고 확장하여 생활의 한 요소로 자리를 잡기 시작했습니다.

또한 지난번 보고서에서 사역이 시작되었다고 언급한 몇몇 장소에 관해서도 보고할 수 있는데, 그곳에는 현재 작은 교회가 세워졌거나 학습교인들이 예배와 성경 공부를 위해 주일마다 정기적으로 모이고 있습니다.

주님께서는 지금까지 우리의 예상을 훨씬 뛰어넘는 축복을 주셨습니다. 여러분께 사역의 진척과 현 상황에 관한 이 보고서를 제출하게 되어 진심으로 기쁘고 감사할 따름입니다.

이 발전 과정에서 확실한 단계들이 우리로 하여금 특별히 감사하게 하고 희망을 품게 하며 자신감을 심어주는데, 교회가 굳건한 토대 위에 세워지고 있기 때문에 자전하고 자급하는 교회가 될 것을 우리가 확신할 수 있습니다.

이 단계 중 첫 번째는 세례교인과 학습교인에 의해 수행되는 진지하고 신실한 전도 사역입니다. 이 사람들은 그 사역을 해왔으며, 우리는 그 후속 작업으로 사역을 정착시키고 관리하며 조직해달라는 요청을 받아왔습니다. 요청이 너무 많아서 우리는 그 모든 요청을 다 들어줄 수 없었습니다. 20명 이상의 사람들이 서적을 가지고 다른 도시와 마을을 방문하여 그리스도를 전파하고, 구도자를 모았으며, 그들을 안식일에 모아 집회를 시작했고, 할 수 있는 만큼 가르쳤습니다. 이 마을들에서 이런저런 사람들이 우리를 찾아왔고, 진리를 듣고 죄를 버리고 그리스도를 섬기는 일에 더 많은 관심을 기울이고 더 단호한 결심을 하고 돌아갔습니다. 이 마을들이 보낸 심방 요청

more interested and more determined to forsake sin and serve Christ. From these villages the calls received are growing so numerous that we must ask for help in looking after this growing work. Another hopeful phase of the work is the interest the Christians are taking in providing for themselves places for worship and their willingness to contribute towards the running expenses of the church.

We have been especially desirous of building up a native church with only so much use of foreign money as seemed to be a judicious helping of native effort, and we have sought to start the work in any place on the principle that the natives must themselves first do all that they can, we to come to their help.

We are planning to have the natives, just in proportion to their ability, bear a part of the expense in all work undertaken, and as their ability grows we expect them to bear a greater and greater share of the financial burdens.

Our report shows a most gratifying result, and not only have they surpassed our expectations but the interest shown in co-operating with us in these plans has been especially gratifying. I can best present the condition of the work in detail by reporting separately on the Churches and their sub-stations. In Pyeng Yang city we have the

### East Gate Church

This occupies the building which was formerly used by me as a residence or rather "quarters," while the room formerly used as the Church has become the "sarang".

We consider this [East Gate Church] the church—Here every Sunday afternoon the church service is held, here catechumens are received, the sacraments administered, and the benevolent offerings are made. Here also every night a number of the members gather for prayer and Bible study under direction of Mr. Han. Wednesday night the regular church

이 너무 많아져서 우리는 이 성장하는 사역을 돌보기 위해 도움을 요청해야만 했습니다. 사역의 또 다른 희망찬 단계는 기독교인들이 예배 장소를 마련하는 데 직접 참여하고, 교회 운영비에 관심을 가지고 자발적으로 헌금하는 것입니다.

우리는 오직 본토인의 수고를 돕는 일이 적절하게 보일 때에만 외국 자금을 사용하여 본토인 교회가 건축되기를 특별히 바랍니다. 우리는 어디서든지 본토인들이 스스로 먼저 할 수 있는 일을 모두 해야 하고, 우리는 본토인을 도우러 왔다는 것을 원칙으로 삼아 사역을 시작하려고 노력했습니다.

우리는 착수할 모든 사역에서 비용의 일부분을 본토인들이 자신들의 능력에 맞게 부담케 하려고 계획하고 있으며, 그 능력이 증대하면 본토인들이 점점 더 재정의 많은 몫을 부담하리라고 기대합니다.

우리 보고서가 대단히 만족스러운 결과를 보여주는데, 본토인들은 우리의 기대를 뛰어넘었을 뿐만 아니라, 이 계획에 협력한 본토인들의 관심이 특히 만족스럽습니다. 사역 상황을 자세히 진술할 수 있도록 다음과 같이 교회와 선교지회를 구분하여 보고합니다. 먼저, 평양 시내에 있는 교회입니다.

### 대동문교회

이 교회는 전에 내 사택이라기보다는 "숙소"로 사용했던 건물에 들어서 있는데, 교회로 사용했던 방은 이제 "사랑"방이 되었습니다.

우리는 이곳을 교회로 간주합니다.[1] 이곳에서 주일 오후마다 예배를 드리고, 학습교인을 받으며 성찬식을 거행하고 구제 헌금을 드리기 때문입니다. 또한 이곳에서 매일 저녁 많은 교인들이 모여서 한석진의 지도 아래 기도와 성경 공부를 합니다. 수요일 밤에는 기도회가 정기적으로 열립니다. 사랑방에서 책을 파는데, 이 방은 교인이나 다른 사람들에게 항상 개방되어 있습니다. 사랑방의 비용은 올해까지 선교회에서 부담하거나 개인 자금으로

1 1893년에 설립한 널다리교회(判洞教會)다.

prayer meeting is held. In the sarang books are on sale and this room is open at all times to members or others. The expense of the sarang was until this year borne by the mission or met from private funds, then it was provided for by an arrangement with the book-seller by which he also sold quinine and met the expense. This latter arrangement has not proved satisfactory and now the expense is borne by the native church. A marked distinction is made between the use of the sarang and the church. A placard is posted which calls attention to the fact that the church room is open every day for any who may wish to enter it for prayer, meditation, scripture reading or study, while the sarang is open not only for religious but also for social or secular conversation, something after the order of the public room in a Y.M.C.A. at home.

Every Sunday morning all the members of the church are expected to attend the service which is held at our residence outside the city wall, but as yet we have not looked upon this as a church. The rooms have already proven far too small and our plan is to arrange for separate assemblies Sunday morning, one at the church, one at our residence, a mile apart, making two congregations who shall spend the morning hour in Bible study something after the manner of a Sunday School. These two congregations will then unite in the afternoon in the regular service for worship held at the church. In time as the morning congregations become too large for the quarters provided, or as groups for Bible study may be formed in other sections, we shall again divide them, arranging for the gathering of little groups all over the city and the surrounding country, all however to unite in the one Central Church in the afternoon service, until such time as it may seem wise to establish a second church which the natives themselves shall provide. This plan we believe helps much to develop the esprit de corps of the church and provides for much more thorough instruction of the converts and catechumens while it also systematizes and unifies our work.

충당했고, 이후에는 매서인과 합의하여 마련했는데 매서인은 키니네도 팔아서 비용을 충당했습니다.[2] 이 후자의 합의가 만족스럽지 않아서 지금은 그 비용을 본토인 교회가 부담하고 있습니다. 사랑방과 교회의 용도를 뚜렷이 구별하도록 벽보를 붙여 주의를 기울이게 했습니다. 곧 교회의 방이 기도, 묵상, 성경 읽기, 성경 공부를 하기 위해 오고 싶은 자에게 매일 개방되어 있다면, 사랑방은 종교적 대화뿐만 아니라 사교적이고 세속적인 대화를 위해서도 열려 있습니다. 이것은 본국에 있는 기독교청년회의 라운지 운영 방식을 따른 것입니다.

주일 아침마다 모든 교인이 도시 성벽 밖에 있는 우리의 사택에서 드리는 예배에 참석합니다. 그러나 우리는 이것을 아직 교회로 여기지 않습니다. 그 방은 이미 너무 좁아서 주일 아침에 두 회중으로 나누어서 하나는 교회에서, 다른 하나는 1.6km 떨어진 우리 사택에서 주일학교 방식으로 오전 성경 공부를 할 계획입니다. 이어 오후에 교회에서 드리는 정기 예배 때 이 두 집회를 합치려고 합니다. 아침 집회 참석자가 늘어나 방에 비해 규모가 너무 커지거나, 성경 공부 모임이 다른 구역에서 만들어질 수도 있기 때문에, 우리는 본토인 스스로 마련할 두 번째 교회를 설립하는 일이 현명하다고 여겨질 때까지 그 오전 모임들을 다시 나누어 도시와 주변 지역 곳곳에서 소규모 집단이 모이도록 조정하려고 합니다. 그러나 오후 예배 시간에는 하나의 중앙 교회에 연합해서 모이도록 할 것입니다. 이 계획을 통해 교회의 일체감을 높이고, 개종자와 학습교인을 더 철저하게 가르칠 뿐만 아니라, 우리의 사역을 조직화하고 통일시키는 데 도움이 될 것이라고 믿습니다.

우리는 우리가 이 도시에 있던 거의 매 주일마다 공개적인 신앙 고백을

2 키니네(금계랍, 金鷄蠟)는 말라리아(학질) 특효약이다. 이 약의 수요가 늘어나자 제중원에서는 10알을 500푼에 팔았다. 독일인 마이어(E. Meyer)가 설립한 제물포의 세창양행(世昌洋行)은 1896-1899년 「독립신문」에 600회에 걸쳐 금계랍 광고를 냈는데, 그 내용은 다음과 같았다. "세창양행 제물포. 세계에서 제일 좋은 금계랍을 이 회사에서 또 새로 많이 가져와서 파니 누구든지 금계랍 장사하고 싶은 이는 이 회사에 와서 사면 도매금으로 싸게 주리라." 1920년대까지 한국에 말라리아가 유행했기 때문에 매서인들은 키니네를 팔아 받는 수수료로 적은 봉급을 보충했다.

Almost every Sunday that we were in the city we received on public profession of their faith a number of men as catechumens. Many of these were from the city, some from near our residence outside, many from villages far and near, some from places as far distant as Eun San, Syen Chyen, Maing San, and even Kok San in Whang Hai province. These latter have taken with them gospels and tracts with specific instructions to gather in their own villages as many as they can on every Sunday and there just as far as they know the truth to instruct their neighbors and with them join in worshiping the only true God. Some day when we shall be able to follow up these men we shall find that they have been sowing much seed. The number of catechumens who have thus been received and enrolled with the East Gate Church is 89. During the nine months 8 men were baptized, all of them having been enrolled as catechumens for at least 6 months, and all of them having attended services for a longer period.

Since the beginning of the Korean Year collections have been taken every Sunday, ranging from 250 to 750 cash per Sunday (50 cents to $1.50 silver). These collections have amounted to 13698 cash while aside from this for the expense of the sarang 1,200 cash and as a subscription towards purchase of the Syoun An church 5,060 cash was raised. The total contributions amounted to 19,958 cash (local small cash) or about $40.00 silver. They thus not only met their current expenses but contributed 6,710 cash ($13.00) to help establish another congregation in its church home and also contribute to the support of the sorrowing and aged mother-in-law and the surviving child of one of the Christians who with his wife and two children was carried off by cholera.

This church having had its building provided for it by the Mission has been taught that it must therefore be the more ready to contribute to helping outside work; and right well do we believe it to be responding.

The rooms now used for the church service are far too small for the

듣고 수많은 사람을 학습교인으로 받았습니다. 그중 많은 사람이 이 도시 출신이고, 일부는 성 밖에 있는 우리 사택 근처에서 왔으며, 다수가 이런저런 마을에서도 왔는데, 일부는 [평안도의] 은산(殷山), 순천(順川), 맹산(孟山)에서 왔고, 심지어 황해도의 곡산(谷山)처럼 먼 곳에서도 왔습니다.[3] 그렇게 먼 곳에서 온 사람들이 특별한 가르침을 받고 복음서와 소책자를 받아 돌아갔는데, 주일마다 자기 마을에서 최대한 많이 모여서 이웃 사람에게 진리를 아는 만큼 가르치고, 그들과 함께 어떻게 유일하신 진리의 하나님만 예배할 수 있는지 배우고 돌아갔습니다. 언젠가 우리가 후속 조치로 이들에게 갈 때, 그들이 많은 씨를 뿌렸음을 알게 될 것입니다. 대동문교회에서 받아서 등록시킨 학습교인은 89명입니다. 9개월 동안 8명이 세례를 받았는데 이들은 적어도 6개월 동안 학습교인으로 등록되어 있었고 오랫동안 예배에 참석했던 자들입니다.

한국의 새해(구정)가 시작된 이후, 매 주일 헌금을 거두었는데 주일마다 250냥(50센트)에서 750냥(은화 1.50달러)에 달했습니다. 이 헌금은 모두 13,698냥이었으며, 이와는 별도로 사랑방 비용으로 1,200냥, 순안교회 구입을 위한 기부금으로 5,060냥이 걷혔습니다. 헌금액 합계는 19,958냥, 즉 은화 40달러 정도였습니다. 따라서 그 돈으로 경상비를 지불했을 뿐만 아니라, 교회 사택에서 모일 다른 한 회중을 세우기 위해 6,710냥(13달러)도 기부했습니다. 그리고 콜레라로 인해 부부와 두 아이가 죽은 기독교인 가정이 있는데, 고아가 된 어린아이와 슬픔에 잠긴 그의 늙은 외할머니를 돕기 위해 기부했습니다.

선교회가 건물을 마련해주었기 때문에 교회가 외부 사역을 돕기 위해 더 많이 기부해야 한다고 가르쳤는데, 이에 잘 반응하고 있다고 믿습니다.

현재 교회 예배에 사용되는 방들은 집회를 하기에는 너무 비좁습니다.

---

3 평양에서 북쪽으로 평안도의 자산 위에 은산과 순천이 있고, 맹산은 그 동쪽에 있는데 평양에서 230리 정도 거리였다. 반면 평양에서 남동쪽으로 170리 거리였던 황해도의 수안에서 곡산까지는 80리 길이었다.

congregation—so that we purpose upon our return to throw the porch into the room, to floor what is now the kitchen thus joining the two wings of the building so as to place the pulpit at their junction, allowing the preacher to face the men gathered in one part and the women gathered in the other. Thus enlarged the place will probably hold 250 people.

This will also enable us to develop work amongst the women, there already being a dozen or more Christian women who have not yet had services arranged for them. As the building is Board property, we have thought it best not to use native funds in this alteration, but since we thus provide for the Pyeng Yang church we expect it to undertake to raise funds for other work and we hope to have them provide partial support either for a colporteur or a helper who shall itinerate. Aside from this place—evangelistic work is carried on daily at the sarang in connection with our residence. Here a large number of books have been sold and hundreds perhaps thousands of inquirers have been met and talked with. Service of prayer and praise is conducted every night by my teacher who is a most earnest teacher of the truth and a zealous worker for the extension of the church.

The year has brought to us one great sorrow in that one of the members fell into grievous sin and brought reproach upon the name of Christ. Called before the session he made full confession, seemed sincerely repentant and promised entire restitution. Severe punishment was meted out to him, he being required to make public confession of sin with plea for pardon, to surrender his position as temporary deacon and to be suspended from the church until clear evidence of the sincerity of his repentance should appear, and he had made entire restitution for the wrong done. The salutary influence of this discipline was marked. The church has been made to know that a fall into sin will not be overlooked nor lightly considered, while the brother disciplined has been reclaimed.

그래서 [연례 회의를 마치고] 돌아가면 마루를 방으로 만들고 현재 부엌에는 마루를 깔아서 건물의 양쪽 날개 부분에 있는 부속건물을 연결한 후, 그 교차점에 설교단을 두어서 설교자가 한편에 모인 남자들과 다른 편에 모인 여자들을 볼 수 있게 만들려고 합니다. 이렇게 증축하면 이 장소에 십중팔구 250명은 수용할 수 있을 것입니다.[4]

이렇게 하면 여성 사역도 발전시킬 수 있을 것입니다. 이미 12명 이상이 된 여성 교인들을 위한 예배 시간을 아직 마련해주지 못하고 있습니다. 건물이 선교부의 자산이기 때문에 예배당 개조에 본토인의 자금을 사용하지 않는 것이 좋겠다고 생각해왔지만, 이미 그런 방식으로 평양교회를 후원해 왔기때문에 우리는 이 교회가 다른 사역을 위해 기금을 모아줄 것을 기대하고 순회하는 권서나 조사를 위해 일부 지원해줄 것을 바라고 있습니다. 이 장소와 별도로 전도 사역은 우리 거처와 연결된 사랑방에서 매일 이루어집니다. 이곳에서 많은 서적을 팔고 수백 수천 명의 구도자를 만나 이야기를 나눕니다. 매일 밤 기도와 찬양 예배는 내 어학 선생이 인도하는데, 그는 진지한 진리의 교사이자 교회 확장을 위한 열성적인 사역자입니다.

올해 우리에게는 대단히 슬픈 일이 생겼는데 교인 한 명이 중대한 죄에 빠져서 그리스도의 이름을 욕되게 했습니다. 당회 앞에 소환된 그가 모든 것을 고백했는데, 진심으로 회개하고 모든 배상을 약속하는 것처럼 보였습니다. 무거운 책벌을 부과했을 때, 그는 용서를 구하기 위해 공개적으로 죄를 고백하고 서리집사 직책을 내려놓아야 했으며, 진심 어린 회개의 증거가 분명히 보일 때까지 교회에서 출교되었습니다. 그리고 그는 자신이 저지른 잘못에 대해 모두 배상했습니다. 이 치리의 긍정적인 영향력은 뚜렷했습니다. 교회가 죄에 빠지는 것을 간과하거나 가볍게 여기지 않는다는 사실이 알려졌고, 동시에 치리를 받았던 그 형제는 다시 회복되었습니다.

---

4 널다리교회는 1895년 말부터 기역 자로 개조되었다. 그래서 1900년 장대현교회를 건축할 때 기역 자로 지은 것을 알 수 있다.

The policy which we have adopted with reference to the public reception of catechumens is constantly giving us greater satisfaction and has we believe a very great influence for good upon all our work.

While we are quite free as to the reception of catechumens we have been exceedingly careful and cautious about receiving these catechumens into the church and baptizing them, nor is it our idea that catechumens shall not be kept in that position longer than 6 months—even a year or two years—when although they continue to advance yet their progress is not sufficient to warrant admission to the church.

In connection with the Pyeng Yang church there are now enrolled 20 baptized members and 82 catechumens. One member has died and one has been disciplined. In addition to this there are two sub-stations where groups of men are meeting regularly for Sabbath services. One of these is in the district of Syun An in Whang Hai province just across the river from the province of Pyeng An. The village is the place to which our helper Han and one of our most earnest Christians moved their families at the time of the war. There they witnessed of Christ and aroused an interest in the hearts of quite a number. Mr. Tate visited them in the winter and Mr. Han has spent one Sunday a month with them and his family during the year. In June I visited the village, preaching in other places on the way, and stayed with them two days. At the service on Sunday 8 men were received as catechumens and we trust that the influence of the little band in the mountains will be felt far and near in that region.

#### Han Chen Church

The other sub-station is at Han Chen, a large town of several thousand people 80 li from Pyeng Yang, where one of our catechumens, a Mr. Song, has business interests. For over a year he has been sowing the seed there and has from time to time distributed a number of books. At first

학습교인의 공개적인 등록과 관련하여 우리가 채택했던 정책을 통해 크게 만족스러운 결과를 계속 얻고 있으며, 우리의 모든 사역에 좋은 영향을 미치고 있다고 생각합니다.

우리는 학습교인의 등록을 자유롭게 받지만 반면 학습교인에게 세례를 주고 등록교인으로 입교시키는 일에는 지나치리만큼 신중하고 조심스럽습니다. 그래서 비록 학습교인이 계속 성장하고 있더라도, 그 성장이 정식 입교를 허락하기에 아직 충분하지 않다면 학습교인으로 최소 6개월 혹은 1년이나 2년 이상 그대로 기다려야 한다는 것이 우리의 생각입니다.

평양교회와 관련해서는 현재 세례교인 20명과 학습교인 82명이 있습니다. 교인 한 명이 죽었고 한 명은 책벌을 받았습니다. 그밖에도 선교지회가 두 곳 있는데, 그곳에서 미조직교회들이 안식일에 정기적인 예배를 드리고 있습니다.

그중 한 곳은 평안도에서 대동강 건너편에 있는 황해도 수안(遂安) 지역에 있습니다.[5] 그 마을은 조사 한석진(韓錫晉)과 신실한 기독교인 한 명이 전쟁 때 가족과 함께 피난을 갔던 곳입니다. 그곳에서 그들은 그리스도를 전했고, 많은 사람들이 관심을 보였습니다. 테이트 목사가 겨울에 그 마을을 방문했고, 한 씨도 올해에는 매달 일주일을 그 마을 사람들과 함께 보내고 있으며 한 씨의 가족은 그곳에 살고 있습니다. 나도 지난 6월에 그 마을을 방문했는데 가는 도중에 여러 곳에서 전도했으며 그 마을에서 이틀을 머물렀습니다. 주일 예배 때 8명을 학습교인으로 받았습니다. 산속에 사는 이 작은 무리의 영향력이 그 지역의 원근 각처에 미치게 될 것이라고 믿습니다.

### 한천교회

또 다른 선교지부는 평양에서 80리 떨어진 한천(漢川)에 있는데 수천 명이

5 1895년 행정 개편으로 황해도 개성부 수안군으로 불렸다가 1896년 황해도 수안군이 되었다. 수안군에서는 한석진에 의해 강진교회가 처음으로 설립되었다.

he met only with opposition, and although he continued to exhort them, I remember well his telling me less than a year ago that none of them would listen but they rather ridiculed him for becoming a Christian. His persistent witness bearing however began to tell so that last spring an inquirer came up from there and sought us. In the summer I received a letter from a man in the town, one with whom I had talked 5 years ago upon my first visit to Pyeng Yang. From this letter and from Mr. Song I learned that there had developed a very eager spirit of inquiry and I was urged to make them a visit. This being impossible at the time, I sent a message promising a visit in the future and urging them to meet regularly on the Sabbath to study the word of God and to worship Him in so far as they knew the truth. This fall when Mr. Lee, Dr. Wells and I were in Pyeng Yang, Mr. Song again came bringing letters telling of increased interest and of the effect which the appearance of cholera had had upon the community, and of the desire of the people to receive instruction. They also wrote of plans for the erection of a building to be used for church purposes. Much to our regret we could not visit them, as the work in Pyeng Yang and Syoun An being even more urgent required all our time. We again wrote to them encouraging them and a few days afterwards 5 of the more earnest ones came in the distance of 27 miles to meet us and to be enrolled as catechumens. I had several talks with them, had every reason to be impressed with their sincerity and so on the following Sunday at the church service these five men were publicly enrolled as catechumens. They returned to their homes and with some 15 or so others are meeting for worship and study. From still two other towns, one of 5000 people, catechumens were enrolled at the same service. These places we hope to visit and trust we shall soon have a work under way in them. One of these towns is the home of one of the boys in Mr. Miller's school and his return home has aroused new and greater interest. Our hands are more than full and while doing all we

사는 큰 읍입니다.[6] 그곳은 우리 학습교인 송인서(宋麟瑞)가 사업을 하는 곳입니다. 1년 넘게 그는 그곳에서 복음의 씨앗을 뿌려왔고 수시로 많은 책을 배포했습니다. 처음에는 강한 반대에 부딪혔습니다. 비록 그가 간곡히 권유했지만 아무도 들으려고 하지 않았고, 오히려 기독교인이 된 그를 조롱했다고 약 1년 전에 그가 내게 말한 것을 똑똑히 기억하고 있습니다. 그러나 그는 끈기 있게 전하기 시작했고, 그래서 지난봄에는 그곳에서 한 구도자가 우리를 찾아왔습니다. 나는 여름에 그 읍의 한 사람으로부터 편지를 받았는데, 5년 전에 내가 평양을 처음 방문했을 때 이야기를 나누었던 자였습니다. 이 편지를 읽고 송 씨가 전해준 말을 통해 나는 그곳의 기독교인에 대해 알아보려는 강한 열망이 생겼고, 그곳을 서둘러 방문하고 싶은 마음이 일어났습니다. 그러나 당시는 그렇게 하는 것이 불가능했으므로, 나는 미래에 방문할 것을 약속하면서 그들에게 안식일에 정기적으로 모여서 하나님의 말씀을 공부하고 진리를 아는 범위 안에서 하나님을 경배할 것을 권면하는 메시지를 보냈습니다. 리 목사와 웰즈 의사와 내가 평양에 있었던 올가을에 송 씨가 다시 편지들을 가지고 왔는데, 사람들의 늘어난 관심, 그 지역에서 발생한 콜레라가 미친 영향, 그리고 가르침을 받고 싶어하는 사람들의 소망을 담고 있었습니다. 또한 그들은 교회 용도로 건물을 세울 계획에 관해서도 적었습니다. 유감스럽게도 우리는 그들을 방문할 수 없었는데, 왜냐하면 평양과 순안 사역이 더 시급해서 시간을 조금도 낼 수 없었기 때문입니다. 우리는 다시 격려의 편지를 썼는데, 며칠 후 진지한 5명의 남자가 우리를 만나 학습교인으로 등록하려고 90리 길을 걸어왔습니다. 나는 그들과 몇 차례 대화를 나누었고 그들의 진실성에 깊은 인상을 받았습니다. 그래서 그다음 주일 교회 예배 때 이 5명을 공개적으로 학습교인으로 등록시켰습니다. 그들은 고향으로 돌아갔는데, 15명이나 그 이상의 사람들이 모여서 예배를 드리고 성경을 공부

6 평원군(영유군) 한천이다.

can to oversee and direct this work and to set the Christians to work, yet we feel the need of another helper in connection with the Pyeng Yang substation, and we are planning to have the native church provide partial support for such a man.

### Syoun An Church

This year we report another temporarily organized church known as the Syoun An Church. This is at a village known as Sa Chon, 5 li from the magistracy of Syoun An. Since the report made last year the work then begun has taken on the form of an established institution with its own church building, bearing all its incidental expenses and preaching through its members and catechumens to the whole surrounding country. At last report there were a number of catechumens only. Since then in May, 7 men were baptized, more catechumens received, a leader appointed and one of their number elected a deacon. They had in the spring succeeded in raising 5,300 cash towards purchasing a good tiled house, which because of its well-known character as a haunted house was offered to them at a merely nominal sum. As they were no longer afraid of evil spirits they planned to secure this house. Mr. Han, our helper who spends one Sunday a month with this church and Mr. Choi, the most prosperous member of the Pyeng Yang Church, who from the start had been greatly interested in the Syoun An work, laid the case before the Christians at Pyeng Yang. A subscription was taken up and a small sum from the church collections added, so that the 5300 cash raised at Syoun An was supplemented by 6700 cash received from the Pyeng Yang church. With this 12000 cash, or $24.00 silver, this haunted house ordinarily worth at least $100.00, was purchased the first week in April, and the Syoun An Church took joyful possession, being the first group of believers in Korea to have secured without any foreign help a house for worship.

하고 있습니다.[7] 그 예배 때 다른 두 마을에서 온 자들도 학습교인으로 등록했는데, 그중 한 마을은 인구가 5,000명입니다. 우리는 이 마을들을 방문하기를 원하며 곧 사역을 진행할 것이라고 믿습니다. 이 두 마을 중 한 곳은 서울에 있는 밀러 목사의 남학교에 다니는 한 학생의 고향인데, 그 학생이 고향에 돌아오면서 새로운 관심이 크게 일어났습니다. 우리는 양손에 일이 차고 넘칩니다.[8] 이 일을 감독하고 지시하며 교인들에게 일을 맡기는 데 최선을 다하고 있지만, 여전히 우리는 이 선교지회와 관련하여 조사 한 명이 더 필요하다고 느끼며, 본토인 교회에서 그 조사를 부분적으로 지원하도록 할 계획입니다.

### 순안교회(順安敎會)[9]

금년에 순안교회로 알려진 또 다른 교회가 임시로 조직되었음을 보고합니다. 이 교회는 순안의 군청 소재지로부터 5리 떨어진 사촌(社村)이라고 알려진 마을에 있습니다. 작년에 보고한 이후 시작되었던 사역이 자체 교회 건물을 갖춘 정착된 기관의 형태를 띠게 되었고, 모든 경상비를 지불하고 있으며, 등록교인과 학습교인을 통해 주변 지역에 있는 모든 자에게 복음을 전파해 왔습니다. 지난번 보고서에서는 단지 학습교인이 많다고 보고했습니다. 그 이후 5월에 7명이 세례를 받았고, 학습교인을 더 많이 받아들였으며, 영수를

7 1893년 송인서가 죽동에 이사하고 전도하면서 한천에 복음이 들어갔으며 1895년에 교회가 설립되었다. "[1893년에] 평원군 한천교회(平原郡 漢川敎會)가 설립하다. 선시(先時)에 송인서가 복음을 신종(信從)하고 평양으로브터 죽동(竹洞)에 이거(移居)하야 전도한대 린인(鼻笑)이 비소하더니 기후(其後)에 동학란으로 인심이 동요하야 김정연(金鼎淵) 김봉후(金鳳後) 등이 선후(先後)하야 신(信)함으로 주일을 수(守)하더니 선교사 마포삼열과 전도인 이영언이 래고(來顧)하야 교회를 설립하니 수년이 불과하야 신자가 증다함으로 회당을 건축하고 한천회당(漢川會堂)이라 명명ᄒᆞ니라." 차재명, 『조선예수교장로회 사기 상』, 20-21.

8 그 학생이 훗날 민족 지도자가 된 안창호(安昌浩, 1878-1938)다. 그는 평양의 남촌인 강서군 도롱섬 출신으로 1895년 서울의 예수교학당에 입학하여 개종하고, 방학 때 잠시 고향으로 돌아와 전도했다. 이때 도롱섬의 이석관이 안창호의 전도를 받고 개종해 교회당을 설립하여 1897년에는 교인이 60여 명으로 늘어났다. "평양보통문안교회", 「그리스도신문」 1897년 7월 1일 자. 『사기』에 의하면 안창호에 의해 1894년에 개척된 강서군의 두 교회의 공식 이름은 강서군 탄포리교회와 청산포교회다. 그러나 그 시기는 1895년으로 수정해야 하며, 실제 설립연도는 1897년으로 보아야 할 것이다.

9 순안은 평양에서 북쪽으로 50리 거리로 가장 가까운 읍의 하나다.

From this village the word has gone forth and the example has been set, so that in every village where groups of believers are being formed, plans are immediately set on foot for the collection of funds for the purchase or erection of a church building. In September when Mr. Lee, Dr. Wells and I visited them, we baptized 5 more men and enrolled other catechumens from the people of the village. On the same visit we learned of the faithful labors and witness bearing of this little band of Christians.

Two miles away is the magistracy. From here on Sundays several men had been attracted to the church service. Interest was aroused. Soon a room was offered for service in the city, members of the church went over, held service with them, copied the hymns, took scriptures and tracts and established regular Sunday services. We visited this place and when we baptized men and received catechumens in the village church, there came from the city also a number who wished to be received as catechumens. The city of Syoun An has thus become another sub-station with regular Sabbath services, having 8 catechumens enrolled.

Into still another village 50 li away one of the Christians, Mr. Kim, removed with his family. He frequently comes that distance to the church, but has so interested the people of his own village, that they too have heard with joyful hearts the truth of salvation, have turned to Christ and are seeking instruction. They meet every Sunday with the Christian as their teacher and already they have purchased and prepared the timbers for a church building, while of the 12 or 15 who are deeply interested, 8 have been enrolled as catechumens, so that we add the name of Syoun An Cha Chak to the list of sub-stations. Villages in the magistracies of Yung Yon, Suk Chun and Eun San are calling for visits of instruction. Our helper Mr. Han with Mr. Hong of the Syoun An Church made one trip through this region distributing tracts and as a result there are several fields only awaiting cultivation to furnish an

임명했고, 한 명을 집사로 선출했습니다. 봄에 그들은 좋은 기와집을 구입하기 위해 5,300냥을 모금하는 데 성공했는데, 그 이유는 그 집에서 귀신이 나온다는 소문 때문에 헐값에 팔려고 나온 집이기 때문입니다. 그들은 더 이상 귀신을 두려워하지 않기 때문에 이 집을 확보할 계획을 세웠습니다. 한 달에 한 주일을 이 교회에서 보내는 조사 한석진 씨와 순안 사역 시초부터 큰 관심을 가졌던 평양교회에서 가장 부유한 교인 최치량 씨가 이 계획을 평양의 기독교인들 앞에서 진술했습니다. 기부금이 모였고 교회 헌금에서 소액이 더해졌습니다. 그래서 순안에서 모은 5,300냥에 평양교회에서 받은 6,700냥을 더했습니다. 이 12,000냥, 곧 은화 24달러를 가지고 정상적인 가격이라면 적어도 100달러의 가치가 있는 이 귀신이 나오는 집을 4월 첫째 주에 구입했고, 순안교회는 이 집을 기쁘게 소유하게 되었습니다. 그리하여 순안교회는 한국에서 외국인의 재정적인 도움을 전혀 받지 않고 예배당을 확보한 첫 신자 집단이 되었습니다.[10]

이 마을로부터 말이 퍼져나갔고 본보기가 되어서 신자 집단이 형성되는 마을마다 교회 건물을 구입하거나 세우기 위한 자금을 모으려는 계획이 즉시 시행되고 있습니다. 10월에 리 목사와 웰즈 의사, 내가 그 마을을 방문했을 때, 그 마을 사람 가운데 5명에게 세례를 주었고, 몇 사람이 학습교인으로 등록했습니다. 이 심방을 통해 우리는 이 적은 기독교인의 무리가 신실하게 수고하고 복음을 전한 것을 알게 되었습니다.

군청 소재지인 순안에서 5리 떨어진 소천에서 주일마다 몇 사람이 예배를 드리러 교회로 왔습니다. 사람들의 관심이 늘어나는 가운데 곧 읍내에 예배를 드리기 위한 방이 제공되었습니다. 소천의 교인들도 이곳에서 함께 예배를 드렸으며, 찬송가를 복사했고, 성경과 소책자와 서적을 받았고, 정기적인 주일 예배가 정착되었습니다. 우리가 이곳을 방문해서 [사촌]교회에서

10 순안사촌교회가 처음으로 한국인의 돈으로만 예배당을 소유하게 된 사실은 잘 알려져 있지 않다. 물론 평양 교인들의 도움을 받았으므로 순수한 자급은 아니었다. 1898년에 헌당한 소래교회가 순수한 첫 자급 예배당으로 건축되었다.

immediate harvest.

The Syoun An Church now numbers 12 baptized members and 31 catechumens. It has raised beside the 5300 cash for the church building the sum of 4664 cash (over $9.00) for current expenses. Under it are the two sub-stations Syoun An City and Cha Chak, each with 8 catechumens. How are we to oversee this work? The Pyeng Yang station, with the Mission, hold conservative views as to the employment of native agents with foreign funds and has so far had but one man employed as a helper in all the region around Pyeng Yang. The work however has already grown so that we cannot properly oversee and direct it with only one helper. It is our plan to get the Syoun An Church with its sub-stations to provide partial support for another helper who shall spend 3 Sundays in the month with these three congregations giving the rest of his time to villages in the other magistracies named above.

Our one helper, Mr. Han, is established upon a circuit. He receives a salary of 5,000 cash per month with 100 cash per day for traveling expenses each day he is itinerating. He gives two Sundays of each month to the Pyeng Yang Church, one to the Syoun An Church, and one is spent with the substation at Syoun An in Whang Hai where his family resides. Deeply interested in the progress of the work, an earnest preacher and teacher of the truth, in season and out of season, as he grows in years and in knowledge of spiritual things, he is becoming more and more a valuable assistant. This coming December we shall gather our helpers, teachers, the leaders of the village churches, and a few of the more earnest Christian workers into a Training Class in Pyeng Yang. We hope to have about 20 men with us for about 3 weeks of earnest study and Prayer, sending them back to their homes and their work filled with the Spirit and fitted to the more intelligently instruct the various groups of catechumens, and to proclaim the gospel more widely in their own neighborhoods.

사람들에게 세례를 주고 학습교인을 받았을 때, 학습교인이 되고 싶다는 많은 사람들이 읍에서 찾아오기도 했습니다. 따라서 순안은 등록된 8명의 학습교인이 있고 정기적인 안식일 예배를 드리는 또 하나의 선교지회가 되었습니다.

50리 떨어진 다른 마을로 기독교인 김 씨가 가족과 함께 이사를 갔습니다. 그가 먼 거리에도 불구하고 자주 교회에 출석했으나, 자신의 마을 사람들에게 깊은 관심을 가지게 되었으며 그 결과 마을 사람들이 구원의 진리를 기쁜 마음으로 듣고 그리스도께로 돌아섰고, 가르침을 받기를 원합니다. 주민들은 주일마다 김 씨를 교사로 해서 함께 모이고 벌써 교회 건축을 위해 목재를 구입하고 준비해놓았습니다. 깊은 관심을 가진 12-15명 가운데 8명이 학습교인으로 등록했습니다. 그래서 우리는 선교지회 명단에 '순안 자작'을 추가했습니다. 영유(永柔), 숙천(肅川), 은산읍에 있는 마을에서 가르침을 받고 싶다며 심방을 요청하고 있습니다. 조사 한 씨는 순안교회의 홍 씨와 함께 소책자를 반포하면서 이 지역을 두루 여행했는데, 그 결과 즉각적인 추수를 위해 경작만 해주면 되는 여러 개의 논이 기다리고 있습니다.

순안교회에는 현재 세례교인 12명과 학습교인 31명이 있습니다. 이들은 교회 건물을 위한 5,300냥과 함께 경상비로 4,664냥(9달러 이상)을 모금했습니다.[11] 두 선교지회(宣教支會)인 순안과 자작에는 학습교인이 각각 8명씩 있습니다. 어떻게 이 사역을 감독해야 할까요? 선교회와 더불어 평양 선교지부는 외국인 자금으로 본토인 사역자를 고용하는 일에 대해 보수적인 견해를 가지고 있습니다. 지금까지 평양과 주변 모든 지역에서 조사는 단 한 명만 고용했습니다. 그러나 사역이 이미 큰 규모로 성장했기 때문에 조사 한 명만으로는 사역을 적절히 감독하고 지도할 수 없습니다. 우리의 계획은 선교지회가 있는 순안교회가 다른 한 명의 조사를 부분적으로 지원하는 것입니다. 이

---

11 금화 1달러=은화 2달러=10엔=1,000냥이었다. 이때 벼 1섬은 약 60냥이었고, 내각의 대신은 약 4,000엔의 연봉을 받았다.

The first of October finds the Pyeng Yang station enrolling 73 baptized communicants, 21 of whom were received this year, and 195 catechumens, the enrollment of 4 informally organized churches and 7 sub-stations. These report contributions for all purposes amounting to 45922 cash plus 13500 cash, the estimated amount of the 9 month support of a native teacher, which gives a total of 59422 cash or $120.00 silver. For this we offer praise and thanksgiving to Him by whose Spirit the work has been wrought and we enter upon the new year with renewed faith and courage, knowing that "the gospel is the power of God unto salvation to every one that believeth."

**완공된 장대현교회, 1900년 [OAK]**
왼쪽이 남자석, 오른쪽이 여자석으로 1,500 명을 수용할 수 있었다.

**The Completed Church Could Accommodate 1,500 people, 1900**
The L-shaped for gender segregation.

조사는 한 달에 3주는 순안, 소천, 자작에 있는 회중과 차례로 보내고, 나머지 시간은 앞에서 언급했던 다른 군에 있는 마을에 할애할 수 있을 것입니다.

우리의 유일한 조사 한석진 씨가 이 시찰을 담당하고 있습니다.[12] 그는 매달 5,000냥의 봉급과 함께 순회하는 동안 여행비로 하루에 100냥을 받습니다. 그는 매달 평양교회에 2주일, 순안교회에 1주일을 할애하고, 나머지 1주일은 자신의 가족이 거주하고 있는 황해도의 수안 선교지회에서 보냅니다.[13] 그는 사역의 진보에 깊은 관심을 가지고 있고 때를 얻든지 못 얻든지 열심히 전도하는 설교자이자 진리의 교사입니다. 그는 연륜이 쌓일수록 지식과 영적인 면에서 자라가고 있기 때문에 점점 더 소중한 조사가 되고 있습니다. 다가오는 12월에 우리는 조사, 교사, 시골 교회의 영수, 몇 명의 진지한 사역자들을 모아 평양에서 사경회를 할 계획입니다. 약 3주 동안 우리와 함께 약 20명이 열심히 공부하고 기도한 후 성령으로 충만한 그들을 자신의 고향과 사역으로 돌려보내면, 다양한 학습교인 그룹들을 더 지적으로 가르치고 이웃에게 복음을 더 널리 선포할 수 있을 것입니다.

10월 1일 자 통계를 보면 평양 선교지부에는 올해 21명이 세례를 받아 세례교인 73명과 학습교인 195명이 등록되어 있고, 비공식적으로 조직된 교회 4곳과 선교지회 7곳이 있습니다. 보고에 의하면 여러 목적으로 이루어진 헌금 총액은 45,922냥이며, 여기에 9개월간 본토인 교사를 지원한 금액 13,500냥을 더하면 합계 59,422냥, 곧 은화 120달러가 됩니다. 주의 성령이 이 모든 일을 이루셨기에 우리는 주님께 찬양과 감사를 드립니다. 이제 "복음은 모든 믿는 자에게 구원을 주시는 하나님의 능력"임을 알기 때문에 새롭게 된 믿음과 용기를 가지고 새해를 맞이하려고 합니다.

---

12 한국 장로교회는 아직 정식으로 총회-노회-시찰-당회가 조직되지 않았고, 선교회-선교지부-순회구역-선교지회로 조직되어 있었기 때문에 한 선교사와 조사가 담당하는 순회구역(circuit)을 아직 시찰로 부를 수 없지만 이 순회구역은 이후 장로교회에서 시찰로 발전했으므로 시찰로 번역한다.

13 한석진의 가족은 청일전쟁 때 피난을 갔던 황해도 수안에 거주하면서 강진교회에 출석하고 있었다.

PHS, microfilm reel #179, Vol. 8, letter #61

**Samuel A. Moffett**

**October, 1895**

---

### Report of Special Bible Committee

This report will be a very brief one but nevertheless it shows greater progress than has any previous report. The Committee has been able to place in the hands of the Missionary Community the first-fruits of the labors of the translators. This consists of a small edition of the Gospels of Matthew, Mark and John and the Acts of the Apostles. These in limited numbers can now be obtained for use among Christians and catechumens.

The Committee requests criticisms upon these translations in the hope that this will help in perfecting them when another edition is ordered.

The Gospel of Luke is now in the press and we have made request to the Board of Translators for the other books of the New Testament. As yet we have not received an answer to this request. The price of the books has been placed at five cents per copy although this may subsequently be reduced as the Bible Societies seem to think it excessive. At the last meeting of the Committee it was thought advisable to add another member to the Board of Translators, Mr. Trollope's long continued absence having practically left but four members on the Board. Rev. W.D. Reynolds was unanimously elected, the Board of Translators otherwise continuing as last year with Dr. Underwood as their Chairman.

The Officers of the Permanent Executive Committee for the following year are:

Chairman  Rev. D. A. Bunker, Secretary  Rev. W. D. Reynolds

Treasurer  A. D. Drew, M. D.

Respectfully submitted.

Samuel A. Moffett

## 마포삼열
## 1895년 10월

### 특별 성서위원회의 보고

이 보고서는 간략한 것이 되겠지만 그럼에도 불구하고 이전에 제출한 어떤 보고서보다 더 많은 진전을 담고 있습니다. 위원회에서는 번역자회가 수고한 첫 열매를 선교사 공동체의 수중에 놓아둘 수 있었습니다. 그것은 마태복음, 마가복음, 요한복음, 사도행전 등의 소량 판본들로 한정판이지만 세례교인과 학습교인이 구입해서 사용할 수 있습니다.[1]

위원회는 이 번역본에 대한 비평을 요청하며, 다음 판본을 제작할 때 이 비평이 번역본을 더 완벽하게 만드는 데 도움을 주길 희망합니다.

누가복음은 현재 인쇄 중이고, 우리는 신약의 다른 책들도 성서번역자회에 요청했습니다.[2] 아직 이 요청에 대한 답변을 받지 못했습니다. 책값은 1부당 5센트로 책정했습니다. 하지만 성서공회들이 이를 비싸다고 생각하여 결국 가격을 낮추게 될지도 모르겠습니다. 위원회의 지난 모임 때 성서번역자회에 다른 회원을 추가하는 일이 바람직하다고 생각했는데, 트롤로프 신부의 장기 부재로 인하여 번역자회에는 사실상 4명의 회원만 남아 있기 때문입니다. 레널즈 목사가 만장일치로 선출되었으며, 그 외에 언더우드 박사를 회장으로 하여 성경번역자회는 예년과 마찬가지로 계속 일할 것입니다.

내년도 상임성서실행위원회의 임원들은 다음과 같습니다.

회장 벙커 목사, 서기 레널즈 목사, 회계 드루 의사.

정중히 제출합니다.

마포삼열 올림

---

1 마태복음과 요한복음에 대한 마포삼열의 비평적 서평은 이 책 말미에 실린 "마태복음과 요한복음 서평" *Korean Repository*(1895년 10월): 361-365을 보라.

2 신약전서 임시본은 1900년에 완성된다.

PHS, microfilm reel #180, Vol. eleven, 1896 Annual Meeting reports

## Samuel A. Moffett
## Seoul, Korea
## October, 1896

### Evangelistic Work in Eui Ju and the North

This field for nearly three years without a visit from the missionary very naturally presents some disappointing features. Nevertheless much has been accomplished and it sends forth a very loud call for a missionary who can devote all his time to the work in this Northern region.

Our evangelist, Yang Chen Paik, has been faithfully at work and his urgent pleas for one of us to visit that work have been resisted only because of the utter impossibility of neglecting even more urgent calls nearer at hand. Mr. Yang gives one Sunday each every month to the church at Eui Ju, one to the church at Kou Syeng, one to the sub-station at Sak Ju and one to Sun Chen, where we have one catechumen and several who are interested. He also regularly visits a large market town, Yong Chang, and between all these places covers a large territory dotted with villages from many of which, as a result of his work, a good many inquirers are coming. He has come to Pyeng Yang three times during the year, rendering a detailed satisfactory account of his travels.

In Eui Ju there has been no material change since last year, the condition of things having been far from satisfactory owing to the fact that there has been no one of sufficient ability, energy and spiritual power to inspire much confidence as a leader. As reported last year the enrolled membership had largely been lost sight of even before the war, but since then there has been only a small nucleus around which a few more inquirers have gathered. This hopeful nucleus consists of 5 baptized members, 5 enrolled catechumens and 2 women and 2 men not yet publicly enrolled, though they have been under instruction for

## 마포삼열
## 한국, 서울
## 1896년 10월

### 의주와 북부의 전도 사업

선교사의 방문이 거의 3년 동안 이루어지지 않은 현장은 자연히 일정 부분 실망스런 특징을 보여줍니다. 그럼에도 불구하고 많은 것이 성취되었으며, 이 사실로 인해 이 북부 지역에서 전임 사역자로 일할 선교사 한 명을 강력하게 요청합니다.

우리의 전도사 양전백(梁甸伯)은 신실하게 일해왔습니다. 그가 우리 선교사 가운데 한 사람의 방문을 여러 번 긴급하게 간청했으나, 우리는 바로 눈앞에 있는 더 긴급한 요청을 외면하는 것이 불가능했기 때문에 그렇게 할 수 없었습니다. 양 씨는 매달 한 주일은 의주(義州)에서, 한 주일은 구성(龜城)에서, 한 주일은 삭주(朔州)의 선교지회에서, 한 주일은 학습교인 한 명과 여러 명의 구도자가 있는 선천(宣川)에서 지냅니다. 또한 그는 큰 장이 열리는 용천(龍川)을 정기적으로 방문하며, 이 읍들 사이의 넓은 지역에 흩어져 있는 수많은 마을을 심방하는데, 그의 사역의 결과로 많은 구도자들이 오고 있습니다. 그는 지난 1년 동안 세 차례 평양에 왔으며, 자신의 순회여행에 대해 자세하고 만족스러운 보고를 했습니다.

의주에서는 작년에 중요한 변화가 없었습니다. 지금까지 사정은 전혀 만족스럽지 못했습니다. 지도자로서 신뢰감을 줄 수 있는 충분한 능력, 열정, 영적 능력을 갖춘 인물이 없었기 때문입니다.[1] 작년에 보고한 대로, 전쟁이 일어나기 전에도 대부분의 등록교인들이 사라졌으나, 그 이후 소수의 핵심적인 교인을 중심으로 몇 명의 구도자가 모이고 있습니다. 소망이 되는 이

1 백홍준이 죽은 후 지도자가 없어서 발전하지 못했음을 알 수 있다.

several years. This is a total of 14. An effort is now being made by Mr. Yang and the Leader who is in charge of the property to establish a day school. The Sunday services are being held under their direction and are becoming a greater means of strengthening the work since the allaying of what threatened to be a serious factional quarrel arising from jealousy on the part of our former helper and his immediate friends.

In Kou Syeng at Sai Chang the little group holds its own and is a witness bearer to the whole region. During the year they have met the expenses of the church by means of weekly contributions and have contributed timbers and work with a small sum towards repairing the church. For this latter purpose they received a little help from us. They have 7 baptized men and 5 catechumens enrolled, one of the latter received this year at Pyeng Yang. Besides these, there are several not yet enrolled who have been under instruction for several years and a visit to them will doubtless find 4 men and 2 women ready for baptism.

The sub-station at Sak Ju presents a most promising state of things. Here the 20 men and the 20 women who meet separately every Sunday and every Wednesday have proven the sincerity of their faith by their courage and persistence in the face of most trying persecution and threatenings of extreme measures. During one of the visits of Mr. Yang he was threatened with death and the women's meeting was broken up by several drunken yamen runners who broke in the doors, reviled the women with the most abusive language and carried off all the books, threatening to kill all who were there. Under this provocation the action of the women showed a remarkable insight into spiritual truth. The men were so enraged over the occurrence that they were at once ready to carry the case to the official and thence to a higher court in order to have these rioters punished but the women said "No! Let us endure it. Did not Jesus endure much more reviling and did he not suffer even to death for us?" After much prayer they all decided to bear it all in silence.

핵심 교인은 5명의 세례교인과 등록한 5명의 학습교인과 비록 여러 해 가르침을 받아왔지만 아직 공개적으로 등록하지 않은 2명의 여자 교인과 2명의 남자 교인으로 구성되어 있습니다. 그래서 합계 14명입니다. 양 씨와 자산을 관리하는 영수는 주간 초등학교를 설립할 계획을 세우고 있습니다. 우리의 이전 조사(助事)와 그의 가까운 친구들 측의 질투에서 빚어져 심각한 파당 싸움으로 발전할 조짐이 있던 분쟁이 가라앉은 이후에 주일 예배는 양 씨와 영수의 지도하에 드리고 있고 사역을 강화하는 큰 수단이 되고 있습니다.

구성의 새장[新市]에서는 작은 그룹이 모이는데, 전체 지역에 복음을 전하고 있습니다.[2] 1년간 주일 헌금으로 교회 경상비를 충당했으며, 예배당 수리를 위해 목재와 노동과 약간의 돈을 기부했습니다. 이 수리를 위해 그들은 우리로부터 약간의 도움을 받았습니다. 그들에게는 세례교인 7명, 등록한 학습교인 5명이 있습니다. 그중 한 명은 올해 평양에서 학습교인으로 등록한 자입니다. 이들 외에 아직 등록하지는 않았지만 여러 해 동안 가르침을 받아온 자들이 있습니다. 그곳에 한번 방문을 하면 의심할 여지없이 세례 받을 준비가 된 4명의 남자와 2명의 여자를 만날 것입니다.

삭주에 있는 선교지회는 전망이 대단히 밝습니다. 이곳에는 남녀가 별도로 각각 20명씩 주일과 수요일마다 모입니다. 이들은 가장 견디기 힘든 핍박과 극단적인 위협을 받았으나 용기와 인내로써 그들의 신실한 신앙을 증명했습니다. 양 씨가 방문했을 때 그는 살해 위협을 받았으며, 여성 모임은 술에 취한 여러 아전 전령(衙前傳令)들이 문을 부수고 들어와 상스러운 욕을 하

2 구성의 새장은 신시(新市)를 말한다. 구성의 첫 교회는 신시교회로 1895년 김이련(백홍준의 사돈)과 그의 차남 김관근을 중심으로 설립되었다. 여기에 의주의 양전백이 구성으로 이사를 와서 교사로 잠시 일했다. "구성군 신시교회(龜城郡 新市敎會)가 성립하다. 선시에 리노(里老) 김이련(金利鍊) 급(及) 기차남(其次男) 관근(灌根)이 선교사 마포삼열에게 복음을 득문(得聞)하고 부자(父子)가 동신(同信)하야 린인(隣人)에게 전도하니, 원용주(元龍珠), 장응벽(張應璧), 김진근(金振謹), 김병갑(金秉甲), 양전백 등이 역신(亦信)이라. 당시에 예배할 처소가 무(無)하야 회집(會集)치 못하더니, 김이련이 동민과 협의하야 학당을 창설하고 양전백을 교사로 연빙(延聘)하야 주일에 신자와 학생이 학당에서 예배하더니 일청(日淸) 전화(戰禍)에 학당이 폐지되니 회당이 차무(且無)한지라. 양전백이 자기 가사대김 사백량(自己 家舍代金 四百兩)과 이길함(李吉咸)의 보조금 이백여량(補助金 二百餘兩)으로 초가 육간(草家 六間)을 매수하야 일신수리(一新修理)하고 예배당으로 사용하니 기후 조사(其後 助事)ᄂᆞᆫ 김관근이러라." 차재명, 『조선예수교장로회 사기 상』, 31.

These people are subject to the scorn and hatred of the officials and their servants, yet meet regularly in the face of the threat of these underlings to kill the men and to enslave the women in the lowest of all positions, making them slaves in the magistracy. Their meeting place is not far from the official residence and from fear of such a raid being made upon them the women have discontinued the singing, as the sound is known to arouse the anger and the threats of those in the magistracy. Probably the only thing that has stood between them and the execution of these threats has been the influence of Paik, the Doctor, who since his work during the cholera epidemic last year has been able to plead with the officials and thus to moderate their anger. These men and women are bearing witness not only to the inhabitants of the city proper but from them the news is going forth to many villages, in one of which, Yung Cheng Tong Soh, four men form a little group which meets every Sunday for worship.

That you may know all that bears upon this northern field I should also make mention of two other things. This spring I again received a letter from Rev. James W. Inglis of the Scotch U.P. Mission in Manchuria, telling of the reports of their colporteurs in the region beyond Kang Kyei. Here, report says, there are many inquirers and some sincere believers. The other fact is that the American Trading Company has begun the development of the gold mines near Oun San where they have a number of Americans and many Koreans employed, for whom they are anxious to secure the services of a physician. They spoke to us in Pyeng Yang as to the probability of our Board sending a physician there provided they would furnish a hospital and a large part of his salary. While Oun San is not the best location for the opening of another station, yet we ought to have a station in the north and possibly the location of a station at Pak Chen, by bicycle only half a day's journey from the mines and the center of a very thickly settled region, might

면서 책을 빼앗고 그곳에 모인 자는 모두 죽이겠다고 위협하는 바람에 해산되었습니다. 이 도발적인 언사에 대한 여성 교인들의 행동은 영적 진리에 대한 놀라운 통찰력을 보여줍니다. 남자들은 그 일이 일어난 것에 대해 너무 화가 나서 즉시 그 사건을 관아에 고발하고 이어서 그 난동꾼들을 처벌하기 위해 더 상급 관청에 고발하겠다고 했으나, 여자들은 "아니오! 견뎌봅시다. 예수님께서는 더 심한 모욕을 견디지 않았습니까? 그는 우리를 위해서 죽기까지 고난을 받지 않았습니까?"라고 말했습니다. 많이 기도한 후에 그들은 모든 것을 침묵 속에서 참기로 결정했습니다.

이 교인들은 관리들과 그들의 하인들의 멸시와 미움을 샀고, 남자를 죽이고 여자는 가장 비천한 종 곧 관비(官婢)로 삼겠다는 부하들의 협박에 직면했지만 정기적으로 모였습니다. 그들의 집회 장소는 관청과 멀지 않았고 그런 공격을 다시 당할까 두려워서 여성들은 찬양을 중지했습니다. 노랫소리가 관청에 있는 자들의 화와 위협을 북돋운다고 알려졌기 때문입니다. 십중팔구 그들과 그런 위협의 실제적 시행 사이를 가로막고 서 있었던 것은 한의사 백 씨의 영향력뿐이었습니다. 그가 작년에 콜레라가 유행할 당시에 봉사한 이후로 관리들에게 간청할 수 있었고, 따라서 그들의 화를 진정시킬 수 있었습니다. 이 남녀 교인들은 성 안의 주민에게 전도할 뿐만 아니라, 그들로부터 복음이 여러 마을로 퍼져나가고 있습니다. 그중 한 마을인 영정동서에서는 4명의 남자가 매주 일요일에 예배를 드리고 만나는 작은 그룹을 형성했습니다.

여러분은 이 북부 현장에 관련된 모든 것을 알고 있으므로 다른 두 가지를 언급해야 하겠습니다. 올봄에 나는 만주에 있는 스코틀랜드 연합장로교회의 잉글리스(James W. Inglis) 목사의 편지를 다시 받았습니다. 그는 강계 너머에 있는 지역에서 활동하는 권서들의 보고서에 대해 말했습니다. 그 보고서에 의하면 그곳에 많은 구도자와 신실한 신자들이 있습니다. 다른 한 사실은 미국 무역 회사(American Trading Company)가 운산 금광 개발을 시작한 것으로, 그곳에는 미국인과 한국인 피고용인들이 많이 있습니다. 그들은 봉

enable us to provide for our work in and around Eui Ju, and the work of the Manchurian missionaries beyond Kang Kyei and at the same time meet the medical needs of the American miners. Certainly this northern section ought to be supplied. The church cannot afford to pass by unheeded the call of these people with some 20 or 30 already prepared for baptism and enrolled and unenrolled catechumens to the number of 70 or 80.

Statistics

| Churches & sub-stations | Members | catechumens enrolled this year | Present number catechumens | Contributions |
|---|---|---|---|---|
| Eui Ju | 34 | 1 | 11 | 300 cash |
| Kou Syeng Sai Chang | 7 | 1 | 5 | 928 cash |
| Sak Ju | | 2 | 2 | 2,430 cash |

[Report by Samuel A. Moffett]

사해줄 의사를 확보하려고 합니다. 그들이 평양에 있는 우리에게 와서 말하기를 만일 그들이 병원을 제공하고 봉급의 대부분을 부담할 경우 선교부가 그곳에 의사 한 명을 파송해줄 가능성이 있는지 물었습니다. 운산(雲山)이 새 선교지부를 개설하기에 최적의 장소는 아니지만, 우리는 북부에 선교지부를 설립해야 하고, 아마도 그 위치가 박천(博川)이 될 수 있는데, 자전거로 가면 광산에서 반나절 여행 거리입니다. 박천읍은 인구가 밀집한 지역으로, 의주와 그 주변의 사역, 강계 너머 만주 선교사의 사역, 동시에 미국 광산업자들의 의료적 필요에 대한 대처 등을 가능케 하는 위치에 있습니다. 확실히 이 북부 지역에는 선교사를 파송해야 합니다. 교회는 이곳 주민들의 부름에 귀를 막고 그냥 지나갈 수 없습니다. 벌써 20-30명이 세례를 받을 준비를 했고, 등록과 미등록을 합하여 학습교인은 70-80명에 이릅니다.

### 통계

| 교회와 선교지회 | 세례 교인 | 학습교인 | 현재 학습교인 수 | 헌금액 |
|---|---|---|---|---|
| 의주 | 34 | 1 | 11 | 300냥 |
| 구성 새장 | 7 | 1 | 5 | 928냥 |
| 삭주 | | 2 | 2 | 2,430냥 |

[마포삼열 올림]

PHS, microfilm reel #180, Vol. eleven, 1896 Annual Meeting reports

**Samuel A. Moffett**

**Seoul, Korea**

**October, 1896**

---

### Evangelistic Work in Pyeng Yang and Vicinity

The very hopeful and promising state of things reported last year has continued and with the application of the principles then outlined the work has developed most satisfactorily. There has been but little in the way of disappointment, almost everything giving us reason for greater and greater rejoicing. The year has witnessed a remarkable growth in membership, in activity, in organization and in progress towards self-support, self-reliance, self-propagation and above all, in the development of strong Christian characters. The following report in detail will make this manifest.

### The Pyeng Yang East Gate Church

This church has grown from an enrollment of 20 members and 82 catechumens to one of 74 members and 195 catechumens (30 of the latter being women); from a congregation of 100 men to one of nearly 500 men and women, and a very gratifying attendance of about 150 at the mid-week prayer meeting for men.

Almost every Sunday has seen the public enrollment of from 1 to 15 catechumens while at the Communion services held quarterly there has been added by baptism 44 men and 10 women. The catechumens became so numerous that we were puzzled as to how to provide for their proper oversight and instruction. This was then made the special duty of the two leaders of the church, Saturday evening being set apart as catechumen evening at which time these leaders and a few of the best instructed Christians, meet at the new church and at the residence

## 마포삼열
## 한국, 서울
## 1896년 10월

### 평양과 부근의 전도 사업

작년에 보고했던 희망적이고 전망이 밝은 상태가 지난 한 해 동안 계속되었으며, 그때 개요를 말한 [3자] 원리를 적용하면서 사역은 만족스럽게 발전했습니다. 실망스러운 일은 전혀 없었으며 모든 것이 점점 더 큰 기쁨을 주었습니다. 한 해 동안 등록교인, 활동, 조직, 자급, 자립, 자전 면에서 괄목할 만한 성장을 이루었고, 무엇보다도 강한 기독교인 인물들이 성장했습니다. 다음 보고에서 이를 자세히 설명하겠습니다.

### 평양 대동문교회[1]

이 교회는 입교인 20명과 학습교인 82명에서 입교인 74명과 학습교인 195명(여자는 30명)으로 성장했습니다. 남녀 회중은 100명에서 500명으로 늘었으며, 크게 감사한 일은 남자를 위한 수요일 저녁 기도회에 150명이 참석한다는 사실입니다.

거의 매주 공개적으로 학습교인 1-15명이 등록했고, 연 4회씩 분기마다 열리는 성찬식 때 44명의 남자와 10명의 여자가 세례를 받고 입교했습니다. 학습교인이 너무 많이 늘어나 우리는 그들을 어떻게 적절히 감독하고 가르칠지 곤혹스러웠습니다. 그래서 교회의 영수 2명에게 특별한 임무를 주었고, 토요일 저녁을 학습교인의 밤으로 별도로 구분해서 이 영수들과 가장 잘 지도를 받은 몇 명의 교인이 새 예배당과 사랑채에 모여서 『위원입교인규조』

1 평양 대동문 안 널다리(판동)에 구입한 한옥에서 1893년에 출발한 교회다. 교인이 늘어나자 1895년에 첫 집은 사랑방으로 바꾸고, 마포삼열의 사택으로 구입한 8칸 집을 남자 예배 처소로 바꾸고 이어서 8칸 크기의 여자용 예배실을 옆에 붙였다.

Sarang, conducting them through a study of the manual for catechumens and an informal discussion of any questions which may be presented.

The church has also been greatly helped and strengthened by the semi-monthly meeting of the officers (Helper, two Leaders and two Deacons) with Mr. Lee and myself, these meetings discussing all plans for the further extension of and the more effective instruction, discipline, organization and development of the church. We are thus training the officers and at the same time are enabled to put upon them a great deal of work and responsibility to our mutual advantage.

The plan for Sabbath services suggested last year has been carried out and proven a success. The morning sees the gathering of three Sunday School (Bible Classes), one at the church for men under the direction of myself and Leader Kim, another for men at the residence school under the direction of Mr. Lee and Leader Yi, the third being for women at the women's building under the direction of Mrs. Lee, assisted by several teachers in turn. In the afternoon all unite in the church service. This service is the culmination of the varying agencies at work throughout the week and is constantly gaining in power and impressiveness. To it the people gather from all the surrounding country, some coming regularly a distance of 10, 20 and even 50 li. There are two specially gratifying phases of the work this year, one the result of Mrs. Lee's presence in the station, one the result of insistence upon a strict observance of the Sabbath.

Mrs. Lee's arrival enabled us to arrange for the assembling of the women and we soon realized that the Christians had been giving effective instruction in their homes. The wives and mothers and daughters of the men soon filled the space allotted to them and have within the last few weeks almost filled the large eight kan building which has just been added to the church for their use. The congregation of women numbers over 100, the great majority of whom are now

를 철저히 배우고 자유롭게 질문하면서 토론을 합니다.[2]

또한 교회는 월 2회 모이는 제직회(조사 한 명, 영수 2명, 집사 2명, 리 목사와 본인 참석)를 통해 큰 도움을 받았고 강화되었습니다.[3] 제직회에서는 향후 교회의 증축 계획, 보다 효과적인 가르침, 치리, 조직, 발전 등을 토론합니다. 따라서 우리는 교회 제직을 훈련하는 동시에 그들에게 많은 사역과 책임을 부과할 수 있는데 이는 상호 유익이 됩니다.

작년에 제안된 안식일 예배를 위한 계획을 시행했는데 성공적이었습니다. 오전에는 3개의 성경 공부를 위한 주일학교가 열리는데, 첫째 반은 남자반으로 교회에서 모이며 나와 영수 김종섭 씨가 지도하고, 둘째 반은 남자반으로 사택에서 모이는데 리 목사와 영수 이동승 씨가 지도하고, 셋째 반은 여자반으로 여자 예배당에서 모이며 리 목사 부인이 지도하고 여러 명의 교사가 돌아가면서 돕습니다. 오후에는 모두 함께 모여 교회 예배를 드립니다. 이 예배는 한 주간 동안 했던 여러 활동을 완성하는 것으로, 지속적으로 강건하게 자라고 있어서 사람들에게 깊은 인상을 줍니다. 그 예배에 모든 주변 마을에서 사람들이 와서 모이는데, 일부는 정기적으로 10리, 20리, 심지어 50리 떨어진 곳에서 옵니다. 올해 사역에서 특별히 감사해야 할 두 가지 모습이 있습니다. 하나는 리 목사 부인이 선교지부에 있기 때문에 나온 결과이고, 다른 하나는 안식일을 엄격하게 준수하도록 강조한 결과입니다.

리 목사 부인의 도착으로 우리는 여성 집회를 마련했는데, 곧 기독교인들이 각자 집에서 효과적으로 가르쳐왔다는 것을 발견했습니다. 남자들의

---

2 학습교인으로 입교인이 되기를 원하는 자를 위한 문답서로, 네비우스(John L. Nevius)가 쓴 한문 소책자(爲願入敎人規條, *Manual for Catechumens*)를 마포삼열이 번역하여 『위원입교인규조』(서울: 1895)로 출판해서 사용했다.

3 이때 조사 한석진, 영수 이동승, 김종섭, 집사 위운섭, 정윤조였다. 참고로 널다리교회는 한석진 조사와 마포삼열 목사의 전도로 최치량, 전재숙, 문홍준, 이동승, 조상정, 한태교, 박정국 등 7인이 1894년 1월 5일 처음으로 세례를 받고 입교하면서 설립되었으며, 이듬해 이동승이 초대 영수로 임명되면서 조직되기 시작했다. 이후 김종섭, 이영언, 길선주, 박자중, 정익로, 안봉주, 박치록 등이 영수로 시무하였고, 1896년 위운섭과 정윤조가 첫 집사로 피택되었다. 1899년 김종섭을 초대 장로로 피택했고(안수는 1900년 6월), 1899년 여신도 신반석을 초대 권사로 택했다.

regular attendants—not sight see-ers. No mid-week prayer meeting is held for women at the church, Mrs. Lee having her hands more than full attending to meetings near our residence. Our most imperative need is for someone to give undivided time to work among the women at the church, in the homes in the city and in the surrounding villages.

Sabbath observance has been quite a test question and baptism in many cases was deferred pending satisfaction in this respect. It is certainly a new sight in Pyeng Yang to see a dozen or more establishments closed on the Lord's Day. One especially interesting case arose. Deacon We had a paper store which he closed on Sunday. The capitalist who furnished his stock stood it for a while but when market day came upon Sunday and the store was closed as usual, the capitalist thought things had gone too far—so he threatened to withdraw the capital unless the store was opened every day. This threat stood over Deacon We for some time but he did not waver. Finally the capitalist said "I see you have fully determined to close the store on Sundays—so I shall withdraw your capital." The young man remained true—gave up his capital, his store, his living, and cast around for someone who would furnish him capital and allow him to obey God. Who his present capitalist is I have never heard, but in a few days he was reestablished in a larger store with a larger stock and is also a stronger man and a greater power in the church because of his firm adherence to principle.

The church is doing aggressive evangelistic work—furnishing $2^{oo}$ per month towards the salary of the evangelist on Soon An circuit and by personal work extending knowledge of the gospel to the villages around. At a recent meeting of the officers, plans were set on foot for a systematic visitation of all the villages within 15 miles of the city, in 20 of which we have from 1 to 3 members or catechumens. The officers and a few of the more capable members will go two by two into these villages encouraging these scattered believers who have to stand alone

아내, 어머니, 딸들이 곧 할당된 공간을 채웠고 최근 몇 주 안에 큰 8칸 건물을 가득 채웠습니다. 그 건물은 여성용으로, 얼마 전 교회 건물 옆에 덧붙였습니다. 여성 회중은 100명이 넘습니다. 대다수는 이제 정기적인 출석자이지 구경꾼이 아닙니다. 여성을 위한 수요 기도회는 열리지 않습니다. 리 목사 부인이 우리 사택 부근에서 모이는 집회에 참여하는데 일손이 모자랄 정도로 바쁩니다. 교회에서, 도시의 가정에서, 주변 시골에서 여성을 위한 사역을 전담할 여성 선교사가 시급하게 필요합니다.

성수주일 문제는 힘든 문제로 남아 있습니다. 이 때문에 많은 경우에 만족할 때까지 세례가 연기되었습니다. 주일날 평양에서 12개 이상의 상점이 문을 닫는 것은 분명히 새로운 광경입니다. 특별히 흥미로운 일이 발생했습니다. 위운섭 집사가 지물포(종이 가게)를 하는데 주일에 문을 닫았습니다. 물건을 대는 한 물주(物主)가 잠시 그곳에 들렀는데, 위 집사는 주일이 장날이어도 평소처럼 상점 문을 닫았습니다. 그 물주는 그것이 너무 지나치다고 생각했고, 그래서 매일 점포를 열지 않으면 자본을 회수하겠다고 위협했습니다. 위 집사는 얼마 동안 위협을 받았지만 굴하지 않았습니다. 마침내 그 물주가 말했습니다. "내가 보니 자네는 일요일에 점포를 닫기로 단단히 결심을 했구먼. 그래서 난 자본을 회수하겠네." 젊은 집사는 입장을 바꾸지 않았고, 자본과 상점과 생계를 포기했습니다. 그리고 그에게 자본을 대되 하나님께 복종하는 것을 허락할 사람을 물색했습니다. 그의 현 물주는 내가 아직 만나본 적이 없지만, 위 집사는 며칠 안에 더 큰 상점에서 더 많은 물건을 가지고 사업을 재개했습니다. 또한 그는 단호하게 원칙을 고수하기 때문에 교회에서 강력하고 유능한 사람입니다.

교회는 공격적으로 전도하고 있습니다. 순안 시찰에서 일하는 전도사의 봉급을 지원하기 위해 매달 2달러를 제공하며, 개인 전도를 통해 복음의 지식을 주변 마을에 전파하고 있습니다. 최근 제직회 모임에서는 도시에서 50리 안에 있는 모든 마을을 조직적으로 심방하는 계획을 마련했습니다. 그중 20개 마을에 학습교인이 각각 1-3명 있습니다. 제직과 몇 사람의 유능

against persecution and ridicule, and also making known more clearly to others in these villages what the doctrine is which these men profess. We look for great good from this movement. The church has adopted the envelope system of offerings, the result being a marked increase in the receipts. There are enrolled between 70 and 80 regular contributors, the weekly offering amounting to between three and four dollars. They have raised this year 59,913 cash or about $120 besides over $20$^{oo}$ raised from fees in the two boys' schools. They have thus not only met the running expenses of the church and sarang amounting to over #60$^{oo}$ but have contributed $30$^{oo}$ towards the building of churches in seven of the country sub-stations, and furnished nearly half of the support of the two schools and begun the partial support of an evangelist. Raising this year a total of over $140$^{oo}$ the church gives promise of very soon becoming a practically self-supporting church.

In this report I do not deal with the details of the active work of the men and women in their meetings held near our residences under the direction of Mr. and Mrs. Lee or in connection with the medical work of Dr. Wells.

Before leaving the Pyeng Yang work I should mention the bookstore, which has become another influential factor in the religious life of the city. Established this year on the main street, it is the center from which a great deal of evangelistic work is done, large quantities of books going forth from it, while hundreds of inquirers learn there from a most zealous Christian the truths of salvation. The building purchased is sufficiently large for the bookstore and also for a street chapel. It is the intention to open the chapel just as soon as time can be found to give it the needed oversight to make it an effective agent in our work. In connection with our bookstore we want this year to place in the field a colporteur whose support is guaranteed by the British and Foreign Bible Society.

Connected with the Pyeng Yang church are 13 sub-stations whose

한 교인들이 2명씩 짝을 지어 마을들에 들어가서, 박해와 조롱을 혼자 견뎌야만 하는 이 흩어진 신자들을 격려할 것입니다. 또한 이 마을에서 신자들이 고백하는 교리가 무엇인지 다른 사람들에게 더 분명하게 알려줄 것입니다. 우리는 이 운동을 통해 좋은 일이 많이 일어나기를 기대합니다. 교회는 헌금 봉투 제도를 채택했습니다.[4] 그 결과 눈에 띄게 헌금 수령액이 증가했습니다. 70-80명의 정기 헌금 교인이 등록했습니다. 매주 헌금은 3-4달러에 달합니다. 올해 연보한 금액은 59,913냥으로 약 120달러이며, 여기에 추가하여 두 남학교의 비용으로 20달러를 연보했습니다. 따라서 그들은 60달러에 달하는 교회와 사랑방의 경상비만 충당한 것이 아니라, 시골의 7개 선교지회의 건물을 위해 30달러를 지원했습니다. 또한 두 초등학교 운영비의 거의 절반을 지원했고, 전도사 한 명의 봉급을 부분적으로 지원하기 시작했습니다. 올해 총 140달러가 넘는 액수를 헌금했으므로, 교회가 가까운 장래에 실제적으로 자급하는 교회가 될 가능성이 높습니다.

나는 이 보고서에서 리 목사 부부의 지도하에 혹은 웰즈 의사의 의료 사역과 연관하여 우리 사택 부근에서 열린 집회에서 이루어진 남녀 교인들의 적극적인 사역은 다루지 않았습니다.

평양 사역에 대한 보고를 마치기 전에 서점을 언급하고 싶습니다. 서점이 이 도시의 종교 생활에 영향을 미치는 한 요소가 되었습니다. 올해 시내 중심가에 세웠는데 이곳을 중심으로 많은 전도 사업이 이루어지고 많은 양의 책이 나갑니다. 서점에서 수백 명의 구도자가 가장 열정적인 설교자로부터 구원의 진리를 배웁니다. 매입한 건물은 서점과 함께 거리 예배 처소로 사용할 공간이 충분히 있습니다. 필요한 감독을 하고 우리 사역에서 효과적인 기관으로 만들 수 있는 시간이 있으면 즉시 예배 처소를 개설하는 것이 우리의 의도입니다. 서점과 연관하여 우리는 올해 현장에서 일할 권서를 배치하기를 원하는데 영국 성서공회로부터 그 지원을 보장받았습니다.

---

4 헌금자로 등록하고 자기 이름이 적힌 개인 봉투를 받아 연보하는 제도다.

condition and prospects are as follows:

### Han Chun Tai Kol

[This sub-station was] reported last year as having been just established with 5 catechumens. I visited this place last November. In December two of the men attended the Training Class. It received helpful stimulus and instruction from a visit from Helper Han in the spring. Dr. Wells and I visited it in June. Leader Kim of the Pyeng Yang church visited it in August and I made my final visit in September. There are now 5 baptized members and 42 catechumen, 9 of whom are women. On my last trip I should have baptized ten or more of these catechumens had it not been for their failure to properly observe the Sabbath during the busy harvest season. Their examination and their daily Christian conduct was satisfactory in all other respects. During the year these people have secured a church building and under their Leader, Mr. Song, have been making steady progress. One most interesting case of conversion deserves mention. A friend of Mr. Song, a blind sorcerer named An, learned the truth and after daily conversation with his friend became convicted of sin. He gave up his sorceries and took refuge in Jesus. His mother and step father were thoroughly enraged and roundly abused him and Mr. Song, saying they had been deprived of their means of livelihood and that their son had thrown away all that had been expended in educating him as a sorcerer. The poor fellow meekly endured the taunts and threats and revilings of his father and the tears and entreaties of his mother–but said he could not give up his new found hope and joy in Jesus. We were beset by his friends to furnish him with some means of livelihood but refused. He was driven from his home and disowned. For some time he was given a home and cared for by Mr. Song. Every effort was made by his relatives to induce him to return to sorcery and the temptation was presented to him time and again. He seemed never

현재 평양교회와 연결된 13개의 선교지회가 있으며, 그들의 상태와 전망은 다음과 같습니다.

### 한천 대골

이 선교지회는 작년에 5명의 학습교인으로 막 설립되었다고 보고했습니다. 나는 작년 11월에 그곳을 심방했습니다. 12월에 2명의 남자가 사경회에 참석했습니다. 봄에 한석진 조사가 심방하여 도움이 되는 자극을 주고 가르쳤습니다. 지난 6월에는 나와 웰즈 의사가 방문했습니다. 평양교회의 영수 김종섭이 8월에 심방했고 최근 9월에 내가 심방했습니다. 현재 그곳에는 세례받은 입교인 5명과 학습교인 42명(여자는 9명)이 있습니다. 9월에 내가 갔을 때 이 학습교인 가운데 10명 이상에게 세례를 주어야 했으나, 바쁜 추수철이라 안식일을 제대로 지키지 않아서 줄 수 없었습니다. 세례 문답과 기독교인으로서 일상의 행동은 모든 면에서 만족스러웠습니다. 지난 한 해 동안 그들은 교회 건물을 확보했고, 영수 송인서의 지도 아래 꾸준한 진보를 이루어 왔습니다. 흥미롭고 언급할 만한 개종 사례가 있습니다. 송 씨의 친구로 맹인 판수 안 씨가 진리를 배웠습니다. 매일 친구와 대화를 나눈 후 안 씨는 죄를 자백하게 되었습니다. 안 씨는 판수 일을 포기하고 예수 안에서 피난처를 구했습니다. 안 씨의 어머니와 의붓아버지는 화가 머리끝까지 나서 안 씨와 송 씨를 못살게 굴면서, 생계를 유지할 수단이 사라졌고 안 씨를 판수로 교육시키는 데 쓴 모든 것을 날려버렸다고 말했습니다. 그 불쌍한 남자는 아버지의 위협과 협박과 공갈, 그리고 어머니의 눈물과 회유를 온유하게 참고 견뎠습니다. 그러면서 자신이 새로 발견한 예수 안에 있는 희망과 기쁨을 포기할 수 없다고 말했습니다. 안 씨에게 생계 수단을 제공하려는 친구들이 찾아왔지만 부모가 거절했습니다. 그는 집에서 쫓겨났고 버림받았습니다. 송 씨가 얼마 동안 그에게 집을 제공하고 돌봐주었습니다. 친척들은 그에게 와서 판수 업으로 돌아가라고 온갖 설득을 다 했으며 수시로 유혹했습니다. 그는 결코 물러날 기미를 보이지 않았으며, 북과 종과 점을 치고 귀신을 쫓아내는

to think of yielding but brought his drum and bell and other fortune-telling spirit-expelling charms to me. He soon became a most interesting speaker on the truth of the gospel and was himself an evidence of their power. We invited him to stay in the sarang for a while that he might be more thoroughly instructed. He was soon talking daily to the patients at the dispensary and began selling books there. Mrs. Lee taught him to play the organ and he spent a good deal of time talking to the visiting women. He was constantly praying for his mother and step-father and when he returned to his home to plead with them he found a very great change, his mother especially giving evidence of a real change of heart. It was touching indeed to see his great joy as he told us of this. He had made himself so useful to Mrs. Lee in her work that we have planned to keep him with us that his implicit faith and great happiness may exert their power over the many to whom he tells the story of the way in which he, the blind yet sees spiritual things. His influence in his own neighborhood has been very great and the people of this little church have great confidence in him. This sub-station has some of its catechumens in a large market town, Han Chun Chang, three miles away. Here they have just perfected their plans for the establishment of a separate place of worship, having purchased a good house which they will adapt by alteration to church purposes. This market town is composed very largely of liquor sellers, gamblers and men wholly given over to game and it may be that a substation here will always be a small one, nevertheless, it will be a center of information to the large section of country villages which has this market town as its center of trade. These two groups have raised this year for running expenses of the church and for the two church buildings the sum of 17,737 cash—equal to over \$35$^{00}$.

부적들을 내게 가져왔습니다. 그는 곧 복음의 진리에 대해 가장 재미있게 말하는 연사, 영향력 있는 간증을 전하는 사람이 되었습니다. 그가 더 철저히 배울 수 있도록 우리는 그를 얼마 동안 사랑방에서 지내도록 초청했습니다. 그는 곧 진료소의 환자들에게 매일 이야기를 했고 그곳에서 책을 팔기 시작했습니다. 리 목사 부인은 그에게 오르간 연주법을 가르쳤고, 그는 방문하는 여자들에게 이야기하는 데 많은 시간을 보냈습니다. 그는 쉬지 않고 어머니와 의붓아버지를 위해 기도했습니다. 그가 간청하러 집으로 찾아갔을 때, 그는 부모님이 많이 바뀐 것을 발견했는데, 특히 어머니의 마음이 진정으로 변화했다는 증거가 있었습니다. 그가 이것을 우리에게 말하면서 얼마나 크게 기뻐하는지, 그 모습을 보는 것은 정말 감동적이었습니다. 그가 리 목사 부인의 사역에 유용하므로 우리는 그를 데리고 있을 계획을 세웠습니다. 그의 분명한 믿음과 커다란 행복, 그리고 그가 눈은 멀었으나 어떻게 영적인 일을 보는가에 대한 이야기는 이를 듣는 많은 사람에게 영향력을 행사할 것입니다. 그가 이웃 주민에게 미친 영향은 컸고, 이 작은 교회의 교인들은 그를 깊이 신뢰합니다. 이 선교지회에는 또 몇 명의 학습교인이 10리쯤 떨어져 있는 큰 장이 열리는 한천장(漢川場)에 있습니다. 최근에 이들은 별도의 예배 처소를 세울 완벽한 계획을 세웠는데 좋은 집을 사서 이를 예배당으로 구조 변경할 것입니다. 이 시장 마을은 대부분 술장수, 도박꾼, 잡기에 중독된 자로 구성되어 있습니다. 비록 이 선교지회가 항상 작은 지회가 되겠지만, 이 장마당을 거래의 중심지로 삼고 있는 주변의 광범위한 시골 마을에 소식을 전하는 중심지가 될 것입니다. 이 두 개의 미조직교회는 올해에 교회 경상비와 두 개의 예배당을 위해 35달러에 해당하는 17,737냥을 연보했습니다.

### Syou An Kang Chin

[This sub-station] in Whang Hai province 100 li southeast of Pyeng Yang—reported last year—has not been visited by me, owing to its isolation and the press of other work. It has had regular monthly visits from Helper Han and has had an efficient leader, a Mr. Cho, who attended the Training Class. A number from here have visited Pyeng Yang and been enrolled as catechumens, while some have moved into the city. They have held regular services and from their offerings met all the expenses of the church. With help from the Pyeng Yang church they purchased a building for church services. Several of them are ready for baptism and a number wish to be enrolled as catechumens. From them the word has gone forth and tracts been distributed over this Eastern region from which come many inquirers. The present enrollment is 1 baptized member and 12 catechumens

### To Rong Sum

[This is] a new substation 65 li southwest of Pyeng Yang. This was organized last November when I visited the village and has since been visited by Leader Yi of the Pyeng Yang church. It has also been helped by the presence during the summer of one of the teachers in Mr. Miller's school whose home is here. They also have a building given them for church purposes by the man who there first became interested in the truth. This old man has recently died in perfect peace and faith leaving two sons as catechumens and a widow who now professes faith in Christ. There are as yet but 7 catechumens but it is a field calling for attention as it is in a very thickly populated region in the river valleys in the direction in which we have scattered a number of catechumens.

In addition to the Pyeng Yang church and circuit of sub-stations, I have charge of

### 수안 강진[5]

이 미조직선교지회는 평양에서 남동쪽으로 100리 떨어진 황해도에 있습니다. 작년에 보고한 이후로, 외진 곳이기도 하고 다른 일도 밀려 있었기 때문에 그동안 심방하지 못했습니다. 조사 한석진이 매달 정기적으로 방문했고, 사경회에 참석한 영수 조 씨가 효과적으로 섬기고 있습니다. 이곳에서 많은 신자가 평양을 방문했고 학습교인으로 등록했으며 그 일부는 평양으로 이사를 왔습니다. 그들은 정기적으로 헌금하여 교회의 경상비를 충당했습니다. 평양교회의 도움을 받아 교회 예배당을 구입했습니다. 여러 사람이 세례 받을 준비가 되어 있었고 다수가 학습교인으로 등록하기를 원했습니다. 그들을 통해 하나님의 말씀이 전파되었고, 동부 지역에 소책자가 반포되었는데, 그곳에서 많은 구도자가 나왔습니다. 현재 등록교인은 세례교인 한 명과 학습교인 12명입니다.

### 도롱섬

이곳은 평양에서 남서쪽으로 65리 떨어진 새 선교지회입니다. 제가 방문했던 작년 11월에 조직되었는데, 그 이후 평양교회의 영수 이영언이 심방했습니다.[6] 또한 밀러의 예수교학당 교사 중 한 명[안창호]이 여름 동안 지내면서 도와주었는데, 그의 고향이 여기입니다. 또한 그들은 교회 건물을 가지고

5 "[수안군(遂安郡)] 공포면 강진교회(公浦面 降眞敎會)가 성립하다. 선시 청일전역(淸日戰役) 시(時)에 평양인 한석진 최치량이 차지(此地)에 피난하야 복음을 선전함으로 본리인(本里人) 원정환(元貞煥) 윤두하(尹斗夏) 등 구인(九人)이 한석진 가에서 회집하더니 삼년 후에 선교사 마포삼열이 순회할 시에 교인이 신력(信力)을 득(得)하야 초옥 삼간(草屋 三間)을 매수하야 회당으로 사용하니 자시(自是)로 교회가 설립되니라." 차재명, 『조선예수교장로회 사기 상』, 47-48. 사기에서는 1897년 설립으로 보지만, 마포삼열의 위 보고서에 따라 1896년에 강진교회가 설립되었다.

6 1895년 11월에 설립된 평안남도 강서군 초리면 도롱섬교회다. 이곳은 도산 안창호(1878-1938)의 고향으로, 서울 예수교학당 학생이던 안창호의 전도로 교회가 시작되었다. 『사기』에는 1894년 교회가 출발한 것으로 되어 있으나 1895년에 출발했다. "강서군 탄포리교회(江西郡 灘浦里敎會)가 성립하다. 선시에 교인 안창호가 평양으로부터 본리(本里)에 래(來)하야 전도함으로 서순화(徐順化) 김용기(金用基) 오하준(吳夏俊) 등이 신종(信從)하고 평양 판동교회(平壤 板洞敎會)에 왕래하며 예배하더니 미기(未幾)에 신자 십일인이 안창호 가에서 회집하야 교회를 수성(遂成)하니라." 차재명, 『조선예수교장로회 사기 상』, 28.

**The Soon An Circuit**

consisting of the Soon An Sa Chon church and 4 sub-stations, to be reported as follows:

**The Soon An Sa Chon Church**

[This church] has had a steady growth although it has just gone through its second trial and sifting process. It is still practically intact and stronger than ever. Early in the year one member was excommunicated for taking a concubine. Later on, one disappeared–a youth who is said to have been taken off by the Roman Catholics, and one is reported to have been forced to sacrifice to his ancestors. During the busiest farming season several of the members and catechumens yielded to the temptation to work part of the Sabbath and a very serious condition of things threatened the very life of the church. A visit in June with earnest pastoral exhortation brought many to repentance, strengthened their faith and led to a firmer decision. Last month another visit found a much better state of things all but 4 having strictly observed the Sabbath even during the busy harvest. These 4 were publicly reprimanded and privately exhorted and to all appearances have been brought to realize their sin. I have visited this church three times during the year, while helper Han has paid them monthly visits. Helper Kim who has recently been placed on the Soon An circuit is now to give one Sunday a month to this church, a small proportion of his salary being provided for by it. During the year 8 members including 2 women have been received by baptism, giving a present enrollment of 19 members and 31 catechumens. They have raised for expenses and repair of parsonage 37 in cash–equal to $7.50. An attempt was made to establish a boys' school but owing to the absence of a good teacher the attempt proved unsatisfactory. A new effort is now being made which bids fair to result successfully.

있는데, 그곳에서 처음 진리에 관심을 가지게 된 남자가 기증한 것입니다. 이 노인은 최근에 완벽한 평화와 믿음 안에서 죽었는데, 두 아들은 학습교인이며 그의 처도 이제 그리스도를 믿는 믿음을 고백합니다. 비록 그곳에는 아직 7명의 학습교인만 있지만, 강 계곡에 위치한 인구 밀집 지역이므로 우리가 관심을 기울여야 할 선교지입니다. 이 계곡 방향으로 많은 학습교인이 흩어져 있습니다.

평양교회와 선교지회 시찰 외에 나는 다음 시찰을 책임지고 있습니다.

### 순안 시찰

순안 시찰은 사촌교회와 4개의 미조직교회인 선교지회들이 있는데 이들에 대한 보고는 다음과 같습니다.

#### 순안 사촌교회(社村敎會)[7]

이 교회는 비록 시련과 변화의 제2차 단계를 막 지났지만 그동안 꾸준히 성장했습니다. 아직 실제로 상처를 입지 않았고 이전보다 더 강하게 되었습니다. 연초에 한 입교인이 첩을 얻어서 치리를 받고 출교되었습니다. 이후 한 사람이 사라졌는데 소문에 의하면 천주교인들이 데려갔다고 합니다. 또 한 사람은 억지로 조상에게 제사를 지내지 않을 수 없었습니다. 입교인과 학습교인 여러 명이 농번기를 보내며 안식일에 잠시 유혹에 넘어가 일하고 말았습니다. 그리고 사태가 심각해지며 교회가 새롭게 출발할 기회마저 위협당했습니다. 6월에 심방하여 진지하게 목회적인 권고를 함으로써 많은 사람이 회개했고 믿음을 강하게 했으며 더 확고한 결단을 하기에 이르렀습니다. 지난달 다시 심방해보니 사정이 훨씬 좋아졌고, 4명을 제외하고 모든 교인이

7 1897년에 "평원군 순안교회(平原郡 順安敎會)가 성립하다. 선시에 본동인(本洞人) 홍청여(洪淸汝)의 인도로 해읍 사촌 김두형(金斗瀅) 김용순(金龍淳) 김능준(金能俊) 홍대흡(洪大洽) 등이 신종(信從)하야 김두형가에 회집하더니 리인(里人)이 점진하야 교회 기초가 확립됨에 사촌에 와가 십칠간을 매수하야 예배당으로 사용하니 당시 선교사난 마포삼열이요 조사난 김두형이러라. 기후(其後)에 사촌은 일우의 지라 하야 교회를 읍내에 이전하고 회당을 다시 매수하야 회집하니라." 차재명, 『조선예수교장로회 사기 상』, 44.

### Soon An City

[This church] has 14 catechumens but during the disturbed state of things at the time of the hair-cutting [enforced cutting of the top-knots] they lost their place of meeting and have since been thoroughly unsettled. Being but 5 li from the Sa Chon church, some of the men attend there occasionally and an effort is being made to secure a re-gathering of this band composed of very young and inexperienced adherents.

### Soon An Cha Chak

[The church here] has grown stronger and is in good condition although it too has been affected by the Sabbath question. I visited it in December. Helpers Han and Kim visited it several times during the spring and summer and I again visited it in September. On this last visit I baptized 4 men and would have baptized some 6 or 8 more had they properly observed the Sabbath. There is evidence of a genuine work of grace in their hearts and I doubt not they will soon have the strength given them to do the Lord's will in this respect. With a present enrollment of 4 members and 25 catechumens they have this year built their own church without help, this costing them 6,750 cash (over $3.$^{00}$) in money besides their own labor worth an equal amount. They furnished their own expenses, contribute monthly a small sum towards Helper Kim's salary and have established a small boys' school with 8 pupils. Some of these catechumens are from villages in Suk Chun and An Ju magistracies many miles away from here and there will soon be other groups of inquirers calling for visits.

The other two sub-stations are at

### Yung You Paik No Ri and Yung You city

The former is composed of 7 catechumens, most of whom were Roman Catholics and the latter composed of 3 catechumens. While great

농번기임에도 불구하고 안식일을 성수했습니다. 이 네 사람은 공개적으로 비판을 받았고 개인적으로 권면을 받았습니다. 그래서 그들의 죄를 깨닫도록 모든 외적인 조치를 취했습니다. 나는 한 해 동안 이 교회를 세 번 심방했습니다. 조사 한석진은 매달 방문했습니다. 최근 순안 시찰을 책임지게 된 김종섭 조사는 지금 한 달에 한 주일을 이 교회에서 보내는데, 교회가 그에게 약간의 봉급을 제공합니다. 한 해 동안 2명의 여자를 포함한 8명이 세례를 받고 입교했으며, 이제 전체 19명의 입교인과 31명의 학습교인이 있습니다. 그들은 교회 사택 유지비와 수리비로 37원을 연보했는데 이는 7달러 50센트에 해당합니다. 남학교를 설립하려고 시도했으나 좋은 교사가 없어서 설립 계획은 무산되었습니다. 새로운 시도를 하고 있으며 성공적인 결과가 예상됩니다.

### 순안읍

이 교회에는 14명의 학습교인이 있으나 단발령이 내려지는 혼란 사태로 인해 예배 처소를 잃었고, 그 이후 완전히 정착하지 못했습니다. 사촌교회로부터 불과 5리밖에 떨어져 있지 않기 때문에 일부 사람들이 가끔 사촌 교회에 출석했습니다. 젊고 경험이 적은 신자들로 구성된 이 무리를 다시 모으기 위한 노력이 이루어지고 있습니다.

### 순안 자작(自作)

이 교회는 비록 안식일 문제로 영향을 받았지만, 더 강하게 성장했고 현재 좋은 상태입니다. 나는 12월에 심방했습니다. 조사 한 씨와 김 씨는 그곳을 봄과 여름에 여러 번 방문했고 내가 9월에 다시 심방했습니다. 이 마지막 여행에서 내가 4명의 남자에게 세례를 주었는데, 만일 안식일을 잘 지켰다면 6-8명에게 세례를 더 주었을 것입니다. 그들의 마음속에 하나님의 은혜가 진정으로 일하고 있다는 증거가 있습니다. 이 점에서 나는 그들이 곧 주님의 뜻을 행하기 위해 헌신할 능력을 가질 것을 의심하지 않습니다. 현재 등록교

care needs to be exercised in receiving former Roman Catholics into the church, these men seem to be thoroughly sincere quiet farmers who, obtaining possession of the New Testament were enlightened, and believing that the "Jesus Kyo" is the true form of Christianity, so informed their priest and asked to be taken under our instruction. On my last visit I also entered the Cha San district where at An Kouk Ri there are several promising inquirers who seem to have decided for Christ. They have not yet arranged for Sunday meetings and so are not yet enrolled.

In closing my report of the work in and around Pyeng Yang I want to call the attention of the Mission and the Board and the Church to this fact–viz–that the native Christians have by word of mouth and by printed page and by the testimony of reformed lives carried the news of the gospel into hundreds and hundreds of towns and villages and could we but follow this up I believe we should see most remarkable movements in the ingathering of thousands of believers. The time is ripe and now is our opportunity. Could the Board send us new men to care for the farther off regions in the north and in Whang Hai province, the present members of the station could give their undivided time to the 15 or 20 districts nearest Pyeng Yang and soon have this region dotted with churches in hundreds of villages. I desire to close with an expression of my deep gratitude to God that He has allowed me the privilege of 7 years of labor in Korea and I rejoice in what He has done for us in Pyeng Yang in giving us such complete harmony in our work and in making more and more to realize that "the gospel is the power of God unto salvation to everyone that believes."

인은 세례교인 4명과 학습교인 25명입니다. 그들은 올해 외부의 도움 없이 예배당을 지었는데, 3달러가 넘는 6,750냥을 헌금했으며 동일 액수에 해당하는 노동을 제공했습니다. 그들은 경상비를 자체 조달하고, 김 조사의 봉급을 위해 매달 소액을 기부하며, 8명의 재학생이 있는 작은 남학교를 설립했습니다. 학습교인 가운데 일부는 이곳에서 10리 이상 떨어진 숙천(肅川)과 안주(安州)읍에 있으며, 곧 다른 구도자들이 심방을 요청할 것입니다. 다른 두 개의 선교지회는 백노리와 영유읍입니다.

### 영유(永柔) 백노리와 영유읍

백노리에는 7명의 학습교인이 있는데 대부분 천주교인이었다가 개종한 자들이며, 영유읍에는 3명의 학습교인이 있습니다.[8] 과거에 천주교인이었던 자를 교회로 받아들이는 것은 대단히 조심해야 하지만, 이 남자들은 철저히 신실하고 조용한 농부들로서, 신약전서를 소유하게 되면서 깨달음을 얻어 "예수교"가 기독교의 진정한 형태인 것을 믿게 되었고, 그래서 그들의 사제에게 알리고 우리 밑에 가서 배우게 해달라고 부탁했습니다. 최근 심방했을 때 내가 자산 지역 안국리에서 전망이 밝은 여러 명의 구도자를 만났는데, 그들은 그리스도를 믿기로 결심한 듯했습니다. 그들은 아직 학습교인으로 등록하지 않아 주일 예배로 모이지는 않습니다.

평양과 부근 사역에 대한 보고서를 마감하면서, 선교회와 선교부와 본국 교회가 다음 사실에 주의를 기울여주시기를 원합니다. 즉 한국의 본토인 기

8 평원군의 영유읍이다. 『사기』에 의하면 영유읍교회는 다음과 같이 발전했다. "영유읍교회(永柔邑敎會)가(금 평원군)(今平原君) 성립하다. 선시에 팔동리교회(八洞里敎會)에셔 선교사 마포삼열과 전군보(田君甫)가 사경회를 교수하난 중 수은(受恩)의 결과로 당석(當席)에 출연(出捐)하야 읍내 창동에 와가 삼간을 매수하고 복음을 열심히 선전하야 오익현(吳益鉉) 이현신(李賢信) 양성번(楊成蕃) 등이 신교(信敎)하얏고 탑현교우 송기선(宋基善)을 동지(同地)로 반이(搬移)케 하야 교회를 인도하얏으며 당시 조사는 김찬성(金燦星) 김천일(金千一)이 시무하얏고 후에 교회난 점진하야 김천일(金千一)을 장로로 장립하야 당회가 조직되고 동시에 팔동, 소죽, 통명리, 갈원, 어파 등 팔 교회가 합심협력하야 와가 십간 예배당을 화려히 건축하고 김천일(金千一) 강유훈(姜有勳) 김찬성(金燦星) 김상규(金相奎) 등이 조사와 목사로 계 상 시무하니라." 차재명, 『조선예수교장로회 사기 상』, 108.

독교인들은 입에서 나오는 말로, 출판된 책으로, 개혁된 삶의 증거로 복음의 소식을 수백 수천 개의 마을에 전하고 있습니다. 만일 우리가 이들을 따라가 사후 조치만 한다면, 수천 명의 신자를 얻을 수 있는 가장 현저한 운동을 보게 될 것이라고 나는 믿습니다. 때는 무르익었습니다. 지금이 기회입니다. 선교부가 북한 지역과 황해도의 멀리 떨어진 마을들을 돌볼 수 있는 새 선교사들을 보내주실 수 없습니까? 선교지부의 현 인원으로는 평양에서 가장 가까운 15-20개의 지역에 시간을 할애하면 남는 시간이 없으며, 이 지역에는 곧 수백 개의 마을에 교회가 들어설 것입니다. 보고서를 마치면서 지난 7년간 한국에서 일하도록 특권을 주신 하나님께 깊은 감사를 드리고 싶습니다. 하나님께서 평양에서 우리를 위해 하신 일을 기뻐하며, 우리의 사역에 완전한 조화를 주신 것을 기뻐합니다. 그래서 우리는 점점 "복음은 믿는 모든 사람에게 구원을 주시는 하나님의 능력"임을 깨닫습니다.

PHS, microfilm reel #180, Vol. eleven, Korea Mission reports

**Samuel A. Moffett**

**Seoul, Korea**

**October, 1896**

---

### Report of the Training Class

This class deserves more than casual notice not only on account of its representative character and its work while in session but more especially on account of what followed its dispersion, the wide-spread influence it exerted in gathering groups of catechumens in every direction from which the men had come.

The class was composed of 25 men representing the four churches at Pyeng Yang, Soon An Sa Chon, Eui Ju and Kou Syeng, six sub-stations and six other towns and villages. These with our personal teachers and the two school teachers in Pyeng Yang gave us a regular enrollment of 30. Three weeks were spent in study. Morning prayers were conducted by our Helper, Han Syek Chin, the Gospel of John being covered in devotional reading. The morning was spent in exegetical study of Romans with lectures by myself, and the afternoon with Mr. Lee in a similar study of the Gospel by Matthew. Four evenings in the week a prayer and praise service was held, those being of very marked spiritual power.

In these meetings many of the men related the story of their conversion, their past life and their joy and gratitude now experienced in Christ's service. Others told of the work of grace in their own neighborhoods and of the difficulties and persecutions encountered and of some marked cases of answers to prayer. During these meetings Mrs. Bishop visited Pyeng Yang and became greatly interested in our work, so much so as to feel called upon to write our Board urging the sending of re-enforcements.

**마포삼열**

**한국, 서울**

**1896년 10월**

## 사경회 보고

이 사경회에 특별한 관심을 기울여야 마땅합니다. 그 이유는 사경회 기간 동안 경험하게 되는 두드러진 특징과 그 공부뿐만 아니라 마친 후에 따라오는 결과 때문입니다. 곧 사경회는 사방에서 오는 학습교인들이 속한 미조직교회에 광범위한 영향력을 행사합니다.

사경회에는 평양, 순안 사촌, 의주, 구성의 4개 교회와 6개의 미조직교회와 6개의 다른 마을을 대표하는 25명의 남자가 참석했습니다.[1] 여기에 우리의 개인 어학 교사들과 평양 학교 교사 2명이 참가하여 정규 등록자는 30명이었습니다. 공부는 3주 동안 계속되었습니다. 아침 기도회는 우리의 조사인 한석진이 인도했는데, 경건회 시간에는 요한복음을 읽었습니다. 오전에는 내가 강의하는 로마서 강해 공부 시간이 있었고, 오후에는 리 목사가 강의하는 마태복음 강해 공부 시간이 있었습니다. 매주 나흘 저녁 시간에는 기도와 찬양 예배를 드렸는데 영적인 능력이 현저하게 드러났습니다.

이 모임에서 많은 남자가 자신의 개종 이야기, 과거 생활, 지금 그리스도를 섬기면서 경험하는 기쁨과 감사를 연결시켰습니다. 어떤 사람들은 그들의 이웃에서 일어난 은혜의 사역, 겪었던 어려움과 핍박, 그리고 기도한 후 놀랍게 응답받은 사례에 대해 말했습니다. 사경회가 진행되는 동안 비숍 여사가 평양을 방문했는데 우리의 사역에 깊은 관심을 보였고, 그래서 비숍 여사는 선교부에 인원 보강을 촉구하는 편지를 쓸 의무를 느끼게 되었습니다.

1 일반 사경회가 아니라 신학반의 성격을 지닌 지도자반 사경회였다.

The class closed with the Sunday service in the church and the administration of the sacraments, there being 10 men to receive baptism, one of them a member of the class. While the class was in session there were a great many visitors from the country who came inquiring about Christianity. They received from contact with the class a decided impetus towards a deeper search into the truth.

From the praise services there was also a great impetus received toward making special efforts for the conversion of parents and wives and neighborhood friends. For these much prayer was offered and many instances related of success attending such efforts. The class dispersed to scatter the news of the gospel far more widely and more effectively than ever before. Soon afterwards the three men from Soon An obtained a supply of tracts and each starting in a different direction, proclaimed the good news in all the villages of that and adjoining districts. The two men from Kang Chin did likewise toward the East in the magistracies of Kang Tong and Sam Tung, while the four men from Anak in Whang Hai province began such a stir in their neighborhoods that three new sub-stations have been added to our work there. The requests for visits began to pour in on us so fast that we were simply dazed. These requests grow more and more importunate and we do not know how to meet the demands.

The experience with this class has taught us that the most important work we have is the training of these men who are our helpers and teachers and the leaders in the various churches and sub-stations throughout the station.

While the class was in session we gave it almost all of our time and energy, deeming it the most profitable of all work.

사경회는 교회에서 주일 예배를 드리고 성찬식으로 마감했습니다.[2] 10명이 세례를 받았는데, 그중 한 명은 사경회에 참석했던 자였습니다. 사경회가 진행되는 동안 시골에서 많은 방문객이 기독교에 대해 문의하러 찾아왔습니다. 그들은 사경회가 진행되는 것을 보면서 진리에 대해 더 깊이 탐구해야겠다는 강한 자극을 받았습니다.

찬양 예배에서 부모와 아내와 이웃 친구의 개종을 위해 특별히 노력해야겠다는 강력한 자극을 받았습니다. 이들을 위해 많은 기도를 드렸습니다. 그런 노력의 결과 성공적인 경우가 다수 있었습니다. 사경회는 이전보다 훨씬 더 넓게 더 효과적으로 복음을 전하기로 하고 폐회했습니다. 얼마 후 순안의 세 남자가 와서 소책자를 받아 각자 다른 방향으로 출발하여 주변 지역의 모든 마을에 다니며 복음을 전했습니다. 강진(康眞)에서 온 두 남자도 동일하게 동쪽으로 나아가 강동(江東)과 삼등(三登)읍에서 전도했고, 황해도 안악(安岳)에서 온 네 남자는 그들의 이웃 마을에서 그런 일을 시작하여 그 지역에 3개의 선교지회를 우리 사역에 추가했습니다. 심방 요청이 물밀듯이 빠르게 쏟아져 들어오기 시작했기 때문에 우리는 어리둥절할 뿐입니다. 이런 요청이 감당할 수 없을 정도로 점점 더 강해지고 있으므로 우리는 어떻게 해야 할지 모릅니다.

이번 사경회 경험은 우리가 해야 할 가장 중요한 사역이 조사와 우리 선교지부에 흩어져 있는 여러 교회와 미조직교회의 교사와 영수들을 훈련시키는 것임을 우리에게 가르쳐주었습니다.

사경회가 진행되는 동안 우리는 모든 시간과 노력을 그곳에 바쳤습니다. 모든 사역 가운데 가장 유익하다고 생각했기 때문입니다.

2 비숍(Bird Bishop) 부인은 한국에 관한 책, *Korea and Her Neighbors*(1895)을 쓴 후에도 한국을 방문했다.

## Samuel A. Moffett
## Seoul, Korea
## October, 1896

---

### The Pyengyang Hospital

**(Report read at the Annual Meeting of the Mission)**

The Board is requested to officially sanction the erection of the Hospital and Dispensary at Pyeng Yang, Korea.

The funds for the same amounting to $1,400^{oo}$ gold were provided by Mr. Howard S. Moffett [S. A. Moffett's brother] and Mrs. Maria Jane Moffett [S. A. Moffett's mother], of Madison, Indiana—without encroaching upon money which would otherwise have reached the Board Treasury.

Previous to and during the erection of the Hospital, letters were constantly written to the Board concerning the same and it was supposed that no formal request for approval was needed.

The request is now made so as to bring the Hospital into line with all formalities required and that the plans for the medical work of the Pyeng Yang station may have the approval and support of the Board.

The Hospital consists of:

1) a Dispensary Building with waiting room 14'×16', an Operating room 14'×16', a Drug room 10'×12' and a private office and dark room.

2) Building for wards with general in-patient ward and three private wards. This will comfortably accommodate 15 in-patients.

3) A building with quarters for medical assistants and steward and a reception room to be used also as a chapel.

Approved by action of Board

**마포삼열**
**한국, 서울**
**1896년 10월**

## 평양 병원

(선교회의 연례 회의에서 읽은 보고서)

선교부에 한국 평양에 병원과 진료소 설립을 공식적으로 허락해주기를 요청했습니다.

금화 1,400달러에 해당하는 기금을 인디애나 매디슨에 거주하는 하워드 마페트 씨(마포삼열의 형)와 마리아 제인 마페트 부인(마포삼열의 어머니)이 제공했는데, 돈은 그대로 보관되고 있으며 아직 선교부 회계에게 전달되지는 않았습니다.[1]

병원 설립 이전과 설립 도중에 선교부에 끊임없이 편지를 보냈으나 공식적인 허가 요청은 필요하지 않은 듯했습니다.

그 요청을 지금 하는 것은 병원을 모든 필요한 공식적인 노선과 보조를 맞추게 하고 평양의 의료 사업을 위한 계획이 선교부의 허가와 지원을 받을 수 있도록 하기 위해서입니다.

병원[평양 제중원]은 다음과 같이 구성되어 있습니다.

1) 진료소 건물: 대기실 14×16자, 수술실 14×16자, 약제실 10×12자, 개인 사물실과 암실.

2) 입원실 건물: 일반 환자 병동과 3개의 개인 입원실. 이것은 15명의 입원환자를 편안하게 수용할 수 있습니다.

3) 사택: 의료 조수와 집사를 위한 거처, 안내실, 예배실로 사용할 방.

이 안은 선교회의 승인 결정을 받았습니다.

---

1 마포삼열 가족이 평양 병원을 위해 기부한 것으로 그 가족이 기부한 것 가운데 가장 큰 금액이었다.

PHS, microfilm reel #178, Vol. 6, letter #47

**Samuel A. Moffett**
**Seoul, Korea**
**October 31, 1896**

---

**MEMORIAL OF THE KOREA MISSION TO THE FOREIGN BOARD OF THE PRESBYTERIAN CHURCH IN THE U.S.A.**

The Korea Mission, assembled last October is perhaps the most harmonious and spiritual Annual Meeting in its history, felt impelled to ask of the Board and the Church a large band of re-enforcements. None appreciate more than the Mission the financial stringency of the times. But when God is ordering a forward movement all along the line in Korea, we dare not keep silent, but must pass on the orders. A very crisis of opportunity faces the missionaries in Korea. If the Church is alive to the situation and sends the men and women, thousands of conversions may be expected among the people. How long this opportunity will last no one can tell. We have heard God's order to advance; the reserve corps is needed. We pass on the word to the Church: and upon the Church then lies the responsibility for the souls of Korea's millions.

To understand the situation some explanations are necessary. The policy of the Korea Mission is strongly evangelistic: its policy also is to do its evangelistic work from strategic points as centers for widespread work rather than in the strategic points alone. The Mission has very evidently felt that it was not called to provide for elaborate educational work, but rather it has been providentially led to the wide-spread evangelization of the country. The evident desire of the members has been to engage largely in itineration with the view to the planting of churches throughout the cities and country villages of the land. During the past three years, especially since the war, great success has attended this evangelistic work, notably so in the north and west in the provinces

## 마포삼열
## 한국, 서울
## 1896년 10월 31일

### 미국북장로회 해외선교부에 올리는 한국선교회의 건의서

지난 10월에 모인 한국선교회는 선교회 역사상 아마 가장 조화롭고 영적인 연례 회의였으며, 선교부와 교회에 대규모 인원 보강을 요청하지 않을 수 없습니다. 선교회는 현재 선교부의 재정적 궁핍 상태를 가장 잘 이해합니다. 그러나 하나님께서 한국에서 모든 노선에서 전진하라고 명령하고 계실 때 우리가 감히 침묵하고 있을 수 없으며 그 명령을 전달해야만 합니다. 한국에 있는 선교사들은 큰 기회의 위기에 직면해 있습니다.[1] 만일 본국의 교회가 상황에 민감하게 살아 있어서 남자와 여자 선교사들을 파송한다면, 이 백성 가운데 수천 명의 개종자를 기대할 수 있습니다. 얼마나 오랫동안 이 기회가 지속될지 아무도 모릅니다. 우리는 전진하라는 하나님의 명령을 들었습니다. 예비군이 필요합니다. 우리는 이 말씀을 교회에 전달합니다. 이제 한국의 수백만 영혼에 대한 책임은 교회에 있습니다.

상황을 이해하기 위해 필요한 설명을 약간 드리겠습니다. 한국선교회의 정책은 강력하게 복음을 전도하는 것입니다. 그 정책은 전략적인 거점만 전도하는 것이 아니라, 광범위한 사역을 위한 중심이 되는 전략적인 거점으로부터 전도 사업을 하는 것입니다. 선교회는 정교한 교육 사업을 제공하라고 부르심을 받은 것이 아니라, 이 나라의 광범위한 복음화를 위해 섭리를 따라 인도되었다고 분명하게 느꼈습니다. 선교회 회원들은 도시와 시골 각처에 교회를 설립하기 위한 순회 전도 여행에 주로 참여하는 것이 분명한 소원이었습니다. 지난 3년간 특히 전쟁 이후에 서울과 평양 선교지부와 연관된 평

1 19세기 말 선교사들이 가장 많이 쓴 단어 중 하나가 '위기'였다. 곧 지금 기회를 놓치면 기회가 사라진다는 위기의식이 강했다.

of Pyeng An and Whang Hai, in connection with the Seoul and Pyeng Yang stations.

After a decade of work the Mission reports over 500 members with nearly 1,000 catechumens, or applicants for baptism, who are building or providing their own churches; and are self-supporting to the extent of their ability. And further, there is such a wide-spread spirit of inquiry in all directions and calls for instruction from so many places that the present force of missionaries is entirely inadequate to meet the demands. Hence, the Mission memorializes the Board and the Church to re-enforce the present stations and allow it to plan for the opening of three or four new stations.

In this Memorial we would urge the following considerations:

Under the evangelistic policy of the Mission, more missionaries are needed in order to direct and instruct the native workers, who are not so well fitted to organize and govern the church in its initial stages, as to preach and teach the simple truths of the Gospel message. That now is the time for an advance movement

(1) because the spirit of inquiry having been aroused, the minds of the people are at present open to religious instruction. (2) because as soon as the nation undergoes the material development through the adoption of western methods which may confidently be expected during the next ten years, the minds of the people, as is the case in Japan, will be intent upon material gain and enjoyment to the exclusion of thoughts upon spiritual things. (3) because the next ten years will in all probability see the establishment of a secular and possibly anti-Christian, western school system. The preacher now gets a hearing which he cannot expect when an anti-Christian literature is widely read among the people. (4) because the native Christians have been working after the Apostolic manner and unless their work is now followed up, we shall lose a great part of the harvest which is at present awaiting the reapers.

안도와 황해도의 북부와 서부에서 이 전도 사업이 큰 성공을 거두었습니다.

10년간의 사역 후에 선교회는 500명 이상의 입교인과 거의 1,000명의 세례 신청자인 학습교인이 있음을 보고합니다. 이들은 스스로 자신들의 예배당을 건축하거나 제공하며, 능력이 닿는 데까지 자급합니다. 더욱이 구도의 정신이 사방으로 광범위하게 퍼져 있으며, 너무 많은 장소에서 심방을 요청하기 때문에 현 선교사 인원으로는 수요에 대처하는 일이 매우 어렵습니다. 따라서 선교회는 선교부와 교회 앞에 현존하는 선교지부들에게는 인원을 보강해주고 서너 개의 새 선교지부를 개설할 계획을 허락해달라는 건의서를 보냅니다.

이 건의서에서 우리는 다음 사항을 고려해줄 것을 촉구합니다.

선교회의 전도 정책에 따라 본토인 사역자들을 지도하고 가르칠 더 많은 선교사들이 필요합니다. 본토인 사역자들은 복음 메시지에 대한 간단한 진리를 설교하고 가르치는 것은 잘하지만, 초기 상태의 교회를 조직하고 다스리는 데는 적합하지 않기 때문입니다. 따라서 지금은 전진 운동을 할 때입니다. 그 이유는 이러합니다.

(1) 구도의 정신이 일어나 현재 사람들의 정신이 종교적인 가르침에 열려 있으며, (2) 이 나라가 서구의 방법을 채택하여 물질적 발전을 이룰 때 그것은 향후 10년 안에 분명히 예상되는 바인데, 사람들의 정신은 일본의 경우처럼 영적인 것에 마음을 두지 않고 물질적 이익과 쾌락에 마음을 쏟게 될 것이기 때문입니다. (3) 향후 10년 동안 십중팔구 세속적이고 반기독교적인 서구의 학교 체제가 설립될 것입니다. 반기독교 문학이 널리 읽히게 되면 설교자는 현재 모이는 청중을 기대할 수 없기 때문입니다. (4) 본토인 기독교인들이 사도들의 방식을 따라 일하고 있으며, 지금 이 사역을 따라가서 사후 조치를 취하지 않으면 우리는 지금 희어져 추수할 일꾼을 기다리는 대부분의 곡식을 상실하게 될 것이기 때문입니다.

선교회는 다음과 같이 인원 보강을 요청합니다. 6명의 독신 여성 선교사(한 명은 의사), 4명의 목사, 4명의 의사.

The Mission makes request for re-enforcements as follows: six lady missionaries, one of them a doctor; four ministers and four physicians.

### A. Lady Missionaries

1st. The most imperative demand is for two ladies for evangelistic work in Pyeng Yang and the north. In the churches connected with this station there is a phenomenal state of affairs, in that the vast majority of the church members are men. For all that important region there is at present only one lady worker, Mrs. Lee, and she, with a young child and other family cares, can give to the work but a limited attention. There is the large Pyeng Yang church, with an attendance of 500, whose families need visiting: and in the cities and country villages in the vicinity of Pyeng Yang, in some 30 districts, we have members and catechumens whose wives and daughters are in great need of instruction from lady missionaries.

2nd. A lady for evangelistic work in connection with the Chong Dong church inside the West Gate of Seoul. The women's work connected with the large and flourishing parent church of the city has been cared for by Mrs. Dr. Underwood, whose devotion and zeal have been greatly hindered by her delicate health and the necessity for dividing her available strength between medical and evangelistic work. For a lady worker to help her in the care of the women of the church, who live not only in the city, but in country villages within a radius of ten miles from the church, she has been pleading for the past two years.

3rd. A lady doctor for Yŭn Mät Kol, to work with Mrs. Gifford in her itinerating work in the country villages and to carry on dispensary work in connection with the plant for the Girls' school, and women's work in a place where she will have for her medical district practically the Eastern half of the city of Seoul. If she is sent, this will leave one lady physician free to give her entire time to the hospital and that portion of the city,

### 1. 독신 여성 선교사

첫째, 가장 시급한 요구는 평양과 북부 지역에서 전도 사역을 할 2명의 독신 여성 선교사입니다. 이 선교지부와 연결된 교회들에는 전대미문의 상황이 벌어지고 있으며, 교회 신자의 대부분은 남자입니다. 그 모든 중요한 지역을 위해서 현재 단 한 명의 여성 선교사가 일하고 있는데, 그는 리 목사 부인으로 어린아이가 있고 가사일로 인해 한정된 시간만 사역에 종사할 수 있습니다. 큰 평양교회에는 500명이 참석하는데 그 가족들을 심방하는 일이 필요합니다. 그리고 평양 부근의 읍과 시골 마을에 약 30개 지역에 세례교인과 학습교인이 있으며, 그들의 아내들과 아이들은 여성 선교사의 가르침이 절실히 필요합니다.

둘째, 서울 서대문안 정동교회와 연관된 전도 사역을 위한 한 명의 여성 선교사를 요청합니다. 도시의 크고 번성하는 이 모든 교회와 연관된 여성 사역은 그동안 의사인 언더우드 부인이 관리했는데, 그녀의 건강 문제와 의료 사역과 전도 사역 사이에 이용 가능한 힘을 적절히 분배할 필요 때문에 크게 방해를 받았습니다. 교회 여성들을 돌보는 일에서 언더우드 부인을 도와줄 여성 선교사는 도시에서 살 뿐만 아니라 교회로부터 사방 10마일 이내의 시골에 가서도 지내야 하는데, 지난 2년간 이런 사람을 요청했습니다.

셋째, 연못골을 위한 여의사 한 명.[2] 그녀는 기퍼드 부인과 함께 시골 마을 순회여행 사역을 하고, 여학교 건물과 연결된 진료소 일을 하며, 의료 활동 구역으로 배정될 지역, 곧 실제로 서울 동쪽 지역의 여성 사역을 하게 될 것입니다. 만일 그녀가 파송되어 오면, 다른 여의사는 완전히 자신의 시간을 병원에서 보낼 수 있게 되고, 두 개의 의료 기관 사이에 시간을 나누는 대신 자신이 맡은 도시의 부분에만 전념할 수 있습니다.[3]

---

2 이 요청으로 온 의사가 필드(Eva F. Field, 1868-1932)로, 1897년 10월에 쉴즈(Esther Lucas Shields, 1868-1941) 간호원, 부산에 파송된 로스(Cyril Ross, 1868-1963) 부부와 함께 내한했다.

3 즉 새 여자 의사가 오면 그는 제중원에서 일하면서 서울 동부 지역 전도와 왕진을 맡고, 언더우드 부인은 애오개진료소만 맡아서 서대문에서 독립문 부근 지역을 맡을 수 있다는 뜻이다.

instead of dividing her time between the two medical centers.

4th. A lady for evangelistic work at the Hospital to take the place made vacant by Miss Arbuckle's resignation and return to America. The Mission believes in making the medical department as directly contributive as possible to the evangelistic side of the work.

5th. Another lady for Seoul, who by the time she has acquired the language, will find a dozen openings for work either in connection with the rapidly growing needs of the Seoul Station, or the new station, whose opening has been planned at Song Do.

#### B. Clerical Missionaries

1st. In Pyeng Yang one minister is needed with the view to taking charge of the work in the northern part of the Whang Hai province and settling in a new station in the region of Anak, where we now have six sub-stations, three church buildings and a large and thickly populated section filled with inquirers. The more than 60 members and 100 catechumens of this region have made a special appeal for a resident missionary. The need for additional workers in the Pyeng Yang station was so deeply felt by the Mission at the Annual Meeting that it appointed both Mr. Baird and Mr. Miller to give a portion of their time from their already pressing work in the Boys' School at Seoul to the even more imperative needs of the Pyeng Yang station.

2nd. A minister for Fusan, and

3rd. A minister for Taigoo. Fusan and Taigoo are both located in Kyeng Sang Do in southeast Korea, which is of large dimensions and the most thickly populated province in the country. Fusan is the southeastern seaport of Korea, offering large opportunities to the itinerating missionary. The Mission has had a station here for several years. Taigoo is the capital of the province, a city of considerable size, the center of a rich and populous section of country and a strategic point of much

넷째, 병원[제중원]에서 전도 사역을 할 여성 선교사로서, 사임하고 미국으로 간 아버클 양을 대신할 자입니다. 선교회는 의료 분과를 최대한 전도 사업에 직접 기여하도록 만드는 것을 정책으로 삼고 있습니다.

다섯째, 서울을 위한 다른 여성 선교사로, 한국어를 익히면 빠르게 성장하는 서울 선교지부에서 사역하거나 새 선교지부를 개척하기로 한 송도에서 수많은 사역을 맡게 될 것입니다.

## 2. 목회 선교사

첫째, 황해도의 북부 사역을 책임질 자로서 평양에 한 명의 목사가 필요합니다. 그가 안악 지역에 새 선교지부를 개척하도록 할 예정입니다. 그 지역에는 현재 6개의 선교지회, 3개의 예배당, 구도자로 가득 찬 인구 밀집 지역이 있습니다. 이 지역의 입교자 60명과 학습교인 100명 이상의 교인들이 상주하는 곳을 위해 일할 선교사를 특별히 요청합니다. 평양을 위한 추가 사역자들의 필요는 선교회가 연례 회의에서 심각하게 느꼈기 때문에 베어드 목사와 밀러 목사 둘 다 이미 일손이 모자라는 서울의 남학교 사역에서 그들의 일부 시간을 떼내어 더 시급한 필요가 있는 평양에 할애하도록 정했습니다.

둘째, 부산을 위한 목사 한 명과

셋째, 대구를 위한 목사 한 명입니다. 부산과 대구는 남부 지방인 경상도에 있으며, 이 나라에서 면적이 넓고 인구가 가장 밀집되어 있는 도입니다. 부산은 한국의 남동쪽에 있는 항구로, 순회 선교사에게 거대한 기회를 제공합니다. 선교회는 이곳에서 여러 해 동안 선교지부를 운영한 적이 있습니다. 대구는 도청 소재지로서 대형 도시인데, 나라에서 부유하고 인구가 많은 지역의 중심지이며, 중요한 거점 도시입니다. 이곳에 어려움 없이 영구적으로 선교지부를 설립할 수 있음은, 베어드 목사가 선교지부를 열기 위해 몇 달간 살았을 때 그의 가족이 장기간 도시를 방문했는데 사람들이 친절을 베풀었을 뿐 다른 일은 없었다는 사실에서 알 수 있습니다. 베어드 목사는 대구에서 서울로 전임되었고, 애덤스 목사는 대구 선교지부 개설을 완성하기 위해

importance. That a station can be permanently established without difficulty in this place is shown by the fact that Mr. Baird, in opening the station, lived there for months, and his family made a prolonged visit to the city and experienced nothing but kindness from the people. Mr. Baird, having been transferred from Taigoo to Seoul, and Mr. Adams, having been appointed to complete the opening of Taigoo, Dr. Irvin is left without a clerical colleague in Fusan, which vacancy should be filled by one new minister. One new clerical man should also join Mr. Adams in the Taigoo station, where he is at present the only missionary among two millions of people.

4th. A minister for the opening of a new station at Song Do, to the north of Seoul, to work not only in that large city, but also in the section of country in the southern and eastern part of the Whang Hai province, where we already have the long-established and prosperous work of the Chang Yen Church, together with the sub-stations of Hai Ju, Pak Chon, Kum Chon and Kak San.

#### C. Medical Missionaries

1st. One physician for Gensan. This station upon the East Coast of Korea is not yet fully manned, and needs the medical work to accompany the evangelistic efforts already so successfully under way.

2nd. One physician for Taigoo, and

3rd. One physician for Song Do. Every consideration which urges the appointment of clerical men for these two places pleads equally for the physicians to accompany them.

4th. One physician for the northern part of the Pyeng An province, where Mr. Whittemore, of the Pyeng Yang station, will presently take up work with the view to opening a station, probably at Pak Chun, in order to look after the needs of the Eui Ju region, which, although full of promise, has remained unvisited for the past three years, owing to the

임명되었으며, 어빈 의사는 목회 선교사 동료 없이 부산에 혼자 남아 있습니다. 이 빈자리는 곧 새 목회 선교사에 의해 채워져야 합니다. 다른 한 명의 목회 선교사가 대구 선교지부의 애덤스 목사에게 합류해야 합니다. 그는 현재 200만 명의 사람들 가운데 유일한 선교사로 있습니다.

넷째, 서울 북부에 있는 송도에 새 선교지부를 개설하기 위한 한 명의 목회 선교사가 필요합니다. 그는 이 큰 도시뿐만 아니라 황해도의 남쪽과 동쪽 부분에 있는 시골 지역에서도 사역할 것입니다. 황해도에서는 우리가 이미 오랫동안 정착한 상태이며 번창하는 장연교회 사역에 해주, 박천, 금촌, 곡산의 선교지회가 있습니다.[4]

### 3. 의료 선교사

첫째, 원산에 한 명. 한국 동해안에 있는 이 선교지부는 아직 충분한 인원이 배치되지 않았습니다. 이미 성공적으로 진행되고 있는 전도 사역에 동반하기 위해서 의료 사역이 필요합니다.

둘째, 대구에 한 명.

셋째, 송도에 한 명. 이 두 장소에 대한 목회 선교사들의 임명을 촉구했는데, 동일하게 그들과 함께 올 의료 선교사의 임명을 요청합니다.

넷째, 평안북도에 한 명입니다. 이곳에는 현재 평양 선교지부의 위트모어 목사가 십중팔구 박천에 선교지부를 개설할 목적으로 전담하고 있는데, 이제 의주 지역의 필요를 돌보기 위해서 필요합니다.[5] 의주는 전망이 밝지만 평양 부근의 사역이 너무 많아서 지난 3년간 심방하지 못했습니다.

저명한 여행가인 이사벨라 버드 비숍 여사가 직접 관찰한 후에 한 훌륭한 말로 이 건의서를 마감하고자 합니다. "이제 한국은 문이 활짝 열려 있습

4 경기도 북부 일부(고양)와 황해도 서부(장연-해주) 지역은 주로 언더우드 목사가, 황해도 남동부(백천, 연안)와 경기도 북서부 지역(파주, 개성)은 무어 목사가 주로 담당했다.

5 의주, 용천, 선천, 정주, 박천, 안주 가운데 처음에는 박천이 선교지부 후보지였으나, 의주에 더 가까운 선천에 선교지부를 개설하게 된다.

pressure of the work nearer Pyeng Yang.

Let the noble words of the distinguished traveller, Mrs. Isabella Bird Bishop, who speaks from personal observation, form the closing appeal of this memorial. "Now a door is opened wide in Korea; how wide, only those can know who are on the spot. I dread indescribably that unless many men and women experienced in winning souls are sent speedily, the door which the Church declines to enter will close again and the last state of Korea will be worse than the first."

D. L. Gifford

S. A. Moffett (Committee of Korea Mission)

니다. 현장에 있는 사람은 그 문이 얼마나 넓게 열려 있는지 알 수 있습니다. 영혼을 구원하는 일에 경험이 많은 남녀 선교사를 신속하게 파송하지 않는다면, 교회가 들어가기를 거부한 그 문이 다시 닫힐 것이며, 한국의 나중 상태가 처음보다 더 나빠지리라고 생각하니 형언할 수 없을 정도로 두렵습니다."

D. L. 기퍼드

마포삼열(한국선교회 위원회) 올림

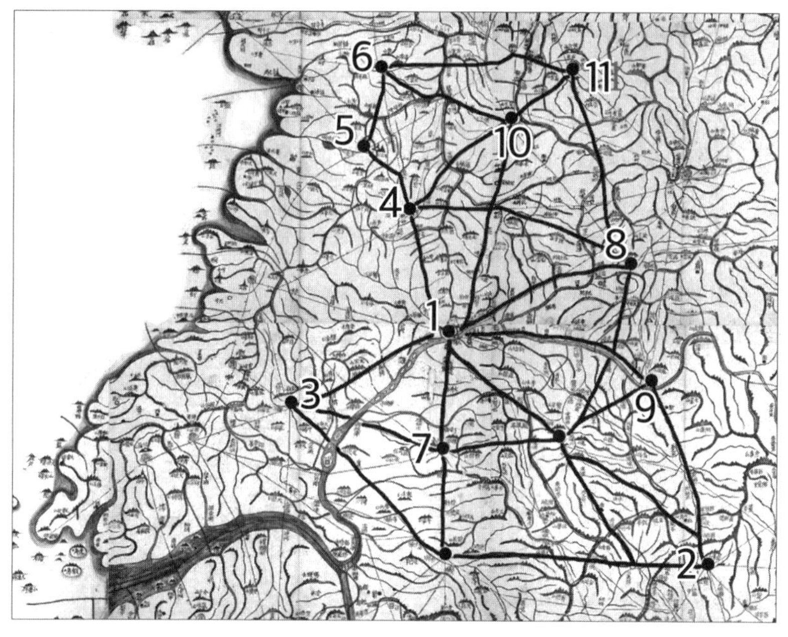


**마포삼열의 순회구역(시찰), 1898년, 대동여지도에 표시 [OAK]**
1 평양 2 수안 4 순안 5 영유 6 숙천.자작 8 강동 10 자산 11 은산
(3 강서 7 중화 9 삼등은 마포삼열의 시찰은 아님.)
2 번 수안 강진을 제외하면 모두 평양 북쪽 지역의 6개 군이다.

**Circuit of Mr. Moffett, 1898**
1 Pyongyang 2 Suan 4 Sunan 5 Youngyu 6 Sukchon 8 Kangdong 10 Chasan
11 Eunsan

PHS, microfilm, Reel #180, Vol. eleven, Korea Reports, 1898

**Samuel A. Moffett**

**Seoul, Korea**

**October, 1898**

## EVANGELISTIC REPORT GIVEN AT PRESBYTERIAN ANNUAL MEETING

In addition to what appears in the General Report of the [Pyengyang] Station I need to make but a very short personal report so as to conform to the rules of the Mission.

Since my arrival on the field my time has been very largely spent in examining candidates for baptism both in Pyeng Yang and in the country and in attending to details of organization of churches and the general work. I have made 6 itinerating trips—3 of them quite extended ones, and have had the privilege of examining between 400 and 500 candidates for baptism, of baptizing 265 adults and 14 infants and of receiving over a thousand catechumens, so it may readily be judged that time has not hung heavy on my hands. I have had, as Pastor of the Pyeng Yang Church, the oversight of Helpers Kim Chong-Syep, the Assistant Pastor whose salary is provided by the church. He is probably our most spiritually minded man, one most thoroughly imbued with the real spirit of the Gospel and one commanding the confidence of the whole church. I trust the time is not far distant when we shall take steps towards ordaining him as an elder.

Kim Tou-Yung, the Helper on my country circuit, has done excellent and faithful work. His support has been furnished in part by the British and Foreign Bible Society but I expect this year to have the Korean Church assume this while I ask the B&FBS to assist me in placing a colporteur on this circuit.

My personal teacher, Yi Yung-En, has been on the list of Helpers this year under Mr. Lee's direction until my return [from furlough]. He is

## 마포삼열
## 한국, 서울
## 1898년 10월

### 장로회 선교회 연례 회의 전도 보고서

평양 선교지부의 종합 보고서가 있으므로 나는 선교회의 규칙에 부합하는 간단한 개인 보고서를 덧붙입니다.

[안식년을 마치고] 현장에 도착한 이후 나는 내 시간의 대부분을 평양과 시골에서 세례 지원자를 심사하고, 교회와 일반 사역을 조직하는 일의 세부 사항에 주의를 기울이는 데 사용했습니다. 나는 총 6회에 걸쳐 지방 여행을 했습니다. 3회는 상당히 긴 여행이었는데, 400-500명의 세례 신청자를 문답한 후 265명의 성인과 14명의 유아에게 세례를 주었고 1,000명이 넘는 학습교인을 받아들이는 특권을 누렸습니다. 따라서 내가 소일거리나 하면서 시간을 보냈는지 아닌지는 쉽게 판단할 수 있을 것입니다. 나는 평양교회의 목사로서 김종섭(金鍾燮) 조사를 부목사로 감독했는데 그의 봉급은 교회에서 제공합니다. 그는 영적인 사람으로, 복음의 참된 정신으로 흠뻑 젖어 있으며 모든 교인의 신임을 받고 있습니다. 그를 장로로 안수하기 위한 조치를 취해야 할 날이 멀지 않았다고 믿습니다.[1]

김두형(金斗瀅)은 내 시골 시찰의 조사로 탁월하고 신실하게 일했습니다. 그의 봉급의 일부는 영국 성서공회가 제공했으나, 올해는 한국 교회가 감당할 것으로 기대하며, 대신 영국 성서공회에 이 지역의 권서 한 명을 지원해

1 김종섭(1862-1940)은 평양에서 출생했다. 길선주와 함께 선도(仙道)를 공부하다가 청일전쟁 직전 한석진의 전도를 받고 이어 마포삼열, 리 목사의 가르침을 받아 1894년에 개종했다. 길선주에게 전도하여 함께 평양 널다리교회(장대현교회로 발전)의 지도자로 활동했다. 영수, 조사를 거쳐 1900년 6월 장대현교회 첫 장로로 안수받았다. (1901년에는 길선주와 방기창이 장로로 장립되었다.) 이어 1901년 장로회신학교가 설립되자 첫 학생으로 등록했다. 그러나 졸업은 2회로 했다. 평남노회와 함경노회 소속으로 학교리교회, 태평외리교회, 우천리교회, 하리동교회 등을 설립하고 시무했다.

one of our most energetic and capable men, a good preacher and a strong leader. I desire to retain him as my personal assistant in evangelistic work while I secure another man for the position of literary assistant.

I have been able during the year to secure very valuable assistance for my country work from Mr. Hunt's teacher and Miss Best's teacher, who have gladly spent, in their work, any time they had during Mr. Hunt's or Miss Best's absence.

The statistics of the various Outstations in my care are reported in the general statistical report and so are not repeated here. The Pyeng Yang Church is strong, vigorous, self-supporting, influential and in excellent condition, although there remains much to be desired and it will require a great deal of time and attention to keep it in its present healthful condition. The Soon An, Sa Chon and Cha Chak churches and the Han Chun Church are the largest and strongest country churches. The former two are substantial and steady in their growth, showing great evangelistic zeal which is causing the establishment of other churches all around them. Han Chun and Sa Chon have both had cases calling for discipline, the former having gone through the process of sifting which comes to each group before it reaches its most solid steady state. Sal Kon Chai, an offshoot from Han Chun, is a most promising group of 30, the result of the work of one woman connected at the Han Chun church. From Sa Chon have sprung four groups with separate meeting places– one of them Pyeng Ni, having been made a new outstation which is growing nicely.

In Yung You County, the Kal Won church is in fair condition but it lacks a strong leader, while the small groups at Tek Won Si is now rallying from the effects of continued and severe persecution. The new group at Tong Ho Ri and So Teuk Ni promise well, the men of these two groups having gathered from a dozen villages, coming through a heavy rain over muddy roads to meet me.

줄 것을 요청했습니다.

나의 개인 어학 교사인 이영언(李永彦)은 내가 안식년에서 돌아올 때까지 올 한 해 리 목사의 지도 아래 조사로 일했습니다. 그는 활력이 넘치고 유능한 사람으로, 좋은 설교자이자 강한 지도자입니다. 문서 사역의 조력자 자리에 다른 사람을 구하게 되면, 나는 그가 전도 사역의 조력자로 나를 개인적으로 도와주는 조사로 함께했으면 합니다.

지난 한 해 동안 헌트 목사의 어학 교사와 베스트 양의 어학 교사가 나의 시골 사역을 위해 많이 도와주었습니다. 그들은 자신의 일을 하면서 헌트 목사나 베스트 양이 없을 경우 나를 기꺼이 도와주었습니다.

내가 돌보는 다양한 선교지회들의 통계는 종합 통계 보고서에 보고되어 있으므로 여기서는 반복하지 않겠습니다. 비록 많은 부분에서 아직 개선의 여지가 많고, 현재의 건강한 상태로 유지하려면 엄청난 시간과 주의가 필요할 것이지만, 평양교회는 강하고 활기차고 자급하며 영향력이 있고 탁월한 상태에 있습니다. 순안, 사촌, 자작교회와 한천교회는 가장 크고 강한 시골 교회입니다. 순안과 사촌은 꾸준하게 성장했으며, 대단한 전도열을 보여준 결과 주변에 다른 교회들이 설립되고 있습니다. 한천과 사촌은 모두 치리가 필요했던 곳으로, 한천은 현재 다음 단계로 넘어가는 과정에 있습니다. 단단하고 꾸준한 상태에 도달하기 전에 각 미조직교회가 거쳐야 하는 과정을 두 교회가 겪고 있습니다. 한천에서 뻗어나간 살곤재는 30명의 신자가 있는 전망이 밝은 모임인데, 한천교회와 연결된 한 여성이 사역한 결과입니다. 사촌과 별도의 모임 장소를 가진 4개의 모임이 새로 자랐는데, 그중 하나가 평리(平里)로 성장하는 새 지회가 되었습니다.[2]

영유군(永柔郡)에서는 갈원교회(葛院教會)가 좋은 상태에 있으나 강력한

2 1897년에 "순안 동평리교회(順安 東坪里敎會)가 성립되다. 선시에 본리인(本里人) 신리범(申利範)은 정신병자라. 읍내교회에 투왕(投往)함에 해신도(該信徒)가 위하야 기도함으로 득유(得愈)한지라. 특징(特徵)이 되야 신효범(申孝範) 이석준(李錫俊) 마관술(馬觀述) 이씨인선(李氏仁善)이 공신(共信)하고 읍교회에 속하얏다가 선시에 초가삼간을 신축하고 교회를 분립하니라. 기후(其後)에 회당을 증축하고 읍교회와 연합하야 김두형을 조사로 시무케 되니라." 차재명, 『조선예수교장로회 사기 상』, 45.

In Suk Chun county fine progress has been made. Song Te Ri, originating at Cha Chak, is a strong, aggressive group with two minor groups associated with it in the purchase and establishment of a church building in the Suk Chun magistracy. They met with intense opposition from the people of the city who threatened to tear down the church and who did shut up two of the members, threatening them with death unless they gave up the house. A word to the magistrate secured the rights of our people to the possession of the building purchased and the good will of the people is being gained. Sa San and Po Min Tong start out well with good strong leaders–the leader of the latter group having been doing a great deal of evangelistic work in the adjoining counties of An Ju and Pak Chun. At Sun Tol in An Ju, a market town is our first group formed in this county. It is too soon to judge much as to what will be the character of this group.

In Cha San county at Paik Tun, a large and influential group with a church building and two good men as leaders has been formed and from them the good news is being carried into Eun San, Soon Chun and Maing San counties. On my last trip I visited this outlying region, sowing seed and directing the efforts of our men.

Half way between Pyeng Yang and Cha San is a small group at Sa Hoi Kol–gathered and taught by a traveling woman peddler from the Pyeng Yang church. Soon after this woman had gathered and taught these people and they began to observe the Sabbath and destroy their evil spirits, the people of the neighborhood broke up the meeting, beat and bound this woman, dragged others out by the hair and threatened all. The result is we have a determined, faithful little band–the people have been won to friendship by a visit from our Pyeng Yang Helpers and I enrolled 11 catechumens last month.

지도자가 없고,[3] 반면 택원리의 작은 모임은 계속되는 가혹한 박해를 받았으나 이제 다시 모이고 있습니다. 통호리(通湖里)와 소택리의 새 모임은 전망이 밝습니다.[4] 이 두 모임의 남자들은 12개 마을에서 와서 모이는데, 나를 만나기 위해 폭우 속에서도 진흙탕 길을 헤치고 왔습니다.[5]

숙천군에서는 큰 진보를 이루었습니다. 자작에서 파생한 송태리에 강하고 적극적인 미조직교회가 있는데 이들과 연관된 작은 두 개의 미조직교회가 있으며, 이들이 숙천읍에 교회 건물을 사서 건립하는 중입니다.[6] 그들은 읍 주민들의 심한 박해를 받았는데, 주민들이 예배당을 허물겠다고 위협한 후 2명의 교인을 잡아 가두고 건물을 포기하지 않으면 죽이겠다고 협박했습니다. 군수에게 보고한 후 우리 교인들이 그 매입한 건물의 소유권을 확보했고, 지금은 주민들의 호의를 얻고 있습니다. 사산과 보민동은 강력한 영수들의 지도로 잘 시작했으며, 보민동의 영수는 주변 마을 안주(安州)와 박천에 전도를 많이 하고 있습니다. 안주의 선돌에서 이 군에서는 처음으로 미조직교회가 형성되었습니다. 이 모임이 어떤 성격을 가질지 판단하는 것은 시기

---

3 1897년에 평원군 "미륵리 갈원교회(彌勒里 葛院敎會)가 성립하다. 선시에 선교사 마포삼열과 전도인 김두형의 근면으로 본리인(本里人) 김사벽(金史壁) 김명운(金明運) 김봉한(金奉翰) 김승용(金勝容 ) 김두선(金斗善) 정진황(鄭鎭璜) 오린관(吳麟官) 이정운(李貞運) 손씨애광(孫氏愛光) 김씨용관(金氏用官) 석씨경학등(石氏敬學)이 상계 귀주(相繼 歸主)하야 김사벽 가에 회집하더니 미기(未幾)에 연김(捐金)을 수합(收合)하야 육간 초가를 매수하야 예배당으로 사용하고 기후 교회가 점흥(漸興)하야 삼백여 명에 달함으로 와가로 예배당을 개축하니라"(차재명, 『조선예수교장로회 사기 상』, 45-46).

4 1897년 평원군(平原郡) "통호리교회(通湖里敎會)가 성립하다. 선시에 선교사 마포삼열과 조사 한석진이 순행전도함으로 본리인(本里人) 김봉한(金鳳翰) 임한국(林漢國) 김익진(金益鎭) 등이 밋고 김익진 가에셔 회집이러니, 기후 신자 증가하야 동년에 와가 십사간을 매수하야 예배당으로 사용하고 김천일(金千一)이 조사로 시무하니라"(차재명, 『조선예수교장로회 사기 상』, 45).

5 『대한예수교장로회 사기 상』에 의하면 평원군(순안군과 영유군이 개편되어 만들어짐)에는 1893년에 한천교회, 명당동교회, 1894년에 외서창교회, 1895년에 자덕교회, 1896년에 관성리 삼관교회, 순정리 소죽교회, 주촌교회가 설립되었다. 1897년에는 순안 사촌교회, 읍교회, 동평리교회, 지탄교회, 통호리교회, 미륵리 갈원교회, 용암리 덕지교회 등이 설립되었다(차재명, 『조선예수교장로회 사기 상』, 20-46).

6 1897년에 "숙천군 읍교회(肅川郡 邑敎會)가 성립하다. 선시에 선교사 마포삼열의 전도를 득문하고 김천일(金千一) 김용수(金用洙) 김성각(金成珏) 신현장(申鉉章) 김찬성(金贊成) 등이 동시 공신(共信)하야 김용수가에 회집하더니 미기에 신자 갱가(更加)하야 열심 연김(捐金)하야 와가 구간과 초가 구간을 매수하야 예배당으로 사용하니라" (차재명, 『조선예수교장로회 사기 상』, 34).

상조입니다.[7]

자산군에 있는 백둔에서 영향력이 있는 큰 미조직교회가 예배당과 2명의 좋은 영수를 가지고 형성되었는데, 그들로부터 복음이 은산, 순천, 맹산군에 전해졌습니다. 지난번에 내가 이 넓은 지역을 방문했는데 복음의 씨를 뿌리고 우리 교인들의 노력을 지도했습니다.

평양과 자산 중간 지점인 사회골에 작은 미조직교회가 있습니다. 평양교회에 출석하는 여자 장돌뱅이 방물장수가 이들을 전도하고 가르쳤습니다. 이 여자가 사람들을 모으고 가르친 직후에 안식일을 지키기 시작하고 귀신 주물을 파괴하자, 동네 이웃 사람들이 이 모임을 해산하기 위해 여자를 때리고 묶어놓았고 다른 사람들은 머리채를 잡아 밖으로 끌어낸 후 협박했습니다. 결과적으로 단호하게 결심한 작고 신실한 무리가 남았으며, 평양의 조사들이 심방하면서 주민들의 인심을 얻었고, 나는 지난달에 11명의 학습교인을 등록시켰습니다.

7 안주에서는 1900년에 "안주성내교회(安州城內敎會)가 성립(成立)하다. 선시(先時)에 최씨(崔氏)와 이진방(李鎭邦) 최인준(崔仁俊) 등이 신(信)하고 염동(鹽洞)에 세가(貰家)를 득(得)하야 예배하더니 교회 수성(遂成)되야 점익(漸益) 증가하는지라. 선교사 마포삼열 방위량(邦緯良)이 내도(來到)하고 교인이 열심 연보(捐補)하야 가옥을 매수하야 예배당을 사용하니라"(차재명, 『조선예수교장로회 사기 상』, 71).

PHS, microfilm, Reel #180, Vol. eleven, Korea Reports, 1898

**Moffett, Mrs. Gifford & Adams**

**Seoul, Korea**

**October, 1898**

---

## ANNUAL MEETING REPORT OF THE EDUCATIONAL COMMITTEE

We believe the following features of the educational work as reported this year should be noted, approved and rejoiced in:

Mrs. Irvin's Night School for Girls in Fusan. The Training Class for Women held in Pyeng Yang and proposed for the coming year in Seoul. Mr. Swallen's introduction of quiet study in the Gensan School. The establishment of special Bible classes in Seoul and Pyeng Yang. The successful effort made in the Girls' School, Seoul, towards an advance in self-support. The number of girls in this school from the country churches.

We cordially endorse the general policy and methods of this school, rejoice in its general good condition, endorse most fully the request for an assistant missionary teacher and approve the plan for alteration of buildings with a view to larger and more healthful accommodations for the girls.

We note the self-supporting schools in Haeju, Sorai and the Chung Dong Church, mentioned in Dr. Underwood's report.

We call attention to the establishment of a library in connection with the Sorai School and recommend that the Mission express its gratitude through Mr. Kenmure to the *Society for the Diffusion of Christian Knowledge* (Shanghai) for the gift of the same.

We endorse the plan for the union of the school work of the Kon Tong Kol and Hong Moun Syek Kol churches.

We call the attention of the Mission to the plans of the Pyeng Yang Station looking towards the establishment of an Academy, noting that

**마포삼열, 기퍼드 부인, 애덤스**

**한국, 서울**

**1898년 10월**

**교육위원회 연례 회의 보고**

우리는 올해 보고하는 다음과 같은 교육 사업의 특징에 주목하고 이를 허락하며 기뻐해야 마땅하다고 믿습니다.

부산에 있는 어빈 부인의 여성 야간 학교. 평양에서 열린 여성 사경회와 서울에서 내년에 열릴 여성 사경회. 원산학교에 도입된 스왈른 목사의 묵상 공부. 서울과 평양에 설립된 특별 사경회. 자조를 위해 한 단계 앞으로 나아간 서울 [정신]여학교의 성공적 노력과 시골 교회에서 온 여학생들의 증가.

우리는 이 여학교의 일반 정책과 방법을 진심으로 지지하며, 전반적으로 좋은 학교의 상태에 기뻐하고, 한 명의 선교사 보조 교사 요청을 지지하며, 여학생들을 더 많이 더 건강하게 수용할 수 있도록 건물 개축안을 허가해주시기를 적극 요청합니다.

언더우드 박사의 보고서에 언급된 해주, 소래, 정동(장로)교회의 자급하는 학교들에 주목하는 바입니다.

소래학교와 연관된 도서관 설립에 주목해줄 것을 요청합니다. 켄뮤어 씨를 통해 이를 선물한 상해의 기독교지식전파회에 선교회가 감사를 표명할 것을 권고합니다.

우리는 곤동골과 홍문수골교회의 학교 사업의 연합 안을 지지합니다.

평양 선교지부가 중학교를 설립하려는 안에 선교회가 주목해줄 것을 요청하며, 이 계획을 승인하는 것은 선교회의 고등 교육을 위한 학교 노선 및 정책과 연관됨을 지적합니다.

우리는 평양 선교지부의 계획을 승인해줄 것을 권고합니다.

만일 선교회의 기금을 사용하지 않을 경우 에비슨 의사의 의학 교육 계

the approval of this plan bears upon the policy of the Mission along the lines of schools for Higher Learning.

We recommend the approval of the plan of the Pyeng Yang Station.

We recommend the approval of Dr. Avison's plan for medical scholarships provided that no mission funds shall be used in the same.

**Supplementary Report**

We recommend that the policy of the Girls School for the coming year shall be to dismiss as far as possible from its care all girls under 12 years of ago (foreign count) and that no new pupils be received.

획을 승인해줄 것을 권고합니다.

**추가 보고서**

내년도 여학교의 정책과 관련해서, 가급적 만 12세 이하의 모든 소녀는 퇴학시키고 더 이상 새 학생을 받지 않기를 권고합니다.

마포삼열

메리 하이든 기퍼드 부인

에드워드 A. 애덤스 올림

PHS, microfilm, Reel #180, Vol. eleven, Korea Reports, 1898

**Mary Alice Fish**

**Seoul, Korea**

**late October, 1898**

---

### Personal Report of M. Alice Fish for the Year 1897-98

During the past nearly eleven months spent in Korea, together with the beginning made in the study of the language, has come something also of the not less important study of the people and of conditions. In the first few months at Yŭn Mot Kol [mission-owned property near the East Gate of Seoul], attendance at the Korean services and visits with some of the women of the neighborhood were of help on both these points.

A part of January spent in assisting at the Hospital in the absence of Dr. Avison, gave the first insight into medical work among this people. There were also a few opportunities of entering homes in Yŭn Mot Kol and In Sung Pu Chai in cases of sickness among the women and children. One of these cases, an old woman who seemed about to die when we sent her to the Hospital, grew better physically but for some time refused to listen to the Gospel. A few weeks later when at the Hospital we went each morning to the women's wards for songs and prayer, this woman was much changed. I could not tell how much she had understood of what she heard, but her brightened face and eager asking for another song were cheering for the entire day.

Three weeks in April and early May was spent among the Christians at Chantari where the women and children gathered each night for prayer meeting, or formed a little company to go with me across the fields for a meeting in a neighboring village.

During the summer in Pyeng Yang, attendance at the services, the women's Bible classes, and the little girls' school, and meeting the Koreans in the Dispensary, while being of some service to them, were

## 메리 앨리스 피시
## 한국, 서울
## 1898년 10월 말

### 1897-1898년도 메리 앨리스 피시의 개인 보고서

한국에서 보낸 지난 11개월 동안 나는 한국어 공부 시작과 함께 그에 못지않게 중요한 한국인과 상황에 대해서도 조금 공부했습니다. 연못골에서 보낸 첫 몇 달 동안 한국어 예배에 참석하고 이웃 여자들을 심방한 것이 이 두 가지 공부에 도움이 되었습니다.

1월에는 시간을 내어 에비슨 의사가 자리를 비운 제중원을 도왔는데, 한국인들에게 의료 사역을 하는 것에 대한 첫 통찰을 얻었습니다. 또한 연못골과 인성부재에 아픈 여자와 어린이가 있어서 몇 번 왕진하는 기회를 가졌습니다.[1] 그중 한 번은 나이 든 여자였는데 우리가 그녀를 병원으로 보냈을 때 거의 죽어 가고 있었습니다. 그녀는 몸이 조금 나아졌지만 얼마 동안은 복음을 전혀 들으려고 하지 않았습니다. 이 노파가 병원에서 몇 주일을 보내는 동안 우리는 매일 아침 여성용 병동에 가서 찬양하고 기도했는데, 그녀가 많이 변했습니다. 들은 것 가운데 얼마나 많이 이해했는지는 알 수 없었으나, 그녀는 밝은 얼굴로 다른 노래를 열심히 청하며 하루 종일 기쁘게 지내고 있었습니다.

4월과 5월의 3주 동안은 잔다리에서 교인들과 함께 지냈습니다. 여성들과 어린이들이 매일 저녁 기도회로 모였는데, 이웃 마을에서 열리는 모임에 참석하기 위해 나와 함께 작은 무리가 들판을 가로질렀습니다.

평양에서 보낸 여름 동안 예배, 여성 성경 공부, 여학교에 참석하고 진료소에서 한국인들을 만나면서 그들에게 약간의 봉사를 했는데 모두 내게 도

1 인성부재란 남대문과 진고개 근처 남산 언덕으로, 선교사 사택들이 있었다. 1902년 웰번 선교사 부부가 거주했다.

all most helpful to me. The number of calls to the homes of the people showed the opportunity for such work is so great that much time might be spent in that alone. The earnest pleas of women from the country for some one to come and teach them the Bible, made one long for the time when such requests need not all be refused.

One of the greatest joys in the medical work has been that of seeing a blind man and a woman who were led in, one twenty "li" [approx. 6.6 miles] and the other a hundred "li" [approx. 33.3 miles], go out able to see their way.

Four most pleasant homes have been given me these months;–with Dr. [Georgiana E.] Whiting, Miss [Susan] Doty, Mr. and Mrs. Baird, and Miss [Esther] Shields, and I might also say a fifth, for the care I received while sick at Dr. Avison's will always make that seem one of my homes.

I do appreciate what it has meant to have the year free for study and to have so much help in the language from older missionaries.

The joy of being in Korea has increased with every day of these months, and I look forward with pleasure to the new year as a time when I may get closer into the lives and hearts of some of the women of Korea.

Respectfully submitted,
Mary Alice Fish

움이 되었습니다. 왕진 요청이 많이 있었는데 기회가 많아서 그 일만으로도 많은 시간을 보내야 한다는 것을 알 수 있었습니다. 시골 여자들이 성경을 가르쳐달라고 여러 번 간청했으므로 더 이상 거절할 수 없어서 나는 한 번 장기 여행을 했습니다.

의료 사역에서 가장 큰 즐거움 중 하나는 눈이 먼 남자와 여자가 다른 사람의 손을 잡고 이끌려왔다가 퇴원할 때 모두 시력을 회복하고 스스로 걸어서 나가는 것을 본 일입니다. 한 명은 20리 떨어진 곳에서 왔고, 다른 한 명은 100리 떨어진 마을에서 왔습니다.

최근에 나는 즐거운 네 가정을 알게 되었습니다. 조지아나 화이팅 의사, 수산 도티 양, 베어드 목사 부부, 그리고 에스더 쉴즈 양입니다. 다섯 번째 가정으로 말할 수 있는 에비슨 의사 집에서 내가 받은 치료로 인해 그곳을 항상 내 가정 중 하나로 간직할 것입니다.[2]

첫 1년간 사역을 하지 않고 공부하는 동안 여러 선교사로부터 받은 언어 공부에 대한 많은 도움에 깊이 감사드립니다.

최근 여러 달 동안 한국에 있는 즐거움이 매일 늘어났습니다. 새해에는 한국 여성들의 생활과 마음속으로 더 가까이 다가가는 시간이 되기를 기쁨으로 고대합니다.

정중히 제출합니다.

앨리스 피시 올림

2 피시 의사는 다리 골절 치료를 받는 동안 에비슨 의사 집에서 일정 기간 지냈다.

PHS, microfilm Reel #180, Vol. eleven, Korea Reports

# Alice Fish Moffett
# Seoul, Korea
# September/October, 1899

## Woman's Work for Woman in Northern Korea
## –Annual Report for Pyengyang Station

Last May one of our workers returning from a country trip to the South of Pyeng Yang said, "Well, I did not know there were so many women in any part of Korea as I have seen in this one district. They are thronging everywhere and among them there are so many who are hungry to be taught." Within the circles of the merely curious are those who are patiently learning to read and according to their ability are searching the Word of God.

The lines of connection between these throngs of women out in the country districts and the central work in the city run in both directions.

1st: The training classes, which draw a limited number from the country groups;

2nd: The Korean women who are sent out by the Korean Church on preaching tours;

3rd: And most important, as reaching the largest number in the country, are the itinerating tours of Miss Best, who holds study classes with the groups where she visits.

The city work remains in form the same as was reported last year. At the Woman's Church in the city, the Sabbath morning class for Bible study was continued by Mrs. Baird until she left for America and was then placed under Miss Best's care during March and April until Mrs. Swallen's arrival. The attendance varies between seventy-five and one hundred, and of the four classes, two are taught by Korean women, one by Miss Best and one by Mrs. Swallen. After the class Mrs. Swallen

## 앨리스 피시 마페트
## 한국, 서울
## 1899년 9월/10월

### 평양 선교지부
### 여성 사업 연례 보고서

지난 5월 평양의 남부로 시골 여행을 다녀온 한 사역자가 다음과 같이 말했습니다. "글쎄, 한국 어디에서도 내가 가본 그 지역만큼 여자가 많은 곳은 없을 것입니다. 그들은 어디서나 모이며, 배움에 목말라 하는 자들이 부지기수입니다." 단순히 호기심을 가진 자들 가운데 결국 꾸준히 읽는 것을 배우는 자들이 있으며, 그들은 하나님의 말씀을 찾고 있습니다.

시골에 있는 여자들의 모임과 시내 중심의 사역 사이를 이어주는 연결선들은 다음과 같습니다.

첫째, 시골의 미조직교회에서 온 제한된 수의 사람이 참석하는 사경회 모임.

둘째, 한국 교회가 전도하기 위해 파송하는 한국인 여성들.

셋째, 중요한 연결선으로, 시골에서 가장 많은 수의 여자들을 만날 수 있는 베스트 양의 순회여행이 있습니다. 그녀는 방문하는 곳에서 사경회를 개최합니다.

시내 사역은 작년에 보고된 것과 동일한 형태로 남아 있습니다. 시내의 여성 교회에서 주일 아침에 열리는 성경 공부 모임은 베어드 부인이 미국에 가기 전까지 인도했고, 이어서 베스트 양이 3월과 4월에 담당했으며, 이어 스왈른 부인이 도착해 맡았습니다. 참석자 수는 75-100명입니다. 4개 반으로 나누어 두 반은 한국인 여성이, 한 반은 베스트 양이, 다른 한 반은 스왈른 부인이 가르쳤습니다. 수업 후에 스왈른 부인은 학습교인만 따로 만나 잠깐 기도하고 성경 구절을 암송했습니다.

meets with the catechumens only, for a short season of prayer and committing of Bible verses.

The Wednesday afternoon Bible class in the city has had an average attendance of fifty women and the ten or twelve little girls of the school. At the beginning of the year, Mrs. Baird was taking the class through the study of Mark's Gospel. In January Dr. Fish took the class, completed the study of Mark and began the study of Old Testament history, using the 셩경도셜 [illustrated Bible]. During March and April Miss Best was in charge and the class was then transferred to Mrs. Swallen. At the close of each study hour Mrs. Swallen spends some time with the women who cannot read. She has them commit to memory the commandments and as they commit them, she teaches them the characters which they have learned by sound.

At the woman's *sarang* outside the city, the Sabbath morning Bible class under Mrs. [Graham] Lee's charge has this year had an average attendance of eighty. Of the four classes, Mrs. Lee teaches the older women, Mrs. [J. Hunter] Wells the young women, Mrs. Hunt the class of little girls, and Song Si, Mrs. Lee's helper, meets with the new-comers. During the summer Mrs. Hunt paid regular visits to a class across the river, and in her absence Mrs. Webb [Mrs. Graham Lee's mother] met the class of little girls and Mrs. Moffett assisted with the singing.

At the Wednesday class at the *sarang* for Bible study and prayer, the Old Testament stories are studied with the aid of the 셩경도셜 [illustrated Bible]. Miss Best took charge of this service during the summer. Among the women who attend, forty-one are able to read, besides, of course, the little girls of the school. The interesting little woman who walks in six miles from 풀무골 [pūl mū gōl] is seldom missed, either on Sabbaths or Wednesdays. She invariably passes her hymn book to some other woman who has not committed [to memory] all the hymns as has she; and seldom have I known her to come into the house without opening

시내의 수요일 오후 성경 공부반에는 평균 50명의 여자와 10-12명의 여학교 소녀들이 참석했습니다. 연초에 베어드 부인이 마가복음을 계속 가르쳤습니다. 1월에 피시 의사가 이 반을 맡아 마가복음 공부를 마쳤고, 『성경도셜』을 이용하여 구약의 역사를 공부하기 시작했습니다.[1] 3월과 4월에는 베스트 양이 맡았고 이어서 스왈른 부인이 공부반을 맡았습니다. 각 공부 시간이 마칠 때마다 스왈른 부인은 아직 글을 읽지 못하는 부인들과 함께 잠깐 시간을 보냈습니다. 그녀는 십계명을 암송하게 했고 그들이 그것을 외우면 소리로 배운 글자들을 가르쳤습니다.

외성(外城)에 있는 여성용 사랑방에서 주일 아침에 리 부인이 인도한 성경 공부가 진행되었는데 올해 평균 참석자는 80명이었습니다. 4개 반 가운데 리 부인이 나이 많은 부인들을 가르치고, 웰즈 부인은 젊은 부인반을, 헌트 부인은 어린 소녀반을, 리 부인의 전도부인 송 씨는 초신자반을 맡았습니다. 여름에는 헌트 부인이 강 건너편 성경 공부반을 정기적으로 방문했으며, 그녀가 없을 때에는 웹 부인이 어린 소녀반을 맡고 마페트 부인이 찬양 시간을 도와주었습니다.

성경 공부와 기도를 위한 사랑방 수요일 모임에서는 『성경도셜』을 교재로 구약 이야기를 공부했습니다. 베스트 양은 여름에 이 반을 맡았습니다. 참석한 여성 가운데 41명은 글을 읽을 수 있었습니다. 물론 여학교의 어린 소녀들을 제외한 숫자입니다. 20리 떨어진 풀무골에서 일요일이나 수요일에 거의 빠지지 않고 걸어오는 흥미로운 작은 여자가 있습니다. 그녀는 아직 모든 찬송을 외우지 못한 다른 여자들에게 항상 자신의 찬송가를 보라고 줍니다. 그녀가 방에 들어서면 늘 신약성경을 펼쳐서 자신이 공부하고 있는 어떤 구절을 설명해달라고 부탁하곤 합니다.[2]

웰즈 부인이 맡고 있는 젊은 여자반은 흥미진진한 표정으로 빨리 배우

---

1 『성경도셜』(Mrs. S. M. Sites, 聖經圖說 *Bible Picture Book*)은 그림으로 간단히 설명한 성경 이야기다. 1892년 로더와일러(L. C. Rothweiler) 양이 한글로 번역했다.

2 풀무골 이 씨는 마포삼열이 평양에서 세례를 준 첫 여성이다.

her Testament to ask explanation of some passage over which she has been studying.

Mrs. Wells' class of young women with their interesting faces and quickness at learning, forms a bright corner in the *sarang*.

The building is over-crowded on Sabbaths and there is great need for more room that the congregation may be accommodated and that the classes may be separated for better teaching.

The Woman's Home Missionary Society began in the hearts of a few of the church women with a desire to help the poor church members; to give toward the building of country churches, and to assist in sending women to preach and teach in the country. It was organized in July of 1898 and since then has collected 363 nyang. From this sum, 10 nyang was given for the new building at 소우물 [sō ü mūl]; 12 nyang has been expended by Korean women in itinerating and 27 nyang has been devoted to charity. The 12 nyang seems a small sum to place against itineration but the women receive help from the country people so that two of them require only 3 nyang for a trip of two or three weeks.

Song Si, Mrs. [Graham] Lee's helper, spends about half of her time in itineration under Mr. [Graham] Lee's direction, and two other women (Yūn Si and Chai Si) bear their own expenses while visiting among the churches.

Mrs. Wells, aside from having charge of the little girls' school and teaching her class of twenty-three young women, has visited in-patients at the hospital and women in their homes. She speaks particularly of the beginning of home libraries evidenced by the shelf of books in the native script, or perhaps merely by the home bound copies of those of the Gospels and Epistles which are at present available. She is always most hospitably received and many a sick woman has waited and watched for her visits.

Miss Best began her year of itineration and teaching by spending

고 있는데 사랑방을 밝게 만들고 있습니다.

안식일에는 건물이 차고 넘치기 때문에 회중을 수용할 수 있고 공부반을 분리해서 더 잘 가르칠 수 있는 더 많은 공간이 절실하게 필요합니다.

가난한 교인을 돕고, 시골 교회의 예배당 건축을 도우며, 시골에서 전도하고 가르치기 위해 여성들을 파송할 목적으로 국내 여전도회를 조직할 계획이 교회의 몇 명 여성들의 가슴속에서 시작되었습니다. 그 여전도회가 1898년 7월에 조직되었습니다.[3] 그 이후 363냥이 모금되었습니다. 이 금액 중 10냥은 소우물교회의 새 건물을 위해 기증되었습니다. 12냥은 순회 전도하는 한국인 여자를 위해 지출되었습니다. 27냥은 자선에 사용되었습니다. 순회 전도에 배정한 12냥이 적은 금액으로 보일 것입니다. 그러나 순회 전도하는 전도부인들은 시골 사람들로부터 도움을 받기 때문에 두 전도부인이 2-3주간 여행을 위해서는 3냥만 필요합니다.

리 부인의 전도부인인 송 씨는 시간의 절반을 리 부인의 지도하에 순회 여행에 사용하며, 다른 2명의 여자(윤 씨와 채 씨)는 자비로 교회들을 방문합니다.

웰즈 부인은 여자초등학교 일과 23명의 젊은 여자들을 가르치는 일 외에 병원에서 입원 환자들과 가정에 있는 부인들을 심방했습니다. 그녀는 특별히 한글로 된 책, 혹은 집에서 제본한 한글 복음서, 그리고 이제는 출판되어 이용할 수 있는 한글 서신서 등을 수집해서 서가에 꽂아놓는 가정 도서관을 시작해야 한다고 말합니다. [간호원 출신인] 그녀는 가는 곳마다 환대를 받으며 수많은 아픈 여자들이 그녀의 방문을 기다리고 있습니다.

베스트 양은 20명의 여성들이 있는 중화교회(中和教會)에서 7일을 보내고, 10명이 여성이 있는 무진에서 4일을 보내면서 올해의 순회여행과 가르치는 일을 시작했습니다. 그 후 무진에서 교인이 많이 늘었다는 보고가 있었고, 두 장소에서 몇 명의 여성이 평양교회의 교인들을 만나기 위해서 왔습니

3 첫 여전도회 조직이다.

seven days with the church at Chung Wha where are twenty women, and four days at Moo Chin with a class of ten women. There is report of a large increase at the latter place since then, and a few women from both places have come in to meet with those of the city church. This next visit was made to the group in Soon An where three weeks had been spent the year before. Three times a day the class of twelve met for instruction and in the intervals visits were made in the homes of all the grandmothers. Large numbers of women are reached aside from the inner circles of those who meet for faithful study. The most interesting character in this place is Oui Si, who though nearly seventy years old, has every time walked the fifty *li* to attend the woman's training classes. She is respected by all the women over whom she holds gentle but decided sway. She is alone in the world and without means, making her living by weaving cloth.

During part of April and May, Miss Best spent seventeen days visiting five points in Whang Hai Do, the most thickly populated part of the North where there is work enough among the women adherents to employ all the time of several workers. The women came in great numbers and many of them were genuinely interested. As a rule they were bright and teachable and one and all begged for someone to come often to them. Among the church members is to be noted the little woman at Kalsan who is the teacher of the other eleven women—all of them trying to live as God would have them, and eager to learn all they can of His Word.

Miss Best's next trip was a visit to the churches of Chung Wha, Whang Ju, and Yong Soo Kol. At Whang Ju she held a class for six days with an average attendance of fifteen women from the Whang Ju church, and neighboring churches within a radius of 40 *li*. Ten of those who came for regular study were able to read. Because they so faithfully study among themselves they are particularly teachable and are specially

다. 그녀가 그다음 방문한 곳은 순안에 있는 미조직교회로, 작년에 이들과 함께 3주일을 보냈습니다. 하루에 세 차례 12명이 모여서 성경을 공부했고, 중간 시간에는 할머니가 있는 모든 집을 방문했습니다. 충실하게 공부하기 위해 모인 교인의 범위를 넘어서 수많은 여성들에게 다가갔습니다. 이 지역에서 가장 흥미로운 인물은 위 씨로, 70세 가까운 노령임에도 불구하고 부인 사경회마다 참석하기 위해 50리 길을 걸어서 왔습니다. 모든 여자가 그녀를 존경하며, 그녀는 부드럽지만 단호한 영향력을 행사합니다. 그녀는 혼자 살고 가난하며 길쌈을 해서 생계를 유지합니다.

4월과 5월에 17일간 베스트 양은 황해도의 다섯 곳을 방문했는데 대부분 인구가 밀집된 북부 지역입니다. 그 지역에는 여러 명의 사역자가 모든 시간을 쏟아야 할 여성 교인들을 위한 많은 사역이 있습니다. 가는 곳마다 여성들이 많이 모였으며, 많은 이가 진지한 관심을 가지고 있었습니다. 대체로 그들은 똑똑했고 가르침을 받아들였으며 이구동성으로 누군가 자주 와주기를 간청했습니다. 특기할 등록교인은 갈산(葛山)에 있는 작은 여자로, 그녀는 다른 11명의 여성들을 가르치는 교사입니다. 이들은 모두 하나님이 원하시는 삶을 살기 원하며 하나님의 말씀을 최대한 배우기를 원합니다.

베스트 양의 다음 여행은 중화(中和), 황주(黃州), 용수골에 있는 교회를 방문하는 것이었습니다. 황주에서 6일간 사경회를 개최했는데 황주교회와 주변 40리 안에 있는 교회에서 온 여성들이 평균 15명 참석했습니다. 정규 공부를 위해서 온 이들 중 10명은 글을 읽을 수 있었습니다. 그들은 스스로 충실하게 공부를 해왔기 때문에 특히 가르치기에 좋았고 베스트 양이 오자 크게 기뻐했습니다. 베스트 양이 집에 있을 때 거의 매일 시내에 있는 작은 여학교에 가서 학생을 돌보았는데, 교회 신자 가운데 한 여성이 교사로 있습니다.

연초에 헌트 부인은 웰즈 부인의 학교에서 산수와 노래 부르기를 가르쳤습니다. 여름에 개최된 부인 사경회와 남자 신학반과 웰즈 부인의 젊은 여성 성경 공부반에서 헌트 부인은 노래를 가르쳤습니다. 두 달 동안 매 주일

overjoyed when Miss Best can go to them. When at home Miss Best gives almost daily attention to the little girls' school in the city, where she has one of the church women as teacher.

At the beginning of the year, Mrs. Hunt taught arithmetic and singing in Mrs. Wells' school. In the training class for women during the summer Theological Training class for men, and to Mrs. Wells' class of young women, she has been giving lessons in singing. Each Sabbath morning for two months was spent with the women's class across the river, and the remainder of the time with the little girls at the *sarang*. Mrs. Hunt has also made three trips into the country meeting with the women and teaching them through the Christian woman who accompanied her.

The work is everywhere full of encouragement. May the same great joy we have known come to your hearts as you learn of these hundreds of women who have not to be sought out and interested, but are already begging to be taught. Join with us in praising God for them. We ask you as a Mission to consider their needs and speedily to send at least one single woman to unite with Miss Best in her work for them, at the same time praying God to send into this harvest field the other two lady workers for whom we are asking this year.

Respectfully submitted,

for Pyeng Yang Station,
Alice Fish Moffett

아침을 강 건너편에 있는 여성 성경 공부반과 보냈으며, 나머지 시간은 사랑방에서 어린 소녀들과 보냈습니다. 또한 헌트 부인은 시골 여자들의 사경회를 위해서 세 번 순회여행을 했는데, 함께 간 전도부인이 통역해서 가르쳤습니다.

사역은 모든 곳에서 대단히 고무적입니다. 여러분께서 이 수백 명의 여성들을 알 때 우리가 느낀 큰 기쁨이 여러분의 가슴에도 동일하게 일어나기를 빕니다. 우리는 그들을 찾아가서 관심을 가지도록 만들 필요가 없습니다. 그들은 이미 우리에게 가르쳐달라고 간청하고 있습니다. 그들로 인해 하나님을 찬양합니다. 우리는 선교회가 그들의 필요를 고려하여 최소한 한 명의 독신 여성 선교사를 신속하게 파송해줄 것을 부탁합니다. 그녀는 베스트 양과 함께 여성 사역을 하게 될 것입니다. 동시에 우리는 올해 요청하는 2명의 다른 여성 선교사를 이 추수지로 보내줄 것을 하나님께 기도합니다.

정중히 제출합니다.

평양 선교지부를 대신하여,

앨리스 피시 마페트 올림

PHS, microfilm Reel #180, Vol. eleven, Korea Reports, 1891-1899

**Samuel A. Moffett**

**Seoul, Korea**

**October, 1899**

---

## EVANGELISTIC REPORT

The evangelistic work in the city of Pyeng Yang is fairly covered in the general report of the station. Worthy of particular notice however is the fact of such an increase in the number of adherents that both the men's and women's churches are more than crowded to overflowing and that even the weekly prayer meeting with its attendance of more than 300 sometimes taxes the capacity of the largest building. This prayer meeting is, of all the services, the one of greatest inspiration and encouragement to me and I return from it each week with a heart filled with praise and gratitude. The site for the new church has this year been enclosed by a stone wall and it is hoped that work on the church may begin next spring.

At the August Communion service when 59 men and women were baptized there were a number of particularly interesting cases. Ten of these were over 70 years of age. One of them, now an old man of 77, is an historic character. 30 years ago when the American steamer General Sherman was burned and the whole crew killed at Pyeng Yang this man was the one who, going on board, grasped in his arms the official of the city who was held a prisoner and jumped overboard with him, reaching the shore in safety. He took part in the burning of the vessel and witnessed the execution of the crew, among whom was Mr. Thomas, an agent of the Scotch Bible Society who was the first man to take the New Testament to Pyeng Yang.

Among those baptized there was also the only remaining daughter of one of the first men I baptized in the city 6 years ago—the one who inaugurated the work in our Whang Hai field and who, with most of his

## 마포삼열
## 한국, 서울
## 1899년 10월

### 전도 사역 보고서

평양 시내의 전도 사역은 선교지부의 일반 보고서가 잘 다루고 있습니다. 하지만 특별히 언급할 것은 교인 숫자의 급증으로 남자 교회와 여자 교회가 차고 넘치고 있으며, 수요일의 기도회 참석자도 때로는 300명을 넘어서 가장 큰 건물의 수용 능력을 초과하고 있다는 사실입니다. 모든 예배 가운데 이 수요일 기도회는 나에게 가장 영감이 넘치고 고무적인 예배로, 매주 그 예배를 마치고 돌아올 때는 찬양과 감사가 넘칩니다. 새 교회를 지을 부지에 올해에는 그 둘레에 돌담을 쌓았으며, 올봄에 교회 건축 공사를 시작할 계획입니다.

9월 성찬식 예배 때 59명의 남녀가 세례를 받았는데, 특히 흥미로운 경우가 많았습니다. 이들 중 10명이 70세 이상이었습니다. 그중 한 명은 77세의 노인으로 역사에 남을 만한 인물입니다. 30년 전 평양에서 미국 상선 제너럴셔먼호가 불타고 모든 선원이 죽임을 당했을 때, 이 사람은 배에 올라 포로로 잡혀 있던 도시의 관리[중군 이현익]를 손으로 붙잡고 함께 물속으로 뛰어들어 무사히 강변으로 헤엄쳐 나왔습니다. 또한 그 범선을 불태우는 데 참여했고, 스코틀랜드 성서공회 소속으로 평양에 처음 신약전서를 전한 토마스 목사를 포함해 선원들이 처형되는 것을 목격했습니다.[1]

---

1 이 글에서 마포삼열은 토마스(Robert Jermain Thomas, 1840-1866)를 성서공회 소속으로 성경을 전파하다가 처형된 것으로 언급하고 '순교자'로 묘사하지 않는다. 그러나 선교 초기의 부정적인 평가는 사라지고, 대신 그의 성경 반포 사실을 언급하는 긍정적인 태도로 변했음을 알 수 있다. 1866년 여름에 일어난 이 제너럴셔먼호 사건 때 포로로 잡힌 평양 중군(中軍) 이현익(李鉉益)을 구출한 그의 부하 무관 박춘권(朴春權, 1822-?)을 일부에서 1839년 생으로 1920년에 사망한 것으로 기록하고 있으나, 마포삼열의 보고대로 1899년에 77세였다면 1822년생이고 제너럴셔먼호 당시 44세였다. 퇴교(退校) 즉 이미 은퇴한 군인 출신 박춘권은 이현익을 구출하고 화공에 성공한 공로로 오위장(五衛將)과 안주우후(安州虞候)라는 벼슬을 받았다고

family afterwards died there of cholera. It was a great privilege to me to baptize this little girl of 12 and her aged grandmother, now nearly 80.

### Country Work

In the oldest field of my country circuit, the county of Soon An, considerable progress has been made. There are Christians in some twenty-five villages with 7 meeting places enrolled in 3 churches.

At Sa Chon after repeated and long-continued efforts to reclaim 4 suspended men, I felt it necessary to resort to excommunication for the good of the church. Two of them have yielded to their parents' threats and engaged in ancestral worship and two have ceased attendance upon church services. All of them still say they believe and I hope the discipline may bring them to repentance.

With two smaller groups plans are laid for a union building in the county seat. On both of my visits here the magistrate came out five li to call upon me showing an interest in our work and questioning me quite at length on the subject of Christianity. I presented him with a copy of the New Testament which he has been reading and he expresses a desire to assist in building the church in the magistracy. His wife is reading Christian books, has sent for one of the Christian women to instruct her and professes faith in Christ. This church is exerting a very wide spread influence, some of the catechumens coming a distance of more than 10 miles.

The Cha Chak church has outgrown its former building which they have converted into a school (conducted at no expense to the Mission) and have erected a much larger tile building on a beautiful site. This building which will hold at least 150 people is often too small for the congregation and they propose another enlargement to accommodate the women.

The people are now undergoing a very severe trial owing to the opening of gold mines in the valley, the miners being quartered upon

세례를 받은 자 중에는 내가 6년 전에 시내에서 세례를 줬던 첫 세례교인 가운데 한 남자의 유일하게 생존한 딸도 있었습니다. 그는 황해도 사역을 시작한 자였는데, 나중에 황해도에서 그의 가족 모두가 콜레라로 사망했습니다. 나는 이 12살 소녀와 80이 다 된 그의 할머니에게 세례를 주는 특권을 누렸습니다.

## 시골 사역

내 시골 시찰 가운데 가장 오래된 지역인 순안군에서 상당한 진보가 이루어졌습니다. 25개 마을에 기독교인이 있는데, 7개 예배 처소에서 모이고 3개 교회에 등록되어 있습니다.

사촌에서는 치리를 받고 교인 자격이 중지된 4명에 대해 반복해서 오랫동안 노력했으나 교회의 유익을 위해 출교시키는 것이 필요했습니다. 2명은 부모의 협박에 굴복하여 제사에 참여했고, 2명은 교회 예배 참석을 중단했습니다. 이들은 모두 아직 믿고 있다고 말합니다. 나는 책벌이 그들을 회개로 인도하기를 희망합니다.

두 개의 작은 미조직교회에 대해서는 읍에 연합 예배당을 설립하는 안을 마련했습니다. 내가 이 두 마을을 방문했을 때 군수가 나를 만나기 위해 5리 길을 걸어왔으며 우리 사역에 관심을 표하고 기독교에 대해 길게 질문했습니다. 나는 군수에게 『신약전서』 한 권을 주었으며 그는 그것을 읽고 있었는데, 읍에 교회를 세우는 것을 도와주고 싶다는 뜻을 피력했습니다. 그의 아내가 기독교 서적을 읽고 있다며 자신을 가르쳐줄 기독교인 여성 한 명을 요청했고 그리스도에 대한 신앙을 고백했습니다. 이 교회가 광범위한 영향을 미치고 있으며 일부 학습교인은 30리가 넘는 마을에서 오고 있습니다.

---

한다. 그런 그가 1899년 77세에 세례를 받았으므로, 그가 장로가 되었다거나 전도사가 되었다는 말은 잘못된 것이다. 일부에서 그가 안주교회 영수(領袖)가 되었다고 하나 이것도 기록으로 확인되지 않는다. 또한 이 보고서에서 마포삼열은 박춘권이 토마스 목사 처형을 목격한 자로만 서술하지 처형에 참여한 자로 묘사하지 않는다.

them by the government and their fields in many cases being confiscated for placer mining, no compensation being given for them.

In the county of Yung You we have two strong churches. Kal Ouen, a union of four groups has outgrown its building and has just purchased a larger one. A member of the Pyeng Yang church who moved there has been made its leader and has put new life and vigor into it.

At So Tek Ri four groups have united in the building of a new church. Two of the groups, Tek Won Ri and Tong Ho Ri reported last year have been merged in this. There is a great opportunity here for work among the women and I have seldom seen anyone more grateful than was the crippled wife of a butcher whom I baptized here.

In Suk Chun county we have 3 churches with several other meeting places. In the county seat is the strongest one. Here also 4 groups have united in purchasing a large building. They have twice enlarged it this year and it is still too small for the congregation which gathered when I was there. It is the banner church in the matter of gratuitous evangelistic work. The leader is a man of great influence and a zealous evangelist. One of the young men, a traveling merchant, is constantly at work distributing books, visiting churches, and teaching and preaching. Last winter nearly a score of the men went two by two into the unevangelized section north and east selling books and preaching over the whole region and from this new groups have since developed in three counties. This is one of the best centers for instruction and I held a class here in March with an attendance of 40 or more, coming not only from my section but from three counties on Mr. Whittemore's circuit.

Here, too, I received a visit from the magistrate who came to the church to call upon me. We conversed long upon the salient truths of the gospel and I found that he had been reading a number of Christian books obtained at our Pyeng Yang bookstore. Here too a number of Confucianist scholars of local reputation called and some of them came

자작교회는 사용하던 건물이 좁을 정도로 성장했으며, 이들은 그 건물을 선교회의 재정 도움 없이 학교로 개조했고, 아름다운 부지 위에 훨씬 더 큰 기와 예배당을 건립했습니다. 이 건물이 적어도 150명을 수용하지만 회중 전체가 계속 모이기에 너무 협소하게 되었고, 그래서 이들은 여성들도 들어올 수 있는 더 큰 건물을 계획하고 있습니다.

이들은 부근 계곡에 금광이 개설되면서 심각한 시련을 겪고 있습니다. 정부가 광부들로 하여금 그 지역에 거주하게 했고, 많은 경우 그들의 논밭이 사금(砂金) 채취를 위해서 징발되었으나 보상은 이루어지지 않았기 때문입니다.

영유군에는 두 개의 강한 교회가 있습니다. 4개의 미조직교회가 연합한 갈원(葛院)교회는 성장하여 예배당이 협소하게 되었으므로 얼마 전 더 큰 건물을 매입했습니다. 그곳으로 이사한 평양교회 출신의 교인이 영수가 되어 새로운 활력을 불어넣었습니다.

소택리에서 4개의 미조직교회가 연합하여 새 교회 건물을 마련했습니다. 그중 두 개 모임은 작년에 보고했던 택원리와 통호리인데 이 교회로 통합했습니다. 이곳에서 여성 사역을 할 큰 기회가 있습니다. 나는 백정의 처로 다리를 저는 여자에게 세례를 주었는데, 그녀만큼 고마워하는 자를 본 적이 없습니다.

숙천군에서 우리는 3개의 교회와 여러 예배 처소를 가지고 있습니다. 읍에는 가장 강한 교회가 있습니다. 여기서도 4개의 미조직교회가 연합하여 큰 예배당을 매입했습니다. 그들은 올해 그것을 두 배로 증축했으나 내가 방문했을 때 이미 그 건물도 협소하게 되었습니다. 이들은 무급 자원 전도 사업에서 가장 앞서는 교회입니다. 영수[김천일]는 강력한 영향력을 가진 열성적인 전도인입니다. 한 청년은 장돌뱅이 장수로 쉬지 않고 책을 반포하고 교회들을 방문하고 가르치고 전도합니다. 지난겨울에 거의 20명의 남자들이 2명씩 조를 짜서 복음이 들어가지 않은 북쪽과 동쪽 지역으로 가서 마을마다 다니며 책을 팔고 전도했고, 그 결과 3개 군에서 새로운 미조직교회들이 생겨났습

to the evening evangelistic service. There is a growing spirit of inquiry among the literati who are beginning to realize that the Christians who in most cases have been men of inferior literary attainment are rapidly surpassing the literary class in their knowledge and intellectual attainments.

The women of the church and surrounding churches were greatly disappointed that Miss Best was not able to visit them as she had expected to do and they are eagerly looking forward to her visit this November. A class for women is very urgently needed here.

The church at Cha San expects to build this winter.

Po Min Tong church has grown and provides a very useful self-supporting worker and has been the means of the conversion of a Roman Catholic whom I received as a catechumen.

AnJu county has but one organized group, Sun Tol. Two others recently found not yet having been visited. Here I had the satisfaction of seeing the results of seed sown before the war. Six years ago when passing through An Ju I talked with an old man and left with him a copy of the Gospel of Mark. For six years he has been reading and re-reading this and this year hearing of the church at Sun Tol five miles from his village, he came to them for further instruction. When I visited the church, he with six others from his neighborhood, came to be received as catechumens. This is one of several such instances met this year. The group at Kan Dong in Mr. Lee's district which I visited for him this year I found had been started by a woman who before the war had received a tract from me in Pyeng Yang and who, when she fled from the city, took the tract with her. Let us keep on distributing Christian literature.

New groups are reported this year in Kai Chun and Soon Chun counties and a number of catechumens from Eun San county are enrolled in the Cha San churches.

At Tek Chun, too far away to permit a visit this year a new group

니다. 숙천읍교회는 가장 좋은 가르침이 이뤄지는 곳으로, 나는 3월에 이곳에서 40명 이상이 참석한 사경회를 개최했습니다. 참석자는 내 시찰뿐만 아니라 위트모어 목사의 시찰에 속한 3개 군에서도 왔습니다.

이곳에서도 군수가 나를 방문했습니다. 그는 나를 만나기 위해 교회로 왔습니다. 우리는 복음의 핵심 진리에 대해 오랫동안 대화를 나누었습니다. 나는 그가 평양 서점에서 구한 많은 기독교 서적을 읽고 있는 것을 알게 되었습니다. 이곳에서도 지역에서 유명한 많은 유학자들이 방문했고, 그중 일부는 저녁 전도 집회에 참석했습니다. 식자층 사이에 구도의 정신이 성장하고 있는데, 대체로 학문적으로 열등한 기독교인들이 지식과 지적인 획득에서 양반층을 빠르게 추월하고 있음을 이들이 깨닫기 시작했기 때문입니다.

교회와 주변 교회들의 여자들은 베스트 양의 방문을 기대했다가 그녀가 올 수 없다는 것을 알고 크게 실망했습니다. 그들은 11월에 그녀가 오기를 고대하고 있습니다. 이곳에 여성 사경회가 긴급하게 필요합니다.

올해 겨울에 자산에 교회를 설립할 계획입니다.

보민동교회가 성장하여 유능한 자급 사역자들을 지원하고 있으며, 한 천주교인을 개종시켰는데 내가 그를 학습교인으로 받았습니다.

안주군에는 단 하나의 교회인 선돌교회가 있습니다. 최근에 형성된 두 개의 미조직교회는 방문하지 못했습니다. 이곳에서 나는 [청일]전쟁 이전에 뿌린 씨앗의 결과를 보아서 만족했습니다. 6년 전에 안주를 지나갈 때 한 노인과 이야기를 나누었는데, 그에게 『마가복음』 한 부를 주었습니다. 6년간 그는 이 책을 읽고 또 읽었으며, 올해 20리 가까이 떨어진 선돌에 교회가 세워졌다는 말을 듣고 더 배우기 위해서 거기로 갔습니다. 내가 그 교회를 방문했을 때, 그는 이웃 사람 6명과 함께 있었는데 학습교인으로 등록하러 왔습니다. 이것은 올해 내가 발견한 비슷한 여러 경우 가운데 하나입니다. 올해 리 목사를 대신해서 방문한 강동에 있는 미조직교회는 전쟁 전 평양에서 내게서 소책자를 받았던 여성에 의해 시작되었습니다. 그녀는 전쟁 때 도시를 떠나 피난을 갈 때 그 소책자를 가지고 갔다고 합니다. 기독교 문서 전파를

of 29 believers is reported. They have a large building and have been visited by teachers sent from Pyeng Yang, by colporteur and other Christians. They are not yet enrolled. In Cha San county we have two churches, one a new one set off this year, the other at Paik Tyen, a large, vigorous group which has grown greatly and is extending its influence into all the adjoining counties to the East. Here the Christians from 8 or 10 villages have undertaken to build a large church and when I visited them the women alone, some 60 of them, more than filled the present building. I had to hold the service in the open air, nearly 200 people gathering for the service the Sabbath I spent with them.

In the county of Pyeng Yang outside the city I have 4 enrolled groups and 4 other meeting places. Sa Hoi Kol and Sal Kon Chai call for no particular notice. The So Ou Moul church has progressed rapidly–has finished its large church building–built a school house, secured a teacher providing his entire support and provided the support of one of their members that he may give his time to evangelistic work in the surrounding villages. Han Syek Chin, my first Helper in Pyeng Yang, has been the leader in their zealous work. He has again been willing to take up regular work and Mr. [Graham] Lee is using him on his circuit. This church, with all the work south of it adjoining Mr. Lee's circuit, ought, I believe, to be placed under Mr. Lee's care if Mr. Han is his helper.

The least satisfactory of all my country churches is the one at Han Chun, where loose observance of Sabbath, the lack of a good leader, and the death of the man who was leading them, have resulted in a rather large but weak group lacking in spiritual power. I anticipate considerable difficulty and a good deal of hard work before this group gives much cause for satisfaction. From this church one of the men instructed a few men in Chung San city and I was asked to visit them, but hearing that Mr. Noble of the M. E. mission had visited the city and enrolled inquirers I advised the men to connect themselves with his work.

계속해야겠습니다.

개천(价川)군과 순천군에서 새로운 모임들이 보고되고 있으며, 은산에서 온 많은 학습교인들이 자산(慈山)교회에 등록했습니다.

너무 멀어서 올해 방문할 수 없었던 덕천(德川)에서는 29명의 신자로 이루어진 새 모임이 보고되었습니다. 그들은 큰 예배당을 가지고 있고, 평양에서 파송한 교사와 권서와 다른 교인들이 방문했습니다. 아직 학습교인으로 등록한 자는 없습니다. 자산군에는 두 개의 교회가 있는데, 하나는 올해 새로 설립되었으며, 다른 하나는 백천에 있는데 크게 성장하고 그 영향력을 주변 동쪽의 모든 마을에 확산하는 크고 활발한 모임입니다. 이곳에서는 8-10개의 마을에 있는 교인들이 큰 교회 건물을 지었는데, 내가 방문했을 때 여성만 60명이 모였고 예배당이 차고 넘쳤습니다. 나는 그 주일 예배를 야외에서 인도했는데 거의 200명의 사람들이 예배에 참석했습니다.

평양성 밖의 시골에 4개의 미조직교회와 4개의 다른 예배 처소가 있습니다. 사회골과 살건재는 특별 사항이 없습니다. 소우물교회는 급속하게 발전하여 큰 예배당을 마련했고, 학교 건물 한 채를 지었으며, 교사 한 명을 구해서 그를 전적으로 지원하고 있으며, 교인 가운데 한 명을 전도인으로 고용하여 모든 시간을 주변 마을 전도에 전념하도록 생활비를 제공했습니다. 평양에서 나의 첫 조사였던 한석진은 영수로서 열심히 일합니다. 그가 다시 정규 사역을 맡을 뜻이 있어서, 리 목사의 순회여행에 함께하고 있습니다. 이 교회는 리 목사의 시찰과 인접해 있는 남쪽의 모든 사역과 함께 만일 한석진이 그의 조사가 되면 리 목사의 관리하에 두어야 합니다.

모든 시골 교회 가운데 가장 불만족스러운 교회는 한천에 있는 교회로, 안식일을 적당히 지키고 좋은 영수가 없으며 그들을 지도하던 남자가 죽어서 규모는 크지만 영적 능력이 없는 약한 모임입니다. 이 모임이 만족스러운 수준에 도달하려면 어렵고 힘든 사역을 많이 해야 할 것입니다. 이 교회 출신의 남자 한 명이 증산(甑山)읍에 있는 몇 명의 남자를 가르쳤으며 그들은 심방을 요청했습니다. 그러나 북감리회의 노블 목사가 그 읍을 방문하고 구

When Mr. Baird left, his country work fell under my care. With the exception of a visit to the Mou Chin church which Mr. Baird had been unable to visit, I have spent no time in these two circuits but have given them Episcopal oversight, counseling with the leaders and the helper, Mr. Pang. Mr. Hunt has watched over the interests of the Western circuit and both he and Mrs. Hunt rendered valuable service there. This section ought to be placed in his charge until Mr. Baird's return. The chapel across the river where some 40 or more of the Pyeng Yang church people meet has been under the care of Mr. and Mrs. Hunt since spring.

#### Training of Helpers

Considerable of my time has been given to the work of training of helpers. By appointment of the Mission a month was given to the Training Class in Sun Chun and to visiting some of the northern churches with Mr. Whittemore. In the Winter Theological Class in Pyeng Yang, I took the advanced students through an exegetical study of a part of Romans and expect to finish it with them this year.

At Suk Chun I had a class in March and in July I taught the special Class for Helpers only in Church Government and Discipline. Under my direction Miss Best's teacher held two classes in my section—one in Cha San and one in Soon An. I sent him and Mrs. Moffett's teacher on an evangelistic tour through the Cha San, Tek Chun circuit and on my last trip took him with me as my assistant to train and develop him further. He is proving a valuable man.

Besides this, I have met twice a month with the 8 officers of the Pyeng Yang church and have held meetings with and counseled with the leaders of the country churches. To my mind this personal contact with and time spent in individual instruction, counsel and direction of Helpers and Leaders, the influential men in our churches is one of the more important works of the missionary. It will do more than almost anything

도자들을 등록시켰다는 말을 들었기 때문에, 나는 그들에게 노블 목사의 사역과 연결하라고 권했습니다.

베어드 목사가 떠나고 그의 시골 사역이 내 관리하에 들어왔습니다. 베어드가 방문할 수 없었던 무진교회를 한 번 방문한 것을 제외하면 이 두 시찰에 전혀 시간을 쓰지 않았으나, 목회적 감독을 하고 영수들과 조사 방기창(邦基昌)과 상담했습니다. 헌트 목사가 서부 시찰을 감독했으며, 그와 헌트 부인이 그곳에서 소중한 봉사를 했습니다. 베어드 목사가 돌아올 때까지 이 시찰은 헌트 목사 관리하에 두어야 합니다. 강 건너 평양교회의 교인 40여 명이 모이는 예배 처소는 봄부터 헌트 목사 부부가 책임을 맡고 있습니다.[2]

## 조사 훈련

나는 상당히 많은 시간을 조사 훈련 사역에 투자했습니다. 선교회의 임명에 의해 한 달을 선천 사경회와 위트모어 목사와 북부 지역 교회 방문에 사용했습니다. 평양에서 열린 겨울 신학반에서는 상급반 학생들에게 로마서 일부의 주석 공부 방법을 가르쳤는데 올해 그 책을 마칠 계획입니다.

3월에 숙천에서 사경회를 했고, 7월에 특별 조사 사경회에서 나는 교회 정치와 치리만 가르쳤습니다. 내 지역인 자산과 순안에서 각각 사경회를 개최했는데 내 지도하에 베스트 양의 교사가 인도했고, 나는 그와 내 아내의 교사를 자산, 덕천을 시찰하며 전도 여행하도록 파송했으며, 내가 최근 여행을 갈 때 그를 조사로 데리고 가서 훈련시키고 발전시켰습니다. 그는 귀중한 사람임을 증명하고 있습니다.

이 밖에 평양교회의 직원 8명과 한 달에 두 번 만났으며, 시골 교회들의 영수들과 회의를 열고 상담했습니다. 내가 보기에, 조사와 영수와 우리 교회

---

2 조왕리교회다. 1900년에 "대동군 조왕리교회(大同郡 助王里敎會)가 성립하다. 선시에 본리인(本里人) 이영복(李永福) 홍익명(洪翊明) 등이 신주(信主)하고 평양 점동교회(平壤 店洞敎會)에 소속되얏더니 지시하야 계진(繼進)된 신자가 칠십여 명에 달하난지라. 합심연보하야 예배당을 신축하고 분립하니라"(차재명, 『조선예수교장로회 사기 상』, 65-66). 1909년 홍익명을 장로로 장립하여 당회를 구성했다. 1933년 숙섬에 토마스기념교회를 건축하여 그곳에서 예배를 드렸다.

else to guide the church aright.

The native agents under my care are Kim Chong Syep, assistant pastor of Pyeng Yang church, supported by the church; Kim Too Yung, Helper on my country circuit [who] since June [has been] supported by the native churches. This coming year his entire time will be given to the four counties of Soon An, Yung You, Suk Chun and An Ju–the groups in these counties having pledged his entire support; Yi Yung En, whose salary is supplied by the Mission, I wish to retain as my personal assistant and do not plan to have the Korean church undertake his support; Han Pyeng Chik, a colporteur whose support is supplied by the Mission and the B.F.B.S. [British and Foreign Bible Society]. Besides these there are 3 men and 1 woman: Päk of Sō Ou Moul, Päk of Pō Min Tōng, Kim of Sŭk Chŭn and Mrs. Choi of Kal Ouen, who, supported by the church or self-supported, are engaged in evangelistic work under my direction and counsel.

My country circuit has also pledged part salary of another helper greatly needed on the Cha San circuit. I want Mission sanction to employment of another helper approved by the Station now that Kim Too Yung is transferred to native support. When all the churches of the circuit have been heard from I have little doubt that his entire support will be provided also. I hope to get one from each county as fast as I can train men whom I am willing to have the native churches undertake to support. The Cha San circuit to which the three counties of Kang Tong, Sam Teung and Yang Tek should be added, is in great need of a colporteur and I want permission to place one there. I make a most urgent plea for another missionary to divide with me the work in these 16 counties where there is a large harvest ripe for reaping and a harvest already reaped which needs to be conserved. I also request the Mission to provide at least one lady whose entire time can be given to the instruction and training of the Christian women in this field.

에서 영향력 있는 자들을 시간을 들여 개별적으로 가르치고 상담하고 지시하는 것이 더 중요한 선교사 사역의 일부라고 생각합니다. 교회를 올바르게 인도하기 위해 이보다 더 중요한 것은 없습니다.

내 관리하에 있는 한국인은 평양교회 부목사로 교회의 지원을 받는 김종섭과 시골 시찰의 조사로 6월부터 한국인 교회들의 지원을 받는 김두형입니다. 내년에 김두형은 모든 시간을 4개 군, 곧 순안, 영유, 숙천, 안주에서 보낼 것입니다. 이 군들에 있는 모임은 그를 전적으로 지원하기로 서약했습니다. 선교회가 봉급을 주는 이영언을 내 개인 조사로 훈련시키고 싶으며, 한국인 교회에 그의 지원을 맡길 계획은 없습니다. 한병직은 권서로, 선교회와 영국 성서공회가 그를 지원하고 있습니다. 이들 외에 3명의 남자와 한 명의 여자가 있는데 소우물의 박 씨와 보민동의 박 씨와 석천의 김 씨와 갈원의 최씨 부인입니다. 이들은 교회의 지원을 받거나 자비로 내 지도와 권면하에 전도 사역에 종사하고 있습니다.

내가 시찰하는 교회들은 자산 시찰에 필요한 다른 조사 한 명에 대해 부분적인 지원을 서약했습니다. 이제 김두형 조사의 지원이 본토인에게 넘어가므로 선교지부가 허락한 다른 조사 한 명을 선교회가 승인해주시기 바랍니다. 시찰의 모든 교회로부터 들은 바에 의하면 그들이 조사를 전적으로 지원할 것이 확실합니다. 내가 조사들을 훈련하는 대로 최대한 빨리 각 군에 한 명의 조사가 배치되기를 바라며, 나는 본토인 교회들이 자원하여 조사를 지원하도록 할 것입니다. 자산군에 강동, 삼등, 양덕의 3개 군이 더해져야 하는데, 자산에는 권서 한 명이 시급하므로 그 배치를 허락해주시기 바랍니다. 그리고 긴급하게 선교사 한 명을 추가로 파송하여 내가 맡고 있는 16개 군을 분할할 수 있기를 간청합니다. 이 군들에는 희어져 추수할 넓은 들판이 있으며 이미 이루어진 추수는 보존할 필요가 있습니다. 또한 나는 선교회에 이 지역에 있는 기독교인 여자들을 가르치고 훈련하는 일을 전담할 최소한 한 명의 독신 여성 선교사를 파송해줄 것을 요청합니다.

●
**교회 건축, 1899년 [OAK]**

**church construction, 1899**

**Samuel A. Moffett**
**Pyengyang, Korea**
**September 20, 1900**

---

**Report of the Special Bible Committee presented to the Presbyterian Mission in Annual Meeting**

It is with the greatest pleasure that this Committee is able to report this year that the Board of Translators has given us the entire New Testament in Korean and that the Committee has had published two editions of the same, one published in Korea, one in Japan, which editions are now on the market, the price of the former being 30 sen and that of the latter 50 sen. We were not represented at the meeting in which the prices were fixed and we favor the proposition which has since been made that by a circular vote of the Committee the price of the Japanese edition be reduced, as it is believed by all that the expense of publishing this edition has been greater than it need be in any future edition. Our effort is to secure the Scriptures at the least possible cost of production and to sell at that price.

We are also glad to report the probability of very soon having an edition of the Psalms, the Committee having requested the Bible Societies to provide the funds for publishing Dr. Underwood's translation which while not yet the joint work of the Translators, has their approval.

At the February meeting Miss Doty and Mrs. Gifford represented the Mission and at the September meeting we were represented by Mr. Lee and Mr. Moffett. At the September meeting the proposed amendments to the Constitution were presented and your representative voted in approval of all but two of the clauses of the Constitution as adopted. The first clause which we opposed is Article II, the last clause reading: "And shall stand in an advisory relation to the Bible Societies as to the general

## 마포삼열
## 한국, 평양
## 1900년 9월 20일

### 북장로회선교회 연례 회의에 제출된 임시성서위원회 보고서

본 위원회는 올해에 성서번역자회가 한글 신약전서 전체를 우리에게 주었으며 이 『신약전서』를 두 개의 판본으로, 곧 하나는 한국에서 다른 하나는 일본에서 출판했음을 보고할 수 있어서 대단히 기쁩니다.[1] 이 판본들은 현재 시중에서 판매 중이며 전자의 가격은 30전, 후자는 50전입니다. 우리는 가격을 결정하는 회의에 대표자를 파견하지 않았습니다. 우리는 이후 위원회의 회람 투표에 의해 작성된 일본 판본의 가격 인하 제안을 지지합니다. 모두 이 판본의 출판 경비가 향후 추가로 만들 판본에 들어갈 경비보다 더 많이 들어갔다고 믿기 때문입니다. 우리는 성경의 가격이 가급적 생산비에 가깝게 책정되고 판매되도록 노력하고자 합니다.

또한 우리는 시편 판본을 곧 가질 수 있을 것이라고 보고하게 되어 기쁩니다. 본 위원회는 성서공회들에게 언더우드 박사의 번역을 출판할 자금을 제공해줄 것을 요청했습니다. 이 번역은 아직 번역자회의 공동 번역이 아니며 그들의 승인을 얻지 못했습니다.

2월 회의에 도티 양과 기퍼드 부인이 선교회 대표로 참석했으며, 9월 회의에는 리 목사와 마포삼열 목사가 대표자로 참석했습니다. 9월 회의에서는 [상임실행성서위원회] 정관 개정안이 제안되었으며, 우리 위원들은 단 두 개의 문구를 제외하고 찬성표를 던져 정관을 채택했습니다. 우리가 반대한 첫 문구는 2조[위원회의 의무]의 마지막 문장으로 다음과 같습니다. "성서 사업

---

1 성서위원회 역본 첫 한글 신약전서 임시본 완성 감사예배는 1900년 9월 9일 오후 서울 정동제일교회에서 드렸다. 연사는 마포삼열(위원장), 루미스 목사(미국성서공회), 언더우드 박사(번역자회), 알렌(미국공사), 스크랜턴 의사(번역자회), 푸트 목사(선교회) 등이었다.

policy relating to Bible work in Korea."

The second clause which we opposed is Article VII section, the clause which reads: "The Bible Committee shall send it to the Bible Societies for publication."

Under the explanation that this carries with it the right to determine prices of Scriptures and all questions relating to distribution, your representatives opposed it, believing that while all questions relating to publication should be left to the Bible Societies, the Committee should reserve the right to determine questions of policy which vitally affect mission work, believing also that as at present proposed, questions vitally affecting the policy upon which our work in Korea has been established are left largely to the decision of those not in touch with the conditions of the work most affected. This Constitution now comes before the Mission for ratification or rejection.

과 관련된 일반 정책에 대해 성서공회들과 자문 관계를 유지한다."[2]

우리가 반대한 두 번째 문구는 7조[출판과 개정] 1항에 있는 것으로 다음과 같습니다. "[번역자회가 어떤 책이 인쇄할 준비가 되었다고 보고하면] 성서위원회는 그 책을 성서공회들에 보내어 출판하도록 한다."

이것이 성경의 가격을 결정하고 반포하는 모든 문제를 결정할 권리를 포함하는 것이라는 설명을 듣고 우리는 그것에 반대했습니다. 출판과 관련된 모든 문제는 성서공회에 맡겨야 하며, 성서위원회는 선교 사업에 중대한 영향을 미치는 정책과 관련된 문제를 결정하는 권리를 가져야 한다고 믿기 때문입니다. 또한 현재 제안된 대로 하면 한국에서 수립된 우리의 선교 정책에 중대한 영향을 주는 문제들이 사역과 직접 관련이 없는 자들의 결정에 대부분 맡겨질 것이라고 여겼기 때문입니다.[3]

2 1900년 9월 6일 자 상임실행성서위원회의 회의록과 제안된 정관에 대해서는 다음을 참고하라. 옥성득·이만열 편역, 『대한성서공회사 자료집 제2권 켄뮤어 서신』(서울: 대한성서공회, 2006), 586-595. 마포삼열은 상임실행성서위원회 위원장이었다.

3 켄뮤어 총무는 성경 가격을 생산비보다 더 많이 받아야 한다고 주장했으나, 자급을 강조한 마포삼열 등은 최대한 가격을 인하해야 한다고 주장했다. 즉 성서공회의 높은 성경 가격은 일반 선교회의 자급 원칙과 위배되므로 가격 결정에 선교회가 참여해야 된다고 보았다.

PHS, microfilm reel #181, Vol. 11, Korea reports

**Alice Fish Moffett**
**Pyengyang, Korea**
**September, 1900**

---

### Personal Report

Evangelistic work among the women, which because of sickness I was not able to take up this year until the first of April, was begun by attendance upon the regular services and study classes, and by morning studies in the Gospel by John with from two to five women who came to the house as regularly as their work permitted. One of the women who began the little class was from the far North and was filled with an eager desire to be able to teach the Word of God to the women whom she should gather about her when she returned home. Her earnestness and eager questionings were a delight and an inspiration. She attended the woman's class in the Spring and returned to her Northern home purposing to teach the women of her neighborhood.

On the 19th of April a small dispensary for women was opened, making easier the little work which is always coming to hand, and giving opportunity for personal work among women who have never before heard the Gospel.

Here during 76 dispensary days I have treated 415 patients, 247 being new cases. I have gone to the homes of women for 10 special cases and have assisted at or performed 10 operations. The dispensary work, were it purely medical, I should consider misspent time because of the great demand for teaching. On the contrary it is not only an outgrowth and a manifestation of the Christian life we teach about, but it furnishes opportunities for telling the Gospel to those who have never heard and for the line upon line teaching to those who believe, but still know so little of the wealth of Christian truth. One of the greatest delights in

**앨리스 피시 마페트**

**한국, 평양**

**1900년 9월**

---

**개인 연례 보고서**

여성 전도 사역은 내가 아팠기 때문에 3월 말까지는 할 수 없었습니다. 4월 1일부터 나는 정규 예배와 성경 공부반에 참석하고, 오전에 다른 일이 없으면 내 집으로 정기적으로 오는 2-5명의 여자들과 요한복음을 공부하면서 사역을 시작했습니다. 이들 중 한 명은 멀리 떨어진 북쪽 지방에서 왔는데, 집으로 돌아갔을 때 자기 주변에 모일 여자들에게 하나님의 말씀을 가르칠 수 있게 되기를 간절히 원했습니다. 그녀의 열심과 진지한 질문이 즐거움과 영감을 주었습니다. 그녀는 봄에 부인 사경회에 참석했고 그녀의 이웃에 사는 여자들에게 복음을 가르치기 위해 북부에 있는 집으로 돌아갔습니다.

4월 19일 작은 여성 진료소가 개원했습니다. 그래서 언제나 할 일이 있는 작은 사역이 손쉽게 이루어졌고 아직 복음을 들은 적이 없는 여성들을 위한 개인 사역의 기회가 주어졌습니다.

76일간의 진료소 사역 기간에 나는 환자를 415명 치료했는데 247명이 초진 환자였습니다. 여성들의 집으로 특별히 왕진을 간 것이 10회였으며, 수술을 도와주거나 실시했던 것도 10회였습니다. 만일 진료소 사역이 순수 의료적인 것이라면, 가르침에 대한 요구가 너무 큰 내가 시간을 잘못 보낸 것이라고 간주할 수 있을 것입니다. 그러나 반대로 진료소 사역은 우리가 가르치는 기독교적 삶의 열매이며 표현일 뿐만 아니라 복음을 전혀 듣지 못했던 자들에게 복음을 전하고, 믿기는 하지만 여전히 기독교의 진리에 대해 거의 알지 못하는 자들에게 차근차근 가르칠 기회를 제공합니다.

이 사역과 관련하여 가장 큰 즐거움은 진료소에서 나를 도와주는 한 한국인 여성의 정신과 영혼이 성장하는 것을 목격하는 것이었습니다. 비록 그

connection with this work has been witnessing the growth of mind and soul of the Korean woman who assists me in the dispensary. Though she has known the truth for more than five years, it is only during the last year she has had much courage and knowledge for preaching. Her love for Bible study and prayer is growing constantly. Together we take all the time we wish to talk to each woman who comes, and we have much encouragement in the response received from the women.

The brightest result I have seen during the last three months is the case of a woman who came to the hospital in a pitiful condition of body and mind, having three children in the house to be cared for by the fourth, a stunted boy of sixteen. I assisted Dr. Wells in performing the operation necessary for the woman's relief, and since her recovery she has several times come to the dispensary and has attended the women's meetings when able to do so. She knew nothing about the Gospel, but gratitude for the relief given her caused her to listen while at the hospital and she afterwards came out very brightly, grasping with joy the truth that God is her Father and that it is He who has watched over her and brought her help and salvation. Her first thought and purpose now is to serve God by teaching her four children about Him. I have already heard reports of her preaching in the neighborhood.

During May a work was begun for the catechumen women of the church in which all the ladies of the station took part in searching out those who are available for classes. On June 25th a weekly Bible study class for these women was opened with an attendance of eighty. Two stormy class days since then have brought down the average attendance to fifty-seven. Others on the catechumen roll are still being sought for, and those attending regularly take great interest in the study. Shin Si, the regular worker among the church women, and my dispensary helper, assist in the teaching.

Language study has been forced into a small place in the year's

녀가 5년간 진리를 알았지만 전도할 담대한 용기와 지식을 가지게 된 것은 바로 작년이었습니다. 성경 공부와 기도에 대한 사랑이 지속적으로 자라고 있습니다. 그녀와 함께 나는 모든 시간을 들여서 진료소에 오는 모든 여자들에게 말하고 싶고, 그들의 반응을 통해 많은 고무적인 사례를 보고 있습니다.

지난 3개월 동안 경험한 일 중 가장 밝은 결과는 몸과 마음이 가련한 상태로 병원에 온 한 여자의 경우입니다. 그녀에게는 4명의 자녀가 있는데 그녀가 아파서 지능이 낮은 16세 장남이 어린 동생 3명을 돌봐야만 했습니다. 나는 웰즈 의사가 그녀에게 필요한 수술을 집도할 때 도왔습니다. 그녀는 회복된 후 진료소에 여러 차례 왔으며, 올 수 있을 때 여성 모임에 참석했습니다. 그녀는 복음에 대해 전혀 몰랐으나 치료받은 것에 감사하여 병원에 있을 때 복음을 경청했는데, 그 후 하나님이 자신의 아버지이시며 자신을 돌봐주고 도움과 구원을 주시는 분이 바로 하나님이시라는 진리를 파악하고 기뻐하게 되면서 밝은 얼굴로 찾아왔습니다. 이제 그녀의 첫 번째 생각과 목적은 네 자녀에게 하나님을 가르침으로써 그분을 섬기는 것입니다. 나는 그녀가 이웃에 복음을 전한다는 소식을 벌써 들었습니다.

5월에 교회에서 여성 학습교인의 교육이 시작되었습니다. 선교지부의 모든 여성 선교사가 학습반에 참가할 수 있는 자를 물색하는 일에 참여했습니다. 6월 25일에 이 여성들을 위한 주간 성경 공부가 80명의 인원으로 시작되었습니다. 폭우가 쏟아진 두 번의 모임에서 평균 참석자는 57명으로 줄었습니다. 학습교인 명단에 있는 불참한 여자들을 찾고 있으며, 정기적으로 참석한 자들은 공부에 큰 흥미를 보이고 있습니다. 교회 여성들을 대상으로 정기적으로 일하는 신 씨와 내 진료소 조수가 나를 도와서 가르치고 있습니다.

언어 공부는 올해 사역에서 작은 자리를 차지할 수밖에 없었습니다. 내가 공부할 수 없는 겨울 동안 내 어학 교사가 시골 교회에 가서 약간의 일을 했으며, 방문한 미조직교회들에게 크게 도움이 되었기 때문에 그 사역으로 전임할 예정이며, 그의 지원은 현재 짐작하건대 곧 전적으로 교인들이 제공

work. During the winter when I was unable to study, my teacher took up work among some of the country churches, and has proved himself so helpful to the groups he has visited that he is about to be transferred to that work, his support to be at present mainly, possibly soon entirely furnished by the people. I have prepared for class work with the help of one and another Korean at hand at the time, but am searching for another teacher for regular work.

I have two young women as pupils on the organ, one of whom is already able to play a few easy hymns for the women to sing, with another year of practice she will, I hope, be able to lead in the women's services.

The year has been to me one very full of blessing. I come to its close more than ever thankful for the privilege of being in this work, thankful for better use of the language, and more than ever longing to be able freely to teach these women the Bible truth for which they are so eager.

할 것입니다. 나는 당장 쓸 수 있는 다른 한국인의 도움을 받아서 성경 공부반을 준비했으나 다른 정식 어학 교사를 찾고 있습니다.

나는 2명의 여학생에게 오르간을 가르치고 있는데, 한 명은 벌써 여자 모임에서 부르는 쉬운 찬송 몇 곡을 연주할 수 있습니다. 한 해 더 연습하면 여성 예배를 인도할 수 있을 것으로 희망합니다.

지난 한 해는 축복으로 가득 찬 시간이었습니다. 한 해를 마감하면서 이 사역을 하게 된 특권에 무한히 감사드리며, 언어를 더 잘 사용하게 된 데 감사하며, 이 여성들이 배우기를 간절히 바라는 성경의 진리를 더 자유롭게 사용할 수 있기를 바랍니다.

●
**서경조 가족, 소래, 1898년 [MOF]**
서경조는 1900년 첫 장로로 안수를 받았다.

**So Kyongjo and His Family, Sorae, 1898**

●
**평안도 운산 부근 사금 채취 광경, 1905년 경 [OAK]**

**Koreans washing for gold near Wunsan, ca. 1905**

# 기사 ARTICLES

## Samuel A. Moffett,
## "The First Railroad in Korea,"
## *Korean Repository II* (April, 1895): 156-157.

---

### The First Railroad in Korea

A twenty-one inch tram-way was completed in Feb. It runs between Cheung Nam Po in the magistracy of Sam Hwa at Pyeng Yang a distance of 160 li or about 55 miles. A depot has been built at the base of a hill outside of and to the right of the South gate in what is called the Choung Syeng (between the walls). This is not a steam railroad as the cars are drawn by collies. Rumor says that Cheung Nam is to be opened as the port this summer, and that the city of Pyeng Yang us also to be opened as Seoul is.

The Japanese yen has become the currency in use here being used freely in almost all commercial transactions. It is now taken in exchange for the Korean coins at the rate of 410 to the dollar. The paper yen suffers a further deprecation owing to the great quantity of it which has come in from We Ju and the north, as well as to the fact that Koreans while satisfied to hoard silver are distrustful of the paper. The paper yen is rated at 310.

Lee in the Ta Tong an Po Tong rivers here measured 20 in. and up to March 19th the river was crossed on the ice. On the 14th of Mar. there was a cold wave and considerable snow fell. The Po Tong river which flows into the Ta Tong just below Pyeng Yang broke up on March 6th.

The expected return of Koreans to the city this spring has not yet been realized. The empty houses with neither doors nor windows still stand gaping–hardly more than one house in ten being occupied.

The regularity laid out streets of the ancient capital of Ki-Ja has been greatly altered by the Chinese fortifications built on this site. In many

**마포삼열,**
**"한국의 첫 철도",**
**「코리안 리포지터리 II」(1895년 4월): 156-157쪽.**

**한국의 첫 철도**

21인치 넓이의 전차 노선이 2월에 완성되었다. 철도는 평양에서 삼화군 진남포까지 160리(55마일) 거리를 달린다. 평양 남문의 오른쪽으로 언덕 아래 성벽 사이에 있는 충성이라고 불리는 지점에 정거장이 세워졌다. 이것은 증기 기차가 아니라 전기가 이끄는 차다. 소문에 의하면 충성이 올여름에 개항될 것이고, 그래서 평양도 서울처럼 개항장이 될 것이라고 한다.

일본의 엔화가 이곳의 거의 모든 상업 거래에서 자유롭게 사용하는 유통 화폐가 되었다. 현재 교환율은 은화 1엔에 한국 엽전으로 410냥이다. 엔화 지폐는 추가 평가절하 되었는데 의주와 북쪽에서 많은 양의 엔화가 유입되었기 때문이며, 은괴를 좋아하는 한국인이 지폐를 불신하기 때문이다. 지폐 1엔은 310냥에 거래된다.

대동강과 보통강의 얼음은 그 두께가 약 51센티미터로, 3월 19일까지 얼음 위로 강을 건널 수 있었다. 3월 14일 한파가 몰아닥쳤고 많은 눈이 내렸다. 평양 바로 아래 대동강으로 흘러드는 보통강은 3월 6일에 얼음이 녹았다.

올봄에 돌아올 것으로 예상했던 한국인들이 아직 돌아오지 못하고 있다. 문이나 창문이 없는 빈집이 아직도 널려 있고, 열 집에 겨우 한 집 정도만 사람이 살고 있다.

기자(箕子)의 고대 도시인 평양에 놓여 있던 정상적인 길들은 중국 병사들이 방어 시설을 만들면서 크게 변형되었다. 그들은 많은 곳에 길을 가로질러 진지들을 높이 세웠고, 그것들을 연결하며 들판을 가로지르는 도로를 건설했다. 한국의 가장 오래된 도시의 고대 유적으로 대칭적인 도로가 역사적 흥미를 불러일으킬 만큼 충분히 남아 있긴 하지만 심각하게 손상되었다.

places the forts had been thrown up across the streets while diagonal road cross the fields connecting forth with forth have been made. The ancient symmetry has been greatly marred, but enough yet remains to keep alive the historic interest in this ancient site of Korea's most ancient capital.

●
한국 최초의 평양-진남포 간 55 마일의 수동 철도차, 1895년 [OAK]

The First (Manual) Train Car in Korea, Pyongyang, 1895

**Samuel A. Moffett,**
**"The Transformation of Korea,"**
***Church at Home and Abroad*** **(August, 1895): 134-137.**

---

**The Transformation of Korea**

Korea will never again be what it has been. Each day sees the inauguration of changes which materially affect not only the outward appearance of its people, its capital and the country itself, but changes which radically affect the inner life of the Koreans, their beliefs and superstitions, their customs and traditions which have stood unqestioned for thousands of years.

These changes while as yet most apparent in the capital, are not unnoticed also in the country, as I soon found out when startling tidings reached me in our new station at Pyeng Yang before my return to Seoul.

"The Young Eun Gate has been taken down" was an announcement which filled with awe the heart of every intelligent Korean, as it convinced him that the great change was accomplished. On returning to Seoul as I approached the capital through the Peking Pass, I was on the lookout for the verification of this ⟨135⟩ rumor and I confess to some of the feelings of a Korean as I gazed upon the two large stone pillars, all that was left of the gate which for years had stood as a monument of Korea's dependence upon China.

**A SYMBOL OF KOREAN VASSALAGE REMOVED**

This gate was one of the most interesting and picturesque objects around Seoul, not that it was either remarkable or beautiful in its architecture, but because of its conspicuously isolated position on the most important road, and because of what it represented. It stood about a quarter of a

## 마포삼열,
## "한국의 변혁",
## 「국내외 교회」 (1895년 8월): 134-137쪽.

### 한국의 변혁

한국은 결코 과거로 돌아갈 수 없다. 매일 변화가 일어나는 것을 목도한다. 물질적 변화는 백성과 수도와 그 나라 자체의 외형에만 영향을 주는 것이 아니라, 수천 년 동안 아무런 의심 없이 존재해온 한국인의 내면생활, 신앙, 미신, 풍속, 전통에 근본적인 영향을 미치고 있다.

이 변화는 서울에서 가장 현저하지만 시골에서도 알아챌 수 있다. 서울로 출발하기 전, 평양의 새 선교지부에 있는데 놀라운 소식을 듣게 되었다.

"영은문(迎恩門)이 헐렸다"는 공고가 모든 한국 지식인의 마음을 놀라움으로 가득 채웠다. 거대한 변화가 이루어졌다는 것을 확신시켰기 때문이다. 서울로 가는 길에 나는 북경로(北京路)를 따라 서울에 가까이 다가가면서 이 소문을 확인하려고 찾아 나섰다. 한국의 중국 의존을 나타내는 기념비로 오랫동안 서 있던 문에서 지금 남은 것이라고는 두 개의 커다란 돌기둥뿐인 것을 바라보면서 나는 한국인의 감정 일부를 실감했다.[1]

1 일반적으로 1896년 2월 독립협회가 조직되고 11월에 영은문을 헐고 그 남쪽에 독립문을 건립하기 시작하여 1897년에 완공했다고 알려져 있다. 그러나 청일전쟁에서 패한 뒤 중국은 1895년 3월 일본과 체결한 시모노세키조약에서 조선에 대한 종주권을 포기했다. 조약 직전 2월에 조선 내각에서는 일본공사 이노우에(井上馨)의 요구로 "새로 연호를 제정하고 송파(松坡)에 있는 청제 공덕비(清帝 功德碑)를 쓰러뜨리고 영은문(迎恩門)을 제거하며 청사(淸使)를 접대하기 위해 예부터 설치했던 모화관(慕華館)·홍제원(弘濟院)을 부수자는 논의가 있어서 신구 양 파의 논쟁의 의제가 되었습니다. 그중 공덕비를 쓰러뜨리고 영은문을 제거하는 일에 대해서는 구파의 동의를 얻었지만, 연호는 이미 청국의 연호를 폐기하고 개국(開國) 몇 년이라 칭하게 된 이상 새로 연호를 세울 필요가 없으며, 또한 모화관·홍제원의 두 건물은 공연히 이를 때려 부술 필요가 없으며 그 명칭을 바꾸어 다른 건물로 사용해도 무방할 것이라는 논의를 펴면서 구파 사람들이 이에 동의하지 않으므로 끝내 한바탕 문제가 되었습니다." 특명전권공사 백작 정상형(特命全權公使 伯爵 井上馨)이 외무대신 자작 륙오종광(外務大臣 子爵 陸奧宗光)에게 보낸 기밀문서, "조선내각ノ분리병총사직동의ノ건(朝鮮內閣ノ分離竝總辭職動議ノ件)", 명치이십팔년(明治二十八年)(1895년) 오월일일. 기밀제사오호. 출처: 국사편찬위원회 한국사데이터베이스 http://db.history.go.kr

mile outside the West Gate on the Peking road not far from the quarters where Korea entertained the ambassador of the Emperor of China on his way to convey a message from the Emperor to his "vassal," the King of Korea.

Under this gate the King and the Imperial Messenger met, the former prostrating himself three times, with three knocks of the head to the ground. Each time he bowed before the imperial inscription, thus humbly acknowledging his dependence upon the "August Ruler." As long as this gate stood it was a perpetual reminder to the people not only that Korea was but a dependency, but also that they owed to the "Great Nation," their deliverance from the Japanese invasion 300 years ago. The gate is said to have been built before that invasion and called the Yen Cho Gate, or The Gate for the Reception of the Imperial Message. After the Mings had driven the Japanese out of Pyeng Yang and out of Korea 300 years ago, the gate was called the Young Eun Gate, or The Gate for the Reception of Grace, this in acknowledgment of Korea's great indebtedness to China.

### A KOREAN DECLARATION OF INDEPENDENCE

Its removal was significant. China had forfeited her claim to Korea's gratitude, and the removal of the gate set the seal upon Korea's "Declaration of Independence." The people put little faith in mere proclamations of independence, but the destruction of this gate in spite of the terrible judgment which would be inflicted upon Korea should the reports of Japanese success prove false and China again come in from the north, furnished indisputable evidence of the attitude of the government. The effect upon the people has been most marked. The Koreans acknowledge China's defeat although they are dumbfounded and at a loss to account for the fact that the once despised Japanese were able effectually to overcome the long revered Chinese. With this has

## 한국의 속국 상징이 제거되다

이 문은 서울에서 가장 흥미롭고 인상적인 대상인데, 그것이 건축물로서 뛰어나거나 아름답기 때문이 아니라 가장 중요한 도로 위에 눈에 잘 띄게 따로 떨어져 서 있고 그것이 상징하는 의미 때문이다. 그 문은 서대문에서 약 1/4마일(400미터) 정도 떨어진 북경로에 서 있으며, 멀지 않은 부근 주거지에는 중국 황제의 메시지를 "가신"(家臣)인 한국의 왕에게 전달하기 위해서 오는 중국 사신을 대접하는 모화관(慕華館)이 있다.

그 문 아래서 한국 왕은 중국 칙사를 만나 세 번 엎드려 이마를 땅에 대고 절했다. 매번 그는 황제가 보낸 조칙(詔勅) 앞에 절을 함으로써 "지존의 통치자"에 대한 자신의 종속을 겸손히 인정했다. 이 문이 서 있는 한 그것은 백성에게 한국은 속국일 뿐만 아니라 300년 전 일본의 침략에서 구원해준 빚을 "대국"(大國)에게 지고 있음을 영구적으로 상기시켰다. 그 문은 임진년 침략 이전에 세워졌고 당시에 영조문(迎詔門), 곧 황제의 칙서를 받는 문으로 불렸다고 한다. 300년 전 명나라 군대가 왜군을 평양과 조선에서 몰아낸 후 그 문은 영은문 곧 은혜를 받는 문으로 불렸는데, 이는 한국이 중국에 큰 은혜를 입고 있음을 인정한 것이다.[2]

## 한국의 독립 선언

영은문 철거는 중요했다. 영은문의 제거로, 중국은 한국에게 숭배받을 권리를 몰수당했고 한국은 "독립 선언"을 봉인받았다. 백성은 이것이 단순히 선언에 불과한 것을 알았다. 이 문을 파괴하는 것은 엄청난 판단이었음에도 불

---

아펜젤러가 편집한 *Korean Repository*는 영은문이 1895년 이른 봄에 철거되었다고 서술했다. "Notes and Comments," Korean Repository(June 1896): 261. 1896년 11월 21일은 독립문 정초식을 한 날짜다. 영은문을 헌 시점은 1895년 3월이다.

2 1407년(태종7년)에 서울 서대문 밖에 모화루(慕華樓)를 세웠다가 1430년(세종12년)에 모화관으로 개칭, 그 앞에 홍살문을 세웠다. 임진왜란 후 1537년(중종32년) 김안로(金安老) 등 3정승이 장계를 올려 모화관 남쪽의 홍살문을 개축하여 청기와를 입히고 영조문(迎詔門)이라는 액자를 걸었다. 2년 후 1539년 중국 사신의 요구로 영은문(迎恩門)으로 이름을 바꾸었다.

come a reaction in feeling, and many, with ill-suppressed anger, berate the folly of the Chinese in thus allowing Japan to surpass her, and so the former spirit of reverence is fast giving way to one of contempt.

This means a complete mental transformation. Heretofore, the Chinese furnished the only perfect standard in religion, literature, morals, customs, rites and ceremonies. Chinese was the "true writing," the native characters were the despised "vulgar writing," and as a consequence the people are illiterate because of the long time required to gain sufficient knowledge of Chinese to be able to read. Their long cherished notions as to China's superiority and her perfections have been suddenly shattered, and they begin to realize that their blind following of China has but kept them in ignorance and bondage. The whole country is ready to welcome changes not only in outward customs, but also in beliefs.

### THE PASSING OF THE OLD REGIME

This change of attitude on the part of the people is accompanied by the presence in power of a party which is hastening, as rapidly as it can, most radical reforms in government and finance, as well as in dress and customs, so as to conform in a measure to western ideas.

Thus you can realize that the conservative Korean is daily receiving shock upon shock, until he is being thoroughly shaken out of the deep ruts of his past life, from which he is compelled to separate himself.

One of the first evidences that a new order of things had come to pass was the appearance of the new policemen in their brass-buttoned, close-fitting dark blue suits, with swords 'clinking at their sides. They were at first the butt of ridicule from men and boys as they skulked along side streets, with their eyes to the ground, the most shame-faced lot of men I have ever seen. Since then, however, they have become, accustomed to their ⟨136⟩ strange clothes, and now raise their heads, assert themselves and carry themselves with a more business-like, manly

구하고 중국이 다시 북에서 내려오고 일본의 승리 소식이 거짓으로 드러날 경우 한국에 괴로움을 안겨주는 일이 될 것이라고 하는 부인할 수 없는 증거가 한국 정부의 태도에 나타났다. 문의 철거가 백성에게 미친 영향은 현저하다. 한국인들은 비록 한때 경멸하던 일본이 자신들이 오랫동안 존숭해온 중국을 효과적으로 극복할 수 있었다는 사실을 설명할 수 없어서 말문이 막히고 난처해하지만 중국이 전쟁에서 패한 것은 인식한다. 이것과 함께 반발하는 감정이 일어났는데, 많은 사람이 억누를 수 없는 분노를 가지고 일본에 뒤진 중국인의 어리석음을 깔본다. 그래서 과거의 존경하던 정신이 빠르게 경멸하는 정신으로 바뀌고 있다.

이것은 완전한 정신적 변혁을 의미한다. 지금까지 중국은 종교, 문학, 도덕, 풍속, 예식과 의식에서 완벽한 기준만을 제공했다. 한문은 "진서"(眞書)요, 본토 한글은 경멸받는 "언문"(諺文)이었다. 그 결과 한문을 읽을 수 있는 충분한 지식을 가지려면 오랜 시간이 필요하기 때문에 백성은 문맹이 되었다. 그들이 중국의 우월성과 완벽성에 대해 오랫동안 간직해온 생각이 갑자기 산산조각이 났고, 중국을 맹목적으로 추종했기 때문에 그들이 무식하게 되었고 노예가 된 것을 깨닫기 시작했다. 전 국민이 외형적 풍속의 변화뿐만 아니라 신앙의 변화를 기꺼이 환영하고 있다.

**사라지는 옛 제도**

백성 편에서 이런 태도 변화는 정권을 잡은 개화당이 서구 사상을 따르기 위해 최대한 빨리 의복과 풍속뿐만 아니라 정부와 재정에서 근본적인 개혁을 서두르는 현실에 동반되는 것이다. 따라서 보수적인 한국인은 매일 충격을 받고 있으며, 마침내 철저히 흔들려 자신의 과거 생활의 깊은 뿌리까지 뽑히고 있어서 과거로부터 자신을 분리하지 않을 수 없다.

새로운 질서가 잡히고 있다는 첫 번째 증거 중 하나는 새로운 경찰관(순검)의 등장이다. 그들은 놋 단추가 달린 몸에 달라붙는 감청색 제복을 입고 철렁거리는 칼을 옆에 찼다. 처음에는 눈을 내리깔고 거리를 따라 슬금슬금

and self-respectful air than the Korean ever before manifested.

Soon after this the long-sleeved flowing garment, so long the pride of the aristocracy, disappeared and the officials began to appear in black robes. Now we hear that in a few days all must appear in black, and here and there may be seen an independent Coolie soldier or merchant arrayed in the cast-off trousers or coat of a foreigner. The price of leather shoes (foreign style) suddenly went up the other day, owing to the great demand for them on the part of Koreans. The foreigner now finds it to his interest to keep his clothes under lock and key, since the native finds their possession an advantage. It is even rumored that the policemen are now to cut off their top-knots. This will be the signal, and many will be only too glad to follow their example. The disappearance of the top-knot and its accompanying uncomfortable head-gear will mean the disappearance of the picturesque hat which tradition says has been the mark of this people ever since the days of Ki Cha, who founded Korean Civilization 1122 years B. C.

Another change affecting very greatly the daily life of the people, a change most gratefully welcomed by the itinerating missionary is that of the coinage.

Formerly in going, from Seoul to Pyeng Yang an extra pony was required in order to carry the money needed for the journey. Each piece of money was worth less than one fifth of a cent so that one needed from four to ten thousand pieces, which was done up in long strings and heavy bundles.

This money is still used in country villages and in exchange of small amounts, but the new silver five *nyang*(one dollar) piece and the one *nyang* piece are now rapidly finding their way to favor in all sections.

### A COMMERCIAL INVASION OF THE JAPANESE

The most marked changes appear in Seoul, where the large number of Japanese who have been pouring into the country are buying up long

걸어가던 그들이 주변에 있던 남자들과 소년들이 조롱하자 내가 본 중 가장 창피한 표정을 지었다. 하지만 그 후 그들이 이상한 옷에 익숙하게 되자 머리를 들고 당당하게 다니는데, 어느 한국인보다 더 업무에 충실하고 남자답고 자존감으로 가득한 태도를 보였다.

이 일 직후 이제까지 양반의 자긍심이던 긴 소매가 나부끼는 의복이 사라졌고, 관리들은 검은 옷을 입고 나타나기 시작했다. 이제 며칠 후에는 모두 양복바지나 코트를 입을 것이라고 한다. 며칠 전 한국인 편에서의 수요가 크게 늘어나면서 양화(洋靴)의 가격이 갑자기 올랐다. 이제 외국인이 자신의 옷을 지키려면 자물쇠로 채워두어야 한다. 한국인이 양복을 소유하고 싶어 하기 때문이다. 경찰이 곧 상투를 자를 것이라는 소문도 있다. 이것이 중요한 신호가 될 것이며, 많은 사람이 그 모범을 기뻐하며 따를 것이다. 상투와 상투를 틀기 위한 불편한 망건 등이 사라지면, 기원전 1122년에 한국 문명의 기초를 놓은 기자(箕子) 이래 전통적으로 한국인을 표시해온 그림 같은 갓이 사라지는 것을 의미할 것이다.

사람들의 일상생활에 큰 영향을 준 또 다른 변화, 순회여행을 하는 선교사가 가장 환영하는 변화는 동전이다.

과거에는 서울에서 평양까지 여행하려면 엽전을 싣고 가기 위한 당나귀 한 마리가 따로 필요했다. 한국 엽전 한 개는 0.2센트 가치도 안 되므로 엽전 4,000개나 10,000개가 필요했다. 이것을 긴 줄에 끼우면 무거운 짐이 된다.

이 돈은 시골 마을에서 아직도 사용되는데, 적은 금액과 교환한다. 그런데 새로 나온 백동화 5냥짜리(1달러)와 1냥짜리는 지금 급속히 퍼지고 있으며 모든 분야, 모든 계층이 좋아한다.

### 일본인의 상업적 침략

서울에서 가장 뚜렷한 변화는 이 나라로 쏟아져 들어오는 수많은 일본인이 거리에 늘어선 여러 집을 매입해 일본인 상점으로 개조하는 것이다. 한국인은 이런 변화를 가져온 일본인들을 경멸하고 미워하면서도 존경, 두려움, 경

lines of houses and converting them into Japanese shops. The Koreans look on with mingled feelings of respect, fear, alarm and suppressed anger as they see the recently despised and hated Japanese effecting this transformation.

Through the influence of Japanese Buddhism (an influence just beginning to assert itself) Buddhist priests, formerly excluded, now freely enter the city, and soon we are to see a new Buddhist temple on the site of a very ancient marble pagoda in the center of the city.

Outside of the capital the visible changes are not so numerous, although at Pyeng Yang may be seen the first railroad built in Korea. It is a twenty-one inch' tramway running from Pyeng Yang, a distance of fifty miles, to a point near the mouth of the Ta Tong river where it is expected a port will be opened. Japanese merchants who followed the army to Pyeng Yang have not been at all loath to stay, and, as we know from them that that city will likely soon be open to foreign residents, we plan our mission work accordingly

These changes mean more than one would at first infer. They bear directly upon the inner life and thought, the occupations and the welfare of the whole people. The industrial situation will be greatly changed.

Korean shoemakers, merchants, hatters and artisans in general will find their occupation gone or revolutionized. Seamstresses (of whom there have been tens of thousands) will find themselves without work and on the verge of starvation, while the Japanese merchants, tailors and artisans already pouring in to avail themselves of the opportunity will reap a rich harvest. They will soon control so much of the trade and monopolize so many lines of industry that the Korean will find himself without a trade, forced in order to live to become the "hewers of wood and drawers of water" to his recently found friends and protectors, the Japanese.

계, 억눌린 분노 등이 혼합된 감정을 가지고 바라보고 있다.

최근에 영향력을 행사하기 시작한 일본 불교의 영향으로 불교 사제들은 과거에는 출입이 금지되었으나 이제는 자유롭게 서울 도성 안으로 들어오고 있다.[3] 곧 우리는 도시의 중앙에 위치한 고대의 대리석 석탑이 있는 부지에 새 불교 사원이 들어서는 것을 보게 될 것이다.

서울을 벗어나면 눈에 보이는 변화가 많지는 않다. 평양에서는 한국에서 처음 건설된 철로를 볼 수 있다. 전차는 이 철로를 따라 곧 항구가 개설될 것으로 기대되는 대동강 입구에서 평양까지 50마일의 거리를 21인치 넓이의 노선을 따라 달릴 것이다. 군대를 따라 평양에 들어온 일본인 상인들은 정착하는 것을 전혀 꺼리지 않았다. 우리가 알고 있듯이 그들을 통해 평양이 곧 외국인에게 개항될 것이며, 우리는 그에 맞추어 선교 사역을 계획하고 있다.

이 변화들은 처음에 추측하던 것보다 훨씬 더 많은 것을 의미한다. 이것들은 모든 백성의 내면생활과 사상, 직업, 복지에 직접적으로 관여한다. 산업 여건이 크게 변할 것이다.

신발을 만드는 갖바치, 상인, 갓쟁이를 비롯해 수공업자 전부가 그들의 직업이 사라지거나 혁명적으로 변하는 것을 보게 될 것이다. 수천수만 명의 침모는 일감을 찾지 못해 굶어 죽게 될 수도 있다. 반면 벌써 기회를 잡기 위해 쏟아져 들어오는 일본인 상인, 양복업자, 수공업자들은 풍성한 추수를 할 것이다. 그들은 곧 상거래의 대부분을 장악하고 많은 산업 노선을 독점할 것이므로 한국인은 거래를 잃고, 최근에 발견한 친구요 보호자인 일본인을 위

3 고종 32년(1895) 4월 23일에 승려의 입성 금지령이 해제되었다. 일본 일련종(日蓮宗) 승려 사노(佐野前勵)가 한국인 승려의 성내 출입 안을 총리대신 김홍집(金弘集)에 상서하고 다시 김홍집이 고종에 상서하여 승려의 입성이 허가되었다. 이는 1894년 7월 27일 조직된 개화 내각의 기구인 군국기무처(軍國機務處)가 서학(천주교와 개신교)에 대한 견제 정책으로 고려하던 안이었으므로 가능했다. 사노는 5월에 서울 원동(苑洞)의 북일영(北一營) 안에 법단(法壇)을 세우고 법회를 열었는데 승려 300여 명이 참석했다. 승려 도성 출입 해금 후 일본 불교의 여러 파가 서울에 진출했다. 1895년 사노는 북일영에서 다시 법회를 열었다. 한편 1898년에는 서울에 개교원(開教院)이 개설되었다. 이듬해에는 동대문 밖에 원흥사(元興寺)를 세워 총종무소(總宗務所)로 삼고 13개 도(道)에 각각 하나씩 수사(首寺)를 두어 전국 사찰의 사무를 총괄했다.

**THE DEEPER SIGNIFICANCE OF THE TIMES**

These changes however indicate a still deeper transformation, and in this and this only lies the hope for Korea.

The superstitious beliefs of the spirit-worshippers, and the rites and ceremonies of the Confucianists are so bound up with their 〈137〉 customs even to the minor details as to the cut of the garment, the arrangement of the hair and the length and breadth of the seams, that these changes have made it far more easy for them to discard their former superstitions and to neglect the former ceremonies which have now lost much of their importance and significance. They are thus more open to the truth, and we missionaries are not insensible to the opportunity thus presented.

Never has the Gospel been so widely and so zealously preached as now, and never were the people so ready to listen to and meditate upon the truth. Now is our opportunity and now is the time for the Church to thoroughly equip each station so that there may be a concerted action all along the line. How can two men in Pyeng Yang reach a population of 3,000,000 souls? Thankful we are that an open door is before us, but would that we had twenty instead of two men to enter it.

We know not what is to foe the future political, social or industrial situation in Korea, but we do know that everything leads us to believe that now is the time when the Lord purposes calling out His own that He may have here a Church to witness of Him, whether the nation becomes a Japanese or Russian dependency, or whether it remains independent.

We welcome Korea's transformation, not that we believe it is in the power of any earthly nation to give her anything but a mixture of the virtues and vices of civilization, but because that in this overturning we see the hand of Him who said, "I will overturn, overturn, overturn it; and it shall be no more, until he come whose right it is; and I will give it Him."

We look not to the kings of the earth to effect Korea's true transformation, but our trust is in the King of kings.

해 "나무 패는 자와 물 긷는 자"가 되어 살지 않을 수 없을 것이다.[4]

## 이 시기의 더 깊은 중요성

이 변화들은 더 깊은 변혁을 암시하는데, 한국의 희망은 여기에 있다.

귀신숭배자들의 미신적 신앙과 유교도의 제사와 의례는 풍속과 밀접한 관계로 얽혀 있고, 옷의 재단, 머리 모양 바꾸기, 소매의 길이와 폭 같은 사소한 일까지 연결되어 있다. 때문에 이런 변화로 인해 한국인들은 과거에 섬기던 미신을 더 쉽게 버릴 수 있고, 이제 그 중요성과 의미의 많은 부분이 상실된 과거의 의례를 더 쉽게 무시할 수 있다. 따라서 그들은 진리에 더 열려 있으며, 우리 선교사들은 이런 기회에 무감각하지 않다.

지금처럼 이렇게 복음이 광범위하고 열성적으로 전도된 적이 없고, 백성이 이렇게 기꺼이 진리를 경청하고 묵상한 적이 없다. 지금이 우리의 기회이며, 지금이 교회가 각 선교지부에 넉넉한 인원과 자금을 제공할 때다. 그러면 모든 방면에서 일치된 행동을 할 수 있을 것이다. 평양에서 어떻게 두 사람이 300만 인구의 영혼에 다가갈 수 있겠는가? 우리 앞에 열린 문이 있다는 것은 감사한 일이다. 그러나 2명 대신 20명의 선교사가 들어가야 할 것이다.

우리는 미래 한국의 정치·사회·산업적 상황 중 어떤 것과 싸우게 될지 모른다. 한국이 일본이나 러시아의 속국이 될지, 독립국으로 남을지 알 수 없다. 그러나 우리가 아는 것이 있다. 모든 일이 우리가 지금 주께서 당신의 사람을 부르셔서 당신을 전할 교회를 세울 때라고 믿도록 인도하신다는 것이다.

우리는 한국의 변혁을 환영한다. 문명의 미덕과 악덕의 혼합물밖에 줄 수 없는 지상의 어떤 나라의 힘을 믿기 때문이 아니라, 이 뒤집히는 상황에서 하나님의 손을 보기 때문이다. 하나님께서는 "내가 뒤집어엎고, 뒤집어엎

4 여호수아 9장 23절 "그러므로 너희가 저주를 받나니 너희가 대를 이어 종이 되어 다 내 하나님의 집을 위하여 나무를 패며 물을 긷는 자가 되리라 하니"에 나오는 말로 종의 신분을 말한다.

**영은문, 1895년 [Wikipedia.com · OAK]**
철거된 영은문, 독립관, 독립문, 1897년

고, 뒤집어엎어 버리려니와 이것도 다시 있지 못하리라. 마땅히 얻을 자가 이르면 그에게 주리라"라고 말씀하신다.[5]

우리는 한국에 진정한 변혁을 가져올 지상의 왕들을 바라보는 것이 아니라, 왕의 왕이신 주님 안에 우리의 신뢰를 둔다.

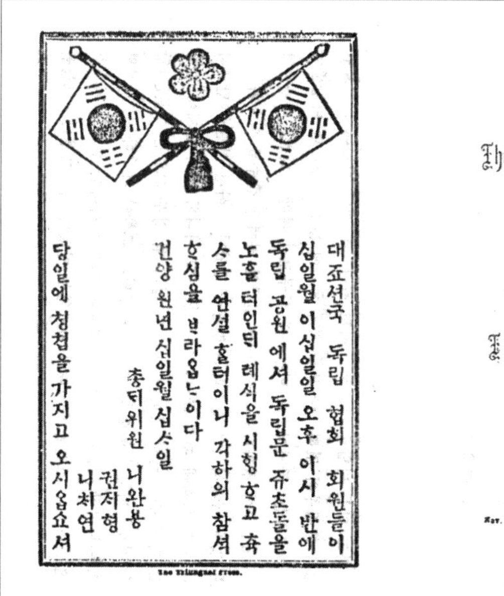

대죠션국 독립 협회 회원들이
십일월 이십일일 오후 이시 반에
독립 공원 에셔 독립문 쥬초돌을
노흘터인듸 례식을 시힝ᄒᆞ고 ᄎᆞᆨ
ᄉᆞ를 연설 ᄒᆞᆯ터이니 각하의 참셕
ᄒᆞ심을 ᄇᆞ라옵ᄂᆞ이다
건양 원년 십일월 십ᄉᆞ일
총ᄃᆡ위원 니완용
권ᄌᆡ형
니ᄎᆡ연
당일에 청첩을 가지고 오시옵쇼셔

The Trilingual Press.

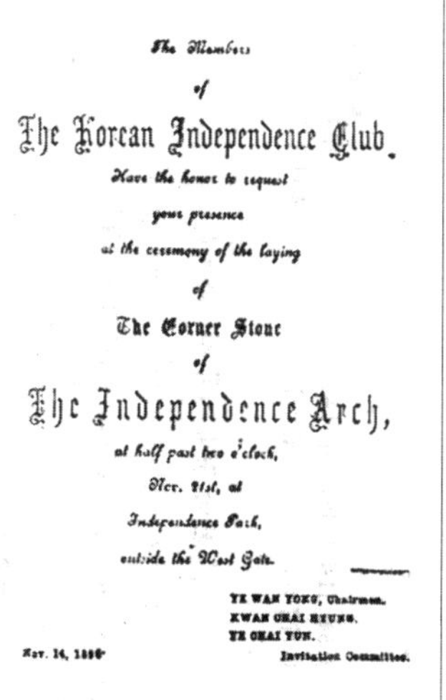

The Members
of
The Korean Independence Club
Have the honor to request
your presence
at the ceremony of the laying
of
The Corner Stone
of
The Independence Arch,
at half past two o'clock,
Nov. 21st, at
Independence Park,
outside the West Gate.

YE WAN YONG, Chairman.
KWAN CHAI HEUNG.
YE CHAI YUN.
Invitation Committee.

Nov. 14, 1896

●
**독립문 정초식 청첩장, 1896년 11월 4일 [OAK]**
11월 21일 독립공원에서 정초식이 거행되었다.
당시 윤치호는 파리에 있었다.
이 초청장은 배재학당의 한미화활판소에서 인쇄되었다.

5 에스겔 21장 27절.

**Samuel A. Moffett,**

**"Review of the Gospels of Matthew and John,"**

***Korean Repository* (October, 1895): 361-365.**

---

The editorial in the may Repository on the Translation of the Scriptures forms a fitting introduction to a review of the gospels of Matthew and John which have just been placed in our hands by the Permanent Executive Bible Committee.

All former versions belong to the pioneer stage of Mission work and while they have been used to great advantage; their necessarily imperfect character and numerous mistranslations have given occasion for long repeated calls for the best production which the Board of Translators could give us in their present stage of proficiency in their work. It was felt that, even tho this should soon have to give way to another translation, the result of the more deliberate and co-operative work of the whole Board, yet the individual work of the translators would surpass what we were then using. The Translators were loth to hand over their manuscripts in their present form before they had received the benefit of a critical revision from all the Board but in response to urgent and repeated requests consented to place than in the hand of the Executive Com. which has published an edition of 1,500 copies, not for indiscriminate distribution but for use in the native Church among Christians and inquirers. We have now before us this edition of the gospels of Matthew and John and the Acts of the Apostles with the expectation of soon receiving the whole New Testament.

An examination of the two gospels reveals so many excellencies and so many points of superiority over all former version that to our mind they prove conclusively that the judgment of the translators and the Exec. Cons. was right when they decided that it was not advisable to

## 마포삼열,
## “마태복음과 요한복음 서평”,
## 「코리안 리포지터리」 (1895년 10월): 361-365쪽.

성경 번역에 대한 「코리안 리포지터리」 5월호 사설을 보면, 상임성서위원회가 방금 출판해서 우리 손에 쥐어준 『마태복음』과 『요한복음』을 적절히 소개하는 서평이 실려 있다.

이전의 모든 역본은 비록 사용하는 데 큰 도움을 주지만 선교회 사역의 선구적인 단계에 속했다. 그 역본들이 가진 어쩔 수 없는 불완전성과 수많은 오역 때문에 오랫동안 번역자회는 현재 보유한 번역 실력으로 만들 수 있는 최선의 작품을 요구해왔다. 이번 역본은 다른 번역 곧 전체 번역자회의 더 신중한 공동 작업 결과에 양보해야 하지만, 이 번역자들의 개인역은 우리가 사용해왔던 역본을 능가하는 번역일 것이다.[1] 번역자들이 모든 번역자회 회원들의 비평적 수정을 받아보기 전에 현재 형태의 원고를 넘겨주는 것을 싫어하지만, 긴급하고 반복되는 요청에 부응하여 실행위원회에 원고를 제출하기로 동의했다. 또한 실행위원회는 이를 무작위로 배포하지 않고 한국 교회의 교인과 구도자가 사용할 수 있도록 1,500부 한정판으로 출판했다. 이제 우리 앞에는 『마태복음』과 『요한복음』과 『사도행전』이 나와 있고, 곧 『신약전서』를 받을 수 있기를 기대한다.

두 권의 복음서를 검토하면 이전의 역본들에 비해 탁월하고 우월한 수많은 점을 발견하게 되어서 한문 성서를 저본으로 만든 과거 역본을 개정하지 않고 원어로부터 새 번역을 시도하기로 결정한 번역자들과 실행위원회의

1 성서 번역의 역본과 판본은 번역자회 소속 개인 번역자들의 개인 번역(individual translation)을 놓고 번역자회가 독회를 하면서 수정하여 2인 이상의 찬성표로 만든 임시 역본(tentative version)을 거쳐 3년간 사용한 후 성서위원회와 선교회들이 최종 공인한 공인 역본(authorized version)이 있었다. 1900년 서울에서 출판된 한글 신약전서는 개인역과 번역자회역이 공존하는 임시본이었고, 1904년 판본은 일본에서 인쇄하면서 오자가 많이 발생하여 공인본이 되지 못했으며, 1906년 첫 공인본이 발행되었다.

undertake a revision of former versions based 'on the Chinese, but that a *new translation* from the original should be undertaken.

The point of greatest superiority over all other versions and wherein consists the great merit of these translations is the smoothness secured through accuracy in the rendering of endings and connectives and the choice of words and their arrangement in the sentence. As all students of Korean know, the difficulties of the language disappear just in proportion as out acquires facility in the use of the proper connectives and verbal endings. The vocabulary of any language is not so difficult of acquisition, requiring merely a good memory and access to the people and their literature, but acquisition of the grammatical structure so as to be able to express the thought accurately and intelligibly to the natives is the great *desideratum*, which, in the Korean language, requires year of careful study and comparison.

That the translators have succeeded in securing translations showing a marked improvement in this respect is evident as soon as the books are placed in the hands of Koreans or read in their hearing. It is impossible to make mention of all the passages where this improvement is noticed. Often it is the result of slight alterations or turns of expression which tho not particularly noticeable to a foreigner, yet to the Korean make all the difference between a smooth and intelligible rendering of the thought and an, awkward jumbling together of the save words which renders the thought ambiguous or unintelligible. It is sufficient to call attention to such passages as Matthew 5:20, 29-30; 8:29-34; 9:13; 10:37-42. Also in John 1:1-3; 4:1-15; 5:46; 6:25-27, 66-69; 7:6-10; 8:54; 12:48; 20:27.

Improvement is also marked in the correction of infelicities in the use of words, some of which have given very erroneous ideas, or confirmed superstitious views or have rendered the sense ridiculous. Instances of this are the substitution of 리별 for 작별 Matt 4:22; 구지져 for 책망 in Matt 8:26; 녀인 or 녀편네 for 부인 in Matt 9:20, John 4:15 and

판단이 옳았다는 생각을 하게 된다.[2]

다른 모든 번역본에 비해 가장 우월한 이 번역의 큰 장점은 매끄럽게 읽힌다는 점인데, 이는 어미와 연결사를 제대로 옮기고 더 나은 단어를 선택하고 그 단어를 문장 안에 제대로 배치함으로써 확보되는 정확성을 통해 이루어졌다. 한국어를 공부하는 모든 학생이 알듯이 한국어를 배우는 어려움은 적절한 연결사와 동사 어미를 사용하는 능력에 비례하여 사라진다. 한 언어의 어휘를 획득하는 것은 단지 좋은 기억력과 사람들과 그 문헌과의 접촉이 필요하므로 그렇게 어렵지 않지만, 어떤 사상을 본토인들이 정확하게 이해할 수 있도록 표현하기 위한 문법 구조를 얻는 것은 대단히 필요한 것으로, 한국어의 경우 그것은 여러 해 동안 주의를 기울인 공부와 비교할 만하다.

번역자들이 이 점에서 현저한 개선을 보여주는 번역을 확보하는 데 성공했다는 것은 한국인이 이 책들을 손에 잡고 읽는 순간 분명해진다. 이 개선이 이루어진 모든 구절을 언급하는 것은 불가능하다. 대부분 그것은 표현을 약간만 변경하고 수정한 것으로써 비록 외국인에게는 특별히 눈에 띄지 않지만, 매끄럽게 이해되는 어떤 사상의 표현과 동일한 어휘들을 어색하게 마구 섞어놓아서 그 뜻이 애매하거나 이해하기 어려운 표현 간의 차이를 한국인은 바로 알아차린다. 다음 구절들에 주의를 기울여보면 이것을 충분히 알 수 있을 것이다. 마태복음 5장 20, 29-30절, 8장 29-34절, 9장 13절, 10장 37-42절. 또한 요한복음 1장 1-3절, 4장 1-15절, 5장 46절, 6장 25-27, 66-69절, 7장 6-10절, 8장 54절, 12장 48절, 20장 27절.

번역의 개선은 부적절하게 사용한 단어를 교정한 것에서도 드러난다. 곧 어떤 경우에는 잘못된 개념을 주었고 혹은 미신적인 견해를 확정했거나 얼토당토않은 뜻을 표현하기도 했는데 이를 수정했다. 이에 대한 예들을 보면 다음과 같이 교체한 것이다. 마태복음 4장 22절에서 '작별'을 '리별'로, 마태

2 한국인 번역자들이 한문본에서 초고를 만든 로스역의 개정을 포기하고, 1895년부터 선교사로 구성된 번역자회가 새 번역을 하게 되면서 서울의 상임성서위원회의 '위원회 역본' 시대가 열렸다.

elsewhere, altho the word 부인 has by mistake slipped into John 20:13; 어ᄂᆞ for 몟 in Matt 24:43 and 옴기다 for 떠나다 in John 20:1. 어린양 for 양시기 in John 1:29 is better and the use of 보좌 for throne instead of 룡상 which is so commonly used is certainly good.

There yet remain, however, a number of infelicitous and erroneous words which need correction. In the Lord's prayer in Matthew 면ᄒᆞ다 is properly used but in the 15th. Verse where it should again have been used 용셔ᄒᆞ다 is wrongly substituted for it. In 8:20 집 for 깃시 which intelligible, is clearly inaccurate. In 27:63 "Sir" as applied to Pilate is translated by 쥬 the word which throughout the Gospel is used for "Lord" as applied to Christ. 대감 would have been a better translation and it is used by the Koreans in exactly that connection.

In John 4:7 먹을물건 for 먹을것; in 4:24 셩신 for 신; in 4:27 어이 for 엇지; in 4:28 사나희 for 사ᄅᆞᆷ when in the preceding verses the former is used in the sense of "husband; in John 6:56 내가온ᄃᆡ for 내게 are infelicities. In this connection we would also notice the ambiguity occasioned by use of 그 instead of ᄌᆞ긔 in John 5:43; the double plural in 우리들끼리 John 5:44; the omission of the pronoun for "they" making John 7:25 obscure; and the apparent confusion on the part of the translators as to the proper usage of 면 and 즉 as shown in Matt 20:23: John 8:31 and 51; 12:24; 14:2 and elsewhere. To us it seems that while in the Chinese these endings may have the same meaning, they convey different ideas to the Korean. We notice also a few other mistakes in verbal forms—as 안졋다가 Matt 20:30; the location of 인ᄒᆞ여 in 26:13; the past tense in John 3:5 and 5:19; and the future tense in John 14:6. The use of the future instead of the present in John 6:47 is a mistranslation which deprives us of the force one of the strongest and most valuable texts of scripture. We would also question the right to make such changes as those in John 8:57-58 and 4:21 and the substitution of the 3rd. for the 1st. person in 4:26 which weaken the force of the assertion.

복음 8장 26절에서 '책망'을 '구지져'로, 비록 요한복음 20장 13절에 '부인'이 들어갔지만 마태복음 9장 20절과 요한복음 4장 15절 등에서 '부인' 대신 '녀인'이나 '녀편네'로, 마태복음 24장 43절에 '몟' 대신 '어ᄂᆞ'로, 요한복음 20장 1절에서 '써나다'를 '옴기다'로 대체했다. 요한복음 1장 29절에서 '양ᄉᆡ기' 대신 '어린양'이 더 좋으며, '룡상'(龍床) 대신 보편적으로 사용하는 '보좌'(寶座)를 사용하는 것이 확실히 좋다.

하지만 부적절하고 오류가 있는 단어가 많이 남아 있으므로 교정해야 한다. 마태복음의 주기도문에서 '면ᄒᆞ다'가 적절하게 사용되었으나 15절에서 이를 다시 사용해야 하는데 '용셔ᄒᆞ다'로 잘못 대체했다. 8장 20절에서 '깃시' 대신 '집'을 쓴 것은 이해할 수는 있지만 부정확한 것이 분명하다. 27장 63절에서 빌라도를 호칭할 때 '쥬'를 적용했는데 이 단어는 복음서 전체에서 그리스도를 나타내는 'Lord'에 사용한 것이다. 더 좋은 번역은 '대감'일 것이다. 정확하게 그 경우에 한국인들이 사용하는 단어가 '대감'이다.

요한복음 4장 7절에서 '먹을 것'을 '먹을 물건'으로, 4장 24절에서 '신'을 '셩신'으로, 4장 27절에서 '엇지'를 '어이'로, 4장 28절에서 앞 절들에서 남편의 뜻으로 사용된 '사ᄅᆞᆷ'을 '사나희'로, 요한복음 6장 56절에서 '내게' 대신 '내가온ᄃᆡ'로 바꾼 것은 부적절하다. 이와 관련하여 요한복음 5장 43절에서 'ᄌᆞ긔' 대신 '그'를 사용함으로써 애매하게 된 경우와 5장 44절의 '우리들끼리'에서 이중 복수형이 사용된 것, 대명사 '그들'을 생략함으로써 요한복음 7장 25절을 애매하게 만든 것, 그리고 마태복음 20장 23절, 요한복음 8장 31절과 51절, 12장 24절, 14장 2절 등에서 번역자들이 '면'과 '즉'을 명백하게 혼동하여 제대로 사용하지 못한 경우들을 볼 수 있다. 한문에서는 이 어미가 동일한 의미를 가질 수 있다고 보지만, 한국어에서는 다른 의미를 전달한다. 또한 우리는 동사형에서 몇 가지 실수를 발견한다. 마태복음 20장 30절의 '안졋다가'와 26장 13절에서 '인ᄒᆞ여'의 위치, 요한복음 3장 5절과 5장 19절에서 과거형을 사용하고 요한복음 14장 6절에서 미래형을 사용한 것 등이다. 요한복음 6장 47절에서 현재형 대신 미래형을 사용한 것은 오역으

The translation of Matt 16:13 and John 17:3 need revision while that of John 6:55 strikes us as peculiar.

Minor faults in spelling and proof reading are not so infrequent but that they detract from the smoothness of the sentences and render the sense obscure in many places.

In Matt 5:41 우 for 오, in Matt 24:32 여름 fruit for 녀름 summer, and in John 3:36 엇고 for 잇고, in John 4:21면 for 며 or ᄆᆡ show the importance of careful attention to proof reading and spelling in order to be secure against serious errors.

The differences in spelling which often appear on the same page and the frequent differences occurring in the two books show that one of the duties before the Board of Translators is that of adoption of some standard which shall be followed throughout. Is it 조다 or 됴다? Certainly the latter. Is it 인군 or 님군, 어둔 or 어두온, 거듭 or 것읍, ᄒᆞᆯ가 or ᄒᆞᆯᄭᆞ, 널으ᄂᆞ니 or 널ᄋᆞ노니, ᄒᆞᆫ아 or ᄒᆞ나, 아들 or 아ᄃᆞᆯ? The Board of Translators will do us all a great service if they will find some standard and make it known to the public as soon as possible.

Doubtless many of the defects noticed above would have been obviated had these books received the benefit of a careful review from all the members of the translating board, before being published. As it is they are not numerous enough to seriously detract from the great merit of the translations

In our view however that which does seriously detract and the defect which will cause the translators the hardest kind of work and study in order to remedy is the unnecessarily frequent use of Sino-Korean words. It is so much easier to obtain from dictionaries and from the Chinese Character worshipping scholar of Korea, the Chinese term for an idea than it is to get hold of the pure Korean word for the same, that the translator is doubtless greatly tempted to adopt the former. Nevertheless when the pure Korean word is found it is so much more

로, 이는 성경에서 가장 강력하고 중요한 구절의 하나인 이 구절의 힘을 박탈시킨다.[3] 또한 우리는 요한복음 8장 57-58절과 4장 21절에서 그렇게 바꿀 권리가 있는지 질문하고 싶다. 그리고 4장 26절에서 1인칭을 3인칭으로 대체함으로써 주장의 힘을 약화시켰다.

마태복음 16장 13절과 요한복음 17장 3절의 번역은 수정이 필요하며, 요한복음 6장 55절은 이상하게 느껴진다.

사소한 철자 오류의 수정과 교정 읽기는 빈번한 일이지만, 문장이 매끄럽게 읽히는 것을 방해하고 여러 곳에서 애매한 느낌을 준다.

마태복음 5장 41절에서 '오'는 '우'로, 마태복음 24장 32절에서 '녀름'(여름) 대신 '여름'(열매)을 써야 하며, 요한복음 3장 36절에서 '잇고'는 '엇고'로 고쳐야 한다. 요한복음 4장 21절에서 '며'나 '미' 대신 '면'으로 바꾸어야 하는데, 이것은 교정 작업과 철자법 교정 때 심각한 오류를 방지하기 위해 꼼꼼하게 주의를 기울여야 하는 중요성을 보여준다.

같은 면에 자주 등장하는 단어의 철자가 다르고 두 복음서에 나오는 단어가 서로 철자가 다른 것은 번역자회의 의무 중 하나가 시종일관 따라야 할 어떤 표준 철자법을 채택하는 일임을 보여준다. '조다'인가 '됴다'인가? 분명 후자일 것이다. '인군'인가 '님군'인가? '어둔'인가 '어두온'인가? '거듭'인가 '것읍'인가? '홀가'인가 '홀ᄉᆡ'인가? '널으ᄂᆞ니'인가 '널ᄋᆞ노니'인가? '훈아'인가 'ᄒᆞ나'인가? '아들'인가 '아ᄃᆞᆯ'인가? 번역자회가 일종의 표준 철자법을 마련하여 대중에게 최대한 알리면 큰 봉사가 될 것이다.[4]

만일 이 책들이 번역자회의 모든 회원으로부터 주의 깊은 검토를 받았다면 위에 표시한 많은 결점은 의심할 여지 없이 출판 전에 제거되었을 것이다. 그러나 사실은 그들의 숫자가 충분하지 못해 번역의 위대한 가치를 심각하게 손상시키고 있다.

---

3 요한복음 6장 47절 "진실로 진실로 너희에게 이르노니 믿는 자는 영생을 가졌나니."

4 아직 표준 철자법이 마련되지 않았고 번역자들 간에 맞춤법을 토론하고 있었다. 1902년 게일에 의해 아래아를 없앤 '개혁 철자법'이 제시되었으나 잠시 사용되다가 폐기되었다.

forcible and to all but the literary class conveys the idea so much better, that we cannot but express our great regret that the translator) have made use of such a large number of Sino-Korean words. The beauty and strength of the Authorized English version and Luther's version of the German Bible are largely due to the extensive use of pure Anglo-Saxon and pure German words. Doubtless there are technical terms and many expressions for which the Korean has no equivalent but we do not believe the translators. will have given us the best translation of which they are capable nor have done the best possible service for Korea and the Korean Language, until by a through and diligent search through Korean literature they have found pure Korean words which will enable them to eliminate the Chinese far more than has been done in these gospels.

If the fact that Matthew which had the benefit of critical revision by some of the translators, shows a much greater preponderance in the use of Chinese terms than does John, indicate n tendency On the part of the Board to show a preference for these terms, we express our very great disappointment and our judgment that their work will just so far fall short of the translation which the Korean people need.

What advantage is there in the use of 츄슈 instead of 거두다 in Matt 9: 37 or 불화 for 다투고 in 10:35? Are there not pure Korean equivalents for 반포, 증언부언, 로략, 헌화특달, 긔회, and 구죠? Is not the use of 기리는 for 영화 in John 12:43 not only more accurate but more forcible? We notice that in Matthew 사밧날 is used while in John we have 안식일 the latter a much better term for conveying the idea.

We desire to express our sense of gratification at the appearance of these translations and not only do we congratulate the translators upon the character of the first fruit of their labors, but we heartily thank them for putting into our hands these Gospels which will enable us to place before the Koreans the Gospel in a form which will be read by them

하지만 우리가 보기에 번역자들로 하여금 이 손상과 결점을 초래하게 하여 가장 어려운 종류의 일과 연구를 하도록 만드는 것은 불필요하게 자주 사용하는 한자어다. 사전에서 그리고 한문을 숭상하는 한국인 학자들에게서 어떤 개념에 대한 순수한 한국어 단어를 찾는 것보다 해당하는 한자 용어를 구하는 것이 훨씬 쉽기 때문에 번역자들은 의심할 여지없이 한자어를 채택하려는 유혹을 받는다. 순수한 한국어 단어가 발견될 때에도, 식자층이 쉽게 개념을 이해한다는 이유로 번역자들이 그렇게 많은 한자어 조어를 사용한 것에 대해서는 유감을 표하지 않을 수 없다. 영어 공인본 성경과 루터의 독일어 성경의 아름다움은 순수 앵글로색슨어와 순수 독일어를 광범위하게 사용한 것에 주로 기인한다. 의심할 여지없이 기술적 용어가 있고 한국어에는 동등어가 없는 많은 표현이 있다. 그러나 우리는 번역자들이 한국과 한국어를 위한 최선의 봉사를 했다고는 믿지 않는다. 한국 문학을 열심히 철저하게 연구하면 이 두 책에서 이루어진 것보다 훨씬 더 많은 한자어를 제거할 수 있는 순수한 한국어 단어들을 찾을 수 있을 것이다.

만일 이미 일부 번역자들에 의해 비판적인 수정을 거친 마태복음이 그렇지 않은 요한복음보다 한자 용어 사용에 훨씬 더 많은 우세를 보인다면, 번역자회가 이들 용어를 선호하고 있음을 보여주므로 우리는 이 사실에 큰 실망을 금할 수 없으며, 그들의 번역은 아직까지 한국인이 필요로 하는 번역에 한참 미치지 못할 것이라고 판단하지 않을 수 없다.

마태복음 9장 37절에서 '거두다' 대신 '츄슈'를 쓰면, 혹은 10장 35절에서 '다투고' 대신 '불화'를 쓰면 어떤 장점이 있는가? 반포, 즁언부언, 로략, 헌화특달, 긔회, 구죠 등에 대한 순 한국어는 없는가? 요한복음 12장 43절에서 '영화' 대신 '기리는'을 사용하면 더 정확할 뿐만 아니라 더 강력하지 않을까? 마태복음에서는 '사밧날'을 사용하지만 요한복음에서는 '안식일'을 사용하는데, 후자가 개념 전달에 훨씬 더 좋은 용어다.

우리는 이 두 번역이 출판된 것에 감사를 표하며, 번역자들이 수고해 맺은 첫 열매의 훌륭한 특징들을 축하할 뿐만 아니라, 한국인이 기쁘게 또한

with pleasure and profit. After several years of attempted use of former versions over which the Koreans have stumbled in their attempts to read them it has been a pleasure to hear the remarks made when these new ones have been placed in their hand.

We shall eagerly welcome each volume of the New Testament and if all that follow are as intelligible and smooth in their rendering as these two volumes we shall be ready to wait patiently for the authorized edition of the Board of Translators as they proceed with their careful and more deliberate work of revising and correcting these individual versions.

Samuel A. Moffett

유익하게 읽을 수 있는 형태로 된 복음서를 전할 수 있도록 우리 손에 쥐어 준 번역자들에게 진심으로 감사를 드린다. 한국인이 이전 역본들을 읽기 위해 시도하다가 넘어지는 것을 보면서도 여러 해 동안 그것들을 어쩔 수 없이 사용하다가, 이제 새 복음서들이 그들의 손에 들려졌다는 말을 듣는 것은 기쁜 일이었다.

우리는 신약전서의 각 책이 나오는 것을 열렬히 환영할 것이다. 만일 모든 후속 번역이 이 두 복음서처럼 잘 이해되고 번역이 매끄럽다면 우리는 번역자회가 만들 공인역본을 기꺼이 인내하며 기다릴 것이다. 그들이 이 개인 역본들을 좀 더 조심스럽고 신중하게 개정하고 수정해주기 바란다.

마포삼열

**Samuel A. Moffett, "Legend of the Hasty Death Gate,"**
***Korean Repository II* (November, 1895): 414- 415.**
**Pyengyang, Korea**
**March 14, 1895**

---

## LEGEND OF THE HASTY DEATH GATE

Last summer on board a Korean junk I passed down the Ta Tong River from the city of Pyeng Yang and entered the estuary formed at Chyol To (철도) (by the junction of the Ta Tong (대동) with two smaller rivers flowing from the province of Whang Hai. Ascending one of these streams we passed at our left the beautiful Chyong Pang 졍방) mountain, the summit of which is one of the walled fortifications which abound in Korea. Far off to the right appeared the peaks of the noted Kou Ouel (구월) mountain which is now the site of a number of Buddhist temples but which in ancient times furnished at its base the site for the capital of a fugitive king from Pyeng Yang. Between these two mountains lies a large low plain, well watered and fertile, producing immense crops of rice. Here the region is so thickly dotted with villages as to indicate that it is probably the most densely populated plain in the kingdom.

As we descended the Ta Tong river in order to reach this plain, we spread our mats on the deck of the junk and dropped to sleep listening to the dipping of the oars and the song of the boatmen keeping time with their rowing. This song with its constant repetition of the syllables E-ki, E-ki, E-ki aroused our interest, and in the morning conversation with the boatmen elicited an interesting legend as to the origin of the song. As the legend is connected with the location of the capital of Ki Ja, the reputed founder of Korea's civilization, it is worth recording in connection with

**마포삼열, "급사문의 전설",**
**「코리안 리포지터리 II」(1895년 11월): 414-415쪽.**
**한국, 평양**
**1895년 3월 14일**

## 급사문의 전설

지난여름 나는 한국 돛단배를 타고 평양에서 대동강을 따라 내려가 바다와 만나는 하구가 형성된 철도(鐵島)에 도착했다. 그곳은 대동강과 황해도에서 내려오는 작은 두 개의 강이 만나는 지점이다. 그 지류 하나를 따라 올라가면서 왼쪽으로 아름다운 정방산을 지나갔는데, 그 산 정상에는 한국에 많이 산재해 있는 산성이 있다.[1] 오른쪽으로 멀리 유명한 구월산 정상이 보였다. 그곳은 지금 많은 불교 사원이 들어서 있지만, 그 아래 자락에는 고대에 평양에서 피난을 간 왕의 수도가 자리 잡았던 터가 있다.[2] 이 두 산 사이에 넓은 평야가 펼쳐져 있으며 물이 풍부하고 비옥하여 많은 양의 쌀을 생산한다. 이 지역은 여러 마을이 곳곳에 자리 잡고 있는 데서 알 수 있듯이 십중팔구 이 나라에서 가장 인구 밀도가 높은 지역일 것이다.

이 평야에 도착하기 위해 대동강을 따라 내려가고 있을 때, 우리는 배 위에 멍석을 깔고 노 젓는 박자에 맞추어 부르는 뱃사공의 노랫가락과 물소리를 들으며 잠을 청했다. "어기, 어기, 어기"를 계속 반복하는 이 노래에 관심이 일어나서 아침에 뱃사공과 대화해보니, 그 노래의 유래에 대한 재미있는 전설을 말해주었다. 그 전설은 한국 고대 문명의 기초를 놓은 유명한 기자(箕子)의 수도 위치와 연결되어 있으므로, 지난 3월호 기사와 연결해서 언급할

1 황해도 정방산에는 성불사가 있었다.

2 구월산에는 고조선의 수도인 신시(神市)를 개설했다는 장당경(莊唐京)을 비롯해 단군과 관련된 장소가 많으며 불교 사원은 정곡사와 비산사 등이 있다.

the article in the March Repository.[1]

It is as follows:--

In the year B.C. 1122, when the Shang dynasty in China gave way to the establishment of the Chyou kingdom Ki Ja is said to have crossed the Yellow Sea and to have entered the wide estuary marked on the maps at the Ta Tong River. Ascending this he reached the point opposite Chyol To and saw rising but a short distance before him the Chyong Pang mountain at the base of which he immediately determined to build his capital. He gave the order for his boatmen to row there but as they moved forward there suddenly came into view the narrow gateway where what is properly the Ta Tong river enters the estuary. Here the setting of the hills and the sharp angle of entrance give the appearance of a very narrow gateway hidden from view except from a point immediately opposite. Charmed by the view which burst upon their sight or satisfied that the larger river must lead to a more desirable country the boatmen disregarded their orders and rowed through this gateway intending to ascend the river. Enraged at their disobedience Ki Ja immediately ordered his men to behead the two boatmen, and then turning back he landed as previously determined at the base of the mountain. Here to his disappointment he found no place worthy of becoming the site for his capital, so retracing his way he again entered the gateway and ascended the Ta Tong until he reached the site just outside the limits of the present city of Pyeng Yang. Here he built his capital laying out its streets wide and straight after the pattern of the character for well. Here too was laid the foundation of Korea's civilization. The sites of the walls which surrounded the city are still distinctly seen and the streets are laid out today as they were 3000 years ago.

---

1 H. G. Appenzeller, "Ki Tza, the Founder of Korean Civilization," *Korean Repository* (March 1895): 81-87.

가치가 있다.[3]

그 전설은 다음과 같다.

기원전 1122년 중국 상(商=殷) 왕조가 망하고 주(周) 왕국이 설립될 때, 기자가 황해를 건너 대동강 아래 넓은 하구로 들어왔다고 한다. 하구를 따라 올라와서 그가 철도의 반대편에 도착했는데, 가까이에 정방산이 솟아올라 있는 것을 본 즉시 그 산 아래에 수도를 건설하기로 결심했다. 그가 뱃사공들에게 그곳으로 노를 저어 가라고 명령했으나, 그들이 나아가자 갑자기 좁은 입구가 나타났는데 대동강과 만나는 하구였다. 이곳은 언덕의 지형과 갑자기 꺾어지는 각도 때문에 좁은 입구인 것처럼 보이는데, 그 협곡은 바로 반대편 지점에서 보면 잘 보이고 아래쪽에서 보면 숨겨져 있다. 갑자기 펼쳐지는 광경에 매료되었거나 아니면 큰 강이 분명히 더 나은 땅으로 인도해주리라는 생각에 만족한 뱃사공들은 명령을 무시하고 강을 따라 올라가기 위해 그 협곡을 지나가려고 노를 저었다. 화가 난 기자는 명령에 불복종한 두 뱃사공의 목을 치라고 즉시 부하에게 명령했다. 그리고 이전에 결심했던 산 아래에 상륙했으나 실망스럽게도 그는 수도가 될 만한 좋은 장소를 발견하지 못했다. 물러나온 기자는 다시 협곡으로 갔고 대동강을 거슬러 올라가서 지금의 평양성 부근까지 올라왔다. 그는 이곳에 수도를 세우고 우물 정(井)자를 본떠 넓고 바른 길을 내었다. 또한 그는 이곳에 한국 문명의 기초를 놓았다. 도시를 둘러싼 성벽의 자리는 지금도 분명하게 볼 수 있는데, 도시의 길이 3천 년 전처럼 오늘날 그대로 놓여 있다.

결국 불운한 2명의 뱃사공이 택한 방향이 최상이요 옳은 것으로 판명이 났고, 그들을 성급하게 처형한 것에 대한 보상으로 기자는 강 입구의 이름을 급사문(急死門)으로 지었다.

또 그는 그 두 사람을 처형한 것을 후회하고 그들에 대한 기억을 보존하

---

3 H. G. Appenzeller, "Ki Tza, the Founder of Korean Civilization," Korean Repository (March 1895): 81-87.

In reparation for the hasty execution of the two unfortunate boatmen, whose judgment as to the best course to take was in the end found to be correct, Ki Ja gave the entrance to the river the name of the Keup Sa Moon or *The Gate of the Hasty Death*.

He also commanded that in order to keep alive the memory of the two men whose execution he regretted, all boatmen should thereafter keep time with their oars by repeating the names of these men. Their names being Ee and Ki, the shores of the Ta Tong river have for 3000 years echoed and re-echoed the words E-ki, E-ki, E-ki, as one generation of boatmen after another has plied its trade upon this beautiful river.

Samuel A. Moffett

기 위해, 모든 뱃사공에게 노 젓는 박자에 맞추어 이들의 이름을 반복해서 부르도록 명령했다. 그들의 이름이 어 씨와 기 씨였으므로 세대를 이어 지난 3천 년간 대동강 강변에는 "어기, 어기"라는 사공들의 소리가 메아리쳤다.

마포삼열

**Samuel Austin Moffett,**
**"The Work of the Spirit in North Korea,"**
***Missionary Review of the World* (November, 1895): 831-837.**
**Pyengyang, Korea**

---

The persecution which arose at the time of the stoning of Stephen, resulting in the scattering of the Christians from Jerusalem and the wider heralding of the Gospel, with the establishment of the Church in many places, finds its counterpart in a measure in the persecution of the Pyeng Yang Christians.

In this latter case the Japan-China War has caused the troubled state of the country which followed the persecution, as the Roman occupation of Judea caused constant unrest in Jerusalem. The Lord knows better than we how best to make all things work together for the carrying out of His plans and the establishment of His Church among the heathen, and so in this case "all were scattered abroad except the missionaries" (apostles), and they "went everywhere preaching the Word."

The sequel of the persecution, and the way in which God is yet bringing good out of the turbulent times in Korea, will be of interest to those who delight in the work of "calling out a people for His name."

The persecution with the severe beating of Kim and Han, two faithful witnesses of the power of the Gospel, took place under the administration of one of the powerful and well-known Min family, who was then governor of the province. Our little flock was scattered, and the enemies of the Lord prophesied a repetition of the bloody massacre of the Roman Catholics which took place nearly thirty years ago. Fear took possession of those who had begun to inquire into the truth, and for several weeks none but a faithful few dared to come near the missionary's lodgings where services were held. Those were days

**마포삼열,**
**"북한에서 성령의 사역",**
**「세계 선교 평론」(1895년 11월): 831-837쪽.**
**한국, 평양**

스데반이 돌에 맞을 때 일어난 박해는 기독교인들이 예루살렘으로부터 흩어지고 복음이 더 넓은 지역으로 퍼지도록 하여 여러 곳에 교회를 설립하는 결과를 낳았는데, 비슷한 일이 평양 기독교인 박해 사건에서 일어났다.[1]

이 박해 사건에 이어서 이 나라에 곤경을 초래한 청일전쟁이 발생했는데, 이는 마치 로마의 유대 점령이 예루살렘에 지속적인 불안을 야기한 것과 유사했다. 어떻게 모든 일이 합력하여 주님의 계획을 실행하고 이방인 가운데 주님의 교회를 설립하는지 우리보다 주께서 더 잘 아신다. 따라서 이 경우에 "사도[선교사]를 제외한 모두가 사방으로 흩어졌고" 그들은 "가는 곳마다 복음의 말씀을 전했다."[2]

핍박의 결과와 한국에서 격동의 시기에 선을 이끌어내시는 하나님의 방법이 "자기 이름을 위할 백성을 불러내시는"[3] 사역을 기뻐하는 자들에게 흥미로울 것이다.

복음의 능력을 전하는 신실한 증인인 김창식과 한석진을 심하게 매질한 핍박 사건은 세도가로 유명한 민 씨 집안의 한 명이 평안도 관찰사로 있을 때 발생했다.[4] 우리의 작은 무리인 교인들이 흩어졌다. 주의 적들은 30여 년

1 참고, S. A. Moffett to M. B. Seal, May 25, 1894; S. A. Moffett to F. F. Ellinwood, August 27, 1894(제1권, 502-513, 540-545쪽).

2 사도행전 8장 1절과 4절.

3 사도행전 15장 14절 "하나님이 처음으로 이방인 중에서 자기 이름을 위할 백성을 취하시려고 그들을 돌보신 것을 시므온이 말하였으니"의 일부분을 인용했다.

4 1894년 4월 7일 평양에서 장로회의 한석진 조사와 감리회의 김창식 조사 등이 투옥되었다. 한석진과 함께 수요일 기도회에 참석했던 송인서, 최치량, 신상호, 우지룡 등도 잡혀갔다. 민병석 평안 감사는 이들을 심하게 매질한 후 "하늘을 향해 주먹질을 하고 하나님을 욕하면 놓아주겠다"고 하며 배교를 강요했다.

of fervent prayer and strong supplication, and the faith of the few was visibly strengthened.

The Lord heard us, and soon, through the mediation of the God-fearing American Minister, meted out punishment to the persecutors, and compelled the haughty Min to return the money which had been extorted. News of this spread quickly through the province, and great was the surprise and exultation of the people that someone had been found who could secure the punishment of one of the Mins. Curiosity to know what this Jesus doctrine is was rapidly growing, and the Lord had His plans for sending His witnesses throughout the province that they might herald the good news unto all these inquiring ones. Already Japanese soldiers were in Seoul. Already the Christians who had gone to the country had scattered books here and there, and had returned. Soon war was declared, the palace was taken by the Japanese, and the Chinese soldiers poured in from the north and took possession of Pyeng Yang. The hearts of all were failing them for fear, but in the midst of it the courage and faith of the Christians showed strong and clear, and never before had the name of God been so widely proclaimed in Pyeng Yang. People in fear and trembling sought the Christians and the missionary, asking what they should do, and day after day women came to the wife of our evangelist, one of them remarking: “It is good to come here; it is so restful, for everywhere else all is confusion and fear.” Then came the Japanese march on Pyeng Yang. Under the expected bombardment of the city the Chinese general kindly gave me an escort of troops as far as his scouts had gone, and I went to Seoul to await the issue of the battle. Koreans by the thousands had fled, and when the Chinese rout took place, after the battle on September 15th, those who remained fled in wild confusion.

Han and Kim, who had shown such courage under persecution, now showed their faith in God by remaining through the battle, protecting the

전에 발생했던 천주교인들에 대한 피비린내 나는 살육이 재현될 것이라고 장담했다. 진리를 문의하기 시작했던 자들은 공포에 사로잡혔고, 몇 주일 동안 겨우 신실한 자 몇 명만이 예배를 드리는 선교사의 집에 들렀다. 우리는 그때 열정적으로 기도하고 강력하게 간구하는 시간을 보냈으며, 소수의 믿음이 눈에 보이게 강화되었다.

주께서 우리의 기도를 들으셨고, 곧 하나님을 두려워하는 미국 공사의 간섭을 통하여 박해자들에게 처벌이 내려졌고, 교만한 민 감사는 교인들에게 갈취했던 돈을 돌려주지 않으면 안 되었다. 이 소식이 평안도에 재빨리 퍼졌고, 사람들은 크게 놀라고 기뻐했으며 처벌을 더 확고히 하기 위해 민씨 집안의 사람에게 벌을 준 자도 있었다. 이 예수교가 어떤 것인지 알려는 호기심이 급속하게 성장하고 있으며, 주께서는 당신의 증인들을 평안도 구석구석에 파송하여 모든 구도자에게 복음을 전하는 전령이 되도록 하실 계획을 가지고 계셨다. 이미 일본군이 서울에 있다. 시골로 간 기독교인들은 이곳저곳에 서적을 반포하고 돌아왔다. 곧 전쟁이 선포되었고, 왕궁은 일본군이 점령했으며, 중국군이 북쪽에서 쏟아져 들어와 평양을 점령했다. 모든 사람들의 간담이 녹았고 두려움에 가득 찼으나, 그 와중에도 기독교인들은 강하고 분명한 용기와 신앙을 보여주었고, 평양에서 그 어느 때보다 하나님의 이름을 광범위하게 전파했다. 두려움에 떨던 사람들은 기독교인과 선교사를 찾아와서 무엇을 해야 하는지 물었다. 매일 여자들이 우리 전도자의 아내에게 찾아왔다. 그중 한 명이 말했다. "이곳에 오니 좋군요. 아주 편안해요. 다른 모든 곳은 혼란스럽고 불안합니다." 이어서 일본군이 평양으로 진군해왔다. 중국인 장군은 평양시 폭격을 예상하고 내게 호위병을 보내어 척후병이 갈 수 있는 데까지 친절하게 멀리 데려다주었고, 나는 서울에 가서 전투 결과를 기다렸다. 한국인들은 수천 명이 피난을 떠났고, 9월 15일 전투 이후 중국 군대가 완패하자 도시 안에 남아 있던 자들은 큰 혼란에 빠져 도망갔다.

핍박 속에서도 용기를 보여주었던 한석진과 김창식은 전투 중에도 시내에 남아 재산을 지키며 진리를 전함으로써 하나님에 대한 그들의 신앙을 보

property and still witnessing of the truth.

The Christians and their families, inquirers, and those who had only heard the name of God and of Jesus, and had witnessed the persecution and the punishment which followed, and the steadfastness of the Christians even under trial, were all scattered in every direction, and wherever they went they carried news of the Jesus doctrine. In the villages in which they settled the Christians assembled their families for prayer. Fathers and mothers, wives and children who before had scoffed, who had reviled them for becoming Christians, now listened to the preaching of the Word, and knelt as prayer was offered unto the only living and true God in the name of His Son Jesus. Some of them have since asked to be received into the church, while probably all have become friendly to the preaching of Christianity. The mother of one of the Christians had in her hasty flight snatched up some clothes, and with them a tract which her son had been reading. In the country village she ran across this tract, and immediately asked her son to read it to her that she, too, might learn to fear no more.

One of the Christians with his family fled to a village where a most earnest inquirer lived, a place which I had visited a short time before, and where tracts had been sold. He was heartily welcomed by those who had become interested in the truth. They provided for his physical needs, while he set himself to instructing them in spiritual things. He had been there several months, and in company with the inquirer referred to above, had gone from village to village and house to house proclaiming the good news. In two places they gathered the men for services on Sunday and more thoroughly instructed them. This spring Mr. [Graham] Lee and I were able to visit this place, and our hearts were made glad as we listened to the accounts of the labors of these men and saw what the Lord had done for them. Each humbly gave all the praise to the other, one saying that he had only gone about sowing the seed while the

여주었다.

기독교인과 그 가족, 구도자, 하나님과 예수의 이름을 단지 듣기만 한 자들, 박해와 함께 찾아온 처벌과 그럼에도 불구하고 시련 속에서도 인내한 기독교인을 목격한 자들 모두가 사방으로 흩어졌다. 그들은 가는 곳마다 예수교의 소식을 가지고 갔다. 정착한 마을에서 기독교인들은 기도를 드리기 위해 가족과 함께 모였다. 이전에 코웃음을 치고 기독교인이 되었다고 비방했던 아버지와 어머니, 아내와 어린이가 이제 하나님의 말씀을 전하는 설교에 귀를 기울이고, 유일하시며 살아계신 하나님께 그의 아들 예수의 이름으로 기도를 드릴 때 무릎을 꿇는다. 그들 가운데 일부는 이후 입교하기를 요청했으며, 십중팔구 모든 사람이 기독교를 전파하는 데 우호적으로 바뀌었다. 한 기독교인의 어머니가 도망가는 중에 옷 몇 벌을 급하게 가져갔는데, 그 안에 아들이 읽고 있던 소책자가 있었다. 시골 마을에서 그녀는 이 소책자를 보았고, 더 이상 두려워하지 않기 위해 즉시 아들에게 소책자를 읽어달라고 부탁했다.

한 기독교인이 가족과 함께 진지한 구도자가 살던 어떤 시골 마을로 피난을 갔는데, 내가 얼마 전에 그 마을을 방문한 적이 있었고 그곳에서 소책자를 팔았다.[5] 그는 진리에 관심을 가지게 된 자들에게 진심 어린 환영을 받았다. 그들은 그의 육체적 필요를 공급했고, 그는 그들에게 영적인 일을 가르쳤다. 그는 그 마을에서 몇 달을 살았고, 위에서 언급한 구도자와 함께 마을마다 다니며 모든 집을 방문하고 복음을 전했다. 두 마을에서 그들은 주일에 예배드릴 자들을 모았고, 그들에게 더 철저하게 가르쳤다. 올봄에 리 목사와 내가 이 장소들을 방문할 수 있었는데, 이들의 수고에 대한 설명을 듣고 주께서 그들에게 하신 일을 보면서 우리의 마음은 기쁨으로 가득 찼다. 두 사람은 각자 겸손하게 모든 것이 다른 사람 덕분이라고 칭찬했다. 한 사람은 자신은 다만 씨를 뿌렸을 뿐이며, 다른 사람이 뒤따라가서 가꾸었다고 말했

5 한석진과 최치량이 피난을 간 황해도 수안이다.

other had followed and cultivated the field. It was our privilege and joy to enter into their labors and reap the harvest. We enrolled thirty most hopeful, sincere, and earnest catechumens. They have been meeting every Sunday for several months in these two places, fifteen miles apart, have evidently been studying the Scriptures to some purpose, as their intelligent questions plainly showed and as was evidenced by the lives they were living and their joy in Christ's service. As they came from various villages, each man brought a little sack of rice on his back, and this the good wives and mothers of the Christians in the central villages cooked for them that they might stay all day without expense to their host. We held a number of services with them and met many inquirers. We heard their plans for building churches, for which they had already begun the collection of money, and we rejoiced that the work was being undertaken on the basis of self-support.

It was an interesting fact that these Christians had not been interfered with by the Tong Haks, who had arisen in rebellion and who were producing great confusion in that province. They recognized the fact that Christians are the true friends of oppressed Korea. We were in this village in the very midst of the Tong Hak excitement, and were visited in a most friendly way by three of the leaders, one of whom I had known before. We held our services in the largest building in the place, which had been used by the Tong Haks as their headquarters, but which was offered for our use. We pointed them most plainly to the only real remedy for the oppression and injustice against which they have arisen, and we were given close attention. While not able to countenance their position, and unable to approve in the slightest the methods they have taken in order to rid themselves of their unjust, wholly unprincipled and cruel officials, yet seeing the so-called "rebels" in their own villages, hearing others describe the raids of the soldiers who march through the country, beating, murdering, and pillaging the inoffensive and helpless

다. 우리가 그들이 수고한 현장에 들어가서 추수하게 된 것은 우리의 특권이자 기쁨이었다. 우리는 희망적이고 신실하고 진지한 학습교인 30명을 등록시켰다. 그들은 여러 달 동안 50리 떨어진 두 장소에서 매 주일 모였고 열심히 성경 공부를 했는데, 성경에 관한 그들의 지적인 질문과 그들이 살고 있는 삶과 그리스도를 섬기는 기쁨으로 분명한 증거를 보여주었다. 그들이 여러 마을에서 왔기 때문에, 주일에는 각자 작은 쌀자루를 등에 메고 왔으며, 교회 부인들이 이 쌀로 밥을 지어줌으로써 대접해야 하는 교인들에게 부담을 주지 않고 하루 종일 교회에 머물러 있을 수 있었다. 우리는 이들과 함께 여러 번 예배를 드렸고 많은 구도자를 만났다. 그들은 두 개의 예배당 건축 계획도 말했는데, 벌써 헌금을 모으고 있다. 우리는 이들의 사역이 자급의 기초 위에서 진행되어 기뻤다.

이 기독교인들이 동학도의 방해를 받지 않은 것은 흥미로운 사실이다. 동학도는 반란을 일으킨 자들로서 황해도에 큰 혼란을 야기했다. 그들은 기독교인이 억압받는 한국인들의 진정한 친구라는 사실을 인식한다. 우리는 동학 봉기가 일어난 바로 그때 이 마을에 있었는데, 동학군의 지도자 3명이 우호적인 태도로 우리를 방문했다. 그중 한 명은 내가 이전에 알던 자였다. 우리는 그 마을의 가장 큰 건물에서 예배를 드렸는데, 그 건물은 이전에 동학군이 본부로 사용했으나 우리에게 사용하라고 제공한 곳이다. 나는 그들이 반대해서 봉기한, 억압과 불의를 없앨 수 있는 유일하고 진정한 해결책[인 복음]을 단순하게 이야기했으며, 그들은 큰 관심을 보였다. 그들이 자신들의 입장을 되돌릴 수는 없었지만, 그리고 나는 불의하고 전적으로 원칙이 없고 잔인한 관리들을 스스로 제거하기 위해 채택한 [폭력의] 방법에 대해서는 조금도 동의할 수 없었지만 그들의 마을에서 소위 "반란군"들을 보고, 또 시골에 진군해온 [정부의] 군인들이 마을을 습격해서 남을 해칠 줄 모르는 선량한 주민들을 때리고 살인하고 약탈한다는 말을 들으면서, 그리고 우리가 관리들과 아전들의 완전히 부패한 관행들을 경험을 통해 알기 때문에 우리의 마음은 가난하고 오도된 동학도들에게 동정이 갔다. 그들은 죄를 지

people, and knowing as we do the thoroughly corrupt practices of the officials and their underlings, our hearts go out in sympathy toward the poor, misguided Tong Haks, who are more sinned against than sinning.

Since we left there reports have been received of the continued activity of the Christians, and I write this on the eve of another visit to them, when I shall hope to baptize a number, organizing them into a church.

In another village to the north of Pyeng Yang a similar work has been going on. Just before the persecution one of our catechumens had invited me to his house that I might preach to his fellow-villagers. Spending a few days with him some twenty men began to assemble regularly on the Lord's Day to study God's Word. The persecution in Pyeng Yang, with the report that the officials had ordered the arrest of the Christians in this village, caused some to drop out, but others firmly adhered to their determination to serve Christ. They came to Pyeng Yang, received counsel and encouragement, and soon after were rejoicing over the victory which the Lord had granted. This village being near the main road, it, too, was invaded by both the Chinese and Japanese armies in turn, and these Christians also were most of them scattered that they, too, might more widely witness of Christ. Later, coming back to their homes, they again took up their work. Some of the women became sincere and firm believers, as also several boys of from fifteen to eighteen years of age. Among the latter were two who had been greatly distressed by evil spirits. Over these prayer was offered, a number gathering and, with strong crying and great faith, appealing to God to drive out the evil spirits. Their prayer was answered, and that whole neighborhood bears witness to the fact, that whereas before those two boys were possessed of evil spirits, now they are clothed in their right minds. Those Christians, too, began to plan for a church. They collected some money, and with the aid received from the Pyeng Yang Christians bought a house and have

은 자들에 비하면 작은 죄를 지은 희생자이기 때문이다.[6]

그곳을 떠난 후 우리는 기독교인들의 계속된 활동에 대한 보고서를 받았으며, 나는 이 글을 그들을 방문하기 전날 밤에 쓰고 있다. 나는 그곳에 가서 다수에게 세례를 주고 교회를 조직하기를 희망한다.

평양 북쪽에 있는 다른 마을에서 비슷한 사역이 진행되고 있다.[7] 박해 직전에 우리 학습교인 중 한 남자가 자신의 집으로 나를 초대해서 그의 마을 사람들을 전도해달라고 부탁했다. 그의 집에 가서 며칠을 지내는 동안 약 20명의 남자들이 주일에 성경을 공부하기 위해 정기적으로 모이기 시작했다. 평양의 박해 소식과 관리들이 이 마을에 있는 기독교인들을 체포하라는 명령을 내렸다는 소문이 몇 사람을 떨어져 나가게 했지만, 다른 사람들은 그리스도를 섬기겠다는 결심을 굳건하게 지켰다. 그들은 평양에 와서 상담과 격려를 받았으며, 곧 얼마 후 주께서 허락하신 승리를 기뻐했다. 이 마을은 간선도로에 근접해 있어서 중국군과 일본군 양쪽으로부터 차례로 침략을 받았으며, 대부분의 기독교인들이 흩어져 그리스도를 광범위하게 전했다. 그들은 이후 자기 집으로 돌아왔을 때 다시 사역을 시작했다. 일부 여성들이 신실하고 굳건한 신자들이 되었고, 15-18세의 여러 소년도 신자가 되었다. 이 소년들 가운데 2명이 귀신 때문에 많은 괴로움을 당했다. 이들을 위해서 기도하고 수시로 모임을 가졌으며, 울부짖으면서 큰 믿음을 가지고 귀신을 내쫓아 달라고 하나님께 간구했다. 그들의 기도는 응답받았고, 모든 이웃 사람이 두 소년이 과거에 귀신이 들렸으나 이제는 바른 정신으로 사는 것을 보게 되었다. 이 기독교인들도 예배당을 계획하고 있다. 그들은 약간의 돈을 연보했으며, 평양 기독교인들이 보낸 도움을 받아 집 한 채를 매입하여 그것을 교회

---

6 이 문장의 본문에 나오는 "more sinned against than sinning"은 세익스피어의 『리어 왕』 3막 2장에 나오는 말로, "less guilty than those who have injured one", 곧 비록 잘못을 저질렀으나 더 큰 죄를 범한 자의 희생자라는 뜻이다. 마포삼열은 동학의 봉기 원인—관리들의 불의와 부패—에 대해 인정하고 그들을 동정했으나 폭력과 혁명의 방법에 대해서는 반대했다. 따라서 1894년 말부터 황해도와 평안도에서 제2차 동학 봉기가 일어났을 때 개신교인과 선교사들은 동학과 우호적인 관계를 유지할 수 있었다.

7 순안읍이다.

converted it into a church, *the first church in Korea wholly provided for out of native funds*. This house was said to have been greatly disturbed by the presence of numerous evil spirits, and so they were enabled to get a good strong tiled house for a very small sum, $24 in silver being the price paid for it. I have just returned from a visit to this village, where I baptized seven men and received sixteen more as catechumens upon public confession of their sin and of their desire to serve Christ as they grow in knowledge of His will. This gives us an enrolment of forty-one believers, including catechumens, besides a number of women, whom I have not yet been able to meet. The Lord has done great things for this people, and it is a joy indeed to hear them give thanks for the way in which He has led them and relieved them of all their former fear of evil spirits.

This is the kind of work for which the Lord has been preparing, and we bless Him now for the persecutions and troublous times through which He has led us, only that He might work out His own most wise purposes.

As I write this I have been interrupted by my teacher, who hands me a letter from another inquirer twenty-three miles in the country, who writes that in his village there are now twenty men who wish to become Christians. The work is growing faster than we can follow it. Already my plans are laid for visiting three other places, and I do not know just when this call can be heeded. However, the work is the Lord's, and I thank Him that it is His work, and know that He will provide for it. Inquirers come in daily from all over the two provinces saying they have heard of this doctrine from the men who were scattered from here. They are getting books, they are awakening to a sense of sin, and are going back to gather together all who will join them in the worship of God and in the study of His Word. One man who met me today walked in eighty miles on purpose to find me and learn of this doctrine. Oh, for a baptism

로 개조했는데, 이것은 전적으로 한국인의 자금으로 만든 한국 최초의 예배당이다. 과거에 수많은 귀신들이 나타나서 괴로움이 많던 집이었기 때문에, 그들은 은화 24달러라는 아주 적은 금액을 지불하고 이 기와집을 살 수 있었다. 나는 방금 그 마을을 심방하고 돌아왔다. 그곳에서 7명의 남자에게 세례를 주었고, 공개적으로 죄를 고백하고 그리스도의 뜻을 아는 지식이 자라감에 따라 그리스도를 섬기겠다는 소원을 발표한 후에 16명을 학습교인으로 받았다. 이로써 학습교인들을 포함하여 합계 41명의 신자가 등록했다. 이 외에 내가 아직 만나지 못한 다수의 여성들이 있다. 주께서 이 사람들 가운데 놀라운 일을 행하셨다. 주께서 그들을 인도하고 그들이 과거에 가졌던 귀신에 대한 두려움을 제거해주신 방법에 대해 그들이 감사하는 말을 듣는 것은 정말 기쁜 일이었다.

이것은 주께서 준비해주신 사역이다. 이제 우리는 주께서 우리로 하여금 경험하도록 인도하신 박해와 곤경의 시간에 대해 감사드린다. 오직 주님께서 당신의 가장 현명한 목적을 이루시기만을 원한다.

내가 이 글을 쓰는 동안 내 어학 교사가 와서, 다른 구도자가 보낸 편지를 건네주었다. 약 80리 떨어진 시골에서 온 그 편지에 의하면, 그 마을에서 현재 23명의 남자가 기독교인이 되기를 원한다고 한다. 사역은 우리가 따라갈 수 없을 정도로 빨리 성장하고 있다. 이미 세 곳의 다른 장소를 방문할 계획이 세워져 있으므로 이 요청에 언제 주의를 기울일 수 있을지 모른다. 하지만 사역은 주님의 것이다. 나는 그것이 주님의 사역인 데 감사를 드리며, 주께서 공급해주실 것을 안다. 두 도에서 매일 구도자들이 와서 전쟁 때 평양에서 흩어진 자들로부터 이 교에 대해 들었다고 말한다. 그들은 책을 사고, 죄 의식을 깨닫고 돌아가 함께 모여서 하나님을 예배하고 그의 말씀을 공부한다. 오늘 만난 한 남자는 나를 만나 이 교를 배우기 위해 약 270리를 걸어왔다. 오, 성령의 세례를 주셔서 우리가 주님의 백성을 모으는 일, 주께서 지금 이곳에서 바로 이 시간에 성취하고 계시는 사역에 주님을 위해 사용되게 하소서!

노바스코샤 장로교인으로 황해도 서부에 있는 매켄지 형제에게서 동일

of the Spirit that we may be used of the Lord for the gathering of His people—a work which He is accomplishing here at this very time!

From Brother McKenzie, a Nova Scotian Presbyterian located in the western part of Whang Hai province, comes news of like precious blessings and of a similar work of the Spirit. He was there when the Tong Haks rose, and at first they were suspicious and unfriendly, not knowing what Christianity was.

Last winter he wrote me as follows:

"I know you all have borne me continually on the arms of faith and prayer before the Father above. I feel satisfied if that were not so, and so many praying for me in America, that my life were not spared till now. Twice I made ready for death, expecting to have to leave in a few hours. I am thankful if friends who visited me in the darkest hours saw no fear, but I could tell of the power of Jesus to bear us over life's troubles. The darkest hour was brightened by His presence. Suh Kyung Jo started out in the night to see a leader of the rebels who formerly was a friend. He found to his surprise a Testament in his possession. On into the night they conversed over the book, Suh showing him the deeper meaning of God's Word and who Jesus was. He promised his protection. Several times lawless bands came to our neighborhood to wipe out the name of Christ from the land, but were prevented, so that when the crisis was over the passing bands only came to see the foreigner. Far and near they came for medicines and books. One man bought five or six Testaments besides a dozen others for his friends to read. Tong Haks and anti-Tong Haks, Christians and anti-Christians joined in erecting a pole near the house I live in to unfurl the banner of Jesus, white with St. George's cross. As it was unfurled we joined in singing, 'All hail the power of Jesus' name.' All were glad to have the banner of peace waving over the village. They first suggested it themselves through our wonderful deliverance and peaceful appearance in the midst of such trouble, while

하게 귀중한 축복과 동일한 성령 사역의 소식이 온다. 동학 봉기가 일어났을 때 그가 그곳에 있었다. 처음에 동학도들은 기독교가 무엇인지 몰랐기 때문에 의심하고 비우호적이었다.

지난겨울 그는 다음과 같이 편지했다.

"나는 서울에 있는 여러분 모두가 이곳에 올라와 있는 나를 걱정하고, 하늘에 계신 아버지 앞에서 계속해서 신앙의 팔로 나를 붙잡고 기도하고 있음을 알고 있습니다. 그래서 나는 만족합니다. 만약 그렇지 않았다면, 미국에 있는 많은 이들이 나를 위해 기도해주지 않았다면, 내 생명은 지금까지 부지되지 못했을 것입니다. 두 차례나 나는 몇 시간 안에 떠나지 않으면 안 되리라고 생각하면서 죽음을 준비했습니다. 가장 암울한 시간에 나를 방문한 친구들이 내가 전혀 두려워하지 않는 것을 보았다면 감사하지만, 나는 삶의 곤경에서 지켜주신 예수님의 권능에 대해 말할 수 있었습니다. 가장 암울한 시간이 그분의 임재로 인해 밝아졌습니다. 누군가에게 도움이 되도록 나는 내 물건들을 치워버렸습니다. 밤중에 서경조(徐景祚)는 옛 친구였던 반란군[동학군]의 지도자를 만나러 갔고, 반란군 지도자가 신약성서를 가지고 있는 것에 깜짝 놀랐습니다. 밤이 깊도록 그들은 그 책에 관해서 대화했고, 서경조는 하나님의 말씀의 깊은 의미와 예수님이 누구이신지를 반란군 지도자에게 보여주었습니다. 반란군 지도자는 우리를 보호해주겠다고 약속했습니다. 반란군이 약탈과 살인을 하러 갈 때 이 마을은 지나쳤습니다. 불교 승려와 20여 명의 일본인들이 살해되었습니다. 여러 번 무법의 도당들이 이 땅에서 그리스도의 이름을 없애기 위해 우리 이웃까지 왔지만 방해를 받았고, 그래서 위기가 끝났을 때 지나가는 도당들은 다만 외국인을 만나 '구경'하기 위해 들어왔습니다. 내 총은 분해되어 있었기 때문에 아무도 총을 사용할 수 없었습니다. 현재 해주에 있는 일본인들로 인해 상황은 빠르게 변하고 있습니다. 여기저기에서 사람들이 약과 책을 얻기 위해 외국인을 만나러 왔습니다. 한 사람은 자신의 친구들에게 읽어주려고 『신약전서』 대여섯 권과 다른 책 열두 권을 샀습니다. 동학교도와 반동학교도, 기독교인과 반기독교인이 함께 내

others from far and near were filled with fear."

The Lord had taken them through these experiences for a purpose, and all these troublous times were to be made to work out His plans. Under date of March 1st Brother McKenzie again wrote:

"We are waiting for the snow to clear to begin building the church–the first Korean church with Korean money alone. Already 1000 *nyang* ($40) is signed by them, besides all the wood given and work gratis. The contract is given out, 800 *nyang* for the woodwork alone. We would ask you to save up your spare papers and magazines to paper the church. Three Tong Hak chiefs are studying in their homes the Jesus doctrine, and have contributed to the church.

"Ten houses cleaned their homes of tablets last New Year, and no longer worship them nor sacrifice. Sixty or seventy meet twice on Sunday and at prayer–meeting on Wednesday night. Their lives are indeed reformed. Every day inquirers come from far and near. Next Sunday we make a new move, going to a near village to preach in a large *sarang* offered for our use. The women can be in an adjoining room listening. Several boys who can sing will go with us, besides Suh Kyung-Jo and one or two others. I purpose securing similar privileges in as many villages as possible, and send them out by twos or more.

The Sabbath is well observed in about ten houses. The church will be on the spot where devils received homage a year ago. We have started a school. God has converted a carpenter and farmer who knows Chinese, and he is chosen as teacher. His wages are 250 *nyang*, five bags unshelled rice, and a suit of clothes. I went this morning on the track of a tiger who visited our village last night and took off a dog. I tracked him to the mountains and got near him, when he roared and ran, leaping from rock to rock.

He was within a few yards of me, and only that he disappeared so quickly behind the rocks I would have shot him. I am hoping to get his

가 살고 있는 집 근처에 야소기(耶蘇旗)인 하얀색 바탕의 성 조지 십자가를 달려고 깃대를 세웠습니다. 깃발이 펄럭일 때 우리는 함께 찬송 "주 예수 이름 높이어"를 불렀습니다. 모두 마을 위에 흩날리는 평화의 깃발을 갖고 기뻐했습니다. 그들 스스로 먼저 그것을 제안했습니다. 이런 고난 가운데서도 우리의 놀라운 구원과 평화스런 모습을 소문으로 듣고 원근 각지에서 두려움으로 가득 찬 사람들, 동학교인과 반동학교인이 상담과 조언을 받기 위해 찾아옵니다."[8]

주께서 목적을 갖고 그들이 이 경험을 체험하도록 하셨다. 이 모든 곤경의 시간은 주님의 계획을 이루시기 위한 것이었다. 3월 1일 자 편지에서 매켄지 형제는 다시 다음과 같이 썼다.

"우리는 한국인의 자금만으로 짓는 최초의 한국인 교회 건축을 시작하기 위해 눈이 녹기를 기다리고 있습니다. 교인들은 이미 1,000냥의 헌금을 작정했고 목재도 필요한 만큼 확보했으며 무임으로 작업에 참여할 것입니다. 계약이 이루어졌는데 목재 작업에만 800냥이 듭니다. 교회 도배를 위해 남는 종이와 잡지를 모아주기를 부탁합니다. 동학의 접주 3명이 자기 집에서 예수교를 공부하면서 교회에 기부했습니다.

작년에 10가정에서 집의 위패를 없앴고 더 이상 거기에 절하거나 제사를 드리지 않습니다. 60-70명이 두 차례, 곧 주일과 수요일 밤 기도회에 모입니다. 그들의 삶은 확실히 개혁되었습니다. 매일 원근 각지에서 구도자들이 찾아옵니다. 다음 주일 우리는 새로운 움직임을 시작합니다. 우리가 사용할 수 있도록 제공된 큰 사랑방에서 복음을 전하기 위해 이웃 마을에 갑니다. 여자들도 옆방에 모여 들을 것입니다. 서경조와 다른 한두 사람 외에도 노래를 잘 부를 수 있는 소년 몇 명이 우리와 함께 갑니다. 저는 가능한 한 주변의 많은 마을에서도 비슷한 특권을 누릴 수 있기를 기대하면서 기독교인들을 2명씩 혹은 그 이상씩 짝을 지어 파송합니다.

---

8 1894년 12월 31일자 매켄지가 마포삼열에게 보낸 편지. 『마포삼열 자료집 제1권』, 582-587쪽.

skin ere I am through with him. If so, I hope to build a church with it. He was quite a monster, and has frequently visited our village this winter. The Lord has done great things for us, whereof we are glad. The prayers of God's people have done it all."

Thus it is that God is working in Korea. Thus it is that He is establishing His work, and one of the most hopeful features of it is that the natives themselves are diligently preaching wherever they go, and that from the start it is planned on the basis of self-support. With such a work developing within two days' journey of this city, the Pyeng Yang station, consisting of but two ministers (a doctor is under appointment), calls loudly for another man, that one of us may give his time to the work in the farther north around Eui Ju, which is a six days' journey from here, one hundred and seventy miles. There, too, we have two hopeful churches and many inquirers who have not been visited for a year and a half, a young native evangelist alone looking after them. May the Lord send more laborers into this field white already for the harvest.

안식일을 잘 지키는 가정은 대략 10가정이 넘습니다. 예배당이 세워질 곳은 1년 전까지 귀신 숭배가 이루어지던 장소입니다.[9] 우리는 학교를 개교했습니다. 하나님께서 한문을 알고 있는 목수 겸 농부인 한 남자를 개종시키셨습니다. 우리는 그를 교사로 선택했고 봉급 250냥과 현미 5자루와 의복 등을 줄 것입니다. 어젯밤 우리 마을에 호랑이가 와서 개를 물어갔는데, 저는 오늘 아침 호랑이의 흔적을 따라갔습니다. 깊은 산속까지 추적했고 호랑이가 울부짖을 때 그 근처까지 갔는데, 호랑이는 바위에서 뛰어내려 달아났습니다.

바로 몇 미터 앞에 있었기에 호랑이가 바위 뒤로 재빠르게 사라지지 않았다면 쏠 수 있었을 것입니다. 제가 그 놈을 놓치기 전까지 저는 계속해서 그 가죽을 얻으리라고 생각했습니다. 만약 잡았다면 그 가죽으로 교회를 건축하고 싶었습니다. 호랑이는 괴물 같으며, 올겨울에도 우리 마을에 자주 출몰했습니다. 하나님께서는 우리를 위해 큰일을 행하셨고, 그것으로 인해 우리는 기뻐합니다. 하나님의 백성의 기도는 모두 이루어졌습니다."

따라서 한국에서 일하시는 분은 바로 하나님이시다. 하나님의 사역을 세우고 계신 분이 바로 하나님이시며, 그 사역의 가장 희망적인 특징의 하나는 본토인들이 스스로 가는 곳마다 열심히 전도하는 것이며, 처음부터 자급의 기초 위에서 이를 계획한다는 것이다. 그런 사역이 두 명의 목사(한 명은 의사이며 임명 중이다)만으로 이루어진 평양 선교지부에서 이틀 여행 거리 안에서 발전되고 있으므로, 우리는 추가로 선교사 한 명을 간절히 요청드린다. 우리 중 한 명은 의주 부근의 더 북쪽 지방 사역을 전담할 수 있어야 한다고 요청하는 바이다. 의주는 이곳에서 170마일(약 274km) 떨어져 있어서 여행하는데 6일이 걸린다. 그곳에도 전망이 밝은 두 개의 교회와 수많은 구도자가 있는데, 지난 1년 6개월 동안 방문하지 못했다. 젊은 한국인 전도인 혼자 그들을 돌보고 있다. 이미 희어져 추수를 기다리는 현장에 주께서 더 많은 일꾼을 보내주시기를 바란다.

---

9 소래교회는 마을 당집 자리에 세워졌다.

**Samuel A. Moffett**

***Korean Repository III*** **(November, 1896): 459.**

**Pyengyang, Korea**

---

To the Editor of "The Korean Repository"

Dear Sir:

The editorial on "Polygamists in the Church" in the September *Repository* is calculated to give a very erroneous impression as to the position of the Presbyterian Church on the subject of Polygamy. Will you kindly give space to the following statements?

1) The Presbyterian Church does and always has taken the position that Polygamists cannot be admitted to the church.

2) The General Assembly had before it this year a request from the Synod of India asking that decision in these cases be left to the synod, but the General Assembly simply re-affirmed the position of the Church.

3) The Presbyterian Council in Korea cannot change the fundamental law of the Church and has never been ignorant of the fact.

The Council also knows full well that the question before it is not, "Can a man continuing in the polygamous relationship be admitted to the Church?" but is, "What shall be done in the case of a man who has been a polygamist or who has concubines when he applies for admission to the Church?"

Samuel A. Moffett

**마포삼열**
**「코리안 리포지터리 III」(1896년 11월): 459쪽.**
**한국, 평양**

「코리안 리포지터리」 편집자에게,[1]

근계,

「코리안 리포지터리」 9월호에 실린 "교회 내의 일부다처주의자"에 대한 사설은 일부다처제 문제에 대한 장로교회의 입장에 대해 잘못된 인상을 줄 듯합니다. 지면을 할애해 다음 진술을 게재해주시면 감사하겠습니다.

1) 장로교회는 일부다처자에게 입교를 허락할 수 없다는 입장을 취하며 항상 그렇게 했다.

2) [미국장로교회] 총회는 올해 인도 노회로부터 이 사안에 대한 결정을 스스로 내리게 해달라는 요청을 받았다. 그러나 총회는 기존 장로교회의 입장을 재확인했다.

3) 한국 장로회공의회는 장로교회의 근본적인 법을 바꿀 수 없으며 그 사실에 대해 결코 무지하지 않았다.

또한 한국 공의회는 현안이 되는 질문이 "일부다처를 계속 유지하는 남자에게 입교를 허용할 수 있는가?"가 아니라 "어떤 사람이 입교를 신청했는데, 그가 이미 아내를 여러 명 두었거나 첩을 두었을 경우에 어떻게 해야 하는가?"라는 사실을 잘 알고 있습니다.

마포삼열 드림

1 편집자는 아펜젤러와 존스로 사설에 일부다처 문제에서 감리교회의 입장을 대변하자 마포삼열이 장로교회의 입장을 설명한 글이다. 일부다처 문제에 대해서는 옥성득, "初期 韓國 改新敎와 妻妾制 問題", 「한국기독교와 역사」 16(2002년 2월): 7-34을 보라.

# 가계도 Family Trees

## MOFFETT FAMILY TREE

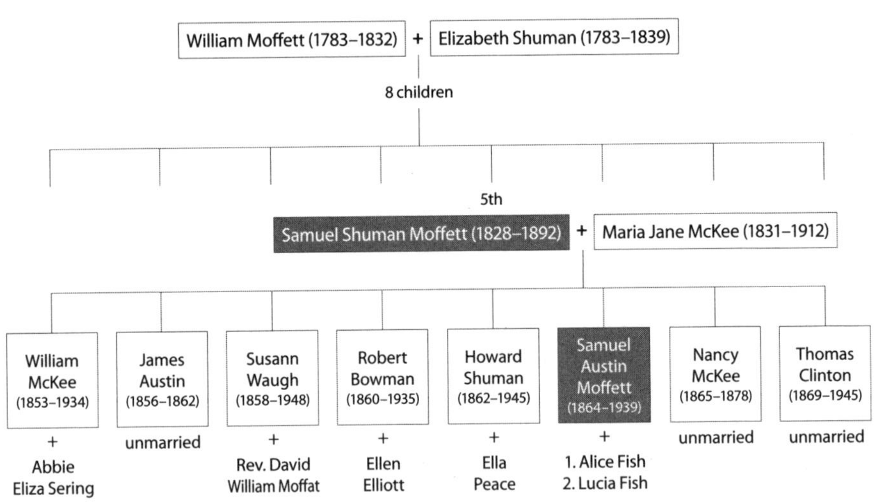
William Moffett (1783–1832) + Elizabeth Shuman (1783–1839)
8 children
5th
Samuel Shuman Moffett (1828–1892) + Maria Jane McKee (1831–1912)
William McKee (1853–1934)
+
Abbie Eliza Sering
James Austin (1856–1862)
unmarried
Susann Waugh (1858–1948)
+
Rev. David William Moffat
Robert Bowman (1860–1935)
+
Ellen Elliott
Howard Shuman (1862–1945)
+
Ella Peace
Samuel Austin Moffett (1864–1939)
+
1. Alice Fish
2. Lucia Fish
Nancy McKee (1865–1878)
unmarried
Thomas Clinton (1869–1945)
unmarried

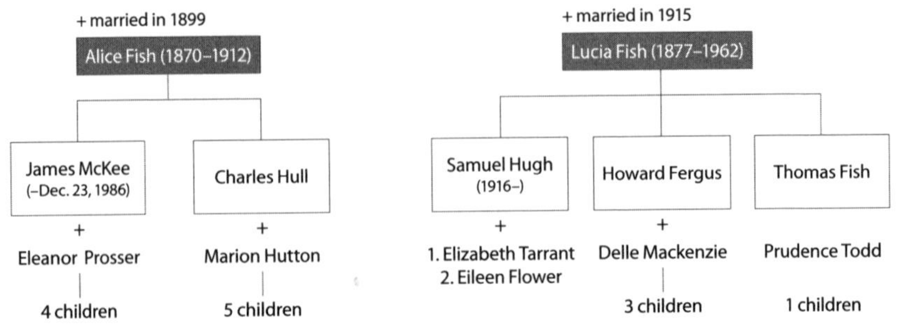
+ married in 1899
Alice Fish (1870–1912)
James McKee (–Dec. 23, 1986)
+
Eleanor Prosser
4 children
Charles Hull
+
Marion Hutton
5 children
+ married in 1915
Lucia Fish (1877–1962)
Samuel Hugh (1916–)
+
1. Elizabeth Tarrant
2. Eileen Flower
Howard Fergus
+
Delle Mackenzie
3 children
Thomas Fish
Prudence Todd
1 children

## FISH FAMILY TREE

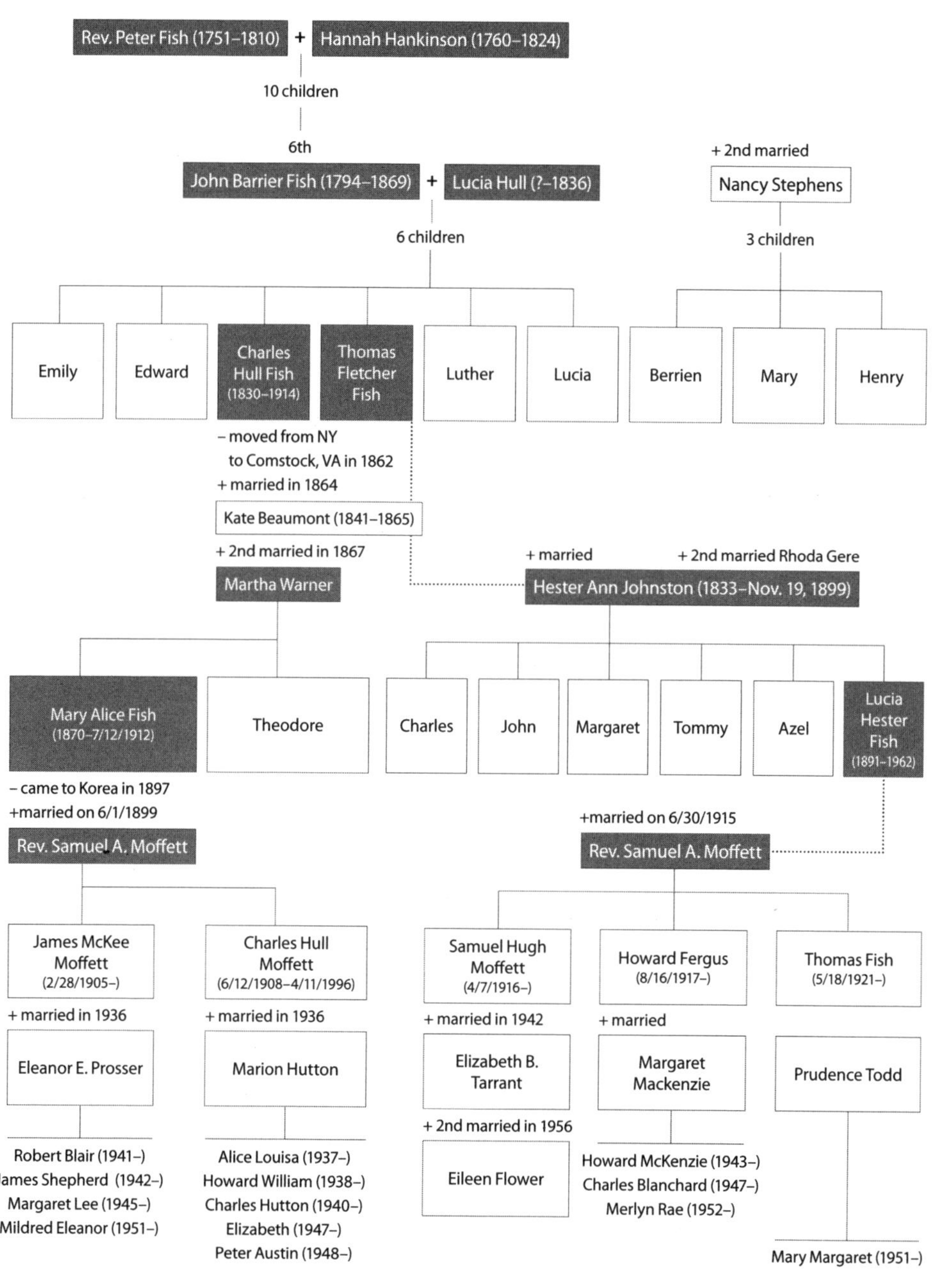

Rev. Peter Fish (1751–1810)
+
Hannah Hankinson (1760–1824)
10 children
6th
John Barrier Fish (1794–1869)
+
Lucia Hull (?–1836)
6 children
+ 2nd married
Nancy Stephens
3 children
Emily
Edward
Charles Hull Fish (1830–1914)
Thomas Fletcher Fish
Luther
Lucia
Berrien
Mary
Henry
– moved from NY to Comstock, VA in 1862
+ married in 1864
Kate Beaumont (1841–1865)
+ 2nd married in 1867
Martha Warner
+ married
+ 2nd married Rhoda Gere
Hester Ann Johnston (1833–Nov. 19, 1899)
Mary Alice Fish (1870–7/12/1912)
Theodore
Charles
John
Margaret
Tommy
Azel
Lucia Hester Fish (1891–1962)
– came to Korea in 1897
+married on 6/1/1899
Rev. Samuel A. Moffett
+married on 6/30/1915
Rev. Samuel A. Moffett
James McKee Moffett (2/28/1905–)
Charles Hull Moffett (6/12/1908–4/11/1996)
Samuel Hugh Moffett (4/7/1916–)
Howard Fergus (8/16/1917–)
Thomas Fish (5/18/1921–)
+ married in 1936
Eleanor E. Prosser
+ married in 1936
Marion Hutton
+ married in 1942
Elizabeth B. Tarrant
+ 2nd married in 1956
Eileen Flower
+ married
Margaret Mackenzie
Prudence Todd
Robert Blair (1941–)
James Shepherd (1942–)
Margaret Lee (1945–)
Mildred Eleanor (1951–)
Alice Louisa (1937–)
Howard William (1938–)
Charles Hutton (1940–)
Elizabeth (1947–)
Peter Austin (1948–)
Howard McKenzie (1943–)
Charles Blanchard (1947–)
Merlyn Rae (1952–)
Mary Margaret (1951–)

# 연대표 Chronology • 1895-1900

| | |
|---|---|
| **Mid-Jan. 1895** | Returns to P'yŏngyang with Graham Lee |
| **Early July, 1895** | Returns to Seoul because of cholera threat and attack of malaria |
| **Oct. 8, 1895** | Queen Min murdered during sessions of Presbyterian Annual Meeting<br>Moffett was granted an audience with the king |
| **Nov. 1895** | Returns to P'yŏngyang with Graham Lee |
| **Dec. 5, 1895** | Future wife, Mary Alice Fish, graduates with M.D. degree from Cooper Medical College, San Francisco. She had taken all but her final year of Medical School at the Woman's Medical College of Pennsylvania |
| **1896** | Mary Alice Fish returned to Philadelphia for her hospital residence year where she and her friend, Josephine Brodhead, were resident physicians at the Lying In Charity Hospital in Philadelphia. After that they studied Homeopathy at the Homeopathic Graduate School in Philadelphia, which later moved to Chicago. Then she applied to the Northern Presbyterian Foreign Board and went to Korea in 1897 |
| **March-May 1896** | Moffett takes a vacation in Shanghai, China to regain health after over-work. |
| **June 1896** | Graham Lee, Blanche Webb Lee, their baby, Mylo and Mrs. Lee's mother, Mrs. Margaret Webb, move to P'yŏngyang to become the first permanent missionary family in the station |
| **Nov. 1896** | Moffett leaves for first furlough in America |
| **Jan. 16, 1897** | Mary Alice Fish attends Frederick Brotherton Meyer meeting in Carnegie Hall, New York City |
| **Spring 1897** | First Primary School for girls opened by Mrs. Graham Lee and Mrs. J. Hunter Wells in P'yŏngyang |
| **June 3, 1897** | Passport issued to Mary Alice Fish for travel to Korea |
| **Oct. 30, 1897** | Mary Alice Fish, M.D. leaves port of San Francisco for travel to Korea |
| **Dec. 3, 1897** | Mary Alice Fish, M.D. arrives in Korea as a Presbyterian medical missionary |
| **March 16, 1898** | Moffett Arrives back in Korea. Rides bicycle from Seoul to Pyengyang |
| **Nov. 1898** | Announces engagement to Mary Alice Fish, M.D. |
| **1898 &1899** | First railway (which connected Seoul with Chemulpo "Inch'ŏn") opened. |
| **June 1, 1899** | Marriage to Alice Fish in Seoul in the home of Miss Susan Doty. Graham Lee officiates Many guests attend, including William Franklin Sands, Chargé d'affaire of U. S. consulate |
| **Sept. 9, 1900** | Presided at a public Thanksgiving Service in the First Methodist/Episcopal Church of Seoul upon the publication of the entire New Testament in Korean |
| **Sept. 1900** | Presbyterian Council sanctioned the ordination of three more elders in addition to two already ordained in Korea. Two men also taken under care as candidates for the ministry. Third stage of the Nevius principles, Self-Government, now beginning in systematic preparation for establishment of a Korean Presbyterian Church. Next Council meeting to include ten Koreans as voting delegates |
| **Sept./Oct. 1900** | Completion of building for Presbyterian Church in P'yŏngyang [Changdaehyŏn Church] |

| | |
|---|---|
| **1895년 1월 중순** | 그레이엄 리 목사와 함께 평양으로 돌아옴 |
| **1895년 7월 초** | 콜레라의 위협과 말라리아에 걸려 서울로 돌아옴 |
| **1895년 가을** | 『환난 면ᄒᆞᄂᆞᆫ론』 저술, 출판 |
| **1895년 10월 8일** | 북장로회 선교회 연례 회의 중 명성황후 시해 사건 발생<br>마포삼열은 고종 알현 |
| **1895년 11월** | 그레이엄 리와 평양으로 돌아옴 |
| **1895년 12월 5일** | 메리 앨리스 피시(미래의 아내)가 샌프란시스코 쿠퍼 의과대학 졸업<br>펜실베이니아 여자의과대학에 다녔으나 마지막 해만 쿠퍼에서 공부하고 졸업<br>1896년 메리 앨리스 피시는 필라델피아로 돌아가 친구 조세핀 브로드헤드와 함께 라잉인채리티 병원에서 실습의로 근무함. 이어서 동종요법대학원에서 동종요법을 공부하고, 북장로회 해외선교부에 선교사로 지원함(1897년 한국에 파송됨) |
| **1896년 3-5월** | 마포삼열 과로로 중국 상하이에서 휴가 |
| **1896년 6월** | 그레이엄 리 가족(아내 블랑쉐 웹 리, 아기 마일로, 장모 마가레트 웹)이 평양으로 이사하여 평양 선교지부의 첫 거주 선교사 가족이 됨 |
| **1896년 11월** | 마포삼열 첫 안식년 휴가로 미국에 감 |
| **1897년 1월 16일** | 메리 앨리스 피시 뉴욕시 카네기 홀에서 열린 프레드릭 브라더턴 메이어 모임에 참석 |
| **1897년 봄** | 평양에 첫 여자초등학교 개설됨. 리 부인과 웰즈 부인이 교사 |
| **1897년 6월 3일** | 메리 앨리스 피시 한국행 여권을 받음 |
| **1897년 10월 30일** | 메리 앨리스 피시 의사 샌프란시스코 항을 출발 |
| **1897년 12월 3일** | 메리 앨리스 피시 의료선교사로 한국 도착 |
| **1898년 3월 16일** | 마포삼열 한국에 돌아옴. 서울에서 평양까지 자전거 여행 |
| **1898년 11월** | 마포삼열과 피시 의사 약혼 |
| **1899년 5월 20일** | 서울 첫 전차 개통식(동대문-서대문 구간 8km) |
| **1899년 6월 1일** | 마포삼열과 피시의 결혼식이 서울 도티 양의 집에서 열림<br>주례에 그레이엄 리 목사. 샌즈 미국총영사 참석 |
| **1900년 9월 9일** | 서울 정동제일교회에서 신약전서 출판 감사예배 |
| **1899년 9월 18일** | 경인선(서울-인천) 철도 개통 |
| **1900년 9월** | 장로회 공의회에서 기존 2명의 장로에 추가로 3명의 한국인을 장로로 안수하기로 결정함으로써 자전과 자급 단계를 지나 네비우스 정책에서 제3단계인 한국 장로교회 설립을 체계적으로 준비하는 자치의 단계로 나아감. 1901년 공의회에 투표권을 가진 10명의 한국인 대표가 참석하기로 결정함 |
| **1900년 10월** | 평양 장대현교회 예배당을 완공함 |

# 색인 Index

## 한글 색인

### ㄱ

가마 299, 307, 333, 459, 483
가마꾼 299, 301, 333, 459
가정 도서관 691
갈산 693
갈원(葛院)교회 673, 675nn.3,5, 701
감리교회 51, 61, 111, 781n.1
감리회 63, 65, 69, 151, 155n.1, 179, 279, 295, 381, 383, 581, 763n.4
갓쟁이 739
강계 571n.14, 627, 629
강동 655, 669, 703, 709
강장제 353
강진 643, 655, 669
갖바치 739
개천 705
개항장 107, 167, 245, 297n.2, 429, 597, 727, 739
거지 351, 353
건축기금위원회 523
건축비 263, 569
게일 47, 49, 51, 63, 69, 83, 85, 91, 217, 245, 253, 255, 257, 261, 465, 505, 559, 581, 582, 751n.4
겨울 사경회 55, 127, 143, 251, 447n.5, 587
결혼 17, 27, 71, 107n.3, 159, 183n.4, 185, 273, 275, 277, 285, 435, 459, 463, 464, 465, 467, 469, 475n.5, 513, 517, 535n.1, 595, 785
경재호 379
경찰관 735, 737
고등 교육 679
고베 285, 287, 289, 291
고베 연합교회 291
고용 체계 529
고종 41, 67, 71, 117n.3, 119, 121, 169n.1, 221n.2, 575n.4, 739n.3, 785
곡산(谷山) 605, 667
곤동골 679
공의회 63, 65, 553, 555, 557, 559, 781, 785
관비 627
관찰사 573, 575n.3, 577, 763
광산 259, 573n.2, 629
광산회사 137n.1
교사 55, 97, 103, 145, 147, 152, 155, 157, 163, 309, 323, 325, 351, 363, 367, 369, 375, 383, 393, 399, 427, 429, 443, 459, 471, 535, 546, 587, 589, 593, 617, 619, 625n.2, 643, 653, 655, 673, 679, 693, 705, 707, 719, 721, 773, 779, 785
교육 사업 155, 429, 493, 495, 561, 563, 659, 679
교회 15, 19, 21, 23, 31, 33, 41, 43, 45, 47, 49, 51, 53, 55, 57, 59, 61, 63, 65, 69, 71, 73, 83, 85, 91, 95, 97, 111nn.6,7, 143, 145, 147n.7, 149, 151, 163, 165, 169n.2, 175, 187, 191, 197, 201, 203, 205, 211, 221, 231, 237, 245, 249, 267, 269, 271, 291, 293, 309, 315, 317, 323, 327, 341, 343, 345, 365, 373, 375, 381, 383, 387, 389, 399, 407, 411, 417, 429, 433, 443, 445, 447, 469, 471, 473, 483, 485, 487, 493, 497, 501, 513, 515, 517, 519, 521, 523, 525, 527, 529, 531, 535, 537, 553, 555, 557, 559, 561, 565, 567, 587, 599, 601, 603, 605, 607, 611, 613, 615, 617, 619, 625, 629, 631, 633, 635, 637, 639, 641, 643, 645, 647, 649, 651, 653, 655, 659, 661, 663, 669, 671, 673, 675, 677, 679, 687, 691, 693, 697, 699, 701, 703, 705, 707, 709, 710, 719, 731, 741, 745, 763, 769, 771, 773, 777, 779, 781, 785
교회 독립 515

교회 정치와 치리 707
교회 주보 349
교회와 정부와의 관계 69, 557
구성 545, 585, 587, 589, 593, 623, 625, 629, 653
구성교회 589
구월산 756, 757
국내 여전도회 691
국내 전도회 445
국상 305
국제 은행 451
국제위원회 113n.1
군수 65, 95, 545n.1, 675, 699, 703
권서 55, 71, 205, 251, 587, 607, 627, 637, 671, 705, 709
귀신 63, 97, 193, 201, 445, 615, 639, 677, 771, 773, 779
귀신숭배자 741
그랜트 389, 471, 555n.3
『그리스도의 영』 285
그리스어 481
그리어슨 271, 503, 505
금광 573n.1, 627, 701
금문교 331
급사문 757, 759
기녀 193
기도 21, 33, 57, 63, 65, 71, 93, 95, 97, 103, 111, 131, 149, 153, 177, 189, 199, 203, 205, 217, 219, 237, 241, 243, 249, 271, 281, 285, 299, 309, 311, 313, 315, 317, 321, 325, 333, 339, 343, 353, 359, 365, 369, 371, 375, 377, 391, 393, 407, 411, 419, 435, 437, 443, 449, 453, 475, 521, 525, 571, 591, 601, 603, 607, 619, 627, 631, 635, 641, 653, 655, 673, 683, 687, 689, 695, 697, 719, 765, 767, 771, 775, 779
기독교여자청년회 99, 113
기독교지식전파회 679
기독교청년회 603
기선 153, 159, 161, 181, 215, 221, 227, 273, 277, 279, 283, 297, 301, 305, 307, 309, 369, 399, 401, 649n.8
기자 727, 737, 757, 759
기자묘 381
기퍼드 61, 83, 91, 127, 135, 215, 225, 307, 315, 439, 441, 501, 505, 535, 669
기퍼드 부인 403, 491, 535, 663, 679, 681, 713
길레스피 447
길선주 21, 57, 71, 525n.1, 531, 555nn.3,4, 633n.3, 671n.1
김관근 89, 585, 625n.2
김두형 71, 645n.7, 671, 673n.2, 709
김종섭 71, 531n.1, 535n.2, 555nn.2,4, 633, 639, 647, 671, 709
김창식 763, 765
김천일 649n.8, 675nn.4,6, 701
깁슨 507
깃발 291, 297, 331, 479, 777

## ㄴ

나가사키 287, 293, 295, 297, 309, 311, 369, 393
난징(南京) 559
남장로회 583, 595
네비우스 23, 41, 43, 47, 49, 51, 53, 55, 57, 59, 61, 65, 145n.4, 151, 189, 343n.2, 561, 633n.2, 785
노바스코샤 773
노블 383, 705, 707
노스필드 수양회 261
누가복음 537, 621
눌스 491
뉴알버니 노회 83, 85, 245n.1
뉴잉글랜드 261

## ㄷ

다이 117
다이제스트 85
단발령 647
대구 21, 92, 243, 245, 247, 251, 429, 431, 491, 507, 565, 567, 569, 575, 577, 665, 667
대동강 21, 379, 399, 475, 483, 485n.3, 609, 727, 739, 757, 759, 761
대원군 119
"더욱 사랑" 325
덕천 705, 707
데살로니가후서 317

도서관 27, 29, 35, 481, 679, 691
도쿄 279, 283
도티 109, 134, 307, 315, 323, 351, 361, 379, 383, 435n.2, 459, 491, 685, 713, 785
독립협회 41, 63, 65, 67, 431, 485n.3, 515n.1, 575n.4, 731n.1
독일 279, 327, 529n.3, 575n.3, 603n.2, 753
동학 55, 87, 95, 545, 613n.7, 769, 771n.6, 775, 777
드러먼드 559
드루 621
등사기 349

## ㄹ

러시아 69, 71, 117n.3, 119, 175, 293, 297, 299, 301, 305, 309, 369, 741
런던선교회 327
레널즈 621
렉 569, 571
로마서 193, 197n.5, 203, 567n.12, 653, 707
로벤슈타인 559
로스 41, 43, 47, 49, 51, 53, 55, 57, 59, 61, 65, 569, 663n.2, 747n.2
루미스 215, 217, 223n.3, 225, 251, 255, 257, 551, 713n.1
루스 35, 559
피시, 루시아 헤스터 11, 17, 79, 137, 395, 403, 477, 479, 481
루터 233n.1, 281, 753
리 목사 6, 63, 89, 105, 107, 109, 119, 123, 125, 127, 145, 147, 159, 163, 165, 167, 169, 171, 173, 175, 177-179, 181, 183, 185, 205, 207, 211, 251, 263, 265, 271, 347, 363, 383, 387, 391, 393, 405, 413, 425, 427, 435n.2, 443, 469, 471, 475, 499, 505, 515, 519, 523, 531, 537, 553, 555, 611, 615, 633, 637, 653, 673, 703, 705, 713, 767, 785
리 부인 89, 159, 178, 179, 185, 405, 537, 633, 635, 641, 663, 689, 691, 785
리버사이드 난로 231
리블 양 159, 161, 183, 185, 207

## ㅁ

마가복음 537, 621, 689, 703
마태복음 621n.1, 653, 745, 747, 749, 751, 753
만주 43, 45, 47, 49, 57, 74, 187, 627, 629
말라리아 455, 603n.2, 785
매디슨 제일교회 237
매켄지 95, 97, 109, 110, 241, 271, 773, 777n.8
맥아피 493, 495
맥코믹 신학교 33, 61, 83, 153, 249, 251, 535n.1
맹산 605, 677
머레이 285
모리스 559
모화관 731n.1, 733
『목자의 시』 285
목회자 후보생 555
무당 445
무어 85, 127, 129, 129, 515n.1, 667n.4
무진교회 707
미국 공리회 227
미국 공사 89, 103, 575n.3, 585, 713n.1, 765
미국 성서공회 223n.3, 251, 549, 713n.1
미스 브리턴즈 호텔 219
미신 193, 197, 741, 747
미조직교회 55, 57, 145n.3, 147, 387, 389, 409, 415, 453, 467, 471, 537, 553, 569, 609, 643, 673, 675, 677, 693, 699, 701, 703, 719
밀러 63, 155, 157, 233, 251, 271, 323, 515n.1, 613, 643, 665
밀즈 337

## ㅂ

바울 95, 193, 367, 567
박영효 215
박천 629, 667, 675
박해 199, 377, 417, 433, 637, 675, 763, 767, 771, 773
반기독교 67, 661, 775
방기창 71, 555nn.3,4, 671n.1, 707
백씨 부인 585, 587
백유계 591n.3, 593
백정 515n.1, 701

백천 667n.4, 705
밴쿠버 309
버클리 캘리포니아 대학교 477, 479
버키러스 장로교회 237
번하이젤 569
벙커 379, 381, 621
베니치(시)아 노회 315, 371
베스트 249, 255, 271, 381, 383, 425, 447, 459, 473, 553, 673, 687, 689, 691, 693, 695, 703, 707
베어드 부인 363, 381, 397, 405, 473, 687, 689
병원 47, 107, 119, 125, 139, 165, 175, 211, 243, 247, 333, 363, 495, 497, 563, 565, 657, 683, 719, 785
보민동교회 703
보스트윅 305, 307, 309
보통강 727
본 렌덴펠트 299
봉급 49, 97, 157, 587, 595, 597, 603n.2, 619, 635, 647, 649, 671, 709, 779
봉산 147
부산 61, 87, 109, 157, 243, 245, 247, 251, 521, 565, 567, 569, 663n.2, 665, 667, 679
부인 사경회 447, 455, 535, 693, 717
부적 641
북감리회 561n.9, 705
북경로 43, 731, 733
불교 55, 489, 739, 757, 775
브루엔 569
브루클린 251
블라디보스토크 297
블랜드 573
비숍 187, 215, 327, 653, 655n.2, 667
빈턴 91, 127, 233, 323, 491, 499, 515n.1
빈턴 부인 91

## ㅅ

사경회 51, 55, 127, 143, 163, 231, 251, 383, 393, 405, 417, 443, 447, 455, 473, 517, 519, 537, 587, 589, 593, 639, 649n.8, 653, 655, 679, 687, 693, 703, 707, 717
사과지남 581
사도행전 115, 193, 621, 745, 763nn.2,3
사랑방 95, 149, 425, 603, 605, 631n.1, 637, 689, 691, 777
사이트보텀 491, 505, 507n.1, 515, 575
삭주 173, 587, 589, 591, 623, 625, 629
산동 47, 49, 74, 297, 337, 347, 365, 559
산타로사 81
산타크루즈 403
삼등 655, 669, 709
상임성서실행위원회 621, 745, 747
상투 117n.3, 737
상하이 71, 181n.1, 227, 279, 327, 785
샌라파엘 79, 81, 99, 137, 285, 287n.1, 297n.1
샌프란시스코 99, 113, 137, 221, 225, 279, 287n.1, 299, 313n.1, 451, 477nn.1,2, 479, 785
샤록스 59, 491, 493, 553, 555
서경조 92, 95, 555n.2, 722, 775, 777
서낭당 377
서리집사 43, 607
서재필 247, 249
서점 527, 637, 703
석탄일(석가탄신) 537
선교회자산위원회 527
선돌교회 703
선천읍교회 415
설교단 607
성 조지 십자가 777
『성경도설』 689
『성령의 목회』 285
성서번역자회 621, 713
성서위원회 115n.1, 435, 621, 713, 715, 745, 747n.2
성수주일 635
성찬식 211, 231, 251, 315, 387, 417, 471, 483, 485, 487, 517, 519, 601, 631, 655, 697
성탄절 145, 211, 217, 223, 321, 323, 351, 405, 455, 517, 519
세관 293, 301, 379, 383
세례 문답 417, 471, 487, 639
셔먼호 479, 697
소래 53, 95, 555n.2, 615n.10, 679, 722, 779n.9
소우물교회 485n.3, 691, 705

솔트레이크시티 225
송인서 611, 613n.7, 639, 763n.4
수술 233, 313, 499, 513, 657, 719
수안 605n.3, 609, 619, 643, 669, 767n.5
수요 기도회 635
숙천읍교회 703
순안 143, 145, 233, 445, 611, 613, 615 617, 619, 635, 645, 647, 653, 673, 693, 699, 707, 709, 771n.7
순안교회 145, 149, 605, 613, 615, 617, 619
순천 605, 677, 705
숭실 11, 12, 15, 21, 33, 35, 495n.2, 563n.10
쉴즈 307, 323, 403, 663n.2, 685
스데반 763
스왈른 245, 407, 413, 425, 443, 445, 473, 515, 523, 527, 679
스왈른 부인 134, 447, 473, 515, 523, 687, 689
스웨덴보리 279
스코틀랜드 성서공회 697
스코틀랜드 연합장로교회 43, 627
스크랜턴 115, 713n.1
스트롱 107, 134, 323, 331, 333, 439
스피어 29, 63, 189, 252, 271, 345, 389, 393, 409, 471, 555n.3, 771n.6
시모노세키 해협 291
시찰 49, 55, 205, 233, 407, 445, 503, 553, 619, 635, 645, 669, 703, 705, 707, 709
시편 713
신약전서 45, 71, 549n.1, 621n.2, 697, 713, 745n.1, 755, 775, 785
신학반 417, 653n.1, 693, 707
신환포 169
실 65, 89, 103
실업과 155, 157
십자가 71, 231, 777
쌀자루 769

## ㅇ

아버클 133, 665
아펜젤러 41, 65, 115, 733n.1, 781n.1
안식년 69, 71, 165, 211, 215, 225, 261, 271, 329, 427, 499, 515, 535n.1, 671, 673, 785
안악 233, 665
안주(安州) 145, 675
안창호 613n.7,8, 643
알렌 8, 117, 475n.5, 545n.1, 573, 713n.1
애덤스 243, 245, 429, 431, 569, 665, 667, 679, 681
애쉬모어 421
앨리스 11, 17, 19, 71, 99, 113, 137, 273, 287, 297, 305, 313, 321, 331, 337, 351, 361, 371, 379, 395, 405, 435, 443, 451, 483, 531, 535, 541, 683, 687, 695, 717, 785
야고보서 531, 537
양전백 555n.3, 587, 593, 623, 625n.2
어빈 247, 495, 667, 679
어학교사 103, 145, 147, 163, 309, 323, 351, 363, 369, 375, 383, 535, 653, 673, 719, 720, 773
언더우드 29, 33, 41, 51, 61, 135, 143, 183n.4
언더우드 부인 183, 663
언문 735
에든버러 327
에베소서 197n.3, 203, 377
에비슨 47, 63, 133, 247, 333, 361, 439, 491, 497n.3, 515n.1, 575n.4, 576, 679, 683
에큐메니컬선교대회 529
「여성을 위한 여성의 사역」 89, 189
연동교회 323
연못골(蓮洞) 307, 365, 491, 501, 663, 683
영국 성서공회 549n.1, 551, 637, 671
영수(領袖) 43, 55, 57, 71, 143, 145n.3, 147, 343n.2, 387, 409, 417, 471n.3, 485n.3, 493, 519n.2, 531, 535, 613, 631, 639, 643, 675, 699n.1
영유(永柔) 145, 617, 649, 669, 673, 701, 709
영은문 731, 733, 742
예루살렘 763
"예수님이 거느리시니 즐겁고 평안하구나" 377
예수교서회 501, 535n.1
예수교학당 145, 155, 613n.8, 643
"예수의 피밖에 없네" 325
오르간 203, 323, 381, 641, 721
오사카 289
오클랜드 279
왕비 시해 117

왕세자 119
왕자 215, 221, 253, 261
외무대신 731n.1
외성 149, 689
요코하마 은행 385
요한복음 197n.4, 375, 379, 485, 621, 653, 717, 745
용산 307
용천 545, 667n.5
운산광산 545, 573n.1
원산 61, 157, 161n.2, 243, 245, 413, 431, 473, 503, 667, 679
월볼드 323
웰즈 6, 67, 105, 123, 147, 159, 163, 169, 178, 181, 205, 267, 381, 383, 393, 405, 425, 431, 475, 553, 587, 593, 611, 639, 689, 719, 785
웰즈 부인 185, 207, 405, 431, 539, 689, 691, 785
웹 부인 89n.4, 163, 178, 179, 539, 689
『위원입교인규조』 631, 633
위트모어 181, 185, 205, 207, 231, 259, 269, 347, 383, 405, 409, 417, 425, 447, 459, 473, 507, 515, 555, 703, 707
유니언 교회 309
유니테리언 279
유아세례 233
유학자 703
윤치호 743
은반지 525
은산(殷山) 605, 617, 669, 677, 705
을밀대 381
의료 사업 497, 561, 565, 657
의주교회 587
의화군 221n.2, 225, 253, 261
의화단원 547
이노우에 119, 120, 731n.1
이동승 535, 633
이영언 71, 145, 169n.2, 613, 633n.3, 643, 673, 709
「인디애나 쿠리어」 117, 221n.1
인디애나폴리스 237, 241
인성부재 683
일본 불교 739
일본군 89, 765, 771
일본우선회사 161n.3, 297
일본인 상인 161, 183n.3, 739
일부다처제 61, 65, 557, 781
임페리얼 호텔 283
입체 사진 79
잉글리스 627

## ㅈ

자급 23, 41, 49, 51, 151n.9, 267, 343n.2, 427, 471, 523, 549, 555, 561, 565, 599, 615n.10, 631, 661, 673, 679, 715n.3, 769, 779, 785
자산(慈山) 145, 605, 649, 669, 677, 703, 705, 707, 709
자작 617, 647, 669, 673, 675, 701
자전거 71, 171, 181, 285, 341, 415, 451, 459, 461, 475n.5, 629, 685
자치 23, 41, 43, 57, 59, 71, 343, 471n.3, 519n.2, 555, 785
작정 헌금 517, 523, 525
잔다리 361, 365, 371, 373, 683
장대현교회 51, 53, 71, 343n.2, 447, 483, 508, 528, 535n.2, 553n.1, 555n.3, 607n.4, 618, 671, 785
장돌뱅이 677, 700, 701
장로 안수 555
장로회공의회 63, 553, 555, 557n.6, 781, 785
장천교회 483, 485
전차 8, 41, 461, 463, 575n.4, 727, 739, 785
정동장로교회 91, 365n.2
정신여학교 109n.4
제너럴셔먼 697
제물포 철도사무소 305
제물포호텔 309
제사 63, 95 ,557, 645, 699, 731n.1, 741, 777
제중원 107, 183n.3, 233n.1, 247, 357, 361, 491, 495, 497, 603n.2, 657, 663n.3, 665, 683
제컵슨 233, 237, 243
조사 사경회 471, 707
존슨 부인 491, 575
"주 예수 이름 높이어" 777
주일학교 공과 65, 349
중학교 493, 495

중화교회 691
증산 705
지푸 49, 74n.3, 297, 299
진남포 161n.2, 183n.3, 379, 727, 729
집사 43, 65, 145n.3, 387, 447, 515, 517, 607, 615, 633, 635

## ㅊ

천주교인 389, 391,443, 467, 645, 649, 703, 765
철도 239n.1, 305, 517n.1, 727, 785
첩 61, 63, 645, 781
청결 395, 397
체이스 101, 567
최치량 525n.1, 528, 615, 633n.3, 643n.5, 763n.4, 767n.5
춘계 부인사경회 447, 535
출교 149, 607, 645, 699
치리 129, 149n.8, 203, 387, 537, 557, 607, 609, 633, 645, 673, 699, 707
침 355

## ㅋ

카핀테리어 139, 477
캐나다장로회 선교회 413, 503
켄뮤어 549n.1, 679, 715nn.2,3
코르베트 299, 301
콜레라 103, 105, 107, 585, 587, 591, 605, 611, 627, 699, 785
콜로라도 스프링 225
키니네 603
키플링 457

## ㅌ

태극기 35, 401
테이트 목사 609
토마스 17, 137, 697n.1, 699n.1, 707n.2
트롤로프 621

## ㅍ

판수 639
페리 양 109, 111n.6
평양 기독교인 박해 사건 763
평양 제중원 107n.3, 657
포트웨인 237, 249, 251
푸트 271, 713n.1
풀무골 546, 688, 689
프라이 281, 519
프랑스 신부 151, 379
플리머스형제단 111
피택 장로 65, 555
필라델피아 27, 35, 315, 785
핍박 331, 467, 537, 625, 653, 763, 765

## ㅎ

하웰 569, 571n.14
학습교인 47, 61, 103, 143, 145, 147, 149, 159, 169, 171, 173, 187, 199, 201, 211, 213, 315, 345, 387, 389, 409, 415, 417, 429, 443, 445, 447, 453, 467, 469, 487, 503, 513, 519, 537, 565, 569, 587, 589, 591, 599, 601, 603, 605, 609, 611, 613, 615, 617, 619, 621, 623, 625, 629, 631, 633n.2, 635, 639, 641, 643, 645, 647, 649, 653, 661, 663, 665, 671, 677, 687, 699, 703, 705, 719, 769, 771, 773
한국 북부 지역의 선교 전진 운동 485
한국어시험위원회 127, 133, 499
한미화활판소 743
한불ᄌ뎐 581
한석진 71, 485n.5, 601, 609, 615, 619, 633n.3, 639, 643, 647, 653, 671, 675n.4, 705, 763, 765, 767n.5
한영자전 581
한의사 473, 591, 593, 627
한인촌 47, 187
함흥 49, 413
해주 74, 775
핸드 451
핼리팩스 241, 243
헌금 약정 345, 447
헌트 6, 391, 405, 413, 425, 447, 469, 473, 497, 519, 527, 537, 553, 555, 673, 707
헌트 부인 405, 689, 693, 695 ,707
호놀룰루 227, 231, 273, 281

호랑이 779
호주장로회 선교회 109, 11n.6
홀 87, 383, 529n.3, 559n.8, 785
홍문수골 515n.1, 517n.1, 679
홍역 355, 361
화이팅 233, 307, 309, 315, 321, 323, 325, 333, 335, 337, 339, 685
황주 693

## 영문 색인

### A

Academy 155n.1, 156, 270, 428, 492, 494, 514, 552, 560, 563n.10, 678
*Acts* 114, 192, 620, 744
Adams 242, 244, 428, 430, 566, 666, 678
Alice 16, 18, 78, 98, 112, 136, 272, 286, 296, 304, 312, 320, 330, 336, 350, 360, 370, 378, 394, 404, 434, 442, 450, 482, 530, 534, 540, 682, 686, 716, 782, 783, 784
All Hail the power of Jesus' name 774
Allen 8, 46, 116, 544, 572
American Bible Society 548
American Board of Foreign Missions 226
American Minister 8, 64, 102, 584, 764
American steamer General Sherman 478, 696
An Ju 144, 404, 646, 674, 702, 708
Anak 232, 654, 664
Ancestor 62, 094, 556, 644, 698, 740, 776
Anti-Christian 66, 660, 774
Appenzeller 64, 114, 758n.1, 759n.3
Arbuckle 108, 132, 664
Ashmore 418
Australian Presbyterian Mission 108
Avison 46, 132, 246, 332, 360, 438, 490, 494, 680

### B

Baird, Mrs. 344, 362, 380, 396, 424, 472, 684, 686, 688
Benicia Presbytery 314, 370
Bernheisel 568
Best, Margaret 248, 249n.2, 254, 380, 392, 404, 424, 446, 458, 472, 490, 552, 672, 686, 688, 690, 692, 694, 702, 706
Bible Committee 128, 434, 548, 620, 712, 714, 744
Bicycles 72, 170, 180, 340, 414, 458, 460, 626, 784
Bishop 148, 184, 214, 236, 326, 554, 652, 655n.2, 668
Bland, J. D. 572, 573n.2
Blind sorcerer 638
Board of Translators 620, 712
Bookstore 636, 700
Bostwick 304, 308
Boxers of Chinese border 544
British and Foreign Bible Society (B&FBS) 75, 548, 636, 670
Brooklyn 250
Bruen, Henry M. 568, 569n.13
Buddha's birthday 536
Buddhism 54, 738
Building Fund Committee 522
Bunker 378, 380, 620
Butcher 700

### C

Canadian Presbyterian Mission 413
Candidates for the ministry 554
Carpinteria 139, 477
Catechumen 46, 60, 102, 142, 144, 146, 158, 168, 170, 172, 186, 198, 200, 210, 212, 314, 344, 386, 388, 408, 414, 416, 428, 442, 444, 446, 452, 466, 468, 484, 502, 514, 518, 536, 564, 568, 586, 588, 590, 598, 600, 602, 604, 608, 610, 612, 614, 616, 618, 620, 622, 624, 628, 630, 632, 633n.3, 634, 638, 640, 642, 644, 646, 652, 660, 662, 664, 670, 674, 688,

698, 702, 718, 768, 770, 772
Central Presbyterian Church 52, 508
Cha Chak 614, 616, 646, 672, 674, 698
Cha San 144, 648, 674, 702, 708
Chantari 372, 682
Charms 640
Chase, Miss 100, 566
Chefoo 48, 296, 298
Chemulpo railroad office 304
Chinnampo 378
Choi, Mr. 612
Cholera 102, 104, 106, 584, 586, 590, 604, 610, 626, 698, 784
Christmas 144, 210, 216, 222, 320, 322, 350, 404, 454, 516, 518
Chung San city 705
Church at Chung Wha 692
Church Government and Discipline 706
Circuit 54, 58, 204, 232, 406, 426, 444, 500, 502, 552, 616. 634, 642, 644, 669, 670, 698, 700, 706, 708
Clean 78, 94, 292, 354, 372, 396, 776
Colorado springs 224
Colporteur 54, 204, 250, 586, 606, 626, 636, 670, 704, 708
Communion 210, 230, 250, 298, 314, 386, 396, 470, 482, 484, 630, 696
Concubine 60, 62, 118, 644, 780
Confucianist scholars 700
Corbett 298, 300
Cross 230, 774
Crown Prince 118
Custom House 292, 300, 304, 378

## D

Dancing girl 194
Deacon 044, 064, 386, 446, 516, 606, 612, 632, 634
Depositor of the Tract Society 500
Digest 84
Doty 106, 134, 306, 314, 320, 322, 350, 360, 378, 382, 458, 490, 684, 712, 784
Drew, A. D. 620
Drummond 558
Dye, W. M. 116

## E

Ecumenical Conference 528
Edinburgh 326
Electric Cars 462
Electric Tram Car 8, 460, 726
Employment system 528, 529n.2
Ephesians 202, 376
Eui Ju Church 586
Eui Wha 224, 226, 260
Eun San 604, 617, 669, 677, 705
Evil spirits 192, 200, 612, 674, 770, 772
Examination 416, 470, 486, 638
Examination Committee 126, 132, 500
Excommunicate 644, 698

## F

Fish, Lucia Hester 16, 78, 136, 138n.2, 394, 400, 402, 476, 478, 480, 783
Flag 34, 296, 330, 398, 478
Foote 270
Forward movements in Northern Korea 484
French priests 150, 378
Fry 518
Ft. Wayne 236, 248, 250
Furlough 68, 104, 164, 210, 214, 224, 258, 260, 270, 328, 426, 432, 498, 514, 670, 784
Fusan(Pusan) 62, 86, 108, 156, 242, 244, 246, 250, 564, 566, 568, 664, 666, 678

## G

Gale, James S. 46, 48, 62, 68, 82, 84, 90, 218, 244, 252, 254, 256, 260, 465, 504, 558, 582
General Sherman 696
Gensan 156, 240, 244, 250, 412, 430, 470, 502, 666, 678
German(y) 278, 326, 752
Gibson 506
Gifford, D. L. 60, 82, 90, 128, 214, 224, 240,

438, 485n.5, 500, 504, 668
Gifford, Mary H. 134, 306, 314, 400, 440, 490, 534, 662, 678, 712
Gillespie, John 446, 447n.6
Girl's school 108
Gold mines 258, 626, 698
Grammatical Forms 580
Grant 388, 470
Greek 478
Grierson 270, 502, 504

## H

Haeju(Hai Ju) 666, 678
Hair-cutting 646
Halifax 240, 242
Hall, Dr. 382
Hamheung 48, 412
Han Syek Chin(Sŏkchin) 70, 600, 608, 612, 614, 616, 638, 642, 652, 704, 762, 764
Hand, Mr. 450
He Leadeth Me, Oh Blessed Thought 377n.1
Hong Moun Syek Kol 678
Honolulu 226, 230, 272, 280
Hospital 246, 356, 360, 490, 494, 496, 656, 664, 682
Hospital 9, 46, 50, 124, 164, 174, 212, 246, 332, 356, 366, 494, 626, 656, 682, 718, 784
Hotel in Chemulpo 308
Howell 568
Hunt 390, 412, 424, 446, 468, 472, 496, 518, 526, 536, 552, 554, 672, 706
Hunt, Mrs. 404, 688, 694

## I

Illustrated Bible 688
Immense heap of loose stones 376
Imperial Hotel 282
In Sung Pu Chai 682
Independence Club 40, 64, 66, 430
*Indiana Courier* 116
Indianapolis 236, 240
Industrial Dept 154, 156
Infant baptism 232
Inglis, James W. 626
Inoue 120
Irvin 246, 494, 666, 678

## J

Jacobson 232, 233n.1, 236, 242
Japanese Buddhism 738
Japanese merchants 160, 738
Jerusalem 762
*John* 484, 620, 744, 746
Johnson, Mrs. 490, 572

## K

Kai Chun 702
Kak San 666
Kal Won church 672, 700
Kalsan 692
Kang Chin 642, 654
Kang Kyei 626, 628
Kang Tong 654, 708
Kenmure 549n.1, 678
Kijah's grave 380
Kim Chongsŏp 70
Kim Koan Keun 584
Kim Tuhyŏng 70
King Kojong 40, 66, 70, 121
King's Father 118
Kipling 456
Kobe Union Church 290
Kon Tong Kol 678
Korean flag 34, 398
Korean Valley 44, 46, 186
Korean-English dictionary 580
Korean-French dictionary 580
Kou Ouel mountain 756
Kou Syeng church 588
Kyeng Chae 378

## L

L. M. S.(London Missionary Society) 326
Leader 44, 54, 56, 70, 142, 146, 147n.7, 342,

386, 408, 416, 484, 492, 516, 530, 534, 612, 630, 638, 642, 674
Leck, George 568, 569n.14
Lee, Mr. (Graham) 88, 104, 106, 122, 124, 126, 144, 158, 164, 168, 172, 180, 182, 204, 262, 270, 346, 386, 392, 404, 412, 442, 498, 518, 536, 552, 632, 670, 704, 712
Lee, Mrs. 88, 106, 176, 178, 184, 404, 536, 634, 636, 640, 662, 688, 784
Library 26, 28, 36, 75, 480, 678, 690, 712
Lobenstein 558
Loomis, Henry 214, 216, 220, 223n.3, 224, 250, 254, 256, 550
Luce, Henry W. 558, 559n.8
*Luke* 534, 620
Luther 752

## M

M. E. mission 704
Madison 1st Church 236
Maing San 604, 674
Malaria 104, 454, 784
Manchuria 42, 46, 48, 56, 186, 626, 628
Manual for catechumens 631, 633n.3
*Mark* 534, 620, 688, 702
*Matthew* 620, 652, 744, 746, 748, 752
McAfee 492, 494
McCormick Seminary 82, 150, 248, 250
McKenzie, William J. 94, 96, 108, 110, 240, 270, 774, 776, 783
Measles 354, 360
Medical work 118, 336, 364, 496, 560, 636, 656, 666, 682
Mid-week prayer meeting 634
Miller 62, 128, 154, 156, 232, 270, 610, 642, 664
Mills, C. A. 336
Mimeograph 348
Mining Company 544, 573n.1
Ministry of the Spirit 284, 285
Miss Britten's Hotel 218
Mission Property Committee 526
Moore 84, 126, 128
More Love to Thee 324
Morris 558
Mou Chin church 706
Murder of the Queen 116
Murray 284

## N

Nagasaki 286, 290, 294, 296, 308, 310, 366, 392
Nanking 558
Nevius 22, 40, 42, 44, 46, 48, 50, 52, 60, 64, 148, 188, 558, 633n.2, 784
New Albany (Indiana) Presbytery 82
New England 260
New Testament 20, 70, 114, 202, 374, 620, 648, 696, 698, 712, 744, 754, 784
Nippon Yusen Kaisha 296
Noble 108, 382, 668, 704
Northfield Conference 260
Nothing but the Blood of Jesus 323
Nourse 490
Nova Scotian 774

## O

Oakland 278
Operation 232, 312, 498, 512, 656, 718
Ordained Elder 554, 556
Ordination of elders 554
Organ 202, 322, 380, 640, 720
Osaka 288
Outside the city 204, 364, 372, 538, 602, 688, 704

## P

Paik 592
Paik Tyen 704
Paik, Mrs. 584, 586
Pak Chon(Pak Chun) 666, 674
Pak Young Hyo 216
Pang Kich'ang 70
Paul 94, 192, 366, 564

Peking road 730, 732
Permanent Executive Committee 620
Perry, Miss 108
Persecute 466
Persecution 200, 330, 376, 416, 432, 536, 636, 652, 762, 764, 770, 772
Persecution of the Pyengyang Christians 762
Philadelphia 26, 36, 075, 314, 784
Plymouth Brethrenism 108, 111nn.6,7
Po Min Tong church 702
Po Tong rivers 726
Polygamy 60, 556, 780
Pong San 146
Pres. Church in Bucyrus 236
Presbyterian Council 62, 64, 554, 780, 784
Prince of Korea 214, 220, 252
*Psalms* 712
Pul mu gol 688
Pulpit 606
Pyengyang Hospital 656

## Q

Quinine 602

## R

Railway(Railroad) 40, 304, 726, 738, 784
Relation of the Church to State 556
Rev. Kil Sun-Ju(Sŏnju) 20, 56, 70
Reynolds, W. D. 56, 620
Ribble, Miss 158, 160, 182, 184, 206
Riverside stove 230
Roman Catholic 68, 148, 292, 388, 390, 446, 514, 644, 762
*Romans* 192, 202, 652, 706
Ross, John 42, 44, 46, 48, 50, 52, 60, 64, 568
Russia 70, 116, 172

## S

Sabbath observance 634
Sack of rice 768
Sak Ju 172, 586, 588, 590, 592, 622, 624, 628
Salary 48, 156, 204, 386, 588, 594, 616, 626, 634, 670, 708
Salt Lake City 224
Sam Teung(Tung) 654, 708
San Francisco 112, 136, 220, 224, 278, 294, 296, 320, 330, 450, 478, 784
San Rafael 78, 80, 98, 136, 138, 282, 286, 296n.1
Santa Cruz 402
Santa Rosa 80, 136, 274
Sarang 94, 146, 602, 604, 632, 640, 688, 690, 694, 776
Scotch Bible Society 696
Scotch U.P. Mission 627
Scranton 114
Self-government 22, 44, 56, 70, 554, 784
Self-support 22, 40, 50, 70, 266, 268, 426, 470, 522, 548, 554, 598, 636, 660, 672, 678, 708, 768, 778
Shanghai 48, 72, 226, 278, 326, 330, 678, 784
Shantung 336, 346, 362
Sharrocks 58, 490, 492, 552, 554
Sheets 346, 348, 450
*Shepherd Psalm* 284
Shields 306, 322, 362, 400, 663n.2, 684
Shimonoseki straits 290
Sidebotham 490, 504, 514, 572
Sill, John M. B. 64, 88, 102, 103n.1
Silver rings 524
Sin An Po 168
So Kyongjo 722
So Ou Moul (sō ü mūl) Church 690, 704
Society for the Diffusion of Christian Knowledge 678
Sŏnchŏn Church 414
Song, Mr. 608, 610, 638
Soongsil 9, 14, 20, 34, 36, 428
Sorai 94, 678
Sorceress 444
Southern Presbyterian 580, 594
Speer, Robert 28, 62, 188, 252, 270, 344, 388, 392, 408, 470

*Spirit(The) of Christ* 284
Spring training class for women 446, 534
St. George's cross 774
Steamer 150, 158, 160, 214, 220, 226, 276, 276, 278, 282, 296, 300, 304, 308, 368, 398, 696
Stephen 762
Stereopticon pictures 78
Strong 106, 134, 322, 330, 332, 438
Subscription 345, 444
Subscriptions 66, 342, 444, 516, 522
Suh Jae-Pil 246
Suk Chun Church 700
Sun Tol church 674, 702
Sunday school lesson 64, 346
Superstitions 192, 196, 730, 740
Swallen, Mr. 244, 250, 406, 412, 424, 426, 430, 442, 468, 472, 496, 514, 522, 526, 678
Swallen, Mrs. 134, 442, 446, 470, 472, 686, 688
Swedenborgian 278
Syen Chyen(Soon Chun) 604, 674, 702
Syou An(Suan) 608, 618, 642, 669
Syoun An(Sunan) 142, 144, 232, 244, 610, 612, 614, 616, 618, 634, 644, 646, 652, 669, 672, 692, 698, 706, 708
Syoun An Church 142, 148, 604, 612, 614, 616, 618

## T

Taegu(Taigoo) 20, 92, 242, 244, 246, 250, 428, 430, 490, 564, 566, 568, 664, 666
Tai Tong river 168, 398, 482
Tate 608
Teacher 102, 144, 146, 162, 308, 322, 324, 350, 366, 534, 652, 670
Tek Chun 702, 706
Temporary deacon 606
Theological Class 416, 692, 706
Thomas 16, 136, 696, 697n.1, 782, 783
Tiger 96, 378, 776
Tokyo 278, 282
Tong Hak 86, 94, 544, 768, 770, 774, 776
Top-knots 646, 736
Training Class 50, 54, 162, 344, 404, 428, 446, 470, 516, 534, 588, 592, 638, 652, 678, 686, 694, 706
Training Class for Helpers 470, 706
Training class for women 446, 534, 678, 694
Traveling merchant 700
Traveling peddler 675
Trollope 620

## U

Underwood 28, 40, 70, 134, 142, 246, 374, 558, 620, 662, 678, 712
Union church 308
Unitarian 278
University of California, Berkeley 476, 478
Unsan Mining District 544

## V

Vancouver 308
Vinton 88, 126, 214, 232, 490, 498, 500
Vinton, Mrs. 90, 322
Vladivostok 296
Von Rendenfeld 298
Vulgar writing 734

## W

Wambold 322
Webb, Mrs. 162, 178, 424, 538, 688
Wells 6, 68, 104, 122, 146, 158, 162, 170, 180, 204, 212, 266, 380, 404, 424, 472, 552, 586, 610, 614, 638, 718, 784
Wells, Mrs. 162, 170, 182, 206, 380, 430, 472, 538, 552, 690, 694
Whang Ju 692
Whiting, Dr. 304, 306, 308, 314, 320, 322, 324, 332, 336, 338, 684
Whittemore 180, 206, 230, 258, 268, 344, 382, 390, 404, 408, 424, 442, 458, 472, 506, 514, 554, 666, 700, 706
Winter Bible Training Classes 50, 54, 250

Woman's Home Missionary Society 690
*Woman's Work for Woman* 88, 184, 686

## Y

Y.M.C.A. 602
Y.W.C.A.(Young Women's Christian Association) 112
Yang Chen Paik 622
Yi Yŏngŏn(Yi Yung-En) 70, 670, 708
Yokohama bank 382
Yong Chun 544
Young Eun Gate 730, 732
Yŭn Mot Kol 306, 490, 500, 682
Yung San 306
Yung You 646, 672, 700, 708

마포삼열 자료집 1, 2

# 출간에 도움을 준 분들

강신표 · 가야교회2청년부 · 곽은이 · 권성웅 · 권영준 · 권종렬 · 김경진 · 김관범 · 김규환
김대영 · 김명수 · 김미경 · 김민석 · 김범수 · 김보경 · 김선배 · 김선희 · 김승원 · 김영범
김윤덕 · 김의종 · 김인주 · 김재신 · 김정근 · 김정은 · 김준환 · 김지희 · 김찬성 · 김찬호
김총은 · 김평화 · 김한식 · 김현정 · 김혜경 · 나경조 · 나성한 · 나은주 · 나필성 · 남명호
노상완 · 노제현 · 라철수 · 류정열 · 문기용 · 박광혁 · 박금호 · 박다니엘 · 박대영 · 박상갑
박용태 · 박원택 · 박종태 · 박종흔 · 박준우 · 박혜영 · 박환규 · 박회규 · 방영민 · 봉만형
새문안교회사료관 · 서영민 · 서원택 · 서자선 · 서정선 · 석찬권 · 손진영 · 송윤주 · 신기욱
신범용 · 신희영 · 안성권 · 안식 · 안주관 · 안한영 · 안희성 · 양기만 · 양성득 · 양재출
영세교회교육부 · 오명재 · 오창효 · 우영호 · 유영성 · 유진호 · 윤미향 · 윤병국 · 윤상원
윤성근 · 이건 · 이경우 · 이금이 · 이대영 · 이동민 · 이민성 · 이병헌 · 이봉재 · 이상호 · 이성철
이수빈 · 이영숙 · 이영월 · 이우윤 · 이원혁 · 이장호 · 이재근 · 이정민 · 이종실 · 이철규
이태환 · 이한나 · 이현래 · 이현식 · 이현희 · 이혜천 · 이화정 · 임교신 · 임명신
임성빈(장로회신학대학교 총장) · 임성희 · 임종표 · 임홍일 · 장동학 · 장종택 · 장현주
장혜영 · 전성은 · 전영호 · 정성자 · 정요한 · 정현욱 · 정현자 · 정현진 · 제은형 · 조영균
조영수 · 조예은 · 조정희 · 조하은 · 진소영 · 진정주 · 진지영 · 차정호 · 최광일 · 최영호
최은주 · 한국누가회 · 한성구 · 한호수 · 허성식 · 허임복 · 홍만화 · 황혜경 · Jinsoo Kim
Namsook Han

# 마포삼열 자료집 제2권

---



1쇄발행_ 2017년 2월 2일

책임편역_ 옥성득
펴낸이_ 김요한
펴낸곳_ 새물결플러스
편　집_ 왕희광 · 정인철 · 최율리 · 박규준 · 노재현 · 한바울 · 유진 · 신준호
　　　　신안나 · 정혜인 · 김태윤
디자인_ 서린나 · 송미현 · 이지훈 · 이재희 · 김민영
마케팅_ 이승용 · 임성배 · 박성민
총　무_ 김명화 · 최혜영
영　상_ 최정호 · 조용석 · 곽상원

아카데미_ 유영성 · 최경환 · 이윤범

홈페이지 www.hwpbooks.com
이메일 hwpbooks@hwpbooks.com
출판등록 2008년 8월 21일 제2008-24호
주소 (우) 07214 서울특별시 영등포구 양평로 11, 4층(당산동5가)
전화 02) 2652-3161
팩스 02) 2652-3191

ISBN 979-11-86409-95-4　94230 (제2권)
ISBN 979-11-86409-93-0　94230 (세트)

책값은 뒤표지에 있습니다.

이 도서의 국립중앙도서관 출판시도서목록(CIP)은 서지정보유통지원시스템 홈페이지(http://seoji.nl.go.kr)와 국가자료공동목록시스템(http://www.nl.go.kr/kolisnet)에서 이용하실 수 있습니다(CIP제어번호: CIP2017001201).